MATEMÁTICA

GERAÇÃO ALPHA

CARLOS N. C. DE OLIVEIRA

Licenciado em Matemática pelo Instituto de Matemática e Estatística (IME) da Universidade de São Paulo (USP).

Especialista em Educação Matemática pelo Centro Universitário Fundação Santo André (FSA).

Mestre em Educação Matemática pela Pontifícia Universidade Católica de São Paulo (PUC-SP).

Professor e coordenador de ensino de Matemática.

FELIPE FUGITA

Licenciado em Matemática pelo IME-USP.

Professor de Matemática.

São Paulo, 5ª edição, 2023

Geração Alpha **Matemática 6**

Direção editorial André Monteiro
Gerência editorial Lia Monguilhott Bezerra
Edição executiva Isabella Semaan
Colaboração técnico-pedagógica: Ivail Muniz Junior, Millyane M. Moura Moreira, Raíta Moreira Nascimento Lopes
Edição: Amanda da Rocha Ribeiro, Cármen Matricardi, Carolina Maria Toledo, Cecília Tiemi Ikedo, Diana Maia, Eduardo Chavante, Felipe Alves O. Lima, Luana Fernandes de Souza
Suporte editorial: Camila Alves Batista, Fernanda de Araújo Fortunato
Coordenação de preparação e revisão Cláudia Rodrigues do Espírito Santo
Preparação: Ana Paula Perestrelo, Maria Angélica Lau P. Soares
Revisão: Helena Alves Costa, Izilda de Oliveira Pereira
Apoio de equipe: Maria Clara Loureiro
Coordenação de *design* Gilciane Munhoz
***Design*:** Camila N. Ueki, Lissa Sakajiri, Paula Maestro
Ilustrações que acompanham o projeto: Laura Nunes
Coordenação de arte Vitor Trevelin
Edição de arte: Clayton Renê Pires Soares
Assistência de arte: Viviane Ayumi Yonamine
Assistência de produção: Júlia Stacciarini Teixeira
Coordenação de iconografia Josiane Laurentino
Pesquisa iconográfica: Fabio Yoshihito Matsuura
Tratamento de imagem: Marcelo Casaro
Capa Megalo | identidade, comunicação e design
Ilustração da capa: Thiago Limón
Projeto gráfico Megalo | identidade, comunicação e design; Camila N. Ueki, Lissa Sakajiri, Paula Maestro
Ilustrações que acompanham o projeto Laura Nunes
Cartografia João Miguel A. Moreira
Editoração eletrônica Setup Bureau Editoração Eletrônica
Pré-impressão Américo Jesus
Fabricação Alexander Maeda
Impressão Amity Printng

Dados Internacionais de Catalogação na Publicação (CIP)
(Câmara Brasileira do Livro, SP, Brasil)

Oliveira, Carlos N. C. de
Geração alpha matemática, 6 / Carlos N. C. de Oliveira, Felipe Fugita. -- 5. ed. -- São Paulo : Edições SM, 2023.

ISBN 978-85-418-3097-3 (aluno)
ISBN 978-85-418-3098-0 (professor)

1. Matemática 6. Matemática (Ensino fundamental)
I. Fugita, Felipe. II. Título.

23-154472 CDD-372.7

Índices para catálogo sistemático:
1. Matemática : Ensino fundamental 372.7

Cibele Maria Dias — Bibliotecária — CRB-8/9427

5ª edição, 2023
2ª impressão, 2024

SM Educação
Avenida Paulista, 1842 – 18º andar, cj. 185, 186 e 187 – Condomínio Cetenco Plaza
Bela Vista 01310-945 São Paulo SP Brasil
Tel. 11 2111-7400
atendimento@grupo-sm.com
www.grupo-sm.com/br

APRESENTAÇÃO

OLÁ, ESTUDANTE!

Ser jovem no século XXI significa estar em contato constante com múltiplas linguagens, com uma imensa quantidade de informações e com inúmeras ferramentas tecnológicas. Isso ocorre em um cenário mundial que apresenta grandes desafios nos níveis social, econômico e ambiental.

Diante dessa realidade, esta coleção foi cuidadosamente pensada para ajudar você a enfrentar esses desafios com autonomia e espírito crítico.

Atendendo a esse propósito, os textos, as imagens e as atividades propostos configuram oportunidades para você refletir sobre o que aprende, expressar suas ideias e desenvolver habilidades de comunicação nas mais diversas situações de interação em sociedade.

Também são explorados aspectos dos Objetivos de Desenvolvimento Sustentável (ODS) – pensados e estruturados pela Organização das Nações Unidas (ONU) – vinculados a aspectos próprios da área de Matemática e suas Tecnologias. Com isso, esperamos contribuir para que você compartilhe dos conhecimentos construídos pela Matemática e os utilize para fazer escolhas responsáveis e transformadoras em sua vida.

Desejamos que esta coleção contribua para que você se torne um cidadão atuante na sociedade do século XXI, capaz de questionar a realidade em que vive e de buscar respostas e soluções para superar obstáculos presentes e os que estão por vir.

Equipe editorial

Abertura da unidade

Nesta unidade, eu vou...

Nesta trilha, você conhece os objetivos de aprendizagem da unidade. Eles estão organizados por capítulos e seções e podem ser utilizados como um guia para seus estudos.

Leitura da imagem

Uma imagem vai instigar sua curiosidade! As questões propostas permitem a leitura da imagem e a relação com alguns dos assuntos que serão abordados na unidade.

Primeiras ideias

Algumas questões vão incentivar você a contar o que sabe sobre o assunto.

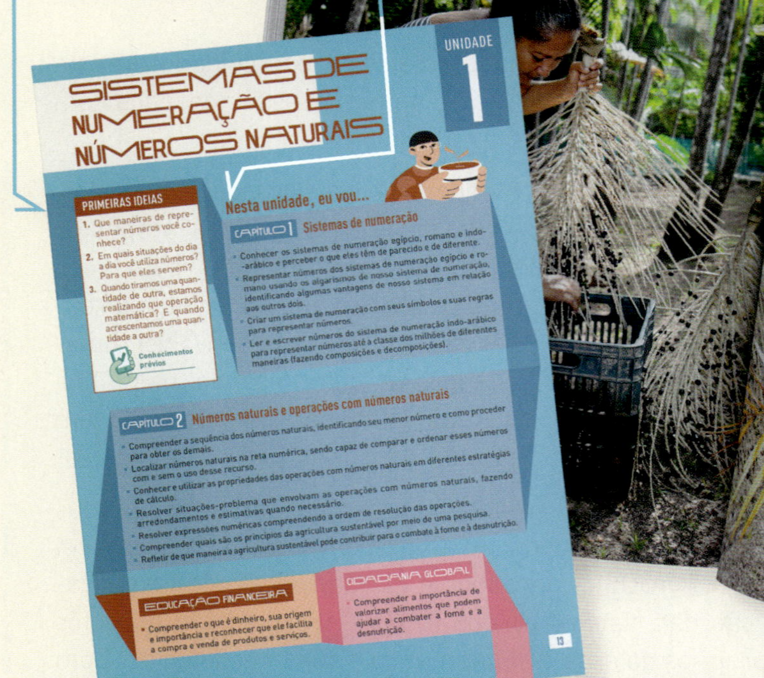

Cidadania global

É nesse boxe que começam as reflexões sobre um dos ODS. Ao percorrer a unidade, você terá contato com outras informações que ampliarão seu repertório acerca do que foi visto inicialmente.

Capítulos

Textos, imagens e esquemas apresentam o conteúdo.

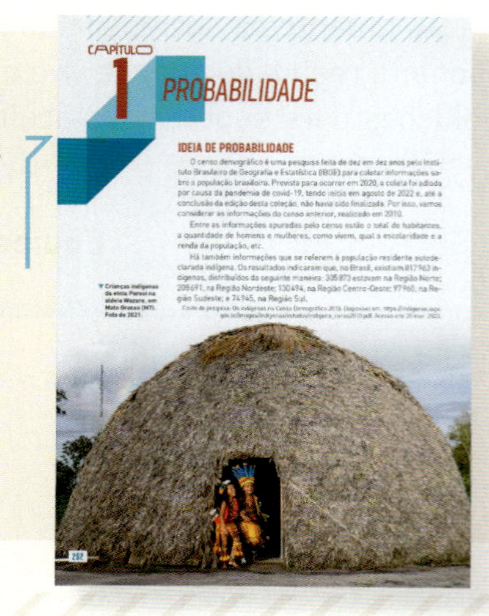

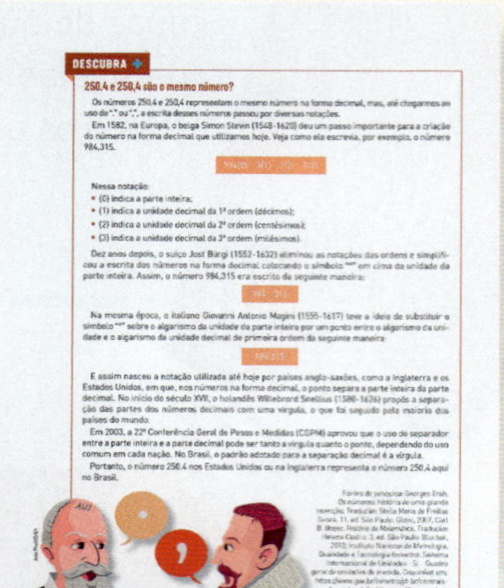

Descubra +

Nesse boxe, você vai encontrar curiosidades relacionadas ao assunto abordado na teoria.

Atividades e Mais atividades

As atividades vão ajudar você a desenvolver diferentes habilidades e competências. A seção *Atividades* vem após a apresentação de alguns conteúdos. No final de cada capítulo, há a seção *Mais atividades*. Elas estão agrupadas em dois conjuntos: *Retomar e compreender* e *Aplicar*.

Laboratório de Matemática

Nessa seção, você vai realizar atividades investigativas. Com os colegas, vai levantar hipóteses, desenvolver um trabalho investigativo ou de experimentação e elaborar conclusões para aprender mais o assunto que está sendo estudado.

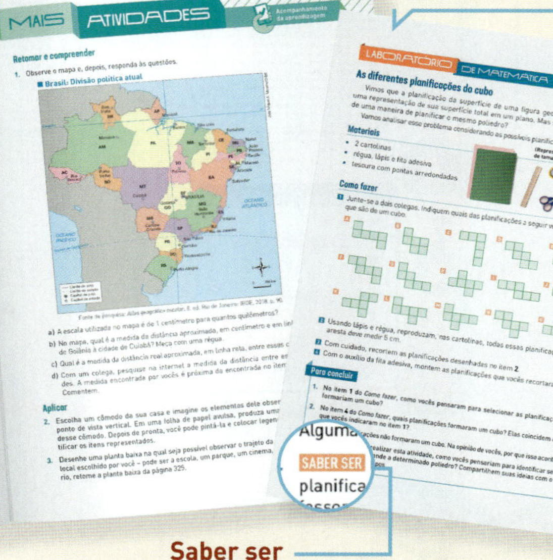

Saber ser

O selo *Saber ser* indica momentos oportunos para o desenvolvimento de competências socioemocionais: tomada de decisão responsável, autogestão, autoconsciência, consciência social e habilidades de relacionamento.

Boxes

Cidadania global

Traz informações e questões relacionadas a um ou mais aspectos do ODS apresentado na abertura da unidade para que você possa refletir sobre o seu tema e se posicionar.

Para explorar

Oferecem indicações de livros, *sites*, entre outros, relacionados ao assunto.

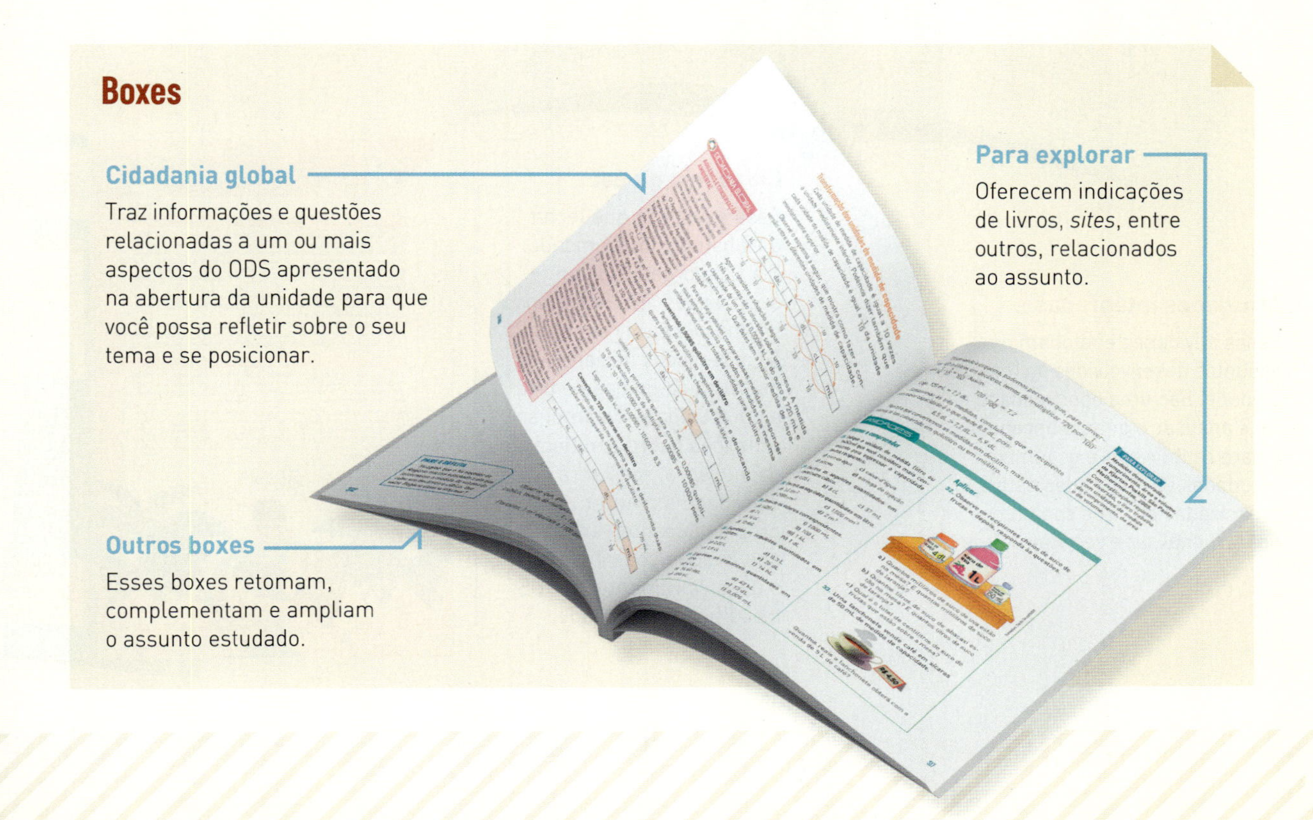

Outros boxes

Esses boxes retomam, complementam e ampliam o assunto estudado.

Fechamento da unidade

Resolvendo problemas

Nessa seção, você vai desenvolver diferentes estratégias de resolução de problemas. Além disso, vai trabalhar com habilidades de leitura, representação de informações e tomada de decisões.

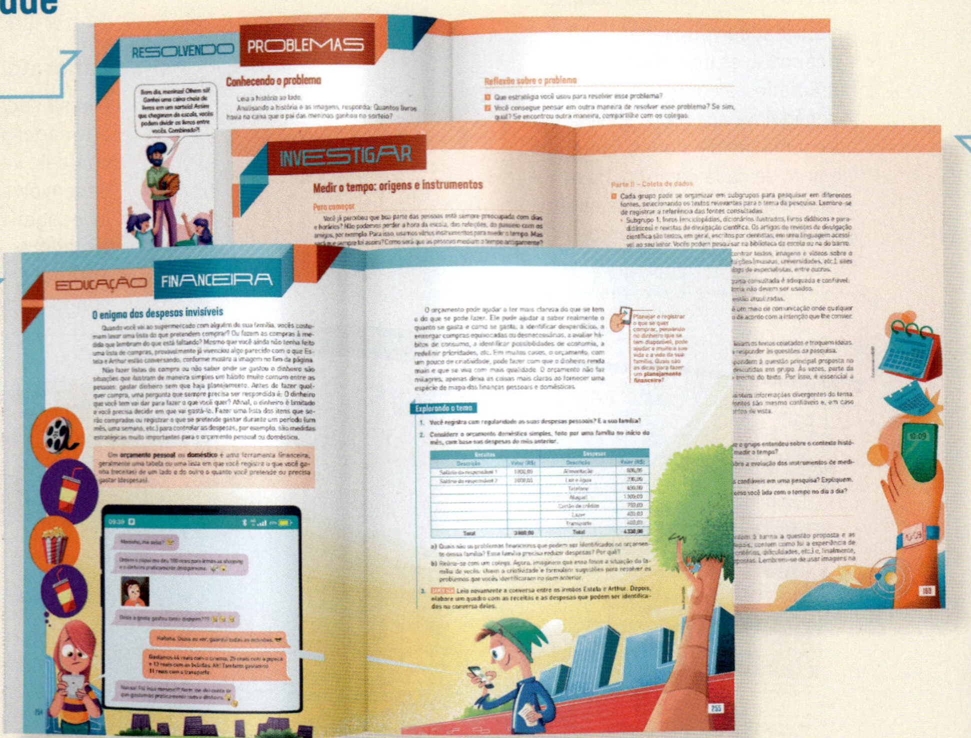

Educação financeira

Essa seção está presente no final de algumas unidades e traz temas relacionados à Educação financeira.

Investigar

Essa seção está presente em dois momentos do livro. Nela, você trabalhará com metodologias de pesquisa e poderá desenvolver sua habilidade de comunicação ao compartilhar os resultados da investigação.

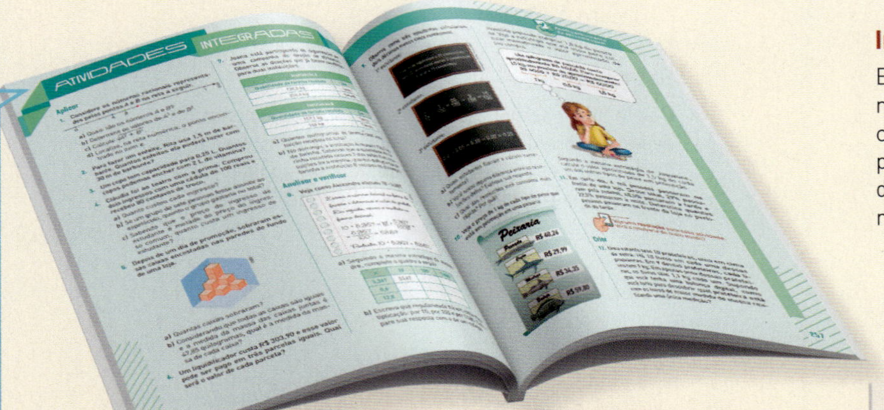

Atividades integradas

Essas atividades englobam os assuntos desenvolvidos ao longo da unidade. São uma oportunidade para você analisar o quanto aprendeu e para refletir sobre os temas estudados. As atividades estão organizadas em três conjuntos: *Aplicar*, *Analisar e verificar* e *Criar*.

Cidadania global

Essa é a seção que fecha o trabalho com a unidade. Ela está organizada em duas partes. Em *Retomando o tema*, você vai retomar as discussões iniciadas na abertura da unidade e terá a oportunidade de ampliar reflexões feitas. Em *Geração da mudança*, você será convidado a realizar uma proposta de intervenção que busque contribuir para o desenvolvimento do ODS trabalhado na unidade.

No final do livro, você também vai encontrar...

Interação

Essa seção propõe um projeto coletivo. Além de gerar um produto, que será destinado à comunidade escolar, possibilita desenvolver a competência do trabalho em equipe.

Prepare-se!

Nessa seção, há dois blocos de questões com formato semelhante ao de provas e exames oficiais como Enem, Saeb e Pisa para você verificar seus conhecimentos.

Respostas

Nessa seção, apresentamos as repostas das atividades. Ao final dela, destacamos as siglas dos exames oficiais que foram utilizados no livro.

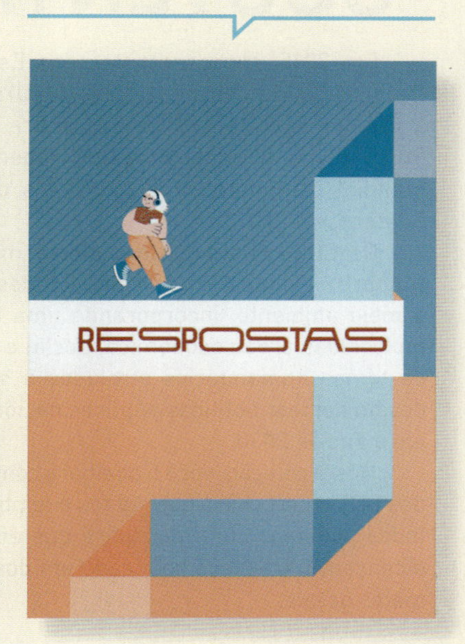

GERAÇÃO ALPHA DIGITAL

O livro digital oferece uma série de recursos para interação e aprendizagem. Aventure-se!
No livro impresso, esses recursos estão marcados com os ícones apresentados a seguir.

Atividades interativas e mapa de ideias

Esse ícone indica que, no livro digital, você encontrará propostas que compõem um ciclo avaliativo ao longo de toda a unidade. No início da unidade, poderá verificar seus conhecimentos prévios por meio de atividades interativas. Do mesmo modo, ao final dos capítulos, encontrará conjuntos de atividades interativas para realizar o acompanhamento de sua aprendizagem. Já ao final da unidade, você encontrará uma proposta para estabelecer conexões entre os assuntos abordados. Por fim, terá a oportunidade de realizar uma autoavaliação.

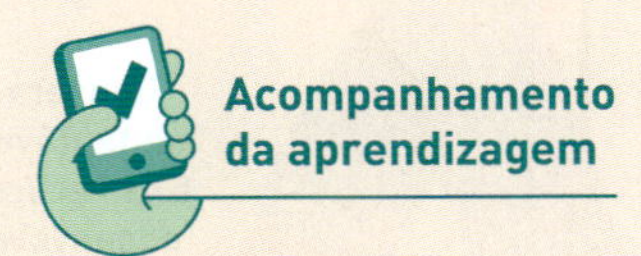

Recursos digitais

Esse ícone indica que, no livro digital, você encontrará galerias de imagens, áudios, animações, vídeos, simuladores, entre outros. Quando aparecer uma chamada como esta, acesse o recurso e faça a atividade que se pede.

O QUE SÃO OS

OBJETIVOS DE DESENVOLVIMENTO SUSTENTÁVEL

Em 2015, representantes dos Estados-membros da Organização das Nações Unidas (ONU) se reuniram durante a Cúpula das Nações Unidas sobre o Desenvolvimento Sustentável e adotaram uma agenda socioambiental mundial composta de 17 Objetivos de Desenvolvimento Sustentável (ODS).

Os ODS constituem desafios e metas para erradicar a pobreza, diminuir as desigualdades sociais e proteger o meio ambiente, incorporando uma ampla variedade de tópicos das áreas econômica, social e ambiental. Trata-se de temas humanitários atrelados à sustentabilidade que devem nortear políticas públicas nacionais e internacionais até o ano de 2030.

Nesta coleção, você trabalhará com diferentes aspectos dos ODS e perceberá que, juntos e também como indivíduos, todos podemos contribuir para que esses objetivos sejam alcançados. Conheça aqui cada um dos 17 objetivos e suas metas gerais.

1 ERRADICAÇÃO DA POBREZA

Erradicar a pobreza em todas as formas e em todos os lugares

2 FOME ZERO E AGRICULTURA SUSTENTÁVEL

Erradicar a fome, alcançar a segurança alimentar, melhorar a nutrição e promover a agricultura sustentável

11 CIDADES E COMUNIDADES SUSTENTÁVEIS

Tornar as cidades e comunidades mais inclusivas, seguras, resilientes e sustentáveis

10 REDUÇÃO DAS DESIGUALDADES

Reduzir as desigualdades no interior dos países e entre países

9 INDÚSTRIA, INOVAÇÃO E INFRAESTRUTURA

Construir infraestruturas resilientes, promover a industrialização inclusiva e sustentável e fomentar a inovação

12 CONSUMO E PRODUÇÃO RESPONSÁVEIS

Garantir padrões de consumo e de produção sustentáveis

13 AÇÃO CONTRA A MUDANÇA GLOBAL DO CLIMA

Adotar medidas urgentes para combater as alterações climáticas e os seus impactos

14 VIDA NA ÁGUA

Conservar e usar de forma sustentável os oceanos, mares e os recursos marinhos para o desenvolvimento sustentável

3 SAÚDE E BEM-ESTAR

Garantir o acesso à saúde de qualidade e promover o bem-estar para todos, em todas as idades

4 EDUCAÇÃO DE QUALIDADE

Garantir o acesso à educação inclusiva, de qualidade e equitativa, e promover oportunidades de aprendizagem ao longo da vida para todos

5 IGUALDADE DE GÊNERO

Alcançar a igualdade de gênero e empoderar todas as mulheres e meninas

8 TRABALHO DECENTE E CRESCIMENTO ECONÔMICO

Promover o crescimento econômico inclusivo e sustentável, o emprego pleno e produtivo e o trabalho digno para todos

7 ENERGIA LIMPA E ACESSÍVEL

Garantir o acesso a fontes de energia fiáveis, sustentáveis e modernas para todos

6 ÁGUA POTÁVEL E SANEAMENTO

Garantir a disponibilidade e a gestão sustentável da água potável e do saneamento para todos

15 VIDA TERRESTRE

Proteger, restaurar e promover o uso sustentável dos ecossistemas terrestres, gerir de forma sustentável as florestas, combater a desertificação, travar e reverter a degradação dos solos e travar a perda da biodiversidade

16 PAZ, JUSTIÇA E INSTITUIÇÕES EFICAZES

Promover sociedades pacíficas e inclusivas para o desenvolvimento sustentável, proporcionar o acesso à justiça para todos e construir instituições eficazes, responsáveis e inclusivas a todos os níveis

17 PARCERIAS E MEIOS DE IMPLEMENTAÇÃO

Reforçar os meios de implementação e revitalizar a parceria global para o desenvolvimento sustentável

NAÇÕES UNIDAS BRASIL. Objetivos de Desenvolvimento Sustentável. Disponível em: https://brasil.un.org/pt-br/sdgs. Acesso em: 2 maio 2023.

UNIDADE 1

UNIDADE 2

UNIDADE 3

UNIDADE 4

UNIDADE 5

UNIDADE 6

UNIDADE 7 — PROBABILIDADE E ESTATÍSTICA 259

UNIDADE 8 — GRANDEZAS E MEDIDAS 295

SISTEMAS DE NUMERAÇÃO E NÚMEROS NATURAIS

UNIDADE 1

PRIMEIRAS IDEIAS

1. Que maneiras de representar números você conhece?
2. Em quais situações do dia a dia você utiliza números? Para que eles servem?
3. Quando tiramos uma quantidade de outra, estamos realizando que operação matemática? E quando acrescentamos uma quantidade a outra?

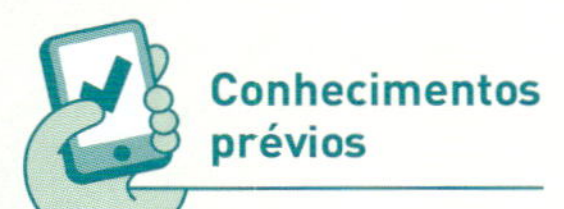
Conhecimentos prévios

Nesta unidade, eu vou...

CAPÍTULO 1 Sistemas de numeração

- Conhecer os sistemas de numeração egípcio, romano e indo-arábico e perceber o que eles têm de parecido e de diferente.
- Representar números dos sistemas de numeração egípcio e romano usando os algarismos de nosso sistema de numeração, identificando algumas vantagens de nosso sistema em relação aos outros dois.
- Criar um sistema de numeração com seus símbolos e suas regras para representar números.
- Ler e escrever números do sistema de numeração indo-arábico para representar números até a classe dos milhões de diferentes maneiras (fazendo composições e decomposições).

CAPÍTULO 2 Números naturais e operações com números naturais

- Compreender a sequência dos números naturais, identificando seu menor número e como proceder para obter os demais.
- Localizar números naturais na reta numérica, sendo capaz de comparar e ordenar esses números com e sem o uso desse recurso.
- Conhecer e utilizar as propriedades das operações com números naturais em diferentes estratégias de cálculo.
- Resolver situações-problema que envolvam as operações com números naturais, fazendo arredondamentos e estimativas quando necessário.
- Resolver expressões numéricas compreendendo a ordem de resolução das operações.
- Compreender quais são os princípios da agricultura sustentável por meio de uma pesquisa.
- Refletir de que maneira a agricultura sustentável pode contribuir para o combate à fome e à desnutrição.

EDUCAÇÃO FINANCEIRA

- Compreender o que é dinheiro, sua origem e importância e reconhecer que ele facilita a compra e venda de produtos e serviços.

CIDADANIA GLOBAL

- Compreender a importância de valorizar alimentos que podem ajudar a combater a fome e a desnutrição.

Cadu De Castro/Pulsar Imagens

LEITURA DA IMAGEM

1. **Como você descreveria o fruto do açaí?**
2. **Cada palmeira produz cerca de 4 cachos da fruta por ano. Quantos cachos de açaí uma palmeira pode produzir em dois anos?**
3. **Para a colheita segura do açaí, é minimamente necessário, entre outros:**
   - "utilizar um pente [...] para o trabalho de debulho do cacho...";
   - "roupas de trabalho mínimas e equipamentos que propiciem maior segurança: calças, camisas com manga, chapéu e, para a circulação na várzea, as botas...".

   Relatório final para o Programa Trabalho Seguro. *"O peconheiro". Diagnóstico das condições de trabalho do extrativista de açaí*. Disponível em: https://institutopeabiru.files.wordpress.com/2017/09/160915-o-peconheiro-diagnostico-acai.pdf. Acesso em: 10 mar. 2023.

   a) A mulher que aparece na foto está usando algum desses equipamentos de proteção?
   b) Ao não utilizar equipamentos de proteção, a que riscos a trabalhadora se submete?

CIDADANIA GLOBAL

O estado do Pará é o 1º no *ranking* mundial de produção e exportação do açaí, que é a fonte de renda de muitas famílias que vivem na Região Norte do Brasil. Nesse estado, o consumo de açaí também é grande, sendo comum que essa fruta seja consumida com farinha de mandioca e peixe, substituindo o arroz com feijão nas refeições.

- De que maneira a agricultura sustentável pode contribuir para o combate à fome e à desnutrição?

Ao longo desta unidade, reflita sobre esse questionamento!

Devido ao alto consumo do açaí, é importante que sejam tomadas medidas preventivas para a conservação das palmeiras, além do plantio de novas mudas. Em quantos anos a **oferta de açaí** pode diminuir?

O açaí é uma fruta tipicamente brasileira, que nasce em palmeiras que podem atingir mais de 20 metros de altura. Na foto, é possível ver uma mulher debulhando açaí na comunidade quilombola de Mangabeira, em Mocajuba (PA). Foto de 2020.

CAPÍTULO

1 SISTEMAS DE NUMERAÇÃO

A ORIGEM DOS NÚMEROS

A ideia de contagem surgiu da necessidade do homem de fazer registros de quantidades para desenvolver a agricultura ou criar animais.

Nas primeiras comunidades humanas, em que se desenvolveram as atividades de pastoreio, a quantidade de animais nos rebanhos podia ser controlada associando um objeto – como uma pequena pedra – a cada animal. Caso sobrassem pedras em uma contagem, os pastores saberiam que faltavam animais e poderiam tomar alguma providência.

Descobertas históricas mostram registros com riscos em ossos e em paredes de cavernas que evidenciam noções de contagem.

Ao longo da história, diversos povos desenvolveram formas organizadas de realizar contagens e sentiram a necessidade de registrar as quantidades que contavam. Por isso, criaram diferentes maneiras para fazer esses registros.

Pinturas rupestres na Toca do Boqueirão da Pedra Furada, no Parque Nacional Serra da Capivara. São Raimundo Nonato (PI). Foto de 2022.

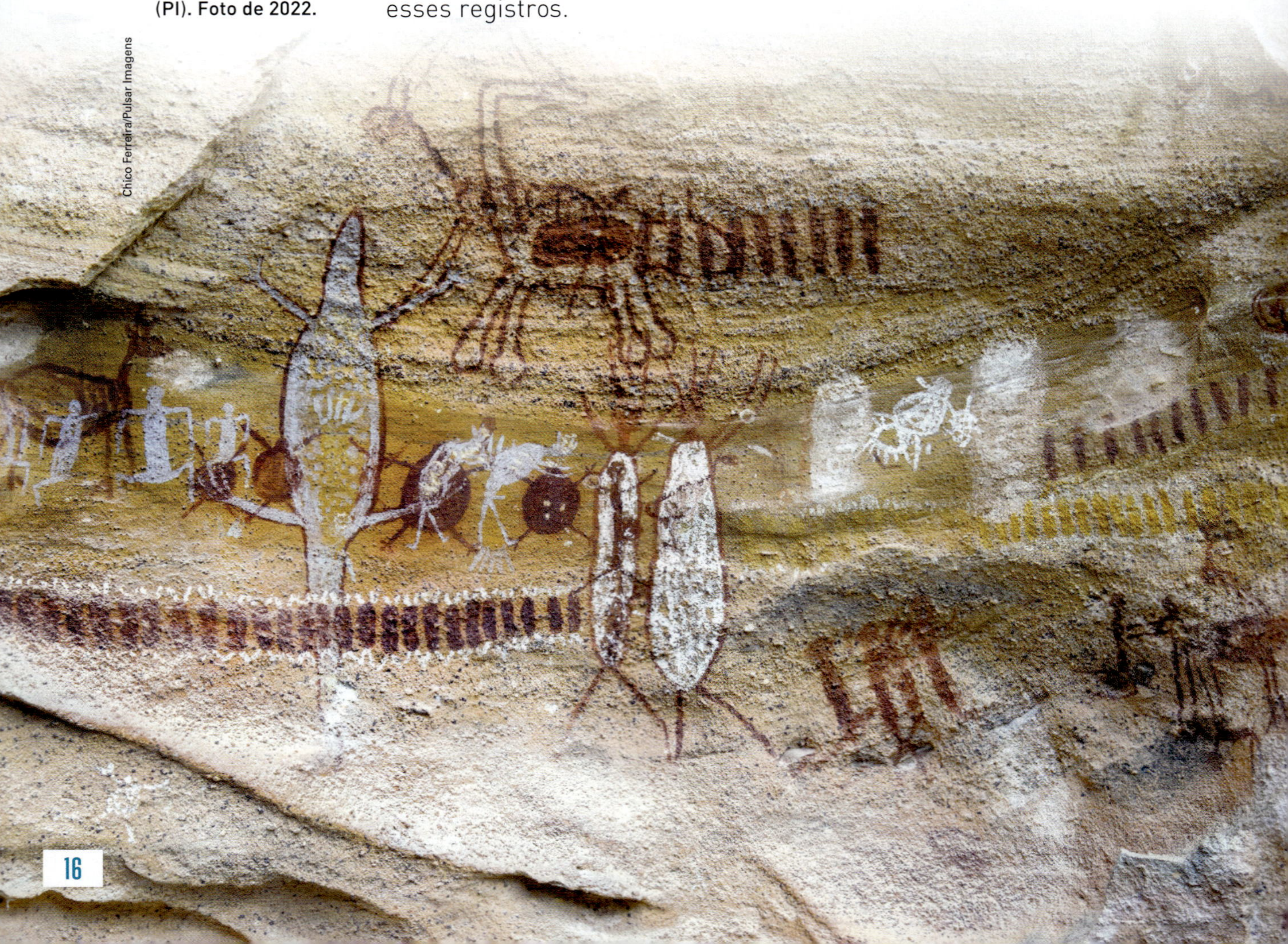

Chico Ferreira/Pulsar Imagens

O conjunto de regras e símbolos utilizados para representar quantidades é chamado de **sistema de numeração**. Neste capítulo, vamos estudar alguns sistemas de numeração.

SISTEMA DE NUMERAÇÃO EGÍPCIO

Observe, no quadro a seguir, os símbolos usados no sistema de numeração egípcio.

Símbolo	Valor numérico	Significado
	1	Traço vertical
	10	Asa, semelhante a uma ferradura
	100	Corda em forma de espiral
	1 000	Flor de lótus
	10 000	Dedo levantado
	100 000	Rã ou girino
	1 000 000	Homem ajoelhado com as mãos levantadas em direção ao céu

Fonte de pesquisa: Georges Ifrah. *História universal dos algarismos*: a inteligência dos homens contada pelos números e pelo cálculo. Tradução: Alberto Muñoz e Ana Beatriz Katinsky. Rio de Janeiro: Nova Fronteira, 1997. v. 1.

Leia agora as regras utilizadas pelo sistema de numeração egípcio para representar números.

- Cada símbolo pode ser repetido no máximo nove vezes.
- O número representado corresponde à soma dos valores de cada símbolo, não importando a ordem em que os símbolos estejam escritos.

Exemplos

A. 3 000

3 000

B. 9

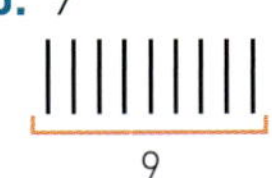

9

C. 19

9 10 $9 + 10 = 19$

D. 12 015

10 000 2 000 10 5 $10000 + 2000 + 10 + 5 = 12015$

PARA EXPLORAR

Museu Nacional do Rio de Janeiro

Que tal visitar uma exposição sobre o Egito Antigo? O Museu Nacional do Rio de Janeiro tem várias exposições relacionadas à arqueologia, entre elas uma exposição sobre o Egito Antigo. É possível agendar a visita de grupos escolares.

Caso não seja viável ir a esse museu, procure exposições sobre o Egito Antigo em museus da região onde você mora.

SISTEMA DE NUMERAÇÃO ROMANO

(Representações sem proporção de tamanho entre si)

Os símbolos usados pela civilização romana antiga para representar números são utilizados ainda hoje, por exemplo, na indicação de séculos, em nomes de ruas, em alguns relógios analógicos e na enumeração de capítulos de livros ou de textos de legislação.

▲ Placa de rua. ▲ Relógio analógico. ▲ Coleção de livros.

Observe, no quadro, os símbolos romanos e seus valores numéricos.

Símbolo	I	V	X	L	C	D	M
Valor numérico	1	5	10	50	100	500	1000

Leia, a seguir, as regras utilizadas pelo sistema de numeração romano para representar números.

- Os símbolos I, X, C e M podem ser repetidos no máximo três vezes seguidas.
- Os valores dos símbolos que se repetem são adicionados.

Exemplos

A. I: 1
II: 1 + 1 = 2
III: 1 + 1 + 1 = 3

B. X: 10
XX: 10 + 10 = 20
XXX: 10 + 10 + 10 = 30

C. C: 100
CC: 100 + 100 = 200
CCC: 100 + 100 + 100 = 300

D. M: 1000
MM: 1000 + 1000 = 2000
MMM: 1000 + 1000 + 1000 = 3000

- Quando há símbolos de menor valor numérico à direita de símbolos de maior valor numérico, eles são adicionados.

Exemplos

A. VI: 5 + 1 = 6

B. LX: 50 + 10 = 60

C. CXX: 100 + 10 + 10 = 120

D. MCCC: 1 000 + 100 + 100 + 100 = 1 300

- Se os símbolos I, X ou C estiverem à esquerda de um símbolo de maior valor numérico, eles devem ser subtraídos dele.

Exemplos

A. IV: 5 − 1 = 4

B. IX: 10 − 1 = 9

C. XL: 50 − 10 = 40

D. CM: 1 000 − 100 = 900

- As dezenas exatas são escritas usando os símbolos X, L e C.

X	XX	XXX	XL	L	LX	LXX	LXXX	XC
10	20	30	40 (50 − 10)	50	60	70	80	90 (100 − 10)

- As centenas exatas são escritas usando os símbolos C, D e M.

C	CC	CCC	CD	D	DC	DCC	DCCC	CM
100	200	300	400 (500 − 100)	500	600	700	800	900 (1 000 − 100)

- Os números até 3 999 são escritos por meio de sua decomposição em números que podem ser escritos usando as regras anteriores.

Exemplos

A. 995: CMXCV

CM XC V

900 + 90 + 5 = 995

B. 2 008: MMVIII

MM VIII

2 000 + 8 = 2 008

- Para registrar números a partir de 4 000, usam-se traços acima de um símbolo ou de um conjunto de símbolos. Um traço indica os milhares, e dois traços indicam os milhões.

Exemplos

A. $\overline{\text{XLV}}$: 45 000

$\overline{\text{XLV}}$ um traço

45 · 1 000 = 45 000

B. $\overline{\overline{\text{II}}}$: 2 000 000

2 · 1 000 000 = 2 000 000

ATIVIDADES

Retomar e compreender

1. Os números a seguir foram escritos com os símbolos do sistema de numeração egípcio. Represente-os usando os algarismos do nosso sistema de numeração.

2. Escreva os números a seguir usando os símbolos do sistema de numeração egípcio.

a) 35 b) 103 c) 264

3. Represente os números a seguir usando os símbolos da numeração romana.

a) 244
b) 1982
c) 2949
d) 3002
e) 5602
f) 1000672

4. Represente os números do sistema de numeração romano a seguir usando os algarismos do nosso sistema de numeração.

a) CCXXXI
b) CVIII
c) MMLIV
d) MCMXLIV
e) MCMXCI
f) $\overline{\overline{XIX}}CD$

Aplicar

5. Escreva os horários representados nos relógios a seguir usando o nosso sistema de numeração.

a)

b)

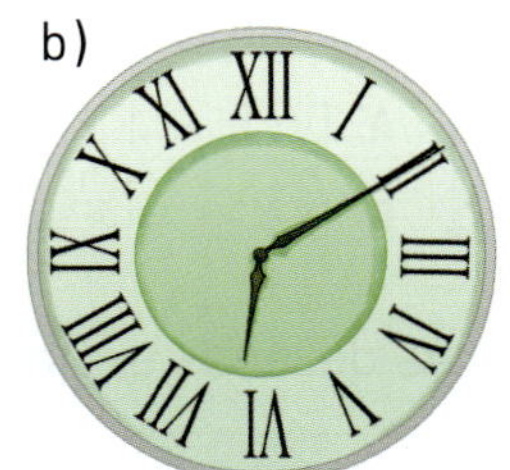

Ilustrações: Danillo Souza/ID/BR

LABORATÓRIO DE MATEMÁTICA

Criando um sistema de numeração

É interessante pensar que existiram diferentes sistemas de numeração, não é mesmo? Você também pode criar um sistema de numeração! Vamos nessa?

Materiais

- Lápis e papel

Como fazer

1. Seguindo as orientações do professor, organizem-se em duplas ou em trios.
2. Determinem quantos símbolos o sistema terá e quais serão esses símbolos.
3. Façam uma lista que indique o valor de cada símbolo no nosso sistema de numeração.
4. Escolham quantas vezes cada símbolo pode ser repetido e se a posição deles importa. Caso importe, expliquem como eles devem ser escritos.
5. Decidam se o número representado no sistema é dado pela soma dos valores dos símbolos ou se obedece a outra regra. Se obedecer a outra regra, descrevam qual é.
6. Se faltou esclarecer alguma regra, expliquem-na para concluir o sistema.
7. Deem um nome para o sistema de numeração criado.

Para concluir

1. Como se escreve o número 18 no seu sistema de numeração?

2. Qual é o maior número que pode ser representado no sistema criado? E o menor?

SISTEMA DE NUMERAÇÃO INDO-ARÁBICO

O sistema de numeração que usamos atualmente é chamado de indo-arábico. Ele foi criado há séculos pelos habitantes do vale do rio Indo, região onde hoje se localiza o Paquistão, e foi aperfeiçoado e divulgado pelos árabes. Por isso, esse sistema recebeu o nome de **sistema de numeração indo-arábico**.

Leia, a seguir, algumas características do sistema de numeração indo-arábico.

- São utilizados apenas dez símbolos, chamados de **algarismos** ou **dígitos**, para representar todos os números.

  0, **1**, **2**, **3**, **4**, **5**, **6**, **7**, **8** e **9**.

- O símbolo 0 (zero) é usado para representar a ausência de quantidade.
- Os agrupamentos são feitos de dez em dez para facilitar a contagem. Por isso, esse sistema é denominado **decimal** ou **de base 10**. Alguns desses agrupamentos recebem nomes especiais. Veja.

  10 unidades → 1 **dezena**

  10 dezenas → 1 **centena** → 100 unidades

  10 centenas → 1 **unidade de milhar** → 1 000 unidades

  10 unidades de milhar → 1 **dezena de milhar** → 10 000 unidades

- O valor do algarismo depende da posição que ele ocupa no número. Por isso, dizemos que é um **sistema posicional**.

Exemplo

- 2 222
  - → 2 unidades
  - → 2 dezenas = 2 · 10 unidades = 20 unidades
  - → 2 centenas = 2 · 100 unidades = 200 unidades
  - → 2 unidades de milhar = 2 · 1 000 unidades = 2 000 unidades

Rio Indo

Fonte de pesquisa: Georges Ifrah. *Os números*: a história de uma grande invenção. Tradução: Stella Maria de Freitas Senra. 11. ed. São Paulo: Globo, 2005.

O símbolo zero, para representar a ausência de quantidade, nem sempre existiu. Atualmente, no **sistema de numeração** indo-arábico, ele é representado pelo símbolo 0. Qual é o símbolo que foi considerado o "primeiro zero" da história?

DESCUBRA +

A origem da palavra algarismo

Mohammed Ibn Musa al-Khowarizmi (aproximadamente 780-850) foi um matemático e astrônomo árabe que viveu durante o reinado do califa Al-Mamun e ficou famoso por causa de suas obras. Ele explicou com detalhes o sistema de numeração hindu no primeiro livro árabe conhecido sobre o assunto, o que teve grande repercussão na Europa. A palavra **algarismo**, em português, derivou de seu nome, Al-Khowarizmi, que foi associado ao próprio sistema.

Fonte de pesquisa: Georges Ifrah. *Os números*: a história de uma grande invenção. Tradução: Stella Maria de Freitas Senra. 11. ed. São Paulo: Globo, 2005.

Procure algumas informações sobre a época em que Mohammed Ibn Musa al-Khowarizmi viveu e os trabalhos que realizava. Quais eventos mais influenciaram os temas de suas obras? Depois, converse com os colegas sobre o que descobriu.

▲ Selo comemorativo do 1 200º aniversário de Al-Khowarizmi, emitido em 1983 na União Soviética.

ORDEM E CLASSE

A posição que um algarismo ocupa em um número é chamada de **ordem** (unidade, dezena, centena, unidade de milhar, etc.). As ordens são agrupadas de três em três a partir das unidades. Cada um desses agrupamentos é chamado de **classe** (unidades, milhares, milhões, etc.).

Veja como se organizam as primeiras ordens e classes.

Classe dos milhões			Classe dos milhares			Classe das unidades		
Centena de milhão (9ª ordem)	Dezena de milhão (8ª ordem)	Unidade de milhão (7ª ordem)	Centena de milhar (6ª ordem)	Dezena de milhar (5ª ordem)	Unidade de milhar (4ª ordem)	Centena (3ª ordem)	Dezena (2ª ordem)	Unidade (1ª ordem)

Podemos utilizar esse quadro para ler e escrever números do sistema de numeração indo-arábico.

Exemplos

A. 17349

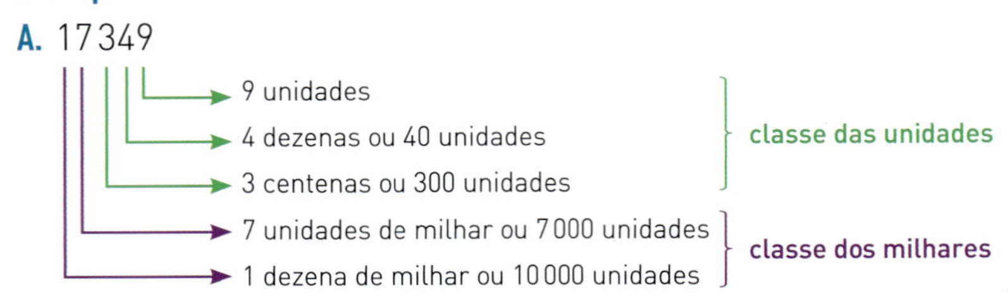

Esse número é da classe dos milhares e da ordem das dezenas de milhar (5ª ordem).

Lê-se: dezessete mil trezentos e quarenta e nove.

B. 6230125

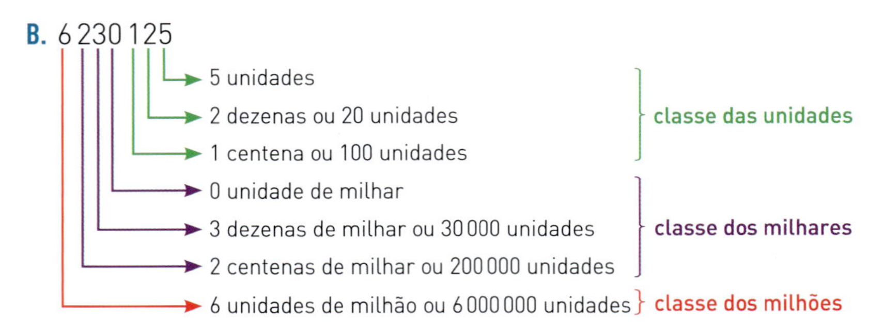

Esse número é da classe dos milhões e da ordem das unidades de milhão (7ª ordem).

Lê-se: seis milhões duzentos e trinta mil cento e vinte e cinco.

Agora, veja como podemos representar um número escrito por extenso utilizando algarismos. Como exemplo, vamos representar o número oito milhões quinhentos e quinze mil e sessenta e sete.

Primeiro, representamos esse número no quadro de ordens.

Classe dos milhões			Classe dos milhares			Classe das unidades		
Centena de milhão	Dezena de milhão	Unidade de milhão	Centena de milhar	Dezena de milhar	Unidade de milhar	Centena	Dezena	Unidade
		8	5	1	5	0	6	7

Assim, utilizando algarismos, escrevemos 8515067.

Diferentes representações de um número

Os números do sistema de numeração decimal podem ser representados de diferentes maneiras: com algarismos, usando a decomposição ou a composição, por extenso, entre outras. Acompanhe alguns exemplos.

Exemplos

A. 24 753

- Com algarismos: 24 753
- Usando a decomposição:
  $24\,753 = 20\,000 + 4\,000 + 700 + 50 + 3$ ou
  $24\,753 = 2 \cdot 10\,000 + 4 \cdot 1\,000 + 7 \cdot 100 + 5 \cdot 10 + 3 \cdot 1$
- Usando a composição:
  $20\,000 + 4\,000 + 700 + 50 + 3 = 24\,753$ ou
  $2 \cdot 10\,000 + 4 \cdot 1\,000 + 7 \cdot 100 + 5 \cdot 10 + 3 \cdot 1 = 24\,753$
- Por extenso: vinte e quatro mil setecentos e cinquenta e três.

B. 432 109

- Com algarismos: 432 109.
- Usando a decomposição:
  $432\,109 = 400\,000 + 30\,000 + 2\,000 + 100 + 9$ ou
  $432\,109 = 4 \cdot 100\,000 + 3 \cdot 10\,000 + 2 \cdot 1\,000 + 1 \cdot 100 +$
  $+ 9 \cdot 1$
- Usando a composição:
  $400\,000 + 30\,000 + 2\,000 + 100 + 9 = 432\,109$ ou
  $4 \cdot 100\,000 + 3 \cdot 10\,000 + 2 \cdot 1\,000 + 1 \cdot 100 + 9 \cdot 1 =$
  $= 432\,109$
- Por extenso: quatrocentos e trinta e dois mil cento e nove.

C. 6 785 000

- Com algarismos: 6 785 000.
- Usando a decomposição:
  $6\,785\,000 = 6\,000\,000 + 700\,000 + 80\,000 + 5\,000$ ou
  $6\,785\,000 = 6 \cdot 1\,000\,000 + 7 \cdot 100\,000 + 8 \cdot 10\,000 +$
  $+ 5 \cdot 1\,000$
- Usando a composição:
  $6\,000\,000 + 700\,000 + 80\,000 + 5\,000 = 6\,785\,000$ ou
  $6 \cdot 1\,000\,000 + 7 \cdot 100\,000 + 8 \cdot 10\,000 + 5 \cdot 1\,000 =$
  $= 6\,785\,000$
- Por extenso: seis milhões setecentos e oitenta e cinco mil.
- Com algarismos e palavras: 6 milhões 785 mil.

DECOMPOSIÇÃO E COMPOSIÇÃO DE NÚMEROS

Existem diversas maneiras de fazer a composição e a decomposição de números. Reúna-se com um colega e escreva composições e decomposições dos números 24 753, 432 109 e 6 785 000 que sejam diferentes das apresentadas nos exemplos.

Observação

Outra maneira de representar números é por meio da representação mista, ou seja, com algarismos e palavras. Essa é uma das formas mais utilizadas nos meios de comunicação, pois ela simplifica a escrita. Veja a seguir um exemplo de manchete.

731 bilhões ⟶ 731 000 000 000

Fonte de pesquisa: João Pedro Malar. Brasil movimentou mais de R$ 731 bilhões em criptomoedas entre 2021 e 2022, aponta levantamento. *Exame*, 20 out. 2022. Disponível em: https://exame.com/future-of-money/brasil-movimentou-mais-de-r-731-bilhoes-em-criptomoedas-entre-2021-e-2022-aponta-levantamento/. Acesso em: 10 mar. 2023.

ATIVIDADES

Retomar e compreender

6. Em cada item, complete as lacunas com a expressão adequada.

a) 4 575: 45 centenas, ■ e 5 unidades.

b) 4 312: ■, 3 centenas e 12 unidades.

7. Identifique a classe e a ordem dos números a seguir. Depois, escreva-os por extenso.

a) 87
b) 1 412
c) 999
d) 529
e) 2 355
f) 1 318 410

8. Utilizando apenas algarismos indo-arábicos, escreva cada um dos números.

a) Trezentos e vinte mil duzentos e cinquenta e dois.

b) Nove milhões quatrocentos e quarenta e dois mil oitocentos e quatro.

c) 4 bilhões 324 milhões 261 mil e 125.

9. Considere o número 4 572 e faça o que se pede em cada item.

a) Qual é o algarismo da ordem das dezenas?

b) Qual é o valor posicional do algarismo 5?

c) Qual é a ordem do algarismo 4?

d) Escreva esse número por extenso.

10. Decomponha os números a seguir de duas maneiras diferentes.

a) 148 914
b) 67 536 176
c) 291 464 871
d) 735 129 310

Aplicar

11. Escreva com algarismos indo-arábicos os números que satisfazem cada uma das situações a seguir.

a) O maior número formado por quatro algarismos distintos.

b) O menor número com cinco algarismos.

c) O menor número formado por quatro algarismos que tenha o algarismo 8 na ordem das centenas.

d) O maior número formado por três algarismos distintos e que tenha o algarismo 3 na ordem das unidades.

12. Determine o número que satisfaz as condições dadas a seguir.

- Sua maior ordem é a unidade de milhar.
- O algarismo da dezena é 2.
- Os três últimos algarismos são iguais.
- A soma de seus algarismos é 11.

MAIS ATIVIDADES

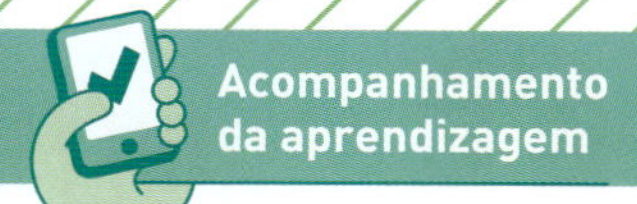

Acompanhamento da aprendizagem

Retomar e compreender

1. A pirâmide de Quéops foi construída há mais de 4 500 anos no Egito. É uma obra gigante, com altura de aproximadamente 147 metros.

Schoening/Alamy/Fotoarena

▲ Pirâmide de Quéops, Egito. Foto de 2022.

a) Escreva a medida da altura aproximada da pirâmide de Quéops usando os símbolos do sistema de numeração egípcio.

b) Escreva há aproximadamente quantos anos essa pirâmide foi construída, usando os símbolos do sistema de numeração egípcio.

2. Escreva os números do texto usando os símbolos do sistema de numeração romano.

O Instituto Butantan comemora 121 anos de existência nesta quarta (23) [de fevereiro de 2022] com a apresentação do Parque da Ciência, um conjunto de mais de 20 atrações educativas, ambientais e de lazer, para todas as idades, dentro de um complexo de 750 mil metros quadrados. O parque será inaugurado ao público em breve, após serem finalizadas as reformas em suas instalações.

Eliane/Fotoarena

▲ Estátua em tamanho real do primeiro diretor do instituto, o médico Vital Brazil (1865-1950).

Instituto Butantan comemora 121 anos e inaugura praça com estátua de Vital Brasil; em breve novo parque será inaugurado. Portal do Butantan, 23 fev. 2022. Disponível em: https://butantan.gov.br/noticias/instituto-butantan-comemora-121-anos-e-inaugura-praca-com-estatua-de-vital-brazil--em-breve-novo-parque-sera-inaugurado. Acesso em: 13 mar. 2023.

3. A tabela a seguir mostra dados publicados pela Associação Nacional dos Fabricantes de Veículos Automotores (Anfavea).

Produção de automóveis no 1º semestre de 2022

Mês	Automóveis produzidos
Janeiro	112 323
Fevereiro	130 221
Março	139 632
Abril	144 517
Maio	159 555
Junho	158 384
Total do 1º semestre	**844 632**

Fonte de pesquisa: Anfavea. Disponível em: https://anfavea.com.br/site/edicoes-em-excel/. Acesso em: 13 mar. 2023.

Escreva por extenso o que se pede.

a) A quantidade de veículos produzidos em junho de 2022.

b) A quantidade total de automóveis produzidos no 1º semestre de 2022.

Aplicar

4. Escreva o horário representado no relógio a seguir usando o sistema de numeração egípcio.

ID/BR

5. Utilizando os algarismos 2, 5 e 6, escreva todos os números de três algarismos possíveis, respeitando as condições de cada item.

a) O algarismo 2 aparece na ordem das centenas.

b) Não há algarismos iguais no mesmo número.

c) Os números têm pelo menos dois algarismos iguais.

6. Responda às questões a seguir.

a) Há algum símbolo que represente o zero no sistema de numeração romano? E no sistema de numeração egípcio?

b) Caso não exista tal símbolo nesses sistemas de numeração, isso impede a representação de algum número? Justifique sua resposta.

CAPÍTULO 2

NÚMEROS NATURAIS E OPERAÇÕES COM NÚMEROS NATURAIS

OS NÚMEROS NO DIA A DIA

De acordo com o Instituto Chico Mendes de Conservação da Biodiversidade (ICMBio), o Projeto Tamar surgiu em 1980 com o objetivo de proteger as tartarugas marinhas.

Em 1982, no Atol das Rocas, no Rio Grande do Norte, o Projeto Tamar marcou uma tartaruga marinha pela 1ª vez. A marcação das tartarugas é feita com um número de identificação, por meio do qual os pesquisadores sabem, entre outras informações, onde os animais estão, quantos eles são e qual é o tempo de vida de cada um.

Até 2021, a Fundação Projeto Tamar protegeu mais de 43 milhões de tartarugas marinhas.

No passado, as tartarugas marinhas eram utilizadas como recurso de subsistência. De que maneira o **Projeto Tamar** conseguiu conscientizar a população da importância da preservação desses animais?

No texto anterior, aparecem diversos números, mas nem todos foram utilizados com a mesma finalidade. Por exemplo, o número "1980" é usado como uma medida de tempo, o número "43 milhões" é usado para indicar uma quantidade e o número "1ª" é usado para indicar uma ordem. Há, ainda, a menção ao número da marcação das tartarugas, que é usado como um código.

Esses números são chamados de **números naturais** e podem ser utilizados para **contar**, **medir**, **ordenar** e **codificar**.

Projeto Tamar/Banco de imagens

Orlando Abrunhosa/Tyba

SEQUÊNCIA DOS NÚMEROS NATURAIS

A sequência dos números naturais é dada por:

0, 1, 2, 3, 4, 5, 6, 7, 8, 9, 10, 11, 12, 13, ...

Observe que essa sequência começa pelo 0 (zero) e, para determinarmos os termos seguintes, acrescentamos 1 unidade ao termo imediatamente anterior. Dessa maneira, a sequência nunca termina, já que sempre existe o termo seguinte. Por isso, dizemos que a sequência dos números naturais é infinita. As reticências (...) indicam que a sequência prossegue indefinidamente.

Ao reunir todos os números naturais, formamos o **conjunto dos números naturais**, que representamos por $\mathbb{N}$.

$$\mathbb{N} = \{0, 1, 2, 3, 4, 5, 6, 7, 8, 9, 10, 11, ...\}$$

O conjunto dos números naturais não nulos, ou seja, sem o zero, é representado por $\mathbb{N}^*$.

$$\mathbb{N}^* = \{1, 2, 3, 4, 5, 6, 7, 8, 9, 10, 11, ...\}$$

NÚMEROS NATURAIS PARES E ÍMPARES

A partir da sequência dos números naturais, podemos formar diversas outras sequências. Para compor a sequência dos números naturais pares, por exemplo, começamos pelo 0 e adicionamos 2 unidades a cada termo para obter o termo seguinte. Observe.

0, 2, 4, 6, 8, 10, 12, 14, 16, 18, ...

Para formar a sequência dos números naturais ímpares, começamos pelo 1 e adicionamos 2 unidades a cada termo para obter o termo seguinte. Veja.

1, 3, 5, 7, 9, 11, 13, 15, 17, 19, ...

Números consecutivos

Na sequência dos números naturais, dois ou mais números seguidos (um imediatamente após o outro) são denominados **números consecutivos**.

Exemplos

A. 0 e 1 são números naturais consecutivos.

B. 12, 13 e 14 são números naturais consecutivos.

Filhotes de tartarugas marinhas na Praia do Forte, em Mata de São João (BA). Foto de 2009. À esquerda, destaque para tartaruga do Projeto Tamar identificada com código numérico.

Antecessor e sucessor

Em uma sequência numérica, o número que está imediatamente depois de outro é chamado de **sucessor**, e o número que está imediatamente antes de outro é chamado de **antecessor**.

Exemplos

A. 1 é sucessor de 0.

B. 9 é sucessor de 8.

C. 0 é antecessor de 1.

D. 43 é antecessor de 44.

Observe que o número 0 (zero) é o único número natural que não tem antecessor; todos os outros números da sequência dos números naturais têm antecessor. Além disso, todos os números da sequência dos números naturais têm sucessor.

ATIVIDADES

Retomar e compreender

1. Responda às questões utilizando números naturais.

a) Quantos e quais são os estados da Região Nordeste do Brasil?

b) Qual é o número do telefone de emergência do Corpo de Bombeiros?

c) Em que página começa o capítulo 1 deste livro?

d) Em que horário termina sua última aula?

e) Incluindo você, quantas pessoas moram na sua casa?

- Agora, identifique com que finalidade você utilizou cada número.

Aplicar

2. Observe a sequência a seguir.

a) Considerando que o padrão da sequência se mantém, desenhe a 5ª figura dessa sequência.

b) Quantos círculos são observados em cada figura da posição 1 à posição 5?

3. A sequência dos números quadrados, também chamada de sequência dos números quadrados perfeitos, pode ser composta da seguinte maneira:

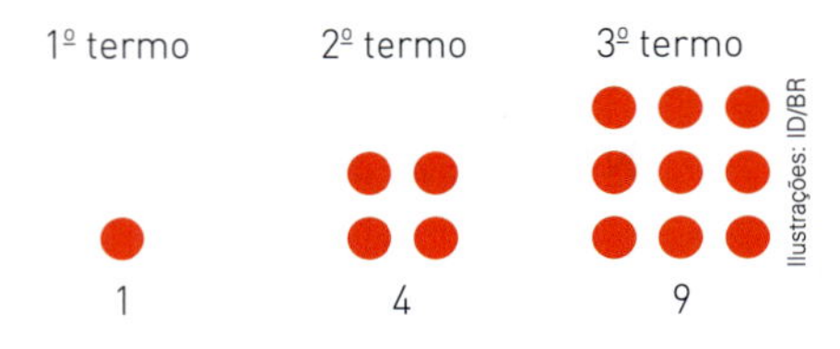

a) Observe a sequência e explique a um colega como ela foi formada.

b) Considerando que o padrão da sequência se mantém, escreva e desenhe a sequência dos números quadrados até o 10º termo.

4. Complete a sequência de números naturais consecutivos.

▭, ▭, 1 007, ▭, ▭, 1 010

5. Uma pessoa esqueceu o último dígito da senha de acesso ao seu computador, indicada a seguir.

4	7	5	0	3	★

Considerando que a senha é um número ímpar e que os dígitos não se repetem, determine os possíveis algarismos para o último dígito dessa senha.

6. Na aula de Educação Física, as amigas Carina, Joana, Marina e Flávia participaram de uma corrida. Veja a colocação de cada uma.

- Flávia foi a antecessora de Carina.
- Joana foi a sucessora de Marina.
- Marina foi a 1ª colocada.

Qual foi a ordem de chegada das amigas?

REPRESENTAÇÃO DE NÚMEROS NATURAIS EM UMA RETA NUMÉRICA

Acompanhe como podemos representar a sequência dos números naturais em uma **reta numérica**.

1º passo: Traçamos uma reta e marcamos um ponto, que vamos chamar de origem *O*.

2º passo: À direita da origem, marcamos pontos consecutivos, igualmente espaçados, por exemplo, de 1 em 1 centímetro, e determinamos os pontos *A*, *B*, *C*, *D*, *E*, ...

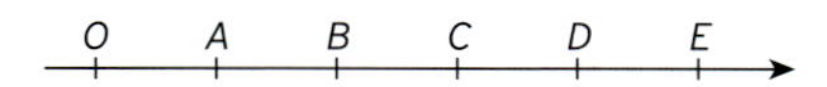

3º passo: Associamos os pontos *O*, *A*, *B*, *C*, *D*, *E*, ... aos números 0, 1, 2, 3, 4, 5, ..., respectivamente.

O A B C D E
0 1 2 3 4 5

A medida da distância entre dois pontos correspondentes a dois números naturais consecutivos é sempre a mesma.

Ao traçar uma reta numérica, nem sempre precisamos representar sua origem.

OBSERVAÇÃO

Uma reta numérica pode ser representada de diferentes maneiras. Neste livro, representaremos a reta numérica na direção horizontal e em ordem crescente da esquerda para a direita.

Exemplos

A. Vamos representar a sequência 4, 6, 8, 10, 12 na reta numérica.

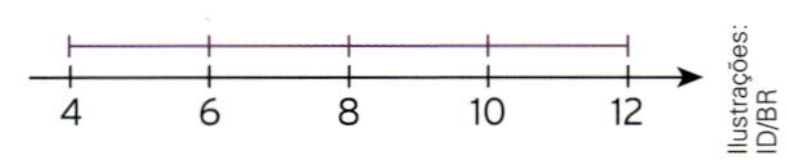

Ilustrações: ID/BR

Observe que a distância entre 4 e 6, entre 6 e 8, entre 8 e 10 e entre 10 e 12 é a mesma.

B. Vamos representar a sequência 10, 20, 30, 40 na reta numérica.

Observe que a distância entre 10 e 20, entre 20 e 30 e entre 30 e 40 é a mesma.

C. Vamos representar a sequência 3, 5, 7, 9, 11 na reta numérica.

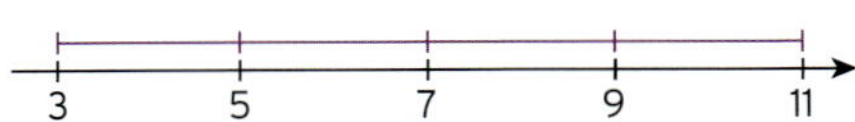

Observe que a distância entre 3 e 5, entre 5 e 7, entre 7 e 9 e entre 9 e 11 é a mesma.

COMPARAÇÃO DE NÚMEROS NATURAIS

Vamos estudar duas maneiras de comparar números naturais: em uma reta numérica e por ordens.

Comparação de números naturais em uma reta numérica

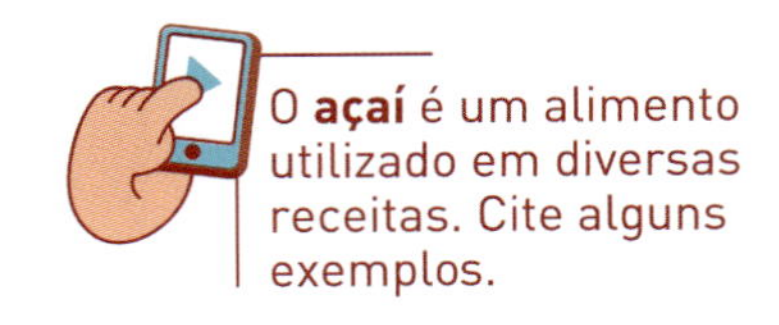

O **açaí** é um alimento utilizado em diversas receitas. Cite alguns exemplos.

O açaí é um alimento rico em proteínas, fibras, lipídios e minerais. Uma porção de 100 g de açaí tem, aproximadamente, 13 g de proteínas, 48 g de lipídeos e 34 g de fibras. Qual desses nutrientes é mais abundante no açaí?

Para estudar a relação entre as quantidades desses nutrientes no açaí, vamos representar esses números em uma reta numérica.

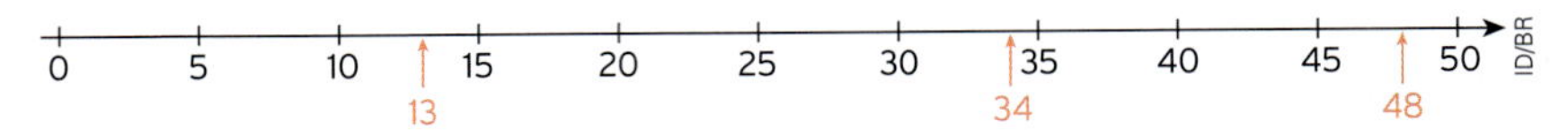

Um número é **maior que** ($>$) outro quando, representado na reta numérica, ele está à direita deste. Do mesmo modo, um número é **menor que** ($<$) outro quando, representado na reta numérica, ele está à esquerda deste.

Assim, observando a reta numérica, temos $13 < 34$, pois 13 está à esquerda do 34, e $48 > 34$, pois 48 está à direita do 34. Do mesmo modo, podemos afirmar que $48 > 34$, $34 < 48$, $48 > 13$ e $13 < 48$.

Portanto, os lipídios são os nutrientes em maior abundância no açaí.

Comparação de números naturais por ordens

Se dois números naturais têm ordens diferentes, o maior é aquele que tem a maior ordem.

Exemplo

Vamos comparar os números 1 429 400 000 e 227 940 000.

O número 1 429 400 000 é da 10ª ordem, e o número 227 940 000 é da 9ª ordem.

Portanto, $1\,429\,400\,000 > 227\,940\,000$.

Se dois números naturais têm as ordens iguais, comparamos o algarismo de cada ordem, da esquerda para a direita, até que um deles apresente o algarismo de uma ordem maior que o algarismo da mesma ordem no outro.

Exemplo

Vamos comparar os números 149 600 000 e 108 200 000.

Ambos os números pertencem à 9ª ordem.

Ao comparar os algarismos da 9ª ordem, não é possível concluir qual dos dois números naturais é maior (1 = 1).

No entanto, quando comparamos os algarismos da 8ª ordem, é possível identificar o maior (4 > 0).

149 600 000
108 200 000

Portanto, 149 600 000 > 108 200 000.

Ordem crescente e ordem decrescente

Quando apresentamos os números em uma sequência do menor número para o maior, dizemos que a sequência está em ordem crescente. E quando apresentamos os números em uma sequência do maior número para o menor, dizemos que a sequência está em ordem decrescente.

Exemplos

A. 5, 6, 9, 10, 14 → sequência de números em ordem crescente

B. 100, 98, 96, 94, 92 → sequência de números em ordem decrescente

ATIVIDADES

Retomar e compreender

7. Em cada item, determine quais números naturais devem ser escritos nos lugares indicados pelos quadrados.

a) b)

c) d)

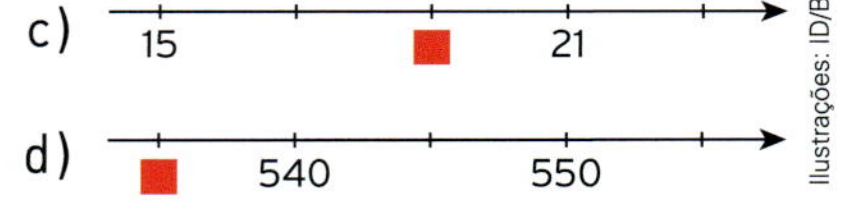

Ilustrações: ID/BR

8. Represente em uma reta numérica cada uma das sequências a seguir.

a) 0, 1, 2, 3, 4, 5.

b) 5, 10, 15, 20, 25, 30.

c) 2, 5, 8, 11, 14, 17.

d) 50, 150, 250, 350, 450, 550.

9. Escreva uma sequência de cinco números naturais consecutivos começando com o 8. Depois, represente essa sequência em uma reta numérica.

Aplicar

10. Represente cada par de números a seguir em uma reta numérica. Depois, indique a relação entre eles usando os símbolos > ou <.

a) 42 e 56

b) 46 e 573

c) 651 e 234

d) 6 202 e 6 207

11. Escreva os números de cada item em ordem crescente.

a) 958, 895, 985, 589

b) 1 423, 1 432, 1 324, 1 234

c) 3 756, 3 567, 3 576, 3 765

12. Uma sequência numérica inicia em 42 e os números aumentam de 3 em 3. Se os números dessa sequência forem representados em uma reta numérica, quantos números entre o 46 e o 67 estarão representados? Quais são esses números?

ADIÇÃO DE NÚMEROS NATURAIS

Usamos a adição quando queremos juntar ou unir duas ou mais quantidades ou acrescentar uma quantidade a outra.

Acompanhe algumas situações que envolvem a ideia de adição de números naturais.

Situação 1

Ana Katharine Frota/ID/BR

Rafaela comprou os dois livros que faltavam em sua coleção de ficção para ler durante as férias de julho. Um dos livros tem 216 páginas, e o outro tem 176 páginas. Quantas páginas Rafaela terá para ler nas férias?

Para resolver esse problema, devemos calcular 216 + 176.

Esse cálculo pode ser feito de diferentes maneiras. A seguir, vamos apresentar duas delas. Acompanhe.

1ª maneira: Usando a decomposição.

Primeiro, decompomos cada uma das parcelas. Uma decomposição possível é em ordens:

$$216 = 200 + 10 + 6$$
$$176 = 100 + 70 + 6$$

Depois, adicionamos as parcelas do seguinte modo:

$$216 + 176 = (200 + 100) + (10 + 70) + (6 + 6) =$$
$$300 + 80 + 12 =$$
$$300 + 80 + 10 + 2 =$$
$$300 + 90 + 2 = 392$$

2ª maneira: Usando o algoritmo usual da adição.

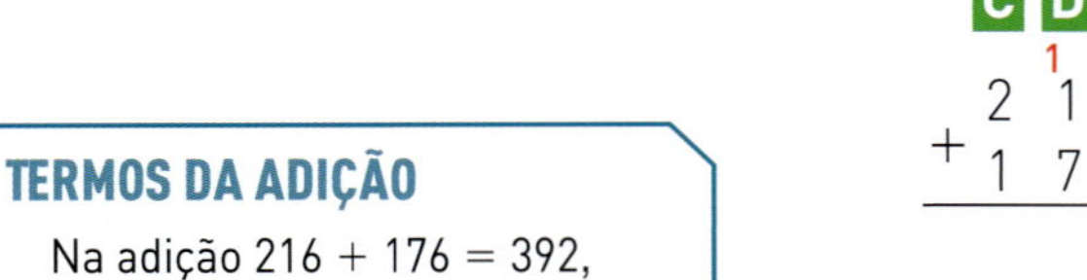

C	D	U
2	¹1	6
+ 1	7	6
		2

Ao adicionar 6 unidades a 6 unidades, obtemos **12 unidades**, que representamos como **1 dezena** e **2 unidades**.

C	D	U
2	¹1	6
+ 1	7	6
	9	2

Adicionamos a dezena obtida às demais dezenas, obtendo **9 dezenas** (1 + 1 + 7 = 9).

C	D	U
2	¹1	6
+ 1	7	6
3	9	2

Adicionamos as centenas, obtendo **3 centenas** (2 + 1 = 3).

Assim, concluímos que Rafaela terá 392 páginas para ler nas férias de julho.

TERMOS DA ADIÇÃO

Na adição 216 + 176 = 392, dizemos que 216 e 176 são as parcelas da adição e que 392 é a soma ou o total da adição.

```
  2 1 6  ←—— parcela
+ 1 7 6  ←—— parcela
  -----
  3 9 2  ←—— soma ou total
```

Situação 2

No primeiro dia de colheita de uma cultura de feijão, foram colhidas 510 sacas; no segundo dia, 284 sacas; e, no terceiro dia, 179 sacas. Quantas sacas foram colhidas nesses três dias?

Para saber o total de sacas de feijão que foram colhidas nos três dias, temos de juntar ou unir as quantidades. Ou seja, devemos efetuar a adição 510 + 284 + 179.

Acompanhe como podemos obter o resultado dessa adição usando o algoritmo usual.

$$\begin{array}{cccc} & C & D & U \\ & & 1 & \\ & 5 & 1 & 0 \\ & 2 & 8 & 4 \\ + & 1 & 7 & 9 \\ \hline & & & 3 \end{array}$$

Ao adicionar 4 unidades a 9 unidades, obtemos **13 unidades**, que representamos como **1 dezena** e **3 unidades**.

$$\begin{array}{cccc} & C & D & U \\ & 1 & 1 & \\ & 5 & 1 & 0 \\ & 2 & 8 & 4 \\ + & 1 & 7 & 9 \\ \hline & & 7 & 3 \end{array}$$

Ao adicionar **1 dezena** a 1 dezena mais 8 dezenas mais 7 dezenas, obtemos **17 dezenas**, que representamos como **1 centena** e **7 dezenas**.

$$\begin{array}{cccc} & C & D & U \\ & 1 & 1 & \\ & 5 & 1 & 0 \\ & 2 & 8 & 4 \\ + & 1 & 7 & 9 \\ \hline & 9 & 7 & 3 \end{array}$$

Ao adicionar **1 centena** a 5 centenas mais 2 centenas mais 1 centena, obtemos **9 centenas**.

Portanto, nesses três dias, foram colhidas 973 sacas de feijão.

Situação 3

Ricardo e Joana participaram de uma gincana composta de três fases. Na primeira fase, Ricardo fez 15 pontos e Joana fez 21 pontos. Na segunda fase, Ricardo fez 19 pontos e Joana fez 13 pontos. Na terceira fase, os dois marcaram o mesmo número de pontos: 14. Vamos verificar qual deles teve o melhor desempenho na gincana.

Calculando o total de pontos que Ricardo e Joana fizeram nas duas primeiras fases, temos:

- Ricardo: 15 + 19 = 34
- Joana: 21 + 13 = 34

Na terceira fase, os dois marcaram o mesmo número de pontos. Calculando o total de pontos de cada um, temos:

- Ricardo: 34 + 14 = 48
- Joana: 34 + 14 = 48

Note que, nas duas primeiras fases, Ricardo e Joana marcaram o mesmo número de pontos, mas de maneiras diferentes. Podemos, então, escrever a igualdade:

$$15 + 19 = 21 + 13$$

Portanto, Ricardo e Joana tiveram o mesmo desempenho na gincana.

Como o total de pontos marcados nas três fases foi o mesmo, podemos escrever a igualdade:

$$15 + 19 + 14 = 21 + 13 + 14$$

Repare que, ao adicionar 14 unidades aos dois membros da igualdade 15 + 19 = 21 + 13, a relação de igualdade se manteve verdadeira.

Essa relação é sempre válida. Ou seja, ao adicionar um mesmo número natural aos dois membros de uma igualdade, a relação de igualdade se mantém.

Exemplo

Sabemos que $8 + 15 = 20 + 3$, pois $23 = 23$.

Adicionando 6 aos dois membros dessa igualdade, temos:

$$8 + 15 + 6 = 20 + 3 + 6$$

$$23 + 6 = 23 + 6$$

$$29 = 29$$

Propriedades da adição

Vamos estudar as propriedades da adição.

Propriedade comutativa da adição

Calcule mentalmente as adições a seguir.

$8 + 5$ $\qquad$ $5 + 8$

Qual é o resultado dessas adições?

Agora, escolha outros pares de números e realize a adição deles. Depois, troque a ordem das parcelas e compare o resultado de cada adição. O que você percebeu nessas adições?

> Em uma adição de números naturais, a ordem das parcelas não altera a soma.

Propriedade associativa da adição

Calcule mentalmente as seguintes adições:

$(11 + 3) + 6$ $\qquad$ $11 + (3 + 6)$

Quais resultados você obteve?

Agora, escolha outros três números. Efetue a adição das duas primeiras parcelas e adicione o resultado à última parcela. Depois, efetue a adição das duas últimas parcelas e adicione o resultado à primeira parcela. O que você percebeu comparando essas adições?

> Em uma adição de três ou mais números naturais, podemos associar as parcelas de diferentes maneiras sem alterar a soma.

Elemento neutro da adição

Calcule o resultado das adições a seguir.

$17 + 0$ $\qquad$ $54 + 0$ $\qquad$ $1003 + 0$ $\qquad$ $2450 + 0$

O que você percebeu nessas adições?

> Em uma adição de duas parcelas em que uma delas é igual a 0 (zero), a soma é igual à outra parcela. Dizemos que o zero é o elemento neutro da adição.

ATIVIDADES

Retomar e compreender

13. Efetue as adições a seguir.

a) 832 + 165
b) 1367 + 68
c) 2973 + 127
d) 3628 + 2406
e) 5349 + 164
f) 25 + 16 + 135

14. Em cada item, escreva o número que torna a igualdade verdadeira.

a) 12 + 8 + 7 = 15 + 5 + ■
b) 32 + 6 + 2 = 20 + 18 + ■
c) 150 + 372 + 281 = 222 + 300 + ■
d) 1285 + 315 + 2178 = 1200 + 400 + ■

15. Indique qual propriedade da adição foi utilizada em cada igualdade.

a) 135 + 15 = 15 + 135
b) (210 + 70) + 40 = 210 + (70 + 40)
c) 1480 + 0 = 1480
d) 369 + 267 = 267 + 369

Aplicar

16. Aplicando as propriedades da adição, calcule mentalmente as adições a seguir.

a) 900 + 95 + 1100 + 5
b) 800 + 6 + 1 + 200 + 3
c) 3200 + 5 + 1 + 534 + 800

17. Observe como Michele efetuou a adição 46 + 29.

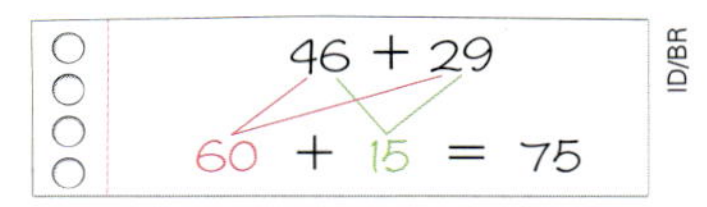

Para efetuar essa adição, ela pensou assim:

As parcelas da adição podem ser decompostas da seguinte maneira:

46 = 40 + 6 e 29 = 20 + 9

Então, posso escrever 46 + 29 assim:

40 + 6 + 20 + 9

Usando as propriedades comutativa e associativa da adição, tenho:

40 + 6 + 20 + 9 = 40 + 20 + 6 + 9 =
= 60 + 15 = 75

Faça como Michele e resolva as adições aplicando as propriedades da adição.

a) 32 + 13 + 25
b) 42 + 0 + 105 + 8

18. Substitua os símbolos pelo algarismo que torna as adições corretas.

a)

		4	✦	■
+		✦	3	9
	1	2	1	4

b)

		✦	6	4	✸
+		3	■	♦	7
	1	1	2	3	1

19. Observe a regra e determine os valores indicados por *A*, *C*, *D* e *E*.

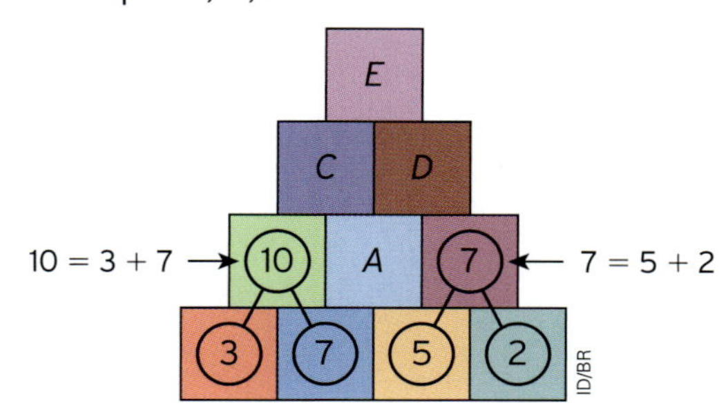

20. Sabendo que, em um quadrado mágico, a soma dos números de cada linha, de cada coluna e de cada diagonal é a mesma, complete o quadrado mágico a seguir.

21. Resolva a adição a seguir de dois modos diferentes e, depois, responda às questões.

7 + 32 + 43 + 8 + 10

a) Você obteve o mesmo resultado nas duas vezes que resolveu a adição?
b) Compare os modos que você usou para resolver a adição com os utilizados por um colega. Quais diferenças você observou?
c) Quais propriedades da adição garantem que você e o colega obtenham a mesma soma ao resolver a adição do quadro?

22. Em cada expressão, as letras representam números naturais. Usando as propriedades da adição, descubra que números são esses.

a) $a + 10 = 10$
b) $4 + (5 + 3) = (b + 5) + 3$

SUBTRAÇÃO DE NÚMEROS NATURAIS

Agora, vamos estudar algumas situações que envolvem subtrações de números naturais.

Situação 1

A prefeitura do município em que Marcos vive tem um projeto de distribuição de mudas de árvore. No início do mês, foram distribuídas 327 mudas, e, nas primeiras semanas, 145 mudas foram plantadas. Quantas mudas ainda não foram plantadas?

Para saber quantas mudas ainda não foram plantadas, devemos tirar a quantidade de mudas que já foram plantadas da quantidade de mudas distribuídas, ou seja, devemos efetuar a subtração 327 − 145.

Acompanhe o passo a passo de como calcular essa subtração usando o algoritmo usual.

	C	D	U
	3	2	7
−	1	4	5
			2

Ao subtrair 5 unidades de 7 unidades, obtemos 2 unidades.

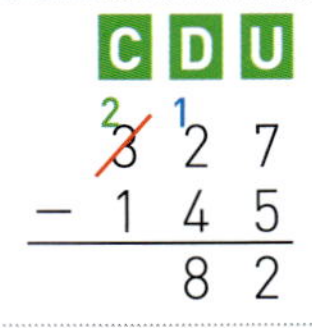

Não é possível subtrair 4 dezenas de 2 dezenas, então transferimos **1 centena**, que corresponde a **10 dezenas**, para a ordem das dezenas, totalizando 12 dezenas.
Ao subtrair 4 dezenas de 12 dezenas, obtemos 8 dezenas.

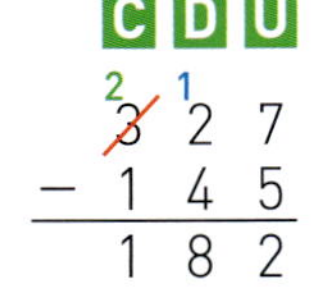

Ao subtrair 1 centena de 2 centenas, obtemos 1 centena.

Logo, 182 mudas ainda não foram plantadas.

TERMOS DA SUBTRAÇÃO

Na subtração 327 − 145 = 182, dizemos que 327 é o minuendo, 145 é o subtraendo e 182 é a diferença ou o resto.

3 2 7	←	minuendo
− 1 4 5	←	subtraendo
1 8 2	←	diferença ou resto

CIDADANIA GLOBAL

AGRICULTURA SUSTENTÁVEL

Você já ouviu falar em agricultura sustentável? A prática da agricultura sustentável consiste em respeitar o meio ambiente, ser socialmente justa e, também, economicamente viável. Essa ideia tem sido empregada na produção de açaí do estado do Pará.

A técnica do MANEJAÍ [Centro de Referência em Manejo de Açaizais Nativos do Marajó], [...] foi desenvolvida pelos técnicos da Embrapa José Antônio Leite e Silas Mochiutti e já possibilitou o aumento de 30% na produção do fruto. [...]

Leite explica que o açaizeiro precisa de biodiversidade para produzir: "Especialmente das árvores folhosas e madeireiras para trazer nutrientes do fundo do solo para a superfície [...]". Segundo ele, com o aumento da biodiversidade [...], a capacidade de produção das comunidades pode passar de uma para seis toneladas de açaí.

Sustentabilidade estimulada na produção de açaí. *Notícia Sustentável*, 2 out. 2022. Disponível em: https://www.noticiasustentavel.com.br/sustentabilidade-estimulada-acai/. Acesso em: 14 mar. 2023.

1. A agricultura sustentável tem alguns princípios. Você conhece algum deles? Faça uma breve pesquisa sobre esses princípios e elabore uma lista com alguns deles.
2. Reúna-se com dois colegas para refletir sobre a seguinte questão: De que maneira a agricultura sustentável pode contribuir para o combate à fome e à desnutrição?

Situação 2

De acordo com o planejamento da prefeitura, há espaço suficiente para 627 mudas de árvores no bairro onde Luiza mora. Já foram plantadas 326 mudas. Quantas mudas ainda podem ser plantadas nesse bairro?

Jovem plantando muda de árvore em praça.

Nesse caso, o que se quer saber é quantas mudas de árvores faltam ser plantadas para completar o total de 627 mudas. Para determinar quantas mudas ainda podem ser plantadas, temos de efetuar a subtração 627 − 326.

Acompanhe como efetuar esse cálculo usando a decomposição.

Primeiro, decompomos o minuendo e o subtraendo. Uma decomposição possível é em ordens:

$$627 = 600 + 20 + 7$$
$$326 = 300 + 20 + 6$$

Depois, efetuamos a subtração da seguinte maneira:

$$627 - 326 = \underbrace{(600 - 300)} + \underbrace{(20 - 20)} + \underbrace{(7 - 6)} =$$
$$= 300 + 0 + 1 = 301$$

Logo, ainda podem ser plantadas 301 mudas de árvores nesse bairro.

Situação 3

Em janeiro, Heitor conseguiu juntar 340 reais e Janaína, 120 reais. No mês seguinte, Heitor gastou 180 reais e Janaína ganhou 40 reais. Se essas foram as únicas movimentações financeiras que eles realizaram, ao final de fevereiro com quantos reais cada um ficou?

Temos o seguinte:

- Heitor: **340 − 180** = 160
- Janaína: **120 + 40** = 160

Heitor e Janaína ficaram com a mesma quantia, R$ 160,00. Observe que podemos escrever a seguinte igualdade:

$$\mathbf{340 - 180 = 120 + 40}$$

Agora, imagine que, em março, eles gastaram 50 reais cada um. Calculando a quantia que cada um ficou, temos:

- Heitor: **340 − 180 − 50** = 110
- Janaína: **120 + 40 − 50** = 110

Como a quantia com que cada um ficou foi a mesma, podemos escrever a igualdade:

$$\mathbf{340 - 180 - 50 = 120 + 40 - 50}$$

Comparando as igualdades a seguir, o que você percebe?

$$340 - 180 = 120 + 40 \quad \text{e} \quad 340 - 180 - 50 = 120 + 40 - 50$$

Repare que, ao subtrair 50 unidades dos dois membros da igualdade 340 − 180 = 120 + 40, a relação de igualdade se manteve verdadeira.

Essa relação é sempre válida. Ou seja, ao subtrairmos um mesmo número natural dos dois membros de uma igualdade, a relação de igualdade se mantém.

Exemplo

Sabemos que $971 - 437 = 694 - 160$, pois $534 = 534$.

Subtraindo **185** de cada um dos membros, temos:

$$971 - 437 - 185 = 694 - 160 - 185$$
$$534 - 185 = 534 - 185$$
$$349 = 349$$

Relação fundamental da subtração

Ricardo foi a uma loja comprar um fogão novo. Ele gostou de um modelo que custa R$ 1 375,00. Conversando com o vendedor, conseguiu um desconto de R$ 35,00. Ao chegar no caixa, o atendente lhe cobrou R$ 1 340,00.

Para verificar se o valor está correto, Ricardo poderia realizar uma subtração ou uma adição.

- Subtração:

valor inicial do fogão − valor do desconto = valor cobrado

$$\underbrace{1375}_{\text{minuendo}} - \underbrace{35}_{\text{subtraendo}} = \underbrace{1340}_{\text{resto ou diferença}}$$

- Adição:

valor cobrado + valor do desconto = valor inicial do fogão

$$\underbrace{1340}_{\text{resto ou diferença}} + \underbrace{35}_{\text{subtraendo}} = \underbrace{1375}_{\text{minuendo}}$$

Para verificar se uma subtração está correta, podemos realizar uma adição, pois, ao adicionar o subtraendo com o resto (ou com a diferença), devemos obter o minuendo. Essa é a **relação fundamental da subtração**.

A adição e a subtração são operações inversas entre si.

Portanto, se:

minuendo − subtraendo = resto ou diferença

Então:

resto ou diferença + subtraendo = minuendo

Exemplo

Considere a subtração $25 - 10 = 15$.

Podemos verificar o resultado dessa subtração utilizando a relação fundamental da subtração:

$$15 + 10 = 25$$

Portanto, a diferença $25 - 10$ é, de fato, 15.

ARREDONDAMENTOS E ESTIMATIVAS

Você viu, até agora, alguns recursos e estratégias que podem ser utilizados para realizar um cálculo exato. Existem ocasiões, porém, em que fazer uma estimativa é suficiente para avaliar uma situação. De maneira geral, antes de fazer uma estimativa, arredondamos os valores envolvidos.

Situação 1

Cássio está fazendo um trabalho sobre a população de um município do estado em que mora. Em suas buscas, ele encontrou que, em 2023, havia 17 477 habitantes nesse município. Para facilitar sua análise, ele vai considerar uma quantidade aproximada de habitantes.

Para aproximar essa quantidade, Cássio pode arredondar esse número de diferentes maneiras.

- Arredondar para a dezena de milhar mais próxima:

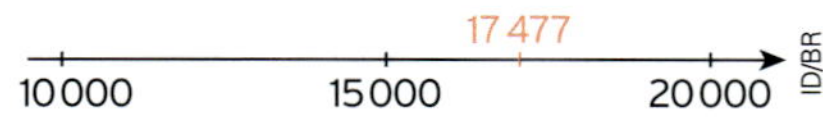

O número 17 477 está mais próximo de 20 000 do que de 10 000, então o arredondamento do número 17 477 para a dezena de milhar é 20 000.

- Arredondar para a unidade de milhar mais próxima:

17 477
17 000 17 500 18 000
ID/BR

O número 17 477 está mais próximo de 17 000 do que de 18 000, então o arredondamento do número 17 477 para a unidade de milhar é 17 000.

Seguindo o mesmo raciocínio, para Cássio arredondar para a centena mais próxima e para a dezena mais próxima, temos:

- Centena mais próxima: 17 500
- Dezena mais próxima: 17 480

Vimos que não existe apenas uma possibilidade de arredondar um número. Ou seja, ao fazer um arredondamento, é preciso verificar e utilizar o arredondamento que considerar mais adequado e prático.

PARE E REFLITA

Em qual dos arredondamentos Cássio obteve uma quantidade mais próxima da quantidade exata? Explique como você pensou.

Situação 2

Em uma escola, 934 estudantes estão no período da manhã e 878, no período da tarde. Vamos estimar quantos estudantes estudam no colégio.

Para fazer essa estimativa, podemos arredondar o número de estudantes que estudam na parte da manhã e na parte da tarde e, então, adicionar os valores obtidos.

Vamos arredondar os números para a centena mais próxima.

- Período da manhã: 934 ⟶ 900
- Período da tarde: 878 ⟶ 900

$900 + 900 = 1800$

Portanto, nessa escola estudam, no período da manhã e da tarde, aproximadamente, 1 800 estudantes.

OBSERVAÇÃO

Note que arredondamos o número de estudantes para a centena mais próxima, mas outro arredondamento poderia ter sido utilizado.

ARVD73/Shutterstock.com/ID/BR

Situação 3

Tati e Samuel colecionam miniaturas de carrinhos. Tati tem 312 carrinhos em sua coleção e Samuel tem 479 carrinhos. A coleção de Samuel tem aproximadamente quantos carrinhos a mais que a coleção de Tati?

Para resolver esse problema, temos de comparar a quantidade de carrinhos em cada uma das coleções. Ou seja, temos de estimar o resultado de 479 − 312.

Arredondando os números para a dezena mais próxima, temos:

- Coleção de Samuel: 479 ⟶ 480
- Coleção de Tati: 312 ⟶ 310

Agora, efetuamos a subtração 480 − 310, obtendo 170.

Logo, a coleção de Samuel tem aproximadamente 170 carrinhos a mais que a coleção de Tati.

Situação 4

Em uma campanha de arrecadação de produtos de higiene pessoal, foram coletados 526 produtos na primeira semana, 388 na segunda semana e 855 na terceira semana. Quantos produtos foram arrecadados aproximadamente nessas três semanas?

Vamos pensar de duas maneiras para resolver essa situação.

1ª maneira: Arredondando os valores para a dezena mais próxima.

Arredondamos os valores para a dezena mais próxima e, então, adicionamos os valores.

- 1ª semana: 526 ⟶ 530
- 2ª semana: 388 ⟶ 390
- 3ª semana: 855 ⟶ 860

Adicionando 530, 390 e 860, temos:

$$530 + 390 + 860 = 1\,780$$

Portanto, foram arrecadados aproximadamente 1 780 produtos.

2ª maneira: Arredondando os valores para a centena mais próxima.

Primeiro, arredondamos os valores para a centena mais próxima e, então, adicionamos os valores.

- 1ª semana: 526 ⟶ 500
- 2ª semana: 388 ⟶ 400
- 3ª semana: 855 ⟶ 900

Adicionando 500, 400 e 900, temos:

$$500 + 400 + 900 = 1\,800$$

Portanto, foram arrecadados aproximadamente 1 800 produtos.

Observe que, quanto menor for a ordem que escolhermos para fazer o arredondamento, mais precisa será a estimativa.

ATIVIDADES

Retomar e compreender

23. Efetue as subtrações a seguir.

a) 95 − 23
b) 145 − 33
c) 278 − 126
d) 589 − 286
e) 1 024 − 26
f) 980 − 875
g) 3 744 − 2 987
h) 5 001 − 3 354

24. Calcule as operações dos quadros a seguir utilizando duas maneiras diferentes.

3 628 − 406 | 367 − 68

a) Qual das duas maneiras você achou mais prática? Justifique.
b) Converse com os colegas e apresente sua opinião sobre a maneira que achou mais prática.

25. Em cada item, descubra o número que torna cada igualdade verdadeira.

a) 135 − 26 − 32 = 87 + 22 − ■
b) 792 − 356 − 168 = 871 − 435 − ■
c) 2 871 − 2 092 − 214 = 4 237 − 3 458 − ■
d) 1 845 + 75 − 468 = 2 348 − 428 − ■

26. Determine o valor de cada subtração.

a) 1 378 922 − 395 237
b) 257 291 − 13 588
c) 2 862 003 − 1 962 099
d) 992 735 − 521 937

27. Usando a relação fundamental da subtração, verifique se os resultados encontrados na atividade anterior estão corretos.

28. Encontre o termo que está faltando.

a) ■ − 649 = 4 992
b) 6 824 − ■ = 4 652
c) 5 689 − ■ = 1 345
d) ■ − 3 467 = 2 400

29. Represente as sentenças com adições ou subtrações e, depois, calcule os resultados.

a) Acrescentei 50 a um número e obtive 130.
b) Tirei 320 de um número e obtive 34.
c) Tirei um número de 214 e obtive 12.
d) Juntei um número com 367 e obtive 1 544.

30. Arredonde os números para a dezena de milhar mais próxima.

a) 81 980
b) 14 110
c) 38 780
d) 23 200

31. Arredonde os números para a unidade de milhar mais próxima.

a) 81 980
b) 14 110
c) 38 780
d) 23 200

32. Arredonde os números para a centena mais próxima.

a) 81 980
b) 14 110
c) 38 780
d) 23 200

33. Estime o resultado das operações a seguir.

a) 87 + 22
b) 172 + 346
c) 3 697 + 233
d) 2 493 + 4 511
e) 183 − 17
f) 8 198 − 562
g) 4 203 − 1 147
h) 14 987 − 9 198

Aplicar

34. Complete as subtrações a seguir com os algarismos que as tornam verdadeiras.

a)
```
   7 8 9 ■
 − 6 ● 3 9
 ---------
   1 3 ▲ 0
```

b)
```
   5 ■ 0 2
 − ● 6 8 ▲
 ---------
   0 6 1 4
```

35. Entre os símbolos $<$, $>$ e $=$, determine aquele que completa corretamente as sentenças a seguir.

a) 65 − 16 ■ 65 − 20
b) 86 − 65 ■ 91 − 65
c) 348 − 215 ■ 453 − 320
d) 623 − 453 ■ 622 − 457
e) 2 542 − 1 435 ■ 2 545 − 1 438
f) 43 − 18 ■ 44 − 17

36. Faça estimativas para responder às questões a seguir.

a) O resultado de 183 + 215 é maior ou menor que 300?
b) O resultado de 981 + 1 234 é maior ou menor que 2 000?
c) O resultado de 456 − 163 é maior ou menor que 300?
d) O resultado de 22 345 − 11 150 é maior ou menor que 10 000?

MULTIPLICAÇÃO DE NÚMEROS NATURAIS

Acompanhe, a seguir, algumas situações que envolvem multiplicações de números naturais.

Situação 1

Clarice fez o esboço de um painel de energia solar, formado por placas coletoras de energia solar.

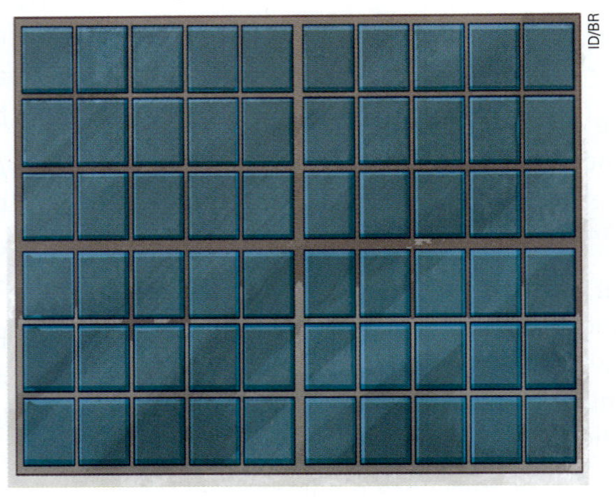

ID/BR

Para determinar a quantidade de placas coletoras que há nesse painel, não é preciso contá-las uma a uma. Podemos obter essa quantidade fazendo uma multiplicação. Como o painel é formado por 6 fileiras com 10 placas em cada uma, temos:

$$6 \times 10 = 60 \quad \text{ou} \quad 6 \cdot 10 = 60$$

Também podemos interpretar a situação como 10 fileiras com 6 placas em cada uma. Nesse caso, temos:

$$10 \times 6 = 60 \quad \text{ou} \quad 10 \cdot 6 = 60$$

Portanto, nesse painel, há 60 placas coletoras de energia solar.

SINAL DE MULTIPLICAÇÃO

Podemos representar o sinal de multiplicação de duas maneiras:

$\times$ ou $\cdot$

Situação 2

Um restaurante disponibiliza a seus funcionários diferentes cores de uniforme. Há 3 opções de calça (laranja, verde e azul) e 4 opções de avental (vermelho, roxo, marrom e amarelo).

Para determinar de quantas maneiras diferentes os funcionários desse restaurante podem compor o uniforme, podemos fazer um esquema. Veja.

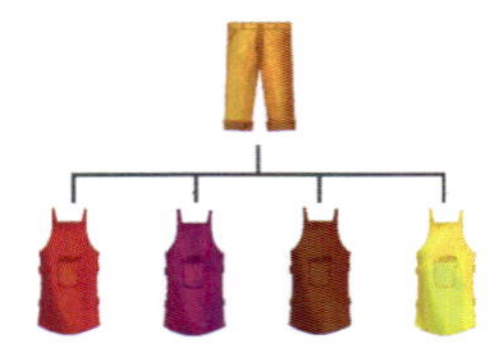
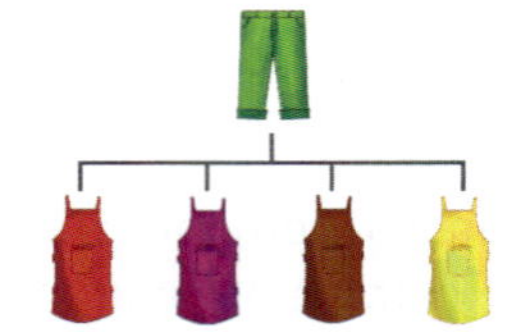

Danillo Souza/ID/BR

Também podemos fazer uma multiplicação para descobrir essa quantidade.

$$3 \cdot 4 = 12$$

Portanto, os funcionários podem compor os uniformes de 12 maneiras diferentes.

TERMOS DA MULTIPLICAÇÃO

Na multiplicação $3 \cdot 4 = 12$, dizemos que 3 e 4 são os fatores e que 12 é o produto.

Situação 3

Fernanda está guardando suas figurinhas repetidas em pacotes com 25 unidades em cada um. Sabendo que ela organizou 13 pacotes, quantas figurinhas Fernanda guardou?

Podemos responder a essa pergunta de duas maneiras. Acompanhe.

1ª maneira: Fazendo adições sucessivas.

Adicionamos a quantidade de figurinhas de cada pacote 13 vezes.

$$\underbrace{25 + 25 + 25 + 25 + 25 + 25 + 25 + 25 + 25 + 25 + 25 + 25 + 25}_{\text{13 vezes}} = 325$$

2ª maneira: Fazendo uma multiplicação.

Como Fernanda organizou 13 pacotes com 25 figurinhas em cada um, podemos escrever a seguinte multiplicação: $13 \cdot 25$.

Vamos efetuar essa multiplicação usando a decomposição.

Primeiro, decompomos cada um dos fatores:

$$25 = 20 + 5 \qquad 13 = 10 + 3$$

Depois, multiplicamos as parcelas de cada número na forma decomposta:

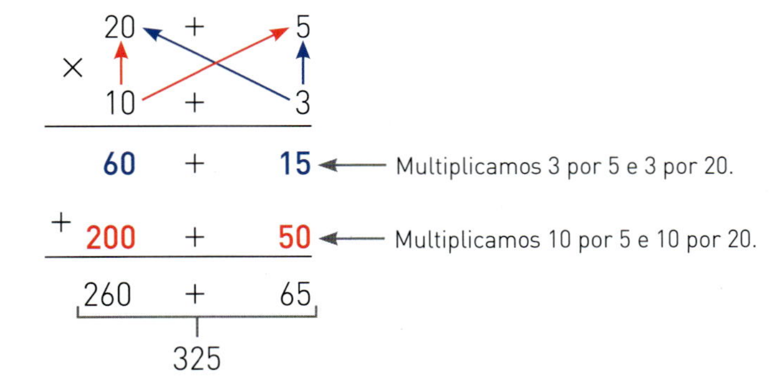

Então, $13 \cdot 25 = 325$.

Agora, veja como podemos representar a multiplicação $13 \cdot 25$ geometricamente.

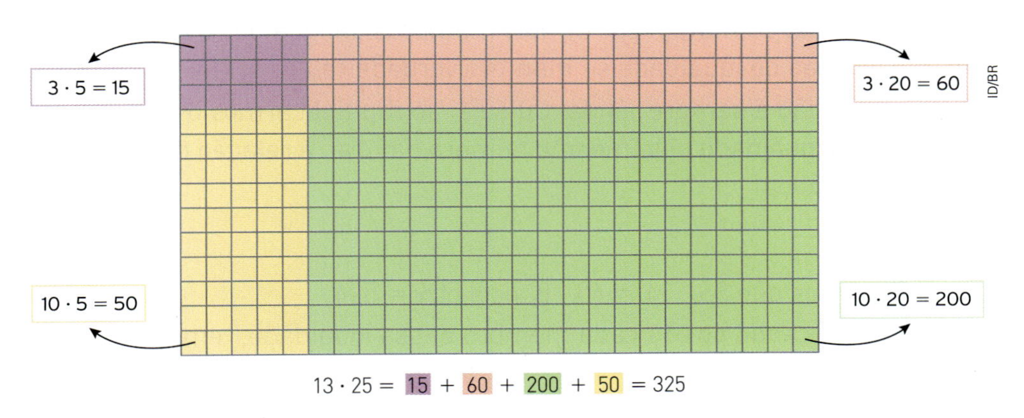

$13 \cdot 25 = 15 + 60 + 200 + 50 = 325$

Portanto, Fernanda guardou 325 figurinhas.

Situação 4

Camila usa 70 folhas de papel em cada caderno que produz. Quantas folhas ela usará para produzir 15 cadernos?

Se para produzir 1 caderno Camila usa 70 folhas, então, para produzir 15 cadernos, ela usará 15 vezes 70 folhas, ou seja: $15 \cdot 70$.

Veja como efetuar essa multiplicação usando o algoritmo usual:

$$\begin{array}{r} 70 \\ \times\ 15 \\ \hline 350 \\ +\ 700 \\ \hline 1050 \end{array}$$

350 ← Multiplicamos 5 por 70.
700 ← Multiplicamos 10 por 70.

Portanto, Camila usará 1 050 folhas de papel para produzir 15 cadernos.

Situação 5

Bruno comprou 2 embalagens com 10 litros de água cada uma e Gustavo comprou 4 embalagens com 5 litros de água cada uma. Para calcular quantos litros de água cada um comprou, podemos fazer multiplicações:

- Bruno: $2 \cdot 10 = 20$
- Gustavo: $4 \cdot 5 = 20$

Como eles compraram a mesma quantidade de litros de água, podemos escrever a seguinte igualdade:

$$2 \cdot 10 = 4 \cdot 5$$

Na semana seguinte, os garotos compraram o dobro de embalagens que haviam comprado na semana anterior.

Calculando quantos litros de água cada um comprou dessa vez, temos:

- Bruno: $2 \cdot 10 \cdot 2 = 40$
- Gustavo: $4 \cdot 5 \cdot 2 = 40$

Observe que, novamente, os garotos compraram a mesma quantidade de litros de água. Então, podemos escrever a seguinte igualdade:

$$2 \cdot 10 \cdot 2 = 4 \cdot 5 \cdot 2$$

Ao comparar as igualdades a seguir, o que você percebe?

$$2 \cdot 10 = 4 \cdot 5 \quad \text{e} \quad 2 \cdot 10 \cdot 2 = 4 \cdot 5 \cdot 2$$

Repare que, ao multiplicar os dois membros da igualdade $2 \cdot 10 = 4 \cdot 5$ por 2, a relação de igualdade se manteve verdadeira.

Essa relação é sempre válida. Ou seja, ao multiplicarmos os dois membros de uma igualdade pelo mesmo número natural, a relação de igualdade se mantém válida.

Exemplos

A. Sabemos que $36 \cdot 14 = 63 \cdot 8$, pois $504 = 504$.

Multiplicando por **11** cada membro dessa igualdade, temos:

$$36 \cdot 14 \cdot 11 = 63 \cdot 8 \cdot 11$$
$$504 \cdot 11 = 504 \cdot 11$$
$$5544 = 5544$$

B. Sabemos que $26 \cdot 18 = 234 \cdot 2$, pois $468 = 468$.

Multiplicando por **3** cada membro dessa igualdade, temos:

$$26 \cdot 18 \cdot 3 = 234 \cdot 2 \cdot 3$$
$$468 \cdot 3 = 468 \cdot 3$$
$$1\,404 = 1\,404$$

Propriedades da multiplicação

Assim como estudamos as propriedades da adição, vamos estudar as propriedades da multiplicação.

Propriedade comutativa da multiplicação

Calcule mentalmente o produto das multiplicações a seguir.

$4 \cdot 7$ $\qquad$ $7 \cdot 4$

Qual é o resultado dessas multiplicações?

Escolha outros pares de números e multiplique-os. Troque a ordem dos fatores e compare o produto de cada multiplicação. O que você observa?

> Em uma multiplicação de números naturais, a ordem dos fatores não altera o produto.

Propriedade associativa da multiplicação

Calcule os produtos a seguir.

$(3 \cdot 5) \cdot 2$ $\qquad$ $3 \cdot (5 \cdot 2)$

Quais resultados você obteve?

Agora, escolha outros três números. Efetue a multiplicação dos dois primeiros fatores e multiplique o produto pelo terceiro fator. Depois, calcule a multiplicação da seguinte maneira: efetue a multiplicação dos últimos fatores e multiplique o produto pelo primeiro fator. O que você percebe comparando essas multiplicações?

> Em uma multiplicação de três ou mais fatores, a maneira como associamos os fatores não altera o produto.

Elemento neutro da multiplicação

Calcule os produtos a seguir.

$12 \cdot 1$ $\qquad$ $63 \cdot 1$ $\qquad$ $547 \cdot 1$

O que você percebeu?

> Em uma multiplicação de um número natural por 1, o produto é o próprio número natural. O 1 é o elemento neutro da multiplicação.

Propriedade distributiva da multiplicação

Acompanhe as seguintes situações.

Situação 1

Em uma lanchonete, o suco natural custa R$ 8,00 e os sanduíches custam R$ 15,00. Marcos e dois amigos vão tomar um suco e comer um sanduíche cada um. Qual será o valor total da conta deles?

Como cada um gastou R$ 8,00 com o suco e R$ 15,00 com o sanduíche, podemos multiplicar a soma desses valores por 3.

$$3 \cdot (8 + 15) = 3 \cdot 23 = 69$$

No entanto, podemos pensar de outra maneira. Como um suco natural custa R$ 8,00, um sanduíche custa R$ 15,00 e foram compradas 3 unidades de cada um, podemos escrever:

$$3 \cdot 8 + 3 \cdot 15 = 24 + 45 = 69$$

Observe que o resultado de $3 \cdot (8 + 15)$ é o mesmo de $3 \cdot 8 + 3 \cdot 15$.

Portanto, o valor total da conta é R$ 69,00.

Situação 2

João Picoli/ID/BR

Uma loja está dando um desconto de R$ 2,00 em cada peça de roupa comprada. Tatiana escolheu 5 peças, cada uma no valor de R$ 25,00 (sem o desconto). Qual será o valor da compra de Tatiana?

Como cada peça de roupa custa R$ 25,00 e tem um desconto de R$ 2,00, para determinar o valor total da compra, podemos multiplicar o valor de cada peça, com o desconto, por 5:

$$5 \cdot (25 - 2) = 5 \cdot 23 = 115$$

Outra maneira de pensar é calcular o valor total das peças sem o desconto e, depois, subtrair o valor total dos descontos:

$$5 \cdot 25 - 5 \cdot 2 = 125 - 10 = 115$$

Observe que o resultado de $5 \cdot (25 - 2)$ é o mesmo de $5 \cdot 25 - 5 \cdot 2$.

Portanto, o valor total da compra de Tatiana é R$ 115,00.

OBSERVAÇÃO

A verificação de alguns casos não é suficiente para provar as propriedades da adição e da multiplicação. Para cada uma dessas propriedades, há uma demonstração, que não será apresentada aqui.

Em uma multiplicação de um número natural por uma adição (ou uma subtração) de dois ou mais termos, multiplicamos esse número por cada um dos termos da adição (ou da subtração) e adicionamos (ou subtraímos) os resultados obtidos.

ATIVIDADES

Retomar e compreender

37. Escreva as adições como produtos.

a) $7 + 7 + 7 + 7 + 7 + 7 + 7 + 7$

b) $9 + 9 + 9 + 9 + 9 + 9 + 9 + 9 + 9$

38. Resolva as multiplicações a seguir usando o algoritmo usual.

a) $6 \cdot 274$

b) $30 \cdot 728$

c) $15 \cdot 309$

d) $123 \cdot 1463$

39. Leia as informações do quadro e, depois, responda às questões a seguir.

- O **dobro** de um número é igual a duas vezes esse número.
- O **triplo** de um número é igual a três vezes esse número.
- O **quádruplo** de um número é igual a quatro vezes esse número.
- O **quíntuplo** de um número é igual a cinco vezes esse número.

a) Qual é o quíntuplo de 12?

b) Quanto vale o quádruplo de 37?

c) Qual é o dobro do triplo de 18?

d) Quanto vale o dobro do dobro de 16?

40. Calcule as multiplicações a seguir de duas maneiras diferentes.

a) $10 \cdot 15$

b) $12 \cdot 39$

c) $18 \cdot 31$

d) $23 \cdot 37$

e) $41 \cdot 65$

f) $53 \cdot 76$

g) $86 \cdot 64$

h) $97 \cdot 88$

41. Em cada item, descubra qual número torna cada igualdade verdadeira.

a) $6 \cdot 8 \cdot 12 = 4 \cdot 12 \cdot$ ■

b) $12 \cdot 6 \cdot 15 = 18 \cdot 4 \cdot$ ■

c) $24 \cdot 12 \cdot 23 = 16 \cdot 18 \cdot$ ■

d) $45 \cdot 14 \cdot 38 = 35 \cdot 18 \cdot$ ■

42. Identifique a propriedade da multiplicação que está representada em cada igualdade.

a) $325 \cdot 3 = 3 \cdot 325$

b) $(12 + 7) \cdot 2 = 12 \cdot 2 + 7 \cdot 2$

c) $5 \cdot (11 - 3) = 55 - 15$

d) $4 \cdot (12 \cdot 6) \cdot 2 = 4 \cdot 12 \cdot (6 \cdot 2)$

e) $2 \cdot 77 \cdot 5 = 2 \cdot 5 \cdot 77 = 10 \cdot 77$

f) $16762 \cdot 1 = 1 \cdot 16762 = 16762$

43. Resolva as expressões a seguir utilizando as propriedades da multiplicação.

a) $15 \cdot 11 \cdot 2$

b) $17 \cdot 101$

c) $12 \cdot 23 \cdot 1$

d) $58 \cdot 7 \cdot 0$

e) $23 \cdot 7 + 23 \cdot 3$

Aplicar

44. Determine os possíveis valores para a e b, sabendo que eles são números naturais.

a) $a \cdot b = 6$

b) $a \cdot b = 10$

c) $a \cdot b = 20$

d) $a \cdot b = 100$

45. Sabendo que a e b são números naturais e que $a \cdot b = 42$, responda às questões.

a) Qual é o valor de $b \cdot a$?

b) Qual é o valor de $a \cdot b \cdot 1$?

c) Qual é o valor de $a \cdot b \cdot 0$?

d) Qual é o valor de $(a \cdot b) \cdot 2$?

e) Qual é o valor de $a \cdot (b \cdot 2)$?

f) Qual é o valor de $a \cdot 2 \cdot b$?

46. Veja no quadro a seguir como Luís efetuou a multiplicação $15 \cdot 99$.

Primeiro, fiz a decomposição de 99 em 100 − 1 e, depois, usei a propriedade distributiva da multiplicação.

$15 \cdot 99 = 15 \cdot (100 - 1) =$
$= 15 \cdot 100 - 15 \cdot 1 = 1500 - 15 = 1485$

Então, $15 \cdot 99 = 1485$.

Resolva as multiplicações a seguir utilizando a estratégia usada por Luís.

a) $20 \cdot 99$

b) $25 \cdot 99$

c) $20 \cdot 101$

d) $25 \cdot 101$

47. Descubra o valor de a nas igualdades a seguir.

a) $a \cdot 20 = 0$

b) $34 \cdot a = 2 \cdot 34$

c) $10 \cdot a \cdot 5 = 2 \cdot 25 \cdot 1$

d) $12 \cdot 3 \cdot a = 3 \cdot 0 \cdot 12$

DIVISÃO DE NÚMEROS NATURAIS

Vamos estudar a divisão de números naturais em dois tipos de situação: as que envolvem divisões exatas e as que envolvem divisões não exatas.

Divisão exata com números naturais

Acompanhe as situações a seguir.

Situação 1

João quer distribuir 8 710 peixes em 5 tanques de modo que cada tanque fique com a mesma quantidade de peixes. Quantos peixes serão colocados em cada tanque?

Para responder a essa pergunta, podemos efetuar 8 710 : 5. Veja duas maneiras de fazer esse cálculo.

SINAL DE DIVISÃO

Podemos representar o sinal de divisão de duas maneiras:

÷ ou :

1ª maneira: Usando o algoritmo usual.

```
 M C D U
 8 7 1 0 |5
-5        1
 3        M
```

8 unidades de milhar divididas por 5 unidades é igual a 1 unidade de milhar e sobram 3 unidades de milhar, que correspondem a 30 centenas.

```
 M C D U
 8 7 1 0 |5
-5        1 7
 3 7      M C
-3 5
   2
```

As 30 centenas restantes adicionadas a 7 centenas somam 37 centenas.
37 centenas divididas por 5 é igual a 7 centenas e sobram 2 centenas, que correspondem a 20 dezenas.

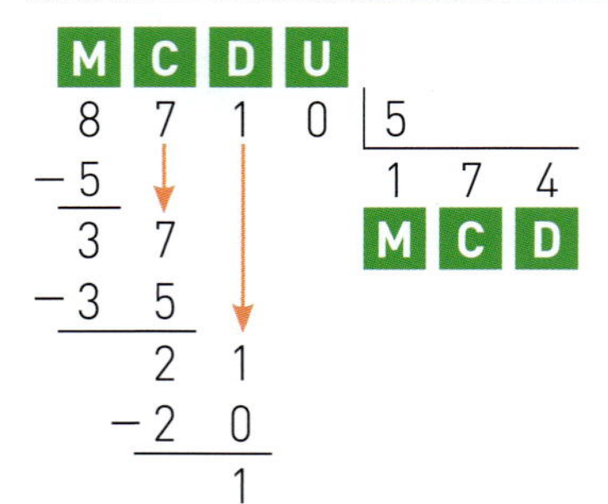

```
 M C D U
 8 7 1 0 |5
-5        1 7 4
 3 7      M C D
-3 5
   2 1
  -2 0
     1
```

As 20 dezenas restantes adicionadas a 1 dezena somam 21 dezenas.
21 dezenas divididas por 5 é igual a 4 dezenas e sobra 1 dezena, que corresponde a 10 unidades.

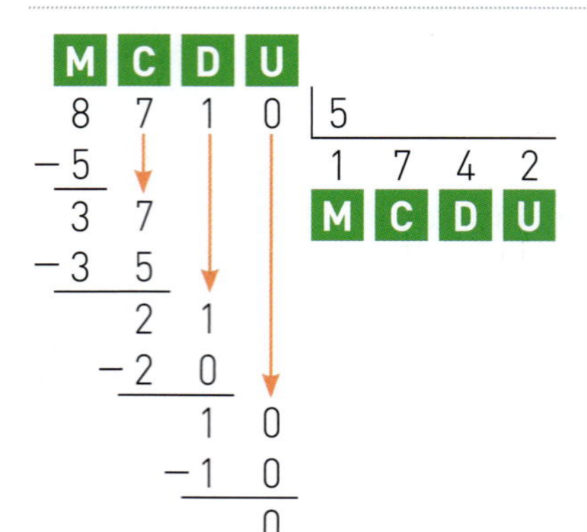

```
 M C D U
 8 7 1 0 |5
-5        1 7 4 2
 3 7      M C D U
-3 5
   2 1
  -2 0
     1 0
    -1 0
       0
```

As 10 unidades restantes divididas por 5 é igual a 2 unidades e não sobra resto.

TERMOS DA DIVISÃO

Na divisão 8 710 : 5 = 1 742, dizemos que 8 710 é o dividendo, 5 é o divisor, 1 742 é o quociente e 0 é o resto.

2ª maneira: Fazendo estimativas.

8 7 1 0	5
− 5 0 0 0	1 0 0 0 **1**
3 7 1 0	7 0 0 **2**
− 3 5 0 0	4 0 **3**
2 1 0	2 **4**
− 2 0 0	1 7 4 2 **5**
1 0	
− 1 0	
0	

1 Estimamos que o 5 "cabe" 1000 vezes em 8710.
Multiplicamos 1000 por 5 e obtemos 5000.
Subtraímos esse resultado de 8710 e encontramos 3710.

2 Estimamos que o 5 "cabe" 700 vezes em 3710.
Multiplicamos 700 por 5 e obtemos 3500.
Subtraímos esse resultado de 3710 e encontramos 210.

3 Estimamos que o 5 "cabe" 40 vezes em 210.
Multiplicamos 40 por 5 e obtemos 200.
Subtraímos esse resultado de 210 e encontramos 10.

4 5 "cabe" 2 vezes em 10. Multiplicamos 2 por 5 e obtemos 10. Subtraímos esse resultado de 10 e obtemos resto zero.

5 Para obter o resultado dessa divisão, somamos os valores estimados: $1000 + 700 + 40 + 2 = 1742$.

Portanto, em cada tanque serão colocados 1742 peixes.

Dizemos que $8710 : 5$ é uma divisão **exata**, pois o resto é zero.

Situação 2

Vilma tem 32 copos e dividiu-os igualmente em 4 caixas. Luana tem 48 copos e dividiu-os igualmente em 6 caixas. Para calcular quantos copos ficaram em cada caixa, podemos fazer as seguintes divisões:

- Vilma: $32 : 4 = 8$
- Luana: $48 : 6 = 8$

Como cada caixa ficou com a mesma quantidade de copos, podemos escrever a seguinte igualdade:

$$32 : 4 = 48 : 6$$

Ana Katharine Frota/ID/BR

Agora, Vilma vai dividir igualmente a quantidade de copos de uma de suas caixas entre os 2 filhos. Do mesmo modo, Luana vai dividir igualmente a quantidade de copos de uma de suas caixas entre 2 tias.

Observe como podemos calcular quantos copos cada filho de Vilma vai receber e quantos copos cada tia de Luana vai receber:

- Vilma: $32 : 4 : 2 = 4$
- Luana: $48 : 6 : 2 = 4$

Como a quantidade de copos que cada filho de Vilma vai receber é a mesma que cada tia de Luana vai receber, podemos escrever a igualdade:

$$32 : 4 : 2 = 48 : 6 : 2$$

Ao comparar as igualdades a seguir, o que você percebe?

$$32 : 4 = 48 : 6 \quad \text{e} \quad 32 : 4 : 2 = 48 : 6 : 2$$

Repare que, ao dividir os dois membros da igualdade $32 : 4 = 48 : 6$ por 2, a relação de igualdade se manteve verdadeira.

Essa relação é sempre válida. Ou seja, ao dividir os dois membros de uma igualdade pelo mesmo número natural diferente de zero, a relação de igualdade se mantém válida.

Exemplo

Sabemos que $5 \cdot 6 = 60 : 2$, pois $30 = 30$.

Dividindo cada membro dessa igualdade por **3**, temos:

$$5 \cdot 6 : 3 = 60 : 2 : 3$$
$$30 : 3 = 30 : 3$$
$$10 = 10$$

Divisão não exata com números naturais

Acompanhe a situação a seguir.

Laura produziu 578 salgados para vender. Ela vai separar os salgados em bandejas com 12 unidades em cada uma. De quantas bandejas Laura vai precisar?

Podemos calcular quantas bandejas serão usadas com uma divisão.

$$\begin{array}{r|l} 578 & 12 \\ \hline -48 & 48 \\ 098 & \\ -96 & \\ \hline 2 & \end{array}$$

Logo, Laura usará 48 bandejas e sobrarão 2 salgados fora das bandejas.

A divisão 578 : 12 tem quociente 48 e resto 2. Quando o resto de uma divisão é diferente de zero, dizemos que a divisão é **não exata**.

Relação fundamental da divisão

Em um jogo de cartas com 5 participantes, João distribuiu as 38 cartas de modo que cada um recebeu 7 cartas e restaram 3.

dividendo → 38 | 5 ← divisor
resto → 3 7 ← quociente

Para verificar se uma divisão está correta, podemos ordenar os termos da divisão de outra maneira:

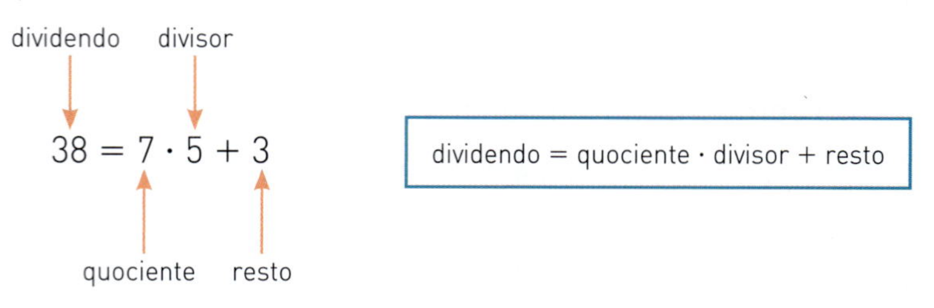

Essa é a **relação fundamental da divisão**.

A multiplicação e a divisão são operações inversas.

Ana Katharine Frota/ID/BR

OBSERVAÇÃO

O resto de uma divisão entre dois números naturais é sempre menor que o divisor. Veja um exemplo.

$$\begin{array}{r|l} 17 & 3 \\ \hline 2 & 5 \end{array}$$

$2 < 3$

O zero na divisão

Vimos que é possível classificar uma divisão de números naturais em exata (quando o resto é zero) ou em não exata (quando o resto é diferente de zero). Mas será que, em uma divisão, o zero pode ser divisor, dividendo ou mesmo quociente?

O zero como divisor

Se queremos calcular *a* (número natural diferente de zero) dividido por 0, temos de encontrar um número natural que multiplicado por 0 resulte em *a*. No entanto, isso é impossível, pois não existe esse número natural. Assim, não é possível que o zero seja divisor.

Por exemplo, considere a divisão 3 : 0. Utilizando a relação fundamental da divisão, temos:

$$3 = \text{quociente} \cdot 0 + \text{resto, com resto menor que } 3$$

Essa igualdade não é verdadeira, pois dela concluiríamos que 3 = resto, o que é uma contradição, pois o resto deve ser menor que 3. Portanto, não existe nenhum número natural que multiplicado por 0 resulte em 3.

O zero como dividendo

Se queremos calcular 0 dividido por *a* (número natural diferente de zero), temos de encontrar um número natural que multiplicado por *a* resulte em 0. Esse número é o próprio zero.

Por exemplo, considere a divisão 0 : 3. Utilizando a relação fundamental da divisão, temos:

$$0 = \text{quociente} \cdot 3 + \text{resto}$$

Essa igualdade é verdadeira quando o quociente e o resto forem iguais a zero. Assim: 0 : 3 = 0.

ATIVIDADES

Retomar e compreender

48. Calcule a divisão de:

a) 9 600 por 30.
b) 6 480 por 40.
c) 1 252 por 6.
d) 273 795 por 39.
e) 14 478 por 24.
f) 4 085 por 19.

49. Descubra qual número torna cada igualdade verdadeira.

a) 234 : 6 : 2 = 117 : 3 : ■
b) 372 : 3 : 4 = 992 : 8 : ■
c) 860 : 4 : 5 = 1 505 : 7 : ■

50. Em cada item a seguir, descubra o número que falta para que as divisões estejam corretas.

a) Dividendo: ■, divisor: 17, quociente: 369 e resto: 0.
b) Dividendo: 1 024, divisor: ■, quociente: 64 e resto: 0.
c) Dividendo: ■, divisor: 36, quociente: 125 e resto: 7.

Aplicar

51. Simplificar uma operação é transformá-la em outra mais simples, mas de mesmo resultado. Por exemplo: podemos simplificar a divisão 300 : 60 e chegar a 150 : 30 dividindo o dividendo e o divisor por 2; podemos, também, simplificar 300 : 60 e chegar a 30 : 6 dividindo o dividendo e o divisor por 10.

Agora, simplifique as operações a seguir.

a) 500 : 20
b) 1 000 : 40
c) 345 : 15
d) 840 : 24
e) 1 530 : 18
f) 2 490 : 6

52. Ao dividir determinado número natural por 5, obtemos quociente 25 e o maior resto possível. Que número é esse?

Steve Gschmeissner/SPL/Fotoarena

▲ Bactérias *Escherichia coli*, por micrografia eletrônica de varredura colorida. Ampliação de 7 mil vezes.

POTENCIAÇÃO DE NÚMEROS NATURAIS

A bactéria *Escherichia coli* está presente naturalmente em nossa flora intestinal. Sua presença está relacionada com a qualidade da água e dos alimentos consumidos. Em grande quantidade, a *Escherichia coli* pode ser muito perigosa para o organismo humano.

A população dessa bactéria dobra a cada 20 minutos. Em uma hora, por qual número a população fica multiplicada?

Como 1 hora tem 60 minutos, temos:

$$1 \text{ h} = 60 \text{ min} = \underbrace{3}_{\text{3 períodos}} \cdot (20 \text{ min})$$

Como em cada período de 20 minutos a população dobra, para encontrar por qual número a população fica multiplicada em 1 hora, podemos pensar da seguinte maneira:

$$\underbrace{2 \cdot 2 \cdot 2}_{\text{3 períodos}} = 8$$

Portanto, a população dessas bactérias fica multiplicada por 8.

Quando efetuamos uma multiplicação de fatores iguais, estamos realizando uma **potenciação**.

Podemos representar a multiplicação $2 \cdot 2 \cdot 2 = 8$ por:

expoente

$$2^3 = 8$$

base — potência

A base é o fator que se repete, o expoente indica o número de vezes que a base se repete e a potência é o resultado da operação.

Leitura de potências

Veja como lemos algumas potências:

- 13^2: treze elevado à segunda potência.
- 1^3: um elevado à terceira potência.
- 6^5: seis elevado à quinta potência.
- 11^7: onze elevado à sétima potência.
- 18^{10}: dezoito elevado à décima potência.

As potências com expoente dois e três podem ser lidas de um outro modo. Acompanhe.

Leitura de potências com expoente 2

As potências com expoente 2 podem ser representadas geometricamente por um quadrado, por isso, em vez de ler "... elevado à segunda potência", podemos ler "... elevado ao quadrado".

Exemplos

A. 1^2: um elevado ao quadrado ou um ao quadrado.

ID/BR

1 | 1

$1 \cdot 1 = 1^2 = 1$

B. 2^2: dois elevado ao quadrado ou dois ao quadrado.

$2 \cdot 2 = 2^2 = 4$

C. 3^2: três elevado ao quadrado ou três ao quadrado.

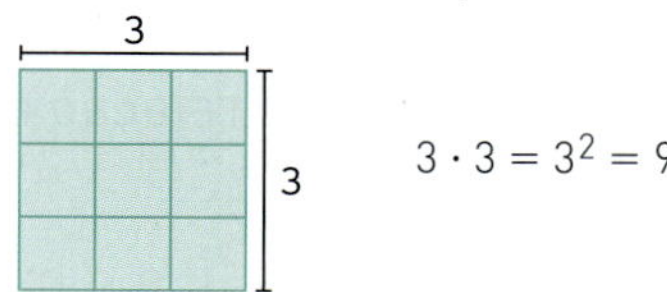

$3 \cdot 3 = 3^2 = 9$

Leitura de potências com expoente 3

As potências com expoente 3 podem ser representadas geometricamente por um cubo, por isso, em vez de ler "... elevado à terceira potência", podemos ler "... elevado ao cubo".

Exemplos

A. 1^3: um elevado ao cubo ou um ao cubo.

$1 \cdot 1 \cdot 1 = 1^3 = 1$

B. 2^3: dois elevado ao cubo ou dois ao cubo.

$2 \cdot 2 \cdot 2 = 2^3 = 8$

C. 3^3: três elevado ao cubo ou três ao cubo.

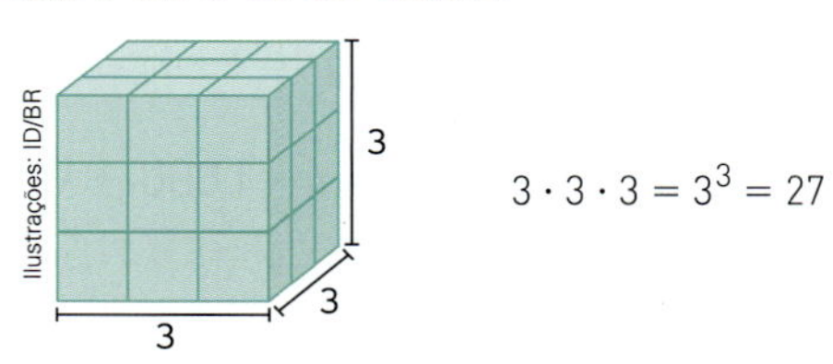

$3 \cdot 3 \cdot 3 = 3^3 = 27$

Ilustrações: ID/BR

Potências de expoente 1

Potências cuja base é um número natural e o expoente é 1 têm resultado igual à própria base.

Exemplos

A. $14^1 = 14$

B. $132^1 = 132$

Potências de expoente zero

Potências cuja base é um número natural diferente de zero e o expoente é zero têm resultado igual a 1.

Exemplos

A. $6^0 = 1$

B. $201^0 = 1$

Potências de base 10

Observe a seguir algumas potências de base 10.

$10^0 = 1$

$10^1 = 10$

$10^2 = 10 \cdot 10 = 100$

$10^3 = 10 \cdot 10 \cdot 10 = 1\,000$

$10^4 = 10 \cdot 10 \cdot 10 \cdot 10 = 10\,000$

$10^5 = 10 \cdot 10 \cdot 10 \cdot 10 \cdot 10 = 100\,000$

Você consegue perceber alguma relação entre o número do expoente e a quantidade de zeros na potência?

As potências nas quais a base é 10 e o expoente é um número natural são iguais a um número formado pelo algarismo 1 seguido pela quantidade de zeros correspondente ao expoente. Por exemplo, a potência 10^6 é o número formado pelo algarismo 1 seguido de 6 zeros:

$$10^6 = 1\,000\,000$$

As potências de base 10 são utilizadas com frequência para facilitar a representação de números com muitos algarismos. Por exemplo, o número 220 000 pode ser representado como $22 \cdot 10^4$.

Representações de um número natural

Você já sabe representar um número natural de diferentes maneiras. Uma delas é a decomposição em ordens. Veja, por exemplo, o caso do número 210.

$$210 = 200 + 10$$

Agora, veja outra maneira de representar esse número natural: usando a decomposição em potências de base 10.

$$210 = 200 + 10 = 2 \cdot 100 + 1 \cdot 10 = 2 \cdot 10^2 + 1 \cdot 10^1$$

Exemplo

$4\,321 = 4\,000 + 300 + 20 + 1 = 4 \cdot 1\,000 + 3 \cdot 100 + 2 \cdot 10 + 1 =$

$= 4 \cdot 10^3 + 3 \cdot 10^2 + 2 \cdot 10^1 + 1$

ATIVIDADES

Retomar e compreender

53. Represente na forma de potência as multiplicações a seguir.

a) $9 \cdot 9 \cdot 9 \cdot 9 \cdot 9$

b) $10 \cdot 10 \cdot 10 \cdot 10 \cdot 10 \cdot 10 \cdot 10 \cdot 10$

54. Escreva as multiplicações correspondentes a cada potência.

a) 3^5 b) 9^4 c) 7^6 d) 13^3

55. Escreva como cada potência é lida.

a) 4^2 b) 10^3 c) 3^4 d) 11^5

56. Calcule o valor de cada potência.

a) 2^0 b) 3^2 c) 9^3 d) 8^1

57. Represente com números as potências descritas e calcule o valor de cada uma.

a) Base 4 e expoente 3.

b) Base 1 e expoente 10.

58. Represente a potência correspondente e calcule seu valor.

a) Sete elevado à quarta potência.

b) Zero elevado à quinta potência.

59. Escreva como potência de base 10 cada número representado a seguir.

a) 10

b) 1 000 000

c) 100 000 000

d) 1 000 000 000

RAIZ QUADRADA DE UM NÚMERO NATURAL

Encontrar um número natural que multiplicado por ele mesmo resulte em 81, por exemplo, é calcular a raiz quadrada de 81. Indicamos a raiz quadrada de 81 do seguinte modo: $\sqrt{81}$. Então:

$$\sqrt{81} = 9, \text{ pois } 9 \cdot 9 = 81.$$

Lemos $\sqrt{81} = 9$ da seguinte maneira: raiz quadrada de oitenta e um é igual a nove.

Exemplos

A. A raiz quadrada de 4 é igual a 2, pois $2 \cdot 2 = 4$ ou $2^2 = 4$.
Indicamos $\sqrt{4} = 2$.

B. A raiz quadrada de 36 é igual a 6, pois $6 \cdot 6 = 36$ ou $6^2 = 36$.
Indicamos $\sqrt{36} = 6$.

C. A raiz quadrada de 64 é igual a 8, pois $8 \cdot 8 = 64$ ou $8^2 = 64$.
Indicamos $\sqrt{64} = 8$.

Quadrados perfeitos

Um número natural é denominado quadrado perfeito quando sua raiz quadrada é um número natural.

Exemplos

A. 25 é um quadrado perfeito, pois $\sqrt{25} = 5$ e 5 é um número natural.

B. 100 é um quadrado perfeito, pois $\sqrt{100} = 10$ e 10 é um número natural.

C. 144 é um quadrado perfeito, pois $\sqrt{144} = 12$ e 12 é um número natural.

Para determinar geometricamente se um número é um quadrado perfeito, consideramos uma quantidade de quadradinhos do mesmo tamanho (■) correspondente ao número e verificamos se é possível construir uma região plana quadrada com esses quadradinhos.

Exemplos

A. Vamos verificar se o número 1 é um quadrado perfeito.
Usando apenas 1 quadradinho, temos:

1
1

Então, o número 1 é um quadrado perfeito.
Logo, $\sqrt{1} = 1$.

B. Vamos verificar se o número 2 é um quadrado perfeito.
Usando 2 quadradinhos, temos:

2
1

Ilustrações: ID/BR

Como não conseguimos formar uma região plana quadrada, o número 2 não é um quadrado perfeito.

C. Vamos verificar se o número 3 é um quadrado perfeito.

Usando 3 quadradinhos, temos:

Como não conseguimos formar uma região plana quadrada, o número 3 não é um quadrado perfeito.

D. Vamos verificar se o número 4 é um quadrado perfeito.

Usando 4 quadradinhos, temos:

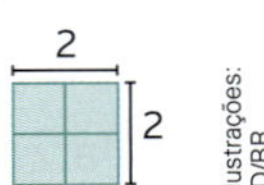

Observe que, usando 4 quadradinhos, conseguimos formar uma região plana quadrada de lado 2. Então, o número 4 é um quadrado perfeito.

Logo, $\sqrt{4} = 2$.

ATIVIDADES

Retomar e compreender

60. Calcule o valor de cada raiz quadrada.

a) $\sqrt{36}$
b) $\sqrt{64}$
c) $\sqrt{121}$
d) $\sqrt{0}$
e) $\sqrt{144}$
f) $\sqrt{100}$
g) $\sqrt{225}$
h) $\sqrt{1}$

61. A raiz quadrada de um número é 18. Determine esse número.

62. O quadrado de um número natural é 36. Que número é esse?

Aplicar

63. Classifique cada afirmação em verdadeira ou falsa. Justifique suas respostas.

a) Se $\sqrt{100} = 10$ e $\sqrt{225} = 15$, então, o número que elevado ao quadrado é igual a 196 está entre 10 e 15.

b) A raiz quadrada de um número é 19. Então, esse número está entre 324 e 400.

c) Saber que $\sqrt{400} = 20$ e que $\sqrt{625} = 25$ não ajuda na determinação de $\sqrt{529}$.

d) O quadrado de um número natural é 441. Então, esse número é ímpar.

e) Se $\sqrt{54\,756} = 234$ e $\sqrt{55\,696} = 236$, então o número que elevado ao quadrado é igual a 55 225 está entre 234 e 236.

f) A raiz quadrada de um número é igual a 108. Então, esse número está entre 10 000 e 11 025.

g) O quadrado de um número natural é igual a 43 681. Esse número natural é par.

64. Observe a figura e, depois, faça o que se pede.

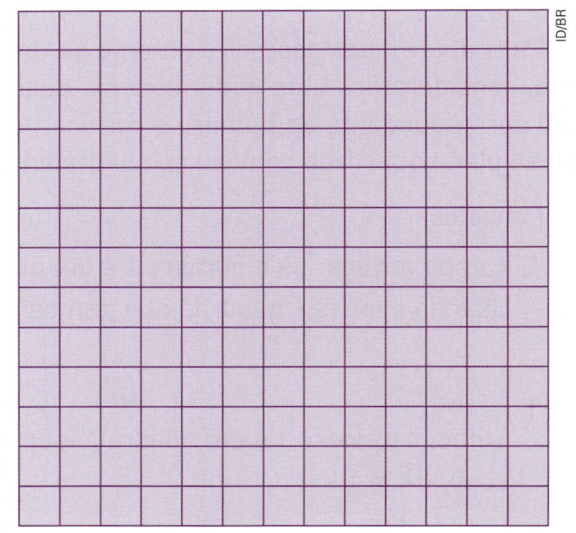

a) Quantos ▢ há nessa figura?

b) Apenas por meio da observação da figura, sem fazer contas, determine a raiz quadrada do número obtido no item anterior.

EXPRESSÕES NUMÉRICAS

Expressões que envolvem números e operações são chamadas de expressões numéricas.

Para encontrar o resultado de uma expressão numérica, efetuamos as operações indicadas de acordo com a seguinte ordem de resolução:

- potenciação e raiz quadrada na ordem em que aparecem;
- multiplicação e divisão na ordem em que aparecem;
- adição e subtração na ordem em que aparecem.

Nas expressões numéricas que apresentam parênteses ("**( )**"), colchetes ("**[ ]**") e/ou chaves ("**{ }**"), efetuamos primeiro as operações que estão entre parênteses, depois as que estão entre colchetes e, por último, as que estão entre chaves. Quando não houver mais nenhum sinal de associação (parênteses, colchetes ou chaves), efetuamos as operações seguindo as regras anteriores.

Exemplos

A. Marcos comprou 2 canetas por 3 reais cada uma e 4 lápis por 1 real cada um. Para pagar por esses produtos, ele usou uma cédula de 20 reais. Quanto Marcos recebeu de troco?

Para calcular o troco de Marcos, escrevemos a expressão numérica que representa essa situação e, depois, a resolvemos.

$$\underbrace{20}_{\text{quantia que Marcos deu para pagar a compra}} - (\underbrace{2 \cdot 3}_{\text{valor das 2 canetas}} + \underbrace{4 \cdot 1}_{\text{valor dos 4 lápis}}) = 20 - (6 + 4) = 20 - 10 = 10$$

Logo, Marcos recebeu 10 reais de troco.

B. Vamos resolver a expressão $\{1 + 2 \cdot [4 + 3 \cdot (40 - 5^2) - \sqrt{25}]\} \cdot 2^2 - 70$

$$\{1 + 2 \cdot [4 + 3 \cdot (40 - 5^2) - \sqrt{25}]\} \cdot 2^2 - 70 =$$

$$= \{1 + 2 \cdot [4 + 3 \cdot (40 - 25) - 5]\} \cdot 4 - 70 =$$

$$= \{1 + 2 \cdot [4 + 3 \cdot 15 - 5]\} \cdot 4 - 70 =$$

$$= \{1 + 2 \cdot [4 + 45 - 5]\} \cdot 4 - 70 =$$

$$= \{1 + 2 \cdot 44\} \cdot 4 - 70 =$$

$$= \{1 + 88\} \cdot 4 - 70 =$$

$$= 89 \cdot 4 - 70 = 356 - 70 = 286$$

ATIVIDADE

Retomar e compreender

65. Identifique quais expressões apresentam valores iguais.

a) $1 + 752 - 5^2 + 9^1 - 2^3$

b) $\sqrt{196} + 699 - 3^2 + 5^2$

c) $12^2 + 251 - 9^2 + 7^2 - 80^1 - 163$

d) $5^3 + 2 \cdot (52 - 15) + 3^2 : 12^0 + \sqrt{49}$

OPERAÇÕES COM NÚMEROS NATURAIS NA CALCULADORA

Acompanhe alguns exemplos de como efetuar operações com números naturais em uma calculadora simples.

Exemplos

A. Para calcular a potência 9^4, apertamos as teclas:

Ilustrações: ID/BR

No visor aparecerá:

B. Para calcular a raiz quadrada de 961, apertamos as teclas:

No visor aparecerá:

Agora, acompanhe como resolver a expressão $37 \cdot 62 - 14 \cdot 36$ usando uma calculadora. Apertamos as seguintes teclas:

No visor aparecerá:

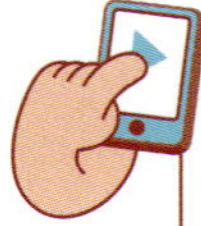

Além das teclas M+, M- e MR, algumas calculadoras apresentam, em seu conjunto de **teclas de memória**, a tecla MC. Quando essa tecla é utilizada?

Você percebeu que, para resolver essa expressão, utilizamos três teclas que não indicam números, operações nem o sinal de igual? Veja o que cada uma delas significa.

M+ : Armazena na memória da calculadora o número digitado ou adiciona o número digitado ao número que já está guardado na memória.

M- : Subtrai do número guardado na memória da calculadora o número digitado.

MR : Mostra o número que está guardado na memória da calculadora.

ATIVIDADES

Retomar e compreender

Utilize a ferramenta calculadora para realizar as atividades propostas.

66. Resolva as expressões numéricas a seguir usando uma calculadora simples.

a) $2 \cdot (62 - 32 + 4) - 48 : 6 + 6$ b) $512 - \sqrt{361} + (12 + 63 + 11) : 2$

Aplicar

67. SABER SER Como você faria para obter o resultado dos itens a seguir em uma calculadora se as teclas 0, 1, 4 e 7 estivessem quebradas? Qual é o resultado em cada item?

a) $7 + 20 + 23$ c) $580 - 350 - 2$ e) $120 + 15 - 80 + 5$

b) $0 + 34 + 19 + 16 + 3$ d) $9\,600 - 530$ f) $1\,230 - 68 - 2$

Aplicar

1. Em uma visita a uma reserva ecológica, pesquisadores fizeram o levantamento da quantidade de aves, répteis e mamíferos que habitavam o local e registraram os dados coletados no gráfico a seguir.

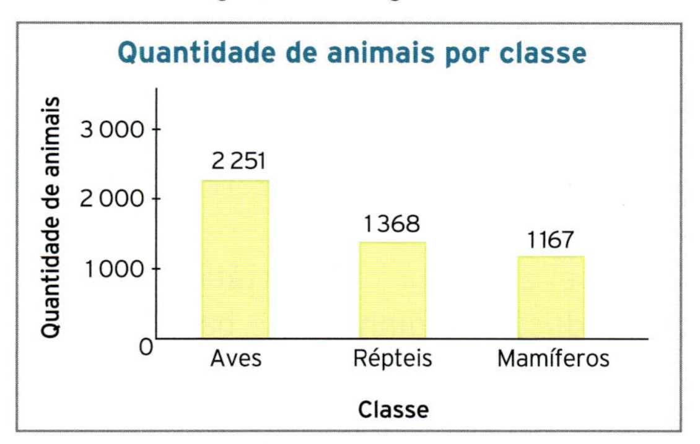

Dados obtidos pelos pesquisadores.

Na segunda visita, os pesquisadores registraram aumento na quantidade desses animais. Veja esse aumento na tabela.

Aumento dos animais de cada classe em relação à primeira visita

Classe	Aves	Répteis	Mamíferos
Aumento dos animais	1375	654	958

Dados obtidos pelos pesquisadores.

a) Determine qual era a quantidade de aves, répteis e mamíferos nessa reserva na segunda visita dos pesquisadores.

b) Calcule de quanto foi o aumento do número de animais da primeira visita dos pesquisadores para a segunda.

c) Depois da segunda visita, quantas aves a mais que mamíferos a reserva tinha?

d) Depois da segunda visita, há mais mamíferos ou répteis nessa reserva?

2. Todos os dias, Tânia caminha 20 metros a menos que no dia anterior e corre 100 metros a mais. Hoje, ela caminhou 360 metros e correu 40 metros.

a) Quantos metros Tânia vai correr daqui a 7 dias?

b) Daqui a quantos dias ela apenas correrá?

3. Para numerar as páginas de um livro, foram escritos 61 algarismos. Se a numeração das páginas desse livro começa com 1 (na página 1 do livro), quantas páginas o livro tem?

4. Reúna-se com dois colegas para fazer o que se pede em cada item.

a) Cada um deve encontrar dois números naturais em que um pode ser dividido pelo outro para obter resultado 20.

b) Compare os números que você obteve no item anterior com os números obtidos pelos colegas. Eles são iguais?

c) Existem mais opções de números naturais para essa divisão?

5. Identifique os possíveis valores naturais de a e b, com b diferente de 0, para que tenhamos a divisão exata $a : b = 37$.

a) Compare os valores de a e b que você obteve com os dos colegas. Eles são iguais?

b) Quantos valores de a e b você acredita que possam existir para essa divisão?

c) Se mudarmos o quociente, você acredita que a quantidade de valores de a e b vai mudar também? Justifique sua resposta.

6. Com base nos dados do gráfico a seguir, elabore um problema que possa ser resolvido com os conhecimentos deste capítulo.

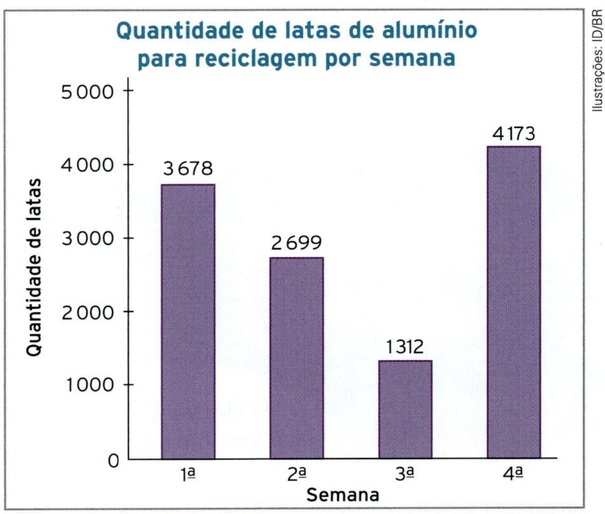

Dados obtidos pelos estudantes do Colégio Sabidos.

Ilustrações: ID/BR

Agora, peça a um colega que resolva o problema que você criou.

O que é dinheiro?

O dinheiro é um meio de troca diferente do escambo (troca de mercadorias por outras – por exemplo, galinha por arroz, madeira por espelho, etc.), pois ele tem equivalência de valor. Calma, a gente explica! Ter equivalência de valor significa criar uma referência a partir da qual atribuímos um valor para cada produto ou serviço. Assim, todos os preços são cotados com base nessa referência que, no Brasil, é o real.

O dinheiro, do modo como conhecemos hoje, permite que as transações econômicas sejam realizadas durante longos períodos de tempo e em longas distâncias geográficas.

Para isso, ele tem de estar disponível e ser durável, portátil e confiável. Existe uma ideia central na qual a produção do dinheiro se baseia: a confiança registrada. Ou seja, não é atribuída grande importância ao material com que o dinheiro é feito, mas é necessário que as pessoas que utilizam o dinheiro reconheçam o valor acordado e registrado. Se isso é respeitado, o dinheiro cumpre seu papel.

Todo sistema monetário forte precisa de uma moeda que seja confiável, impressa com padrões de segurança para inibir as falsificações. O Brasil dispõe da Casa da Moeda que, em parceria com o Banco Central, tem procurado dotar as cédulas de elementos de segurança cada vez mais modernos, que ajudam a evitar a falsificação e contribuem para a segurança da circulação do dinheiro brasileiro.

Que tal você trocar comigo aquela saia de bolinha pela camiseta verde?
Será? Acho que a saia de bolinha vale mais...
E se eu pedir a camiseta verde e o *short jeans*?
$
O que você acha de pegarmos um cineminha hoje? A sessão das 19 horas?
Perfeito! Já vou comprar os ingressos!

Leandro Lassmar/ID/BR

Explorando o tema

1. Quando pensamos em dinheiro, é comum virem à nossa cabeça imagens das cédulas impressas de real ou das moedas. De que outras formas o dinheiro pode ser apresentado na sociedade?
2. Em vez de utilizar o dinheiro, você já fez trocas para obter um objeto que queria? Se sim, em que situação? Em sua opinião, como é possível estabelecer um valor justo ao trocar objetos?
3. Por que a falsificação de dinheiro é ruim para a população e para o país?
4. SABER SER Imagine que uma pessoa tenha recebido, em um caixa eletrônico, uma cédula de real e percebeu que era falsa. Para se livrar da cédula, ela foi a um supermercado e realizou uma compra. Essa atitude foi honesta? Explique o que você faria se estivesse no lugar dessa pessoa.
5. Reúna-se com um colega. Pesquisem no *site* do Banco Central do Brasil quais são os principais elementos de segurança utilizados nas novas cédulas impressas pela Casa da Moeda do Brasil para evitar a falsificação. Como esses elementos podem ajudar a identificar se uma cédula é falsa ou não?

Quando a primeira **Casa da Moeda** foi criada no Brasil? Onde ela ficava?

ATIVIDADES INTEGRADAS

Aplicar

1. Carolina e Rodrigo estão jogando *videogame*. Na primeira partida, Carolina fez 14 pontos e Rodrigo, 13. Já na segunda partida, ela fez 7 pontos e Rodrigo fez um ponto a mais do que Carolina.

a) Qual é o total de pontos de Carolina nas duas partidas? E de Rodrigo?

b) O ganhador é aquele que fizer 30 pontos. Carolina e Rodrigo precisam de quantos pontos para vencer o jogo?

2. Um número natural é par quando o algarismo da unidade for 0, 2, 4, 6 ou 8.

a) Calcule a soma do maior número natural par de dois algarismos com o menor número natural par de três algarismos.

b) Efetue a divisão entre o maior número natural par de três algarismos distintos e o menor número natural de dois algarismos iguais.

3. Maurício foi abastecer seu carro.

Ilustrações: Ana Katharine Frota/ID/BR

Se o carro de Maurício consome 1 litro de gasolina a cada 13 quilômetros rodados e ele gastou R$ 135,00 para abastecê-lo, quantos quilômetros o carro poderá rodar até consumir a quantidade de gasolina colocada?

4. As idades de Abelardo, Bruna e Rafael são números naturais consecutivos que adicionados resultam em 66. Calcule a idade de cada um deles, sabendo que Rafael tem 22 anos e que Bruna é a mais nova dos três.

5. Determine três números naturais pares maiores que 50 e menores que 60 cuja soma é 162.

6. Uma bactéria se duplica a cada dia. Em um laboratório, há uma cultura com 10 dessas bactérias. Em quantos dias haverá mais de 100 bactérias?

7. Uma papelaria vende no atacado os produtos ilustrados abaixo.

Joana comprou 3 caixas de lápis de cor, 4 caixas de borrachas e 2 caixas de apontadores. Qual é o total de lápis, borrachas e apontadores que Joana comprou?

8. Algumas telas, como as usadas nos computadores ou nas televisões, são compostas de minúsculas células chamadas *pixels*. Supondo que uma dessas telas tenha formato quadrado e 1 048 576 *pixels*, quantas dessas células estão em cada linha e em cada coluna da tela?

9. Marília enviou uma mensagem via correio eletrônico a Pedro e pediu a ele que a encaminhasse a outras pessoas. Pedro encaminhou a mensagem para 10 pessoas, e cada uma delas a encaminhou para outras 10. Quantas mensagens foram enviadas no total?

10. Marco é professor em uma escola. Uma de suas turmas tem 46 estudantes, outra tem 48 estudantes e outra tem 36. No decorrer do ano letivo 13 estudantes de Marco foram transferidos para outras escolas. Com quantos estudantes o professor Marco encerrou o ano?

Analisar e verificar

11. Insira parênteses na expressão a seguir para que o resultado seja igual a 23.

$$30 + 10 - 2 - 5 + 10$$

12. Descubra os erros cometidos nos cálculos a seguir e, depois, escreva as expressões fazendo as correções necessárias.

a) $(48 - 16) \cdot 18 + 12 =$
$= 48 \cdot 18 - 16 \cdot 18 + 12 =$
$= 48 \cdot 2 \cdot 30 = 2880$

b) $164 - (46 : 2) \cdot 6 =$
$= 164 - 23 \cdot 6 =$
$= 141 \cdot 6 = 846$

13. Determine o valor de B em cada item, sabendo que a distância entre duas marcações consecutivas é de uma unidade.

a) 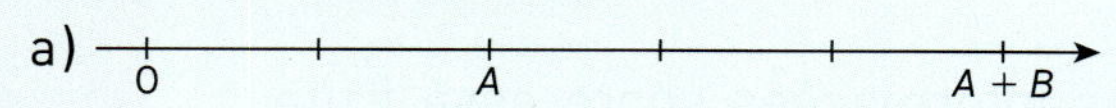

b) 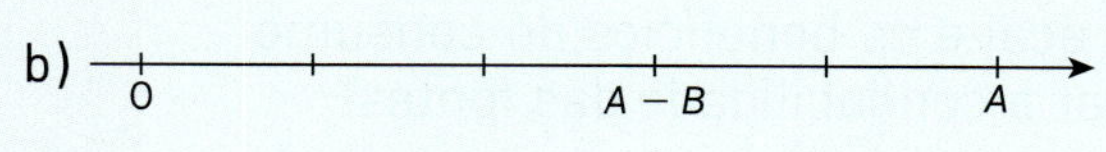

c) 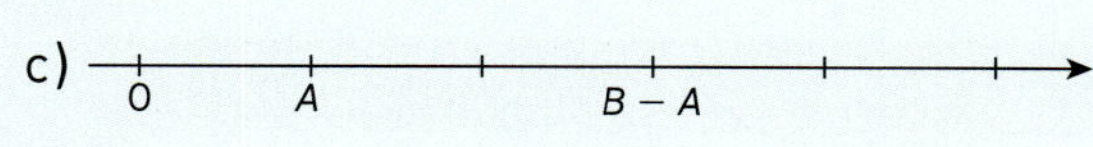

d) 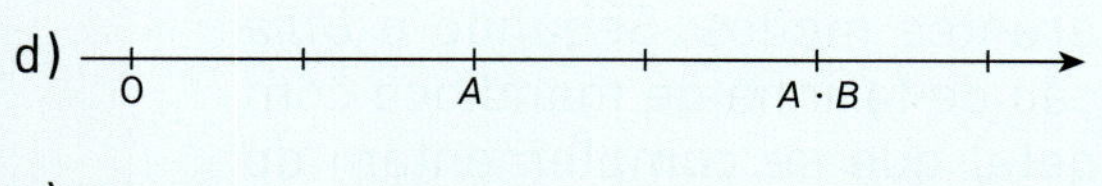

e) 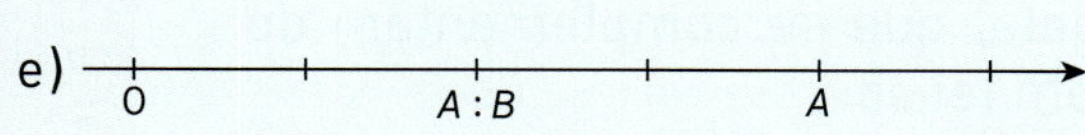

Acesse o recurso e acompanhe o passo a passo da **resolução** dessa atividade. Você também pensou desse modo?

14. Substitua cada símbolo por algarismos, de modo que as sentenças sejam verdadeiras.

a) 1♣19 = 69✦ + 3■2

b) 11★4 = 9◆58 − 826◆

15. Substitua cada ★ pelos sinais <, > ou = para que as sentenças fiquem verdadeiras.

a) 4^2 ★ $\sqrt{196}$

b) 2^3 ★ $\sqrt{100}$

c) $\sqrt{256}$ ★ 2^4

d) $\sqrt{90\,000}$ ★ 19^2

16. Flávia pensou em um número, multiplicou-o por 3 e adicionou 10 ao produto obtido. O resultado foi 43. Em que número Flávia pensou?

17. Veja a seguir como João resolveu a multiplicação $3\,600 \cdot 9\,000$.

$3600 \cdot 9000 =$
$= 36 \cdot 10^2 \cdot 9 \cdot 10^3 =$
$= 36 \cdot 9 \cdot 10^2 \cdot 10^3 =$
$= 324 \cdot 100 \cdot 1000 = 32\,400\,000$

a) João acertou o resultado?

b) Qual(is) propriedade(s) da multiplicação ele utilizou?

18. Substitua os símbolos por números, de modo que, multiplicando os números das linhas e os números das colunas, o resultado seja sempre 60.

1	15	◆
▲	2	♥
10	●	■

19. Na divisão de um número por 16, o quociente é igual a 6 e o resto é o maior possível. Qual é o dividendo dessa operação?

Criar

20. (CMPA-RS) Um auditório possui 23 filas, com 25 assentos em cada uma delas, e uma fila com 20 assentos. Se uma fila com 25 assentos rende R$ 1 250,00, a renda total, em reais, do auditório lotado, é igual a:

a) 28 750.
b) 30 000.
c) 29 000.
d) 31 250.
e) 29 750.

21. (OBM) O número de vezes que o algarismo 9 aparece no resultado da operação $10^{100} - 2003$ é:

a) 87.
b) 88.
c) 98.
d) 99.
e) 100.

22. Reúna-se com um colega para resolver a atividade a seguir.

(OBM) O número 1000...02 tem 20 zeros. A soma dos algarismos do número que obtemos como quociente quando dividimos esse número por 3 é:

a) 37. b) 57. c) 60. d) 64. e) 90.

23. A sentença a seguir é falsa e foi escrita usando números romanos.

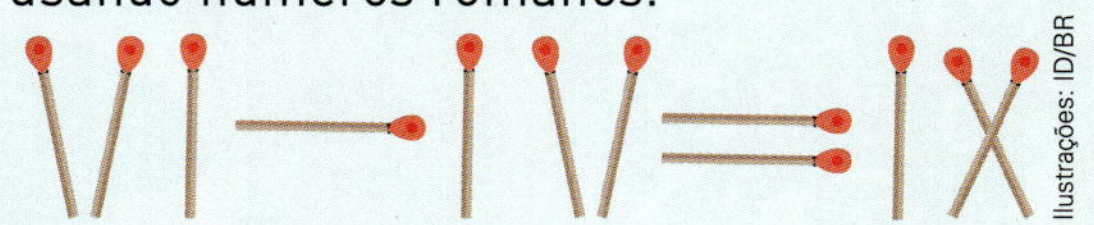

Ilustrações: ID/BR

Com um colega, pense em como tornar a sentença verdadeira alterando a posição de um único palito.

Retomando o tema

O Pará é o estado que mais produz açaí no Brasil. A partir dos anos 2000, a procura por esse fruto aumentou consideravelmente, e muito da biodiversidade das florestas foi comprometida. Entretanto, as palmeiras-açaí só sobrevivem se conviverem com outras espécies. Com o intuito de preservar e garantir a produção de açaí durante mais tempo, a Empresa Brasileira de Pesquisa Agropecuária (Embrapa) realizou projetos de formação da população para o manejo adequado dos açaizais.

Nesta unidade, você teve a oportunidade de refletir sobre agricultura sustentável, descobrir algumas informações nutricionais do açaí e observar alguns dados relacionados ao consumo do açaí em nosso país.

- Reúna-se com um colega para buscar outras informações sobre essa fruta, como quais são as vitaminas identificadas no açaí e os benefícios do consumo dessas vitaminas. Não se esqueçam de verificar a confiabilidade das fontes!

Geração da mudança

A polpa do açaí pode ser consumida de diferentes modos. Segundo o *Guia alimentar para a população brasileira*, a combinação de farinha de mandioca com açaí é um exemplo de alimentos de origem vegetal que se complementam do ponto de vista nutricional, assim como o arroz com feijão.

- Reúna-se com mais três colegas e grave um vídeo (de 2 a 5 minutos) explicando o que é agricultura sustentável e como o cultivo de açaí se relaciona com essa ideia. Depois, vocês podem buscar receitas que envolvam o manuseio do açaí e finalizar o vídeo mostrando como se faz essa receita. Os vídeos devem ser compartilhados com a comunidade local e armazenados no repositório da escola.

Autoavaliação

Camila Anselmé/ID/BR

UNIDADE 2

GEOMETRIA

PRIMEIRAS IDEIAS

1. Olhe ao seu redor. Você consegue perceber elementos ou objetos que lembram um ponto ou uma reta? Se sim, quais?
2. A ideia de giro está relacionada a ângulos. Você sabe o que é um ângulo?
3. Como você descreveria um quadrado? E um cubo?

Nesta unidade, eu vou...

CAPÍTULO 1 Noções primitivas e ângulos

- Construir os conceitos de ponto, reta e plano.
- Representar pontos, retas e planos utilizando a nomenclatura adequada para comunicar ideias.
- Reconhecer as características que permitem a construção de semirretas, segmentos de reta, ponto médio e ângulos.
- Reconhecer ângulos em situações cotidianas com base nas ideias de inclinação, giro, abertura e regiões, bem como compreender como utilizar corretamente o transferidor para medi-los.
- Classificar ângulos em nulo, agudo, reto, obtuso ou raso.
- Classificar retas quanto às suas posições relativas no plano.

CAPÍTULO 2 Figuras geométricas

- Diferenciar as figuras geométricas planas das figuras geométricas não planas.
- Compreender o conceito de polígono e conhecer seus elementos.
- Reconhecer e nomear polígonos associando essas nomenclaturas aos elementos das figuras.
- Identificar características dos triângulos e dos quadriláteros.
- Reconhecer a inclusão e a intersecção de classes entre os quadriláteros para compreender, por exemplo, que um quadrado é um caso especial de losango e de retângulo.
- Construir o *tangram* por meio de dobraduras aplicando os conceitos de segmentos de reta e pontos e identificando figuras geométricas planas.
- Reconhecer diferenças e características comuns entre poliedros e conhecer seus elementos.
- Relacionar poliedros com suas planificações para reconhecer figuras planas na superfície de figuras não planas.
- Verificar a existência da relação de Euler em poliedros convexos.
- Reconhecer e nomear não poliedros.
- Refletir sobre o impacto da pandemia e compreender a importância de incluir comportamentos de promoção de saúde em sua rotina diária.

EDUCAÇÃO FINANCEIRA

- Refletir sobre a tomada de decisões que envolvem o consumo de produtos e serviços, as compras por impulso e o planejamento financeiro.

CIDADANIA GLOBAL

- Elencar estratégias que foram adotadas para evitar a transmissão do vírus causador da covid-19 e buscar estratégias que podem ser adotadas para evitar que pandemias façam vítimas fatais.

Fotografia: Rebeca Reis/AGIF/AFP © KOBRA, Eduardo/AUTVIS, Brasil, 2022

LEITURA DA IMAGEM

Leia o texto a seguir.

Desde março de 2020, milhares de brasileiros [...] perderam suas vidas para um mesmo inimigo: a covid-19. "Coexistência" é um trabalho [...] em memória aos que se foram, que haja paz entre os que ficam. Inaugurado em 2021, este é um Memorial da Fé em honra a todas as vítimas da covid-19.

Texto extraído do perfil de Eduardo Kobra no *Instagram*. Disponível em: https://www.instagram.com/p/CPI1Om_l4Ef/?igshid=MzRlODBiNWFlZA. Acesso em: 23 maio 2023.

1. **Você sabe o motivo de as crianças retratadas estarem utilizando máscara de proteção?**
2. **Quais símbolos religiosos do painel você reconhece? Você sentiu falta da representação simbólica de alguma religião? Se sim, de qual?**
3. **Quais elementos geométricos representados nessa imagem você reconhece?**

CIDADANIA GLOBAL

Até 24 de novembro de 2022, foram confirmados mais de 35 milhões de casos de covid-19 no Brasil e, entre eles, mais de 689 mil resultaram em óbito.

1. Como você descreveria a representação do vírus causador da covid-19?
2. Quais estratégias podem ser adotadas para evitar que pandemias façam tantas vítimas fatais como a de covid-19?

Ao longo desta unidade, reflita sobre esses questionamentos!

Você já se perguntou quão eficazes são as **vacinas**? Conheça como foi o desenvolvimento da primeira vacina moderna e, depois, responda: Em que ano ocorreu a aplicação dessa primeira vacina?

Esse painel foi feito pelo artista brasileiro Eduardo Kobra, em seu espaço no município de Itu (SP). Essa representação artística está presente também em um muro na rua Henrique Schaumann, em São Paulo (SP). Foto de 2020.

CAPÍTULO

1 NOÇÕES PRIMITIVAS E ÂNGULOS

NOÇÕES PRIMITIVAS: PONTO, RETA E PLANO

Você já tentou explicar algo a alguém e a pessoa não entendeu? Aí você desenhou ou mostrou algum exemplo e a informação foi compreendida? Como você descreveria o que é um ponto? E uma reta ou um plano?

Perceba que, mesmo sendo difícil definir esses elementos, construímos diversos significados que se baseiam nessas ideias. Por exemplo, quando observamos cada um dos trilhos do trem, lembramo-nos, intuitivamente, de uma reta.

Em Geometria, as noções de ponto, de reta e de plano são chamadas de **noções primitivas** e as utilizamos para definir outros elementos geométricos.

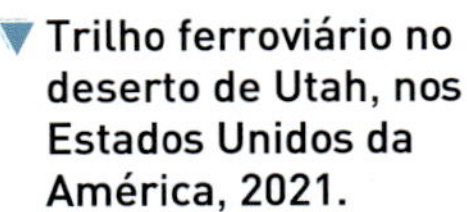

Trilho ferroviário no deserto de Utah, nos Estados Unidos da América, 2021.

Dennis Diatel Photography/iStock/Getty Images

Ponto

O ponto não tem dimensão (largura, altura e comprimento). Para nomear pontos, é comum usar letras maiúsculas do nosso alfabeto: *A*, *B*, *C*, etc. Veja a representação de dois pontos.

A *M*

Dois pontos podem ser **coincidentes** ou **distintos**.

B *A* *C* *D*

A e *B* são pontos coincidentes.
C e *D* são pontos distintos.

Reta

Uma reta é composta de infinitos pontos. Ela não tem começo nem fim, ou seja, é ilimitada em seus dois sentidos. Para nomear retas, é comum usar letras minúsculas do nosso alfabeto: *r*, *s*, *t*, etc. Veja a representação de duas retas.

Também é possível nomear uma reta utilizando dois pontos distintos que pertençam a ela. Veja.

Indicamos essa reta por *r* ou $\overleftrightarrow{AB}$.

Nessa representação, os pontos *A* e *B* pertencem à reta *r*. Também é possível dizer que a reta *r* passa pelos pontos *A* e *B*.

Observe que, ao representar uma reta, desenhamos apenas uma parte dela. É comum colocarmos uma ponta de seta em cada extremidade do desenho para transmitir a ideia de que as retas não se limitam ao tamanho da figura, ou seja, elas continuam.

Plano

Um plano é composto de infinitas retas e, consequentemente, de infinitos pontos. Ele é ilimitado em todas as direções. Para nomear planos, é comum usar letras minúsculas do alfabeto grego: α (alfa), β (beta), γ (gama), etc. Veja.

Ilustrações: ID/BR

Perceba que, ao representar planos, desenhamos apenas uma parte deles, como acontece com as retas.

ATIVIDADES

Retomar e compreender

1. Represente um ponto *A* no caderno. Quantas retas você pode traçar por esse ponto?
2. Represente dois pontos distintos no caderno. Quantas retas distintas você pode traçar por esses dois pontos?

SEMIRRETAS E SEGMENTOS DE RETA

A partir de uma reta, podemos determinar **semirretas** e **segmentos de reta**. Considere a reta r e os pontos Q, P e S, pertencentes a ela.

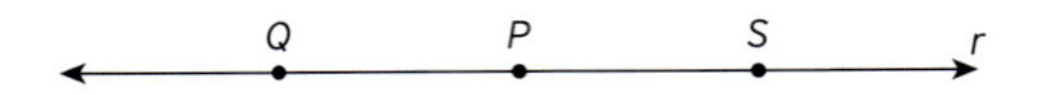

Semirretas

O ponto P divide a reta r em duas partes. Cada uma dessas partes é chamada de **semirreta**.

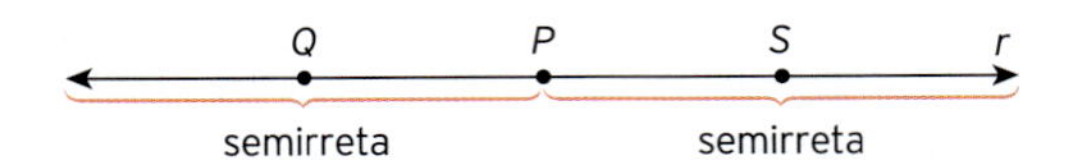

O ponto P é a **origem** dessas semirretas.

Indicamos por $\overrightarrow{PQ}$ a semirreta que tem origem em P e passa pelo ponto Q, e por $\overrightarrow{PS}$ a semirreta que tem origem em P e passa pelo ponto S.

As semirretas $\overrightarrow{PQ}$ e $\overrightarrow{PS}$ são opostas.

Segmento de reta

Considere os pontos Q e S da reta r anterior. A parte da reta situada entre os pontos Q e S, incluindo-os, é chamada de **segmento de reta**.

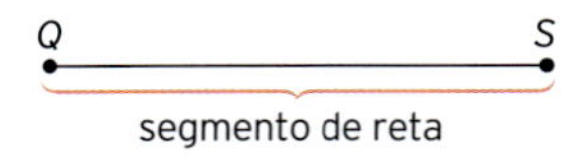

Indicamos esse segmento por $\overline{QS}$ ou $\overline{SQ}$. Os pontos Q e S são as extremidades desse segmento.

Segmentos consecutivos

Segmentos de reta que possuem uma extremidade em comum e nenhum outro ponto em comum são chamados de **segmentos consecutivos**.

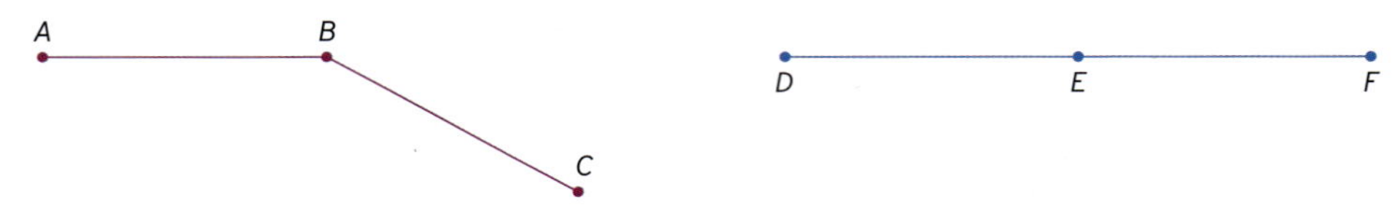

Os segmentos $\overline{AB}$ e $\overline{BC}$ possuem apenas a extremidade B em comum.

Os segmentos $\overline{DE}$ e $\overline{EF}$ possuem apenas a extremidade E em comum.

Segmentos colineares

Segmentos de reta que estão contidos em uma mesma reta são chamados de **segmentos colineares**.

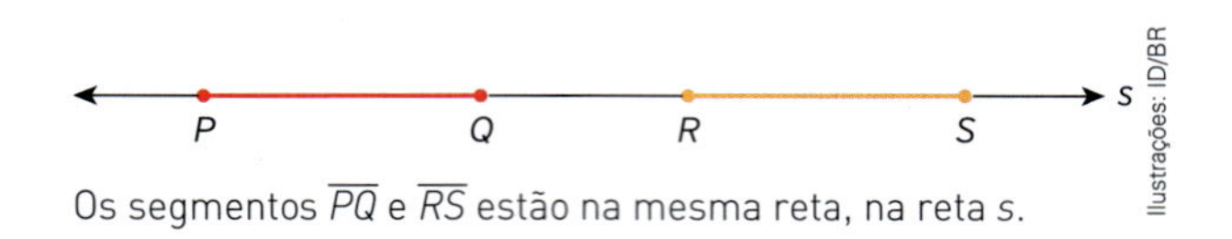

Os segmentos $\overline{PQ}$ e $\overline{RS}$ estão na mesma reta, na reta s.

Ilustrações: ID/BR

Segmentos adjacentes

Quando dois segmentos de reta são consecutivos e colineares, eles são chamados de **segmentos adjacentes**.

Os segmentos $\overline{BC}$ e $\overline{CD}$ estão na mesma reta *s* e possuem apenas a extremidade *C* em comum.

Medida do comprimento de um segmento

Como um segmento de reta é limitado por suas extremidades, é possível medir seu comprimento. Para isso, podemos usar um segmento de reta como medida padrão e verificar quantas vezes seu comprimento cabe no comprimento do segmento a ser medido.

Por exemplo, vamos medir o comprimento do segmento $\overline{MN}$, estabelecendo a medida do segmento $\overline{BC}$ como unidade de medida.

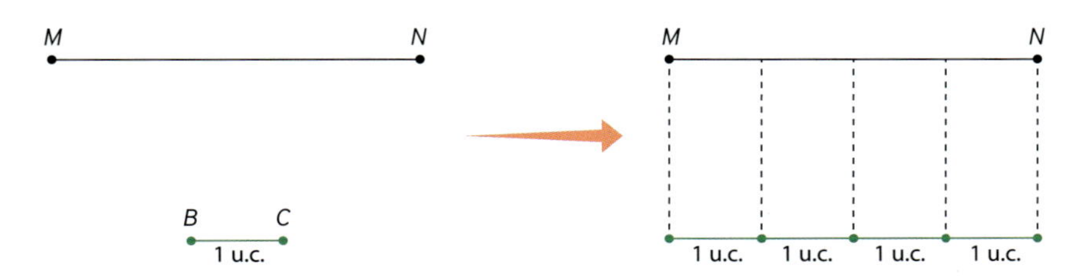

Ao comparar o comprimento dos dois segmentos, observamos que o comprimento do segmento $\overline{MN}$ corresponde a 4 u.c. Assim, indicamos a medida do comprimento desse segmento por $MN = 4$ u.c. ou med($\overline{MN}$) = 4 u.c.

RÉGUA

Uma maneira de simplificar o procedimento descrito é utilizar uma régua para medir o comprimento de um segmento de reta.

Qual é a medida, em centímetro, do comprimento do segmento $\overline{MN}$?

Segmentos congruentes

Observe os segmentos representados abaixo.

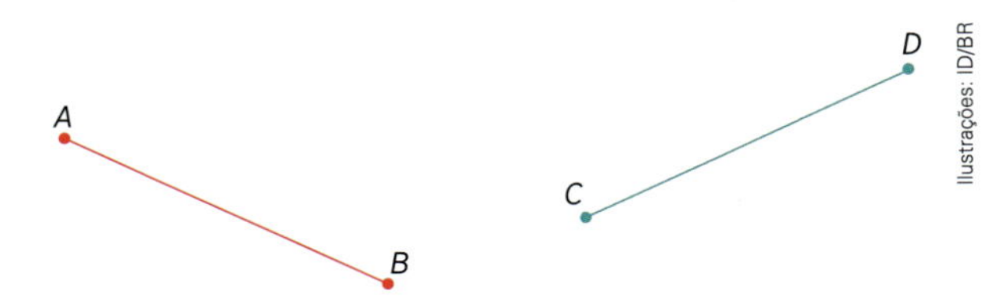

Ilustrações: ID/BR

Utilizando uma régua, é possível verificar que o segmento $\overline{AB}$ mede 3 cm e que o segmento $\overline{CD}$ também mede 3 cm.

Segmentos que têm medidas de comprimento iguais são chamados de **segmentos congruentes**.

Indicamos a congruência desses segmentos por $\overline{AB} \cong \overline{CD}$.

SÍMBOLO ≅

O símbolo ≅ indica congruência.

Ponto médio de um segmento

Considere um segmento $\overline{OP}$ que mede 6 cm e um ponto M, de modo que $OM = 3$ cm.

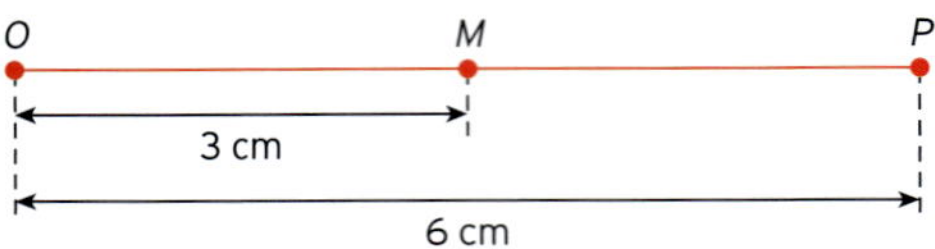

Qual é a medida do segmento $\overline{MP}$?

Os segmentos $\overline{OM}$ e $\overline{MP}$ têm a mesma medida, ou seja, são congruentes. Dizemos que o ponto M é o **ponto médio** do segmento $\overline{OP}$, pois ele divide esse segmento em duas partes congruentes, $\overline{OM}$ e $\overline{MP}$.

O ponto médio de um segmento é aquele que divide o segmento em duas partes congruentes.

Podemos encontrar o ponto médio de um segmento fazendo uma dobradura. Acompanhe.

1. Em uma folha de papel avulsa, desenhe um segmento $\overline{AB}$.

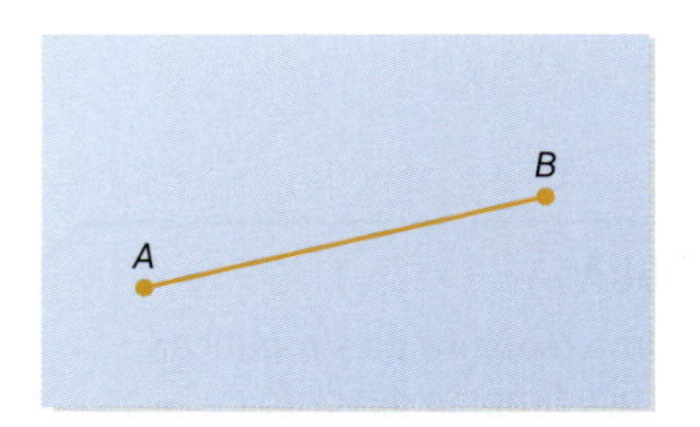

2. Dobre a folha, de modo que o ponto A coincida com o ponto B.

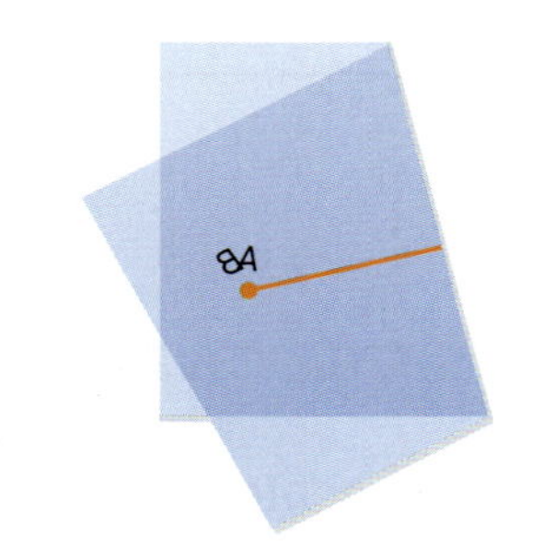

3. Abra a folha e marque o ponto M no cruzamento da linha da dobra com o segmento. O ponto M é o ponto médio do segmento $\overline{AB}$.

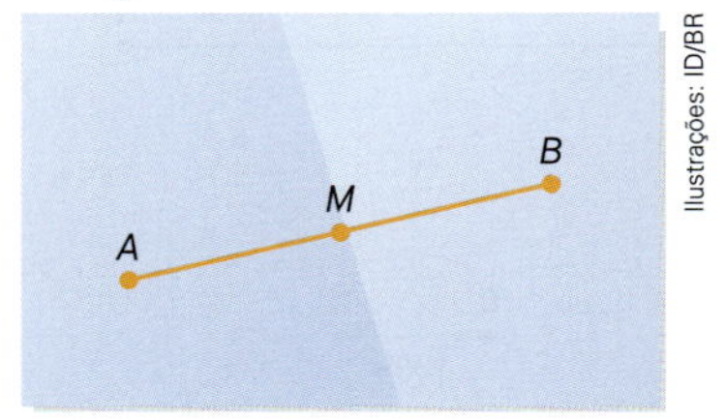

Ilustrações: ID/BR

ATIVIDADES

Retomar e compreender

3. Desenhe quatro pontos distintos B, R, M e D. Depois, faça o que se pede.

a) Trace uma semirreta cuja origem seja o ponto B e que passe pelo ponto R.

b) Trace um segmento de reta que tenha extremidades nos pontos R e M.

c) Trace uma reta que passe pelos pontos M e D.

4. Classifique os segmentos indicados em cada item em consecutivos, colineares ou adjacentes.

a) $\overline{AB}$ e $\overline{CD}$

b) $\overline{JK}$ e $\overline{KL}$

c) $\overline{FG}$ e $\overline{GH}$

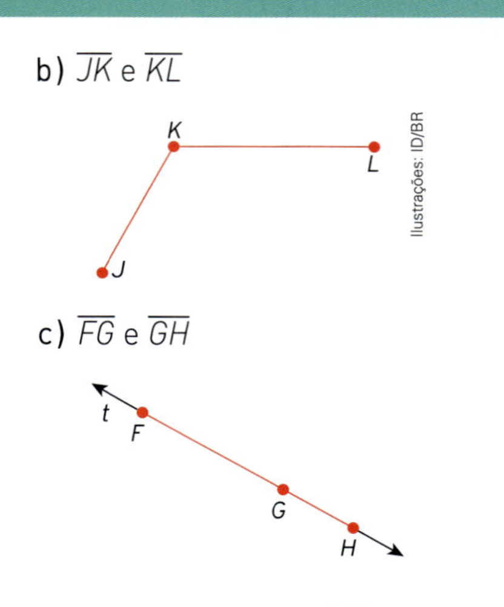

Ilustrações: ID/BR

5. Trace um segmento $\overline{CD}$ que meça 8 cm e um segmento $\overline{EF}$ com 10 cm. Depois, encontre o ponto médio de cada um deles.

ÂNGULOS

Os ângulos podem ser identificados em diversas situações do nosso dia a dia. Vamos conhecer algumas ideias associadas a ângulos.

- **Abertura**

  Ao sentar para usar o computador ou fazer as atividades de sala de aula, é preciso manter uma postura adequada. As aberturas dos braços e das pernas podem ser comparadas com os lados de um ângulo, e os cotovelos e os joelhos, com o vértice de cada ângulo. A ideia de abertura relaciona-se diretamente com ângulos.

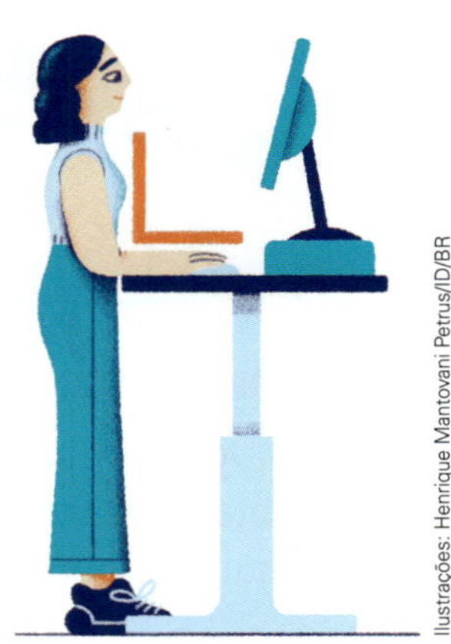

Ilustrações: Henrique Mantovani Petrus/ID/BR

- **Inclinação**

  Observe a representação de uma rampa. O esforço necessário para um objeto subir uma rampa está relacionado com seu ângulo de inclinação.

- **Giro**

  O esqueitista deu um giro de meia-volta (metade de um giro de uma volta) em torno de si mesmo. O giro dado por ele está relacionado com a ideia de ângulo.

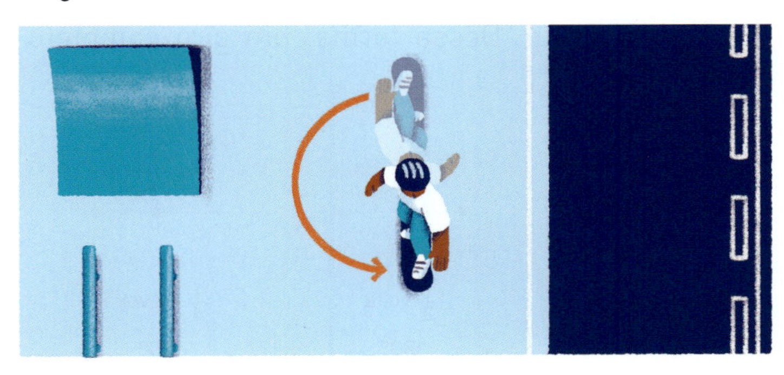

- **Regiões**

Observe, na representação a seguir, que o cruzamento de duas ruas determina quatro regiões. Cada uma das regiões dá a ideia de ângulo.

Ilustrações: ID/BR

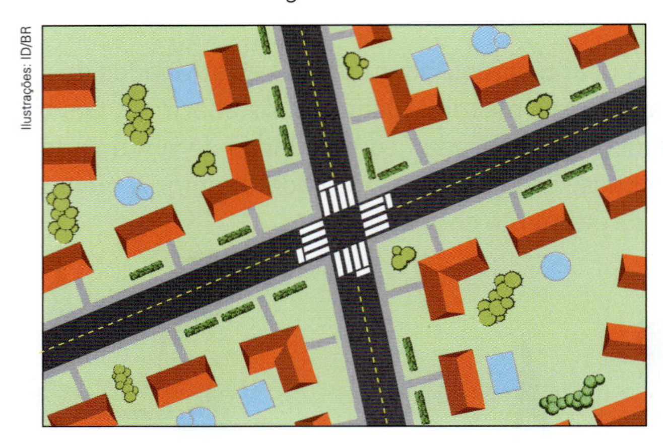

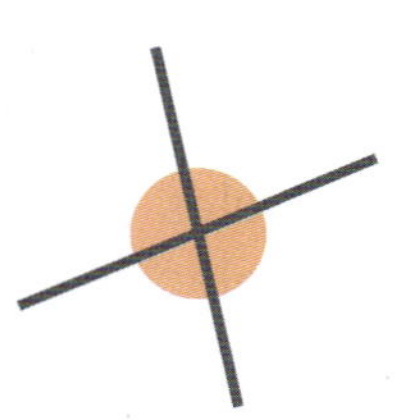

Esquema representativo.

Representação de um ângulo

Duas semirretas de mesma origem determinam duas regiões no plano que as contém (Figura 1). Elas determinam também dois ângulos (Figura 2 e Figura 3).

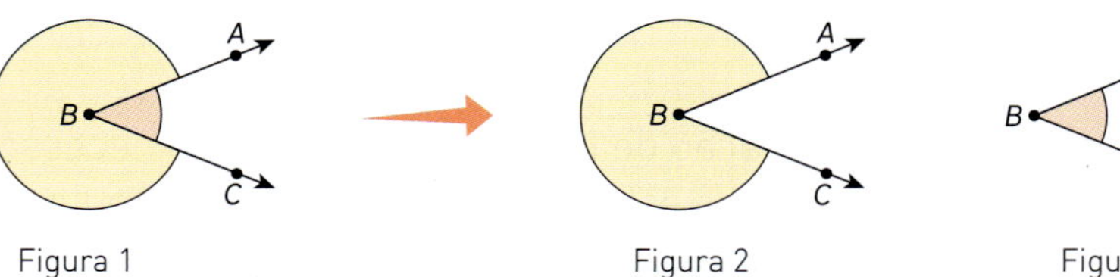

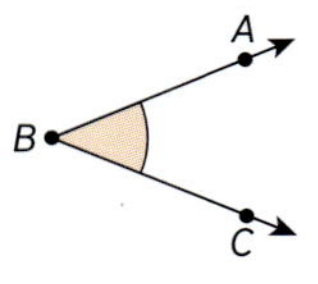

Figura 1 Figura 2 Figura 3

PADRÃO DA COLEÇÃO

Nesta coleção, quando não for indicado a qual dos dois ângulos estamos nos referindo, consideraremos $A\hat{B}C$ o **ângulo de menor abertura** formado pelas semirretas $\overrightarrow{BA}$ e $\overrightarrow{BC}$.

Podemos indicar o ângulo da Figura 2 por $A\hat{B}C$, $C\hat{B}A$ ou, apenas, por $\hat{B}$. As semirretas $\overrightarrow{BA}$ e $\overrightarrow{BC}$ são os lados desse ângulo e B é o vértice dele.

O ângulo da Figura 3 também pode ser indicado por $A\hat{B}C$, $C\hat{B}A$ ou, apenas, por $\hat{B}$. As semirretas $\overrightarrow{BA}$ e $\overrightarrow{BC}$ são os lados desse ângulo e B é o vértice dele.

Medida de ângulo

O grau, cujo símbolo é °, é a principal unidade para medir ângulos. Ele é obtido da divisão de um ângulo de volta inteira em 360 partes iguais. Cada uma dessas partes corresponde a 1° (um grau). Dessa forma, um giro completo corresponde a 360°.

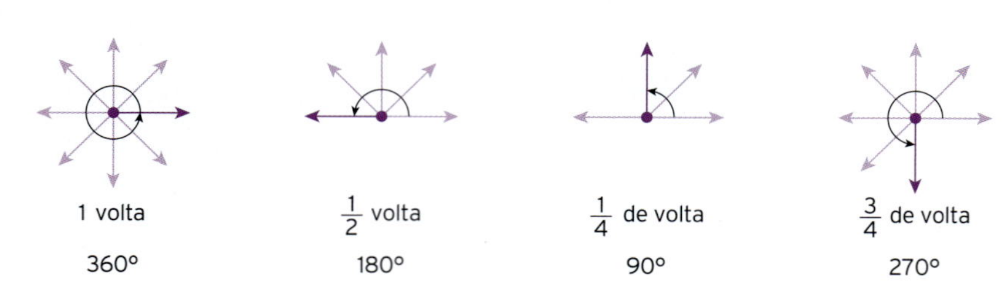

Medindo ângulos com o transferidor

O transferidor é um dos instrumentos usados para medir ângulos em graus. Os mais comuns são os de 180° e os de 360°.

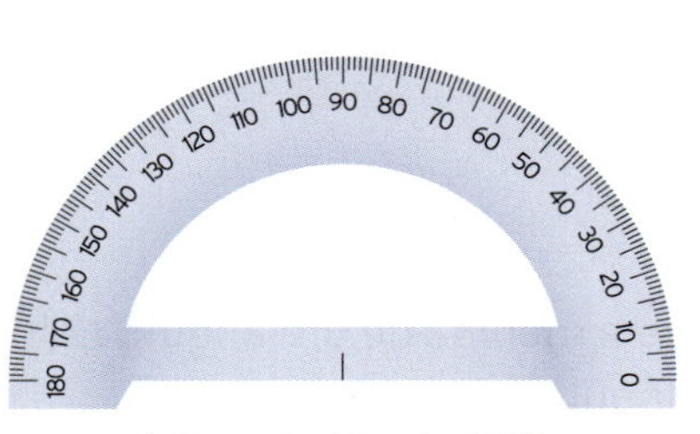

▲ Transferidor de 180°.

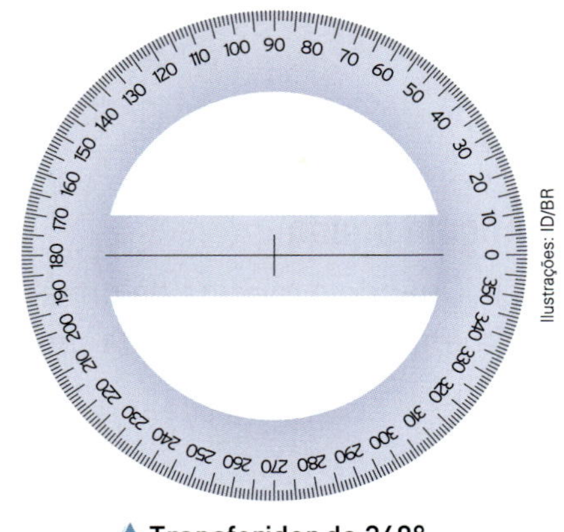

▲ Transferidor de 360°.

Ilustrações: ID/BR

Para medir um ângulo com um transferidor, devemos posicioná-lo de modo que seu centro coincida com o vértice do ângulo e um dos lados do ângulo coincida com a linha que indica 0°. A semirreta correspondente ao outro lado do ângulo vai indicar, no transferidor, sua medida.

Observe como medir o ângulo $A\hat{B}C$.

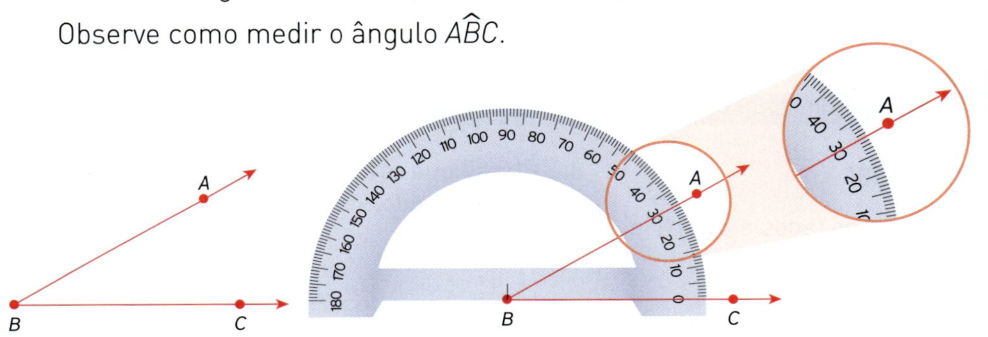

O ângulo $A\hat{B}C$ mede 30°. Indicamos essa informação por med$(A\hat{B}C) = 30°$ ou med$(\hat{B}) = 30°$.

Você viu como medir um ângulo **usando o transferidor** de 180°. Agora, descreva qual deve ser o procedimento para medir um ângulo usando o transferidor de 360°.

Classificação de ângulos

Os ângulos são classificados com base em suas medidas, em graus.

Ângulo nulo

O ângulo nulo mede 0°, e seus lados são semirretas coincidentes.

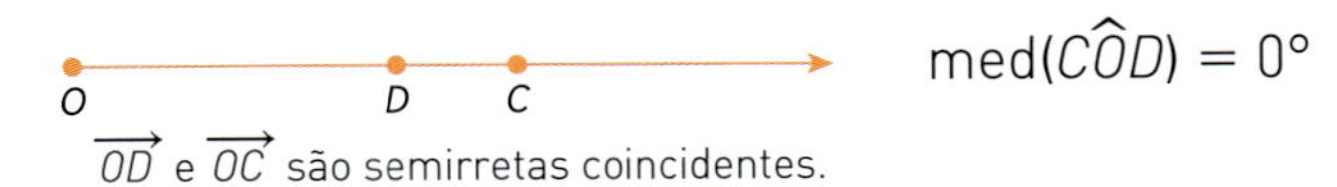

$\overrightarrow{OD}$ e $\overrightarrow{OC}$ são semirretas coincidentes.

med$(C\hat{O}D) = 0°$

Ângulo raso

O ângulo raso mede 180°, e seus lados são semirretas opostas.

$\overrightarrow{OR}$ e $\overrightarrow{OS}$ são semirretas opostas.

med$(S\hat{O}R) = 180°$

Ângulo reto

O ângulo reto corresponde à metade de um ângulo raso (180°), ou seja, o ângulo reto mede 90°. O ângulo reto é indicado com o símbolo ⦜.

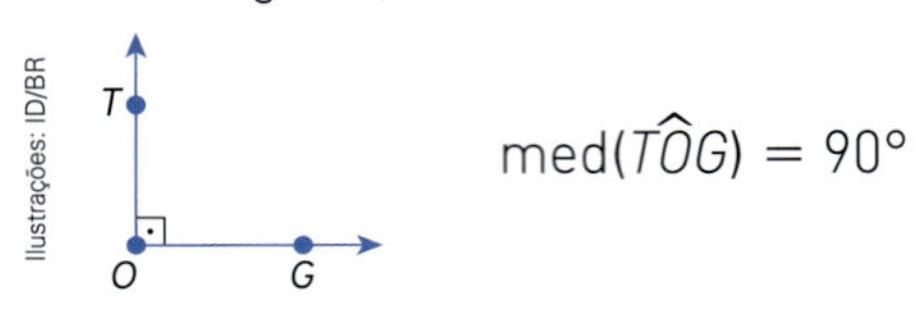

$med(T\hat{O}G) = 90°$

Ângulo agudo

Quando a medida de um ângulo é maior que a medida de um ângulo nulo e menor que a medida de um ângulo reto, o ângulo é agudo.

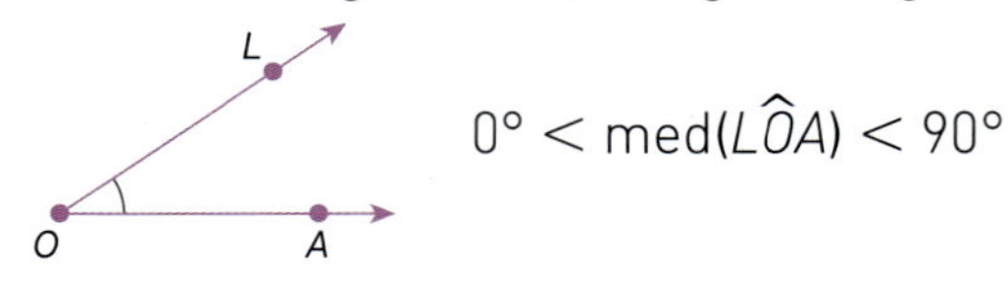

$0° < med(L\hat{O}A) < 90°$

Ângulo obtuso

Quando a medida de um ângulo é maior que a medida de um ângulo reto e menor que a medida de um ângulo raso, o ângulo é obtuso.

$90° < med(A\hat{O}V) < 180°$

ATIVIDADES

Retomar e compreender

6. Identifique e escreva os lados e o vértice de cada ângulo.

a)
b)
c)

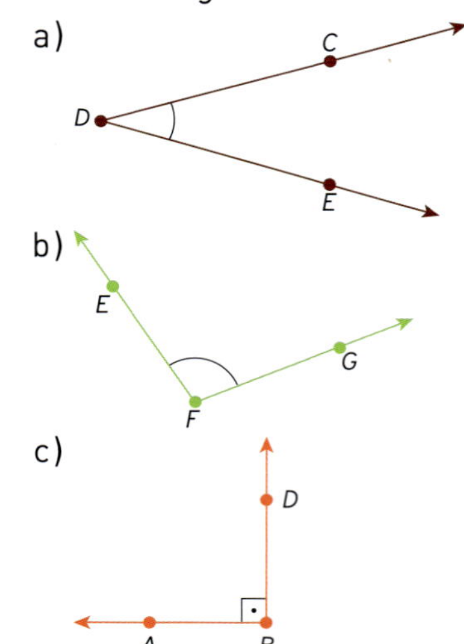

Aplicar

7. Observe a sua sala de aula.

a) Onde é possível identificar ângulos?

b) Em quais objetos é possível identificar ângulos retos?

8. Classifique os ângulos a seguir em obtuso, reto ou agudo.

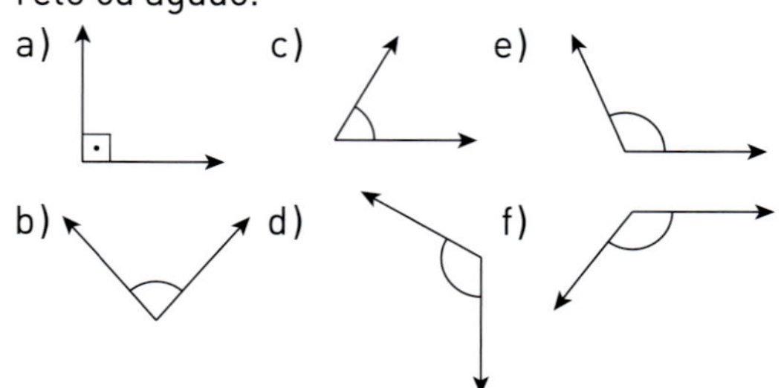

9. Observe a figura a seguir.

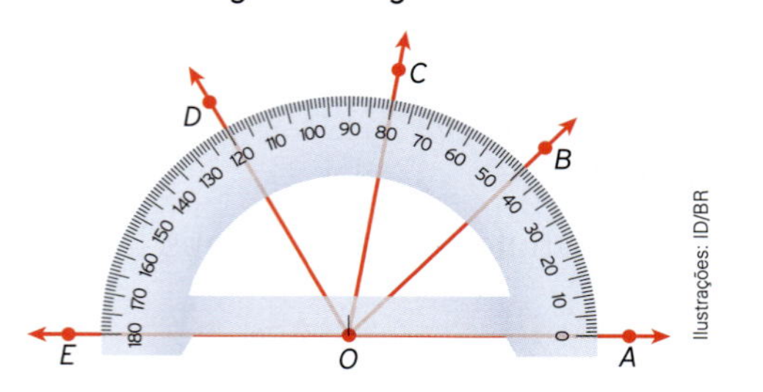

Escreva a medida do ângulo indicado em cada item.

a) $A\hat{O}B$

b) $A\hat{O}C$

c) $A\hat{O}D$

d) $A\hat{O}E$

POSIÇÕES RELATIVAS ENTRE RETAS NO PLANO

Você já viu um mapa de ruas? Observe a representação de parte de um mapa de ruas que estão em um mesmo plano.

Ilustrações: ID/BR

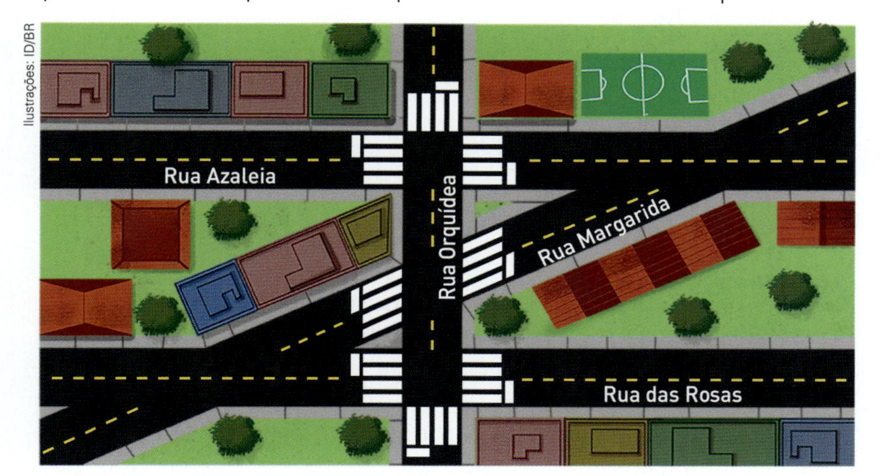

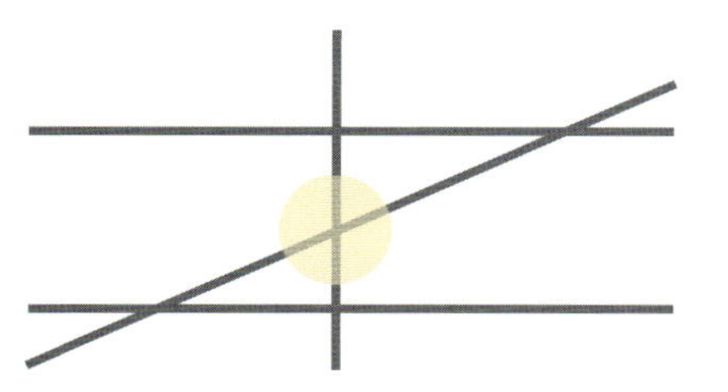

Esquema representativo.

Podemos fazer algumas considerações em relação a essa representação.

- Observe, na imagem, que a rua Azaleia e a rua das Rosas não se cruzam. Além disso, a distância entre elas é sempre a mesma. Quando isso acontece, dizemos que as ruas são **paralelas**.
- Já as ruas Orquídea e Margarida se cruzam. Quando isso acontece, dizemos que as ruas são **concorrentes**. Observe que, no cruzamento dessas ruas, podemos ver quatro regiões que formam dois ângulos obtusos e dois ângulos agudos.
- A rua Orquídea também cruza com a rua das Rosas; porém, no cruzamento, há quatro regiões que formam ângulos retos. Nesse caso, além de elas serem concorrentes, são **perpendiculares**.

As posições das ruas nesse trecho de mapa ilustram as possíveis posições relativas entre retas no plano. Agora, vamos estudar um pouco mais cada uma delas.

Retas paralelas

Quando duas retas situadas no mesmo plano não apresentam pontos em comum, ou seja, não se cruzam, elas são paralelas.

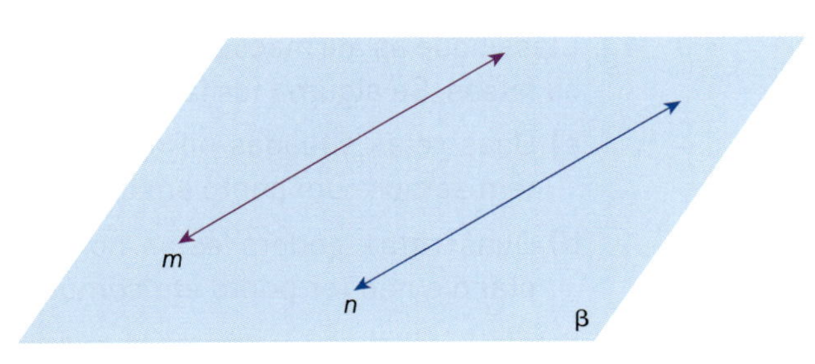

RETAS COPLANARES

Duas ou mais retas que estão contidas no mesmo plano são chamadas de **retas coplanares**.

Retas concorrentes

Quando duas retas situadas no mesmo plano têm apenas um ponto em comum, elas são concorrentes e podem ser oblíquas ou perpendiculares.

Concorrentes oblíquas

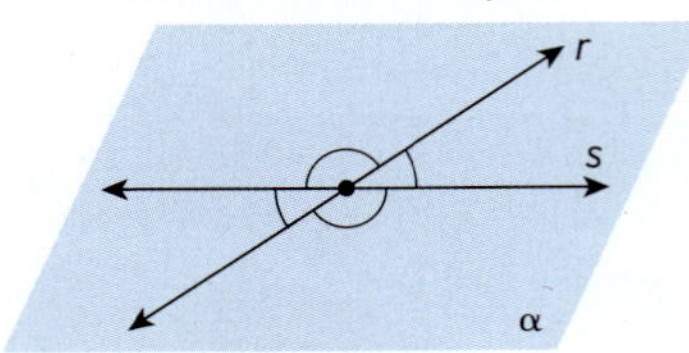

Duas retas concorrentes são oblíquas quando formam dois ângulos agudos e dois obtusos.

Concorrentes perpendiculares

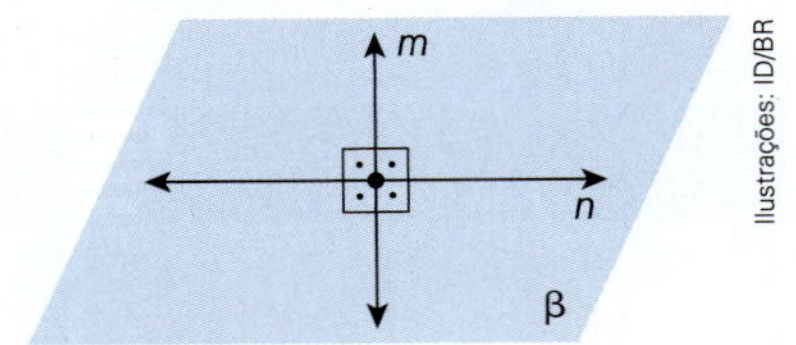

Duas retas concorrentes são perpendiculares quando os quatro ângulos formados são retos.

Ilustrações: ID/BR

Retas coincidentes

SÍMBOLO ≡

O símbolo ≡ indica coincidência.

Quando duas retas situadas no mesmo plano apresentam todos os pontos em comum, elas são chamadas de **coincidentes**.

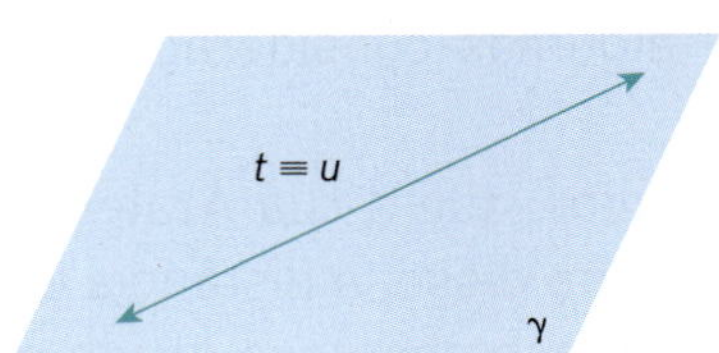

ATIVIDADES

Retomar e compreender

10. Classifique as retas a seguir em paralelas ou concorrentes.

a) r, s

b)

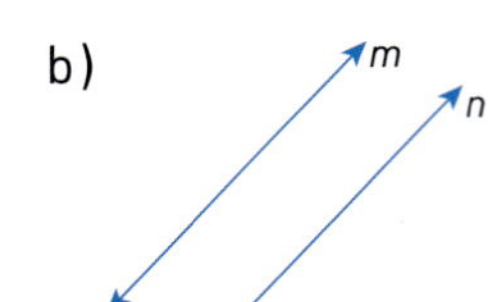

c)

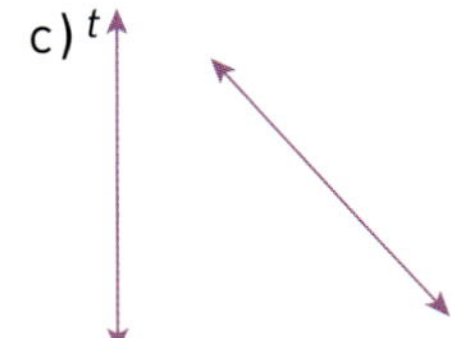

d)

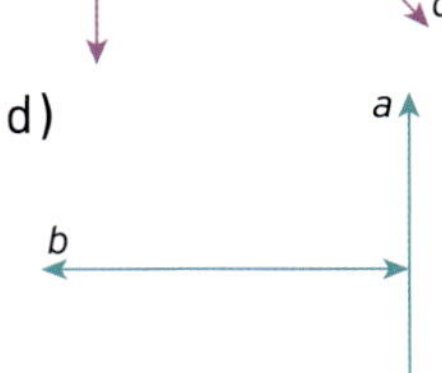

11. Observe as retas coplanares abaixo.

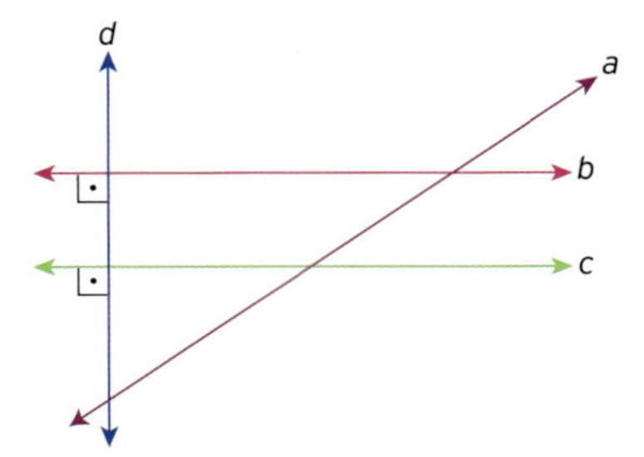

Agora, classifique as retas dos itens a seguir em concorrentes oblíquas, concorrentes perpendiculares ou paralelas.

a) *a* e *d*
b) *a* e *b*
c) *a* e *c*
d) *b* e *c*
e) *d* e *b*
f) *c* e *d*

Aplicar

12. As retas $\overleftrightarrow{AB}$ e $\overleftrightarrow{CD}$ são paralelas ou concorrentes? E as retas $\overleftrightarrow{EF}$ e $\overleftrightarrow{GH}$?

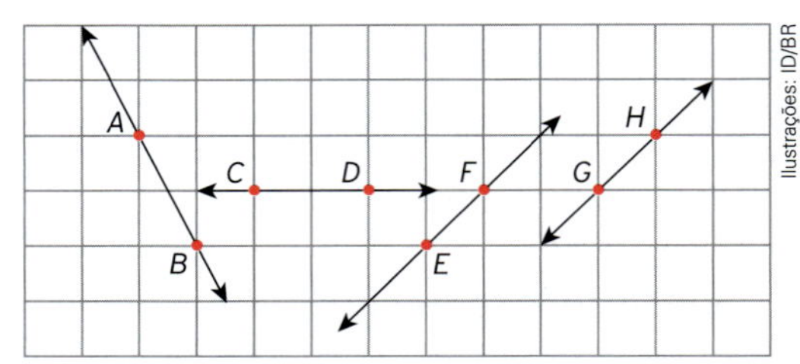

Ilustrações: ID/BR

13. Classifique as afirmações em verdadeiras ou falsas. Se alguma for falsa, corrija-a.

a) Duas retas situadas no mesmo plano têm sempre um ponto em comum.

b) Duas retas podem estar no mesmo plano e não ter ponto em comum.

MAIS ATIVIDADES

Acompanhamento da aprendizagem

Retomar e compreender

1. Responda às questões a seguir com uma das seguintes palavras: ponto, reta ou plano.

Minar Aslanova/Shutterstock.com/ID/BR

   a) Quando você olha o fio de um lustre que pende do teto totalmente esticado, com o que ele se parece?

   b) Que ideia a superfície de um lago de águas paradas passa a você?

Paolino Massimiliano Manuel/iStock/Getty Images

   c) O que lembra a cabeça de um alfinete?

FabrikaSimf/Shutterstock.com/ID/BR

2. Observe os pontos A, B e C e responda às questões.

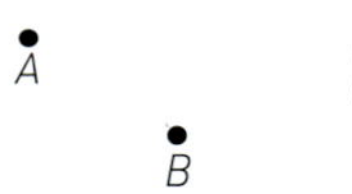

   a) Quantas retas passam ao mesmo tempo pelos pontos A e B?

   b) Quantas retas passam ao mesmo tempo pelos pontos B e C?

   c) Quantas retas passam ao mesmo tempo pelos pontos A, B e C?

Aplicar

3. Usando um transferidor, meça os ângulos destacados em vermelho em cada figura e, então, classifique-os em agudo, reto ou obtuso.

   a)

ID/BR

   b)

Tasna/Shutterstock.com/ID/BR

   c)

monticello/Shutterstock.com/ID/BR

   d)

Paul Maguire/Shutterstock.com/ID/BR

4. Meça os ângulos indicados na figura a seguir com um transferidor e elabore um quadro com a medida e a classificação de cada um deles.

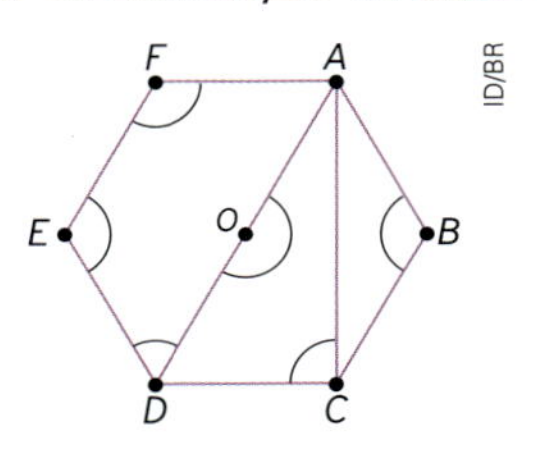

ID/BR

5. Leia a situação a seguir e responda a cada item. A figura mostra o percurso realizado por um carrinho de controle remoto que partiu do ponto A e chegou ao ponto K.

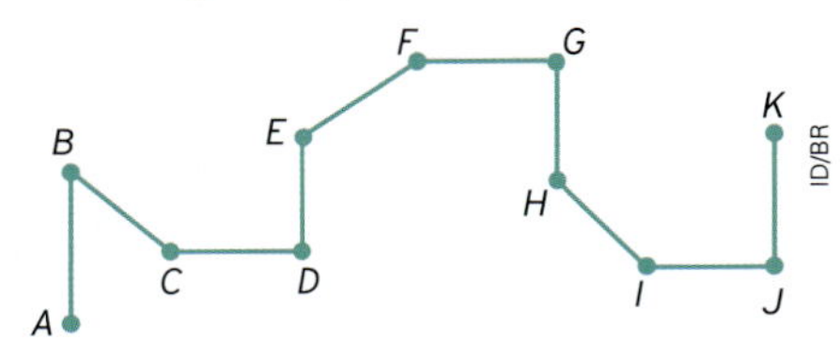

ID/BR

   a) Indique os pontos em que o carrinho muda de direção.

   b) Identifique os pontos do percurso em que a mudança de direção é de um quarto de volta.

   c) Identifique os pontos do percurso em que a mudança de direção é menor que um quarto de volta.

   d) Identifique os pontos do percurso em que a mudança de direção é maior que um quarto de volta.

CAPÍTULO 2

FIGURAS GEOMÉTRICAS

CLASSIFICAÇÃO DE FIGURAS GEOMÉTRICAS

Você já percebeu que estamos rodeados de objetos que lembram figuras geométricas? É possível encontrar objetos com esses formatos em quase todos os lugares. Veja um exemplo na imagem abaixo.

Este conjunto de prédios é uma escola que foi planejada para atrair a atenção do público que a frequenta: crianças e adultos com síndrome de Down, com autismo e com deficiências intelectuais. No formato dos prédios, é possível observar linhas, quadrados, retângulos, circunferências, prismas e cilindros. Agora, observe o seu entorno. Você consegue identificar objetos que lembram figuras geométricas?

Marvin Joseph/The Washington Post/Getty Images

▼ Parte da fachada de St. Coletta of Greater Washington, nos Estados Unidos. Desenho do arquiteto Michael Graves. Foto de 2006.

As figuras geométricas podem ser classificadas de diversas maneiras. Vamos estudar a classificação usando linhas, regiões planas e figuras geométricas não planas.

Linhas

São figuras unidimensionais, ou seja, com apenas uma dimensão. Observe alguns exemplos de linhas.

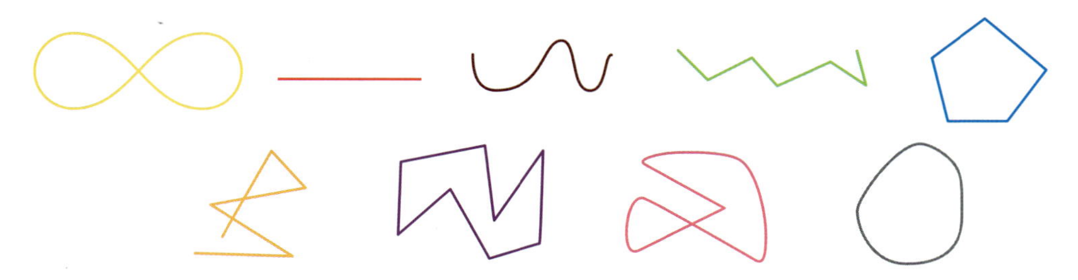

As linhas verde, azul, laranja e roxa são formadas apenas por segmentos de reta, consecutivos e não colineares. Linhas como essas são chamadas de **linhas poligonais**.

As linhas podem ser classificadas em **abertas** ou **fechadas** e **simples** (sem cruzamento) ou **não simples** (com cruzamento). Os exemplos anteriores são classificados da seguinte maneira:

	Simples	Não simples
Abertas		
Fechadas		

Regiões planas

Uma linha simples e fechada determina uma região do plano. Observe alguns exemplos.

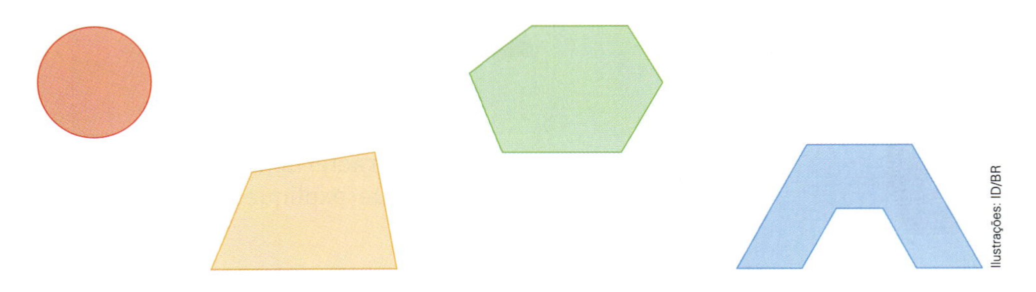

Ilustrações: ID/BR

Figuras geométricas não planas

São figuras que não estão contidas em um único plano. Veja alguns exemplos.

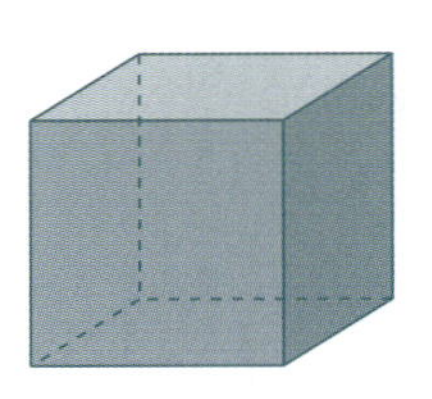
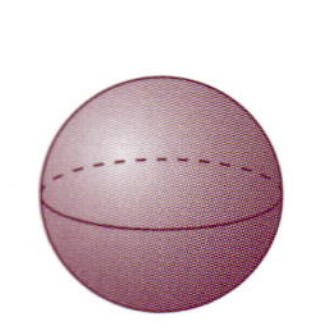
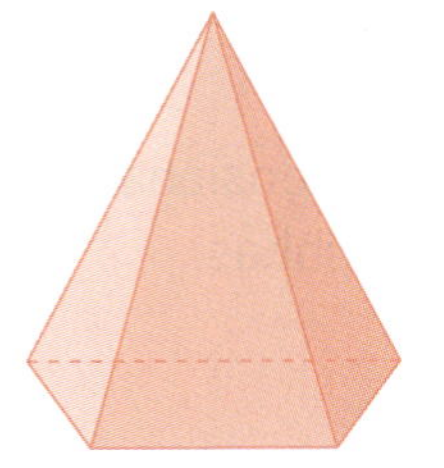
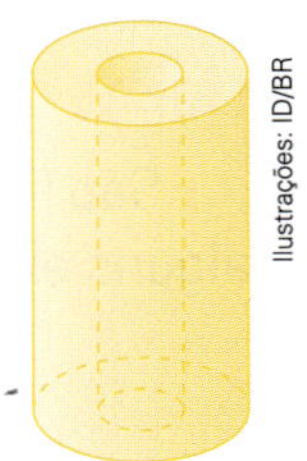

Ilustrações: ID/BR

ATIVIDADES

Retomar e compreender

1. Escreva o nome de objetos do dia a dia que lembram a forma de cada figura geométrica abaixo.

a)
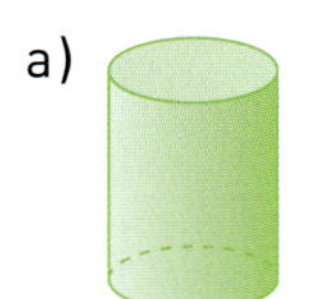

b)
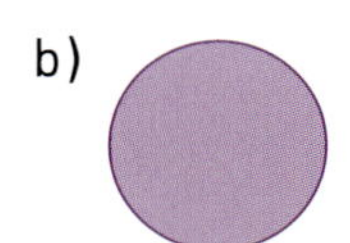

c)

d)

2. Dê três exemplos de objetos que lembram:

a) figuras não planas.

b) regiões planas.

c) linhas.

3. Classifique cada figura geométrica a seguir como figura não plana, região plana ou linha.

a)

b)
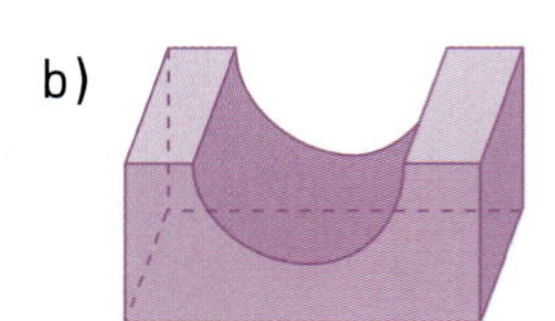

c)
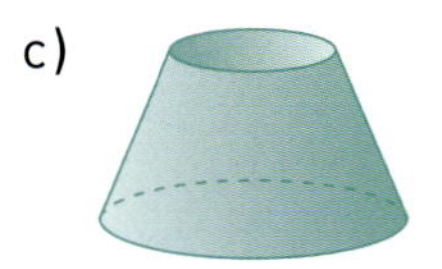

d)
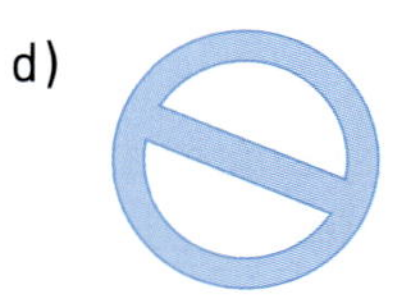

Aplicar

4. Observe a maneira como algumas figuras foram separadas em três grupos.

I

II
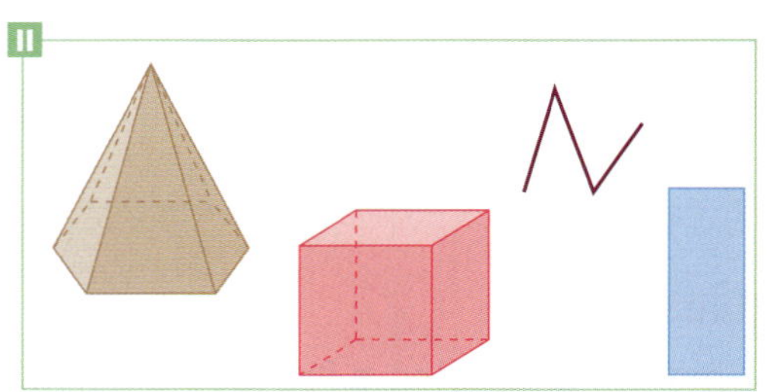

III
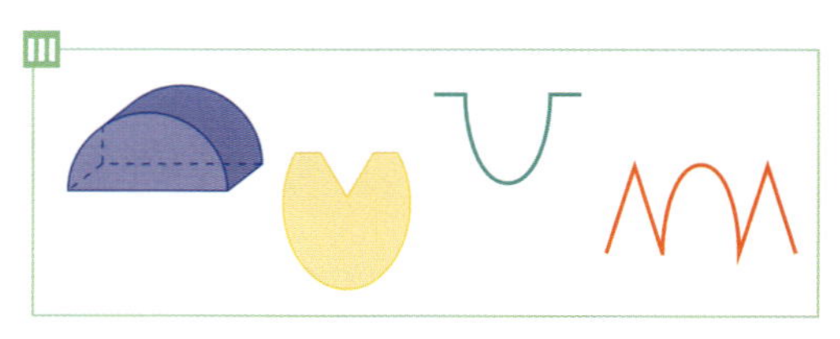

Ilustrações: ID/BR

Identifique características comuns a cada grupo que expliquem os agrupamentos feitos.

POLÍGONOS

Amanda desenhou dois grupos de figuras e os classificou em polígonos e não polígonos.

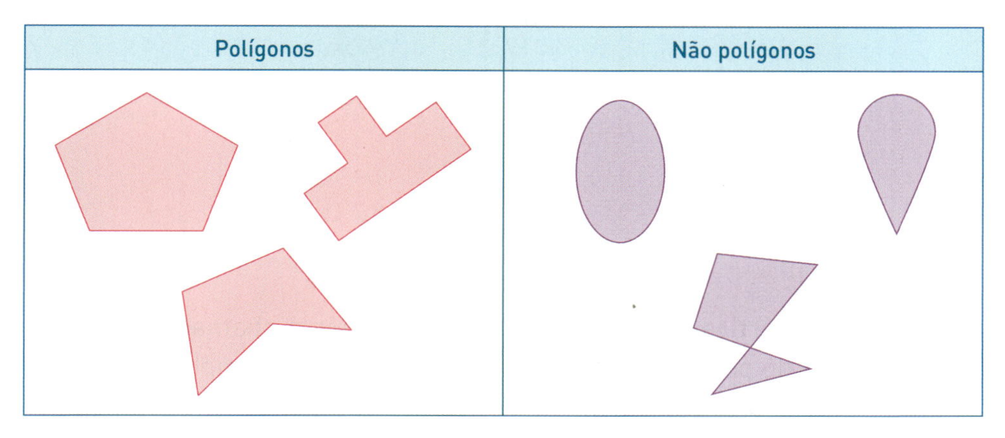

Observe que no grupo dos polígonos ela colocou somente as figuras formadas por uma linha poligonal fechada e simples.

A figura geométrica plana formada por uma linha poligonal fechada e simples e sua região interna é chamada de **polígono**.

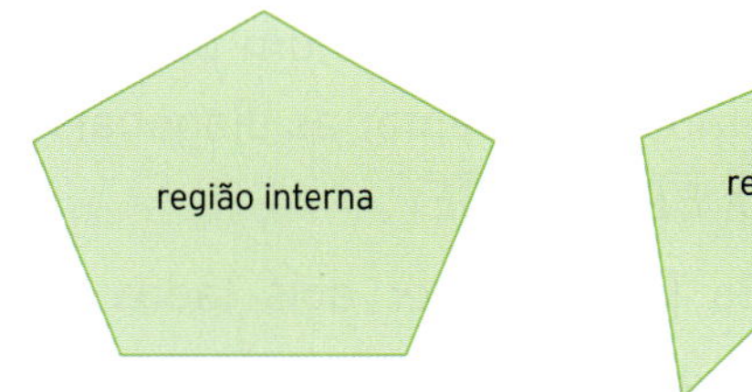

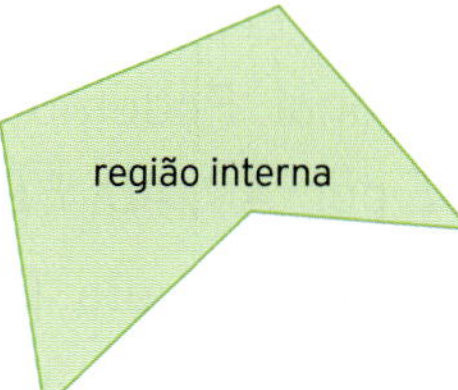

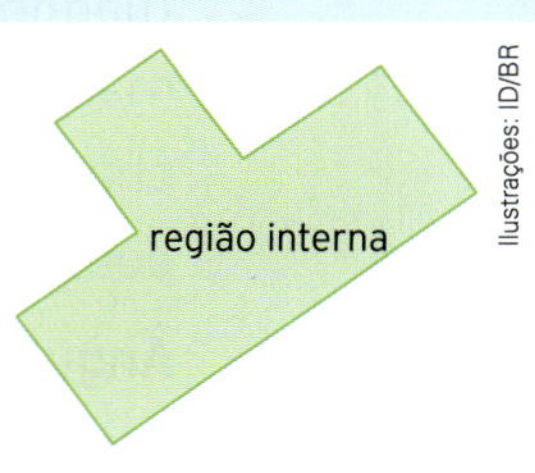

Ilustrações: ID/BR

Polígonos convexos e polígonos não convexos

Os polígonos podem ser classificados em dois grupos: convexos e não convexos. Veja.

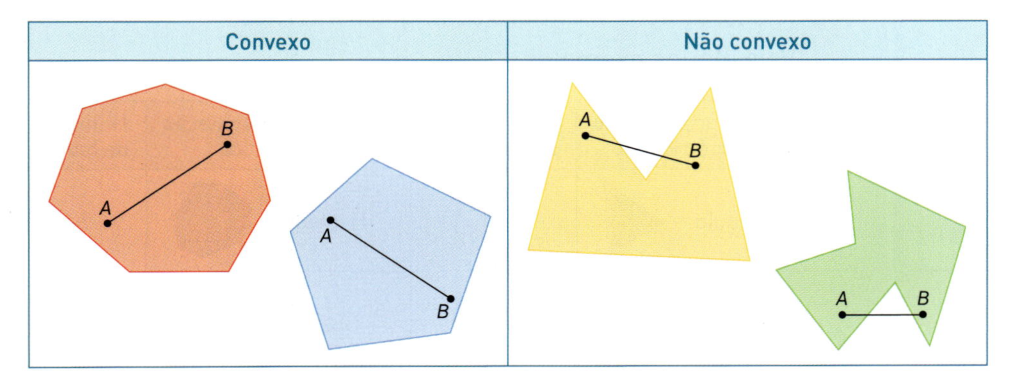

Quando, para quaisquer dois pontos A e B pertencentes ao interior de um polígono, o segmento $\overline{AB}$ estiver totalmente contido no interior desse polígono, ele é um polígono **convexo**. No entanto, se existir um segmento $\overline{AB}$ que não esteja totalmente contido no interior desse polígono, ele é um polígono **não convexo**.

Elementos dos polígonos

Vamos estudar alguns elementos de um polígono.

Considere o polígono a seguir.

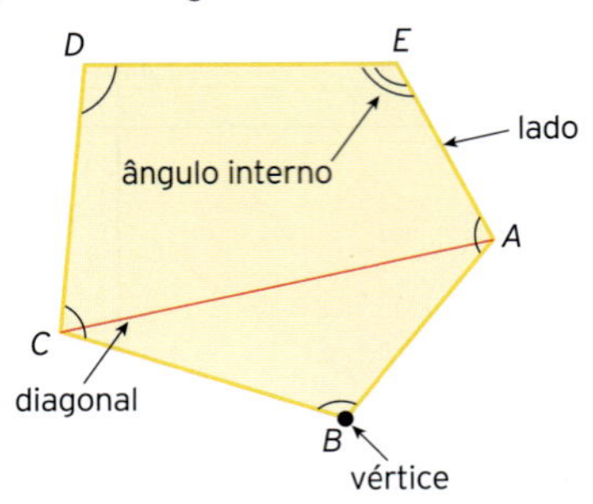

- **Vértice**: o ponto comum a dois lados é chamado de vértice do polígono. Os vértices do polígono do exemplo são A, B, C, D e E. Utilizando os vértices de um polígono, podemos nomeá-lo. Nesse caso, o polígono pode ser chamado de $ABCDE$.
- **Lado**: cada um dos segmentos de reta consecutivos que compõem um polígono é chamado de lado do polígono. Os lados do polígono $ABCDE$ são: $\overline{AB}$, $\overline{BC}$, $\overline{CD}$, $\overline{DE}$ e $\overline{EA}$.
- **Diagonal**: o segmento de reta cujas extremidades são formadas por dois vértices não consecutivos de um polígono é chamado de diagonal. Podemos representar as diagonais do polígono $ABCDE$ por: $\overline{AC}$, $\overline{AD}$, $\overline{BE}$, $\overline{BD}$ e $\overline{CE}$.
- **Ângulo interno**: é o ângulo formado por dois lados consecutivos do polígono. Os ângulos internos do polígono $ABCDE$ são: $\widehat{A}$, $\widehat{B}$, $\widehat{C}$, $\widehat{D}$ e $\widehat{E}$.

Nomenclatura dos polígonos

Os polígonos são nomeados de acordo com o número de lados ou de acordo com o número de ângulos internos.

Veja alguns exemplos.

Nome e representação geométrica	Número de lados
Triângulo	3
Quadrilátero	4
Pentágono	5
Hexágono	6

Nome e representação geométrica	Número de lados
Heptágono	7
Octógono	8
Eneágono	9
Decágono	10

Ilustrações: ID/BR

REPRESENTAÇÕES DE FIGURAS

Para facilitar a comunicação, em vez de usarmos, por exemplo, "representação de um triângulo", usaremos simplesmente o termo "triângulo". Essa decisão também vale para as demais figuras geométricas.

Quando um polígono possui todos os ângulos internos com a mesma medida e todos os lados com a mesma medida, ele é chamado de **polígono regular**. Observe alguns exemplos.

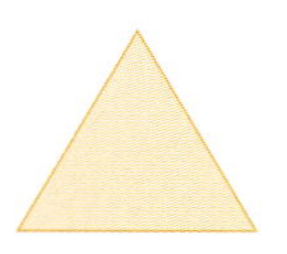

ID/BR

DESCUBRA +

Prefixos numerais gregos

Para nomear os polígonos (palavra de origem grega originada da junção dos prefixos *poli*, que significa "muitos", e *gonos*, que significa "lados"), utilizamos prefixos numerais, que indicam quantidades.

Além de serem utilizados para nomear polígonos, a presença dos prefixos numerais é comum em palavras das mais diversas áreas do conhecimento humano. Veja a seguir alguns exemplos.

- **Di**polo: as pilhas elétricas constituem um dipolo elétrico; apresentam **dois** polos, comumente chamados de polo negativo e polo positivo.
- **Tri**logia: muitos filmes são apresentados em trilogias, ou seja, **três** filmes que, juntos, contam uma história ou apresentam o mesmo tema. São exemplos de trilogias cinematográficas: *De volta para o futuro* e *As crônicas de Nárnia*.

Fotografias: Capas do filme De volta para o futuro: Universal Pictures do Brasil/ID/BR; Pilha: daniiD/ Shutterstock.com/ID/BR

ATIVIDADES

Retomar e compreender

5. Como podemos classificar a linha que forma o desenho abaixo?

Ana Katharine Frota/ID/BR

Aplicar

6. Veja as figuras que Adriana e Tomás desenharam e faça o que se pede.

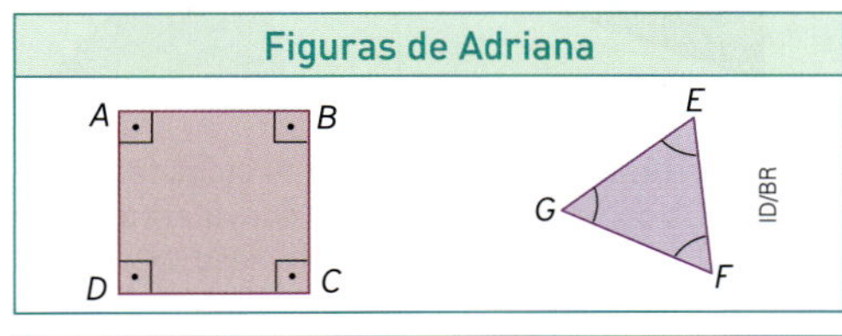

ID/BR

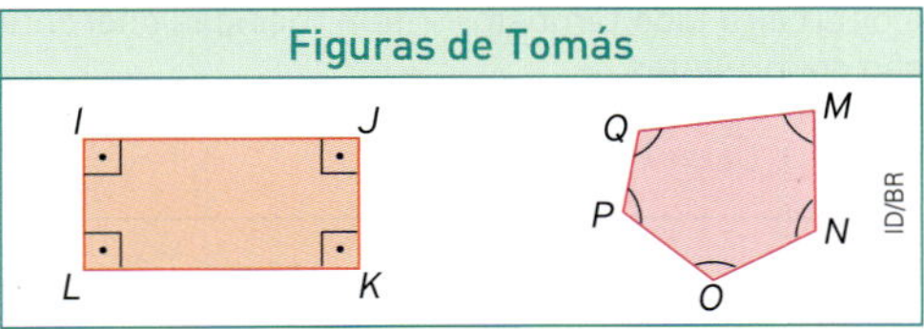

ID/BR

a) Identifique, em cada figura, os vértices, os lados, as diagonais e os ângulos internos.

b) As figuras desenhadas por Adriana e Tomás são convexas ou não convexas? Justifique.

c) Com o auxílio de uma régua, meça os lados das figuras. Depois, identifique duas características comuns e uma diferença entre as figuras desenhadas por Adriana e Tomás.

7. Desenhe um polígono:

a) com apenas duas diagonais.

b) com cinco diagonais.

8. Considere o polígono *ABCDEF*.

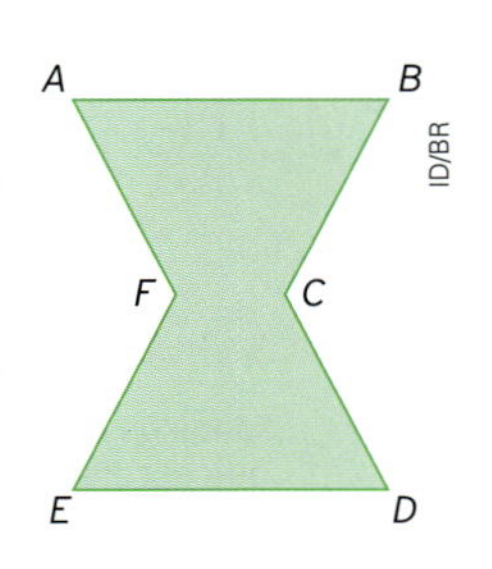

ID/BR

a) Quais são os vértices desse polígono?

b) Quais são os lados desse polígono?

c) Esse polígono é convexo ou não convexo?

d) Qual é o nome desse polígono?

Triângulos

A decoração da parede do quarto de Carla é composta de diversos **triângulos**.

João Picoli/ID/BR

O triângulo é um polígono de três lados, com três vértices e, também, três ângulos internos.

Elementos dos triângulos

Nomeando os vértices de um triângulo por *A*, *B* e *C*, podemos indicar esse triângulo como $\triangle ABC$ (lê-se: triângulo *ABC*).

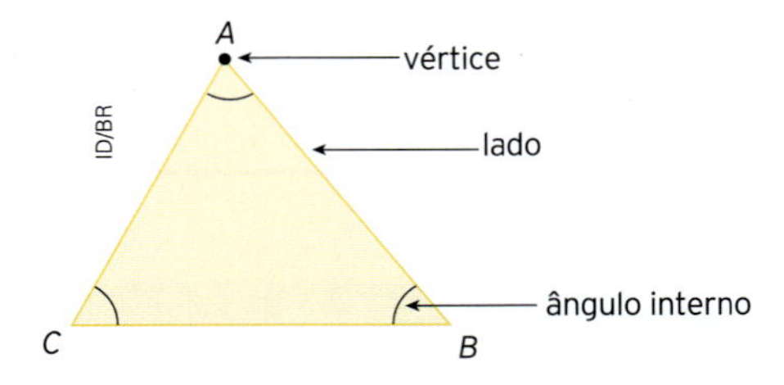
A
vértice
lado
ângulo interno
C
B
ID/BR

Classificação dos triângulos

A seguir, vamos estudar duas maneiras de classificar os triângulos: quanto aos lados e quanto aos ângulos.

Quanto aos lados

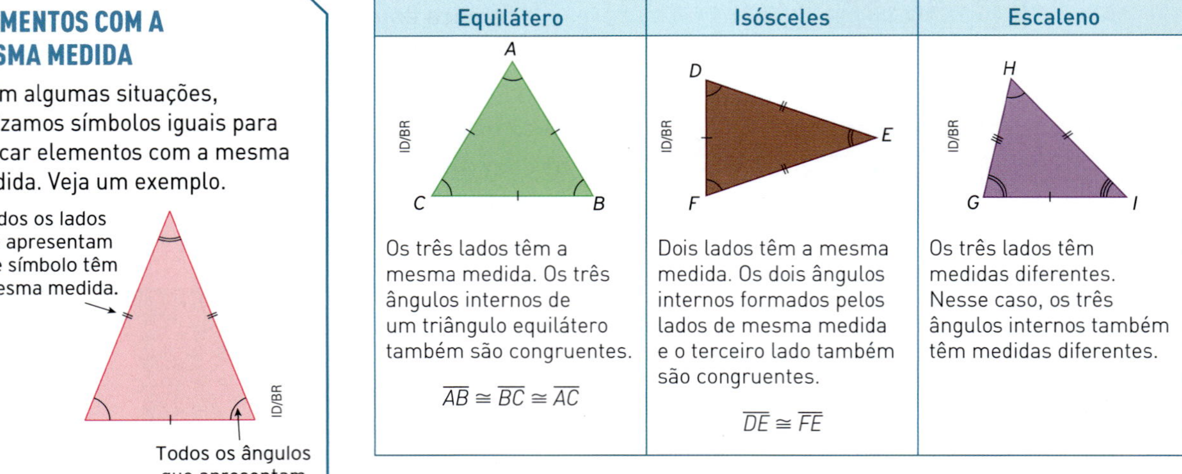

Equilátero	Isósceles	Escaleno
Os três lados têm a mesma medida. Os três ângulos internos de um triângulo equilátero também são congruentes. $\overline{AB} \cong \overline{BC} \cong \overline{AC}$	Dois lados têm a mesma medida. Os dois ângulos internos formados pelos lados de mesma medida e o terceiro lado também são congruentes. $\overline{DE} \cong \overline{FE}$	Os três lados têm medidas diferentes. Nesse caso, os três ângulos internos também têm medidas diferentes.

Observe que um triângulo equilátero é também um triângulo isósceles.

ELEMENTOS COM A MESMA MEDIDA

Em algumas situações, utilizamos símbolos iguais para indicar elementos com a mesma medida. Veja um exemplo.

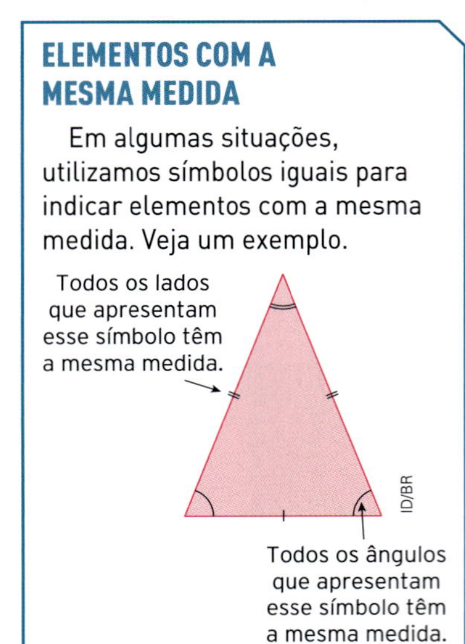
Todos os lados que apresentam esse símbolo têm a mesma medida.
Todos os ângulos que apresentam esse símbolo têm a mesma medida.
ID/BR

Quanto aos ângulos

Acutângulo	Retângulo	Obtusângulo
P, Q, R	T, S, U	Y, X, Z
Os três ângulos internos são agudos, ou seja, suas medidas são menores que 90°.	Um dos ângulos internos é reto, isto é, sua medida é 90°.	Um dos ângulos internos é obtuso, ou seja, sua medida é maior que 90° e menor que 180°.

Ilustrações: ID/BR

ATIVIDADES

Retomar e compreender

9. Com uma régua, meça os lados dos triângulos e classifique cada um em equilátero, isósceles ou escaleno.

a)

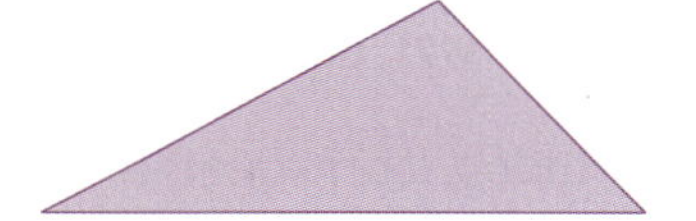

b)

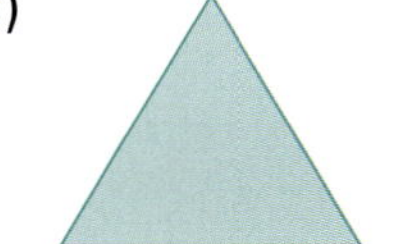

c)

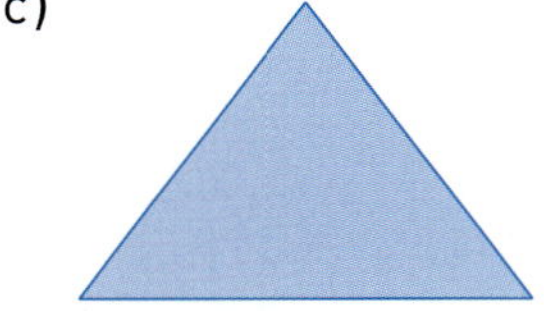

10. Classifique os triângulos abaixo de acordo com a medida dos ângulos internos.

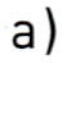

a)

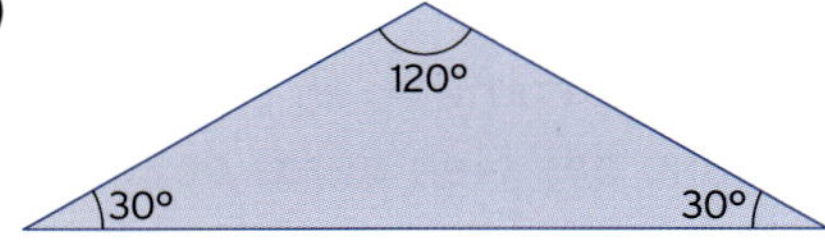

b)

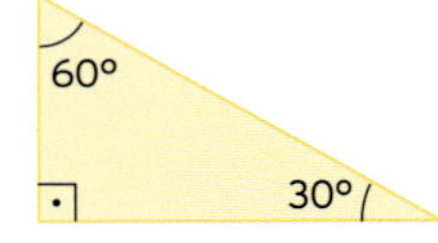

c)

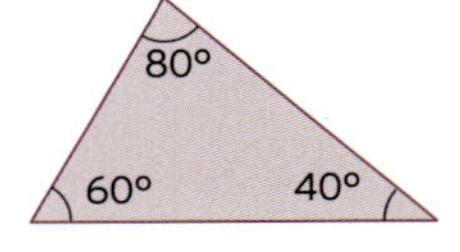

11. Classifique os triângulos de cada item quanto aos lados e quanto aos ângulos.

a)

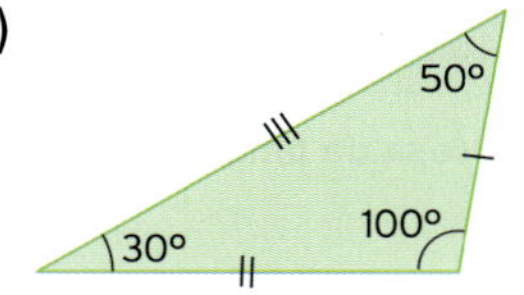

b)

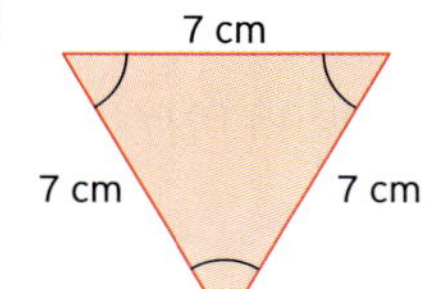

c)

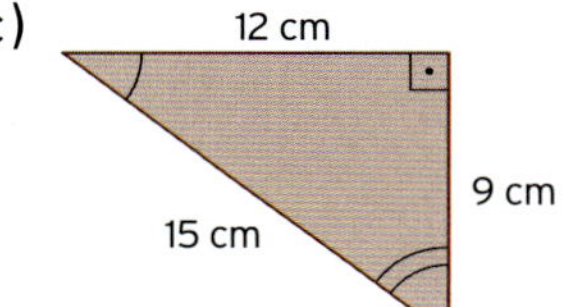

d)

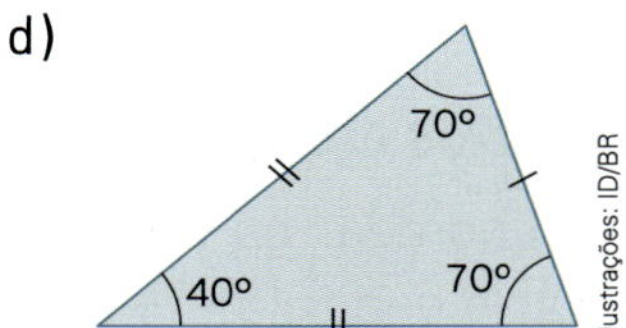

Ilustrações: ID/BR

12. As informações em cada um dos itens referem-se a triângulos. Classifique-os de acordo com as descrições.

a) Possui um ângulo maior que 90° e seus lados têm medidas diferentes.

b) Possui lados e ângulos congruentes.

c) Possui dois lados congruentes e o ângulo entre eles mede 90°.

Quadriláteros

Estamos rodeados por objetos que apresentam o formato de algum **quadrilátero**, como murais, mesas de jogos e obras de arte. Observe.

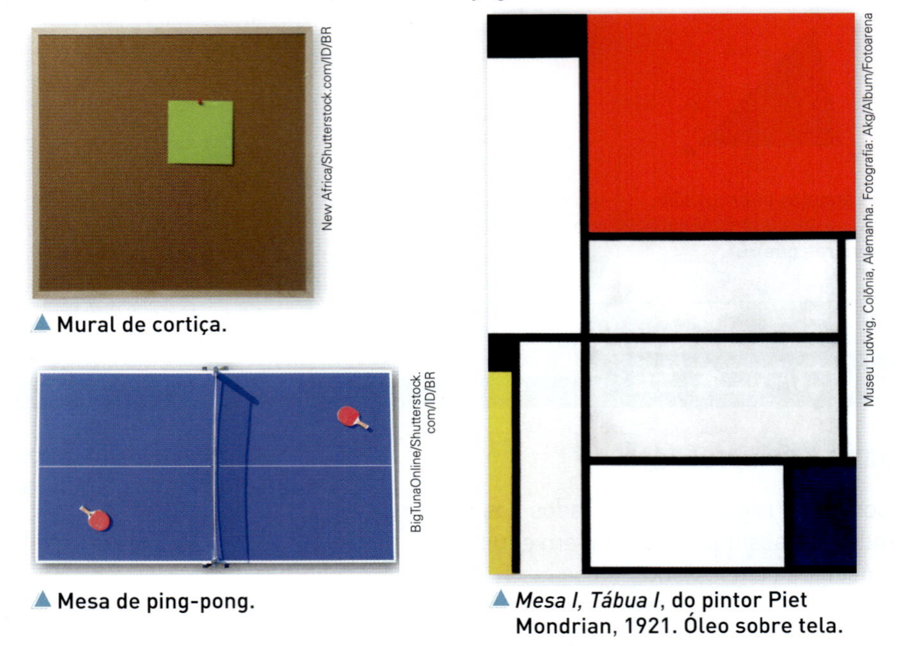

▲ **Mural de cortiça.**

▲ **Mesa de ping-pong.**

▲ ***Mesa I, Tábua I*, do pintor Piet Mondrian, 1921. Óleo sobre tela.**

Os quadriláteros são polígonos de quatro lados, com quatro vértices e quatro ângulos internos.

Veja alguns exemplos.

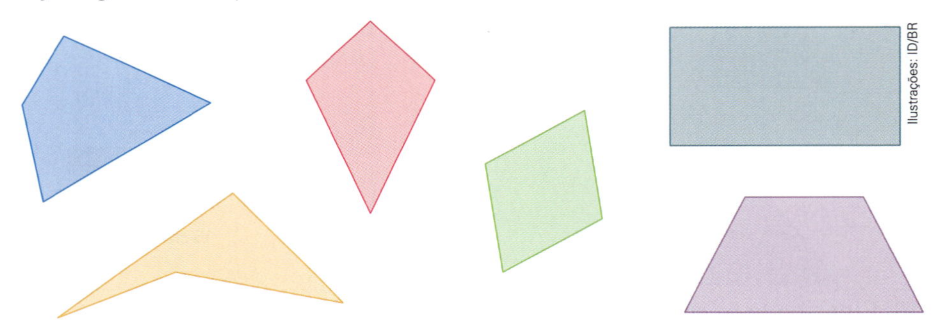

Elementos dos quadriláteros

Ao nomear os vértices de um quadrilátero como A, B, C e D, podemos indicar o quadrilátero por $ABCD$. Veja alguns dos elementos de um quadrilátero no exemplo a seguir.

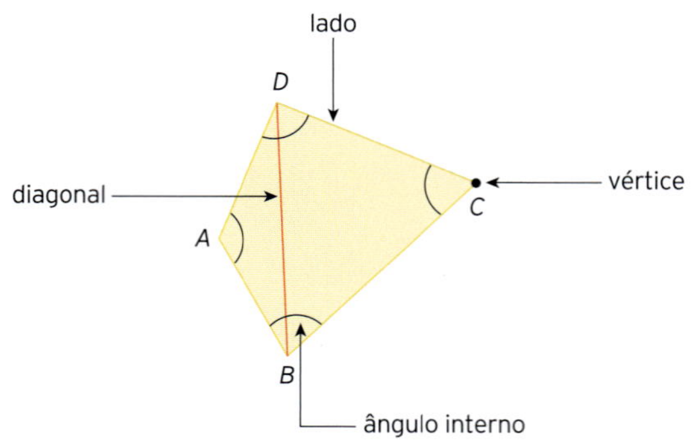

Classificação dos quadriláteros

Os quadriláteros podem ser classificados com base em diferentes critérios. Vamos, então, classificá-los de acordo com o paralelismo dos lados.

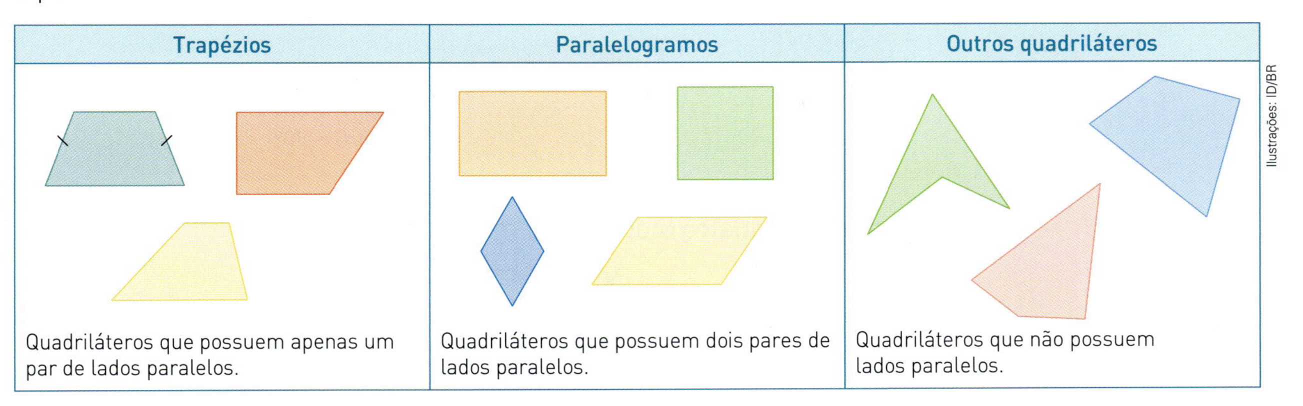

Trapézios	Paralelogramos	Outros quadriláteros
Quadriláteros que possuem apenas um par de lados paralelos.	Quadriláteros que possuem dois pares de lados paralelos.	Quadriláteros que não possuem lados paralelos.

Ilustrações: ID/BR

Trapézios

Nos trapézios, os lados paralelos são chamados de **bases**. Todo trapézio possui uma **base menor** e uma **base maior**.

Um trapézio pode ser classificado em retângulo, isósceles ou escaleno.

- **Trapézio retângulo**: dois de seus ângulos internos são retos.

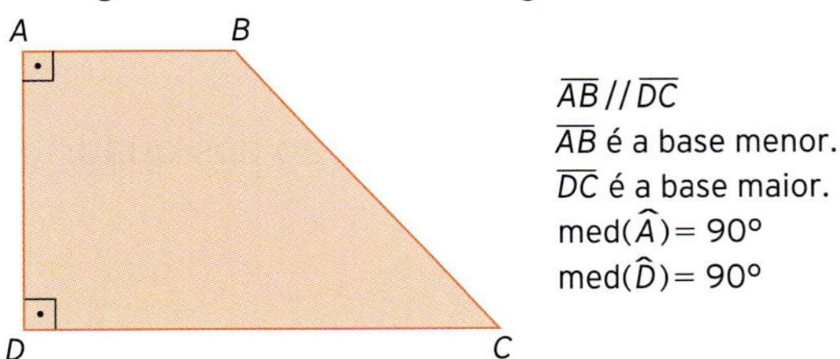

- **Trapézio isósceles**: os lados opostos não paralelos são congruentes.

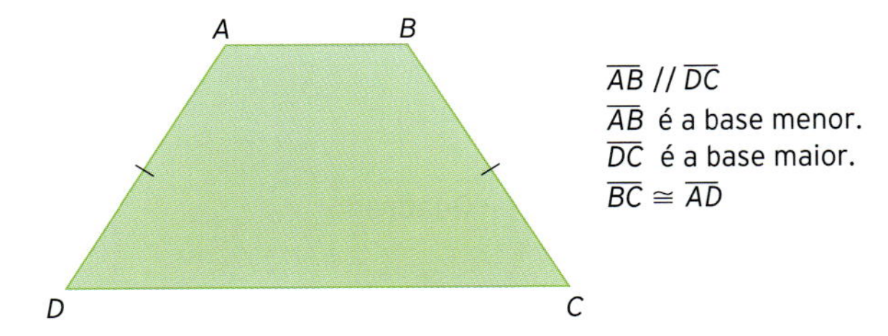

- **Trapézio escaleno**: os lados opostos não paralelos não são congruentes.

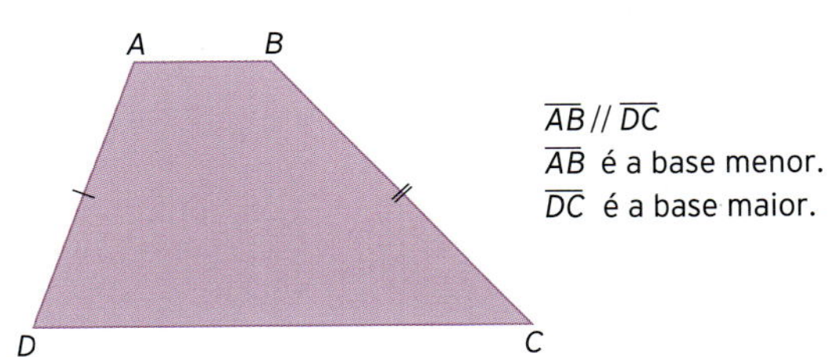

Observe que um trapézio retângulo é também escaleno.

> **O SÍMBOLO //**
>
> O símbolo // indica que retas ou segmentos de reta são paralelos. Por exemplo:
>
> $\overline{AB} // \overline{DC}$
>
> Lê-se: o segmento $\overline{AB}$ é paralelo ao segmento $\overline{DC}$.

Paralelogramos

Entre os paralelogramos, destacam-se os retângulos, os losangos e os quadrados.

- **Retângulo**: os quatro ângulos internos são retos.

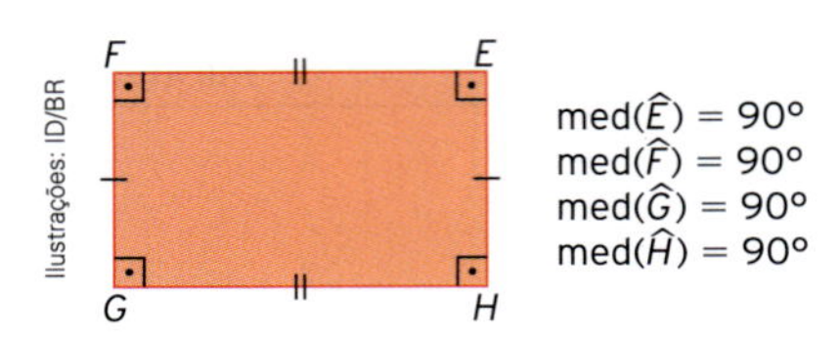

- **Losango**: os quatro lados têm a mesma medida.

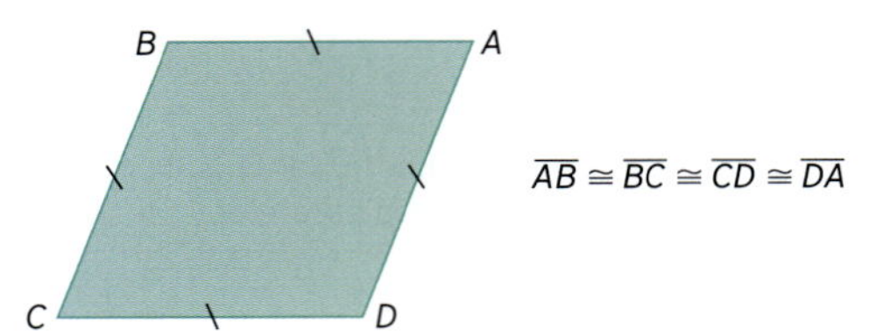

- **Quadrado**: os quatro lados têm a mesma medida e os quatro ângulos internos são retos.

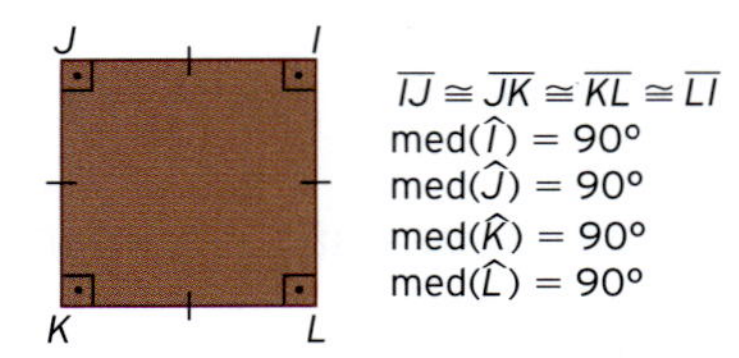

J
I
K
L
$\overline{IJ} \cong \overline{JK} \cong \overline{KL} \cong \overline{LI}$
med($\hat{I}$) = 90°
med($\hat{J}$) = 90°
med($\hat{K}$) = 90°
med($\hat{L}$) = 90°

Agora, veja um esquema com a classificação dos quadriláteros.

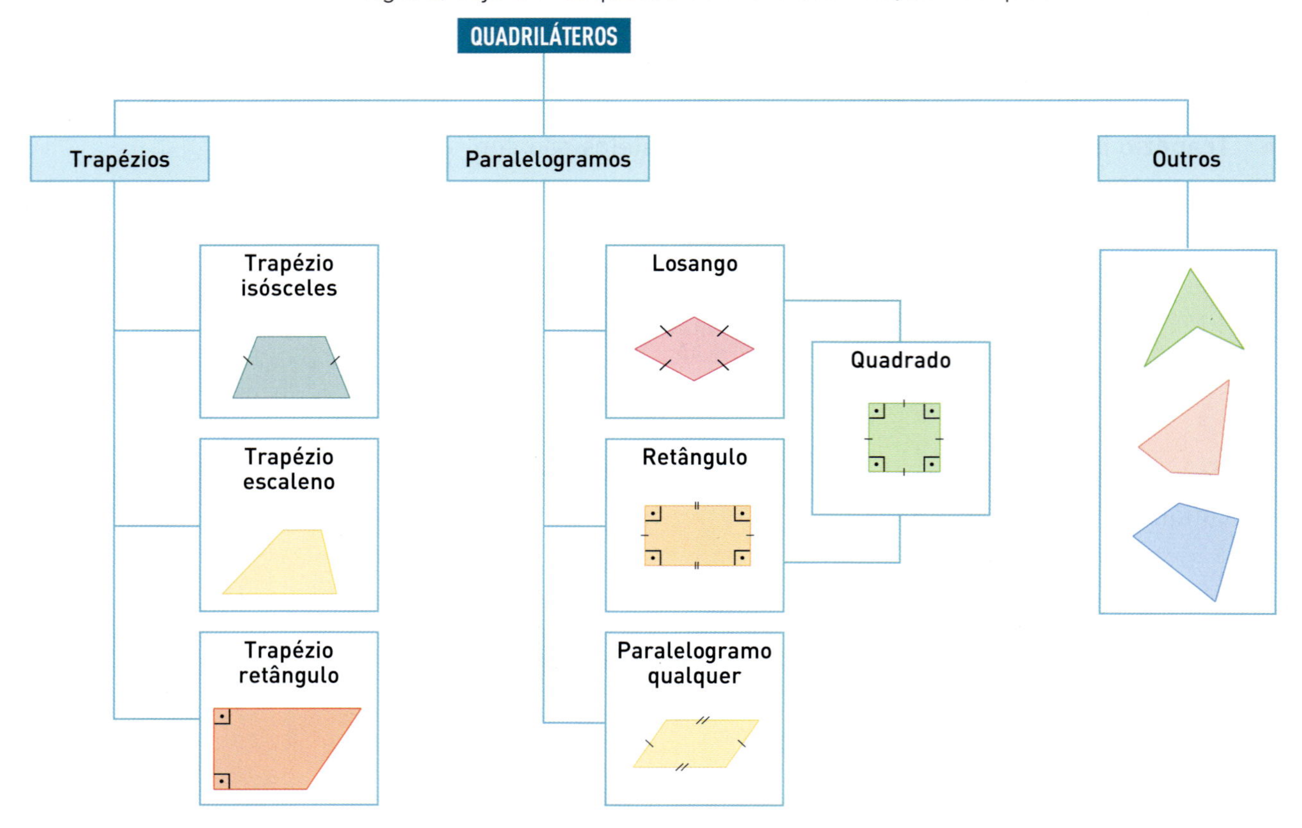

ATIVIDADES

Retomar e compreender

13. Determine os pares de lados paralelos e, depois, classifique cada quadrilátero em trapézio ou paralelogramo.

a) 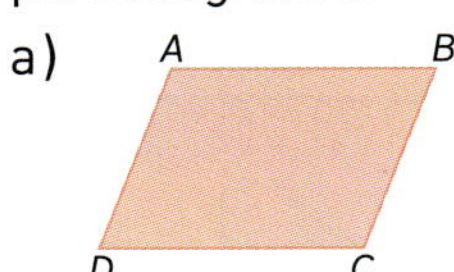

b) 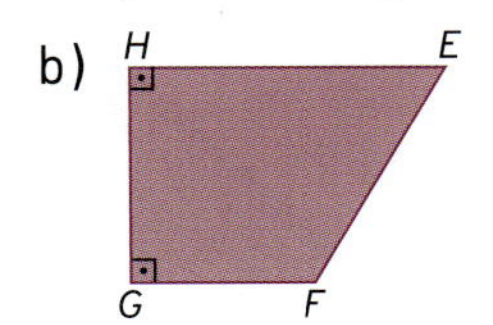

c) 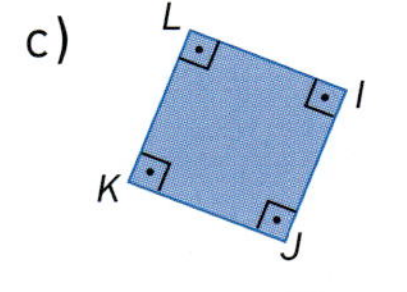

d) 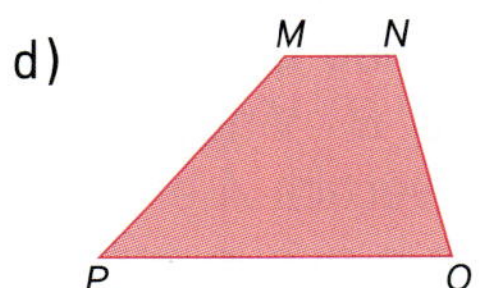

14. Observe as figuras representadas e responda às questões a seguir.

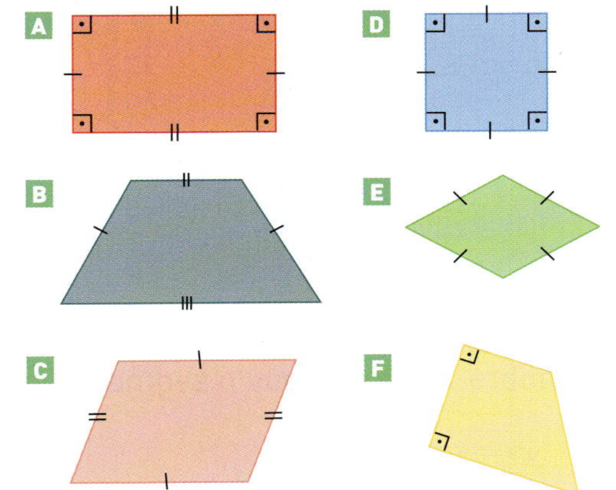

a) Identifique os trapézios e classifique-os.

b) Identifique os paralelogramos e classifique-os.

15. Desenhe o que se pede. Depois, compare seus desenhos com os de um colega.

a) Um quadrilátero que tem apenas um par de lados paralelos.

b) Um quadrilátero que não tem lados paralelos.

c) Um quadrilátero com dois pares de lados paralelos.

16. Determine o termo que pode substituir cada ★ tornando as sentenças verdadeiras.

a) O ★ é um quadrilátero que tem quatro ângulos retos e quatro lados congruentes.

b) O quadrilátero que tem apenas dois ângulos retos e dois lados opostos paralelos é o ★.

c) O ★ é um quadrilátero que tem dois lados opostos paralelos e dois lados opostos não paralelos.

d) O retângulo é um paralelogramo que tem quatro ★ congruentes.

e) O losango é um paralelogramo que tem quatro ★ congruentes.

Aplicar

17. Existe um tipo de paralelogramo que pode ser considerado retângulo e losango simultaneamente.

a) Que paralelogramo é esse?

b) Qual característica faz com que ele seja um retângulo?

c) Qual característica faz com que ele seja um losango?

18. Classifique cada afirmação a seguir em verdadeira ou falsa.

a) Todo trapézio é um paralelogramo.

b) Todo quadrado é um losango.

c) Todo losango é um quadrado.

d) Nem todo retângulo é um quadrado.

19. Observe o diagrama a seguir e, depois, faça o que se pede.

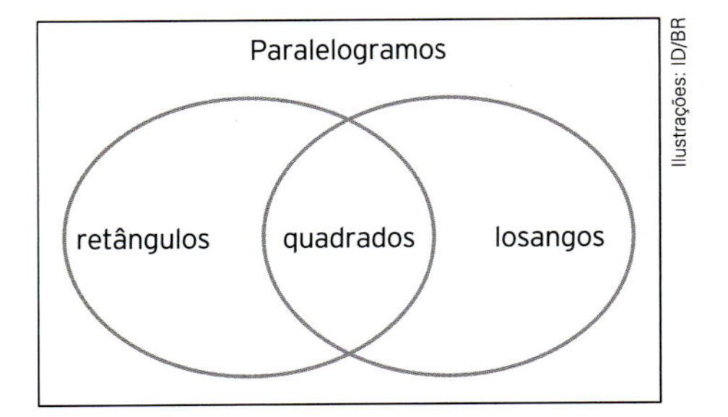

Ilustrações: ID/BR

a) Pinte de azul a região que indica os losangos que não são quadrados.

b) Pinte de amarelo a região que indica os losangos que são retângulos.

Construindo o *tangram* por meio de dobradura

O *tangram* é um quebra-cabeça chinês formado por apenas sete peças, com as quais é possível criar milhares de figuras diferentes.

Materiais

- 1 folha de papel dobradura quadrada
- régua
- lápis
- caneta colorida
- tesoura com pontas arredondadas

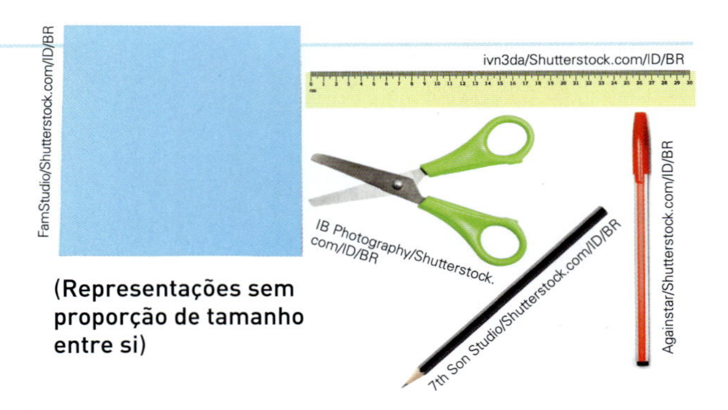
FamStudio/Shutterstock.com/ID/BR; ivn3da/Shutterstock.com/ID/BR; IB Photography/Shutterstock.com/ID/BR; 7th Son Studio/Shutterstock.com/ID/BR; Againstar/Shutterstock.com/ID/BR

(Representações sem proporção de tamanho entre si)

Como fazer

Leia as instruções a seguir e construa um *tangram*. Os nomes dos pontos devem ser escritos a lápis e os segmentos devem ser traçados com a caneta colorida.

1 Pegue a folha quadrada e nomeie os vértices do quadrado conforme a figura abaixo.

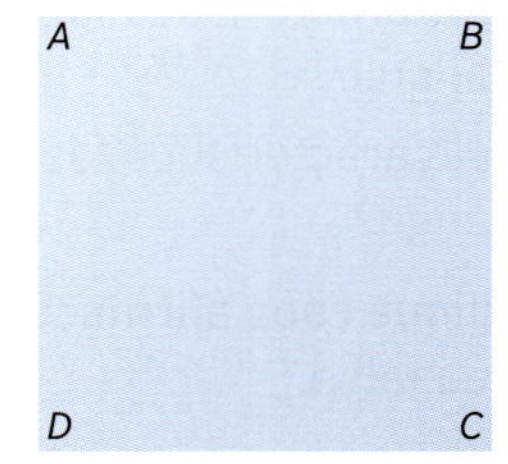

2 Dobre a folha de modo que o vértice *C* encoste no vértice *A*. Abra e trace o segmento $\overline{BD}$ com a caneta colorida.

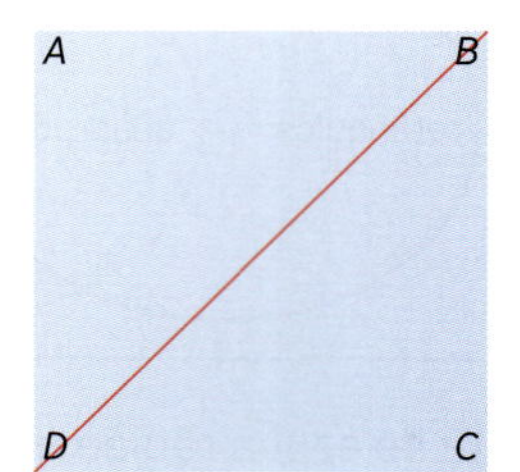

3 Dobre a folha de modo que o vértice *D* encoste no vértice *B*. Vinque apenas a linha que sai do vértice *A* e chega ao segmento $\overline{BD}$. Abra e risque essa linha. Nomeie como *O* o ponto de encontro dessas duas linhas.

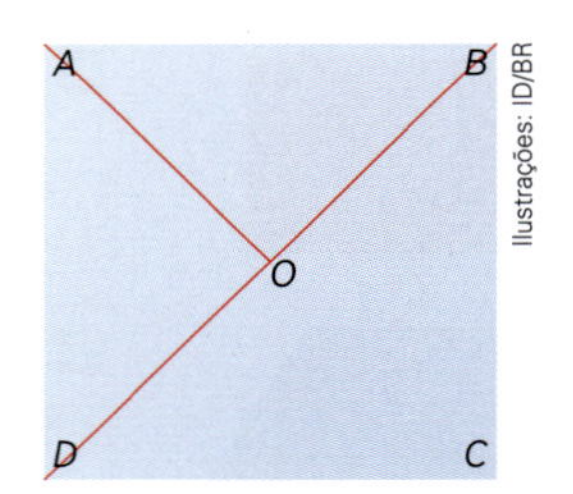

Ilustrações: ID/BR

4 Agora, leve o vértice *C* até o ponto *O* e dobre. Abra e risque o segmento $\overline{EF}$.

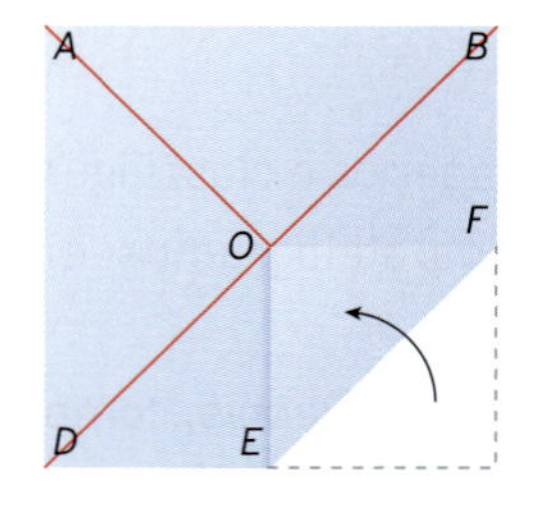

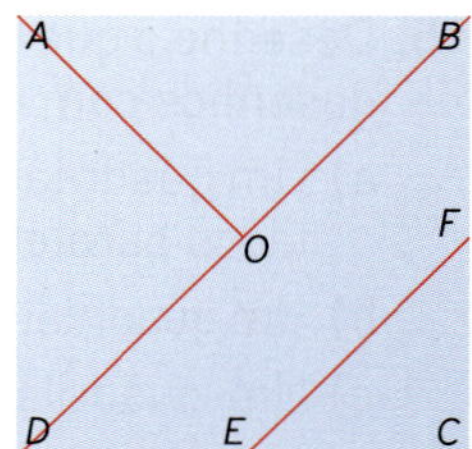

5 Leve o vértice D até o ponto O e dobre. Abra e nomeie como G o ponto de encontro entre a linha da dobra e o segmento $\overline{BD}$. Risque o segmento $\overline{GE}$.

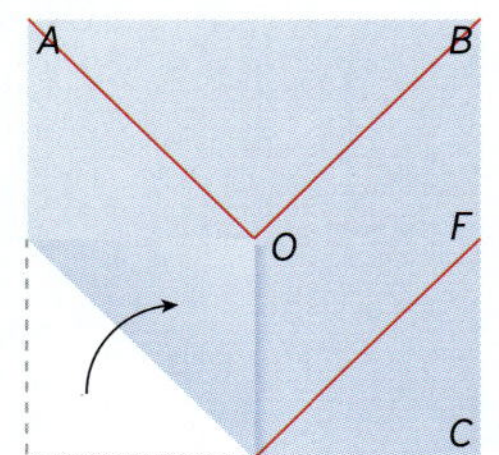

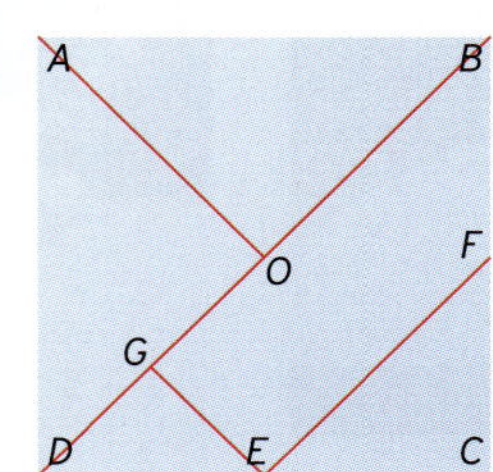

6 Prolongue o segmento $\overline{AO}$ até o segmento $\overline{EF}$, encontrando, assim, o ponto H.

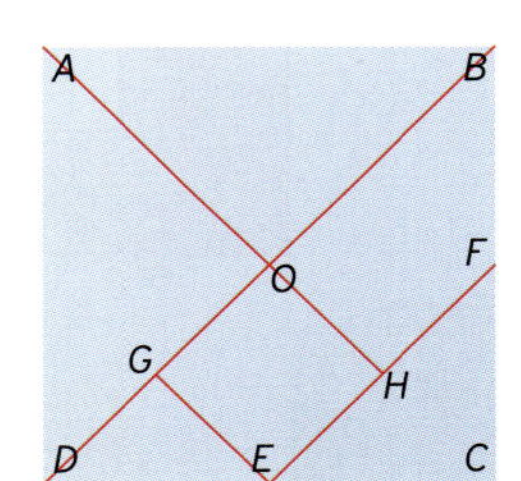

7 Leve o ponto F até o ponto O e nomeie como I o ponto de encontro entre a linha da dobra e o segmento $\overline{BD}$. Trace o segmento $\overline{IH}$.

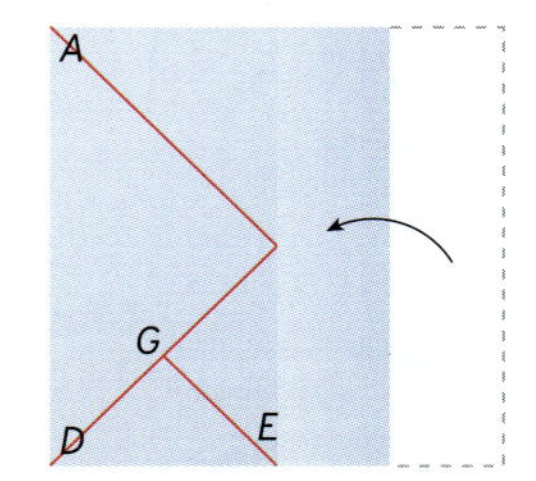

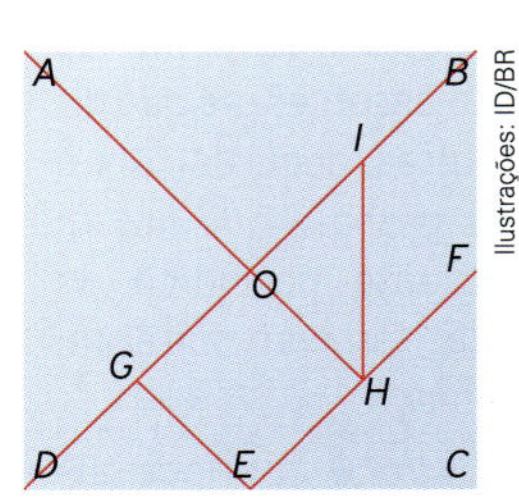

Ilustrações: ID/BR

8 Agora, com cuidado, recorte as sete peças formadas.

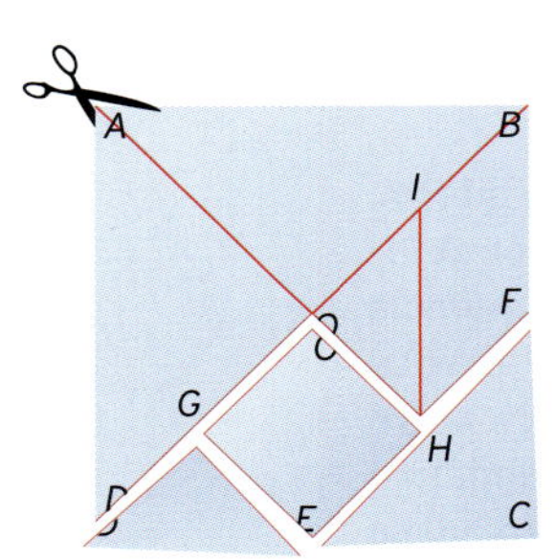

Para concluir

1. O *tangram* é formado por quantos triângulos? Como podemos classificar esses triângulos quanto à medida de seus lados? E quanto à medida de seus ângulos?
2. Quais são os quadriláteros que compõem esse quebra-cabeça?
3. O segmento $\overline{BD}$ representa qual elemento do quadrado $ABCD$?
4. O ponto E é ponto médio do segmento $\overline{CD}$?
5. Veja como montar um trapézio isósceles com as sete peças do *tangram*.

Agora, monte esse trapézio dispondo as peças de outra maneira.

FIGURAS GEOMÉTRICAS NÃO PLANAS

Podemos encontrar diversos objetos e estruturas que lembram figuras geométricas não planas. Veja os exemplos.

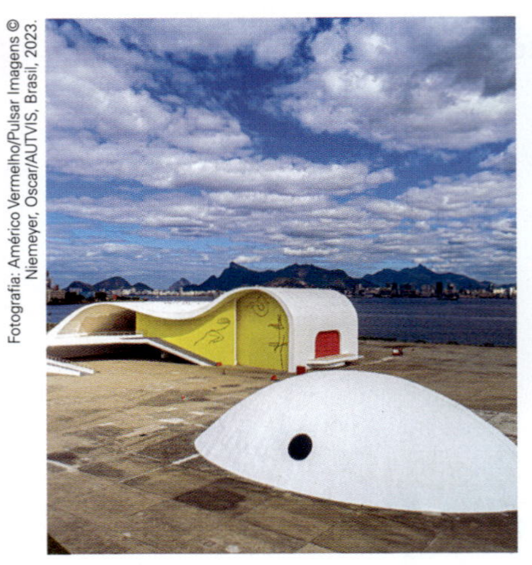

Fotografia: Américo Vermelho/Pulsar Imagens © Niemeyer, Oscar/AUTVIS, Brasil, 2023.

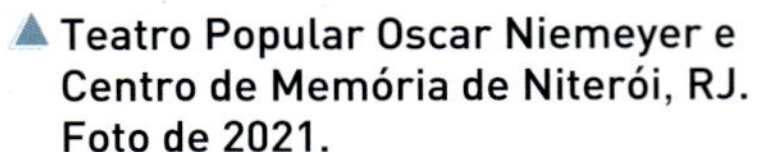

▲ **Teatro Popular Oscar Niemeyer e Centro de Memória de Niterói, RJ. Foto de 2021.**

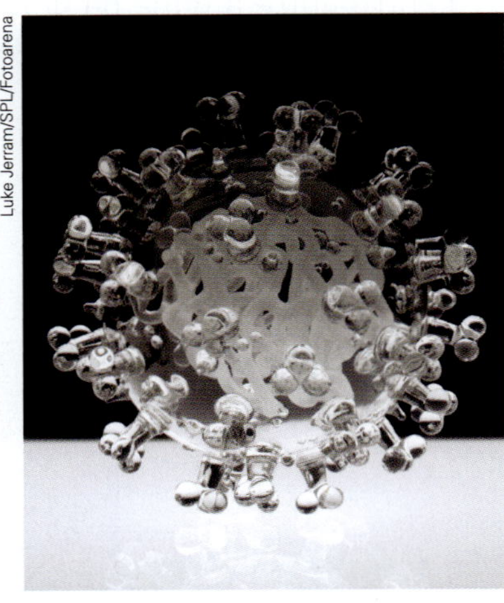

Luke Jerram/SPL/Fotoarena

▲ **Escultura de coronavírus em vidro transparente com 22 cm de diâmetro (aumento de 10 milhões de vezes).**

Agora, considere as seguintes figuras geométricas não planas, numeradas de 1 a 6.

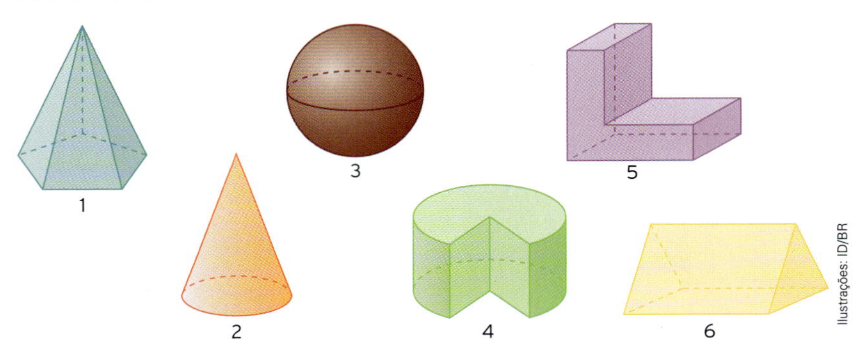

Ilustrações: ID/BR

Observe a superfície das figuras geométricas não planas 1, 5 e 6. As superfícies dessas figuras são compostas apenas de polígonos. Classificamos essas figuras como **poliedros**.

Já as figuras geométricas não planas 2, 3 e 4 são compostas de pelo menos uma parte arredondada. Por isso, classificamos essas figuras como **não poliedros**.

Poliedros	Não poliedros

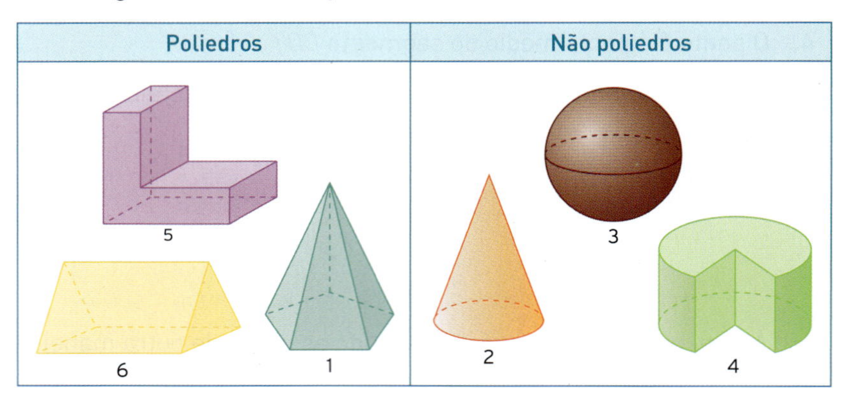

CIDADANIA GLOBAL

CORONAVÍRUS

A pandemia do coronavírus impactou o mundo. No Brasil, por exemplo, o calendário de vacinação sofreu alterações e prejudicou a imunização, principalmente de crianças e adolescentes, no que diz respeito a outras doenças. Além disso, muitas pessoas que faziam acompanhamento periódico de outras doenças também sofreram com a pandemia.

1. **SABER SER** Você conhece alguém que vivenciou um dos problemas mencionados no parágrafo acima? Se sim, conte aos colegas e ao professor como você se sentiu ao ver a pessoa diante dessa situação.
2. A pandemia também alterou hábitos de higiene, como lavar as mãos com frequência e de maneira correta. Você mudou esse ou algum outro hábito durante a pandemia do coronavírus? Em caso afirmativo, comente.

Poliedros

Poliedros são figuras geométricas não planas cuja superfície é formada apenas por polígonos.

Elementos de um poliedro

Observe, a seguir, alguns elementos de um poliedro.

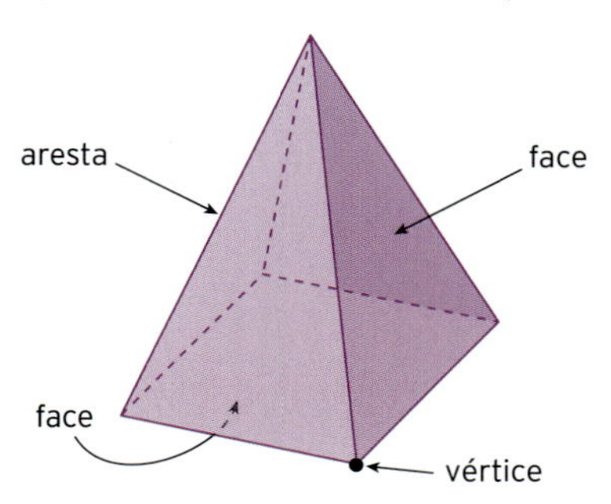

Quais **figuras geométricas não planas** você consegue identificar nas imagens apresentadas?

- Cada região plana poligonal que compõe um poliedro é chamada de **face**. Nesse poliedro há 5 faces.
- Cada segmento de reta comum a duas faces é chamado de **aresta**. No poliedro representado há 8 arestas.
- Cada ponto onde se encontram três ou mais arestas é chamado de **vértice**. Nesse poliedro há 5 vértices.

Agora, observe outro poliedro.

No poliedro ao lado, as faces estão destacadas em amarelo, os vértices estão representados por pontos vermelhos e as arestas estão destacadas em verde. Observe que há 8 faces, 12 vértices e 18 arestas.

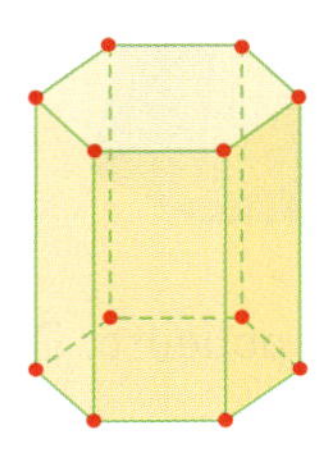

Poliedros convexos e poliedros não convexos

Cada poliedro delimita uma região do espaço, que é chamada de região interna (ou interior) do poliedro.

Os poliedros podem ser classificados em dois grupos: convexos e não convexos. Veja alguns exemplos a seguir.

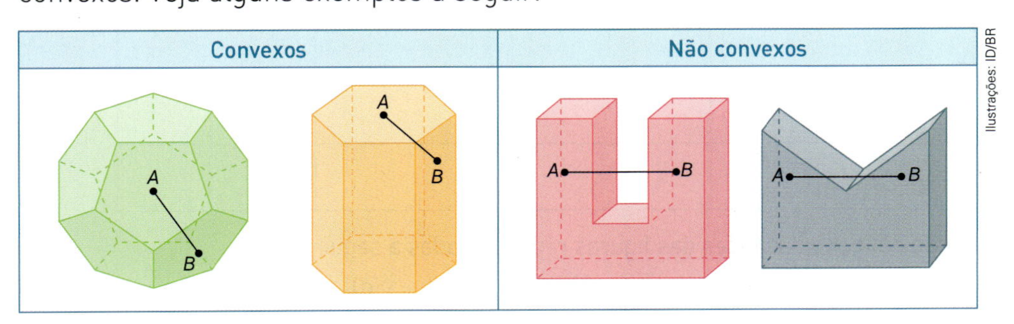

Quando, para quaisquer dois pontos A e B pertencentes ao interior de um poliedro, o segmento $\overline{AB}$ estiver totalmente contido no interior desse poliedro, ele é **convexo**. No entanto, se existir um segmento $\overline{AB}$ que não esteja totalmente contido no interior desse poliedro, ele é **não convexo**.

ATIVIDADES

Retomar e compreender

20. Classifique as figuras geométricas não planas a seguir em poliedros ou não poliedros. Depois, escreva o número de faces, de arestas e de vértices das figuras que você classificou como poliedro.

a)

c) 

e) 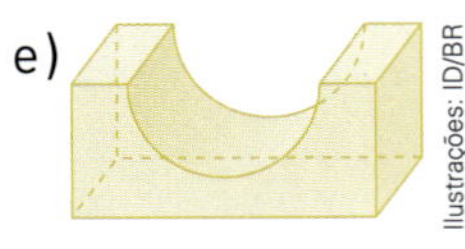

Ilustrações: ID/BR

b) 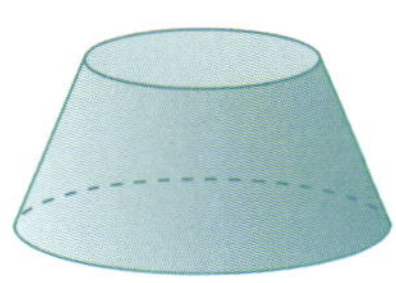

d) 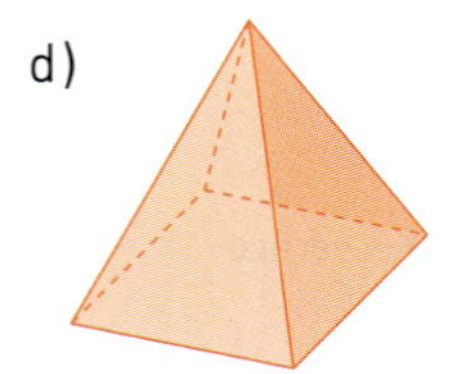

f) 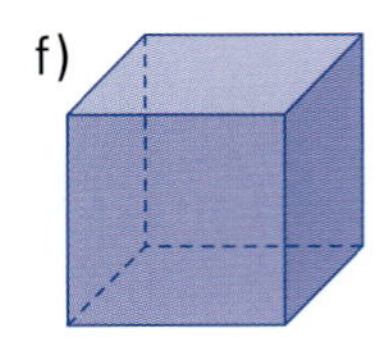

21. Observe os poliedros representados a seguir. Identifique-os como convexos ou não convexos.

a) 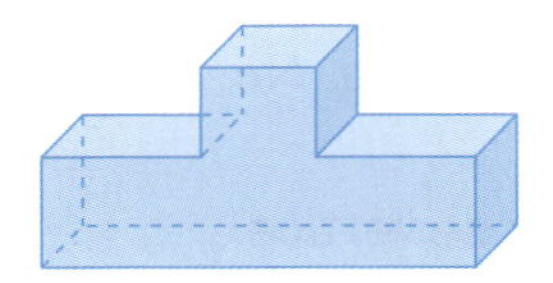

c) 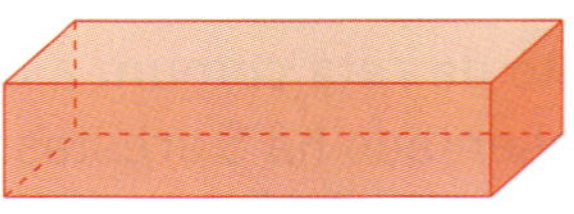

b) 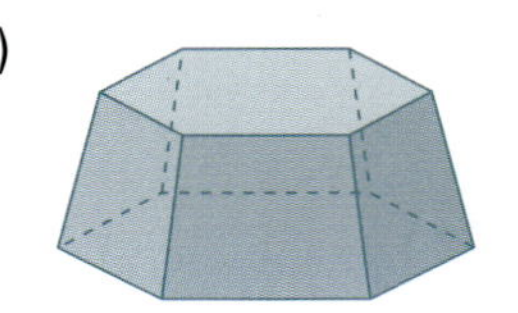

d) 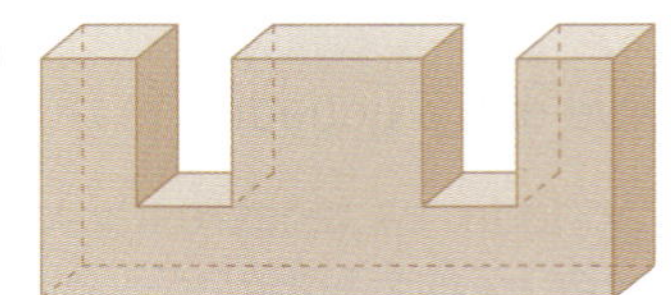

22. Desenhe um poliedro. Depois, escreva o número de vértices, de arestas e de faces desse poliedro.

23. Complete o quadro abaixo.

Poliedro				
Número de vértices				
Número de faces				
Número de arestas				

24. Escreva o nome do polígono das faces das figuras representadas a seguir.

a) 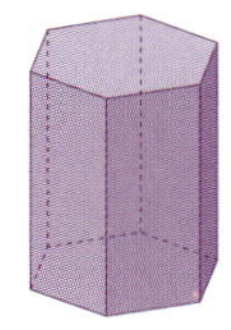

b) 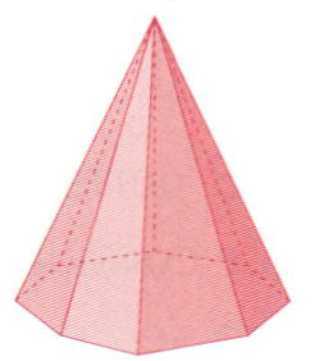

c) 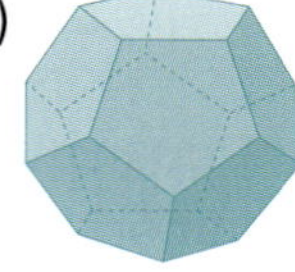

Prismas e pirâmides

Alguns poliedros convexos podem ser agrupados de acordo com características comuns. Vamos estudar dois grupos: os prismas e as pirâmides.

Prismas

Diversos objetos de nosso cotidiano lembram a forma de prismas. Veja.

(Representações sem proporção de tamanho entre si)

▲ **Caixa de sapatos.** ▲ **Porta-joias.** ▲ **Dado.**

Os prismas sempre apresentam duas faces idênticas e paralelas, chamadas de **bases**. As faces restantes são chamadas de **faces laterais**. As faces laterais de um prisma são sempre paralelogramos.

Em geral, para nomear um prisma, analisamos o polígono de suas bases. Observe a representação de um prisma de base quadrangular e alguns de seus elementos.

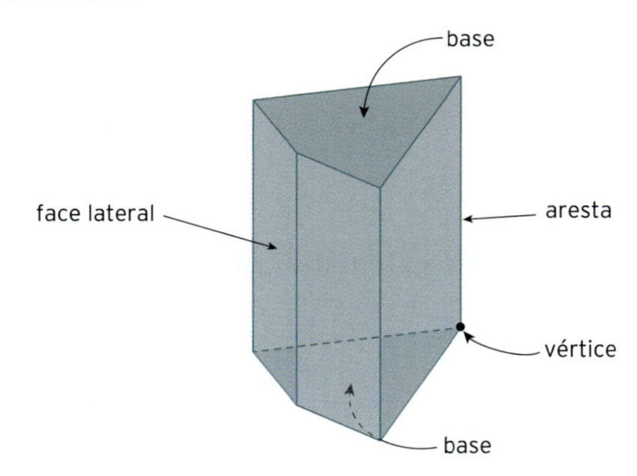

Quando todas as faces laterais de um prisma são retângulos, ele é chamado de **prisma reto**. Os demais são chamados de **prismas oblíquos**.

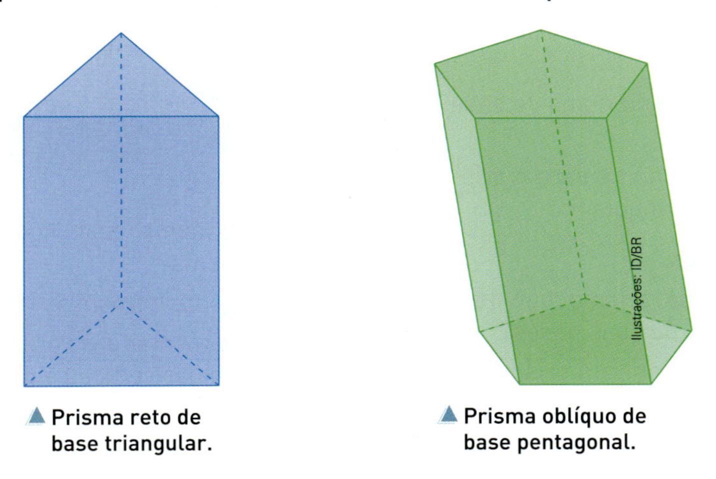

▲ **Prisma reto de base triangular.** ▲ **Prisma oblíquo de base pentagonal.**

Planificação de prismas

A planificação da superfície de uma figura geométrica não plana é a representação de sua superfície total em um plano.

Exemplos

A. Planificação da superfície de um prisma reto de base retangular.

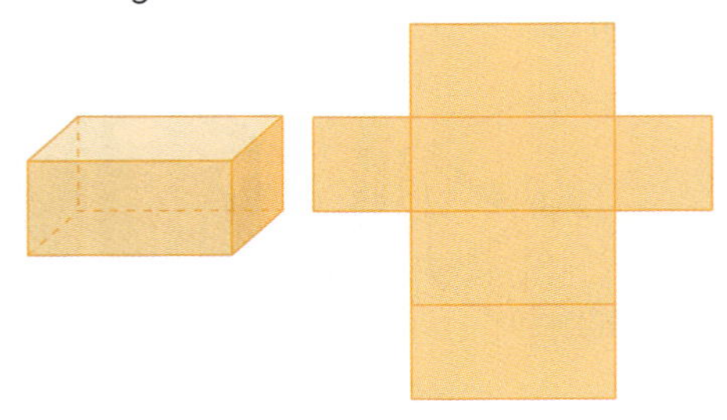

B. Planificação da superfície de um prisma reto de base triangular.

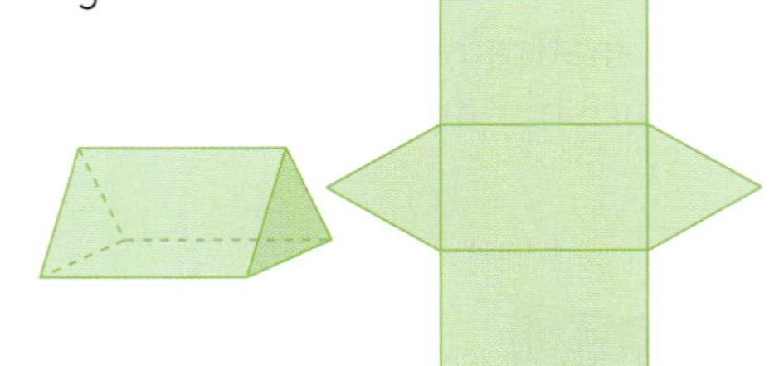

C. Planificação da superfície de um prisma reto de base pentagonal.

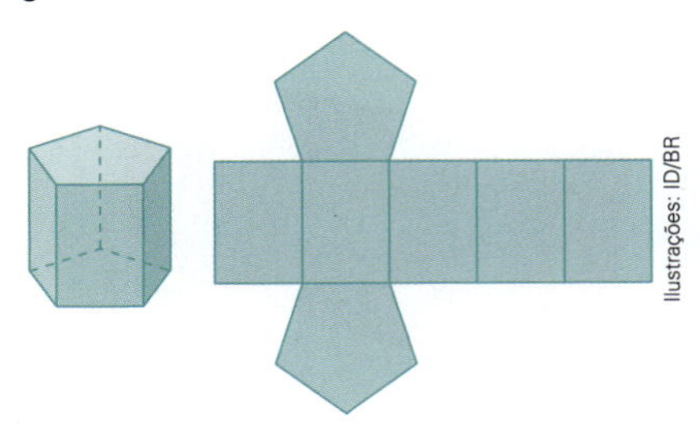

D. Planificação da superfície de um prisma reto de base hexagonal.

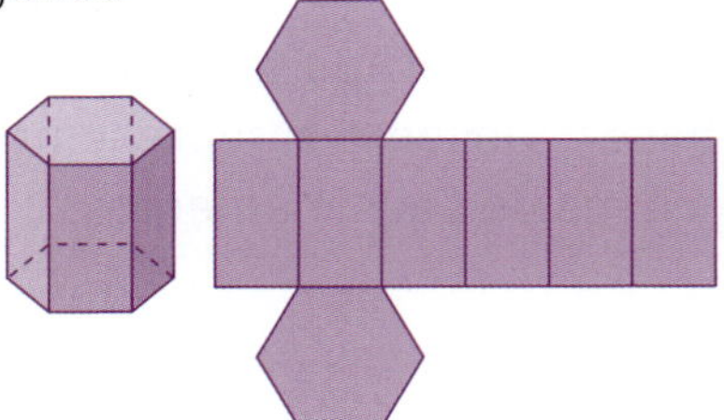

Ilustrações: ID/BR

ATIVIDADES

Retomar e compreender

25. Observe as quatro representações de prisma dos exemplos desta página e responda às questões.

a) Quantas faces tem o prisma de base pentagonal?

b) Quantos vértices tem o prisma de base hexagonal?

c) Quantas arestas tem o prisma de base triangular?

d) Você conhece outro nome para o prisma reto de base retangular?

26. Responda às questões.

a) Qual é o nome do prisma que tem 6 vértices em uma de suas bases?

b) Quantas arestas há em um prisma de 6 faces?

c) Se a base de um prisma tem 8 arestas, quantas faces tem esse prisma?

d) Um prisma tem 10 faces. Qual é o nome desse prisma?

Aplicar

27. Observe a planificação de um prisma e, depois, responda às questões.

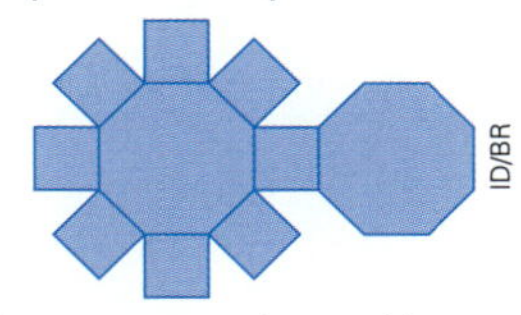

ID/BR

a) Qual é o nome do polígono da base desse prisma?

b) Que polígonos formam as faces laterais?

c) Depois de montar esse prisma, quantas faces, quantos vértices e quantas arestas ele terá?

LABORATÓRIO DE MATEMÁTICA

As diferentes planificações do cubo

Vimos que a planificação da superfície de uma figura geométrica não plana é uma representação de sua superfície total em um plano. Mas será que existe mais de uma maneira de planificar o mesmo poliedro?

Vamos analisar esse problema considerando as possíveis planificações de um cubo.

Materiais

(Representações sem proporção de tamanho entre si)

- 2 cartolinas
- régua, lápis e fita adesiva
- tesoura com pontas arredondadas

dem10/iStock/Getty Images; Dmytro Synelnychenko/iStock/ Getty Images; Dean Drobot/ Shutterstock.com/ID/BR; xpixel/ Shutterstock.com/ID/BR. Fotomontagem: ID/BR

Como fazer

1 Junte-se a dois colegas. Indiquem quais das planificações a seguir vocês consideram que são de um cubo.

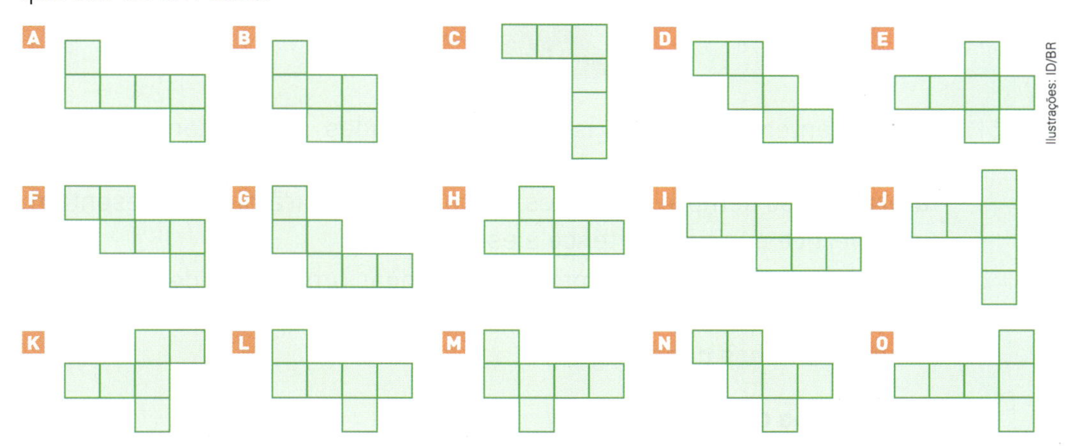

Ilustrações: ID/BR

2 Usando lápis e régua, reproduzam, nas cartolinas, todas essas planificações. Cada aresta deve medir 5 cm.

3 Com cuidado, recortem as planificações desenhadas no item **2**.

4 Com o auxílio da fita adesiva, montem as planificações que vocês recortaram.

Para concluir

1. No item **1** do *Como fazer*, como vocês pensaram para selecionar as planificações que formariam um cubo?
2. No item **4** do *Como fazer*, quais planificações formaram um cubo? Elas coincidem com as que vocês indicaram no item **1**?
3. Algumas planificações não formaram um cubo. Na opinião de vocês, por que isso aconteceu?
4. SABER SER Depois de realizar esta atividade, como vocês pensariam para identificar se uma planificação corresponde a determinado poliedro? Compartilhem suas ideias com o professor e os outros grupos.

Pirâmides

Você conhece alguma construção que lembra a forma de uma pirâmide? Veja as construções a seguir.

Alfredo Maiquez Photography/Alamy/Fotoarena

Museu do Louvre, em Paris, na França. Foto de 2021.

KiraOKirina/Shutterstock.com/ID/BR

Palácio da Paz e Reconciliação, no Casaquistão. Foto de 2021.

Observe a pirâmide representada a seguir.

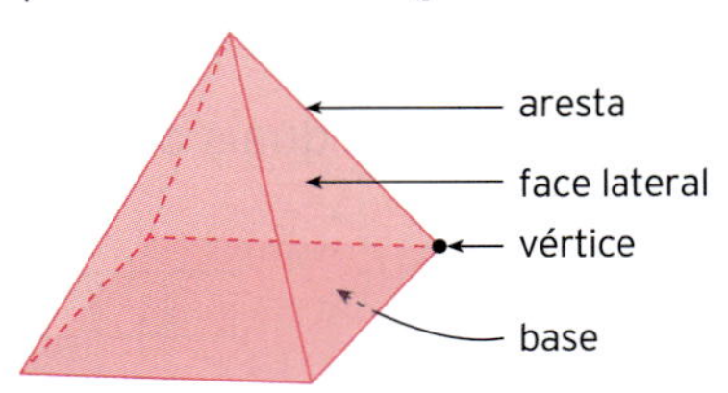

Diferentemente dos prismas, as pirâmides apresentam apenas uma face especial, chamada de **base**. As demais faces são chamadas de **faces laterais** e são sempre triângulos. Além disso, as pirâmides apresentam um único vértice que não pertence a essa base.

Como no caso dos prismas, para nomear uma pirâmide, analisamos o polígono de sua base. Assim, a pirâmide representada acima é chamada de pirâmide de base quadrangular.

Planificação de pirâmides

Observe, a seguir, a planificação da superfície de algumas pirâmides.

Exemplos

A. Planificação da superfície de uma pirâmide de base triangular.

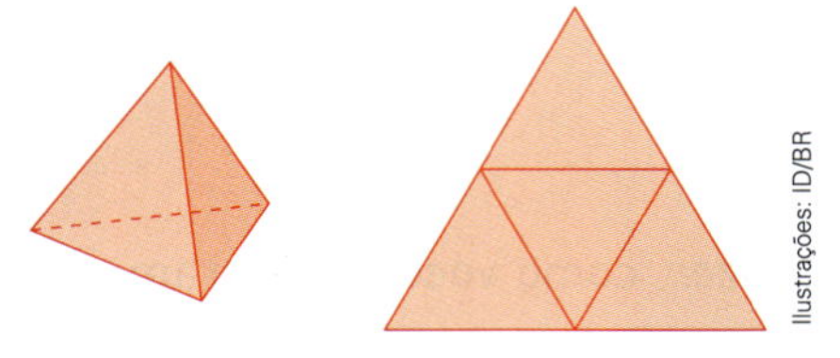

Ilustrações: ID/BR

B. Planificação da superfície de uma pirâmide de base hexagonal.

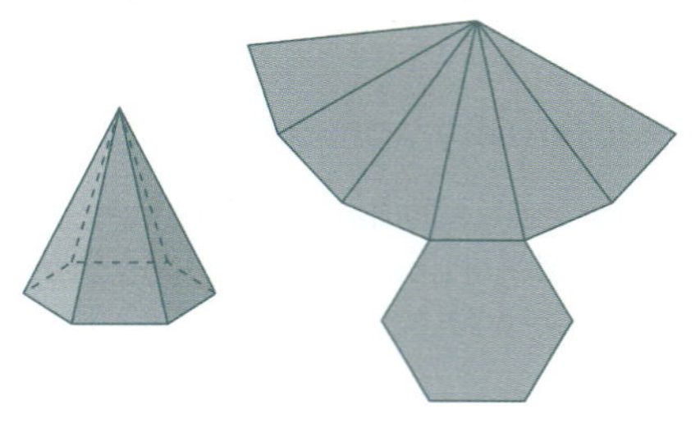

DESCUBRA +

Poliedros de Platão

Platão viveu na Antiguidade, entre 427 a.C. e 347 a.C., e foi um importante filósofo grego. Suas pesquisas contribuíram para muitas áreas do conhecimento, inclusive para a Geometria.

Em um de seus estudos, Platão apresentou uma descrição dos cinco poliedros regulares e mostrou como construir modelos dessas figuras geométricas não planas, juntando triângulos, quadrados ou pentágonos para formar suas faces.

Existem cinco poliedros regulares, e, por ter contribuído para o estudo deles, o conjunto dos poliedros regulares ficou conhecido como poliedros de Platão.

Os **poliedros de Platão** apresentam as seguintes características:

- são regulares (as faces são polígonos regulares e idênticos);
- são convexos;
- têm o mesmo número de lados em todas as faces;
- o mesmo número de arestas chega a todos os vértices.

Quais **poliedros de Platão** você já conhecia? Que outra nomenclatura pode ser usada para identificá-los?

Os cinco poliedros de Platão são:

Ilustrações: ID/BR

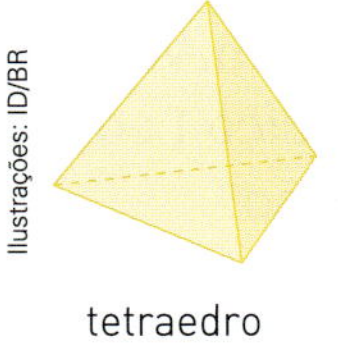
tetraedro (4 faces)

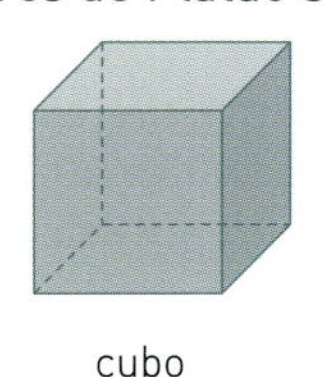
cubo (6 faces)

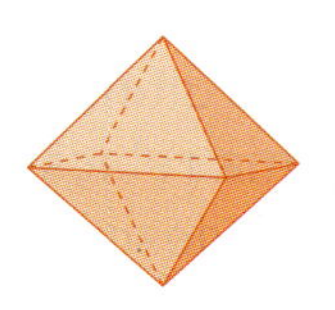
octaedro (8 faces)

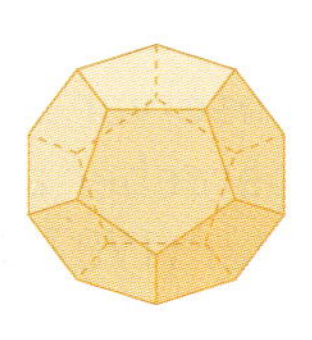
dodecaedro (12 faces)

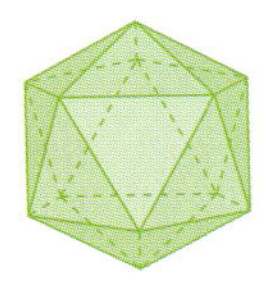
icosaedro (20 faces)

▼ Estátua de Platão em Atenas, Grécia. Foto de 2021.

arsenisspyros/iStock/Getty Images

Acredita-se que os gregos associavam os poliedros de Platão aos elementos da natureza. O tetraedro era associado ao fogo; o cubo, à terra; o octaedro, ao ar; o dodecaedro, ao Universo; e o icosaedro, à água.

Fonte de pesquisa: Howard Eves. *Introdução à história da Matemática*. Tradução de Hygino H. Domingues. 5. ed. Campinas: Ed. da Unicamp, 2011. p. 114.

Agora é com você! Há outros poliedros que podem ser considerados poliedros de Platão? Faça uma pesquisa e apresente oralmente sua conclusão para a turma.

ATIVIDADES

Retomar e compreender

28. Relacione as palavras do quadro com as letras indicadas na figura.

base	face lateral	vértice

A
B
C

29. Escreva o nome das pirâmides correspondentes às planificações a seguir.

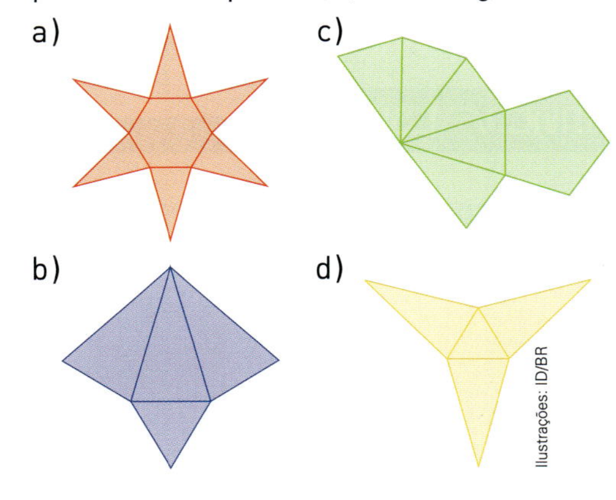

Ilustrações: ID/BR

Deutsches Museum, Munich. Fotografia: Alamy/Fotoarena

▲ Detalhe da obra *Leonhard Euler,* de Johann Georg Brucker, que reproduz a imagem do matemático, c. 1756. Óleo sobre tela.

Relação de Euler

Veja o quadro abaixo.

Poliedro	Número de vértices	Número de faces	Números de arestas	Soma do número de vértices e do número de faces
	4	4	6	8
	5	5	8	10
	6	5	9	11

Ao observar as duas últimas colunas desse quadro, você consegue perceber alguma relação? O matemático suíço Leonhard Paul Euler (1707-1783) descobriu a seguinte relação:

> Em todos os poliedros convexos, a soma do número de vértices e do número de faces é igual ao número de arestas mais duas unidades.

Essa relação se chama relação de Euler e é válida para todos os poliedros convexos. Entretanto, ela também é válida para alguns poliedros não convexos.

Acompanhe como podemos verificar a relação de Euler para o octaedro.

O octaedro apresenta 6 vértices, 8 faces e 12 arestas. Ao verificar a relação de Euler, temos:

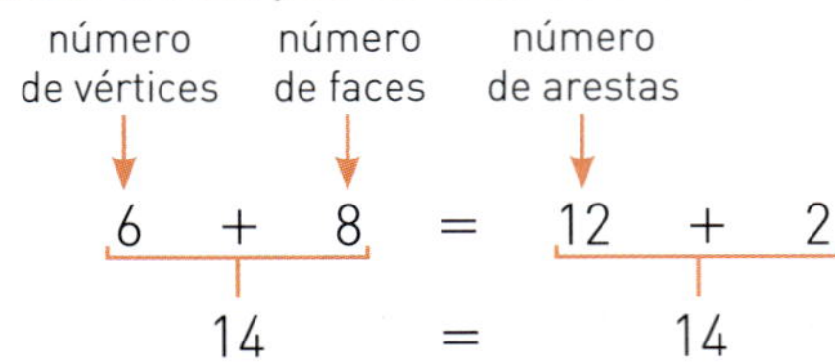

Ilustrações: ID/BR

Portanto, a relação de Euler é válida para o octaedro.

ATIVIDADE

Retomar e compreender

30. Verifique a relação de Euler para os prismas e para as pirâmides a seguir.

a) 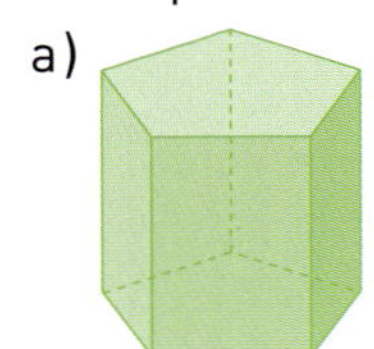

b) 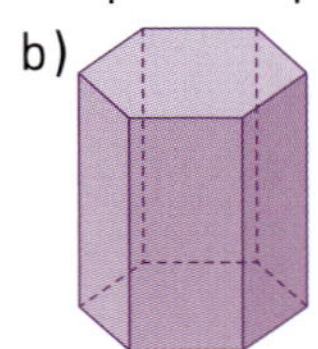

c) 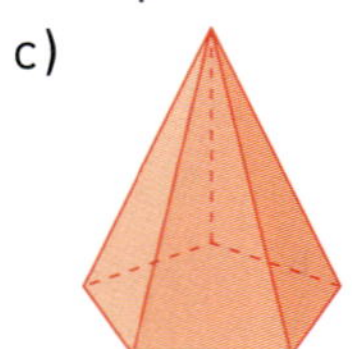

d) 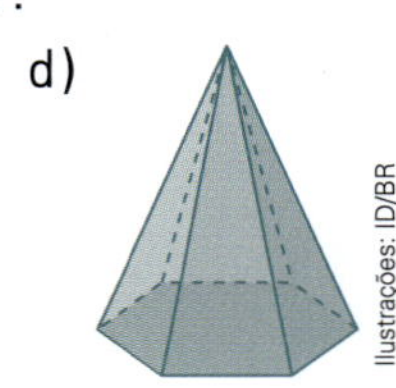

Ilustrações: ID/BR

Não poliedros

Veja alguns exemplos de figuras geométricas não planas cuja superfície apresenta pelo menos uma parte arredondada.

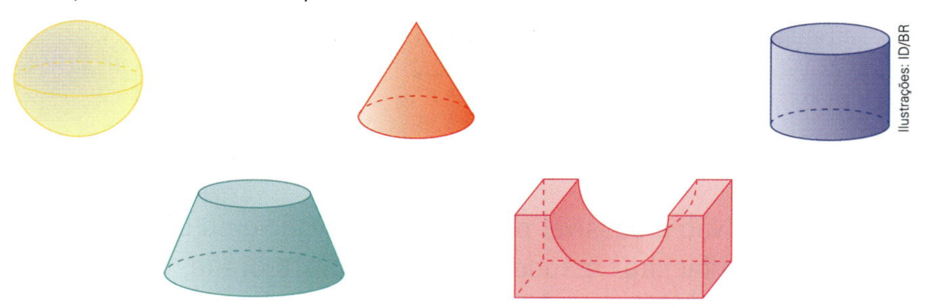

Figuras geométricas não planas cuja superfície apresenta pelo menos uma parte arredondada são chamadas de **não poliedros**.

Entre essas figuras, vamos estudar o cilindro, o cone e a esfera.

Cilindro

Observe um cilindro e a planificação de sua superfície.

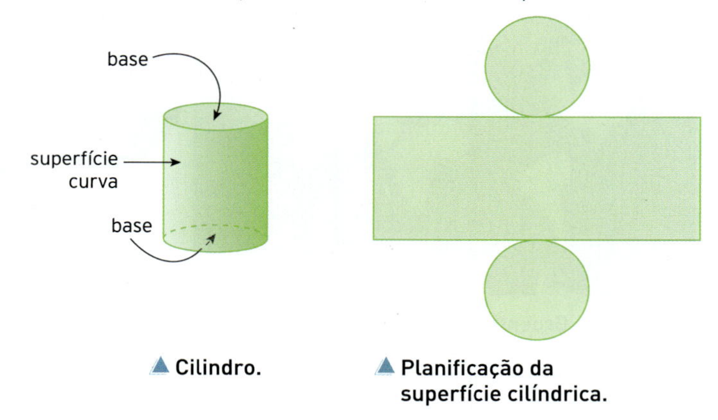

▲ Cilindro.

▲ Planificação da superfície cilíndrica.

O cilindro apresenta duas faces idênticas e paralelas, chamadas de **bases**, que são círculos, e uma superfície curva.

Cone

Observe um cone e a planificação de sua superfície.

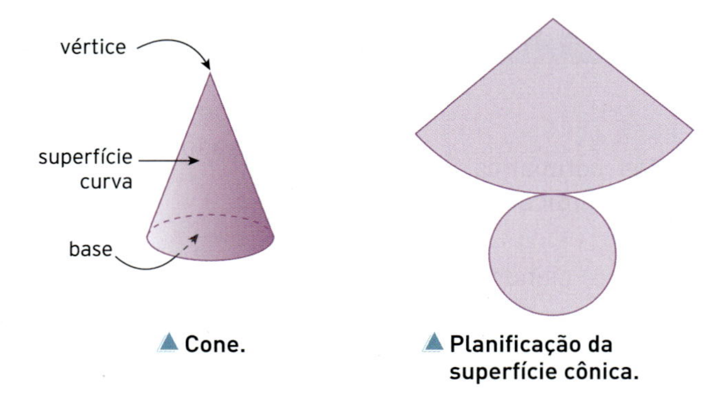

▲ Cone.

▲ Planificação da superfície cônica.

O cone apresenta apenas uma base e uma superfície curva. Como nos cilindros, a base do cone é um círculo.

Esfera

A esfera é formada por uma única superfície curva. Veja, na figura a seguir, os elementos de uma esfera.

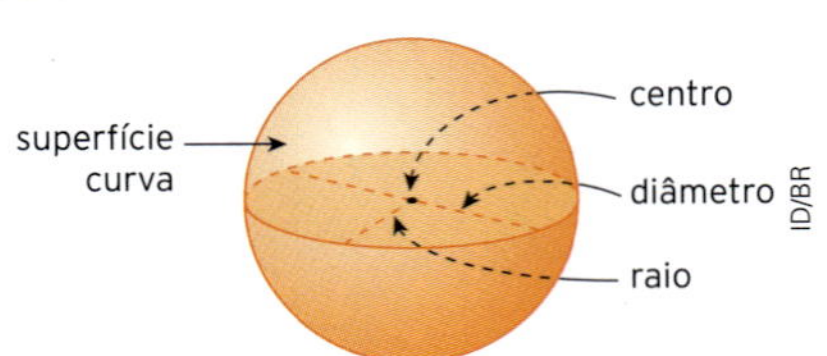

Não é possível planificar a superfície de uma esfera. Porém, para facilitar estudos como o de Cartografia, existem representações planas aproximadas.

Por muito tempo, o formato do planeta Terra era considerado igual ao de uma esfera. Ao representar a superfície da Terra em um plano, as regiões mais próximas dos polos sofrem mais deformações que as regiões próximas à linha do Equador. Dessa maneira, as regiões próximas dos polos parecem maiores do que realmente são.

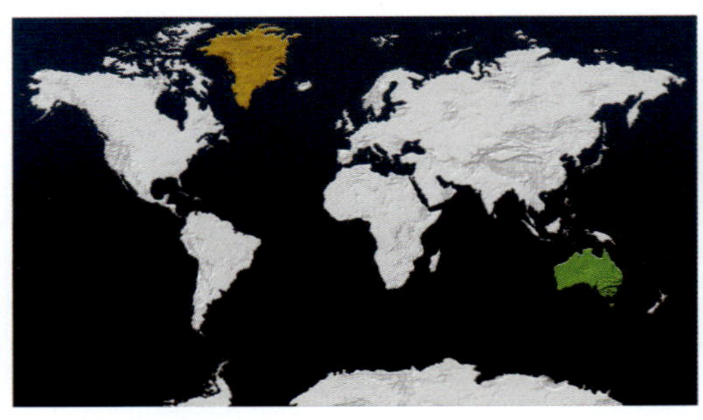

▲ A área da Groenlândia (destacada em amarelo), na planificação, parece ser maior que a área da Austrália (destacada em verde). Porém, ao observar a representação do globo terrestre, é possível perceber que a área da Groenlândia é consideravelmente menor que a área da Austrália. A Groenlândia tem aproximadamente 2 166 000 km², e a Austrália tem aproximadamente 7 741 000 km². Ou seja, na realidade, a medida da área da Austrália chega a ser mais que o triplo da medida da área da Groenlândia.

Hoje em dia, sabemos que o formato da Terra se aproxima ao de um elipsoide.

PARA EXPLORAR

Atlas escolar. IBGE. Disponível em: https://atlasescolar.ibge.gov.br/conceitos-gerais/o-que-e-cartografia/forma-da-terra.html. Acesso em: 20 mar. 2023.

Nesse *link*, é possível encontrar mais informações sobre o formato da Terra.

ATIVIDADES

Retomar e compreender

31. Escreva o nome de objetos cotidianos que lembrem os não poliedros indicados a seguir.

a) esfera b) cone c) cilindro

32. Observe o cilindro ao lado e, em seguida, responda: Qual é o nome da região plana que compõe suas bases?

33. Escreva o nome das figuras geométricas que correspondem às planificações a seguir.

a) b)

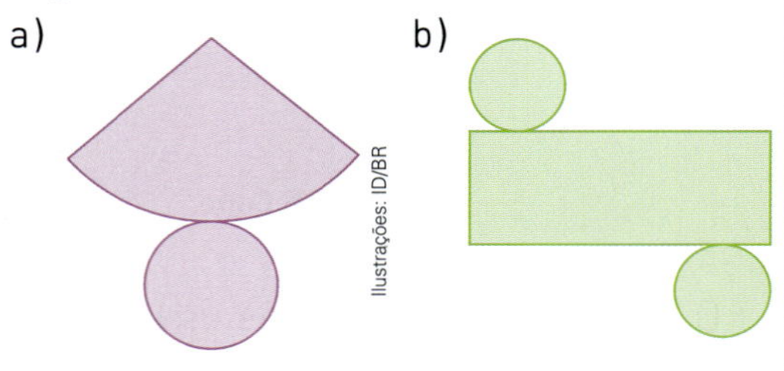

MAIS ATIVIDADES

Acompanhamento da aprendizagem

Retomar e compreender

1. Reúna-se com um colega. Observem o quadro abaixo. Depois, classifiquem cada afirmação a seguir em verdadeira ou falsa.

Nome do prisma	Número de vértices do polígono da base	Número de vértices	Número de faces	Número de arestas
Prisma de base triangular	3	6	5	9
Prisma de base quadrangular	4	8	6	12
Prisma de base pentagonal	5	10	7	15
Prisma de base hexagonal	6	12	8	18
Prisma de base heptagonal	7	14	9	21

a) O número de vértices de um prisma é igual ao dobro do número de vértices de seu polígono da base.

b) O número de faces de um prisma é igual ao número de vértices de seu polígono da base mais 2.

c) O número de arestas de um prisma é igual ao triplo do número de vértices de seu polígono da base.

2. Complete o quadra seguir.

Nome da pirâmide	Número de lados do polígono da base	Número de vértices	Número de faces	Número de arestas
Pirâmide de base triangular				
Pirâmide de base quadrangular				
Pirâmide de base pentagonal				
Pirâmide de base hexagonal				
Pirâmide de base heptagonal				

3. Em cada item, indique uma característica comum e uma diferença entre as figuras.

a) b)

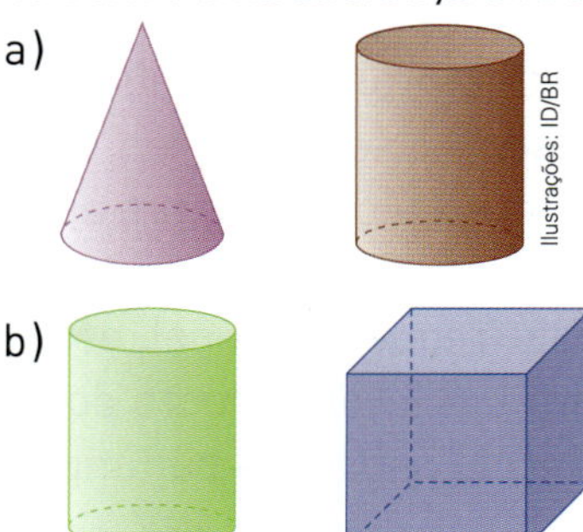

Ilustrações: ID/BR

4. Com base no quadro da atividade **1**, faça o que se pede.

a) Observe a coluna do número de vértices. Você consegue notar alguma regularidade? Se sim, qual?

b) Observe a coluna do número de faces. É possível perceber alguma regularidade? Se sim, qual?

c) Observe a coluna do número de arestas. Você consegue notar alguma regularidade? Se sim, qual?

Aplicar

5. Com base no quadro da atividade **2**, verifique se as afirmações são verdadeiras ou falsas.

a) O número de vértices de uma pirâmide é igual ao seu número de faces.

b) O número de arestas de uma pirâmide é igual ao seu número de faces mais 2.

c) O número de arestas da pirâmide é igual ao dobro do número de vértices menos 2.

d) O número de vértices do polígono da base é igual ao número de faces da pirâmide mais 1.

6. Veja como Pedro verificou a relação de Euler no poliedro abaixo.

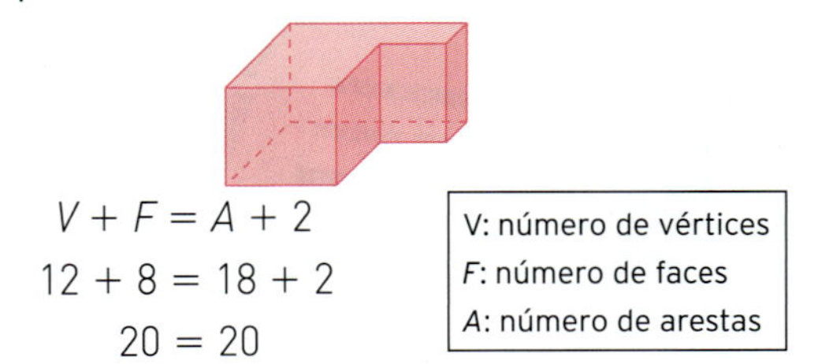

$$V + F = A + 2$$
$$12 + 8 = 18 + 2$$
$$20 = 20$$

V: número de vértices
F: número de faces
A: número de arestas

Pedro afirmou a um colega que, como a relação de Euler é válida para o poliedro analisado, ele é um poliedro convexo. A afirmação de Pedro está correta? Explique.

Compras por impulso

Comprar por impulso é a tendência do consumidor para adquirir um produto ou serviço sem reflexão, de maneira imediata, incentivado por uma propaganda, por exemplo, ou por um apelo emocional que traz uma promessa de gratificação imediata. Hoje em dia, com a internet, esse comportamento tornou-se ainda mais frequente. Afinal, estamos a um clique de realizar uma compra. De acordo com um levantamento do Serasa, no Brasil, 44% das compras realizadas pela internet são feitas por impulso.

Em boa parte dos casos, as compras por impulso são realizadas para suprir uma necessidade momentânea, relacionada a algum tipo de frustração. E, então, começa uma bola de neve: ao efetuar uma compra por impulso é frequente que as pessoas não estejam atentas ao valor gasto, ou seja, ao quanto aquela compra vai impactar nas finanças delas. Quando elas se dão conta, frustram-se e, para suprir essa condição, acabam fazendo uma nova compra tomadas pela impulsividade.

Mas e como saber se eu faço compras por impulso? O texto a seguir, extraído do *site* do Serasa, traz alguns aspectos que devem ser analisados.

- Qual seu sentimento após a compra? Você sente culpa, arrepende-se ou fica em dúvida se deveria ter efetuado a compra? Sente tristeza e decepção? Ou você fica tranquilo porque sabe que adquiriu algo que realmente precisava, de forma consciente, após pesquisar e sabendo que aquilo não irá atrapalhar seu orçamento?
- Quando você se depara com uma promoção, como você se sente? Pensa que não pode perder aquela oportunidade e compra imediatamente, sem pensar? Ou avalia se realmente é importante concretizar esta compra naquele momento?
- Como é sua fatura do cartão de crédito? Com muitas parcelas de muitas compras? Com valor alto comprometido antes do fechamento da próxima conta? Você paga o valor total da fatura?

Elaine Ortiz. Compras por impulso: como evitar esse hábito? Serasa. Disponível em: https://www.serasa.com.br/score/blog/compras-por-impulso-como-evitar-esse-habito/. Acesso em: 20 mar. 2023.

Explorando o tema

1. SABER SER Quando seus responsáveis vão comprar algo para você, qual é seu poder de decisão? Você costuma pensar se realmente precisa do que está comprando e se o preço está dentro da realidade financeira da sua família?

2. Imagine que você viu um produto muito legal em uma propaganda, mas ele é muito caro. Se tivesse dinheiro, você o compraria, independentemente do preço? Por quê?

3. Algumas pessoas compram de maneira impulsiva, isto é, sem planejar antecipadamente. Você já fez uma compra sem planejar? Se sim, como você se sentiu após realizar essa compra?

4. Você se considera uma pessoa que compra por impulso? E em outros aspectos da vida: você age de maneira impulsiva?

Leandro Lassmar/ID/BR

ATIVIDADES INTEGRADAS

Aplicar

1. Realize o passo a passo a seguir e, depois, responda às questões.

- Trace uma reta s e uma reta r perpendiculares entre si e que passem pelo ponto A.
- Trace uma reta t paralela a s que passe pelo ponto B em r.
- Marque um ponto C na reta s, distinto de A.
- Trace uma reta m perpendicular a s que passe pelo ponto C.

a) Quais são os pares de retas perpendiculares?

b) Existem pares de retas paralelas? Se sim, quais?

2. Para realizar esta atividade, você vai precisar dos seguintes materiais:

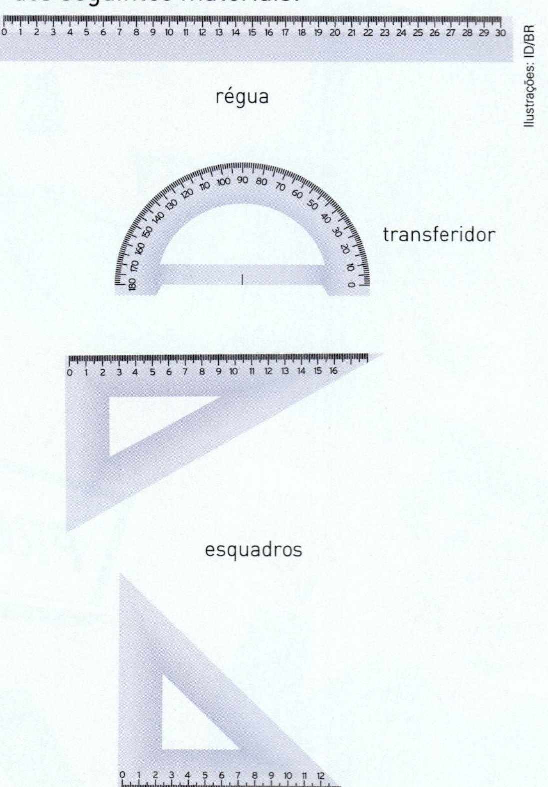

Com o auxílio da régua e do transferidor, meça os lados e os ângulos dos esquadros. Depois, classifique os triângulos representados pelas bordas dos esquadros quanto aos lados e quanto aos ângulos.

3. Verifique se as sentenças a seguir são verdadeiras ou falsas.

a) Todos os ângulos retos têm mesma medida.

b) Todos os ângulos agudos têm mesma medida.

c) A medida de um ângulo obtuso é sempre maior que a medida de um ângulo agudo.

4. Considerando que as figuras geométricas não planas dos itens a seguir são carimbos, responda: Quais são os polígonos que encontraremos se carimbarmos todas as faces dessas figuras?

a)

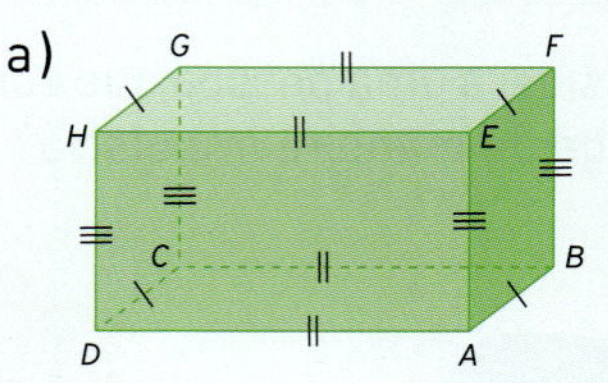

b)

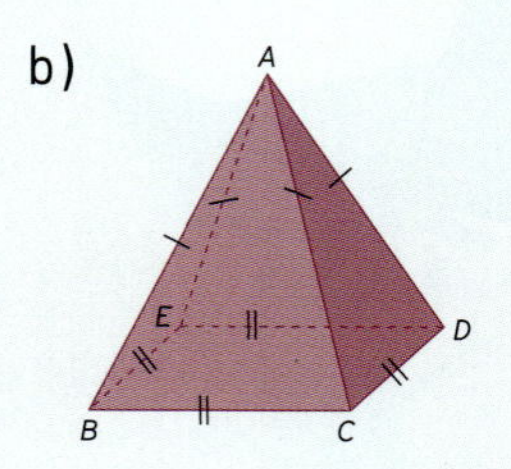

5. Observe as figuras geométricas não planas a seguir e indique quais figuras correspondem a cada item.

I.

IV.

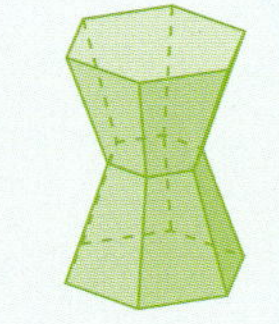

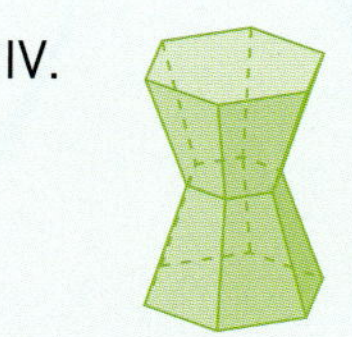

II.

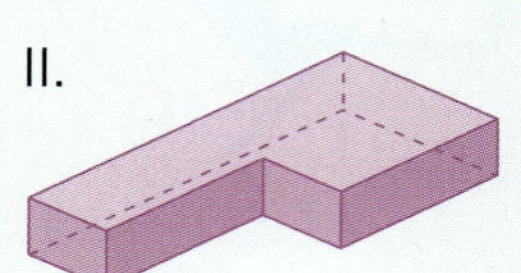

V.

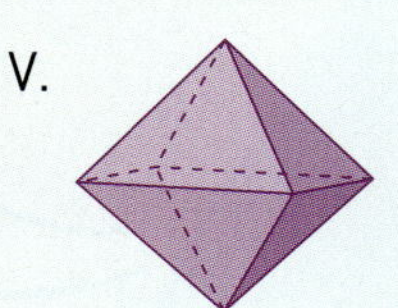

III.

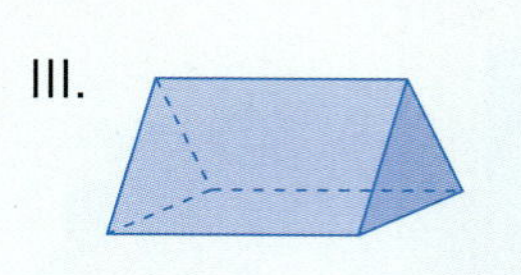

VI.

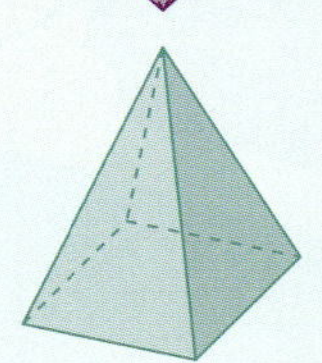

a) Não poliedros.

b) Poliedros.

c) Poliedros convexos.

d) Poliedros não convexos.

6. Em qual dos horários a seguir os ponteiros das horas e dos minutos de um relógio formam um ângulo reto?

a) 13 horas
b) 19 horas
c) 16 horas
d) 21 horas

Analisar e verificar

7. Observe a figura e responda.

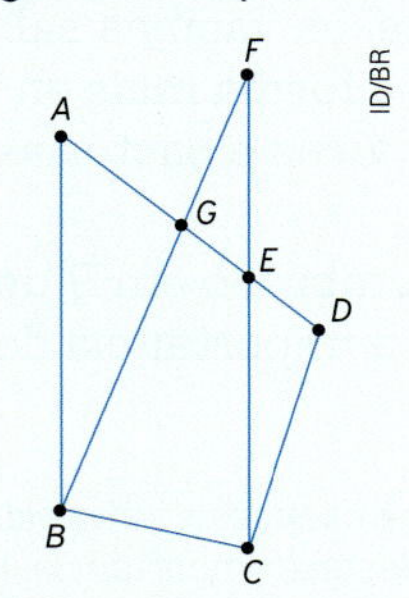

a) Quantos segmentos de reta há nessa figura? Escreva quais são esses segmentos.

b) Escreva dois pares de segmentos consecutivos.

c) Escreva dois pares de segmentos colineares.

d) Escreva dois pares de segmentos adjacentes.

e) Com o auxílio de uma régua, meça os segmentos $\overline{AB}$, $\overline{FE}$, $\overline{FB}$ e $\overline{GD}$. Eles são congruentes?

8. (Saresp) A foto abaixo é de uma pirâmide de base quadrada, a Grande Pirâmide de Quéops, uma das Sete Maravilhas do mundo Antigo.

▲ **Pirâmide de Quéops, no Egito.**

O número de faces dessa pirâmide, incluindo a base, é:

a) igual ao número de arestas.
b) igual ao número de vértices.
c) a metade do número de arestas.
d) o dobro do número de vértices.

9. Complete o esquema a seguir.

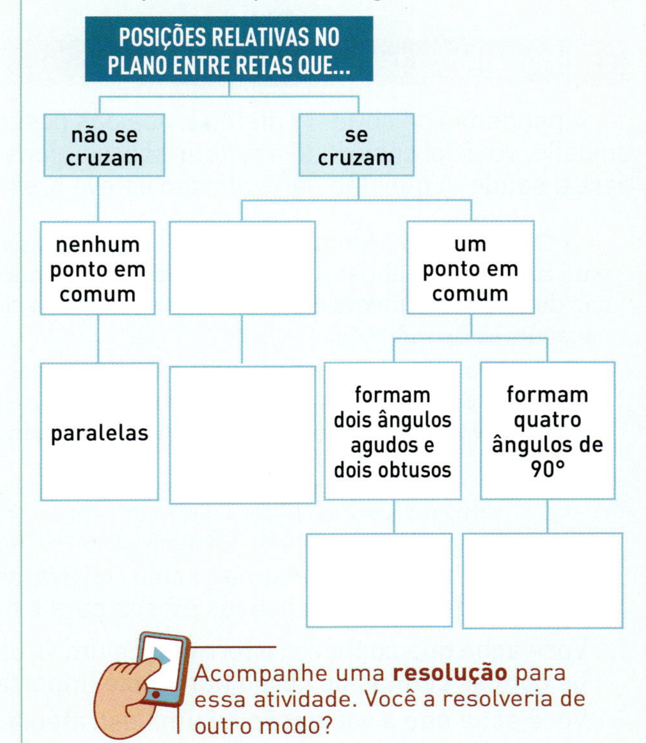

Acompanhe uma **resolução** para essa atividade. Você a resolveria de outro modo?

Criar

10. Observe a figura que Natália formou usando 12 palitos de sorvete, todos de mesmo tamanho. Depois, responda ao que se pede.

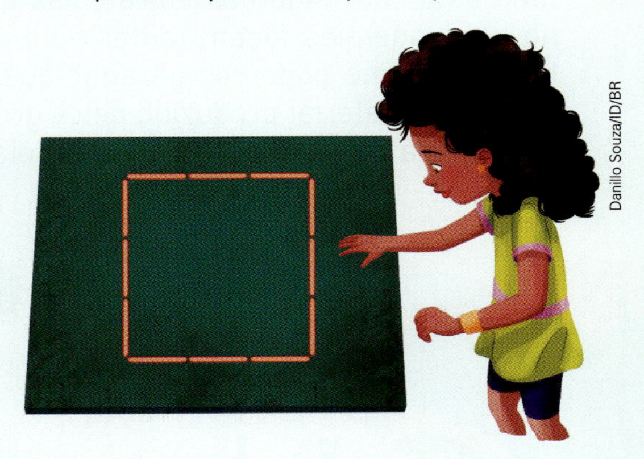

a) Qual é o nome da figura que Natália formou?

b) Qual é o número máximo de triângulos equiláteros que você consegue construir com 12 palitos?

c) Quantos trapézios diferentes você consegue construir com 12 palitos? Você pode usar alguns desses palitos ou todos.

Retomando o tema

A pandemia de covid-19 afetou a vida das pessoas em diferentes aspectos. Nesta unidade, você foi convidado a refletir sobre alguns deles, principalmente os voltados para a saúde. A questão da vacinação esteve presente entre essas reflexões.

> A Organização Mundial da Saúde (OMS) estima que, anualmente, as vacinas salvam mais de 3 milhões de vidas ao redor do mundo. A imunização é a forma mais eficaz de combater diversas doenças, preparando o organismo contra vírus e bactérias causadores de infecções.
>
> Criado pelo Ministério da Saúde, o Dia Nacional da Imunização, lembrado em 9 de junho, tem como principal objetivo conscientizar a população sobre a importância de manter ativa a vacinação contra as principais doenças [...].

Cejam destaca importância da vacinação, um ato simples que previne doenças e salva vidas. Cejam, 9 jun. 2022. Disponível em: https://cejam.org.br/noticias/cejam-destaca-importancia-da-vacinacao-um-ato-simples-que-previne-doencas-e-salva-vidas. Acesso em: 20 mar. 2023.

Geralmente, para criar uma vacina, levava-se 10 anos. Entretanto, as vacinas contra a covid-19 levaram poucos meses para estarem prontas.

1. **Você acha que conhecer o formato de um vírus e compreender como ele interage com as células do corpo humano é importante para a criação das vacinas?**
2. **Você acha que a vacinação foi uma estratégia eficaz no combate à covid-19?**

Geração da mudança

- Junte-se a dois colegas para buscar outras informações relacionadas à vacina contra a covid-19 e às estratégias utilizadas no Brasil e no mundo para minimizar os impactos da pandemia. Depois, com base nessas informações, elaborem uma lista com algumas estratégias que podem ser adotadas para evitar que novas pandemias façam tantas vítimas fatais como a de covid-19. Registrem também como podemos garantir que essas estratégias sejam colocadas em prática. O material produzido pelos grupos pode ser reunido em uma coletânea que deverá ficar em um local da escola que seja visível a todos.

Camila Anselmé/ID/BR

UNIDADE 3

DIVISIBILIDADE

PRIMEIRAS IDEIAS

1. Você sabe o que é divisibilidade? Se sim, tente explicar aos colegas e ao professor com suas palavras.
2. Em algumas situações, é possível formar grupos com a mesma quantidade de elementos, sem que sobre elemento fora desses grupos, usando diferentes maneiras. Dê um exemplo de situação em que isso é possível e outro em que isso não é possível.

Nesta unidade, eu vou...

CAPÍTULO 1 Múltiplos e divisores

- Reconhecer uma sequência numérica, seus termos iniciais e o padrão que a define.
- Determinar os termos de uma sequência numérica a partir de um padrão.
- Determinar os múltiplos de um número natural e relacionar esses resultados com uma sequência numérica.
- Calcular e representar geometricamente os divisores de um número natural.
- Refletir sobre empreendedorismo como necessidade de garantia de renda, entendendo a relação entre emprego e crescimento econômico e compreendendo como o próprio consumo afeta as condições de trabalho de outras pessoas na economia global.
- Estabelecer relação entre múltiplo e divisor de um número natural para compreender e aplicar os critérios de divisibilidade.

CAPÍTULO 2 Números primos

- Relacionar o conceito de divisores de um número natural para reconhecer números primos e números compostos.
- Decompor um número natural em fatores primos por meio de diferentes estratégias.

RESOLVENDO PROBLEMAS

- Conhecer e utilizar a estratégia “de trás para a frente” para resolver um problema.
- Desenvolver novos meios de pensar, argumentar e comunicar informações em Matemática.

CIDADANIA GLOBAL

- Refletir sobre estratégias que podem ser adotadas para que haja emprego, produtividade e trabalho decente para todas as pessoas.

Ae11615/iStock/Getty Images

LEITURA DA IMAGEM

1. Você conhece plantas como as que aparecem na imagem?
2. Algumas das plantas mostradas na imagem não devem ser tocadas. Você sabe o motivo disso?
3. Quantos vasinhos há, aproximadamente, em cada caixa preta mostrada na imagem?
4. Quantas dessas caixas são necessárias para fazer o transporte de 594 vasinhos como esses?

CIDADANIA GLOBAL

Nos últimos anos, o termo "empreendedorismo" ganhou popularidade. Empreender se tornou uma saída para muitas famílias que perderam empregos ou tiveram suas rendas reduzidas durante a crise econômica.

1. Empreender parece simples, mas não é. Para que o negócio dê certo, é preciso levar em consideração diferentes aspectos. Imagine, por exemplo, que dois irmãos decidam abrir um negócio para revender pequenas plantas que vão acompanhadas de mensagens inspiradoras. O conhecimento sobre o cultivo das plantas eles já possuem. Que outros pontos eles devem considerar para reduzir custos e aumentar a rentabilidade do negócio?
2. De maneira geral, empreendedores são vistos como pessoas que não têm medo de correr riscos. Você sabe o porquê? Será que existem projetos que incentivam o desenvolvimento do pensamento empreendedor na população?

Ao longo do estudo desta unidade, reflita sobre esses questionamentos!

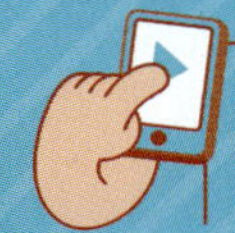

Conheça alguns **pequenos empreendedores**. Como eles utilizaram seus conhecimentos para empreender?

Vasos com cactos e outras plantas expostos para venda. Há empreendedores que cultivam e vendem diversos tipos de planta para gerar ou complementar a renda da família.

CAPÍTULO

1 MÚLTIPLOS E DIVISORES

SEQUÊNCIAS NUMÉRICAS

Os jogos olímpicos tiveram origem na Grécia Antiga e foram retomados em Atenas, em 1896. Desde essa época, são organizados pelo Comitê Olímpico Internacional (COI) e ocorrem a cada quatro anos.

Confira na tabela a edição, o ano e o local dos jogos olímpicos de 2000 a 2020.

Jogos olímpicos de 2000 a 2020						
Edição	XXVII	XXVIII	XXIX	XXX	XXXI	XXXII
Ano	2000	2004	2008	2012	2016	2020
Local	Sydney	Atenas	Pequim	Londres	Rio de Janeiro	Tóquio

Fonte de pesquisa: Comitê Olímpico Internacional. Disponível em: https://olympics.com/pt/olympic-games. Acesso em: 4 abr. 2023.

Dimitris Isevidis/Anadolu Agency/Getty Images

▼ **Rayssa Leal, do Brasil, competindo no *skate* de rua feminino nos Jogos Olímpicos de Tóquio 2020. Foto de 2021.**

Durante anos, não era permitido às mulheres praticar certas modalidades esportivas. O *skate*, por exemplo, nem sempre foi visto como um **esporte para mulheres**. Apesar disso, muitas mulheres enfrentaram o preconceito. Quais inspirações motivaram a esportista Rayssa Leal a não desistir da sua carreira nesse esporte?

Agora, veja a sequência dos números que representam os anos em que ocorreram jogos olímpicos. Qual será o próximo termo dessa sequência?

2000, 2004, 2008, 2012, 2016, 2020, ...

Para descobrir o próximo termo, precisamos saber que os jogos olímpicos ocorrem de 4 em 4 anos. Ou seja, essa sequência segue um padrão. Observe.

Nessa sequência, os números aumentam de 4 em 4. Assim, o próximo termo da sequência será 2024.

Exemplos

A. Na sequência a seguir, os números aumentam de 1 em 1.

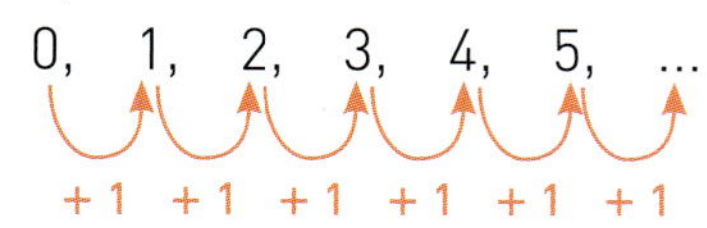

Logo, o próximo termo será 6.

B. Na sequência a seguir, os números diminuem de 2 em 2.

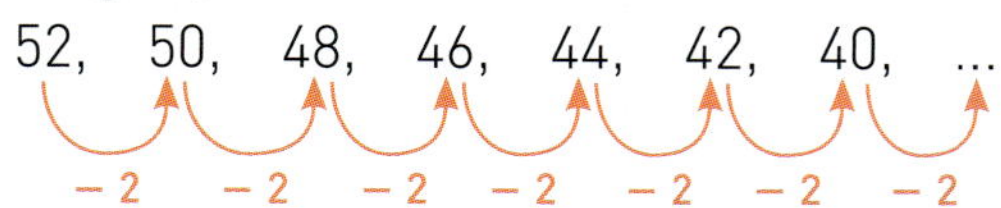

Portanto, o próximo termo será 38.

C. Nesta sequência, os termos são obtidos ao multiplicar o termo anterior por 4.

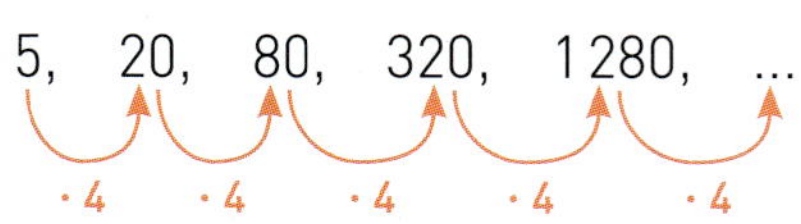

Logo, o próximo termo será 5 120.

D. Na sequência a seguir, os termos são obtidos ao dividir o termo anterior por 3.

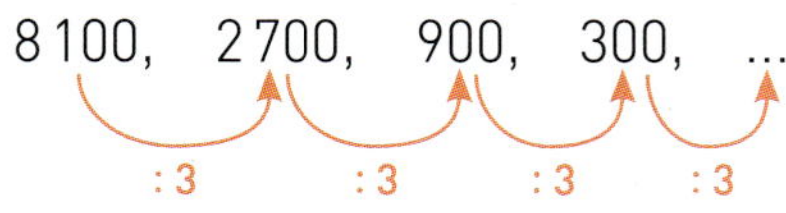

Assim, o próximo termo será 100.

ATIVIDADE

Retomar e compreender

1. Cada uma das sequências a seguir apresenta um padrão. Descubra o padrão e escreva os próximos três números de cada uma delas.

a) 4, 11, 18, 25, ...

b) 7, 20, 33, 46, ...

c) 41, 36, 31, 26, ...

d) 3, 6, 12, 24, ...

e) 20, 200, 2 000, ...

f) 8 000, 4 000, 2 000, ...

MÚLTIPLOS DE UM NÚMERO NATURAL

Fátima vai decorar uma fita com *strass* autocolante. Ela quer que a distância entre um *strass* e outro seja sempre de 5 cm. Para saber onde colar o *strass*, ela utilizou uma régua.

Fátima colou o primeiro *strass* no início da régua, em 0 cm, o segundo *strass* em 5 cm, depois em 10 cm, em 15 cm, e assim por diante. Veja.

João Picoli/ ID/BR

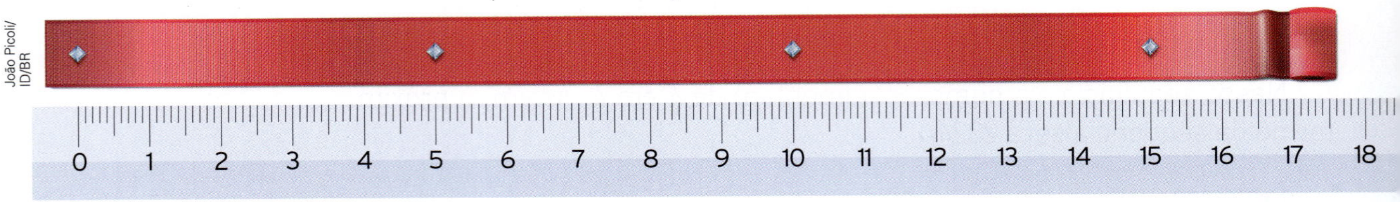

Os números 0, 5, 10, 15, ... formam a sequência dos **múltiplos de 5**. O conjunto dos múltiplos de 5 é indicado por:

$$M(5) = \{0, 5, 10, 15, 20, 25, 30, ...\}$$

Observe que os múltiplos de 5 podem ser obtidos quando multiplicamos os números naturais por 5.

> Múltiplo de um número natural é o produto desse número por um número natural qualquer.

Observações

- Todo número natural é múltiplo de si mesmo.
- O zero é múltiplo de qualquer número natural.
- Um número natural diferente de zero tem infinitos múltiplos.

Além de efetuar multiplicações, podemos fazer uma divisão para saber se um número é múltiplo de outro.

Por exemplo, para verificar se 1 003 é múltiplo de 5, dividimos 1 003 por 5 e observamos o resto da divisão.

```
 1003 |5
-10     200
  003
```

Como o resto dessa divisão não é zero, 1 003 não é múltiplo de 5. Isso significa que não existe nenhum número natural que, multiplicado por 5, resulte em 1 003.

PARE E REFLITA

Observe as sequências abaixo.

0, 7, 14, 21, 28, 35, 42, 49, ...

3, 10, 17, 24, 31, 38, 45, 52, ...

Ambas aumentam de 7 em 7, porém só a primeira é a sequência dos múltiplos de 7. Você sabe explicar por quê?

ATIVIDADES

Retomar e compreender

2. Complete o quadro a seguir.

Número	Oito primeiros múltiplos naturais
2	
3	
6	

3. Faça uma divisão e verifique se:

a) 78 é múltiplo de 8.

b) 160 é múltiplo de 4.

c) 302 é múltiplo de 3.

d) 432 é múltiplo de 6.

e) 61 725 é múltiplo de 5.

DIVISORES DE UM NÚMERO NATURAL

Edu perdeu o emprego e decidiu vender brigadeiros para garantir uma renda. Um colega quis incentivar o negócio de Edu e encomendou 20 brigadeiros. Para a entrega, Edu precisa organizar os 20 brigadeiros em embalagens com a mesma quantidade de brigadeiros, sem que sobrem brigadeiros fora delas. Acompanhe como podemos representar todas as possibilidades que Edu tem.

Edu pode colocar todos os brigadeiros em uma única embalagem.

Veja que 20 : 1 = 20 é uma divisão exata.

Ele pode colocá-los em 5 embalagens com 4 brigadeiros em cada uma.

Ilustrações: João Picoli/ID/BR

Veja que 20 : 5 = 4 é uma divisão exata.

Ele pode colocar os brigadeiros em 2 embalagens com 10 brigadeiros em cada uma.

Veja que 20 : 2 = 10 é uma divisão exata.

Ele pode colocá-los em 10 embalagens com 2 brigadeiros em cada uma.

Veja que 20 : 10 = 2 é uma divisão exata.

Ele pode colocar os brigadeiros em 4 embalagens com 5 brigadeiros em cada uma.

Veja que 20 : 4 = 5 é uma divisão exata.

Ele pode colocar os brigadeiros em 20 embalagens com 1 brigadeiro em cada uma.

Veja que 20 : 20 = 1 é uma divisão exata.

Como essas divisões indicadas são exatas (o resto é igual a zero), dizemos que 20 é divisível por 1, 2, 4, 5, 10 e 20 ou que esses números são divisores de 20. O conjunto dos divisores de 20 é indicado por:

$$D(20) = \{1, 2, 4, 5, 10, 20\}$$

Observe que Edu não poderia usar embalagens com 3, 6, 7, 8, 9, 11, 12, 13, 14, 15, 16, 17, 18 ou 19 brigadeiros, pois a divisão de 20 por esses números não é exata. Assim, sobrariam brigadeiros sem ser embalados.

CIDADANIA GLOBAL

EMPREENDEDORISMO E ECONOMIAS LOCAIS

SABER SER Algumas pessoas percebem uma chance de negócio e, mesmo tendo alternativas de emprego e renda, decidem empreender. Nesse caso, dizemos que são empreendedores por oportunidade. Entretanto, há pessoas que empreendem por necessidade, ou seja, por não terem melhores alternativas de emprego e renda.

1. Você conhece alguém que se tornou empreendedor por necessidade? Se sim, o que essa pessoa faz? Você já ajudou essa pessoa de alguma maneira?
2. Se você tivesse de se tornar um empreendedor, o que você faria? Comente com os colegas e o professor o motivo de sua escolha.

Representação geométrica dos divisores de um número natural

Os divisores naturais de um número, quando colocados em ordem crescente, apresentam uma regularidade.

Considere os divisores naturais de 20 colocados em ordem crescente.

$$1,\ 2,\ 4,\ 5,\ 10,\ 20$$

Observe a regularidade que podemos perceber nesses divisores.

1, 2, 4, 5, 10, 20

$4 \cdot 5 = 20$

$2 \cdot 10 = 20$

$1 \cdot 20 = 20$

Conhecendo essa regularidade, Marcelo representou geometricamente os divisores naturais de 20. Ele desenhou todas as possibilidades de retângulos formados por 20 quadradinhos de mesmo tamanho (■). Veja.

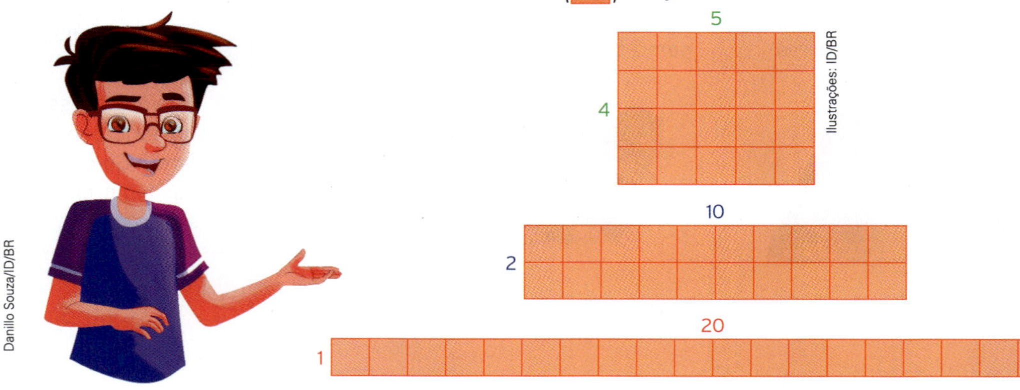

Ilustrações: ID/BR

Danillo Souza/ID/BR

Depois de ver a representação geométrica dos divisores naturais de 20 que Marcelo fez, Diana representou geometricamente os divisores naturais de 16.

Primeiro, ela escreveu os divisores de 16 em ordem crescente e verificou a regularidade existente.

Depois, ela desenhou todas as possibilidades de retângulos formados por 16 quadradinhos de mesmo tamanho (■).

1, 2, 4, 8, 16

$4 \cdot 4 = 16$

$2 \cdot 8 = 16$

$1 \cdot 16 = 16$

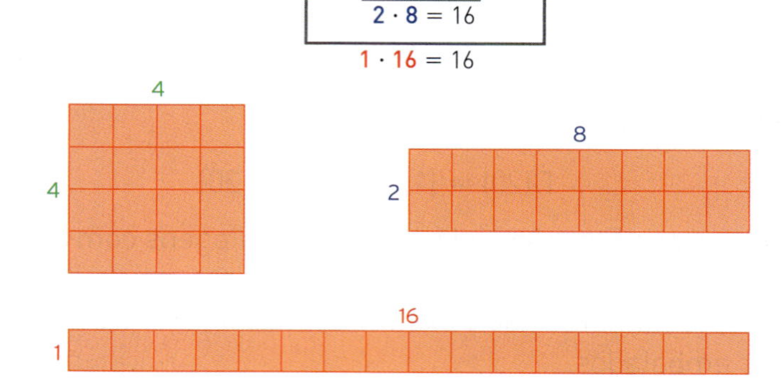

PARE E REFLITA

Você consegue perceber alguma relação entre a medida dos lados dos retângulos desenhados por Marcelo e os divisores de 20? E entre a medida dos lados dos retângulos desenhados por Diana e os divisores de 16?

RELAÇÕES ENTRE MÚLTIPLO E DIVISOR

Ana Katharine Frota/ID/BR

Vanessa precisa organizar 154 botões em saquinhos. Se ela colocar 7 botões em cada saquinho, sobrará algum botão fora dos saquinhos?

Para responder a essa questão, precisamos saber se 154 : 7 é uma divisão exata ou uma divisão não exata.

Efetuando a divisão, temos:

```
 154 |7
−14   22
  14
 −14
   0
```

Como a divisão de 154 por 7 é **exata**, dizemos que 154 é **divisível** por 7 ou que 154 é **múltiplo** de 7. Também dizemos que 7 é **divisor** de 154, ou que 7 é um **fator** de 154, ou que 7 **divide** 154.

Portanto, se Vanessa colocar 7 botões em cada saquinho, não sobrará nenhum botão fora dos saquinhos.

E se Vanessa resolver colocar 6 botões em cada saquinho, o que acontecerá?

```
 154 |6
−12   25
  34
 −30
   4
```

Como a divisão de 154 por 6 é **não exata**, dizemos que 154 **não é divisível** por 6 ou que 154 **não é múltiplo** de 6. Também dizemos que 6 **não é divisor** de 154, ou que 6 **não é um fator** de 154, ou que 6 **não divide** 154.

Assim, se ela colocar 6 botões em cada saquinho, vão sobrar 4 botões fora dos saquinhos.

ATIVIDADES

Retomar e compreender

4. Determine os divisores naturais dos números a seguir.

a) 18
b) 10
c) 13
d) 36
e) 49
f) 42

5. Escreva, em ordem crescente, os divisores naturais dos números de cada item e verifique a regularidade observada neles.

a) 32 b) 45 c) 64 d) 121

6. Utilize uma folha de papel quadriculado para representar geometricamente todos os divisores naturais dos números a seguir.

a) 14 b) 28 c) 30 d) 42

7. Copie a frase a seguir e complete-a com os termos: divisível, múltiplo ou divisor.

A divisão de 180 por 15 é exata. Logo, 180 é ★ por 15, ou seja, 15 é ★ de 180 ou, ainda, 180 é ★ de 15.

8. Na escola Alfa, 144 estudantes vão participar de um campeonato regional que será disputado entre equipes. De acordo com o regulamento do campeonato, as equipes devem ter 7, 9 ou 13 estudantes. Para que as equipes da escola Alfa tenham quantidades iguais de integrantes, sem que fiquem pessoas fora das equipes, quantos estudantes terá cada equipe: 7, 9 ou 13?

9. Considere os cálculos da atividade anterior e classifique cada afirmação a seguir em verdadeira ou falsa.

a) 144 é divisível por 7.
b) 144 é múltiplo de 9.
c) 144 é divisível por 13.
d) 13 é divisor de 144.
e) 9 é divisor de 144.
f) 7 não é divisor de 144.
g) 144 é múltiplo de 13.
h) 9 é um fator de 144.
i) 7 é um fator de 144.
j) 13 não é um fator de 144.

Ana Katharine Frota/ID/BR

CRITÉRIOS DE DIVISIBILIDADE

Para guardar os 248 pratos de seu restaurante, Mariana quer fazer pilhas com quantidades iguais, sem que sobrem pratos. É possível fazer pilhas de 4, 6 ou 8 pratos em cada uma das pilhas?

Para responder a essa pergunta, vamos dividir 248 por 4, por 6 e por 8.

```
  248 |4          248 |6          248 |8
 −24   62        −24   41        −24   31
   08              08              08
  − 8             − 6             − 8
    0               2               0
```

Observe que:

- 248 é divisível por 4. Então, se Mariana fizer pilhas com 4 pratos em cada uma, não sobrarão pratos.
- 248 não é divisível por 6. Portanto, se Mariana fizer pilhas com 6 pratos em cada uma, sobrarão 2 pratos.
- 248 é divisível por 8. Logo, se Mariana fizer pilhas com 8 pratos em cada uma, não sobrarão pratos.

Nessa situação, foi simples verificar se 248 era divisível por 4, por 6 e por 8. Entretanto, em algumas situações, não é prático efetuar divisões para descobrir se um número é divisível por outro. Nesses casos, é possível utilizar alguns **critérios de divisibilidade**. Vamos estudar alguns deles.

Divisibilidade por 2

Observe as colunas destacadas em rosa no quadro.

0	1	2	3	4	5	6	7	8	9
10	11	12	13	14	15	16	17	18	19
20	21	22	23	24	25	26	27	28	29
30	31	32	33	34	35	36	37	38	39
40	41	42	43	44	45	46	47	48	49
50	51	52	53	54	55	56	57	58	59
60	61	62	63	64	65	66	67	68	69
70	71	72	73	74	75	76	77	78	79
80	81	82	83	84	85	86	87	88	89
90	91	92	93	94	95	96	97	98	99

Você consegue perceber alguma regularidade nos números dessas colunas?

Perceba que os números que estão nas colunas destacadas em rosa, organizados em ordem crescente, representam a sequência dos múltiplos de 2. O algarismo das unidades desses números é sempre 0, 2, 4, 6 ou 8.

PARE E REFLITA

Se continuássemos completando as linhas do quadro, o número 244 ficaria em qual coluna? Ele é divisível por 2?

Assim, para identificar se um número natural é divisível por 2, devemos observar o algarismo das unidades. Se o algarismo das unidades for 0, 2, 4, 6 ou 8, então o número é divisível por 2.

Conhecer esse critério de divisibilidade nos possibilita fazer esquemas para resolver certas situações, como descobrir se um número é par ou ímpar. Observe.

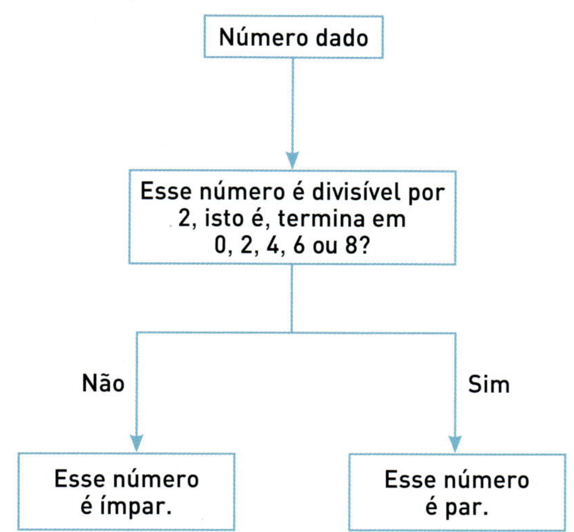

Divisibilidade por 5

Agora, observe as colunas destacadas em verde no quadro.

0	1	2	3	4	5	6	7	8	9
10	11	12	13	14	15	16	17	18	19
20	21	22	23	24	25	26	27	28	29
30	31	32	33	34	35	36	37	38	39
40	41	42	43	44	45	46	47	48	49
50	51	52	53	54	55	56	57	58	59
60	61	62	63	64	65	66	67	68	69
70	71	72	73	74	75	76	77	78	79
80	81	82	83	84	85	86	87	88	89
90	91	92	93	94	95	96	97	98	99

Qual é a regularidade que podemos perceber nos números dessas colunas?

Perceba que os números que estão nas colunas destacadas em verde, organizados em ordem crescente, representam a sequência dos múltiplos de 5. O algarismo das unidades dos números dessa sequência é sempre 0 ou 5.

Assim, para saber se um número natural é divisível por 5, observamos o algarismo das unidades. Se ele for 0 ou 5, o número é divisível por 5.

PARE E REFLITA

Se continuássemos completando as linhas do quadro, o número 640 ficaria em qual coluna? E o número 1 205? Eles são divisíveis por 5?

Divisibilidade por 10

Observe a coluna destacada em azul no quadro.

0	1	2	3	4	5	6	7	8	9
10	11	12	13	14	15	16	17	18	19
20	21	22	23	24	25	26	27	28	29
30	31	32	33	34	35	36	37	38	39
40	41	42	43	44	45	46	47	48	49
50	51	52	53	54	55	56	57	58	59
60	61	62	63	64	65	66	67	68	69
70	71	72	73	74	75	76	77	78	79
80	81	82	83	84	85	86	87	88	89
90	91	92	93	94	95	96	97	98	99

PARE E REFLITA

Se você fizesse um quadro igual a esse e pintasse de amarelo as colunas dos números divisíveis por 2 e de laranja as colunas dos números divisíveis por 5, o que aconteceria na primeira coluna?

O que você percebe em relação aos números destacados?

Perceba que os números que estão na coluna destacada em azul, organizados em ordem crescente, representam a sequência dos múltiplos de 10. O algarismo das unidades desses números é sempre 0.

Assim, para saber se um número natural é divisível por 10, observamos o algarismo das unidades. Se for 0, então o número é divisível por 10.

Agora, veja um esquema que permite verificar se um número é divisível por 5 e/ou por 10.

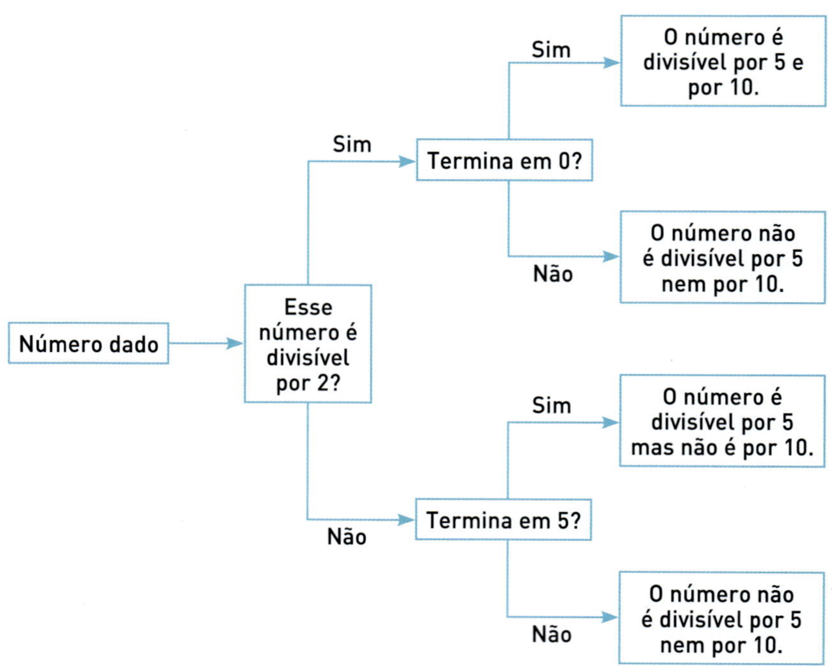

Você faria um esquema diferente? Se sim, como? Explique.

Divisibilidade por 4

Observe a sequência de números naturais maiores que 99 e divisíveis por 4.

100, 104, 108, 112, 116, 120, 124, 128, 132, 136, ...,

200, 204, 208, 212, 216, 220, 224, 228, 232, 236, ...,

300, 304, 308, 312, 316, 320, 324, 328, 332, 336, ...,

400, 404, 408, 412, 416, 420, 424, 428, 432, 436, ...,

500, 504, 508, 512, 516, 520, 524, 528, 532, 536, ...,

600, 604, 608, 612, 616, 620, 624, 628, 632, 636, ...

Para verificar se um número natural é divisível por 4, precisamos analisar o número formado pelos algarismos da **dezena** e da **unidade** desse número natural. Se eles forem iguais a 0 ou se formarem um número divisível por 4, então o número natural é divisível por 4.

Por exemplo, o número 118 não é divisível por 4, pois o número 18 não é divisível por 4. Já o número 116 é, pois 16 é divisível por 4.

Divisibilidade por 8

Observe a sequência de números naturais maiores que 999 e divisíveis por 8.

1000, 1008, 1016, 1024, 1032, ..., 1104, 1112, 1120, 1128, ...,

2000, 2008, 2016, 2024, 2032, ..., 2104, 2112, 2120, 2128, ...,

3000, 3008, 3016, 3024, 3032, ..., 3104, 3112, 3120, 3128, ...,

4000, 4008, 4016, 4024, 4032, ..., 4104, 4112, 4120, 4128, ...,

5000, 5008, 5016, 5024, 5032, ..., 5104, 5112, 5120, 5128, ...,

6000, 6008, 6016, 6024, 6032, ..., 6104, 6112, 6120, 6128, ...

Para verificar se um número natural é divisível por 8, precisamos analisar o número formado pelos algarismos da **centena**, da **dezena** e da **unidade** desse número natural. Se eles forem iguais a 0 ou se formarem um número divisível por 8, então o número natural é divisível por 8.

Por exemplo, o número 1041 não é divisível por 8, pois o número 41 não é divisível por 8. Já o número 1040 é, pois 40 é divisível por 8.

PARE E REFLITA

Qual é a diferença entre o critério de divisibilidade por 4 e o por 8?

Divisibilidade por 3

Nos quadros a seguir, há alguns múltiplos de 3.

12	135	519	1 632
24	309	693	7 161

Observe a soma dos algarismos de cada um desses números.

12 → $1 + 2 = 3$

24 → $2 + 4 = 6$

135 → $1 + 3 + 5 = 9$

309 → $3 + 0 + 9 = 12$

519 → $5 + 1 + 9 = 15$

693 → $6 + 9 + 3 = 18$

1 632 → $1 + 6 + 3 + 2 = 12$

7 161 → $7 + 1 + 6 + 1 = 15$

Existe algum padrão nessas somas? Você notou que a soma de todos os algarismos de cada um desses números é divisível por 3?

Esse padrão ocorre com todos os múltiplos de 3. Assim, para verificar se um número natural é divisível por 3, devemos analisar a soma dos algarismos desse número. Se a soma for um número divisível por 3, então o número natural é divisível por 3.

Divisibilidade por 9

Agora, observe alguns múltiplos de 9.

Esses números apresentam um padrão. Veja.

18 → $1 + 8 = 9$

387 → $3 + 8 + 7 = 18$

522 → $5 + 2 + 2 = 9$

999 → $9 + 9 + 9 = 27$

3 672 → $3 + 6 + 7 + 2 = 18$

4 905 → $4 + 9 + 0 + 5 = 18$

6 003 → $6 + 0 + 0 + 3 = 9$

56 394 → $5 + 6 + 3 + 9 + 4 = 27$

Qual é o padrão? Você notou que a soma dos algarismos de cada um desses números é divisível por 9?

Esse padrão ocorre com todos os múltiplos de 9. Assim, para verificar se um número natural é divisível por 9, devemos analisar a soma dos algarismos desse número. Se a soma for um número divisível por 9, então o número natural é divisível por 9.

Divisibilidade por 6

No quadro a seguir, os **múltiplos de 2** estão destacados com um traço **vermelho** na parte inferior e os **múltiplos de 3**, com um traço **verde**. Observe.

0	1	2	3	4	5	6	7	8	9
10	11	12	13	14	15	16	17	18	19
20	21	22	23	24	25	26	27	28	29
30	31	32	33	34	35	36	37	38	39
40	41	42	43	44	45	46	47	48	49
50	51	52	53	54	55	56	57	58	59
60	61	62	63	64	65	66	67	68	69
70	71	72	73	74	75	76	77	78	79
80	81	82	83	84	85	86	87	88	89
90	91	92	93	94	95	96	97	98	99

Agora, vamos organizar em ordem crescente os números que apresentam traço vermelho e traço verde ao mesmo tempo.

0, 6, 12, 18, 24, 30, 36, 42, 48, 54, 60, 66, 72, 78, 84, 90, 96

Você notou que esses números fazem parte da sequência dos múltiplos de 6?

Ao observar essa sequência, podemos notar um padrão: se um número é múltiplo de 2 e de 3 ao mesmo tempo, ele também é múltiplo de 6. Assim, para verificar se um número natural é divisível por 6, é preciso verificar se ele é múltiplo de 2 e de 3 ao mesmo tempo. Se isso ocorrer, então ele é divisível por 6.

Veja um esquema que permite verificar se um número é divisível por 6.

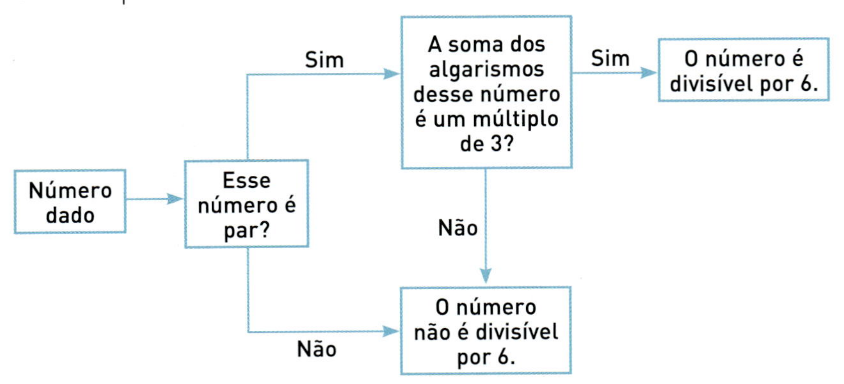

Você faria um esquema diferente para verificar se um número é divisível por 6? Converse com os colegas e o professor.

PARE E REFLITA

Um número ímpar pode ser divisível por 6?

Divisibilidade por 100 e por 1000

Observe as duas sequências a seguir.

0, 100, 200, 300, 400, 500, 600, 700, 800, 900, 1 000, 1 100, ...
0, 1 000, 2 000, 3 000, 4 000, 5 000, 6 000, 7 000, 8 000, 9 000, 10 000, 11 000, ...

A primeira sequência é a dos múltiplos de 100 e a segunda é a dos múltiplos de 1 000.

Podemos identificar se um número natural é divisível por 100 observando os algarismos da dezena e da unidade desse número. Se esses dois algarismos forem 0, então o número é divisível por 100.

Para saber se um número natural é divisível por 1 000, observamos os algarismos das centenas, das dezenas e das unidades. Se eles forem 0, então o número é divisível por 1 000.

ATIVIDADES

Retomar e compreender

10. O quadro a seguir apresenta vários números. Sem fazer contas, responda às questões.

36	42	75	112	135	303	318
406	536	600	844	916	918	996
1 100	2 268	4 205	5 043	5 732	6 000	6 400
6 810	18 225	43 000	96 258	125 874	132 845	237 156

a) Quais números são múltiplos de 2? E de 9? E de 100?

b) Quais números são divisíveis por 3? E por 4? E por 8?

c) No quadro, há números que apresentam 6 como divisor. Quais são eles?

d) No quadro, há números que apresentam 10 como divisor. Quais são eles?

e) No quadro, há números que apresentam 1 000 como divisor. Quais são eles?

11. Em algumas das fichas a seguir, há números que são divisíveis por 4 e por 6 ao mesmo tempo. Fazendo apenas cálculos mentais, identifique-os e anote-os.

316	500	615
732	948	1 056

12. Utilizando os critérios de divisibilidade, responda: É preciso calcular as divisões 149 por 2, 149 por 3 e 149 por 5 para saber se elas são exatas? Explique.

13. Escreva o maior número de quatro algarismos divisível por:

a) 2　　b) 5　　c) 6　　d) 9

Aplicar

14. Classifique cada afirmação em verdadeira ou falsa.

a) Um número de três algarismos, todos iguais, é divisível por 3.

b) Se um número é divisível por 10, então ele é divisível por 5.

15. Em uma fábrica de meias, a produção de um dia foi empacotada em dois tipos de embalagem: o pacote tradicional, com 5 pares de meias, e o econômico, com 10 pares. Foram feitos 35 pacotes tradicionais e 40 pacotes econômicos. É possível embalar essa produção apenas em pacotes econômicos?

16. Em um caixa eletrônico só há cédulas de 50 reais. Escreva quais dos valores a seguir podem ser sacados desse caixa eletrônico.

a) R$ 100,00
b) R$ 120,00
c) R$ 170,00
d) R$ 200,00
e) R$ 250,00
f) R$ 400,00
g) R$ 630,00
h) R$ 780,00

Retomar e compreender

1. Considere a multiplicação a seguir.

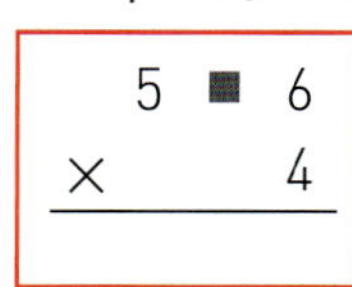

Escreva os algarismos que podem ser colocados no lugar do ■ para que o resultado da multiplicação seja:

a) divisível por 3.
b) múltiplo de 6.
c) múltiplo de 9.
d) divisível por 4.

2. Helena comprou 106 balões. Desses, encheu 100 para a festa da filha e decidiu amarrá-los em grupos de 6.

a) Helena consegue fazer grupos de 6 sem que sobrem balões? Justifique.
b) O que ela pode fazer para conseguir formar grupos de 6 balões sem que sobrem balões?

Aplicar

3. A avó de Maria Alice está fazendo doces para o aniversário da neta. Ela já preparou 110 doces. Quantos doces, no mínimo, ela ainda precisa preparar para conseguir armazená-los em 15 embalagens com a mesma quantidade, sem que haja sobras?

4. Reúna-se com um colega para resolver os problemas a seguir.

a) Carlos escreveu o menor número natural, de seis algarismos distintos, múltiplo de 5. Que número ele escreveu?
b) Fernanda pensou no maior número natural de seis algarismos divisível por 4. Em qual número ela pensou?
c) Adelaide pensou no menor número natural não nulo, múltiplo de 11 e divisível por 4. Em qual número ela pensou?

5. A idade de Marcos corresponde ao menor número que satisfaz às seguintes condições:

- é múltiplo de 13;
- é ímpar;
- é divisível por 3.

Quantos anos Marcos tem?

6. Paulo colou um adesivo a cada 3 páginas de seu diário. Quantos adesivos foram colados entre as páginas 50 e 80, sabendo que o primeiro foi colado na página 3?

7. Ricardo e seu amigo Júlio resolveram contar até 60. Mas Ricardo contou de 3 em 3 números e Júlio contou de 4 em 4. Quais números foram pronunciados pelos dois?

8. Veja como Flávia encontrou os divisores naturais de 12.

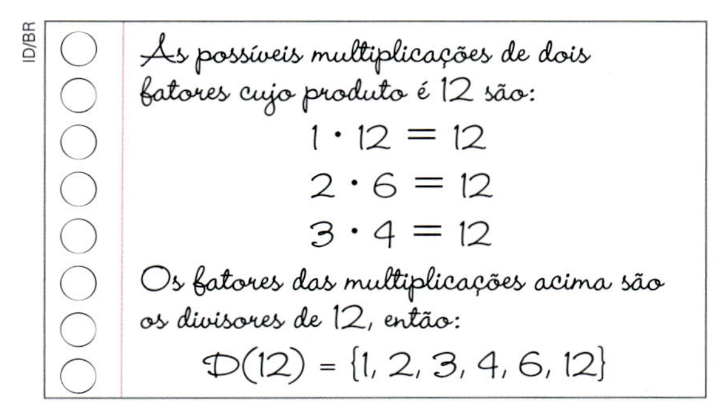

Agora, faça como Flávia e determine os divisores naturais dos números:

a) 45
b) 60
c) 100

9. Beatriz sabe que $4 = 2 \cdot 2$. Veja o esquema que ela fez para descobrir se um número é divisível por 4.

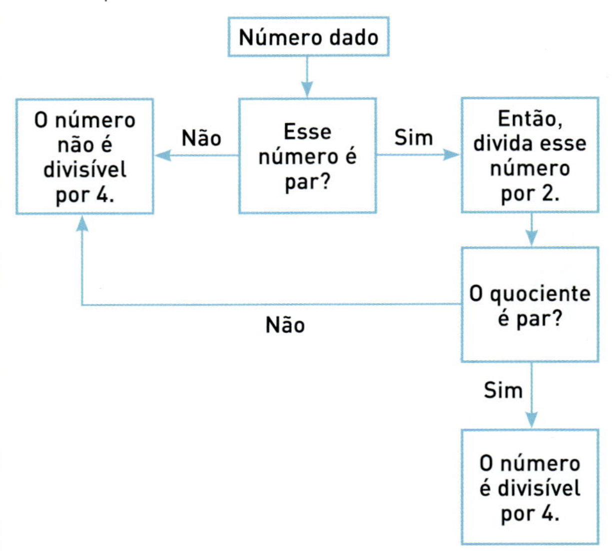

Reúna-se com dois colegas. Construam, assim como Beatriz, um esquema para saber se um número é divisível por:

a) 8
b) 9
c) 12
d) 16

NÚMEROS PRIMOS

NÚMEROS PRIMOS E NÚMEROS COMPOSTOS

Os números primos são importantes na área computacional, pois são usados na informática, na proteção de informações e senhas bancárias e na codificação e decodificação de documentos.

No capítulo anterior, vimos alguns números com vários divisores, mas existem números que têm apenas dois divisores. Veja alguns exemplos.

Número	2	3	5	7
Divisores	1 e 2	1 e 3	1 e 5	1 e 7

Os números naturais com apenas dois divisores naturais diferentes, o 1 e ele mesmo, são chamados de **números primos**.

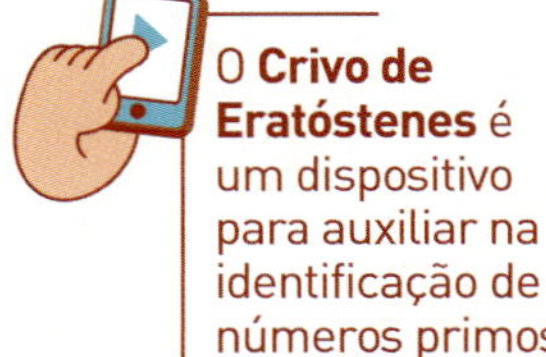

O **Crivo de Eratóstenes** é um dispositivo para auxiliar na identificação de números primos. Esses números são bastante utilizados em que área?

Observando o quadro anterior, é possível perceber que os números 2, 3, 5 e 7 são primos. O número 1 não é primo, pois não tem divisores naturais distintos. O zero também não é primo, pois tem infinitos divisores.

$$D(1) = \{1\} \qquad D(0) = \{1, 2, 3, 4, ...\}$$

Os números naturais maiores que 1 com mais de dois divisores, ou seja, que não são primos, são chamados de **números compostos**.

Crivo de Eratóstenes

O matemático grego Eratóstenes (276 a.C.-194 a.C.), nascido em Cirene, criou um dispositivo prático para identificar números primos chamado de Crivo de Eratóstenes. Acompanhe como o Crivo de Eratóstenes funciona para determinar os números primos de 1 a 50.

Escrevemos os números naturais de 1 a 50. Excluímos o 1, pois ele não é um número primo.

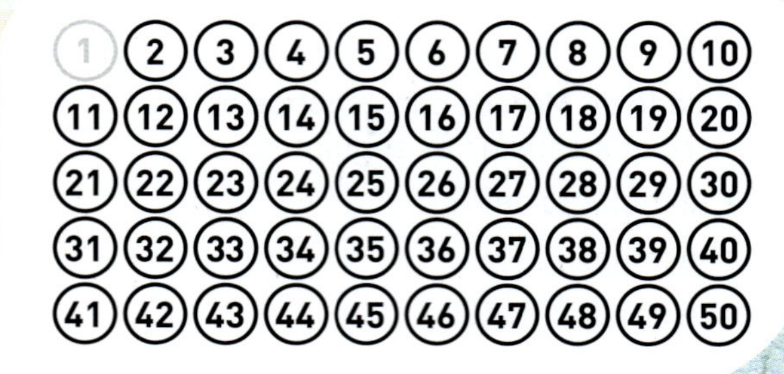

Destacamos o 2, pois ele é o primeiro e único número par primo e, depois, excluímos os múltiplos de 2, exceto o próprio 2.

Números excluídos: 4, 6, 8, 10, 12, 14, 16, 18, 20, 22, 24, 26, 28, 30, 32, 34, 36, 38, 40, 42, 44, 46, 48 e 50.

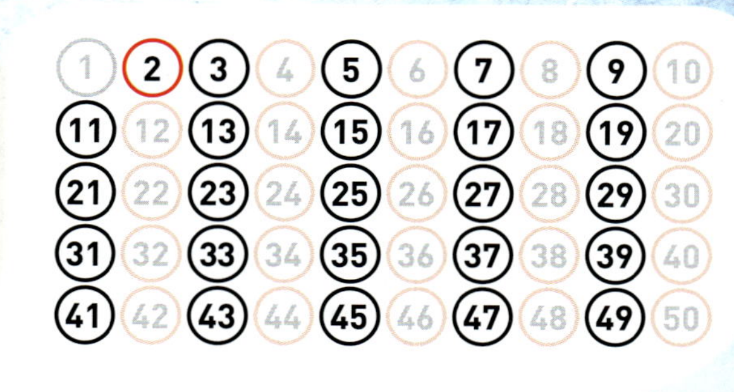

Destacamos o próximo número primo, que é o 3, e excluímos seus múltiplos, exceto o próprio 3.
Observe que 6, 12, 18, 24, 30, 36, 42 e 48 são múltiplos de 3, mas eles já haviam sido eliminados por serem múltiplos de 2.

Números excluídos: 9, 15, 21, 27, 33, 39 e 45.

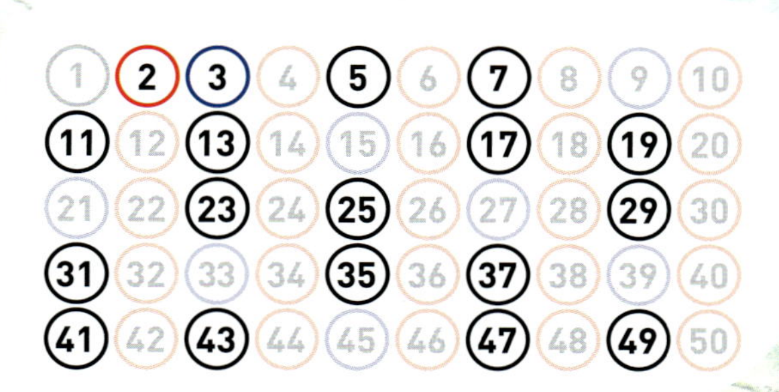

Destacamos o 5, pois ele é o próximo número primo, e excluímos seus múltiplos, exceto o próprio 5.
Observe que 10, 20, 30, 40 e 50 são múltiplos de 5, mas eles já haviam sido eliminados por serem múltiplos de 2. Do mesmo modo, os números 15 e 45 são múltiplos de 5, mas já haviam sido eliminados por serem múltiplos de 3.

Números excluídos: 25 e 35.

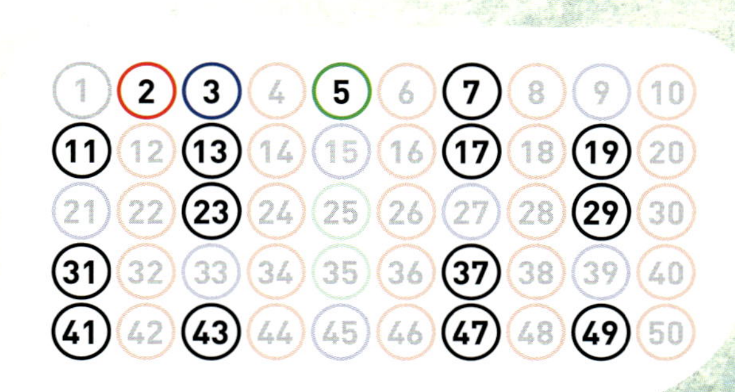

Repetimos esse procedimento para o próximo número primo, que é o 7.
Observe que 14, 28 e 42 são múltiplos de 7, mas eles já haviam sido eliminados por serem múltiplos de 2. Do mesmo modo, 21 e 35 são múltiplos de 7, mas já haviam sido eliminados por serem múltiplos de 3 e de 5, respectivamente.

Número excluído: 49.

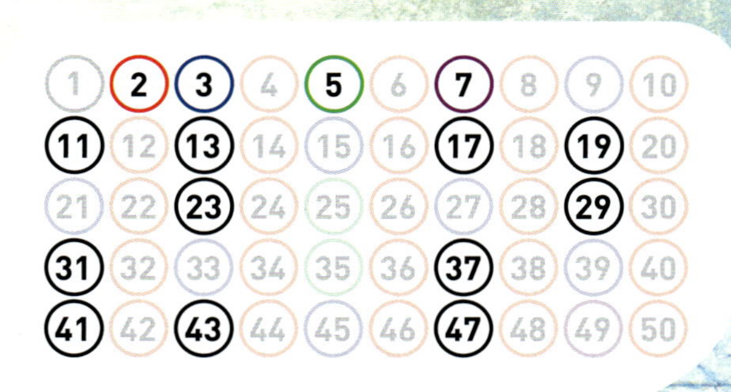

O próximo número primo é o 11, mas, como não existem múltiplos de 11 para serem eliminados, terminamos o processo.

Assim, concluímos que os números 2, 3, 5, 7, 11, 13, 17, 19, 23, 29, 31, 37, 41, 43 e 47 são os números primos até 50.

Para descobrir se um número é primo ou composto, podemos dividi-lo pelos sucessivos números primos menores que ele até obter:

- uma divisão exata. Nesse caso, concluímos que o número é composto.
- uma divisão não exata, com quociente menor ou igual ao divisor. Nesse caso, concluímos que o número é primo.

Exemplo

Vamos verificar se 149 é um número primo. Para isso, vamos dividir 149 pela sequência de números primos menores que ele: 2, 3, 5, 7, 11, ...

Para verificar se a divisão de 149 por 2, 3 e 5 é exata ou não, vamos usar os critérios de divisibilidade:

- Não é divisível por 2, pois o algarismo da unidade não é 0, 2, 4, 6 ou 8.
- Não é divisível por 3, pois $1 + 4 + 9 = 14$, e 14 não é divisível por 3.
- Não é divisível por 5, pois o algarismo da unidade é diferente de 0 ou 5.

Agora, vamos efetuar as divisões pelos números primos seguintes.

- Dividindo 149 por 7:

$$\begin{array}{rl} 149 & \underline{|\,7\ \ } \\ \underline{-14} & \ 21 \leftarrow \text{quociente maior que o divisor} \\ 09 & \\ \underline{-\ 7} & \\ 2 & \leftarrow \text{resto diferente de zero} \end{array}$$

149 não é divisível por 7, mas, como o quociente não é menor que 7, vamos dividir 149 por 11.

- Dividindo 149 por 11:

$$\begin{array}{rl} 149 & \underline{|\,11\ } \\ \underline{-11} & \ 13 \leftarrow \text{quociente maior que o divisor} \\ 39 & \\ \underline{-\ 33} & \\ 6 & \leftarrow \text{resto diferente de zero} \end{array}$$

149 não é divisível por 11, mas, como o quociente não é menor que 11, vamos dividir 149 por 13.

- Dividindo 149 por 13:

$$\begin{array}{rl} 149 & \underline{|\,13\ } \\ \underline{-13} & \ 11 \leftarrow \text{quociente menor que o divisor} \\ 19 & \\ \underline{-\ 13} & \\ 6 & \leftarrow \text{resto diferente de zero} \end{array}$$

149 não é divisível por 13, mas, como o quociente é menor que o divisor, podemos concluir que **149 é um número primo**.

DECOMPOSIÇÃO EM FATORES PRIMOS

Todo número natural composto pode ser escrito por meio de uma multiplicação de dois ou mais fatores. O número 12, por exemplo, pode ser escrito por meio das seguintes multiplicações:

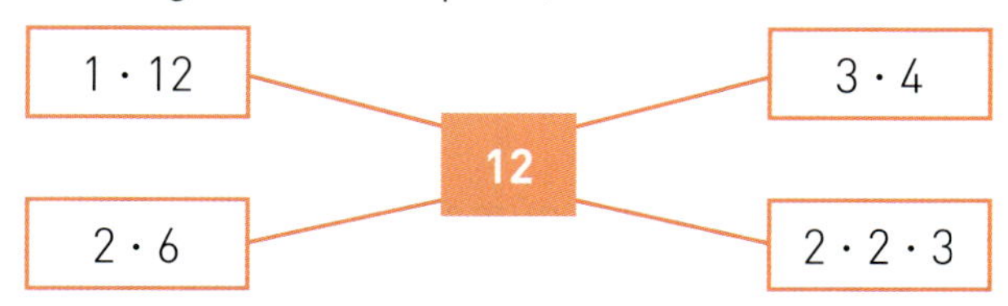

Observe que a decomposição 2 · 2 · 3 apresenta apenas fatores primos. Você percebeu que essa é única decomposição em que isso acontece?

Todo número composto possui uma única decomposição em fatores primos. Decomposições como essas são chamadas de **decomposição em fatores primos** ou **fatoração completa do número**.

Exemplos

A. Veja como Marcos e Luana fizeram para decompor o número 40 em fatores primos.

Ana Katharine Frota/ID/BR

Observe que Marcos e Luana começaram de maneiras diferentes, mas chegaram à mesma decomposição em fatores primos.

B. Vamos decompor o número 90 em fatores primos por meio do processo das divisões sucessivas.

a) Inicialmente, dividimos 90 pelo menor número primo divisor de 90, nesse caso o 2.
Escrevemos o quociente 45 abaixo do número 90.

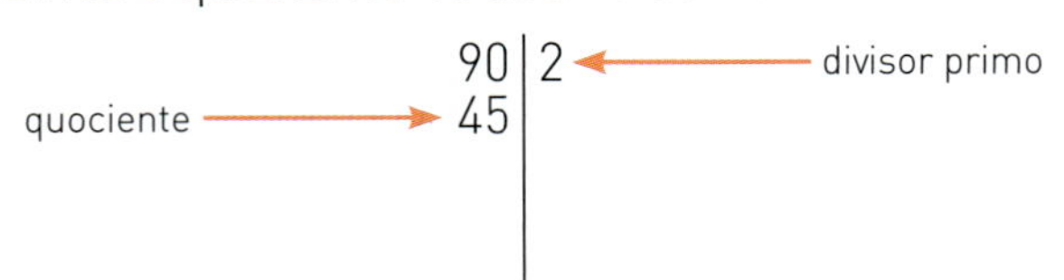

b) Depois, dividimos o número 45 pelo menor número primo divisor de 45, que é 3. Em seguida, escrevemos o quociente 15 abaixo do número 45.

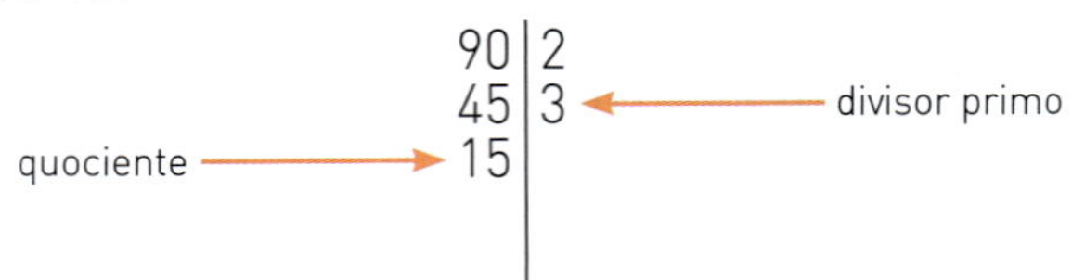

c) Dividimos 15 pelo menor número primo divisor de 15, que é o número 3. Escrevemos o quociente 5 abaixo do número 15.

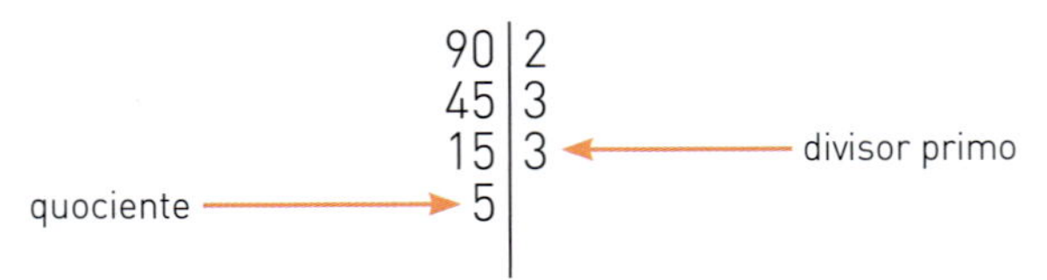

d) Por fim, dividimos 5 por 5, pois 5 é um número primo. Escrevemos o quociente 1 abaixo do número 5.

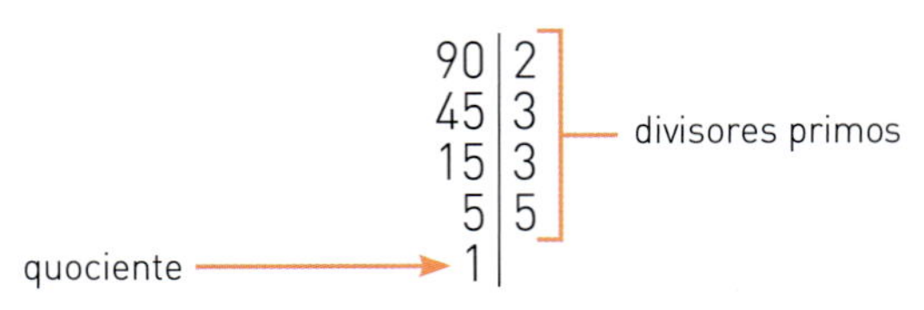

Assim, concluímos que $90 = 2 \cdot 3 \cdot 3 \cdot 5$.

ATIVIDADES

Retomar e compreender

1. Escreva os dez primeiros números primos em ordem crescente.

2. Verifique quais dos números a seguir são primos e quais são compostos.

a) 47
b) 79
c) 91
d) 101
e) 122
f) 169

3. Decomponha os números a seguir em fatores primos.

a) 28
b) 32
c) 44
d) 64
e) 82
f) 125
g) 216
h) 343

4. Determine:

a) o menor fator primo de 15.
b) o maior fator primo de 2431.
c) o menor fator primo de 67.
d) o maior fator primo de 2990.

5. Escreva o número natural cuja forma fatorada completa está representada em cada item a seguir.

a) $2 \cdot 2 \cdot 5 \cdot 7$
b) $3 \cdot 3 \cdot 7 \cdot 11$
c) $2 \cdot 2 \cdot 2 \cdot 5 \cdot 5 \cdot 23$
d) $13 \cdot 17 \cdot 17$
e) $19 \cdot 19 \cdot 5$
f) $5 \cdot 5 \cdot 5 \cdot 7 \cdot 7$
g) $2 \cdot 2 \cdot 43$
h) $2 \cdot 3 \cdot 11 \cdot 29$
i) $5 \cdot 7 \cdot 11 \cdot 31$
j) $2 \cdot 7 \cdot 7 \cdot 37$

Aplicar

6. Qual é o maior número natural menor que 100 e divisível por

a) 8?
b) 9?
c) 5 e por 6?
d) 5 e por 9?

7. Bruna quer fazer um painel de formato retangular usando azulejos quadrados de mesmo tamanho. Ela deve usar todos os azulejos, sem deixar espaço entre eles e sem sobrepô-los. Se Bruna tem 18 azulejos, quantas disposições retangulares diferentes ela pode fazer?

MAIS ATIVIDADES

Acompanhamento da aprendizagem

Retomar e compreender

1. Elabore um quadro com os números de 0 a 100. Pinte de vermelho os números primos e de azul os números compostos.

2. Observando o Crivo de Eratóstenes da abertura do capítulo, por que não precisamos excluir os múltiplos de 4 nem os múltiplos de 6?

3. Veja o número 8 como a soma de dois números primos: $8 = 5 + 3$. Faça o mesmo com os seguintes números:

a) 12 b) 24 c) 84

Aplicar

4. Gabi criou uma senha para o seu celular e, para lembrar o número, ela anotou a seguinte dica: $2^3 \cdot 3^3 \cdot 7$. Qual é a senha de Gabi?

5. Ana gosta de fazer enigmas para os amigos. Leia as dicas a seguir e descubra a idade dos avós dela.

A soma das idades dos meus avós é 172.
As idades deles são representadas por números primos consecutivos.
Minha avó é mais velha que meu avô e eles têm menos de 100 anos.

6. Veja como Alex fez a decomposição do número 90 em fatores primos.

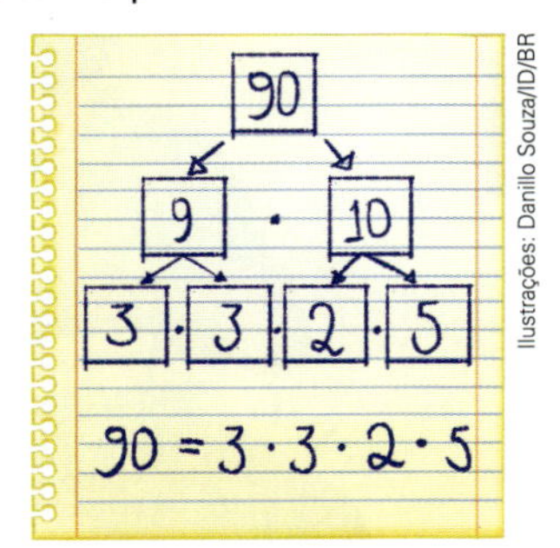

Ilustrações: Danillo Souza/ID/BR

Agora, faça como Alex e decomponha em fatores primos os seguintes números:

a) 48
b) 120
c) 144
d) 360
e) 1 024
f) 296

7. Compare os esquemas que você fez na atividade **6** com os de um colega. Vocês fizeram os esquemas da mesma maneira?

8. A professora de Carol decompôs dois números naturais na lousa, porém não mostrou todos os expoentes da decomposição. Ajude Carol a determinar o valor de ★ e ♦, sabendo que o primeiro número decomposto é igual a 360 e o segundo número decomposto é igual a 324.

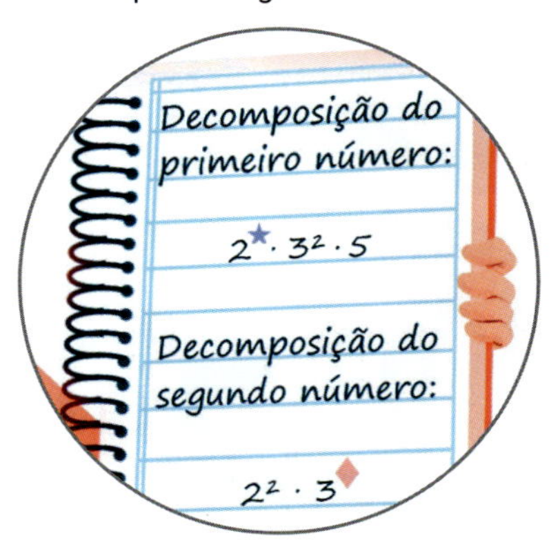

9. Letícia e Felipe criaram um código para escrever mensagens secretas. No código, cada letra do alfabeto corresponde a um número primo. Observe.

A	002
B	003
C	005
D	007
E	011
F	013
G	017
H	019
I	023
J	029
K	031
L	037
M	041

N	043
O	047
P	053
Q	059
R	061
S	067
T	071
U	073
V	079
W	083
X	089
Y	097
Z	101

a) Decifre a mensagem que Letícia e Felipe deixaram.

067011029002 013011037023101

b) Escreva uma mensagem utilizando esse código. Depois, troque com um colega para que ele descubra a sua mensagem.

c) Se existissem mais três letras no nosso alfabeto, elas representariam que números no código criado por Letícia e Felipe?

RESOLVENDO PROBLEMAS

Conhecendo o problema

Leia a história ao lado.

Analisando a história e as imagens, responda: Quantos livros havia na caixa que o pai das meninas ganhou no sorteio?

Compreensão do problema

1 Em quantos grupos os livros deveriam ser divididos para que fossem distribuídos entre as irmãs?

2 O que aconteceu quando Patrícia chegou em casa?

3 E quando Ana chegou em casa, o que ela fez?

4 As meninas retiraram a mesma quantidade de livros da caixa?

Resolução do problema

1 Quantos livros havia na caixa quando o pai das meninas chegou em casa?

2 Quantos livros havia na caixa quando Ana chegou em casa? Como você pensou para responder a essa pergunta?

3 Quantos livros Patrícia guardou para si antes de a irmã chegar em casa? Justifique.

4 Quantos livros havia na caixa que o pai das meninas ganhou no sorteio?

5 Com um colega, elabore um esquema para verificar se a resposta que vocês deram na questão anterior está correta.

Nesse dia, Ana ficou até mais tarde no colégio e Patrícia chegou mais cedo em casa.

Dividi igualmente os livros e sobrou um livro. Vou pegar um dos grupos e esse livro que sobrou, o restante devolvo na caixa.

Ana chegou do colégio e, sem saber o que a irmã tinha feito, aproveitou para dividir os livros.

Dividi igualmente os livros e sobrou um livro. Vou pegar um dos grupos e esse livro que sobrou, o restante devolvo na caixa.

Larissa dos Santos/ID/BR

Reflexão sobre o problema

1 Que estratégia você usou para resolver esse problema?

2 Você consegue pensar em outra maneira de resolver esse problema? Se sim, qual? Se encontrou outra maneira, compartilhe com os colegas.

Aplicando a estratégia

1. Carmem participa de uma competição na qual se ganha ou se perde pontos ao final do dia, dependendo da *performance* durante as tarefas apresentadas. Carmem começou a semana com certo número de pontos. Na segunda-feira ganhou 3 pontos, na terça-feira perdeu 5, na quarta-feira ganhou 1, na quinta-feira ganhou 4 e na sexta-feira não ganhou nem perdeu pontos. Sabendo que ela terminou a semana com 13 pontos, determine a quantidade de pontos com a qual Carmem iniciou a semana.

2. Uma equipe de competidores parte de uma área de concentração para iniciar um jogo. Ele funciona da seguinte maneira: a cada passagem, um competidor fica para trás para guardar a porta de entrada, e o restante da equipe se divide em duas partes, com o mesmo número de competidores, para seguir os caminhos, conforme o diagrama apresentado a seguir.

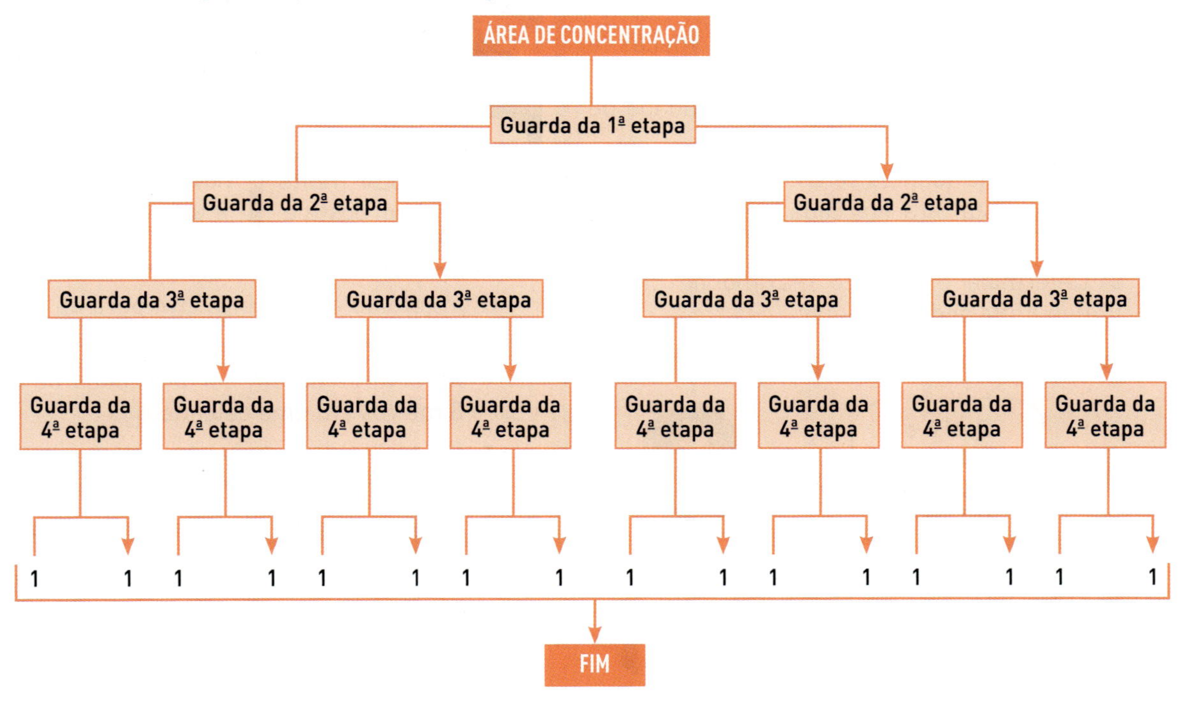

A missão do jogo é cada integrante da equipe que chegar no final pegar uma das bandeiras disponíveis.

a) Sabendo que, em cada saída, apenas um integrante do grupo chegou, determine com quantos integrantes a equipe iniciou a competição.

b) Supondo que, em vez de chegar apenas um competidor por saída, chegassem três. Quantos jogadores deveriam iniciar o jogo?

ATIVIDADES INTEGRADAS

Aplicar

1. (OBM) Quantos divisores positivos de 120 são múltiplos de 6?

a) 4 b) 5 c) 6 d) 8 e) 2

2. O esquema a seguir é um quadrado mágico. Nele, a soma dos números de qualquer linha ou coluna é sempre a mesma.

3	■	19	37
■	31	5	■
■	■	73	29
67	■	23	■

Reúna-se com um colega. Juntos, descubram, no quadrado mágico, os locais adequados para os números 7, 11, 13, 17, 41, 43 e 61. Depois, respondam: O que os números desse quadrado mágico têm em comum?

3. Kátia quer utilizar 24 peras, 48 maçãs e 36 laranjas para montar cestas de frutas. Cada cesta deve ter a mesma quantidade de frutas do mesmo tipo.

a) Determine quantas peras, maçãs e laranjas cada cesta terá em cada possibilidade de montagem.

b) Determine o número máximo de cestas que Kátia poderá montar.

4. Responda à dúvida de Jonas.

Qual é o algarismo da unidade de 9^{1000}?

Analisar e verificar

5. Nos jogos de basquete, cada time marca pontos de acordo com o número de cestas que faz, e a pontuação por cesta pode ser de um, dois ou três pontos.

Em um jogo de basquete, um dos dois times fez 52 pontos. Sabendo que esse time não fez nenhuma cesta de um ponto, podemos afirmar que:

a) o time fez 10 cestas de três pontos e 7 cestas de dois pontos.

b) a quantidade de cestas de dois pontos é um número par.

c) a quantidade de cestas de três pontos é um número ímpar.

d) o time fez apenas cestas de três pontos.

e) a quantidade de cestas de três pontos é um número par.

6. Reúna-se com um colega. Considerem as informações a seguir e respondam à pergunta feita pela personagem.

Aqui, no início da rua, vamos colocar frente a frente um poste e uma árvore.
Depois de quantos metros vamos colocar novamente um poste e uma árvore frente a frente?

Ilustrações: Danilo Souza/ID/BR

O projeto da engenheira civil para as alamedas deve obedecer a duas condições:

- As árvores devem ser plantadas de 8 em 8 metros em uma calçada.
- Os postes de iluminação devem ser instalados de 6 em 6 metros na outra calçada.

7. Considere a sequência numérica a seguir.

12, 13, 14, 15, 16, 17, 18, 19, 20

a) Determine os divisores dos números da sequência numérica.

b) Quais são os números primos?

8. A idade de cada um dos filhos de Rosa corresponde a um número primo, e o produto desses números é 110.

a) Quantos são os filhos de Rosa?

b) Qual é a idade de cada um deles?

9. Marta visita seu avô a cada 6 dias. Gustavo, primo de Marta, visita o avô a cada 4 dias. Se eles se encontraram na casa do avô no dia 15 de abril, em quais dias eles poderão se encontrar novamente antes do dia 15 de maio?

10. A imagem a seguir ilustra o funcionamento de um programa de computador que foi desenvolvido para receber uma série de algarismos e retorná-la, sucessiva e repetidamente, até atingir o 1 024º caractere. Assim, se digitarmos 123, o programa retorna a seguinte sucessão de algarismos:

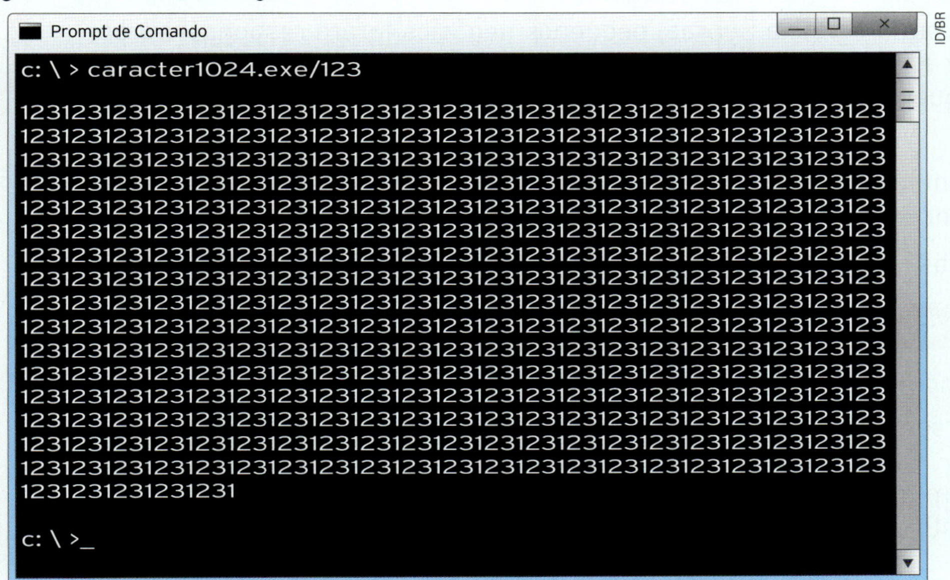

ID/BR

Nesse programa, ao digitarmos 01234, o último caractere retornado será:

a) 0. b) 1. c) 2. d) 3. e) 4.

Criar

11. Ana pensou em um número. Veja a dica que ela deu sobre ele.

Danillo Souza/ID/BR

Em quais números Ana pode ter pensado?

12. Agora, faça como Ana, a garota da atividade anterior: pense em um número e escreva, no caderno, algumas dicas envolvendo múltiplos e divisores que possibilitem descobrir o(s) número(s) pensado(s) por você. Depois, troque de caderno com um colega para que ele descubra o(s) número(s) pensado(s) por você e você descubra a solução para o desafio proposto por ele.

Retomando o tema

Dia 5 de outubro é comemorado o dia nacional da micro e pequena empresa, também conhecido como dia do empreendedor. A data escolhida é uma homenagem à criação do Estatuto da Microempresa e da Empresa de Pequeno Porte, de acordo com a Lei n. 9841, de 1999, que instituiu a criação de regulamentações e tratamento diferenciado às empresas de menor porte, incluindo processos mais simples para áreas como tributação (relacionada a impostos), legislação trabalhista, previdenciária e subsídios para o desenvolvimento econômico.

De acordo com a Agência Sebrae, pequenos negócios foram responsáveis por oito a cada dez empregos criados em outubro de 2022 e, de janeiro até outubro, as micro e pequenas empresas foram responsáveis por mais de 71% das novas contratações.

1. A regulamentação para microempresas e empresas de pequeno porte é importante para incentivar iniciativas empreendedoras?
2. De que outras maneiras é possível incentivar o trabalho empreendedor?

Geração da mudança

Agora, é o momento de você registrar algumas ideias.

- Liste os cursos que você considera importantes para avançar em sua ideia de empreender. Depois, reflita de que maneira você poderia contribuir para proporcionar um trabalho digno às pessoas envolvidas em seu projeto e promover o crescimento econômico.

Camila Anselmé/ID/BR

UNIDADE 4

LOCALIZAÇÃO, SEMELHANÇA E CONSTRUÇÕES

PRIMEIRAS IDEIAS

1. Como você indicaria a localização de um quadradinho em um tabuleiro quadriculado?
2. Quando uma fotografia é ampliada ou reduzida, as imagens obtidas são semelhantes à original?
3. A régua é um instrumento que pode ser usado para fazer desenhos e construções geométricas. Você conhece outros instrumentos que também podem ser usados com essa finalidade?

Nesta unidade, eu vou...

CAPÍTULO 1 Coordenadas

- Saber me localizar considerando diferentes situações e referenciais.
- Localizar pontos e outros objetos em retas numéricas, tabuleiros e malhas quadriculadas.
- Conhecer o que é um plano cartesiano e como ele é construído.
- Compreender como localizar pontos no plano cartesiano por meio de pares ordenados.
- Localizar polígonos no plano cartesiano e construí-los conhecendo as coordenadas de seus vértices.
- Realizar e descrever deslocamentos no plano cartesiano utilizando informações de pares ordenados e giros.
- Realizar uma partida de xadrez para desenvolver as habilidades de atenção, memória, raciocínio e concentração.

CAPÍTULO 2 Semelhança

- Reconhecer figuras semelhantes por meio de medidas de ângulo e comprimento.
- Ampliar e reduzir figuras utilizando malhas quadriculadas, planos cartesianos e *softwares*.
- Identificar modificações em imagens que não resultam em figuras semelhantes.

CAPÍTULO 3 Construções geométricas

- Compreender a utilização da régua e do par de esquadros para desenhar retas paralelas e perpendiculares.
- Construir quadriláteros utilizando diferentes instrumentos, como réguas, par de esquadros e *software* de geometria dinâmica.
- Reconhecer habilidades que podem ser desenvolvidas na construção geométrica com o uso de instrumentos de desenho.

INVESTIGAR

- Realizar uma pesquisa bibliográfica sobre a necessidade de o ser humano medir o tempo.
- Conhecer a evolução dos instrumentos de medição de tempo.

EDUCAÇÃO FINANCEIRA

- Reconhecer que as pessoas ao redor (família, amigos, etc.) podem influenciar as decisões financeiras.
- Refletir a respeito do consumo e da poupança conscientes e responsáveis.

CIDADANIA GLOBAL

- Compreender que todas as pessoas podem desenvolver novas habilidades.

SOPA Images/Alamy/Fotoarena

LEITURA DA IMAGEM

1. Quantas peças pretas há na foto?
2. Qual é o formato do tabuleiro? Quantas casas ele tem? Quantas são pretas e quantas são brancas?
3. Você sabe o nome das peças desse jogo?
4. Você já usou um tabuleiro como esse em outro jogo? Se sim, em qual?

CIDADANIA GLOBAL

SABER SER Os jogos podem ser um importante instrumento de aprendizagem, pois por meio deles podemos desenvolver valores e atitudes, além de ajudar a melhorar nossa capacidade de raciocínio e de concentração.

Há quem diga que o xadrez é um jogo para poucos, pois exige o uso de diversas estratégias; mas o importante é saber que essas estratégias podem ser aprendidas e aperfeiçoadas. Alguns aprendem com facilidade, outros precisam se dedicar mais, porém todas as pessoas têm capacidade de desenvolver novas habilidades.

- Quais são as diferentes habilidades que o ser humano pode desenvolver durante sua vida?

Ao longo desta unidade, reflita sobre esse questionamento!

Quais são as habilidades desenvolvidas que fazem o **xadrez** ser considerado um esporte da mente?

Jovens jogando xadrez em um tabuleiro gigante. South Tangerang, Indonésia. Foto de 2020.

CAPÍTULO

1 COORDENADAS

LOCALIZAÇÃO

Você sabe como localizar um livro na estante de uma biblioteca?

Geralmente, nas bibliotecas, há uma área com computadores, nos quais podemos acessar o catálogo do material disponível. O primeiro passo é acessar esse catálogo e fazer uma busca do livro que se deseja. Essa busca pode ser feita pelo título da obra, pelo autor ou pelo assunto. Assim que encontramos o livro, devemos anotar um código, que é o endereço da localização do livro. Esse código informa, por exemplo, o assunto do livro, o autor, o exemplar e sua edição. Veja um exemplo.

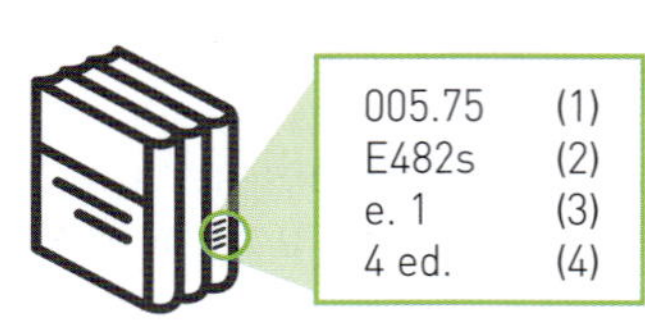

(1) Indica o número de classificação do assunto;
(2) *E* indica a primeira letra do sobrenome do primeiro autor, 482 indica a classificação numérica do autor e *s* indica a primeira letra do título;
(3) indica o número do exemplar;
(4) indica a edição.

▼ **Sala de leitura da Biblioteca Pública de Nova York, nos Estados Unidos. Foto de 2020.**

Sergii Figurnyi/Shutterstock.com/ID/BR

O segundo passo é localizar a estante utilizando esse código. É comum haver um cartaz indicativo na lateral da estante.

O terceiro passo é encontrar o livro na prateleira, de acordo com o código anotado.

Você percebeu que, para localizar um livro na biblioteca, precisamos ter algumas referências? Do mesmo modo, sempre que quisermos informar a localização de algo ou de alguém, é necessário utilizar pontos de referência. Veja outros exemplos.

PARA EXPLORAR

Que tal visitar uma biblioteca na cidade onde você mora?

Peça uma sugestão de livro ao professor de Língua Portuguesa, vá a uma biblioteca, siga as orientações e localize o livro. Depois, conte aos colegas como foi a sua experiência.

Exemplo A: Mapas

A localização de um ponto na superfície terrestre se dá por meio de linhas imaginárias, traçadas no mapa, que indicam a latitude (linhas traçadas na direção Leste-Oeste) e a longitude (linhas traçadas na direção Norte-Sul). Essas indicações são chamadas de coordenadas geográficas. A linha do Equador representa a latitude 0° e divide o globo em hemisférios Norte e Sul. O meridiano de Greenwich representa a longitude 0° e, por sua vez, divide o globo em hemisférios Leste e Oeste.

No mapa a seguir, as coordenadas geográficas do ponto *A* são: 15°S e 47°O, ou seja, a latitude é 15° no hemisfério Sul e a longitude é 47° no hemisfério Oeste.

Brasil: mapa político

Fonte de pesquisa: *Atlas geográfico escolar*. 8. ed. Rio de Janeiro: IBGE, 2018. p. 90.

Exemplo B: Estradas

Nas estradas, os marcos quilométricos auxiliam na localização, servindo de referência para indicar a posição de um veículo, de pessoas ou de algum local ao longo da estrada. Na imagem, vemos um marco quilométrico indicando que se trata da rodovia BA-262, na Bahia, posição 407 quilômetros a partir de um marco zero.

Exemplo C: Reta numérica

Os pontos da reta numérica podem ser localizados pelos números associados a eles. Na reta a seguir, localizamos os pontos A e B em 4 e 6, respectivamente.

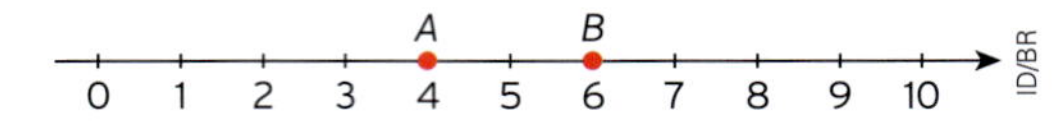

Exemplo D: Jogo de xadrez

No jogo de xadrez, é comum utilizar letras e números para localizar as peças no tabuleiro. No tabuleiro a seguir, as peças pretas estão nas posições D4, E5 e H4. As peças brancas estão nas posições B1, B8 e H6.

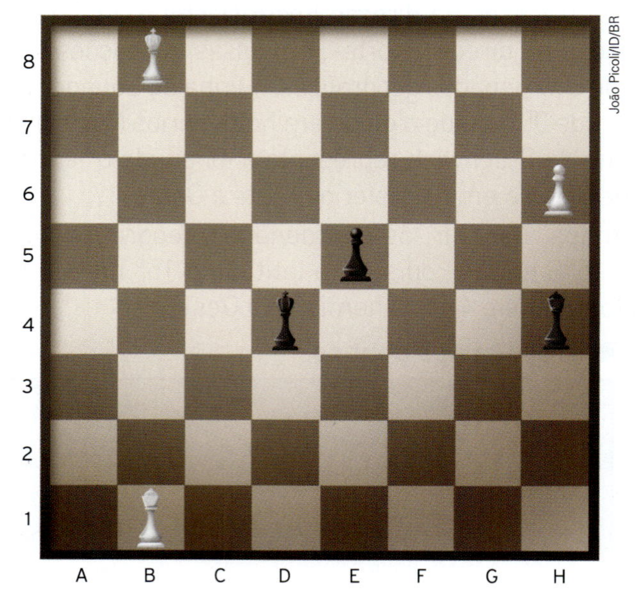

CIDADANIA GLOBAL

PARTIDA DE XADREZ

Desenvolva suas habilidades de atenção, memória, raciocínio e concentração!

- Realize uma partida de xadrez com um colega usando as coordenadas indicadas na ilustração do exemplo D.

ATIVIDADES

Retomar e compreender

1. Cite uma característica comum entre:

a) a localização com marcos quilométricos na estrada e a localização de pontos na reta numérica.

b) a localização com coordenadas geográficas e a localização das peças no tabuleiro de xadrez.

2. Observe a malha quadriculada ao lado.

a) Qual é a posição do trapézio?

b) Que figura está na posição E2?

c) Qual é a localização do hexágono?

d) Quantos lados tem a figura que se localiza em A1?

e) O círculo está localizado em qual posição?

f) Qual é a localização da figura que tem 5 lados?

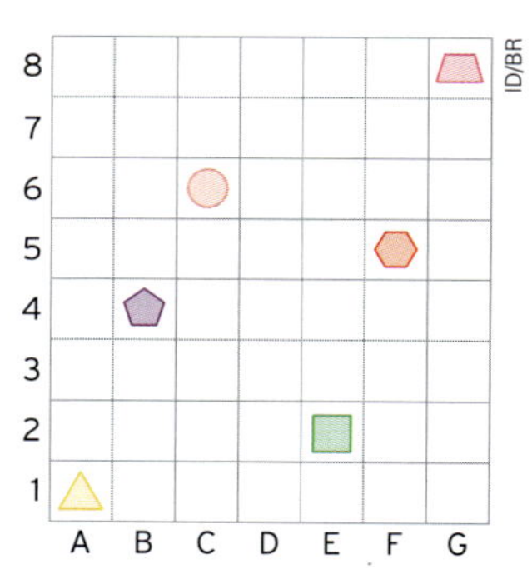

LOCALIZAÇÃO DE PONTOS

Imagine que uma empresa de saneamento básico de uma cidade precise fazer reparos nos bueiros do sistema de esgoto, pois há problemas de vazamento em alguns deles.

Para facilitar a localização dos bueiros que estão com problemas de vazamento, um técnico fez um esquema. Ele traçou duas retas numéricas perpendiculares entre si e indicou os bueiros com vazamento usando letras e o símbolo •. Ele fará o primeiro reparo no bueiro *O*. Veja.

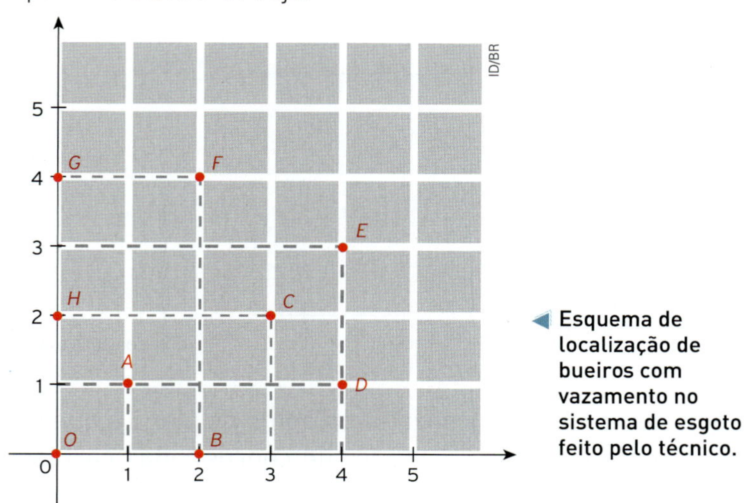

Esquema de localização de bueiros com vazamento no sistema de esgoto feito pelo técnico.

Podemos localizar os bueiros com problemas de vazamento usando pares de números naturais.

- Bueiro *A*: 1 no eixo horizontal e 1 no eixo vertical. O par (1, 1) determina a localização do bueiro *A*.
- Bueiro *B*: 2 no eixo horizontal e 0 no eixo vertical. O par (2, 0) determina a localização do bueiro *B*.
- Bueiro *C*: 3 no eixo horizontal e 2 no eixo vertical. O par (3, 2) determina a localização do bueiro *C*.
- Bueiro *D*: 4 no eixo horizontal e 1 no eixo vertical. O par (4, 1) determina a localização do bueiro *D*.
- Bueiro *E*: 4 no eixo horizontal e 3 no eixo vertical. O par (4, 3) determina a localização do bueiro *E*.
- Bueiro *F*: 2 no eixo horizontal e 4 no eixo vertical. O par (2, 4) determina a localização do bueiro *F*.
- Bueiro *G*: 0 no eixo horizontal e 4 no eixo vertical. O par (0, 4) determina a localização do bueiro *G*.
- Bueiro *H*: 0 no eixo horizontal e 2 no eixo vertical. O par (0, 2) determina a localização do bueiro *H*.

Perceba que a ordem dos números no par é importante. Por isso, dizemos que esses pares são **ordenados**. Por exemplo, os pares (2, 0) e (0, 2) indicam a localização de bueiros diferentes.

PARE E REFLITA

Observando o esquema, como é possível indicar a localização do bueiro em que o técnico fará o primeiro reparo?

PLANO CARTESIANO

Assim como foi feito na localização dos bueiros com vazamento, em Matemática, a localização de pontos em um plano é realizada com o auxílio de duas retas numéricas perpendiculares entre si, chamadas de **eixos cartesianos**. Geralmente, indicamos por ***x*** o eixo horizontal e por ***y*** o eixo vertical. O ponto em que as duas retas se encontram é chamado de **origem** do par de eixos cartesianos.

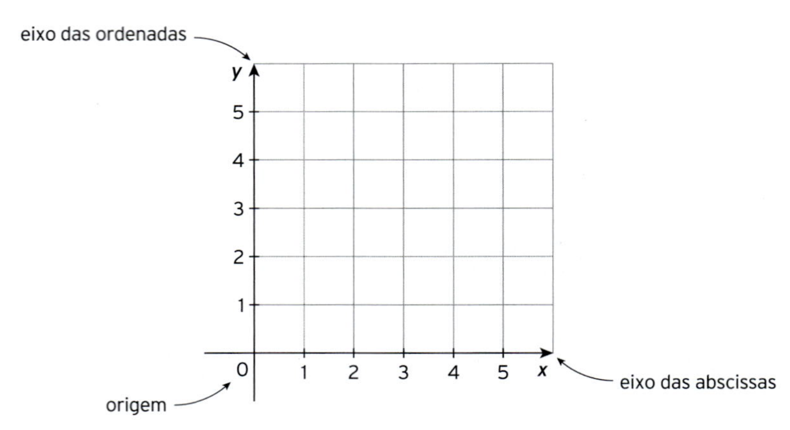

Os dois números que localizam um ponto no plano e que formam o par ordenado são chamados de **coordenadas cartesianas**. O primeiro número é chamado de **abscissa** do ponto e o segundo é chamado de **ordenada** do ponto.

Na malha quadriculada a seguir, o ponto *P* pode ser localizado pelo par ordenado (4, 4), ou seja, a abscissa 4 e a ordenada 4 são as coordenadas do ponto *P*. Da mesma maneira, o ponto *Q* pode ser localizado pelo par ordenado (5, 2), pois 5 e 2 são as coordenadas do ponto *Q*, nessa ordem.

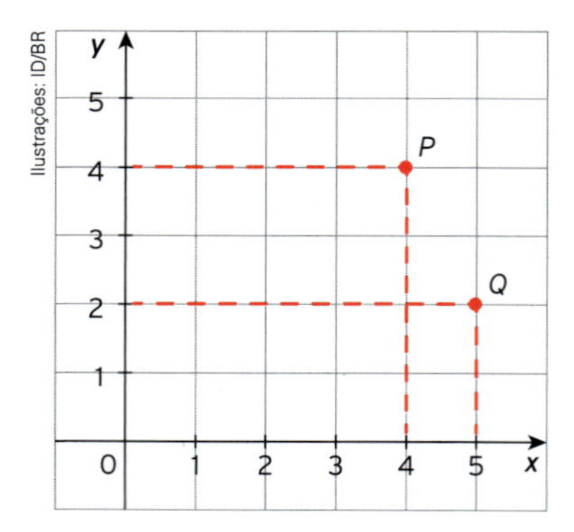

Ilustrações: ID/BR

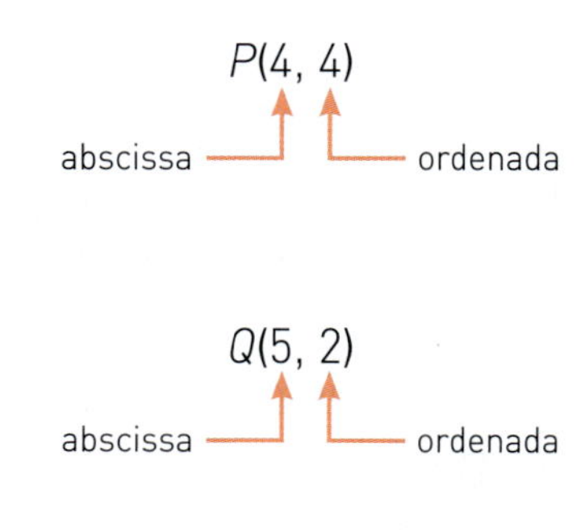

Observe a origem do par de eixos cartesianos. Tanto a abscissa quanto a ordenada desse ponto são iguais a zero, ou seja, o par ordenado que localiza a origem é (0, 0).

O filósofo e matemático francês René Descartes utilizou eixos como referência para a localização de pontos. Por esse motivo, esse referencial é chamado de **plano cartesiano** ou **sistema de coordenadas cartesianas**.

PARE E REFLITA

Quais acontecimentos marcaram a vida de Descartes? Pesquise algumas informações biográficas e, depois, com os colegas, elabore uma lista para apresentar a resposta.

Coleção particular. Fotografia: GeorgiosArt/iStock/Getty Images

▲ René Descartes (1596-1650).

Localização de vértices de polígonos no plano cartesiano

Lucas representou três polígonos em um plano cartesiano. Veja.

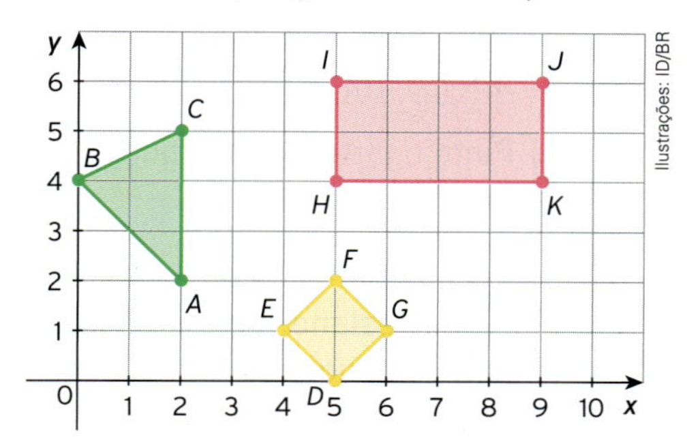

Ilustrações: ID/BR

Para localizar os vértices de cada polígono, podemos utilizar as coordenadas cartesianas.

- Triângulo *ABC*: *A*(2, 2), *B*(0, 4) e *C*(2, 5).
- Quadrado *DEFG*: *D*(5, 0), *E*(4, 1), *F*(5, 2) e *G*(6, 1).
- Retângulo *HIJK*: *H*(5, 4), *I*(5, 6), *J*(9, 6) e *K*(9, 4).

Você percebeu que alguns dos pontos correspondentes aos vértices do retângulo *HIJK* têm abscissas iguais e outros têm ordenadas iguais? Os pontos correspondentes aos vértices *H* e *I* têm abscissas iguais (5) e os pontos correspondentes aos vértices *I* e *J* têm ordenadas iguais (6).

Os pontos que têm abscissas iguais pertencem à mesma linha vertical e os pontos que têm ordenadas iguais pertencem à mesma linha horizontal.

Deslocamento no plano cartesiano

Para mostrar o deslocamento (trajetória) de uma formiga, Vanessa desenhou um plano cartesiano em uma malha quadriculada e considerou que a unidade de medida no deslocamento é o lado de cada quadradinho. Veja.

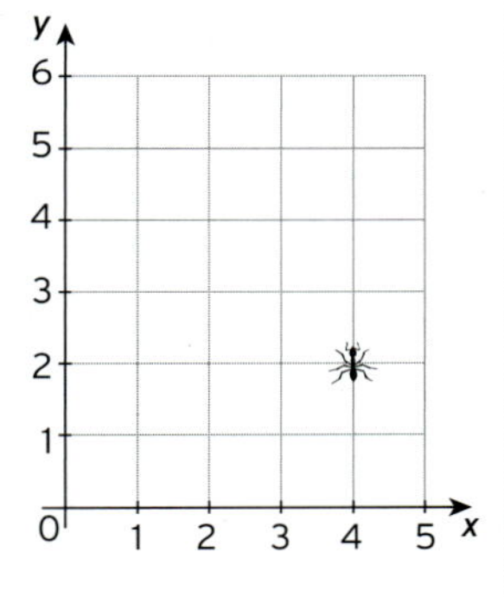

A formiga está localizada no ponto (4, 2).

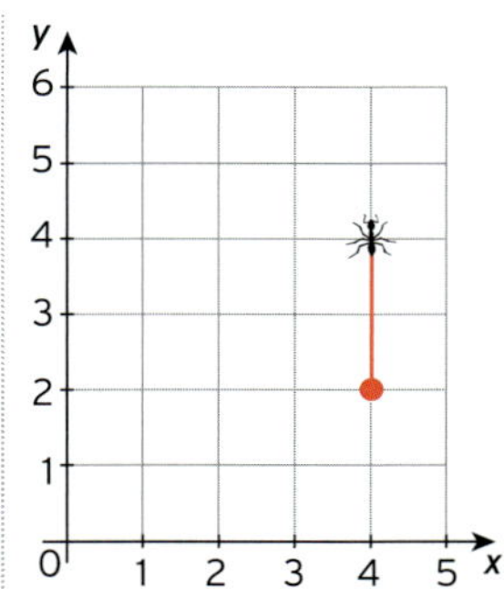

Ao se deslocar duas unidades para cima, a formiga vai para o ponto (4, 4).

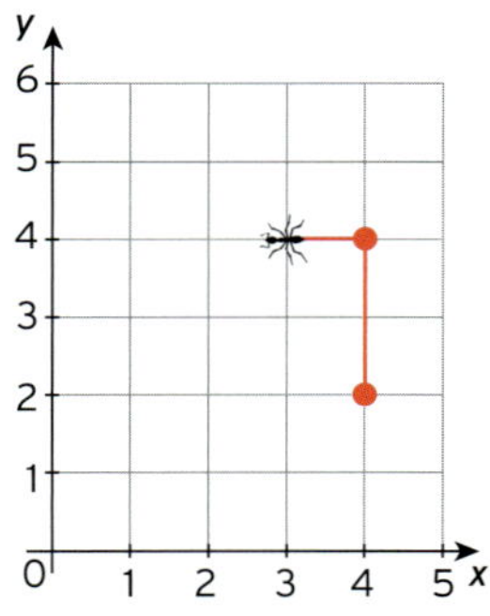
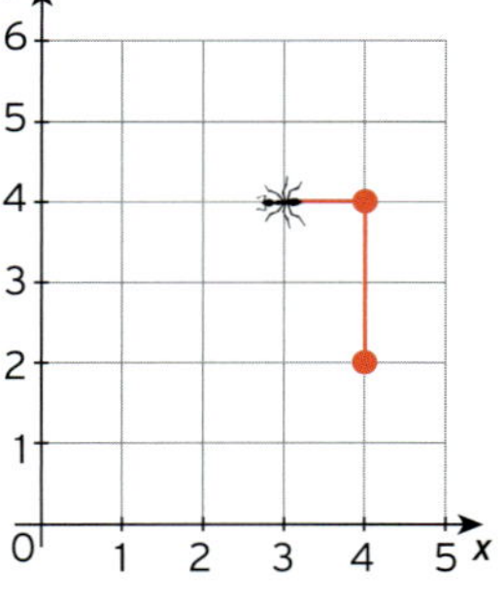

Ao girar um quarto de volta para a esquerda e se deslocar uma unidade, a formiga estará no ponto (3, 4).

Em que ponto a formiga ficará se, em seu próximo movimento, ela girar um quarto de volta para a direita e se deslocar duas unidades para cima?

Você consegue fazer o robô realizar um **deslocamento no plano** e pegar todas as moedas na primeira rodada?

ATIVIDADES

Retomar e compreender

3. Considere o plano cartesiano e os pontos representados a seguir.

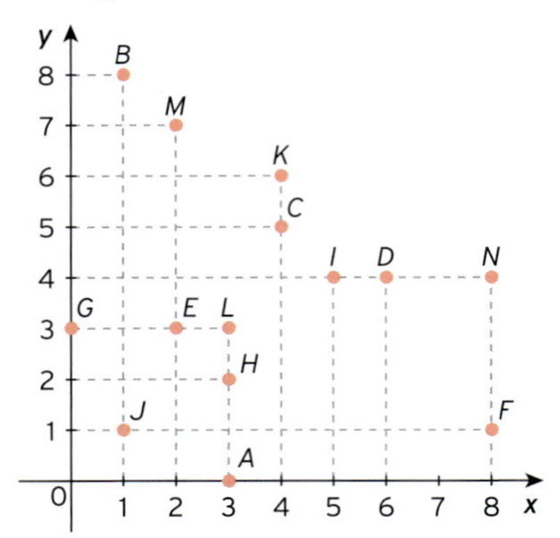

a) Escreva os pares ordenados que localizam os pontos representados.

b) O ponto C é representado pelo par ordenado (4, 5). Invertendo a ordem dos números que o representam, temos o par ordenado (5, 4), que representa o ponto I. Há outros pares de pontos em que isso ocorre. Quais são eles?

4. Em uma malha quadriculada, trace um plano cartesiano e localize os seguintes pontos:

a) $A(1, 3)$
b) $B(0, 4)$
c) $C(2, 5)$
d) $D(0, 0)$
e) $E(4, 0)$
f) $F(3, 1)$

5. Escreva os pares ordenados que representam os pontos correspondentes aos vértices de cada quadrilátero. Depois, classifique os quadriláteros representados neste plano cartesiano.

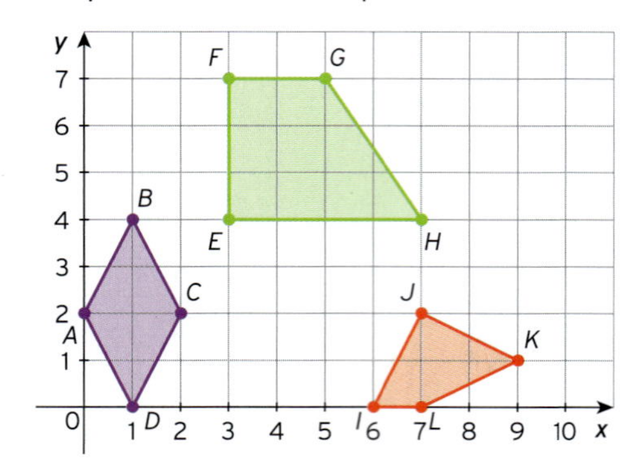

6. Em uma malha quadriculada, construa um plano cartesiano e depois faça o que se pede.

a) Localize os pontos $A(5, 3)$, $B(0, 3)$, $C(0, 0)$, $D(5, 0)$, $E(10, 6)$, $F(8, 9)$ e $G(5, 5)$.

b) Com uma régua, trace os segmentos $\overline{AB}$, $\overline{BC}$, $\overline{CD}$, $\overline{DA}$, $\overline{EF}$, $\overline{FG}$ e $\overline{GE}$.

c) Pinte o interior das figuras formadas e nomeie-as.

7. Em uma malha quadriculada, desenhe um plano cartesiano. Em seguida, represente os seguintes polígonos a partir das coordenadas de seus vértices.

a) $ABCD$: $A(2, 9)$, $B(2, 7)$, $C(4, 7)$ e $D(4, 9)$.

b) EFG: $E(0, 3)$, $F(2, 0)$ e $G(5, 1)$.

c) $HIJKLM$: $H(4, 5)$, $I(5, 6)$, $J(6, 6)$, $K(7, 5)$, $L(6, 4)$ e $M(5, 4)$.

d) $NOPQ$: $N(7, 3)$, $O(9, 0)$, $P(11, 3)$ e $Q(9, 2)$.

e) $RSTUV$: $R(2, 11)$, $S(1, 12)$, $T(2, 13)$, $U(3, 12)$ e $V(3, 11)$

8. Observando as figuras que você desenhou na atividade anterior, responda:

a) Quais pontos estão localizados no eixo das abscissas? O que eles têm em comum?

b) Quais pontos têm abscissa igual a 4?

c) Quais pontos têm ordenada igual a 3?

Aplicar

9. Copie o início da descrição da trajetória do carrinho ilustrado no plano cartesiano a seguir e complete-a.

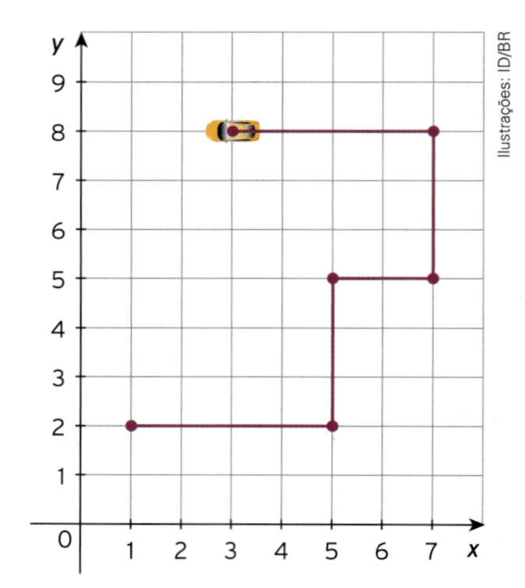

Ilustrações: ID/BR

O carrinho saiu do ponto (1, 2) e se deslocou quatro unidades para a direita, chegando ao ponto (5, 2). Depois, girou um quarto de volta.

MAIS ATIVIDADES

Acompanhamento da aprendizagem

Retomar e compreender

1. Observe o esquema a seguir, em que estão representados um mirante e um lago.

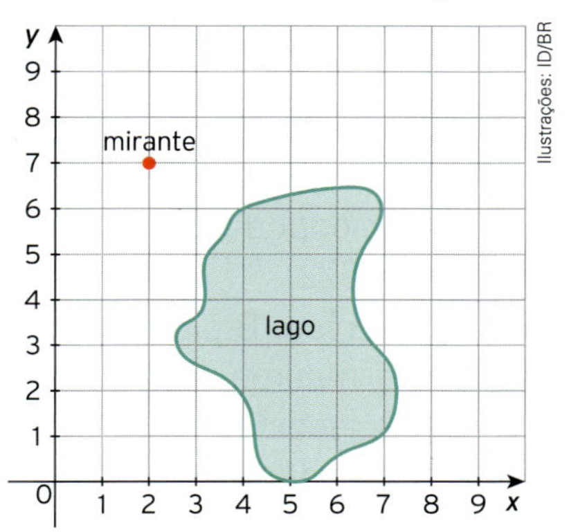

a) Determine a posição do mirante.

b) Um grupo de escoteiros está no ponto (0, 0). Ele precisa chegar ao acampamento, que está localizado no ponto (7, 4). O grupo só pode percorrer trajetos verticais e horizontais do esquema e deve desviar-se do lago. Com base nessas informações, indique um percurso para o grupo chegar até o acampamento. Considere o lado do quadradinho da malha que compõe o esquema como a unidade de deslocamento.

c) Uma pessoa está no ponto (2, 3) e quer ir até o ponto (8, 5) passando pelo mirante. Descreva um caminho possível para essa pessoa realizar esse percurso.

2. Observe o quadro.

5	A	B	C	D	E	F
4	G	H	I	J	K	L
3	M	N	O	P	Q	R
2	S	T	U	V	W	X
1	Y	Z	.	,	?	
	1	2	3	4	5	6

Cada caractere (letra, pontuação ou espaço) ocupa uma única posição no quadro e é descrito por um par de números: o primeiro indica a coluna, e o segundo, a linha em que o caractere está localizado. Por exemplo, (4, 3) indica o caractere que está na coluna 4 e na linha 3, ou seja, a letra P. Esse tipo de disposição pode ser usado para codificar e decodificar mensagens.

a) Decodifique a mensagem escrita a seguir.

(4, 2) (1, 5) (1, 3) (3, 3) (1, 2) (6, 1) (5, 5) (1, 2) (2, 2) (3, 2) (4, 5) (1, 5) (6, 3) (5, 1)

b) Codifique uma mensagem de até 30 caracteres para um colega decodificar.

Aplicar

3. Em uma malha quadriculada, desenhe um plano cartesiano.

a) Localize os pontos *A*(8, 0), *B*(4, 3), *C*(4, 0), *D*(8, 3) e *E*(6, 5).

b) Trace os segmentos $\overline{AB}$, $\overline{BC}$, $\overline{CA}$, $\overline{AD}$, $\overline{DE}$, $\overline{EB}$, $\overline{BD}$ e $\overline{DC}$.

c) Pinte o interior da figura formada e identifique os triângulos pelos seus vértices.

d) Identifique os vértices de um pentágono no desenho que você fez.

4. Em uma malha quadriculada, construa um plano cartesiano e elabore um percurso com cinco etapas. Comece no ponto (6, 4) e termine no ponto (8, 1). Considere a unidade de deslocamento um trecho que corresponde ao lado de cada quadradinho que compõe a malha quadriculada, como representado a seguir.

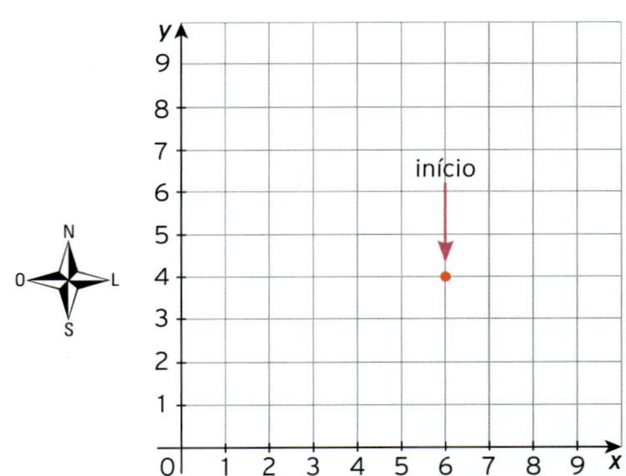

A rosa dos ventos ao lado da malha fornece os pontos cardeais para sua orientação na tarefa. Por exemplo: Ande duas unidades para o sul (S); ande três unidades para o norte (N); ande duas unidades para o leste (L), etc.

a) Feito o percurso, descreva a um colega as cinco etapas do percurso que você elaborou, sem mostrar a ele o traçado do percurso em sua malha quadriculada. Peça a ele que trace, em outra malha quadriculada, o percurso descrito por você; trace também o percurso descrito por ele. Depois, um deve avaliar o trabalho do outro.

b) A rosa dos ventos geralmente está presente nos mapas. Reúna-se com um colega para pesquisar para que ela serve.

CAPÍTULO

2 SEMELHANÇA

FIGURAS SEMELHANTES

As fotografias a seguir são do Parque Nacional de Göreme, na região de Anatólia Central, Turquia, em 29 de junho de 2022.

A foto **A** é uma redução da foto original, e a foto **B** é uma ampliação. Isso significa que os ângulos dessas fotos têm a mesma medida que os ângulos correspondentes na foto original e que as medidas do comprimento e da largura são proporcionais às medidas correspondentes na foto original.

Gualtiero boffi/Shutterstock.com/ID/BR

▲ **Foto original.**

Gualtiero boffi/Shutterstock.com/ID/BR

▲ **Foto A.**

Wavebreakmedia/iStock/Getty Images

Gualtiero boffi/Shutterstock.com/ID/BR

▲ **Foto B.**

Dizemos que a foto original e as fotos A e B são semelhantes.

Duas figuras são **semelhantes** quando:

- as medidas dos ângulos correspondentes são iguais; e
- as medidas dos lados correspondentes são proporcionais, ou seja, ao dividir as medidas dos lados da figura ampliada ou reduzida pelas medidas correspondentes na figura original, obtemos sempre o mesmo valor.

Podemos ver outros exemplos de figuras ou objetos semelhantes no dia a dia. Por exemplo, a maquete de um prédio e o prédio construído; um *slide* e sua projeção em uma tela; as miniaturas de carros e os carros reais; um documento e sua cópia reproduzida em uma copiadora.

Ampliação na malha quadriculada

Veja o desenho de uma casa na malha quadriculada.

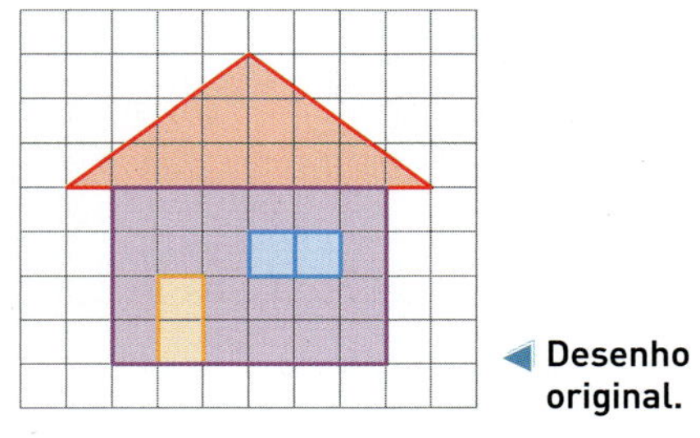

Desenho original.

Valéria e Luís fizeram uma ampliação desse desenho usando malhas quadriculadas. Observe como ficou.

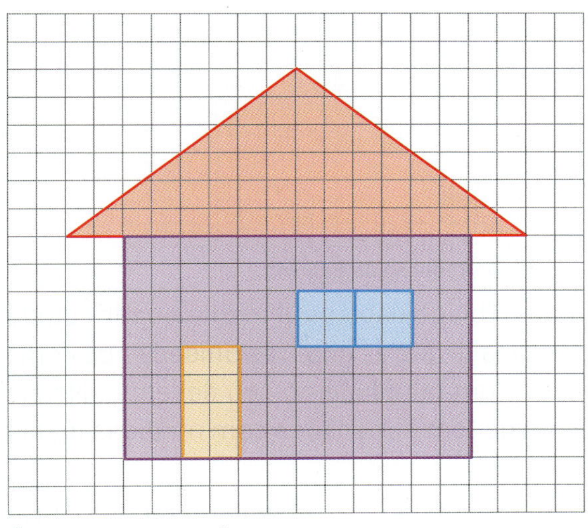

Ampliação de Valéria.

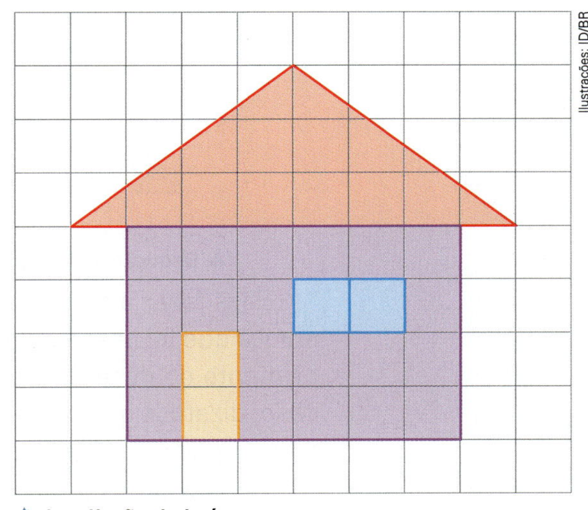

Ampliação de Luís.

Ilustrações: ID/BR

Para fazer a ampliação, Valéria usou uma malha quadriculada igual à que foi usada no desenho original e, para cada unidade de comprimento do desenho original, ela usou duas unidades no desenho dela.

Já Luís usou uma malha quadriculada cuja medida do lado do quadradinho é o dobro da medida do lado do quadradinho da malha do desenho original.

Dizemos que o desenho de Valéria e o de Luís têm o dobro das dimensões do desenho original.

Para ampliar uma figura, devemos conservar sua forma e aumentar proporcionalmente suas dimensões.

Redução na malha quadriculada

Observe como Thiago e Sabrina fizeram uma redução do desenho original, mostrado na malha quadriculada a seguir.

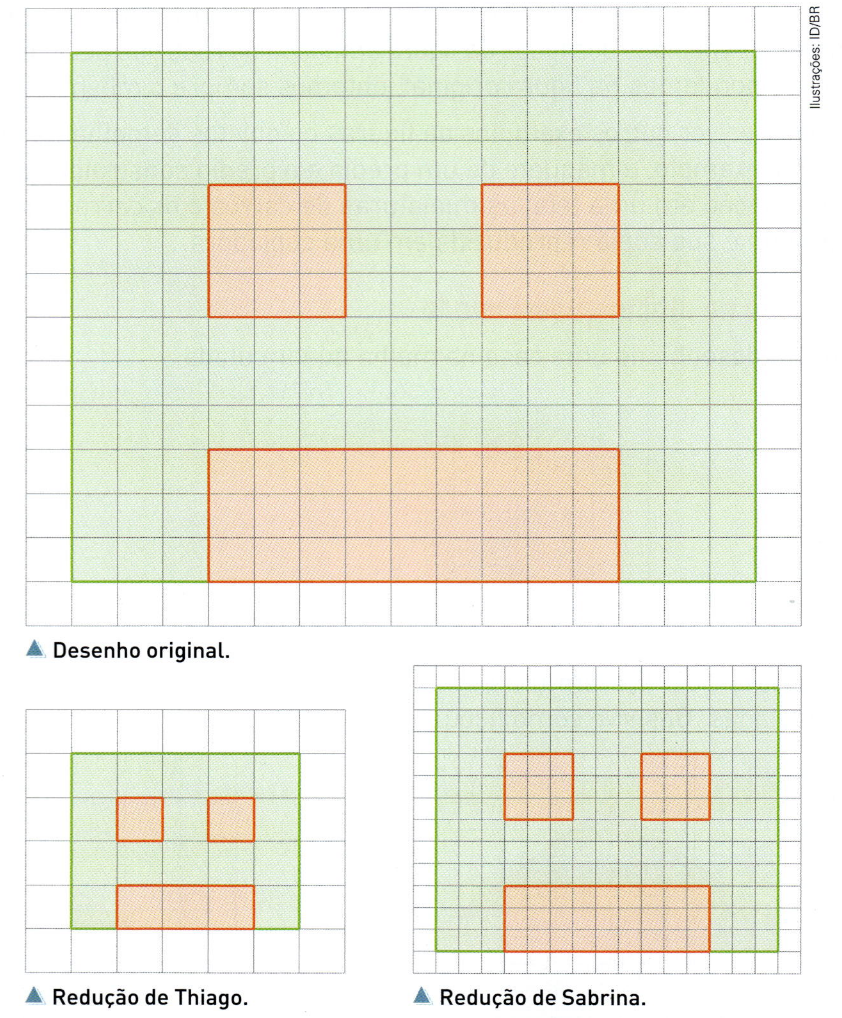

▲ **Desenho original.**

▲ **Redução de Thiago.**

▲ **Redução de Sabrina.**

Ilustrações: ID/BR

Para fazer a redução do desenho, Thiago usou uma malha quadriculada igual à que foi usada no desenho original e, para cada três unidades de comprimento do desenho original, ele fez uma unidade no seu desenho. Nesse caso, dizemos que o desenho de Thiago tem dimensões com medidas iguais à terça parte das do original.

Já Sabrina usou uma malha quadriculada cuja medida do lado do quadradinho é a metade da medida do lado do quadradinho da malha do desenho original.

Para reduzir uma figura, devemos conservar sua forma e diminuir proporcionalmente suas dimensões.

Você percebeu que, para ampliar ou reduzir figuras na malha quadriculada, podemos tanto manter as medidas de comprimento dos lados dos quadradinhos da malha e aumentar ou diminuir a quantidade de quadradinhos que usamos para representar a figura como alterar as medidas dos lados dos quadradinhos da malha e utilizar a mesma quantidade de quadradinhos da figura original?

Reprodução na malha quadriculada

Ao reproduzir uma figura, mantendo as medidas de seus lados e as medidas dos ângulos, obtemos uma figura semelhante à figura original.

Observe o desenho que Patrícia reproduziu.

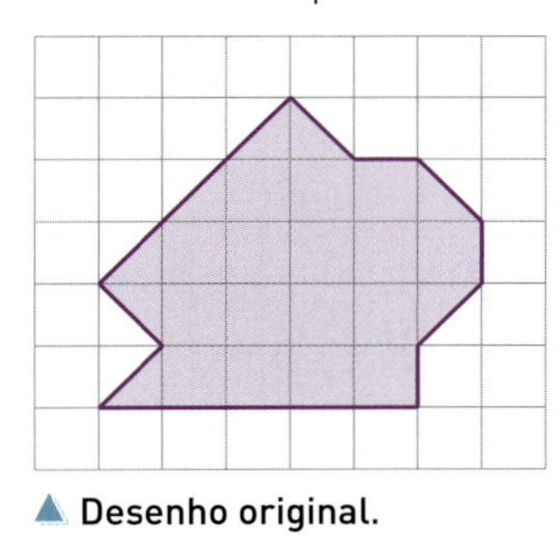

▲ **Desenho original.**

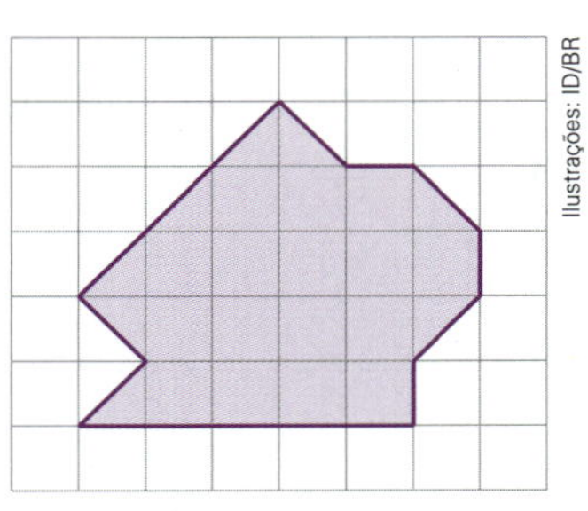

▲ **Desenho reproduzido por Patrícia.**

Ilustrações: ID/BR

Na figura reproduzida, não houve modificação nas medidas dos ângulos, nas medidas dos lados e na forma da figura original. Quando isso ocorre, dizemos que as figuras são **congruentes**.

Veja um esquema que mostra como podemos classificar pares de figuras.

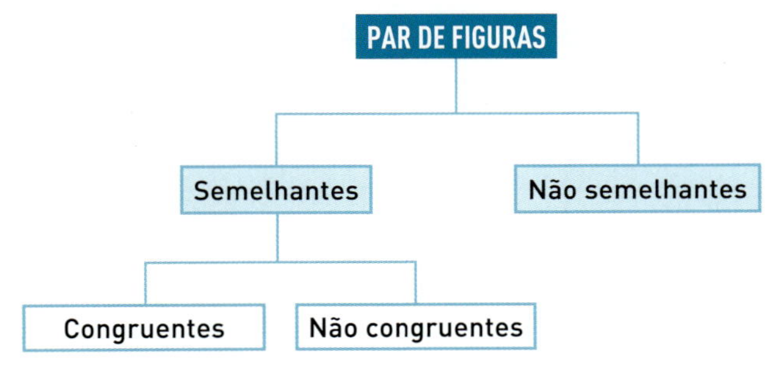

ATIVIDADES

Retomar e compreender

1. Analise os polígonos a seguir e verifique se, entre eles, há dois que são semelhantes.

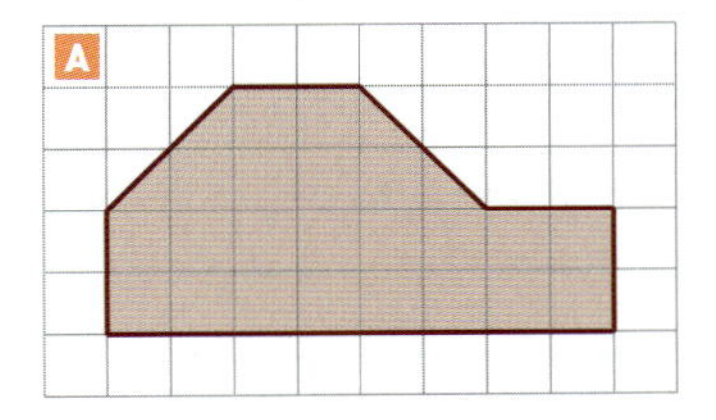

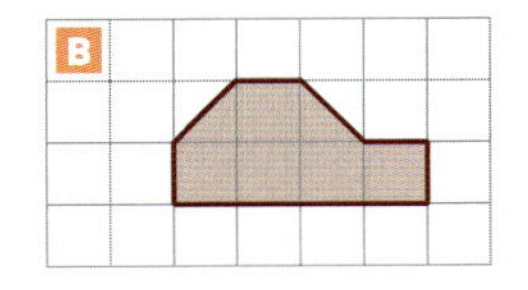

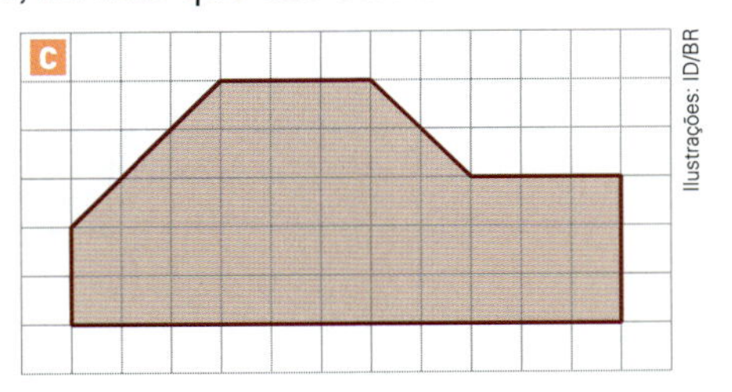

Ilustrações: ID/BR

Aplicar

2. Reproduza a figura a seguir em uma malha quadriculada.

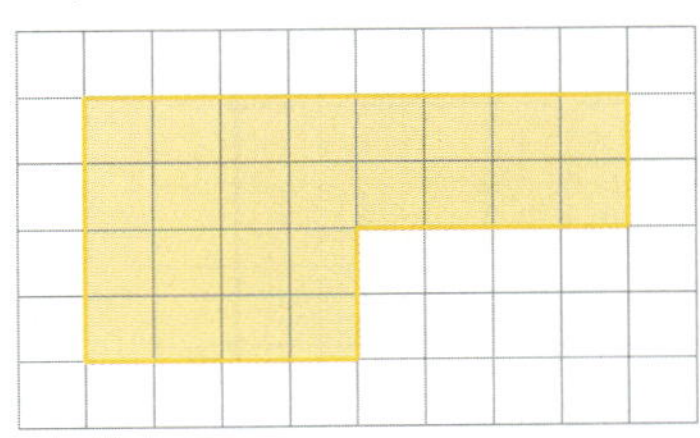

Considerando uma malha quadriculada igual à da figura original:

a) amplie a figura, triplicando as medidas dos lados.

b) reduza a figura, dividindo as medidas dos lados pela metade.

Ampliação e redução de figuras no plano cartesiano

Agora, acompanhe as situações a seguir de ampliação e de redução de figuras semelhantes no plano cartesiano.

Situação 1

Guilherme desenhou, em um plano cartesiano, o retângulo *ABCD* e quer ampliá-lo.

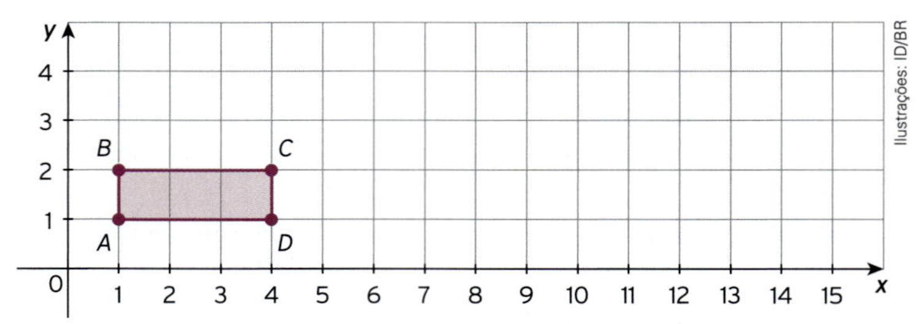

Primeiro, Guilherme pensou em quanto ele queria ampliar o retângulo *ABCD*. Ele determinou que os lados do retângulo ampliado deveriam ter o triplo das medidas dos lados do retângulo *ABCD*.

Depois, Guilherme escolheu o ponto *A*'(6, 1) para começar a construir a ampliação.

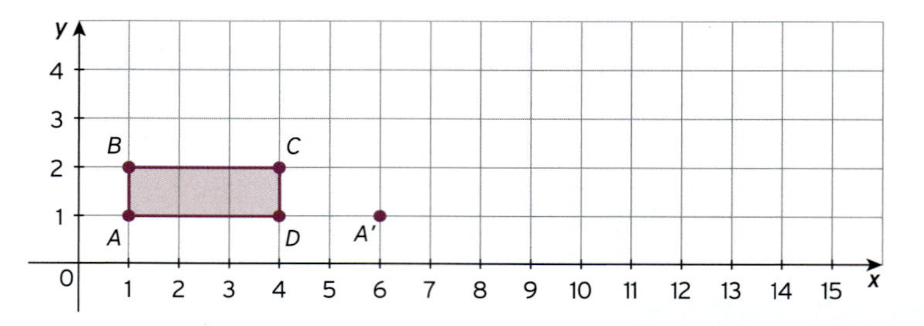

Como o lado $\overline{AB}$ tem 1 unidade de medida, o lado do retângulo ampliado $\overline{A'B'}$ terá 3 unidades de medida.

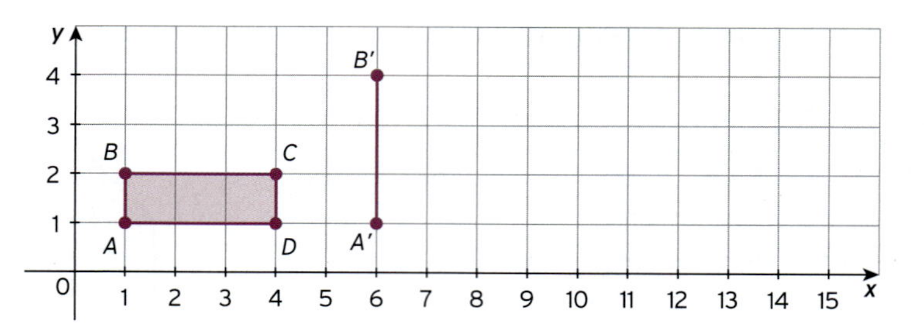

Seguindo esse raciocínio, Guilherme obteve os lados $\overline{B'C'}$, $\overline{C'D'}$ e $\overline{D'A'}$, formando o retângulo *A'B'C'D'*, que é uma ampliação do retângulo *ABCD*.

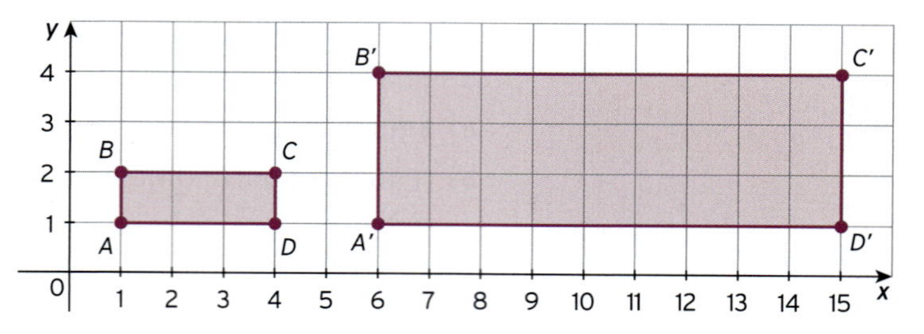

Situação 2

Vamos reduzir o triângulo *FGH*, desenhado no plano cartesiano a seguir, em duas vezes. Ou seja, as medidas dos lados do triângulo reduzido devem corresponder às medidas dos lados do triângulo *FGH* divididas por 2.

Escolhemos um ponto para começar a redução. Por exemplo, o ponto *F'*(8, 4).

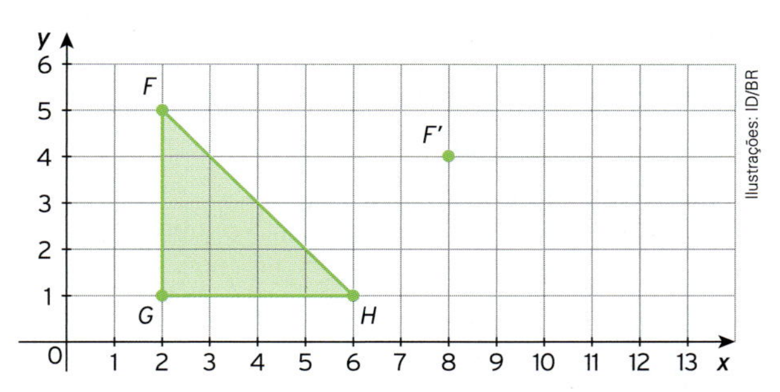

Ilustrações: ID/BR

Como o lado $\overline{FG}$ tem 4 unidades de medida, o lado do triângulo reduzido $\overline{F'G'}$ terá 2 unidades de medida.

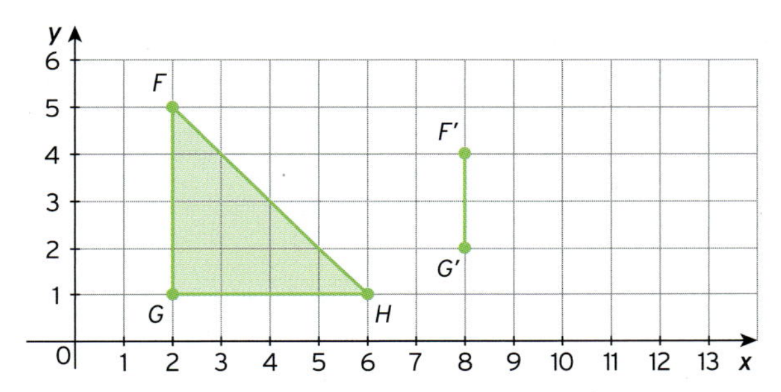

Seguindo esse raciocínio, construímos os lados $\overline{G'H'}$ e $\overline{H'F'}$, formando o triângulo *F'G'H'*, que é uma redução do triângulo *FGH*.

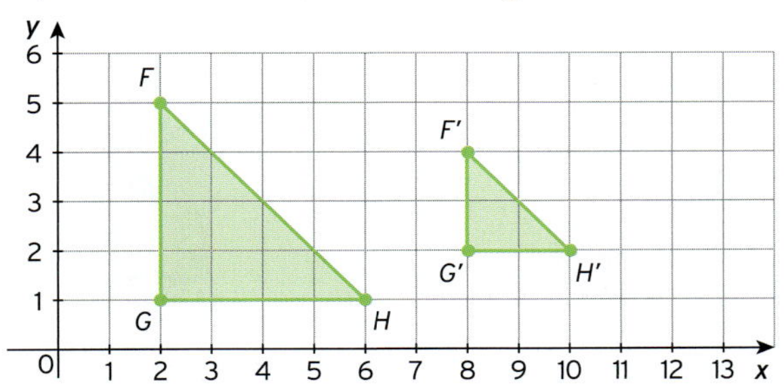

ATIVIDADE

Retomar e compreender

3. Em uma malha quadriculada, faça o que se pede.

a) Construa um plano cartesiano e, em seguida, desenhe o quadrilátero cujos vértices são *M*(6, 4), *N*(8, 4), *O*(12, 6) e *P*(8, 6).

b) O quadrilátero *M'N'O'P'* é uma ampliação do quadrilátero *MNOP*. Desenhe o quadrilátero *M'N'O'P'*, sabendo que o quadrilátero *MNOP* foi ampliado em três vezes e que *M'*(5, 3). Quais são as coordenadas de *N'*, *O'* e *P'*?

c) Reduza pela metade as medidas dos lados do quadrilátero *MNOP*. Quais são as coordenadas dos vértices do novo quadrilátero?

DESCUBRA +

Ampliação, redução e deformação

Você sabia que, de maneira geral, ao inserir uma imagem em um editor de texto ou em outro programa, é possível realizar algumas transformações nessa imagem, como ampliação e redução? Mas... é preciso ter cuidado! Muitas vezes, em vez de ampliar ou reduzir a imagem, acabamos deformando-a, deixando-a “esticada” ou “achatada”.

A imagem a seguir foi inserida em um editor de texto e selecionada com o *mouse*. Observe que, ao redor dela, apareceram círculos nos vértices da moldura e quadrados centralizados em cada um de seus lados.

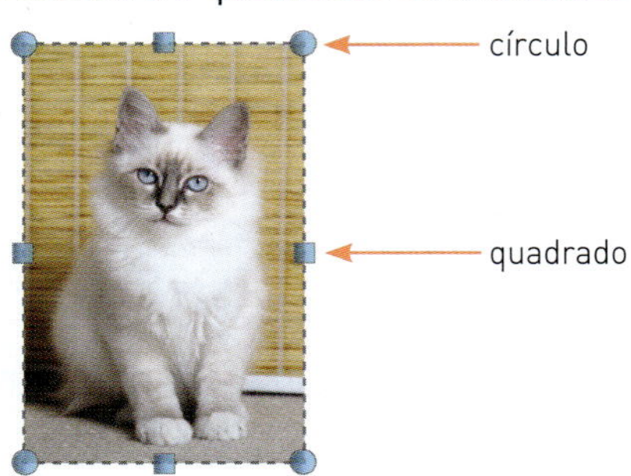

Ao clicar sobre qualquer um dos círculos, manter pressionado o botão do *mouse* e arrastar o cursor para “fora” ou para “dentro” da imagem, conseguimos ampliá-la ou reduzi-la. Desse modo, as proporções da imagem são mantidas.

Cursor arrastado para “fora”.

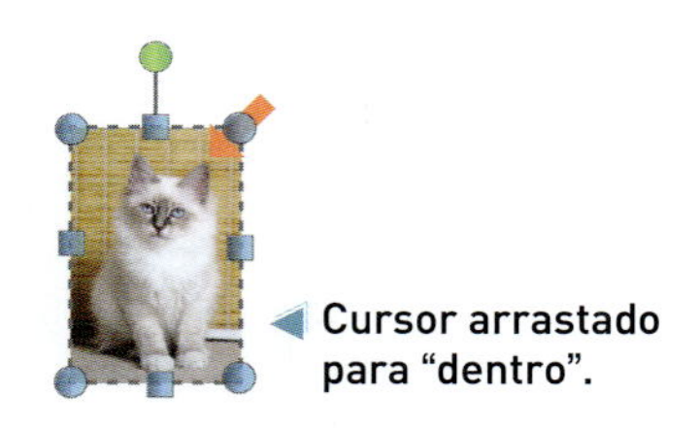

Cursor arrastado para “dentro”.

Agora, veja o que acontece quando clicamos sobre qualquer um dos quadrados, mantemos o botão do *mouse* pressionado e arrastamos o cursor para “fora” ou para “dentro” da imagem.

Cursor arrastado para “fora”.

Cursor arrastado para “dentro”.

Tanto na imagem da direita como na da esquerda, a figura do gato foi deformada, ou seja, obtivemos figuras que não são semelhantes. Note que as medidas dos ângulos correspondentes foram mantidas, mas as proporções dos lados, não.

Fotos: Onishchenko Natalya/Shutterstock.com/ID/BR

ATIVIDADES

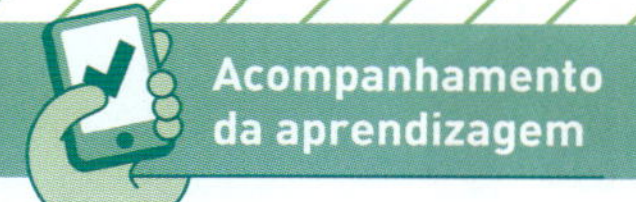

Retomar e compreender

1. A professora Ana pediu aos estudantes que fizessem uma ampliação da figura a seguir.

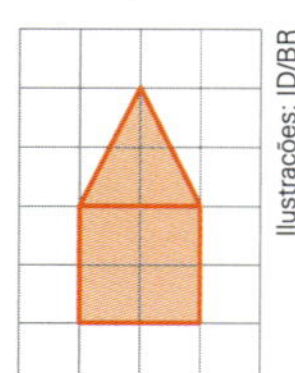

Ilustrações: ID/BR

Veja o desenho de dois estudantes. Qual deles não fez uma ampliação?

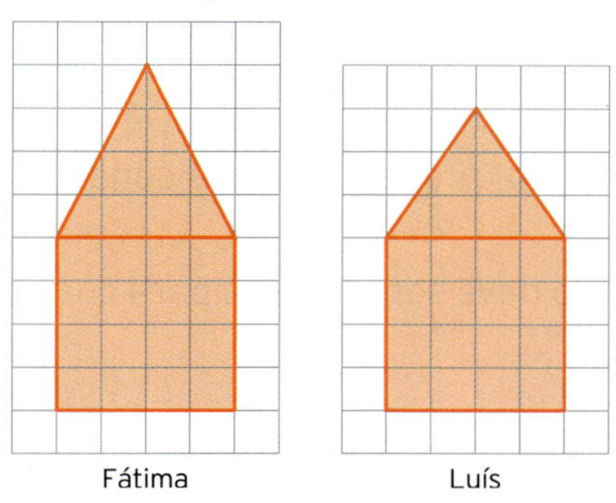

Aplicar

2. Em uma malha quadriculada, desenhe um plano cartesiano com a escala dos dois eixos de 10 em 10 unidades.

a) Represente um trapézio isósceles com vértices em *A*(20, 10), *B*(20, 60), *C*(60, 50) e *D*(60, 20).

b) Desenhe um trapézio congruente ao trapézio *ABCD* de modo que o vértice correspondente ao vértice *A* tenha coordenadas (10, 70).

3. Reúna-se com um colega para fazer o que se pede em cada item.

a) Desenhem um quadrilátero em um plano cartesiano, identificando as coordenadas dos vértices.

b) Ampliem esse quadrilátero e indiquem as coordenadas dos vértices do novo quadrilátero.

c) Reduzam o quadrilátero inicial e indiquem as coordenadas dos vértices do novo quadrilátero.

d) Desenhem uma figura congruente ao quadrilátero original de modo que um dos vértices fique sobre o eixo *y*. Depois, escrevam as coordenadas de todos os vértices desse novo quadrilátero.

4. Faça o que se pede em cada item.

a) Em uma malha quadriculada, desenhe um plano cartesiano e represente o pentágono cujos vértices são *M*(0, 1), *N*(0, 4), *O*(6, 4), *P*(8, 2) e *Q*(6, 0).

b) Amplie esse pentágono, duplicando as dimensões dele, e registre um passo a passo explicando como você pensou.

5. Mariana está representando um quadrado *ABCD* no plano cartesiano. Ela já representou os vértices *A*(2, 3), *B*(2, 5) e *C*(4, 5).

a) Quais são as coordenadas do vértice *D*?

b) Desenhe um plano cartesiano e represente o quadrado de Mariana.

c) Reproduza o quadrado que você obteve no item anterior, de modo que o vértice correspondente ao vértice *A* na figura reproduzida fique deslocado duas unidades para cima em relação ao vértice *A*.

6. Felipe representou um campo de futebol no plano cartesiano. Observe uma parte desse desenho.

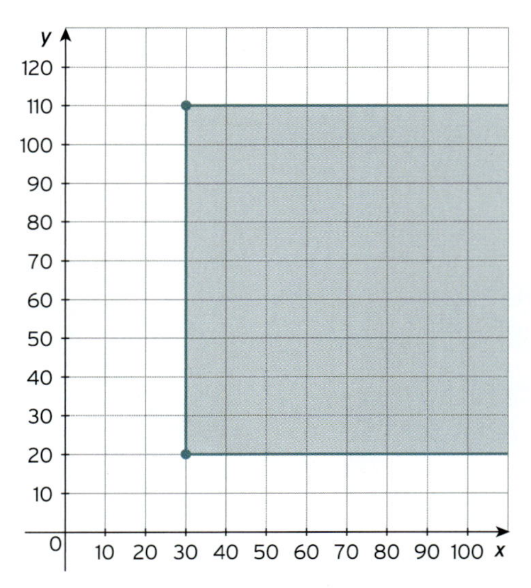

a) Sabendo que o comprimento do campo de futebol que Felipe representou tem 30 unidades a mais que a largura, escreva as coordenadas dos vértices que não aparecem no desenho.

b) Desenhe um plano cartesiano em uma malha quadriculada e faça uma redução do campo de futebol representado por Felipe, de modo que as dimensões da nova figura sejam três vezes menores que a original.

CAPÍTULO 3

CONSTRUÇÕES GEOMÉTRICAS

INSTRUMENTOS DE DESENHO

O desenho técnico tem especial importância na arquitetura no que diz respeito à elaboração de projetos e à confecção de plantas baixas, por exemplo. Nesse trabalho, é imprescindível o uso de diferentes materiais e instrumentos, como papéis, lápis, borrachas, réguas, compassos, transferidores, esquadros e pranchetas.

O desenho técnico deve apresentar exatidão; por isso, é necessário o máximo de cuidado quanto ao manuseio, à qualidade e à conservação dos instrumentos a serem utilizados.

Por exemplo, a régua graduada não deve ser utilizada para cortar papel e deve ser sempre limpa com flanela.

Dragon Images/Shutterstock.com/ID/BR

▼ **Apesar de existirem *softwares* de desenho que auxiliam diversos profissionais, o uso de instrumentos como régua e compasso ainda é bastante comum.**

TRAÇANDO REPRESENTAÇÕES DE RETAS PARALELAS

Veja como podemos traçar representações de retas paralelas utilizando régua e esquadro ou um par de esquadros.

1º passo: Apoie o esquadro na régua e trace uma reta *r* com o auxílio da borda do esquadro. Cuidado para não tirar a régua do lugar (figura **A**).

Ou, em vez de usar a régua como apoio, pode-se apoiar um esquadro no outro (figura **B**). Veja.

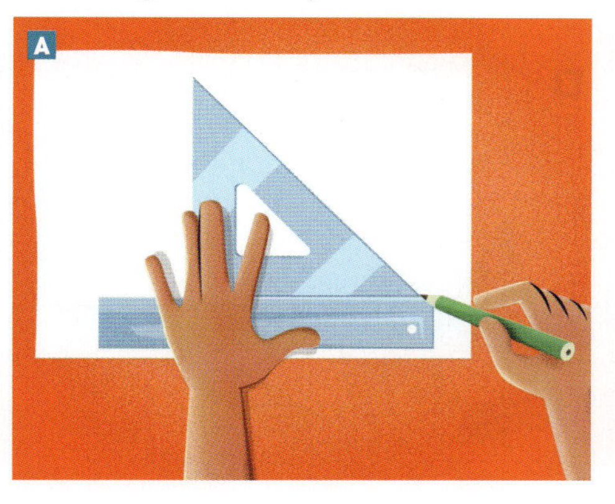

Ilustrações: João Picoli/ID/BR

2º passo: Sem tirar a régua do lugar, deslize o esquadro sobre ela e trace uma reta *s*, utilizando a mesma borda do esquadro com que você traçou a reta *r* (figura **C**).

Se forem dois esquadros, deslize o esquadro móvel (figura **D**).

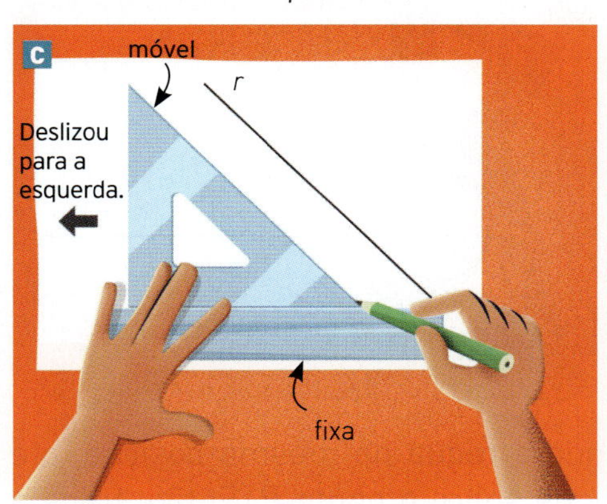

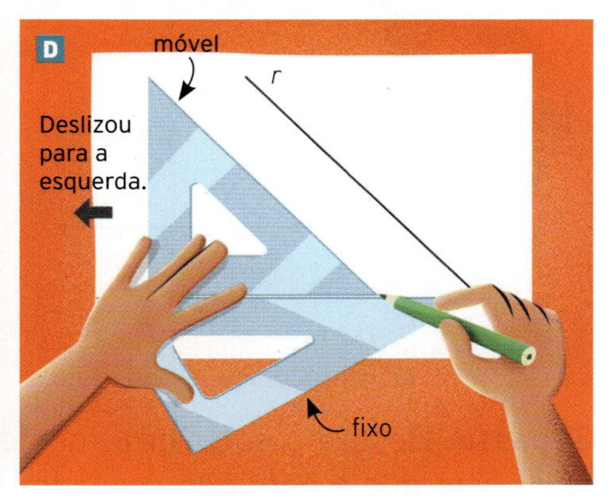

As retas *r* e *s* são paralelas.

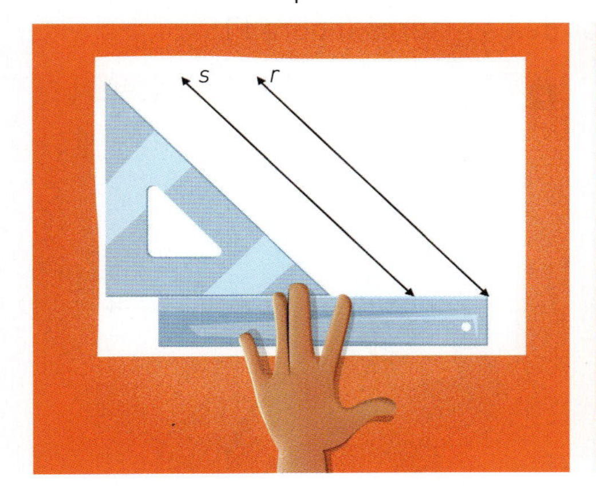

TRAÇANDO REPRESENTAÇÕES DE RETAS PERPENDICULARES

Veja como podemos representar retas perpendiculares, dados uma reta qualquer *r* e um ponto *P* fora dela. Para isso, vamos utilizar régua e esquadro ou um par de esquadros.

1º passo: Coloque o esquadro de modo que sua borda fique sobre a reta *r* e apoie a régua no esquadro (figura A).

Ou, em vez de usar a régua como apoio, pode-se apoiar um esquadro no outro (figura B).

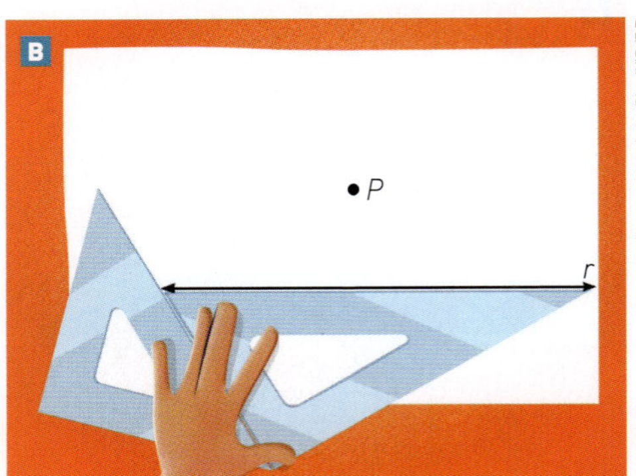

Ilustrações: João Picoli/ID/BR

2º passo: Sem tirar a régua do lugar, vire o esquadro do modo como indica a figura C.

Se forem dois esquadros, faça como na figura D.

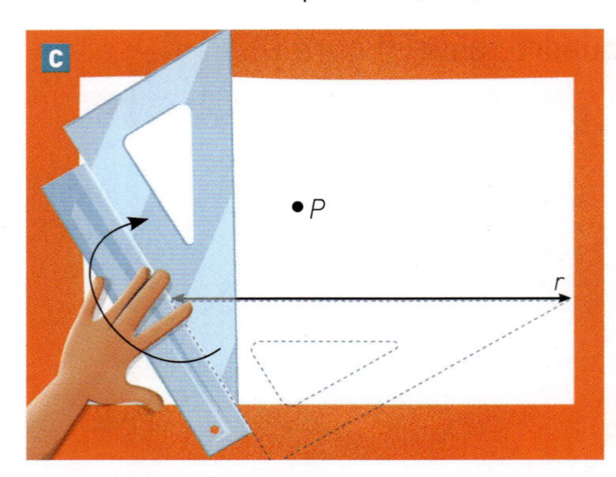

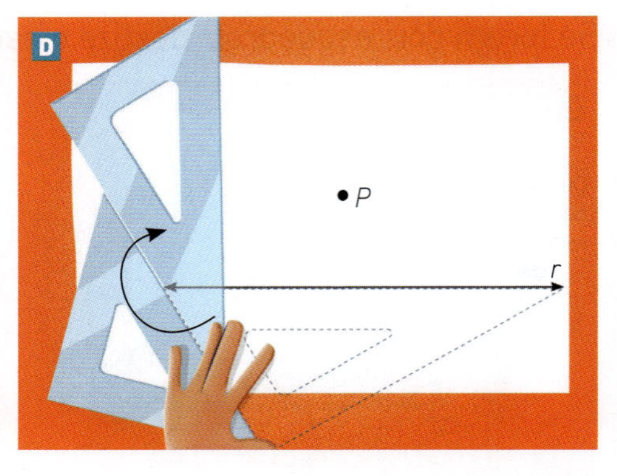

3º passo: Deslize o esquadro, mantendo a régua na mesma posição, até fazer com que a borda do esquadro fique sobre o ponto *P*. Então, trace a reta *t* (figura E).

O procedimento é o mesmo para o par de esquadros (figura F).

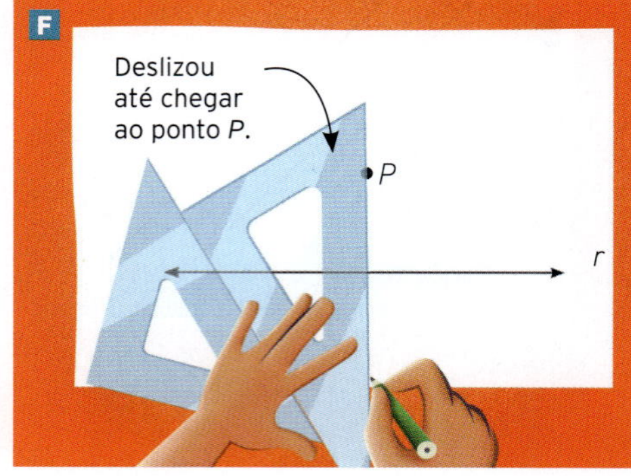

As retas *r* e *t* são perpendiculares.

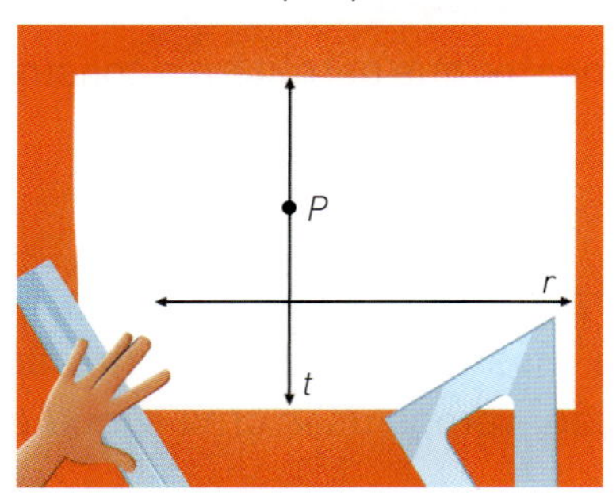

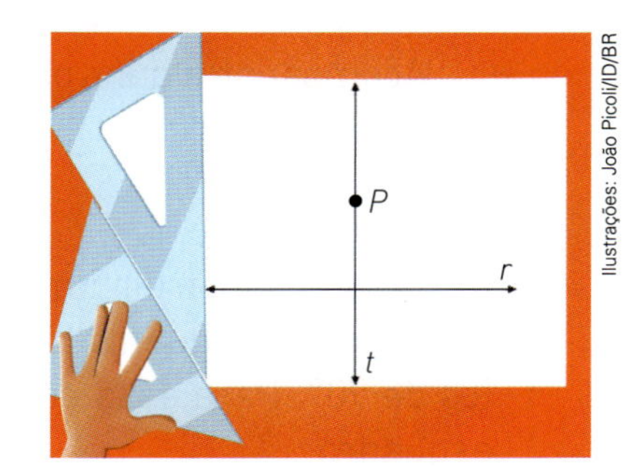

Ilustrações: João Picoli/ID/BR

CIDADANIA GLOBAL

CRIATIVIDADE NA GEOMETRIA

SABER SER Quando temos um problema, precisamos analisar diversas possibilidades para tentar encontrar a melhor solução. Em Geometria, por exemplo, podemos ter várias soluções para um mesmo problema. É preciso estar atento às diversas possibilidades para, então, obter a solução desejada.

Nesse aspecto, a criatividade é uma habilidade que pode ajudar muito!

1. Cite outras habilidades que podem ser desenvolvidas na construção geométrica com o uso de instrumentos de desenho.
2. Resolva as atividades da próxima seção usando sua criatividade! Depois, verifique se seus desenhos ficaram diferentes dos desenhos dos colegas.

ATIVIDADES

Retomar e compreender

1. Em uma folha, trace várias retas paralelas, fazendo figuras como a mostrada a seguir ou outras que você inventar. Lembre-se: use sua criatividade!

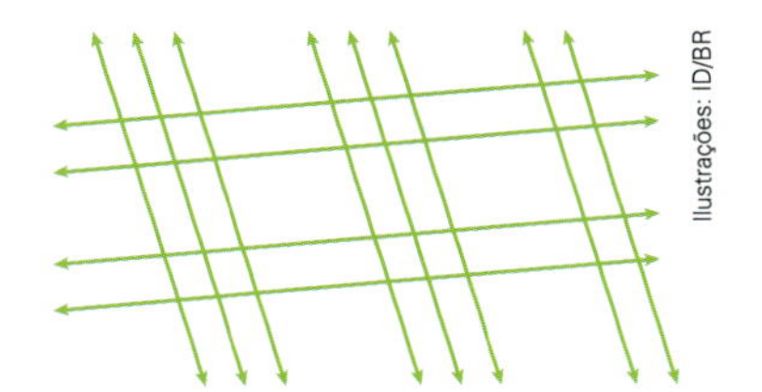

Ilustrações: ID/BR

2. Trace uma reta *s* qualquer e marque um ponto *Q* fora dela, como mostra a figura a seguir. Depois, com o auxílio do par de esquadros ou de uma régua e um esquadro, construa a reta *t* que passa por *Q* e é perpendicular a *s*.

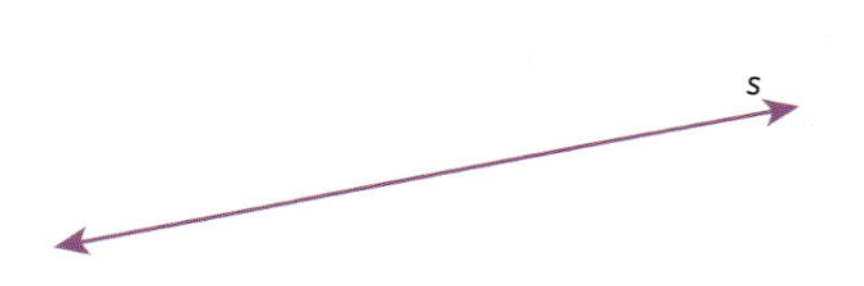

3. Use um par de esquadros ou uma régua e um esquadro para traçar:
   a) três retas paralelas à reta *r*, horizontal;
   b) quatro retas paralelas à reta *s*, vertical;
   c) duas retas paralelas à reta *t*, inclinada.
4. Use um par de esquadros ou uma régua e um esquadro para traçar:
   a) quatro retas perpendiculares à reta *w*, horizontal;
   b) duas retas perpendiculares à reta *x*, vertical;
   c) três retas perpendiculares à reta *y*, inclinada.

Aplicar

5. Trace uma reta *a* e marque um ponto *D* fora dela. Passando por *D*, trace uma reta perpendicular *b* e uma reta paralela *c* à reta *a*.
6. Na atividade **5**, as retas *b* e *c* são perpendiculares entre si?
7. Trace uma reta *p* qualquer e marque um ponto *O* sobre ela. Passando por *O*, trace uma reta perpendicular *q* à reta *p*.

CONSTRUINDO QUADRILÁTEROS

Acompanhe alguns procedimentos que permitem a construção de quadriláteros.

Quadrado

Vamos construir um quadrado *ABCD*. Lembre-se de que o quadrado tem quatro lados de mesma medida e quatro ângulos de 90°. Para essa construção, vamos usar uma régua e um esquadro.

1º passo: Trace um segmento $\overline{AB}$ com uma medida qualquer.

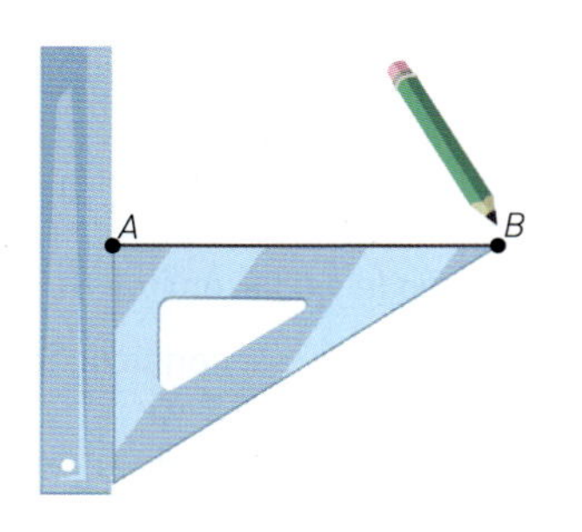

2º passo: Na extremidade *B*, construa um segmento perpendicular com a mesma medida de $\overline{AB}$ e marque o vértice *C*.

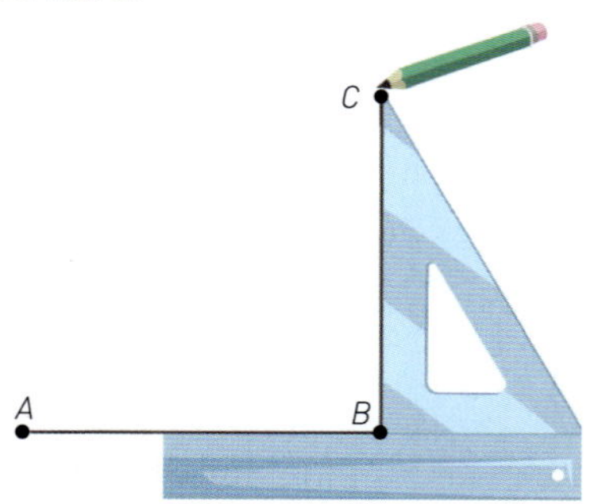

3º passo: Na extremidade *A*, repita o mesmo procedimento do 2º passo, encontrando o ponto *D*.

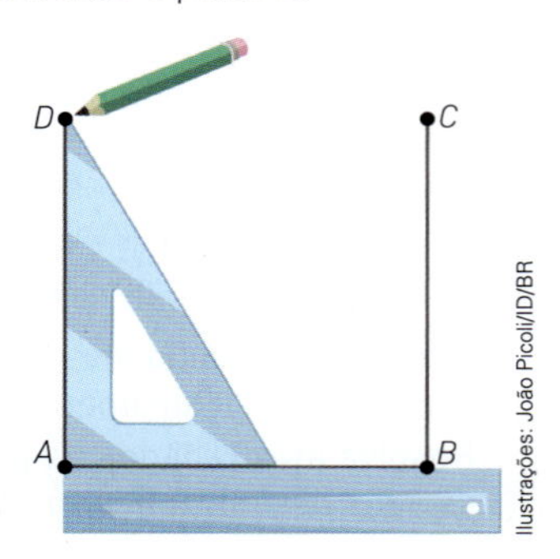

4º passo: Ao traçar o segmento $\overline{CD}$, obtém-se o quadrado *ABCD*.

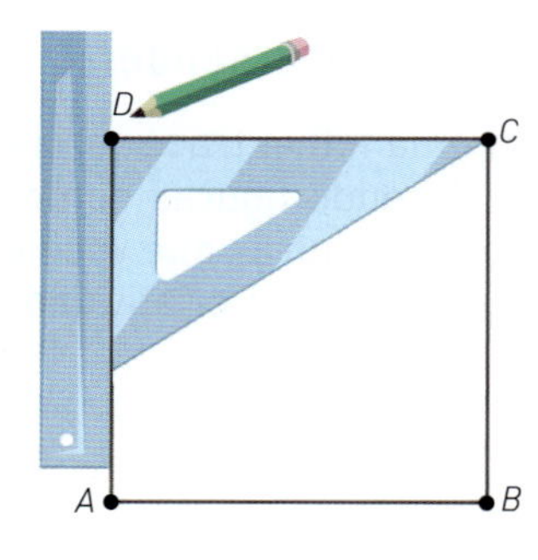

Ilustrações: João Picoli/ID/BR

PARE E REFLITA

Como você faria para construir um retângulo utilizando régua e esquadro?

Observação

Os esquadros também podem ser utilizados para construir ângulos de 90°. Observe as figuras A, B e C.

A

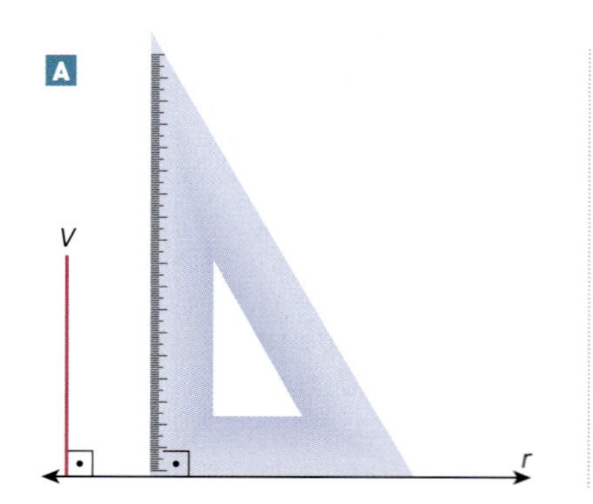

B

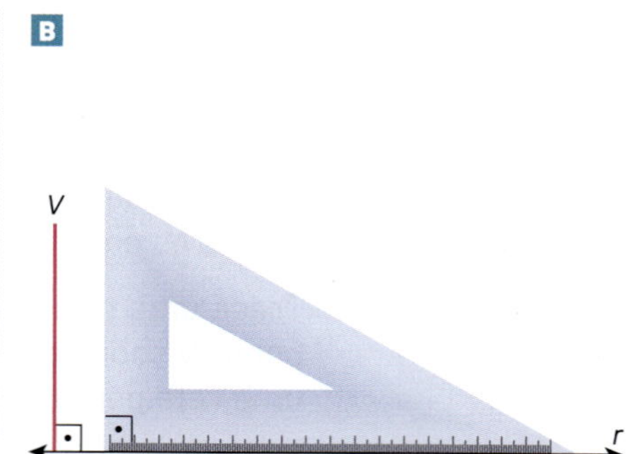

C

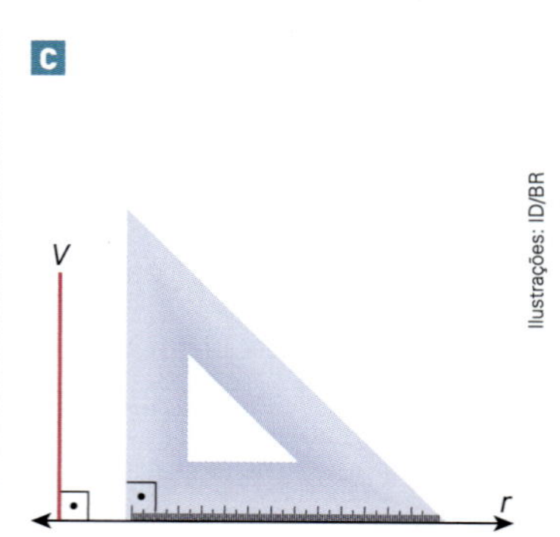

Ilustrações: ID/BR

Paralelogramo

Acompanhe como podemos construir um paralelogramo *ABCD* com régua e esquadro.

1º passo: Trace uma reta *r* e marque os pontos *A* e *B* distintos.

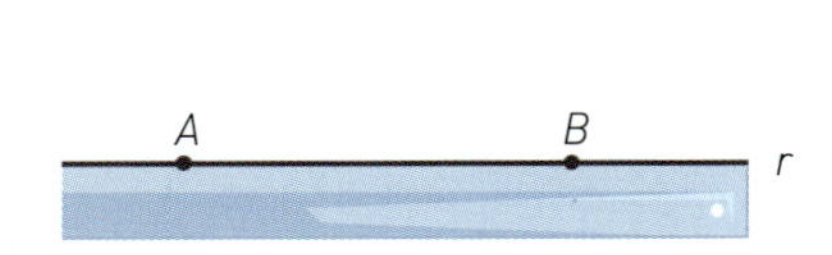

2º passo: No ponto *B*, construa uma reta *s* inclinada. Nessa reta, marque um ponto *C* distinto de *B* e a uma distância diferente da distância entre *A* e *B*.

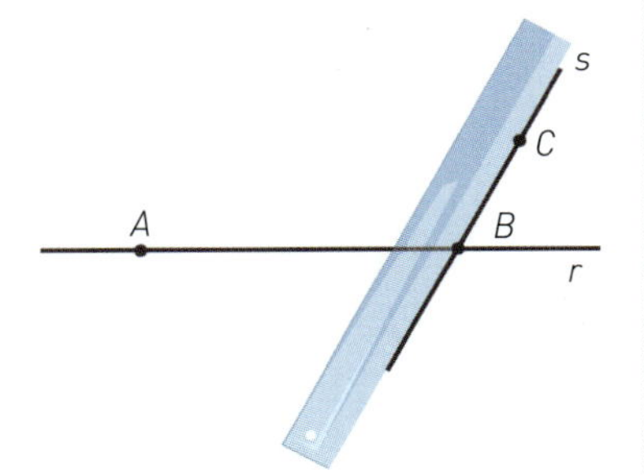

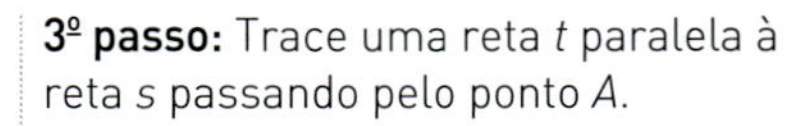

3º passo: Trace uma reta *t* paralela à reta *s* passando pelo ponto *A*.

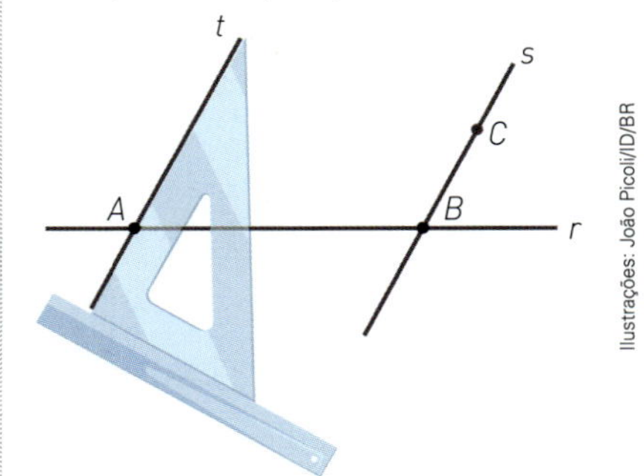

4º passo: Trace uma reta *w* paralela à reta *r* passando pelo ponto *C*. A intersecção entre *t* e *w* é o ponto *D*. Obtemos o paralelogramo *ABCD*.

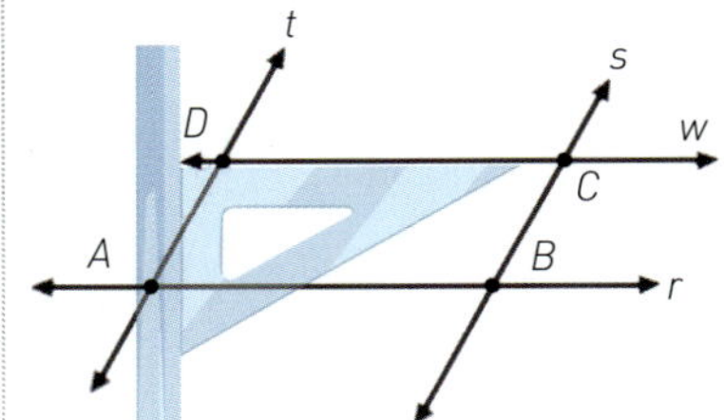

Ilustrações: João Picoli/ID/BR

PARE E REFLITA

Com base nas construções que você acabou de estudar, como você faria para construir um losango utilizando régua e esquadro?

ATIVIDADES

Retomar e compreender

8. Construa os quadrados indicados em cada item utilizando régua e esquadro.

a) Quadrado *MNOP*, cujo lado $\overline{MN}$ mede 3 cm de comprimento.

b) Quadrado *QRST*, cujo lado $\overline{QR}$ mede 4 cm de comprimento.

c) Quadrado *UVWX*, cujo lado $\overline{UV}$ mede 5 cm de comprimento.

9. Construa os retângulos indicados em cada item utilizando régua e esquadro.

a) Retângulo *EFGH*, cujo lado $\overline{EF}$ mede 4 cm e cujo lado $\overline{FG}$ mede 3 cm de comprimento.

b) Retângulo *IJKL*, cujo lado $\overline{IJ}$ mede 2 cm e cujo lado $\overline{JK}$ mede 5 cm de comprimento.

Aplicar

10. Construa os paralelogramos não retângulos indicados em cada item utilizando régua e esquadros.

a) Paralelogramo *EFGH*, cujo lado $\overline{EF}$ mede 5 cm e cujo lado $\overline{FG}$ mede 4 cm de comprimento.

b) Paralelogramo *IJKL*, cujo lado $\overline{IJ}$ mede 2 cm e cujo lado $\overline{JK}$ mede 5 cm de comprimento.

11. Construa os losangos não quadrados indicados utilizando régua e esquadros.

a) Losango *MNOP*, cujo lado $\overline{MN}$ mede 4 cm de comprimento.

b) Losango *QRST*, cujo lado $\overline{QR}$ mede 5 cm de comprimento.

Trapézio

Agora, acompanhe como podemos construir um trapézio retângulo utilizando um *software* de geometria dinâmica.

1º passo: Com a ferramenta *segmento de reta*, construímos o segmento $\overline{AB}$.

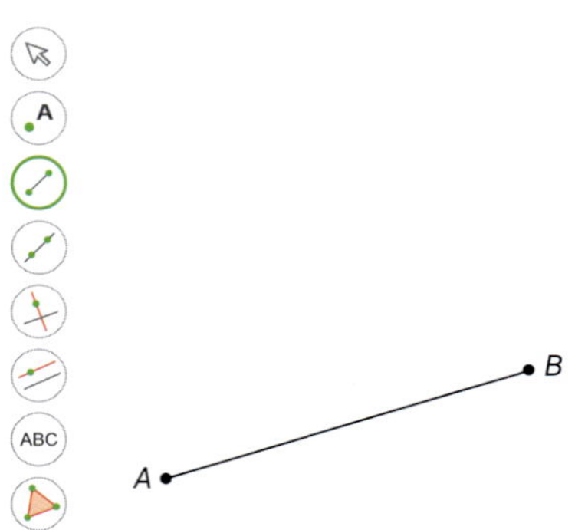

2º passo: Com a ferramenta *reta perpendicular*, construímos uma reta *r* perpendicular ao segmento $\overline{AB}$ e que passa pelo ponto *B*.

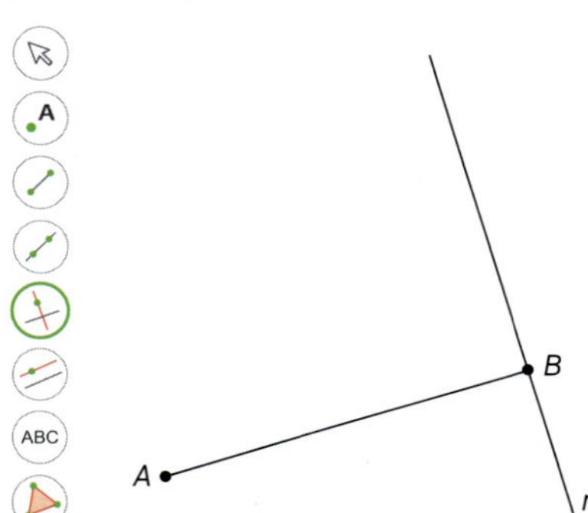

3º passo: Com a ferramenta *ponto*, marcamos um ponto *C* na reta *r*, distinto de *B*.

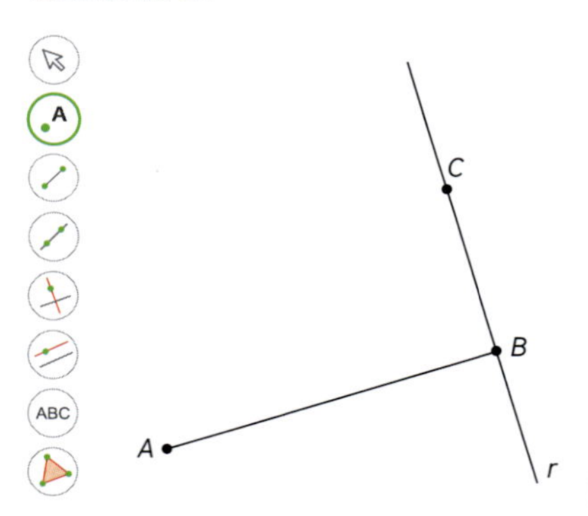

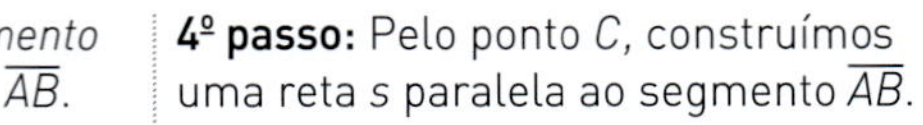

4º passo: Pelo ponto *C*, construímos uma reta *s* paralela ao segmento $\overline{AB}$.

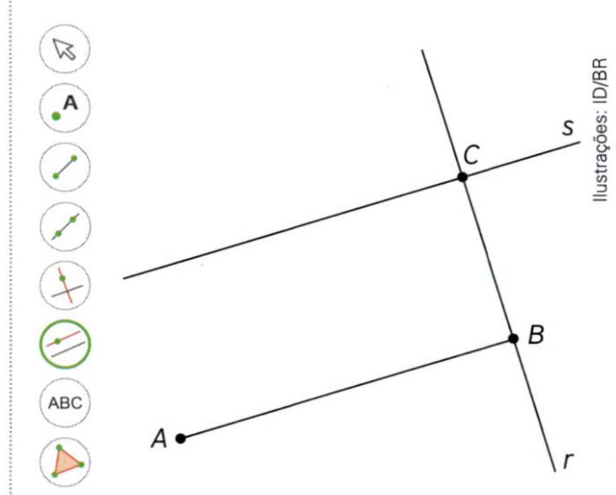

Ilustrações: ID/BR

5º passo: Com a ferramenta *reta*, construímos uma reta *t* inclinada, passando pelo ponto *A*. O ponto *D* é o ponto de encontro entre as retas *s* e *t*.

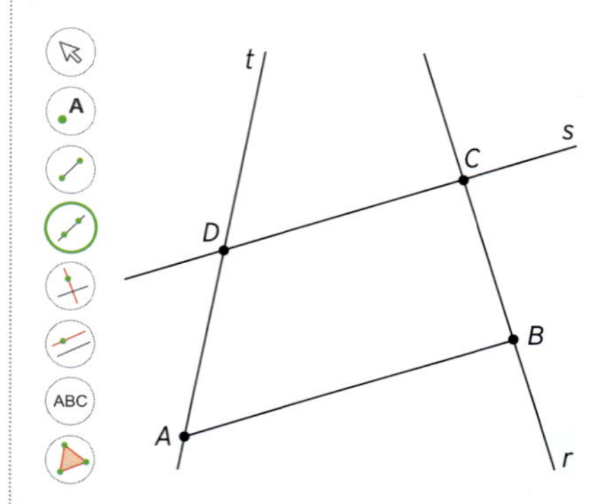

6º passo: Com a ferramenta *polígono*, traçamos o trapézio retângulo *ABCD*.

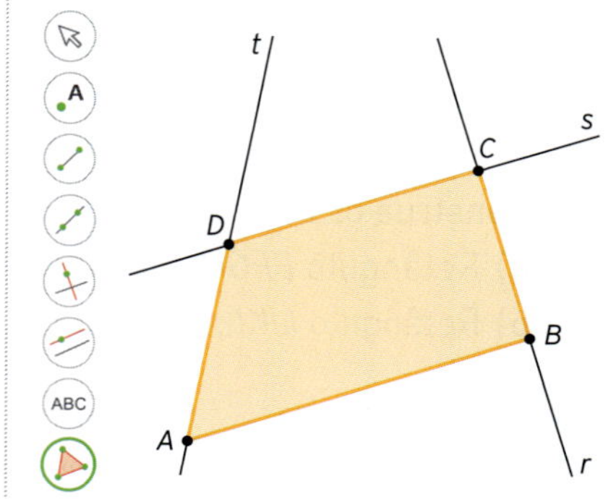

PARE E REFLITA

Reúna-se com um colega para responder às questões a seguir.

- O que aconteceria com a figura construída se o ponto *D* fosse coincidente com o ponto *C*?
- O que aconteceria com a figura construída se o ponto *D* ficasse à direita do ponto *C*?
- O que aconteceria com a figura se o ponto *C* fosse coincidente com o ponto *B*?
- O que aconteceria com a figura se a reta *t* fosse paralela à reta *r*?

ATIVIDADE

Retomar e compreender

12. Construa um trapézio qualquer utilizando um *software* de geometria dinâmica.

MAIS ATIVIDADES

Acompanhamento da aprendizagem

Retomar e compreender

1. Construa o que se pede em cada item.

a) Trace uma reta *r* horizontal e marque um ponto *A* abaixo dela. Depois, construa uma reta *s* paralela à reta *r* passando pelo ponto *A*.

b) Trace uma reta *t* vertical e marque um ponto *B* à esquerda dela. Depois, construa uma reta *u* paralela à reta *t* passando pelo ponto *B*.

c) Trace uma reta *x* inclinada e marque um ponto *C* fora dela. Depois, construa uma reta *y* paralela à reta *x* passando pelo ponto *C*.

2. Construa o que se pede em cada item.

a) Trace uma reta *r* horizontal e marque um ponto *M* sobre essa reta. Depois, construa uma reta *s* perpendicular à reta *r* passando pelo ponto *M*.

b) Trace uma reta *s* vertical e marque um ponto *A* à esquerda dela. Depois, construa uma reta *t* perpendicular à reta *s* passando pelo ponto *A*.

3. Trace o segmento $\overline{PQ}$ medindo 6 cm de comprimento e, depois, construa uma reta perpendicular:

a) no seu ponto médio;

b) em uma de suas extremidades.

4. Trace uma reta *a* inclinada e depois faça o que se pede em cada item.

a) Marque dois pontos distintos, *F* e *G*, sobre a reta *a*.

b) Construa uma reta *b* perpendicular à reta *a* passando pelo ponto *F*.

c) Construa uma reta *c* paralela à reta *b* passando pelo ponto *G*.

d) Construa uma reta *d* paralela à reta *a*.

Aplicar

5. Dadas as representações a seguir, construa os quadriláteros.

a)

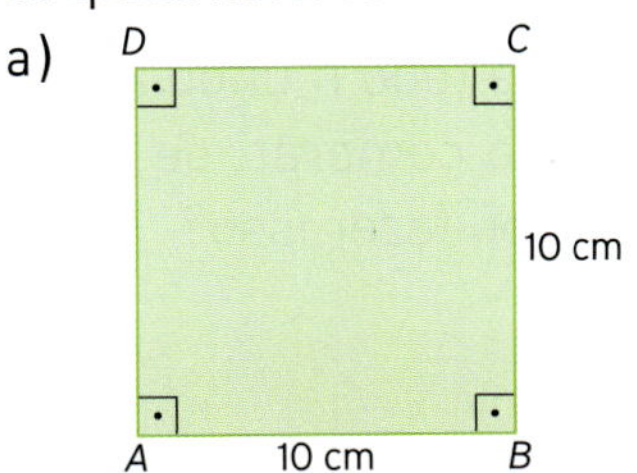

b)

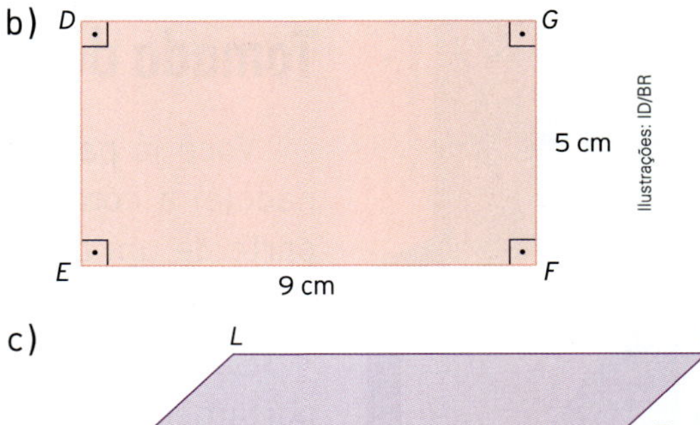

Ilustrações: ID/BR

c)

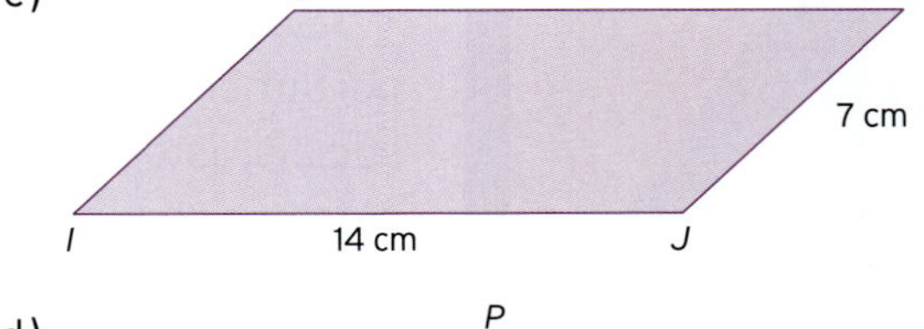

d)

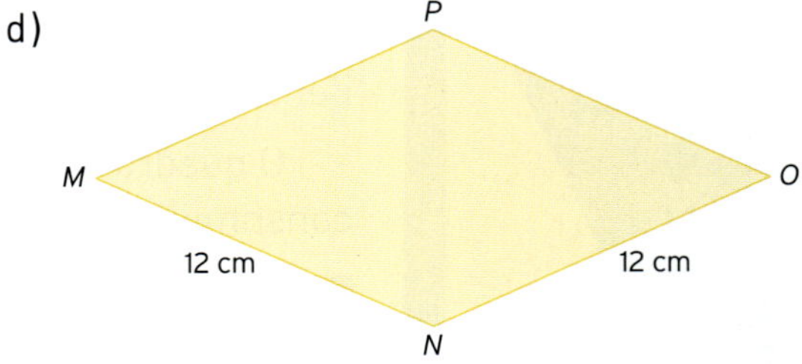

e)

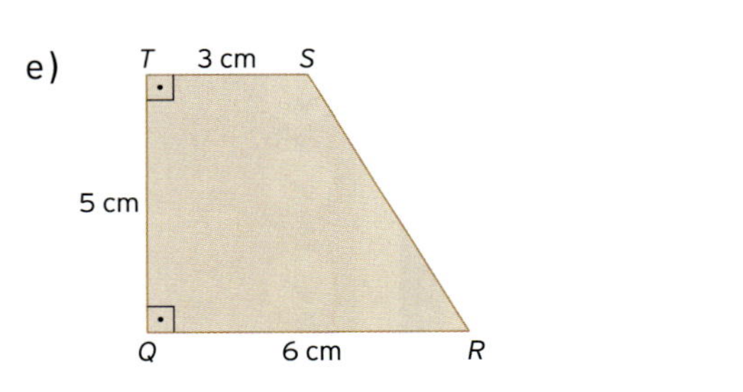

f)

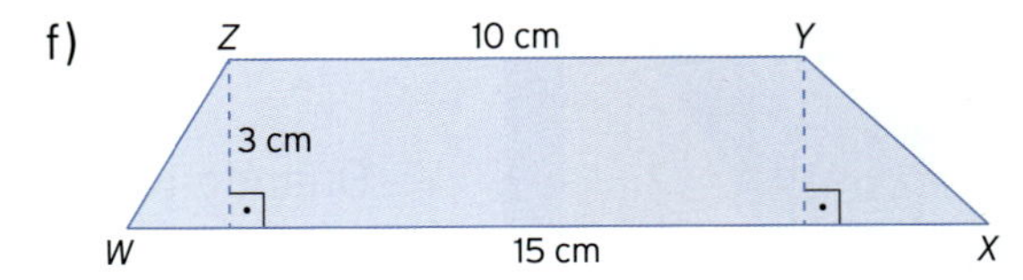

6. Usando um *software* de geometria dinâmica, construa o que se pede em cada item e registre o passo a passo que você utilizou.

a) Um quadrado.

b) Um retângulo.

c) Um losango.

d) Um paralelogramo.

e) Um trapézio isósceles.

f) Um trapézio escaleno.

Veja uma **resolução** para essa atividade. Há algum procedimento que você faria diferente?

Tomada de decisão

Você já passou por alguma situação em que se sentiu pressionado(a) a comprar algo só para "ficar na moda" ou para se sentir parte de um grupo? Acredite: tomar decisões por influência é mais comum do que você pensa.

Segundo o professor Michael Solomon, em seu livro sobre o comportamento do(a) consumidor(a), os seres humanos são animais sociais, isto é, nós fazemos parte de grupos, tentamos agradar aos outros e seguimos pistas de como nos comportar observando as atitudes dos que estão à nossa volta. O desejo de ser visto(a) ou de ser aceito(a) em um grupo é, em muitos casos, a motivação para comprar itens que podem servir apenas como ostentação.

O quadro a seguir mostra alguns fatores que podem influenciar o consumidor(a) em sua tomada de decisão.

- A decisão é tomada porque o(a) consumidor(a) acredita que as pessoas que usam aquela marca, ou certos objetos, são admiradas ou respeitadas pelas outras.
- A decisão é tomada para satisfazer as expectativas dos colegas.
- A decisão é influenciada por pessoas com quem o(a) consumidor(a) interage socialmente, incluindo seus familiares e amigos.
- A decisão pela compra de um item de marca é influenciada pelo desejo que o(a) consumidor(a) tem de ser a pessoa que as propagandas mostram usando aquela marca.

Fonte de pesquisa: Michael Solomon. *O comportamento do consumidor*: comprando, possuindo e sendo. 11. ed. Porto Alegre: Bookman, 2016. p. 409.

Quando tomamos decisões apenas para satisfazer nosso desejo de pertencer a um grupo ou porque fomos influenciados pelas ideias divulgadas em anúncios publicitários, as consequências dessa atitude podem ser desastrosas. Podemos enfrentar problemas como o endividamento e o acúmulo de bens que acabam não sendo usados. Além disso, podemos passar por situações que causem intranquilidade e até desentendimentos na família.

Precisamos refletir também sobre outras questões: Mesmo que tenhamos muito dinheiro para comprar diferentes itens ou consumir diversos serviços, é assim que devemos agir? Se todo mundo agisse dessa maneira, como seria o planeta? Se posso comprar, se posso impressionar, se posso ostentar, por que não vou fazer isso?

Explorando o tema

1. Você já se sentiu pressionado(a) a gastar dinheiro com algo apenas para ficar na moda ou se sentir parte de um grupo? Compartilhe com os colegas e o professor como você se sentiu nessa situação e como se comportou diante da pressão.

2. Atualmente, a maioria das pessoas considera o telefone celular um item indispensável. O Brasil, em 2021, foi o quinto país com o maior número de usuários que utilizam esse meio de comunicação, perdendo apenas para a China, a Índia, os Estados Unidos e a Indonésia. Agora, pense na situação representada na ilustração e responda:
   a) Com qual comportamento você mais se identifica? Qual dessas decisões você tomaria? Justifique sua resposta.
   b) Você faria algo diferente do que eles disseram? Explique sua resposta.
   c) Imagine que você tenha comprado a versão recém-lançada do Super *Phone*. Seis meses depois, sai uma nova versão. O que você faria?

Em quais situações a **decisão pelo consumo** de um produto com valor elevado é justificável?

INVESTIGAR

Medir o tempo: origens e instrumentos

Para começar

Você já percebeu que boa parte das pessoas está sempre preocupada com dias e horários? Não podemos perder a hora da escola, das refeições, do passeio com os amigos, por exemplo. Para isso, usamos vários instrumentos para medir o tempo. Mas será que sempre foi assim? Como será que as pessoas mediam o tempo antigamente?

Você e os colegas vão realizar uma pesquisa em diferentes fontes escritas e não escritas, mas todas confiáveis, para responder a essas perguntas. Depois, vão apresentar à turma um seminário sobre os resultados obtidos.

O problema

- Quando surgiu a necessidade de medir o tempo?
- Como os instrumentos de medição de tempo evoluíram?

A investigação

- **Prática de pesquisa:** pesquisa bibliográfica.
- **Instrumentos de coleta:** levantamento de referências teóricas (livros, revistas, *sites*, etc.).

Materiais

- computador com acesso à internet
- caderno e caneta

Procedimentos

Parte I – Planejamento

1. A turma será organizada em dois grupos. Cada grupo vai pesquisar um tema:
   - Grupo A: Quando surgiu a necessidade de medir o tempo?
   - Grupo B: Como os instrumentos de medição de tempo evoluíram?
2. Para responder a essas perguntas, os grupos devem refletir sobre o assunto. A seguir, apresentamos alguns questionamentos para auxiliar nessa reflexão.
   - Grupo A: Por que e quando a necessidade de medir o tempo surgiu? Todas as culturas entendem o tempo da mesma maneira ou há variações? Por que isso ocorre? Como seria o nosso dia a dia se não medíssemos o tempo?
   - Grupo B: Qual é o primeiro instrumento de medição de tempo de que se tem notícia? Quem o inventou e onde? Quais são os instrumentos de medição de tempo mais comuns hoje em dia? Onde e quando surgiram? Há algum povo na atualidade que não usa instrumentos de medição de tempo? Caso haja, por que isso ocorre?

Camila Anselmé/ID/BR

Parte II – Coleta de dados

1 Cada grupo pode se organizar em subgrupos para pesquisar em diferentes fontes, selecionando os textos relevantes para o tema da pesquisa. Lembre-se de registrar a referência das fontes consultadas.

- Subgrupo 1: livros (enciclopédias, dicionários ilustrados, livros didáticos e paradidáticos) e revistas de divulgação científica. Os artigos de revistas de divulgação científica são textos, em geral, escritos por cientistas, em uma linguagem acessível ao seu leitor. Vocês podem pesquisar na biblioteca da escola ou na do bairro.
- Subgrupo 2: *sites*. Vocês podem encontrar textos, imagens e vídeos sobre o assunto pesquisado em *sites* de instituições (museus, universidades, etc.), *sites* de revistas de divulgação científica, *blogs* de especialistas, entre outros.

2 Certifiquem-se de que a fonte de pesquisa consultada é adequada e confiável:

- Autoria: textos sem indicação de autoria não devem ser usados.
- Data: verifiquem se as informações estão atualizadas.
- *Sites*: lembrem-se de que a internet é um meio de comunicação onde qualquer pessoa pode publicar uma informação de acordo com a intenção que lhe convier.

Parte III – Análise e seleção de dados

1 Reúnam-se com os respectivos grupos, leiam os textos coletados e troquem ideias. Tomem nota de tudo que possa ajudar a responder às questões da pesquisa.

2 Verifiquem se os textos coletados respondem à questão principal proposta no planejamento e às demais questões discutidas em grupo. Às vezes, parte da resposta pode estar em um pequeno trecho do texto. Por isso, é essencial a leitura atenta e na íntegra dos textos.

3 É possível que diferentes fontes apresentem informações divergentes do tema. Nesse caso, verifiquem se todas as fontes são mesmo confiáveis e, em caso afirmativo, apresentem os diversos pontos de vista.

Camila Anselmé/ID/BR

Questões para discussão

1. Grupo A: Com base na pesquisa, o que o grupo entendeu sobre o contexto histórico em que surgiu a necessidade de medir o tempo?

   Grupo B: O que o grupo descobriu sobre a evolução dos instrumentos de medição de tempo?
2. Qual é a importância do uso de fontes confiáveis em uma pesquisa? Expliquem.
3. Com base nas reflexões realizadas, como você lida com o tempo no dia a dia?

Comunicação dos resultados

Apresentação de seminário

No início da exposição oral, apresentem à turma a questão proposta e as questões discutidas no planejamento. Depois, contem como foi a experiência de levantamento de dados do grupo (fontes, critérios, dificuldades, etc.) e, finalmente, apresentem as respostas às questões propostas. Lembrem-se de usar imagens na apresentação do grupo.

ATIVIDADES INTEGRADAS

Aplicar

1. **(Saresp)** O mapa abaixo apresenta um quadriculado cujas colunas são indicadas pelas letras A, B, C, D e as linhas pelos números 1, 2, 3, 4.

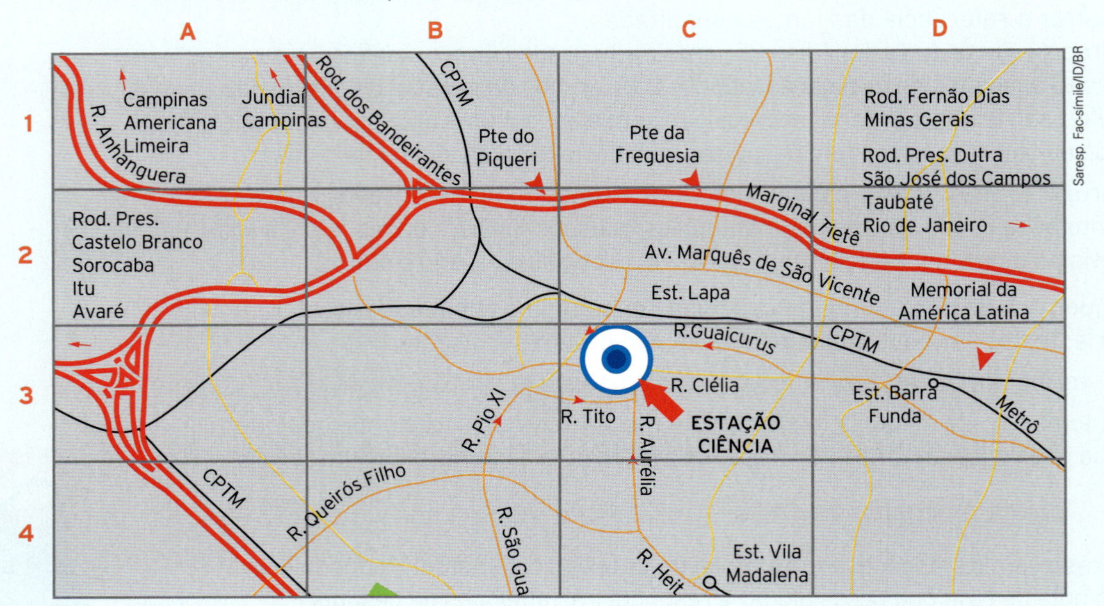

O círculo indica a localização da Estação Ciência, em São Paulo, que está no retângulo indicado pela:

a) letra C e o número 3.

b) letra D e o número 4.

c) letra B e o número 3.

d) letra A e o número 1.

2. **(Saeb)** Observe a figura.

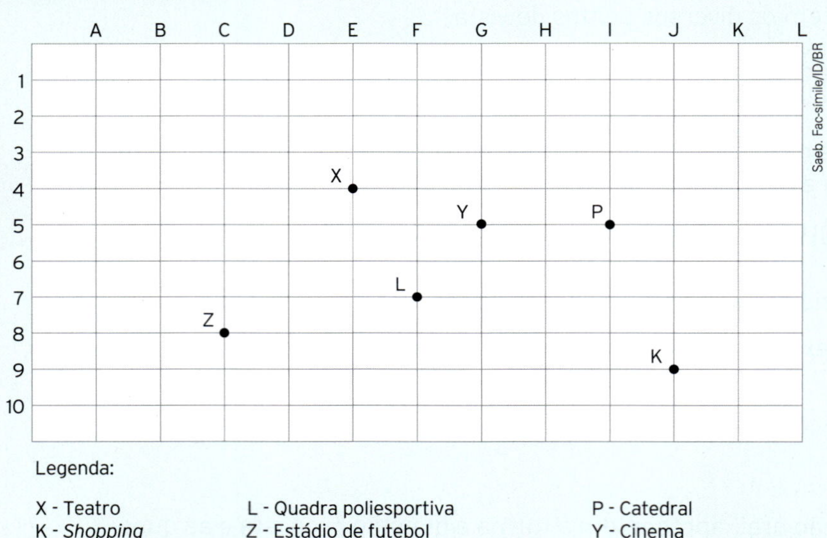

No esquema acima, estão localizados alguns pontos da cidade. A coordenada (5, G) localiza:

a) a catedral.

b) a quadra poliesportiva.

c) o teatro.

d) o cinema.

3. **(Saeb)** A figura mostra um triângulo desenhado em uma malha quadriculada. Deseja-se desenhar um triângulo com dimensão 2 vezes menor.

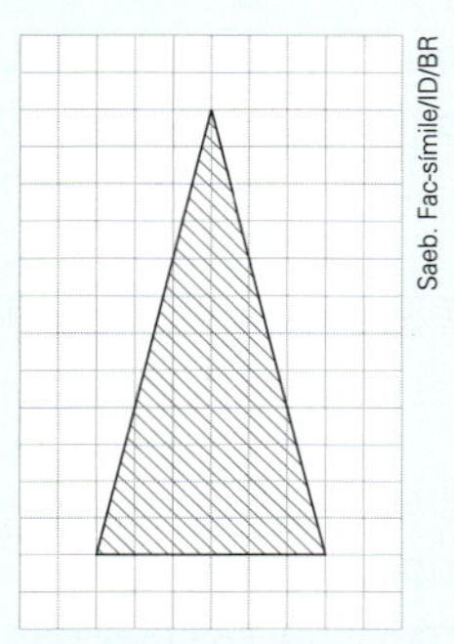
Saeb. Fac-símile/ID/BR

As dimensões do novo triângulo ficarão:

a) multiplicadas por 2.

b) divididas por 2.

c) subtraídas em duas unidades.

d) divididas por 4.

4. Desenhe exemplos de polígonos que atendam às condições a seguir.

a) Que as medidas de todos os lados correspondentes sejam proporcionais, mas que as figuras **não** sejam semelhantes.

b) Que todos os ângulos correspondentes tenham a mesma medida, mas que as figuras **não** sejam semelhantes.

5. Compare os desenhos que você fez na atividade anterior com os construídos pelos colegas. Vocês fizeram os mesmos desenhos?

6. A figura a seguir representa um paralelogramo com lados medindo 3 cm e 5 cm.

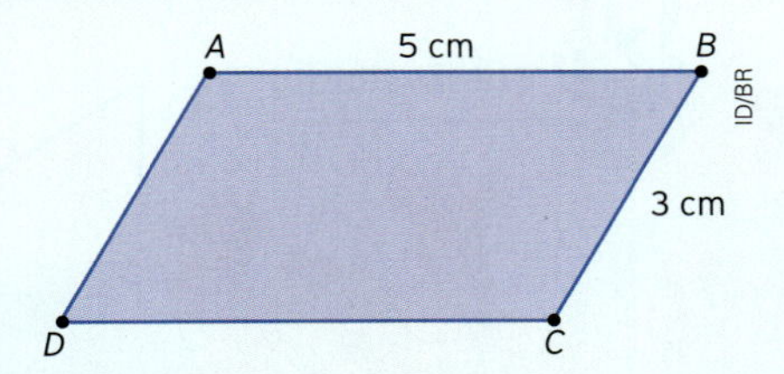

a) Utilize régua e esquadro para reproduzir essa figura.

b) Construa as retas que passam pelo ponto A e são perpendiculares aos lados $\overline{BC}$ e $\overline{CD}$. Nomeie de P e Q as intersecções com os lados $\overline{BC}$ e $\overline{CD}$, respectivamente.

c) Os segmentos de reta $\overline{AP}$ e $\overline{AQ}$ são alturas do paralelogramo. Elas são congruentes?

Analisar e verificar

7. Construa um losango $ABCD$ não quadrado em que os lados $\overline{CD}$ e $\overline{AD}$ meçam 5 cm. Desenhe a reta que passa pelo vértice A e é perpendicular à reta $\overleftrightarrow{CD}$ e nomeie a intersecção das retas de P. Desenhe a reta perpendicular à reta $\overleftrightarrow{AD}$, que passa pelo vértice B, e nomeie a intersecção das retas de Q. Meça os segmentos $\overline{AP}$ e $\overline{BQ}$. O que você observou? Compare sua resposta com a dos colegas.

8. Construa um trapézio com as medidas de comprimento indicadas no esboço a seguir.

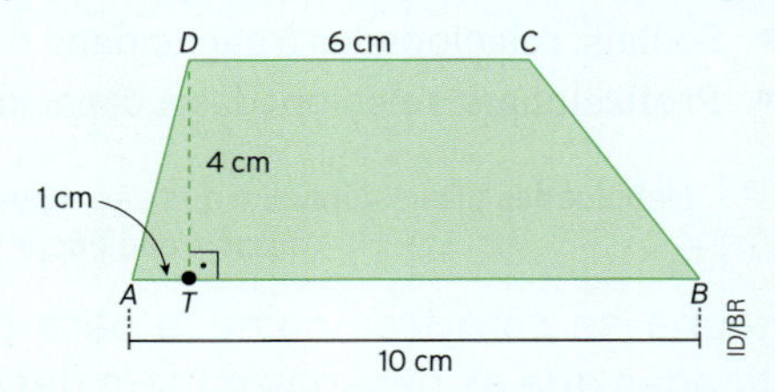

Depois, com uma régua, determine a medida do segmento $\overline{CB}$.

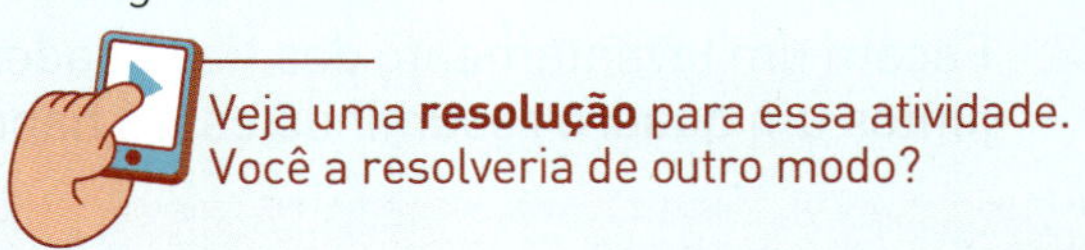

Criar

9. Observe a figura que Mara desenhou.

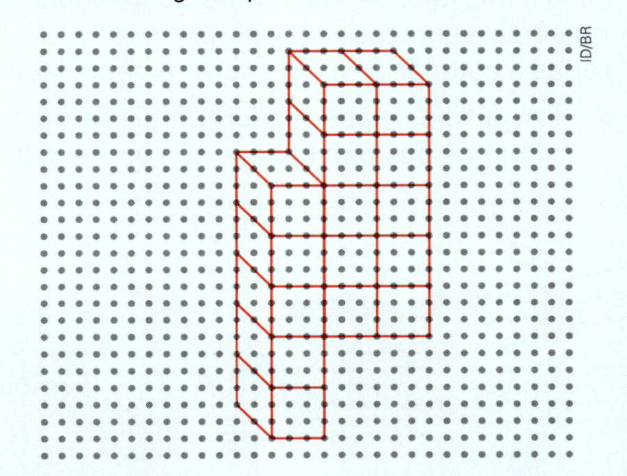
ID/BR

a) Reproduza o desenho de Mara em uma malha pontilhada.

b) Amplie o desenho de Mara duplicando as medidas dos segmentos desenhados.

c) Pinte os desenhos que você fez nos itens **a** e **b** da maneira que desejar. Use a criatividade!

CIDADANIA GLOBAL

UNIDADE 4

Retomando o tema

Nesta unidade, você teve a oportunidade de refletir sobre as diferentes habilidades que podemos desenvolver ao longo da vida e viu que os jogos podem contribuir para o desenvolvimento de algumas delas.

> Habilidades são características de um indivíduo hábil. Ou, em outras palavras, são aptidões. [...]
>
> As habilidades podem ser assim classificadas:
>
> - **Cognitivas**: relacionadas à capacidade de aprendizagem
> - **Motoras**: relacionadas à capacidade de realizar movimentos com precisão
> - **Sociais**: relacionadas à capacidade de interagir e se relacionar com outras pessoas
> - **Profissionais**: relacionadas à capacidade de executar tarefas do trabalho.

Habilidades profissionais: o que são, tipos e como desenvolver? PUCPR, 12 mar. 2020. Disponível em: https://ead.pucpr.br/blog/habilidades-profissionais. Acesso em: 16 mar. 2023.

Reúna-se com três colegas para buscar, juntos, outras informações sobre as habilidades que as pessoas podem desenvolver no decorrer da vida.

1. Quais jogos podem contribuir para o desenvolvimento de diferentes habilidades?
2. Façam um levantamento das habilidades de cada integrante do grupo e elaborem juntos um quadro resumindo essas habilidades.

Geração da mudança

Mesmo sem nos darmos conta, nossas habilidades podem incentivar outras pessoas a buscar o desenvolvimento de habilidades que elas possuem. Ao participar de uma apresentação musical, por exemplo, algumas pessoas podem se sentir inspiradas a estudar ou a aprimorar a habilidade de tocar algum instrumento musical.

- Em grupo, elaborem uma apresentação para mostrar aos colegas da turma algumas das habilidades que vocês possuem.

Camila Anselmé/ID/BR

UNIDADE 5

NÚMEROS RACIONAIS NA FORMA FRACIONÁRIA

PRIMEIRAS IDEIAS

1. Em que situações do cotidiano você utiliza frações?
2. Como você representaria "um oitavo" em uma figura?
3. Se você gostasse muito de basquete e surgisse a oportunidade de escolher entre pagar $\frac{1}{2}$ ou $\frac{1}{3}$ do valor do ingresso para assistir à final de um campeonato que você adora, qual você escolheria? Explique como você pensou para responder.

Nesta unidade, eu vou...

CAPÍTULO 1 Frações

- Reconhecer o uso de frações em diferentes contextos, por exemplo, na cena de um filme.
- Explorar situações-problema que envolvam diferentes significados de fração.
- Reconhecer que uma fração pode ser classificada como própria ou imprópria.
- Compreender as relações entre número misto e fração imprópria.
- Conhecer a propriedade fundamental das frações para determinar frações equivalentes.
- Utilizar a ideia de frações equivalentes para simplificar frações à sua forma irredutível.
- Resolver problemas que envolvam identificação, classificação e comparação de frações utilizando diferentes estratégias.
- Compreender que alguns materiais recicláveis podem ser destinados a campanhas que visam beneficiar pessoas que necessitam de ajuda.

CAPÍTULO 2 Operações com frações

- Efetuar cálculos que envolvam operações com frações por meio de diferentes representações e estratégias.
- Reconhecer a porcentagem como uma razão entre um número e 100.
- Calcular porcentagem de um número utilizando várias estratégias, inclusive com o uso da calculadora.
- Resolver e elaborar problemas que envolvam operações com frações e porcentagens.
- Refletir sobre os 5R's da sustentabilidade e como cada atitude pode virar um hábito.

RESOLVENDO PROBLEMAS

- Conhecer e utilizar a estratégia "tentativa e erro" para resolver um problema.
- Reconhecer que a leitura e a interpretação permitem a compreensão e a resolução de um problema.

CIDADANIA GLOBAL

- Compreender que existem hábitos do dia a dia que podem impactar positivamente o meio ambiente.
- Repensar o modo como consumo e descarto o lixo que produzo.

Ubiratan Fernandes/Arquivo do cedente

LEITURA DA IMAGEM

1. **Ao olhar para essa obra de arte, o que primeiro chamou sua atenção?**
2. **Que cores de tampinhas você identifica na composição dessa obra?**
3. **Considerando o total de tampinhas usadas no chão dessa instalação, que fração pode ser usada para representar apenas uma dessas tampinhas em relação ao total de tampinhas no chão?**

CIDADANIA GLOBAL

12 CONSUMO E PRODUÇÃO RESPONSÁVEIS

Alguns artistas, como é o caso de Ubiratan Fernandes, usam material reciclável como matéria-prima de suas obras de arte visando despertar no público reflexões sobre o impacto que os nossos hábitos podem gerar no meio ambiente.

"A conscientização acontece para termos chance de mudar nossos hábitos. A sociedade que polui também é a sociedade que pode resolver o problema, através da reciclagem e sustentabilidade , explicou o fundador do Tampart, Ubiratan Fernandes."

Mural feito com tampinhas alerta para poluição dos oceanos. *Diário da Manhã de Pelotas*, 3 dez. 2017. Disponível em: https://diariodamanhapelotas.com.br/site/mural-feito-com-tampinhas-alerta-para-poluicao-dos-oceanos/. Acesso em: 21 mar. 2023.

- Quais de seus hábitos de consumo podem ser alterados para reduzir o descarte de materiais?

Ao longo desta unidade, reflita sobre esse questionamento!

Acesse esse recurso e, depois, explique com suas palavras o que é **coleta seletiva**.

Instalação *A onda Tampart*, criada com tampinhas de garrafas pelo artista plástico brasileiro Ubiratan Fernandes. No chão, foram aparafusadas 58 mil tampinhas e, na parte que representa a onda, mais de 70 mil tampinhas foram presas com fios. Bienal do Lixo, Parque Villa-Lobos, São Paulo (SP). Foto de 2022.

CAPÍTULO

1 FRAÇÕES

NÚMEROS RACIONAIS POSITIVOS NA FORMA FRACIONÁRIA

Em 1997, foi lançado o primeiro dos sete livros que compõem a série que narra as aventuras do famoso bruxo Harry Potter.

No primeiro livro, Harry precisa pegar o trem com destino à Escola de Magia e Bruxaria de Hogwarts. No dia anterior ao da viagem, ele avisa ao tio que o embarque será na plataforma nove e meia, às onze horas. O tio de Harry retribui com um olhar de indignação. Afinal, para ele, só existem a plataforma nove e a plataforma dez. Não há nada entre elas!

Você deve estar pensando que há uma informação errada no parágrafo anterior, pois a plataforma de embarque que aparece na imagem não é a $9\frac{1}{2}$ (lê-se: nove inteiros e um meio), mas, sim, a plataforma $9\frac{3}{4}$ (lê-se: nove inteiros e três quartos). Isso acontece porque a tradutora do livro considerou que os leitores brasileiros compreenderiam a escrita $\frac{1}{2}$ mais facilmente que a escrita $\frac{3}{4}$.

▼ Cena do filme *Harry Potter e a pedra filosofal*, de 2001.

Warner Bros/ID/BR

Muitas vezes, para expressar quantidades, medidas e outros valores, os números naturais não são suficientes – por exemplo, quando você está lendo uma receita e se depara com uma expressão do tipo "três quartos de xícara de leite". Para essas situações, podemos usar os números racionais positivos na forma de fração.

Os números $\frac{1}{2}$ e $\frac{3}{4}$ indicam partes de um inteiro e são chamados de **números racionais na forma fracionária** ou, apenas, de **frações**.

> Dois números a e b, com $b \neq 0$, escritos na forma $\frac{a}{b}$, representam uma fração em que b é o denominador e indica a quantidade de partes iguais em que o todo foi dividido e a é o numerador e indica a quantidade de partes que foram consideradas.

Veja uma maneira de representar os números $\frac{1}{2}$ e $\frac{3}{4}$.

- $\frac{1}{2}$ indica que o todo foi dividido em 2 partes de mesma medida de comprimento e apenas 1 delas foi considerada.

parte considerada

$\frac{1}{2}$ ← numerador ← denominador

- $\frac{3}{4}$ indica que o todo foi dividido em 4 partes de mesma medida de comprimento e apenas 3 delas foram consideradas.

Ilustrações: ID/BR

Também podemos localizar os números $\frac{1}{2}$ e $\frac{3}{4}$ na reta numérica. Observe.

- $\frac{1}{2}$

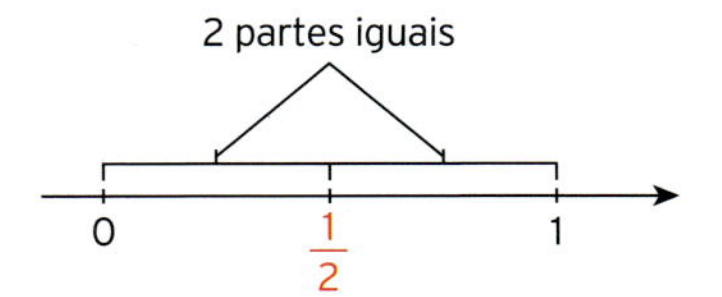

- $\frac{3}{4}$

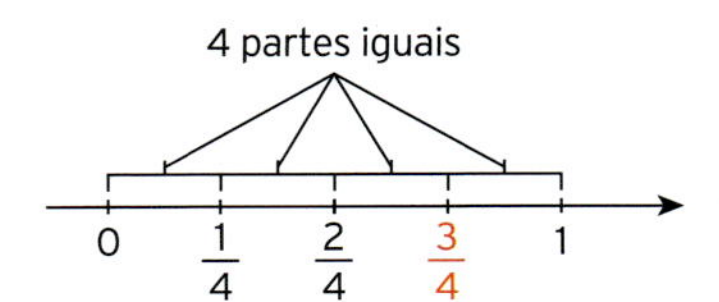

PARA EXPLORAR

***Harry Potter e a pedra filosofal*. Direção: Chris Columbus. Estados Unidos, 2001 (152 min).**

Afinal, será que Harry conseguiu embarcar na plataforma $9\frac{3}{4}$?

Assista ao filme e veja como ele conseguiu desvendar qual seria o local de embarque.

Leitura de frações

Para fazer a leitura de uma fração, lemos primeiro o numerador e, em seguida, o denominador, que em algumas frações recebe nomes especiais.

Frações com denominadores de 2 a 9

Vamos ver como fazemos a leitura das frações com denominadores de 2 a 9.

Exemplos

A. Denominador 2

$\frac{5}{2}$: cinco meios

B. Denominador 3

$\frac{2}{3}$: dois terços

C. Denominador 4

$\frac{7}{4}$: sete quartos

D. Denominador 5

$\frac{19}{5}$: dezenove quintos

E. Denominador 6

$\frac{2}{6}$: dois sextos

F. Denominador 7

$\frac{12}{7}$: doze sétimos

G. Denominador 8

$\frac{3}{8}$: três oitavos

H. Denominador 9

$\frac{8}{9}$: oito nonos

Frações cujos denominadores são 10, 100, 1000, ...

As frações cujos denominadores são potências de 10, ou seja, 10, 100, 1 000, etc., são chamadas de **frações decimais**.

Exemplos

A. Denominador 10

$\frac{1}{10}$: um décimo

B. Denominador 100

$\frac{5}{100}$: cinco centésimos

C. Denominador 1 000

$\frac{2}{1\,000}$: dois milésimos

CENTAVOS

No sistema monetário brasileiro, **centavo** significa "cento de avos". Ou seja, 1 centavo representa $\frac{1}{100}$ do real.

Danillo Souza/ID/BR

Frações com outros denominadores

Em uma fração não decimal com denominador maior que 10, lemos o numerador e, em seguida, o denominador acrescido da palavra **avos**.

Exemplos

A. Denominador 13

$\frac{9}{13}$: nove treze avos

B. Denominador 21

$\frac{3}{21}$: três vinte e um avos

C. Denominador 11

$\frac{4}{11}$: quatro onze avos

D. Denominador 38

$\frac{1}{38}$: um trinta e oito avos

ATIVIDADES

Retomar e compreender

1. Cada uma das figuras a seguir está dividida em partes iguais. Escreva a fração que representa a parte pintada de verde e indique o numerador e o denominador de cada fração.

a) 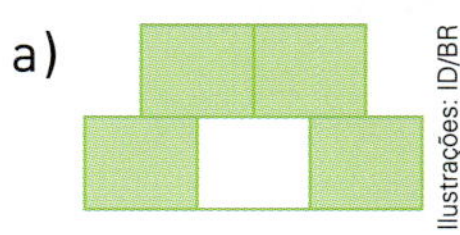

Ilustrações: ID/BR

b) 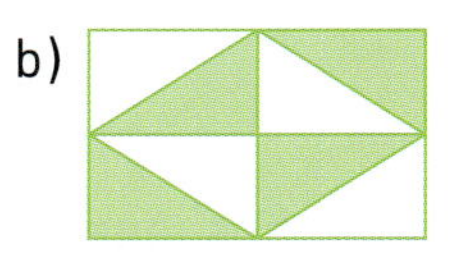

c) 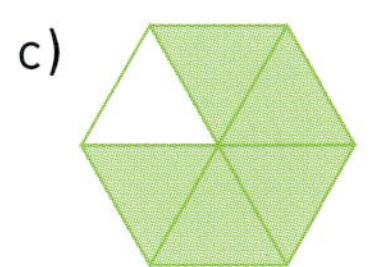

d) 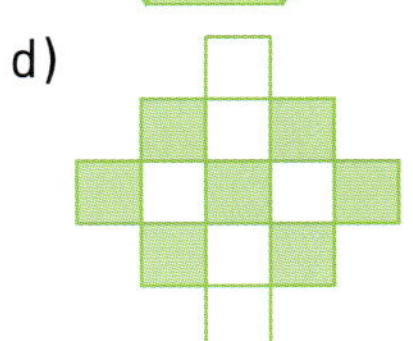

e) 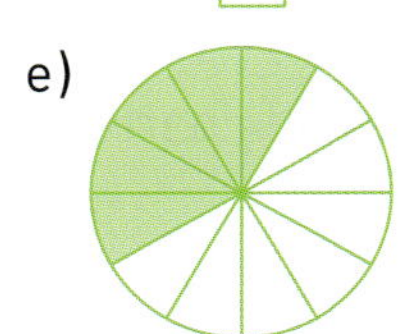

f) 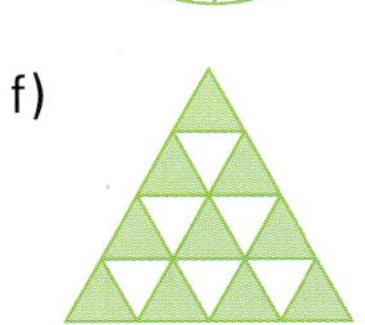

2. Faça desenhos para representar as frações a seguir.

a) $\frac{1}{2}$

b) $\frac{3}{4}$

c) $\frac{6}{7}$

d) $\frac{5}{5}$

e) $\frac{7}{10}$

f) $\frac{8}{11}$

g) $\frac{3}{13}$

h) $\frac{2}{30}$

i) $\frac{9}{18}$

3. Escreva os números na forma de fração.

a) sete nonos

b) quarenta e dois centésimos

c) quinze trinta e três avos

d) cento e vinte e um milésimos

e) dezoito centésimos

f) cem sessenta e dois avos

4. Substitua os ■ pelas informações que tornam as sentenças verdadeiras.

a) O numerador de quarenta milésimos é ■.

b) O ■ de sete oitavos é oito.

c) O denominador da fração $\frac{34}{100}$ é ■.

d) O ■ de trinta e três décimos é 10.

e) 1 é o ■ da fração $\frac{1}{28}$.

f) Na fração vinte e dois quintos, o ■ é 22 e o ■ é 5.

5. Identifique o numerador e o denominador de cada fração a seguir e, depois, escreva como se lê cada fração.

a) $\frac{3}{5}$

b) $\frac{9}{10}$

c) $\frac{7}{8}$

d) $\frac{17}{25}$

e) $\frac{11}{40}$

f) $\frac{20}{12}$

g) $\frac{34}{100}$

h) $\frac{109}{1\,000}$

6. Quais das seguintes frações são decimais?

a) $\frac{10}{13}$

b) $\frac{7}{20}$

c) $\frac{33}{1\,000}$

d) $\frac{100}{32}$

e) $\frac{1}{900}$

f) $\frac{99}{200}$

g) $\frac{3}{100}$

h) $\frac{111}{10}$

Aplicar

7. Um automóvel partiu da cidade *A* em direção à cidade *B*, como representado no esquema a seguir. Considere que o esquema está dividido em partes iguais.

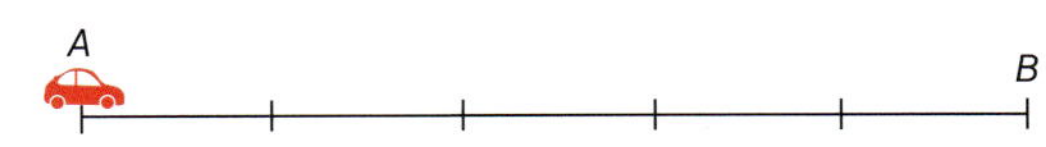

Indique a posição do carro, considerando que ele tenha percorrido:

a) $\frac{2}{5}$ do trajeto.

b) $\frac{3}{5}$ do trajeto.

c) $\frac{4}{5}$ do trajeto.

d) $\frac{5}{5}$ do trajeto.

SITUAÇÕES QUE ENVOLVEM FRAÇÕES

Vamos analisar alguns exemplos de situações do dia a dia nas quais é possível utilizar números na forma de fração.

Situação 1

Joana dividiu uma fita em 7 partes de tamanhos iguais e bordou uma flor em 5 dessas partes. Podemos representar a parte que tem flor por $\frac{5}{7}$.

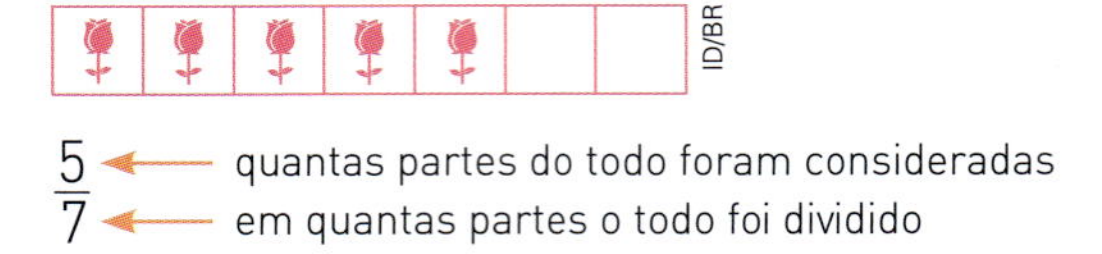

ID/BR

$\frac{5}{7}$ ← 5: quantas partes do todo foram consideradas; 7: em quantas partes o todo foi dividido

Situação 2

Gustavo dividiu uma folha de papel em 6 partes de tamanhos iguais.

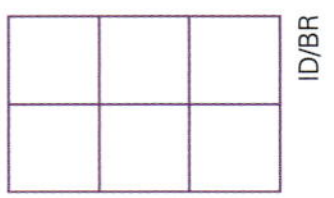

ID/BR

A folha de papel é a unidade que representa o todo, e cada parte representa a sexta parte, ou $\frac{1}{6}$ (um sexto), da folha de papel. As 6 partes juntas representam $\frac{6}{6}$ ou 1.

Situação 3

A bandeira da Bélgica está dividida em 3 partes iguais, e cada parte apresenta uma cor diferente.

Loveshop/Shutterstock.com/ID/BR

Cada cor ocupa a terça parte, ou $\frac{1}{3}$ (um terço), da bandeira. A bandeira é a unidade que representa o todo: $\frac{3}{3}$ (três terços) ou 1 (um inteiro).

Situação 4

Priscila e sua irmã dividiram um bolo em 8 pedaços iguais. Cada uma comeu 1 pedaço, e sobraram 6 pedaços.

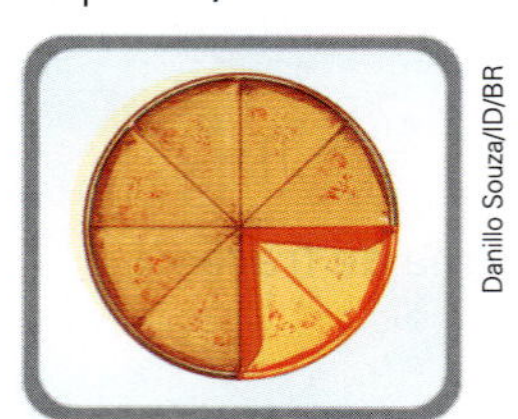

Danillo Souza/ID/BR

O bolo representa a unidade ou o todo. As meninas comeram $\frac{2}{8}$ do bolo e sobraram $\frac{6}{8}$ do bolo. Observe que, juntando as partes que Priscila e sua irmã comeram com as partes que sobraram, obtemos a unidade, que pode ser indicada por $\frac{8}{8}$.

Situação 5

A estante a seguir pode ser vista em uma loja de armarinhos.

Danillo Souza/ID/BR

Observe que, em cada nicho, 5 de cada 13 cones de linha são de linha preta. Ou seja, $\frac{5}{13}$ da quantidade de cones de linha são de linha preta.

Se considerarmos o total de cones de linha da estante, a fração $\frac{15}{39}$ (em que o numerador e o denominador são as quantidades totais de cones de linha preta e a quantidade total de cones de linha na estante, respectivamente) também representa a quantidade de cones de linha preta em relação à quantidade total de cones de linha.

Situação 6

Mariana tem 3 barras de chocolate e quer dividi-las igualmente entre 5 amigos: Ana (A), Bia (B), Cléber (C), Daniel (D) e Elaine (E). Como cada barra tem 5 pedaços iguais, ela pensou em dar 1 pedaço de cada barra a cada amigo. Veja.

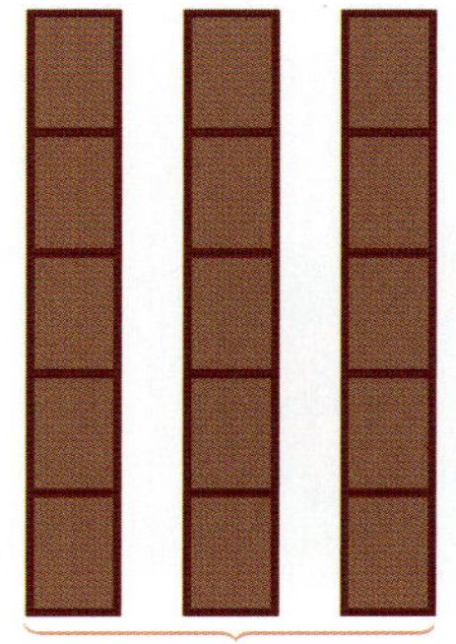
3 barras de chocolate para 5 amigos.

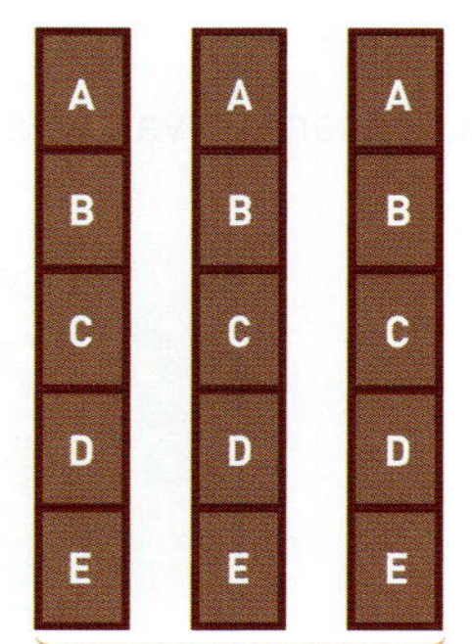

Cada amigo (A, B, C, D e E) receberá 1 pedaço de cada barra, totalizando 3 pedaços para cada um.

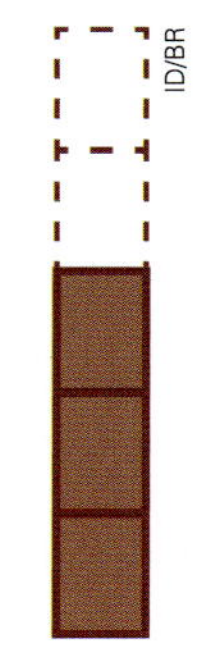
ID/BR

Observe que 3 pedaços correspondem a $\frac{3}{5}$ de 1 barra inteira. Perceba também que cada amigo recebeu menos que 1 barra inteira.

Indicamos a parte que cada amigo recebeu da seguinte maneira:

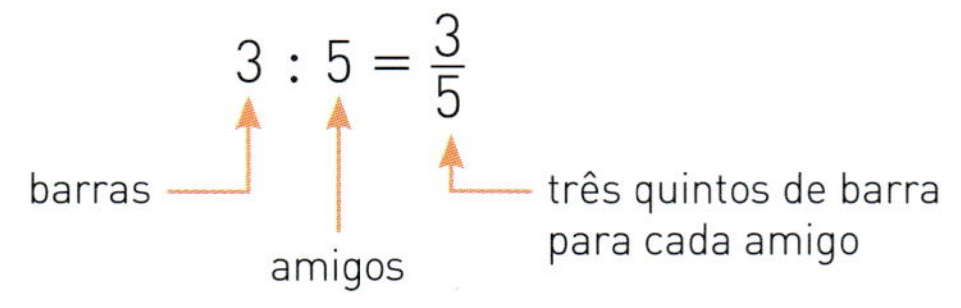

Assim, cada amigo vai receber $\frac{3}{5}$ de uma barra de chocolate.

ATIVIDADES

Retomar e compreender

8. Cláudia convidou 30 amigos para uma festa. Entre eles, 18 eram garotas. Que fração representa a quantidade de garotas em relação ao total de amigos?

9. Caio, Joana e Laura foram jantar em uma pizzaria e pediram uma *pizza* que foi dividida em 8 pedaços iguais. Caio comeu 3 pedaços da *pizza*, Joana comeu 2 pedaços e Laura, 3 pedaços. Represente com uma fração a quantidade de *pizza* que cada um comeu.

10. Em um aquário, há peixes de três cores: azul, vermelho e roxo. Observe.

Danillo Souza/ID/BR

a) Quantos peixes há no aquário?

b) Complete o quadro a seguir com a fração que corresponde à quantidade de cada cor de peixe em relação ao total de peixes no aquário.

Cor do peixe	Fração correspondente
Azul	
Vermelho	
Roxo	

c) Que cor de peixe corresponde à metade do total de peixes do aquário?

11. Arthur foi a uma loja comprar um televisor de R$ 2 000,00 e encontrou as seguintes opções de pagamento:

- à vista, com desconto de R$ 200,00;
- em duas parcelas iguais.

Representе com uma fração o valor que Arthur vai pagar se escolher a opção do parcelamento.

12. Na coleção de Giovana, há 24 livros de poesia e 15 livros de ficção científica.

a) Quantos livros há no total?

b) Os livros de poesia representam que fração do total de livros da coleção de Giovana?

c) Qual é a fração que representa a quantidade de livros de ficção científica em relação ao total de livros da coleção de Giovana?

Aplicar

13. Rodrigo quer dividir igualmente entre 6 amigos as tortas de morango que comprou.

Danillo Souza/ID/BR

a) Represente com uma fração a quantidade de tortas que cada amigo receberá.

b) Faça um esquema para representar a fração que você obteve no item anterior.

c) A quantidade de torta que cada amigo receberá é maior ou menor que uma unidade?

14. Observe o vaso a seguir.

João Picoli/ID/BR

a) As flores amarelas representam que fração do total de flores do vaso?

b) Que fração as flores vermelhas representam em relação ao total de flores do vaso?

c) As flores amarelas representam que fração das flores vermelhas?

d) Se existisse mais um vaso, idêntico ao primeiro, as flores amarelas representariam que fração do total de flores?

TIPOS DE FRAÇÃO

Acompanhe as situações a seguir.

Situação 1

Veja ao lado o título de uma notícia no jornal que João estava lendo.

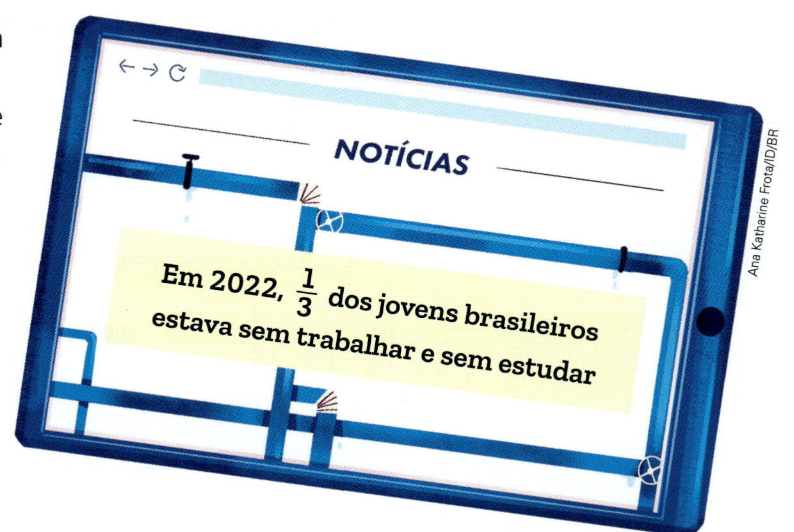

Podemos representar a fração que aparece na notícia da seguinte maneira:

Note que, nessa fração, o numerador é diferente de zero e menor que o denominador. Perceba também que essa fração representa menos que um inteiro. Frações desse tipo são chamadas de **frações próprias**.

Situação 2

Gisele preparou 4 tortas e as dividiu entre seus 3 sobrinhos. Cada um deles recebeu 1 torta inteira e mais $\frac{1}{3}$ de torta.

A quantidade de pedaços que cada um recebeu pode ser representada pela fração $\frac{4}{3}$.

1 torta inteira

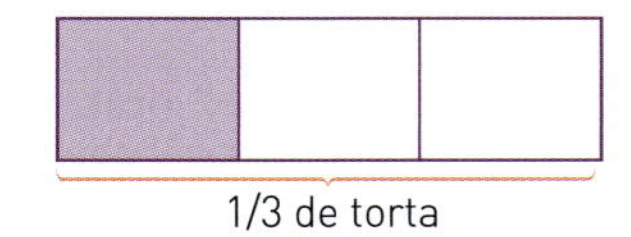
1/3 de torta

Observe que, nessa fração, o numerador é maior que o denominador. Perceba também que essa fração representa mais que um inteiro. Frações que têm o numerador maior ou igual ao denominador ou numerador igual a zero são chamadas de **frações impróprias**.

Situação 3

Leandro dividiu suas 8 figurinhas igualmente em 4 montes. Cada monte ficou com $\frac{8}{4}$ figurinhas, ou seja, 2 figurinhas.

Observe que o número 8 é divisível por 4. Frações que têm o numerador divisível pelo denominador são chamadas de **frações impróprias aparentes**.

Frações próprias são aquelas que representam um número maior que 0 e menor que 1 inteiro.
Frações impróprias são aquelas que representam 0, 1 inteiro ou mais que 1 inteiro.

PARE E REFLITA

Como você representaria a fração $\frac{8}{4}$ usando um esquema?

NÚMEROS MISTOS

As frações impróprias não aparentes representam um valor maior que o inteiro. Podemos indicá-las utilizando números mistos, ou seja, números que têm uma parte inteira e uma parte fracionária. Veja exemplos do uso de números mistos no nosso dia a dia.

(Representações sem proporção de tamanho entre si)

Exemplos

A. Chaves de boca.

Chave de boca de 1 polegada e $\frac{1}{4}$ de polegada. Representamos essa medida por $1\frac{1}{4}$ de polegada. Lê-se: uma polegada e um quarto de polegada ou uma polegada e um quarto.

Dotta2/ID/BR

B. Tubos de PVC.

Tubo de PVC cujo diâmetro mede 2 polegadas e $\frac{1}{2}$ de polegada. Representamos essa medida por $2\frac{1}{2}$ de polegada. Lê-se: duas polegadas e um meio de polegada ou duas polegadas e meia.

COLOA Studio/Shutterstock.com/ID/BR

C. Copos medidores.

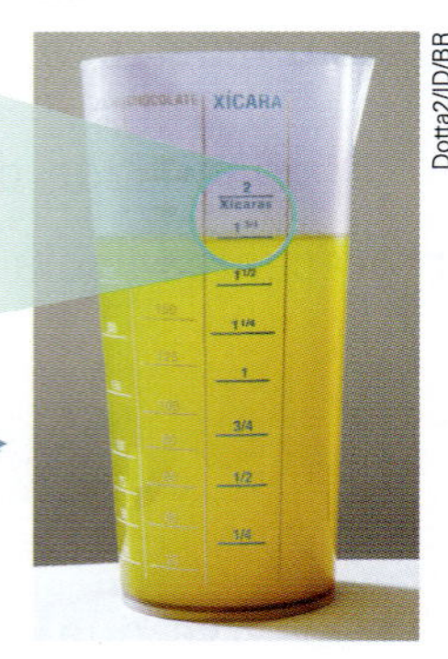

Copo medidor de 2 xícaras. Observe que, com esse copo, é possível obter diversas medidas, como $1\frac{3}{4}$ de xícara. Lê-se: uma xícara e três quartos de xícara.

Dotta2/ID/BR

Transformação de um número misto em fração imprópria

Vimos que as frações impróprias não aparentes podem ser representadas por números mistos. Agora, acompanhe como transformar um número misto em uma fração imprópria.

Exemplo

Vamos transformar o número misto $3\frac{1}{4}$ em uma fração imprópria.

Para isso, primeiro, representamos esse número usando um esquema.

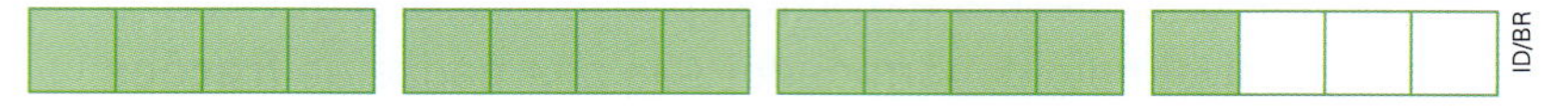

ID/BR

Depois, contamos as partes pintadas de verde e registramos a fração correspondente.

Como cada inteiro foi dividido em 4 partes iguais e, de todas as partes, 13 foram pintadas de verde, temos:

$$3\frac{1}{4} = \frac{13}{4}$$

Transformação de uma fração imprópria em um número misto

Do mesmo modo que podemos transformar um número misto em uma fração imprópria, é possível transformar frações impróprias em números mistos.

Exemplo

Vamos transformar a fração $\frac{17}{5}$ em um número misto.

A fração $\frac{17}{5}$ indica que cada um dos inteiros foi dividido em 5 partes iguais e que 17 partes foram consideradas. Podemos representar essa fração usando um esquema. Veja.

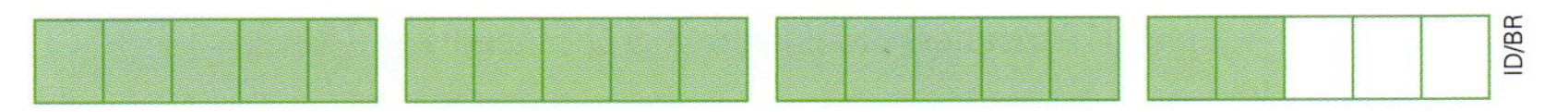

ID/BR

Como há 3 figuras inteiras pintadas de verde e 1 figura em que apenas 2 das 5 partes foram pintadas de verde, concluímos que a representação mista de $\frac{17}{5}$ é $3\frac{2}{5}$.

Que tal usar um recurso para verificar se você compreendeu como representar **frações impróprias e números mistos**? Você sentiu alguma dificuldade? Converse com os colegas e o professor.

ATIVIDADES

Retomar e compreender

15. Classifique a fração que corresponde à parte pintada de roxo de cada grupo de figuras em própria, imprópria aparente ou imprópria não aparente.

a) 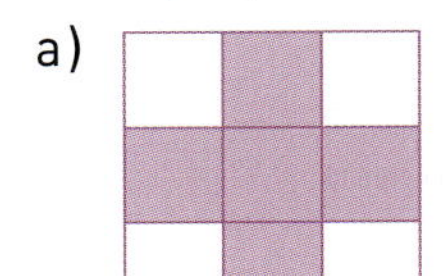

c) 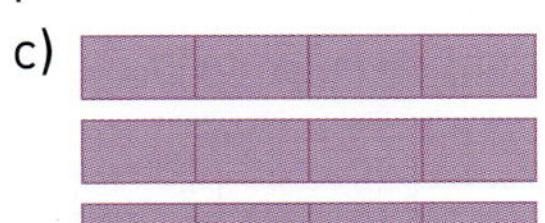

b) 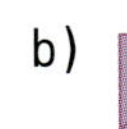 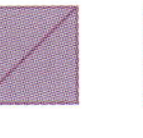 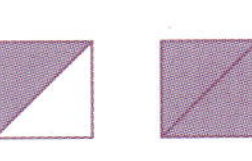

d) 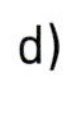 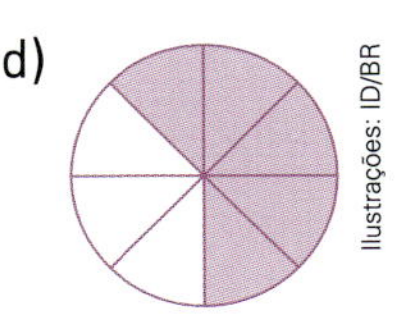

Ilustrações: ID/BR

16. Complete o quadro a seguir.

Número misto	Parte inteira	Parte fracionária
$1\frac{7}{10}$		
	7	$\frac{1}{3}$
	8	$\frac{3}{5}$
$5\frac{3}{17}$		

17. Complete o quadro abaixo.

Número misto	Fração imprópria
$5\frac{4}{9}$	
	$\frac{37}{8}$
$6\frac{2}{3}$	
	$\frac{90}{33}$

18. Represente cada número misto a seguir com um esquema. Depois, transforme-os em frações impróprias.

a) $3\frac{2}{7}$ c) $5\frac{1}{2}$ e) $1\frac{17}{20}$

b) $4\frac{3}{8}$ d) $2\frac{9}{10}$ f) $2\frac{5}{8}$

19. Transforme cada fração imprópria a seguir em um número misto.

a) $\frac{32}{6}$ c) $\frac{100}{3}$ e) $\frac{140}{12}$

b) $\frac{22}{5}$ d) $\frac{99}{10}$ f) $\frac{73}{4}$

Aplicar

20. Represente as frações $3\frac{1}{5}$, $2\frac{3}{5}$, $4\frac{4}{5}$, $1\frac{2}{5}$ e $1\frac{1}{5}$ em uma reta numérica.

FRAÇÃO DE UM NÚMERO

Em diversas situações do dia a dia, precisamos calcular a quanto corresponde certa fração de um número. Vamos analisar algumas situações.

Situação 1

Daniela tem uma coleção de 12 moedas antigas e vai doar $\frac{1}{3}$ delas. Para determinar a quantidade de moedas que ela doará, temos de descobrir quantas moedas correspondem a $\frac{1}{3}$ de 12. A fração $\frac{1}{3}$ indica que o todo, as 12 moedas, foi dividido em 3 grupos iguais e que 1 grupo foi considerado.

todo (12 moedas) dividido em 3 grupos iguais $\rightarrow \frac{12}{3} = 4$

4 moedas em cada grupo

4 moedas em cada grupo

4 moedas em cada grupo

Claudio Divizia/Shutterstock.com/ID/BR

Assim, $\frac{1}{3}$ de 12 ou a terça parte de 12 equivale a 4.

Portanto, Daniela vai doar 4 moedas de sua coleção.

Situação 2

Edu tem 100 reais em cédulas de 20 reais, e Lucas tem o equivalente a $\frac{2}{5}$ dessa quantia. Para determinar a quantia que Lucas tem, precisamos calcular $\frac{2}{5}$ de 100 reais.

quantia que Edu tem: 100 reais

20 reais	20 reais	20 reais	20 reais	20 reais
20 reais	20 reais			

quantia de Lucas: $\frac{2}{5}$ de 100 reais, ou seja, 40 reais

Assim, $\frac{2}{5}$ de 100 reais equivalem a 40 reais.

Portanto, Lucas tem 40 reais.

Situação 3

O livro que Cristina está lendo tem 80 páginas. Ela já leu $\frac{7}{10}$ dessas páginas. Para descobrir quantas páginas Cristina já leu, precisamos calcular $\frac{7}{10}$ de 80.

Como nem sempre é prático utilizar esquemas, podemos obter a fração correspondente a um número multiplicando o numerador da fração pelo número e dividindo o resultado pelo denominador da fração. Veja.

Ana Katharine Frota/ID/BR

numerador → $\frac{7}{10}$ de 80 ← número; denominador → 10

$$\frac{7}{10} \text{ de } 80 \rightarrow \frac{7}{10} \cdot 80 = \frac{7 \cdot 80}{10} = \frac{560}{10} = 56$$

Portanto, Cristina já leu 56 páginas.

Fração de um número na calculadora

Agora, veja alguns exemplos de como determinar a fração de um número com o auxílio de uma calculadora.

Exemplos

A. $\frac{7}{8}$ de 400

Apertamos as teclas: 7 × 4 0 0 ÷ 8 =,

pois $\frac{7}{8}$ de 400 é o mesmo que $\frac{7}{8} \cdot 400 = \frac{7 \cdot 400}{8}$. Então, o resultado que aparecerá no visor será 350.

B. $\frac{2}{13}$ de 520

Apertamos as teclas: 2 × 5 2 0 ÷ 1 3 =,

pois $\frac{2}{13}$ de 520 é o mesmo que $\frac{2}{13} \cdot 520 = \frac{2 \cdot 520}{13}$. Então, o resultado que aparecerá no visor será 80.

ATIVIDADES

Retomar e compreender

21. Calcule o que se pede em cada item.

a) $\frac{8}{3}$ de 60
b) $\frac{111}{30}$ de 330
c) $\frac{149}{100}$ de 200
d) $\frac{1}{10}$ de 1180

Aplicar

22. Sabemos que 1 hora corresponde a 60 minutos. Quantos minutos correspondem a cada um dos intervalos de tempo indicados a seguir?

a) $\frac{1}{4}$ de 1 hora
b) $\frac{1}{3}$ de 1 hora
c) $\frac{3}{4}$ de 1 hora
d) $\frac{1}{12}$ de 1 hora

23. Sabendo que 1 quilograma corresponde a 1 000 gramas e 1 metro corresponde a 100 centímetros, responda às questões.

a) $\frac{1}{2}$ de 1 quilograma corresponde a quantos gramas?
b) $\frac{1}{4}$ de 1 metro corresponde a quantos centímetros?
c) $\frac{2}{5}$ de 1 quilograma correspondem a quantos gramas?
d) $\frac{3}{5}$ de 1 metro correspondem a quantos centímetros?

24. Calcule o valor correspondente a cada item. Dê a resposta em centavos.

a) $\frac{1}{2}$ de real
b) $\frac{1}{10}$ de real
c) $\frac{1}{4}$ de real
d) $\frac{3}{10}$ de real

25. Um município tem aproximadamente 204 000 habitantes e, desse total, $\frac{3}{8}$ trabalham com turismo.

a) Quantos habitantes desse município trabalham com turismo?
b) Quantos não trabalham com turismo?

26. O Parque Nacional da Serra da Bocaina, localizado na divisa entre os estados de São Paulo e do Rio de Janeiro, ocupa uma área com cerca de 104 000 hectares, sendo $\frac{2}{5}$ pertencentes a São Paulo. Quantos hectares do parque pertencem ao estado do Rio de Janeiro?

27. Um dispositivo pode armazenar 80 minutos de gravação. Cármen gravou algumas músicas e ocupou $\frac{5}{8}$ da capacidade do dispositivo. Quantos minutos de gravação ela ainda pode utilizar?

FRAÇÕES EQUIVALENTES

Renata comprou 2 barras de cereais com o mesmo tamanho, 1 para Ana e 1 para Antônio. Ela dividiu a barra de Ana em 2 pedaços iguais e a barra de Antônio em 4 pedaços iguais. Ana comeu 1 pedaço da sua barra e Antônio comeu 2 pedaços. Veja.

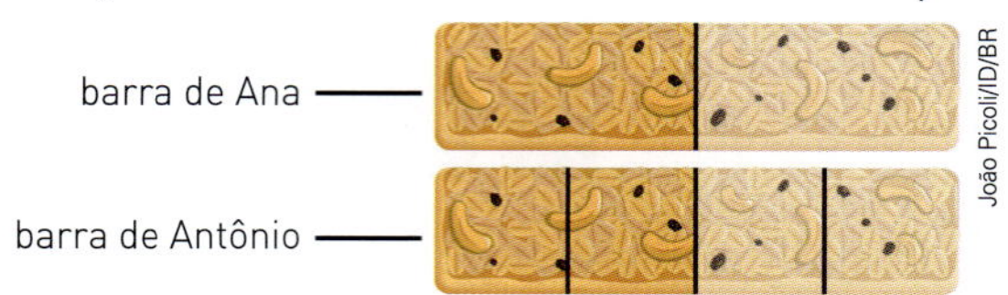

Observe que as barras de cereais são do mesmo tamanho e que Ana comeu $\frac{1}{2}$ da barra de cereais e Antônio comeu $\frac{2}{4}$ da barra. Como as porções da barra de cereais que Ana e Antônio comeram são iguais, concluímos que $\frac{1}{2} = \frac{2}{4}$ e dizemos que essas frações são equivalentes.

Duas ou mais frações são **equivalentes** quando representam o mesmo número racional.

Exemplo

As frações $\frac{5}{6}$, $\frac{10}{12}$ e $\frac{20}{24}$ são equivalentes. Observe.

$\frac{5}{6}$

$\frac{10}{12}$

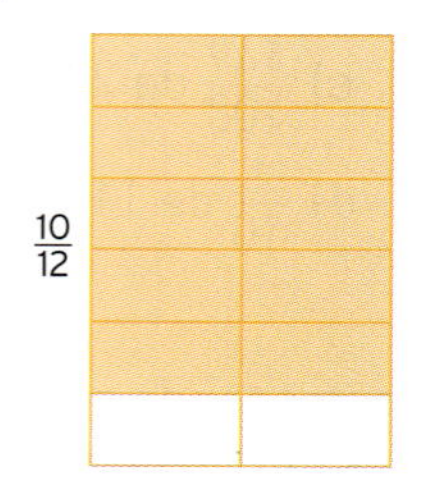

$\frac{20}{24}$

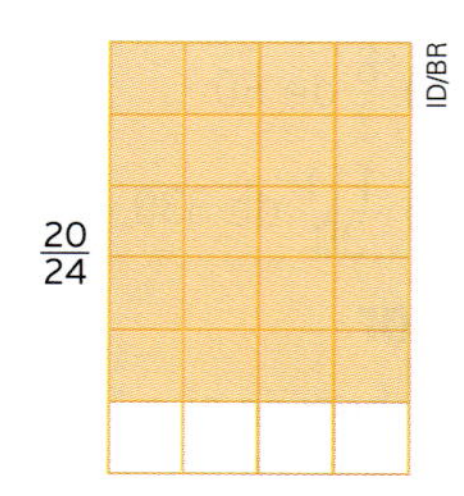

ID/BR

Propriedade fundamental das frações

Ao multiplicar ou dividir o numerador e o denominador de uma fração por um mesmo número natural não nulo, obtemos uma fração equivalente a ela. Essa é a **propriedade fundamental das frações**.

Exemplos

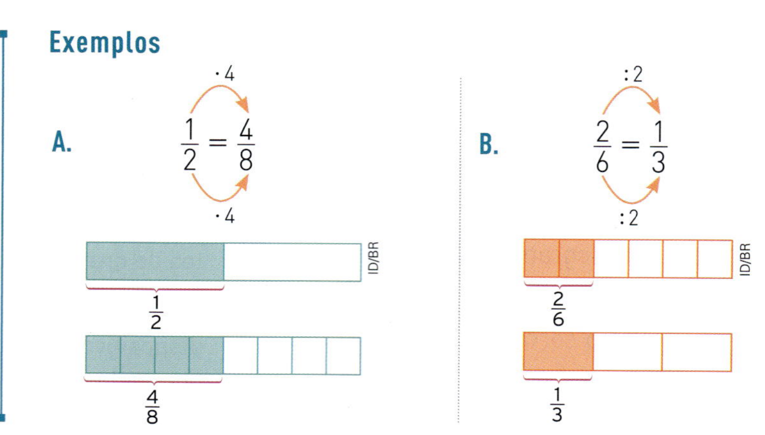

FRAÇÕES EQUIVALENTES A UM NÚMERO NATURAL

Como o traço de fração também indica uma divisão, todo número natural pode ser escrito como uma fração, em que o numerador é o próprio número natural e o denominador é o número 1. Dessa maneira, podemos obter frações equivalentes a um número natural multiplicando ou dividindo o numerador e o denominador pelo mesmo número.

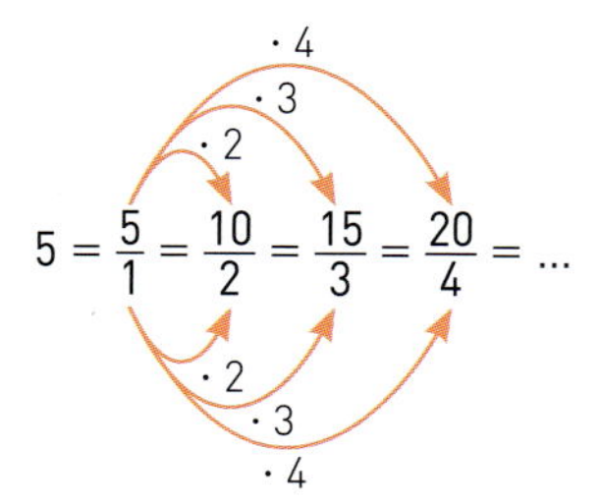

SIMPLIFICAÇÃO DE FRAÇÕES

Simplificar uma fração é determinar uma fração equivalente cujos termos são menores que os da fração inicial.

Quando uma fração não pode ser simplificada, ou seja, quando não for mais possível dividir o numerador e o denominador por um mesmo número que seja diferente de zero ou de 1, dizemos que a fração é **irredutível**.

Exemplo

Vamos simplificar a fração $\frac{90}{120}$ até obter uma fração irredutível.

Para isso, vamos dividir o numerador e o denominador por fatores comuns, até que não haja mais fatores comuns.

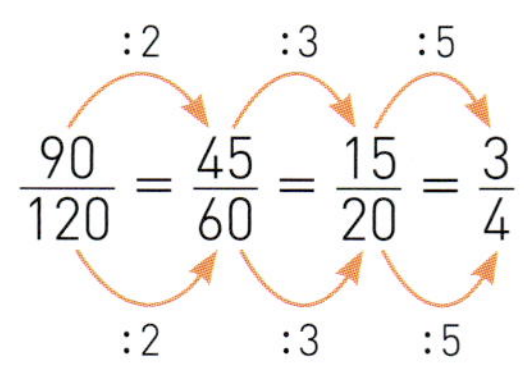

$$\frac{90}{120} \overset{:2}{=} \frac{45}{60} \overset{:3}{=} \frac{15}{20} \overset{:5}{=} \frac{3}{4}$$

Observe que as frações obtidas são equivalentes às anteriores e que os numeradores e os denominadores são menores.

ATIVIDADES

Retomar e compreender

28. Em quais das figuras a seguir a parte verde representa uma fração equivalente a $\frac{1}{2}$?

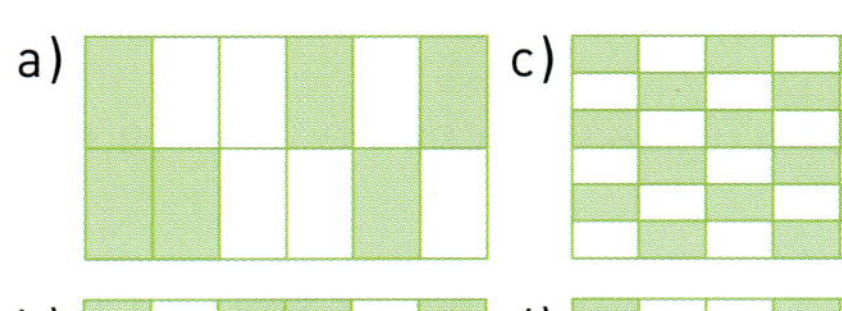

a) c) b) d)

Ilustrações: ID/BR

29. Identifique quais das frações a seguir são equivalentes a $\frac{1}{9}$.

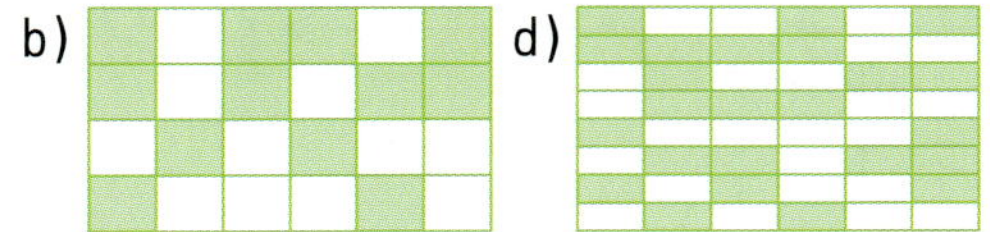

$\frac{20}{180}$ $\frac{121}{275}$ $\frac{13}{117}$ $\frac{4}{36}$

30. Substitua cada ★ das igualdades por um número, de modo que os pares de frações sejam equivalentes.

a) $\frac{1}{3} = \frac{★}{18}$

b) $\frac{★}{4} = \frac{45}{36}$

c) $\frac{2}{5} = \frac{16}{★}$

d) $\frac{28}{★} = \frac{7}{8}$

e) $\frac{1}{4} = \frac{★}{24}$

f) $\frac{★}{24} = \frac{3}{8}$

31. Determine a fração equivalente a $\frac{7}{13}$ cujo denominador é 117.

32. Simplifique as frações a seguir até obter uma fração irredutível.

a) $\frac{45}{60}$

b) $\frac{21}{49}$

c) $\frac{56}{80}$

d) $\frac{20}{120}$

Aplicar

33. O estádio Beira-Rio, em Porto Alegre, tem capacidade para até 56 000 pessoas.

Silvio Avila/Getty Images

▲ Estádio José Pinheiro Borda, conhecido como Beira-Rio, em Porto Alegre (RS). Foto de 2021.

Para uma partida de futebol, foram vendidos 32 000 ingressos. Que fração irredutível expressa a quantidade de ingressos vendidos em relação à capacidade do estádio?

COMPARAÇÃO DE FRAÇÕES

Para comparar duas ou mais frações, podemos observar seus numeradores e seus denominadores. Existem três situações: quando os denominadores são iguais, quando os numeradores são iguais e quando os numeradores e os denominadores são diferentes. Vamos estudar cada uma delas.

Frações com denominadores iguais

Tatiana promoveu uma campanha para arrecadar materiais recicláveis e doá-los a algumas instituições de apoio social. No fim da campanha, ela contabilizou que $\frac{2}{13}$ das doações foram de garrafas PET e $\frac{5}{13}$ das doações foram de latinhas de alumínio.

Para saber qual dos dois materiais foi doado em maior quantidade, temos de comparar as frações $\frac{2}{13}$ e $\frac{5}{13}$ e descobrir qual é a maior.

Uma maneira de comparar essas frações é representando-as por meio de um esquema. Veja.

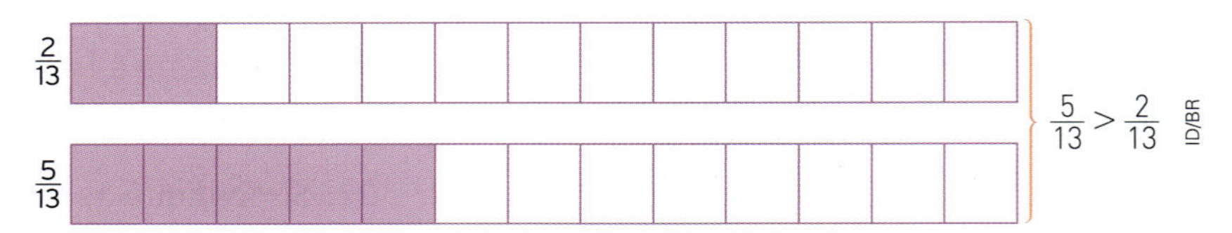

Outra maneira de comparar essas frações é na reta numérica. Veja.

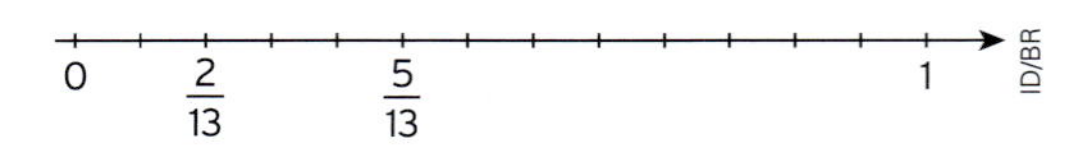

Como $\frac{5}{13}$ está à direita de $\frac{2}{13}$ na reta numérica, podemos concluir que $\frac{5}{13} > \frac{2}{13}$ e, por isso, a quantidade de latinhas de alumínio doadas foi maior do que a de garrafas PET.

De maneira geral, quando queremos comparar duas ou mais frações que têm denominadores iguais, podemos observar apenas os numeradores.

No caso do exemplo, as duas frações apresentam denominadores iguais (13). Assim, devemos comparar os numeradores 2 e 5. Como $5 > 2$, temos $\frac{5}{13} > \frac{2}{13}$.

Quando duas ou mais frações têm denominadores iguais, a maior fração é aquela que apresenta o maior numerador.

CIDADANIA GLOBAL

CAMPANHAS DE ARRECADAÇÃO DE MATERIAIS RECICLÁVEIS

No Brasil, há diversas campanhas de arrecadação de materiais recicláveis. A unidade do Hospital de Amor de Barretos (SP), por exemplo, arrecada tampinhas plásticas na campanha Tampinhas de Amor. Essas tampinhas são vendidas em cooperativas de reciclagem e todo o dinheiro arrecadado é destinado à Associação do Voluntariado de Combate ao Câncer de Barretos, que compra itens necessários para o hospital e seus pacientes.

Podem ser doadas tampinhas de plástico duro, como de garrafas de água, refrigerantes e leite e de potes de maionese, achocolatado, creme dental, *shampoo*, condicionador e produtos de limpeza.

- Converse com os colegas sobre as campanhas que você conhece. Em grupos, busquem informações sobre campanhas de arrecadação de materiais recicláveis na região em que vocês moram, destacando os objetivos e os resultados. Depois, compartilhem o levantamento com a turma por meio de uma apresentação.

Frações com numeradores iguais

Camila, Fernando, Luís, Diana, Marcelo e Gabriela receberam uma folha de papel avulsa cada um. Usando apenas o lápis de cor vermelho, cada um deles pintou sua folha da seguinte maneira:

- Camila pintou $\frac{1}{2}$;
- Fernando pintou $\frac{1}{3}$;
- Luís pintou $\frac{1}{4}$;
- Diana pintou $\frac{1}{6}$;
- Marcelo pintou $\frac{1}{8}$;
- Gabriela pintou $\frac{1}{12}$.

Para descobrir qual deles pintou uma parte maior da folha, podemos comparar as frações $\frac{1}{2}$, $\frac{1}{3}$, $\frac{1}{4}$, $\frac{1}{6}$, $\frac{1}{8}$ e $\frac{1}{12}$.

Uma maneira de comparar essas frações é representando-as por meio de um esquema. Veja.

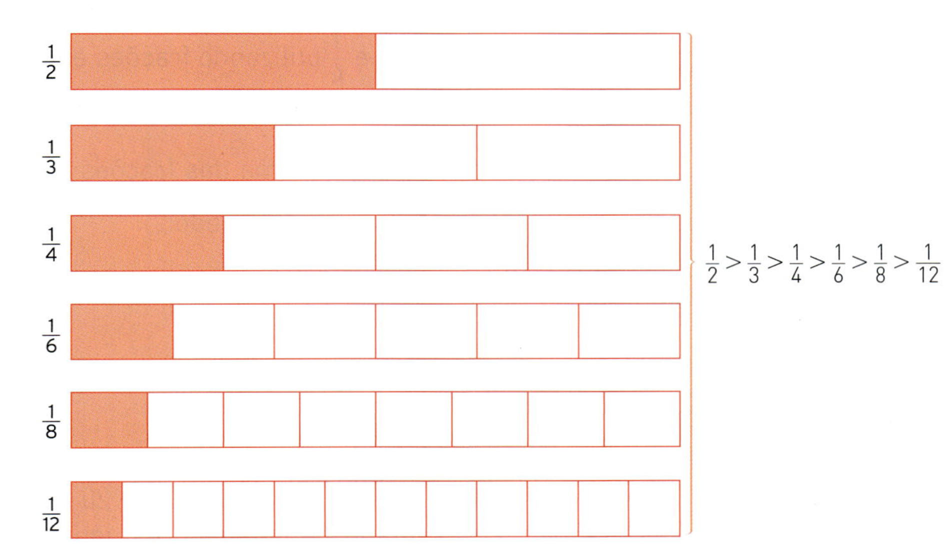

Outra maneira de comparar essas frações é na reta numérica. Veja.

0 $\frac{1}{12}$ $\frac{1}{8}$ $\frac{1}{6}$ $\frac{1}{4}$ $\frac{1}{3}$ $\frac{1}{2}$ 1

Ilustrações: ID/BR

Observando a posição de cada uma das frações na reta numérica, temos $\frac{1}{2} > \frac{1}{3} > \frac{1}{4} > \frac{1}{6} > \frac{1}{8} > \frac{1}{12}$.

De maneira geral, quando queremos comparar duas ou mais frações que têm numeradores iguais, podemos observar apenas os denominadores.

No caso do exemplo, as frações apresentam numeradores iguais (1). Assim, devemos comparar os denominadores 2, 3, 4, 6, 8 e 12. Como $2 < 3 < 4 < 6 < 8 < 12$, temos $\frac{1}{2} > \frac{1}{3} > \frac{1}{4} > \frac{1}{6} > \frac{1}{8} > \frac{1}{12}$.

Quando duas ou mais frações têm numeradores iguais, a maior fração é aquela que apresenta o menor denominador.

Frações com numeradores e denominadores diferentes

Vanessa e Túlio compraram, respectivamente, $\frac{2}{5}$ e $\frac{1}{4}$ das camisetas vendidas na parte da manhã de uma loja.

Para saber qual dos dois comprou mais camisetas, vamos fazer um esquema.

Vanessa: $\frac{2}{5}$ Túlio: $\frac{1}{4}$

Ilustrações: ID/BR

Pelo esquema, podemos perceber que a quantidade de camisetas compradas por Vanessa foi maior que a quantidade comprada por Túlio.

Outra maneira de comparar essas frações é usando a reta numérica.

0 $\frac{1}{4}$ $\frac{2}{5}$ 1

Que tal testar seus conhecimentos com o jogo **Comparação de frações**? Pintar os quadrinhos facilitou a comparação de frações? Converse com os colegas e o professor.

Observando a posição de cada fração na reta numérica, temos $\frac{2}{5} > \frac{1}{4}$.

Podemos também comparar as frações $\frac{2}{5}$ e $\frac{1}{4}$ utilizando frações equivalentes, que correspondam ao mesmo número racional.

Considerando as frações equivalentes de cada uma das frações $\frac{2}{5}$ e $\frac{1}{4}$, procuramos duas frações que tenham o mesmo denominador.

- $\frac{2}{5} \rightarrow \frac{2}{5} = \frac{4}{10} = \frac{6}{15} = \frac{8}{20} = \frac{10}{25} = \ldots$
- $\frac{1}{4} \rightarrow \frac{1}{4} = \frac{2}{8} = \frac{3}{12} = \frac{4}{16} = \frac{5}{20} = \ldots$

Como $\frac{2}{5} = \frac{8}{20}$ e $\frac{1}{4} = \frac{5}{20}$, podemos comparar as frações $\frac{8}{20}$ e $\frac{5}{20}$. Vimos que, quando as frações apresentam denominadores iguais, a maior delas é a que apresenta o maior numerador. Portanto, $\frac{8}{20} > \frac{5}{20}$ e, consequentemente, $\frac{2}{5} > \frac{1}{4}$.

ATIVIDADES

Retomar e compreender

34. Compare os números de cada item a seguir usando os símbolos $<$, $>$ ou $=$.

a) $\frac{3}{17}$ e $\frac{5}{17}$ b) $\frac{1}{7}$ e $\frac{1}{12}$ c) $\frac{7}{12}$ e $\frac{21}{36}$ d) $\frac{3}{8}$ e $\frac{7}{24}$ e) $\frac{4}{10}$ e $\frac{40}{100}$ f) $\frac{23}{24}$ e $\frac{5}{4}$

35. Escreva as frações a seguir em ordem decrescente.

$\frac{2}{3}$ $\frac{11}{18}$ $\frac{2}{9}$ $\frac{9}{6}$

Retomar e compreender

1. Suzana fez uma torta para vender e dividiu-a em 6 pedaços iguais.

Considerando que Suzana vendeu a torta inteira por R$ 24,00, responda às questões.

a) Quanto custa $\frac{1}{6}$ da torta?

b) Quanto custam $\frac{4}{6}$ da torta?

2. Observe as afirmações de Jorge e de Lúcia e responda às questões.

Tenho $\frac{3}{20}$ de 200 reais.
Tenho $\frac{1}{5}$ de 200 reais.

a) Quantos reais Jorge tem?

b) Quantos reais Lúcia tem?

c) Qual é a maior fração: $\frac{1}{5}$ ou $\frac{3}{20}$?

3. Para fazer uma vitamina, foram utilizados os seguintes ingredientes:

- 500 mL de polpa de mamão;
- 100 mL de suco de acerola;
- 400 mL de leite.

a) Escreva uma fração irredutível que represente a quantidade de cada ingrediente em relação à quantidade de vitamina.

b) Coloque as frações obtidas no item anterior em ordem crescente.

4. Em uma sala de aula, $\frac{2}{3}$ dos estudantes jogam futebol e $\frac{3}{7}$ jogam vôlei. Qual esporte é mais praticado pelos estudantes dessa turma: futebol ou vôlei?

5. Laís, Sofia e Nina estudam na mesma escola.

- Laís estuda $\frac{1}{4}$ do dia.
- Sofia estuda $\frac{4}{16}$ do dia.
- Nina estuda $\frac{8}{32}$ do dia.

a) Quem estuda mais: Laís, Sofia ou Nina? Explique seu raciocínio.

b) Quantas horas por dia cada uma delas estuda?

Aplicar

6. Maurício e Lúcia fizeram a prova de uma olimpíada de Matemática que continha 180 questões. Maurício acertou $\frac{3}{5}$ das questões, e Lúcia acertou $\frac{4}{10}$. Quem acertou mais questões?

7. Qual distância é maior: 600 m ou $\frac{11}{20}$ de 1 km?

Lembre-se:
1 000 m equivalem a 1 km!

Ilustrações: Danillo Souza/ID/BR

8. Uma pesquisa feita em uma pequena cidade revelou que:

- 8 em cada 10 habitantes têm televisor em casa;
- 15 em cada 20 habitantes têm telefone;
- 13 em cada 15 habitantes têm rádio.

Nessa cidade, há mais televisores, telefones ou rádios?

9. Um fogão custa R$ 960,00. Para comprá-lo, Marcos vai dar um valor de entrada e o restante vai pagar em 5 prestações iguais, cada uma correspondendo a $\frac{1}{8}$ do preço total do fogão. Qual é o valor que Marcos dará de entrada?

10. Elabore um problema que envolva o cálculo da fração de uma quantidade usando os dados a seguir. Depois, dê a um colega para ele resolver.

- 432 cachorros
- $\frac{3}{4}$

CAPÍTULO 2

OPERAÇÕES COM FRAÇÕES

ADIÇÃO E SUBTRAÇÃO

A gasolina comercializada no Brasil é, na verdade, uma mistura de gasolina e álcool. Essa mistura possibilita a redução da emissão de alguns gases poluentes. Em contrapartida, provoca aumento do consumo.

As regras que determinam as quantidades de álcool em cada tipo de gasolina são estabelecidas pelo governo. Na gasolina *premium*, por exemplo, a cada litro de combustível pode haver, no máximo, $\frac{1}{4}$ de álcool. Então, a cada litro desse combustível deve haver, no mínimo, quanto de gasolina?

Para responder a essa questão, podemos utilizar um esquema.

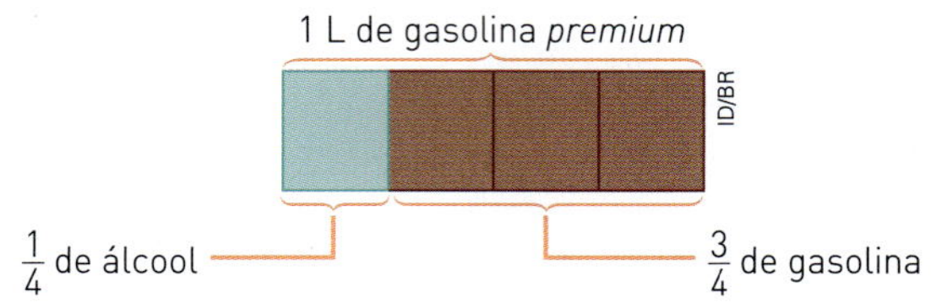

Portanto, a cada litro de gasolina *premium,* no mínimo $\frac{3}{4}$ devem ser de gasolina.

Situações como essa nem sempre podem ser resolvidas com esquemas. Precisamos utilizar conhecimentos que envolvem adições e subtrações de frações.

Veículo sendo abastecido em posto de combustível.

Pairat Kumkrong/Shutterstock.com/ID/BR

Frações com denominadores iguais

Acompanhe, nas situações a seguir, como podemos realizar adições e subtrações de frações com denominadores iguais.

Situação 1

Vívian comeu $\frac{2}{3}$ de uma torta pela manhã e $\frac{1}{3}$ dessa torta à tarde. Qual fração dessa torta ela comeu?

Podemos obter a fração da torta que Vívian comeu efetuando $\frac{2}{3} + \frac{1}{3}$.

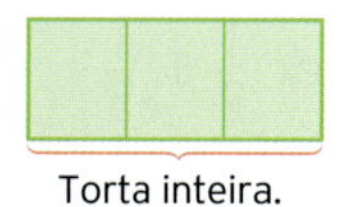
Torta inteira.

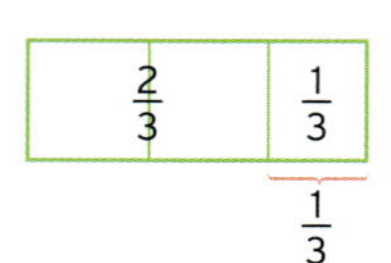

$\frac{2}{3}$
Parte da torta que Vívian comeu de manhã.

$\frac{2}{3}$ | $\frac{1}{3}$

$\frac{1}{3}$
Parte da torta que ela comeu à tarde.

$\frac{2}{3}$ | $\frac{1}{3}$

$\frac{2}{3} + \frac{1}{3} = \frac{3}{3} = 1$
Total de partes da torta que ela comeu de manhã e à tarde.

Ilustrações: ID/BR

As frações $\frac{2}{3}$ e $\frac{1}{3}$ apresentam o mesmo denominador (3). Para adicioná-las, mantemos o denominador e adicionamos os numeradores (2 e 1).

$$\frac{2}{3} + \frac{1}{3} = \frac{2 + 1}{3} = \frac{3}{3} = 1$$

Portanto, Vívian comeu $\frac{3}{3}$ da torta ou 1 torta inteira.

Situação 2

Antes de sair para uma viagem, João abasteceu o carro, de modo que $\frac{4}{4}$ do tanque ficaram com combustível. Depois de dirigir um longo percurso pela estrada, ele verificou que o combustível restante ocupava apenas $\frac{1}{4}$ do tanque. Quanto combustível foi gasto nesse percurso?

Para determinar quanto de combustível foi gasto, podemos efetuar $\frac{4}{4} - \frac{1}{4}$.

$\frac{1}{4}$ | $\frac{1}{4}$ | $\frac{1}{4}$ | $\frac{1}{4}$

$\frac{4}{4}$
Quantidade de combustível no início da viagem.

$\frac{1}{4}$ | $\frac{1}{4}$ | $\frac{1}{4}$ | $\frac{1}{4}$

$\frac{1}{4}$
Quantidade de combustível que restou após o percurso.

$\frac{1}{4}$ | $\frac{1}{4}$ | $\frac{1}{4}$ | $\frac{1}{4}$

$\frac{4}{4} - \frac{1}{4} = \frac{3}{4}$
Diferença entre as quantidades de combustível no início da viagem e ao final do percurso, ou seja, a quantidade de combustível gasto no percurso.

Do mesmo modo que na adição, para subtrair as frações $\frac{4}{4}$ e $\frac{1}{4}$, que têm o mesmo denominador (4), podemos manter o denominador e subtrair os numeradores (4 e 1).

$$\frac{4}{4} - \frac{1}{4} = \frac{4 - 1}{4} = \frac{3}{4}$$

Portanto, foram gastos $\frac{3}{4}$ de combustível nesse percurso.

Na adição e na subtração de frações com denominadores iguais, adicionamos ou subtraímos os numeradores, de acordo com a operação desejada, e conservamos o denominador. Quando possível, simplificamos a fração obtida.

Frações com denominadores diferentes

Agora, nas situações a seguir, vamos analisar adições e subtrações de frações com denominadores diferentes.

Situação 1

Para preparar uma porção de tinta, um pintor utilizou dois recipientes iguais. Preencheu $\frac{1}{2}$ do primeiro recipiente com água e $\frac{1}{5}$ do outro recipiente com um pigmento líquido. Em seguida, misturou a água e o pigmento em um dos recipientes. Qual fração do recipiente a mistura ocupou?

Para descobrir a fração do recipiente ocupada, vamos efetuar $\frac{1}{2} + \frac{1}{5}$.

Como os denominadores são diferentes, precisamos encontrar frações equivalentes às iniciais com o mesmo denominador.

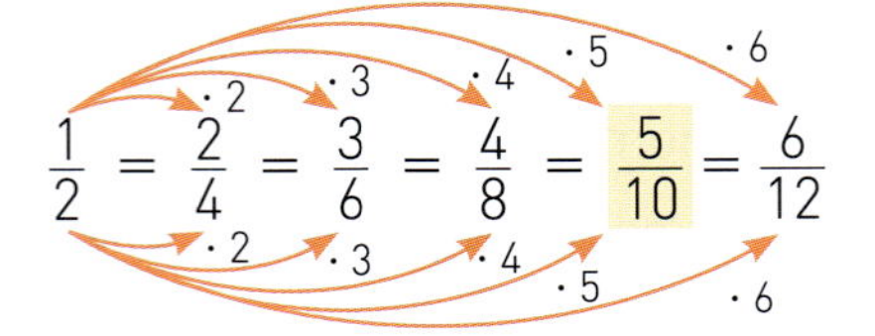

$$\frac{1}{2} = \frac{2}{4} = \frac{3}{6} = \frac{4}{8} = \frac{5}{10} = \frac{6}{12}$$

$$\frac{1}{5} = \frac{2}{10} = \frac{3}{15} = \frac{4}{20}$$

Depois de encontrar frações equivalentes às iniciais e que têm denominadores iguais, efetuamos a adição.

$$\frac{1}{2} + \frac{1}{5} = \frac{5}{10} + \frac{2}{10} = \frac{5 + 2}{10} = \frac{7}{10}$$

Portanto, a mistura ocupou $\frac{7}{10}$ do recipiente.

Situação 2

Uma empresa comprou um lote de bicicletas e as disponibilizou para seus funcionários utilizarem como meio de transporte para o trabalho. Desse lote, $\frac{1}{4}$ das bicicletas era urbana e $\frac{2}{5}$ delas eram esportivas. Qual fração representa quantas bicicletas urbanas foram compradas a mais que esportivas?

Para responder a essa questão, devemos efetuar $\frac{2}{5} - \frac{1}{4}$.

Como os denominadores são diferentes, encontramos frações equivalentes às iniciais com o mesmo denominador.

$$\frac{2}{5} = \frac{4}{10} = \frac{6}{15} = \frac{8}{20} = \frac{10}{25}$$

$$\frac{1}{4} = \frac{2}{8} = \frac{3}{12} = \frac{4}{16} = \frac{5}{20} = \frac{6}{24}$$

Depois de encontrar frações equivalentes às iniciais e que têm denominadores iguais, efetuamos a subtração.

$$\frac{2}{5} - \frac{1}{4} = \frac{8}{20} - \frac{5}{20} = \frac{8 - 5}{20} = \frac{3}{20}$$

Portanto, $\frac{3}{20}$ é a fração que representa quantas bicicletas urbanas foram compradas a mais que as esportivas.

Na adição e na subtração de frações com denominadores diferentes, determinamos frações equivalentes às iniciais, com o mesmo denominador. Em seguida, realizamos a adição ou a subtração dos numeradores, de acordo com a operação desejada, conservando o denominador. Quando possível, simplificamos a fração obtida.

DESCUBRA +

As frações unitárias

Os egípcios [...] eram hábeis na decomposição de frações em frações unitárias, isto é, frações [...] [cujo] numerador é 1. Acredita-se, pelos registros de cálculos contidos no Papiro Rhind, que dispunham de técnicas inteligentes de decomposição em frações unitárias. Por exemplo, a fração $\frac{3}{5}$ era representada como a soma $\left(\frac{1}{3}\right) + \left(\frac{1}{5}\right) + \left(\frac{1}{15}\right)$.

Vinicius C. Beck. A matemática no Egito Antigo. Disponível em: https://editora.pucrs.br/edipucrs/acessolivre/anais/erematsul/comunicacoes/38VINICIUSCARVALHOBECK.pdf. Acesso em: 23 mar. 2023.

ATIVIDADES

Retomar e compreender

1. Efetue as operações.

a) $\frac{1}{9} + \frac{7}{9}$

b) $\frac{12}{20} - \frac{9}{20}$

c) $\frac{3}{4} + \frac{1}{2}$

d) $\frac{8}{6} - \frac{5}{7}$

e) $\frac{12}{13} - \frac{7}{13} - \frac{2}{13}$

f) $\frac{8}{24} + \frac{3}{8} - \frac{3}{12}$

2. Indique qual das operações a seguir apresenta maior resultado.

$\frac{1}{3} + \frac{1}{12}$ ou $\frac{3}{4} - \frac{1}{6}$

3. Observe o cálculo a seguir.

$\frac{3}{8} + \frac{3}{8} = \frac{6}{16}$

Danillo Souza/ID/BR

Esse cálculo está correto? Justifique sua resposta fazendo uma representação geométrica.

4. Substitua ★ e ■ por algarismos que tornem verdadeira a igualdade a seguir.

$\frac{2}{★} + \frac{■}{5} + \frac{3}{★} = \frac{12}{5}$

Aplicar

5. Ivo comeu $\frac{1}{6}$ de um bolo, e sua irmã comeu $\frac{1}{12}$ do mesmo bolo.

a) Considerando o bolo inteiro, que fração do bolo Ivo e a irmã comeram juntos?

b) Que fração do bolo sobrou?

6. Acompanhe como Mariana calculou corretamente o resultado de $\frac{3}{4} + \frac{5}{6} - \frac{2}{3}$.

Como as frações têm denominadores diferentes, devo encontrar frações equivalentes com denominadores iguais.

$\frac{3}{4} = \frac{6}{8} = \frac{9}{12}$

$\frac{5}{6} = \frac{10}{12}$

$\frac{2}{3} = \frac{4}{6} = \frac{6}{9} = \frac{8}{12}$

Obtive frações equivalentes com denominadores iguais a 12.

$\frac{3}{4} + \frac{5}{6} - \frac{2}{3} = \frac{9}{12} + \frac{10}{12} - \frac{8}{12} =$

$= \frac{9 + 10 - 8}{12} = \frac{11}{12}$

ID/BR

Utilize a estratégia de Mariana para calcular o valor de cada expressão numérica a seguir e, quando possível, simplifique o resultado.

a) $\frac{7}{10} + \frac{3}{10} - \frac{5}{10}$

b) $\frac{7}{15} - \frac{3}{15} + \frac{11}{5}$

c) $\frac{5}{6} + \frac{1}{3} - \frac{1}{12}$

d) $\frac{11}{12} + \frac{20}{6} - \frac{7}{4}$

e) $\frac{1}{3} + \frac{1}{12} - \frac{1}{6}$

f) $1 - \frac{3}{10} - \frac{2}{5}$

MULTIPLICAÇÃO

Observe a seguir dois casos de multiplicação: multiplicação de um número natural por uma fração e multiplicação de uma fração por uma fração.

Multiplicação de um número natural por uma fração

Acompanhe, nas situações a seguir, como podemos realizar multiplicações de um número natural por uma fração.

Situação 1

Para fazer uma fornada de *brownies*, Bruna utiliza $\frac{1}{5}$ de xícara de cacau em pó. Como ela quer fazer 3 fornadas, de que fração de xícara de cacau em pó Bruna vai precisar?

Para descobrir a fração de xícara de cacau em pó a ser usada, devemos efetuar $3 \cdot \frac{1}{5}$. Observe que $3 \cdot \frac{1}{5}$ é o mesmo que $\frac{1}{5} + \frac{1}{5} + \frac{1}{5}$. Assim:

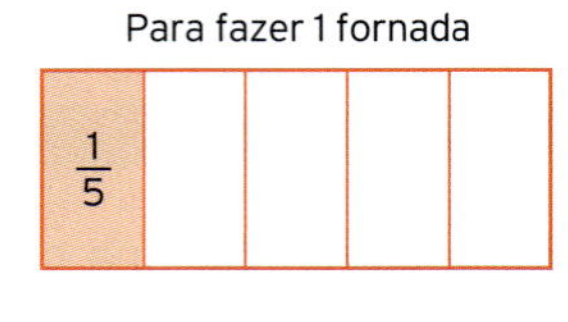

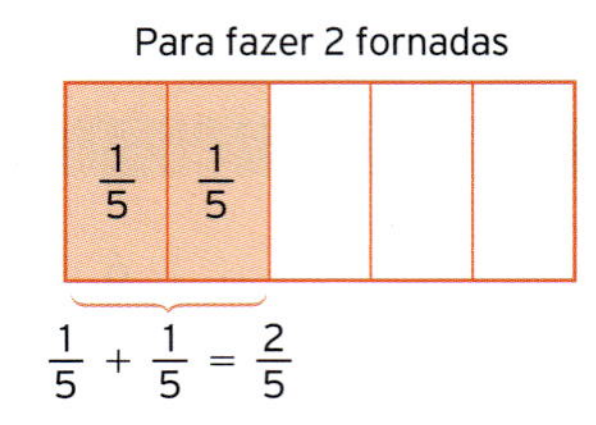

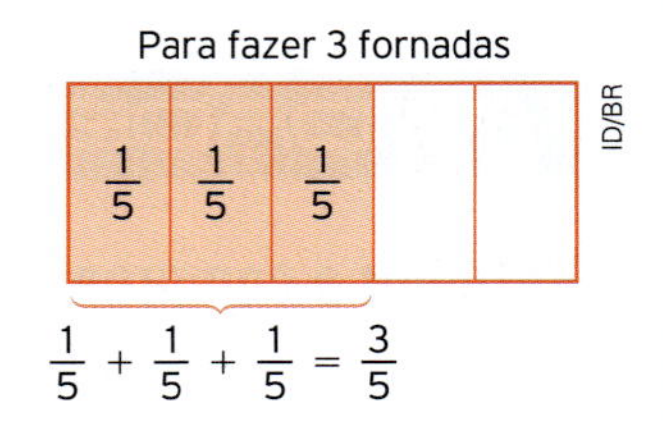

Agora, imagine que Bruna quisesse fazer 20 ou 30 fornadas de *brownies*. Não seria prático fazer esquemas e adições sucessivas para descobrir de que fração da xícara de cacau em pó ela precisaria. Nesses casos, podemos utilizar uma maneira prática. Veja como podemos efetuar a multiplicação de 3 por $\frac{1}{5}$ usando essa maneira:

$$3 \cdot \frac{1}{5} = \frac{3 \cdot 1}{5} = \frac{3}{5}$$

Multiplicamos o número natural pelo numerador e conservamos o denominador.

Portanto, Bruna vai precisar de $\frac{3}{5}$ de xícara de cacau em pó.

Situação 2

Alexandre e uma amiga compraram certa quantidade de figurinhas e as dividiram igualmente em 8 montes. Como Alexandre tinha menos figurinhas em seu álbum, ele ficou com 5 desses montes, e sua amiga ficou com o restante. Com qual fração do total de montes Alexandre ficou?

No total, temos 8 montes iguais. Então, um monte corresponde a $\frac{1}{8}$ do total de montes. Como Alexandre ficou com 5 desses montes, podemos representar essa quantidade por meio de uma multiplicação:

$$5 \cdot \frac{1}{8} = \frac{5 \cdot 1}{8} = \frac{5}{8}$$

Assim, concluímos que Alexandre ficou com $\frac{5}{8}$ do total de montes.

Na multiplicação de uma fração por um número natural, multiplicamos o numerador da fração pelo número natural e conservamos o denominador. Quando possível, simplificamos a fração obtida.

Multiplicação de uma fração por uma fração

Agora, acompanhe, nas situações a seguir, como podemos realizar multiplicações de uma fração por uma fração.

Situação 1

Jorge reservou $\frac{1}{2}$ do quintal da casa dele para fazer uma horta. Em $\frac{1}{3}$ da horta, ele vai plantar verduras e, no restante, vai plantar legumes. Qual fração do quintal de Jorge será ocupada pela plantação de verduras?

Danillo Souza/ID/BR

Determinar a fração do quintal ocupada pela plantação de verduras significa calcular $\frac{1}{3}$ de $\frac{1}{2}$, ou seja, $\frac{1}{3} \cdot \frac{1}{2}$.

Veja como podemos representar essa multiplicação usando um esquema.

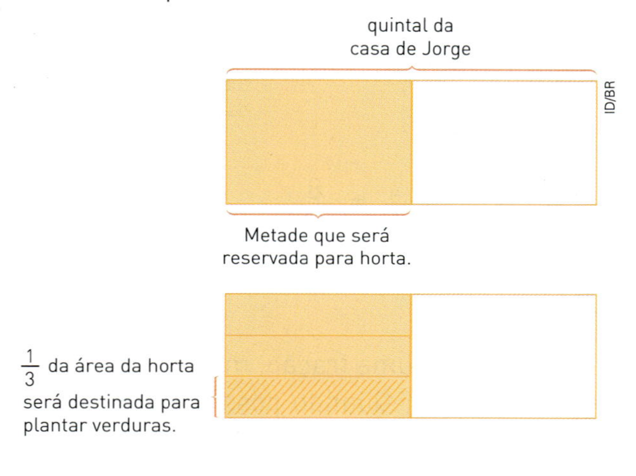

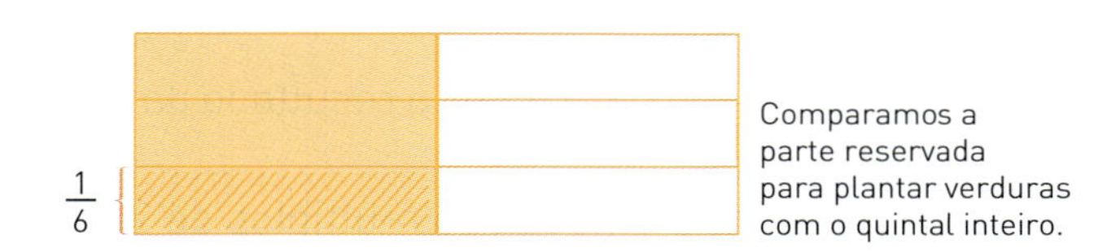

Ao comparar a parte do quintal reservada às verduras com o quintal inteiro, verificamos que a plantação de verduras ocupará $\frac{1}{6}$ do quintal.

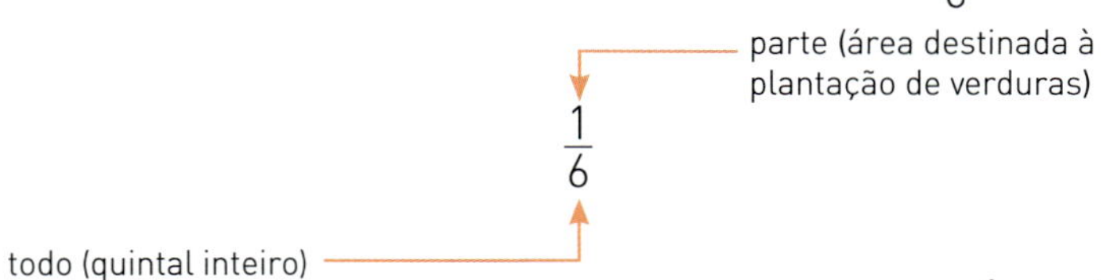

De maneira prática, podemos efetuar a multiplicação de $\frac{1}{3}$ por $\frac{1}{2}$ assim:

$$\frac{1}{3} \cdot \frac{1}{2} = \frac{1 \cdot 1}{3 \cdot 2} = \frac{1}{6}$$ ← Multiplicamos os numeradores e multiplicamos os denominadores.

Portanto, $\frac{1}{6}$ do quintal de Jorge será ocupado pela plantação de verduras.

Situação 2

Na cidade em que Elisa mora, $\frac{4}{5}$ da população torcem para um mesmo time de futebol. Entre esses torcedores, $\frac{2}{3}$ são mulheres. Qual fração da população da cidade em que Elisa mora são mulheres que torcem para esse time de futebol?

Determinar a fração da população da cidade em que Elisa mora que são mulheres e torcem para esse time de futebol significa calcular $\frac{2}{3}$ de $\frac{4}{5}$, ou seja, $\frac{2}{3} \cdot \frac{4}{5}$. Veja a representação dessa multiplicação usando um esquema.

População total da cidade em que Elisa mora.

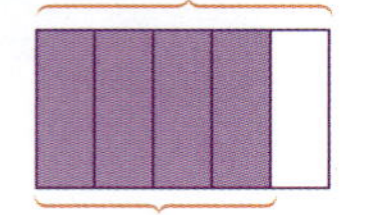

Parte da população que torce para o mesmo time de futebol.

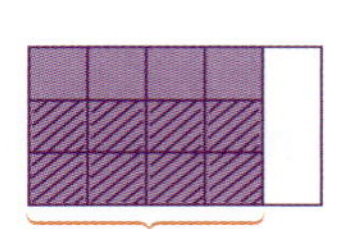

$\frac{2}{3}$ das pessoas que torcem para o mesmo time de futebol são mulheres.

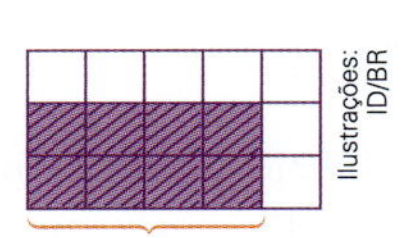

Comparamos a parte que representa as mulheres que torcem para o mesmo time de futebol com a população total da cidade em que Elisa mora.

Ilustrações: ID/BR

De maneira prática, temos:

$$\frac{2}{3} \cdot \frac{4}{5} = \frac{2 \cdot 4}{3 \cdot 5} = \frac{8}{15}$$

Então, $\frac{8}{15}$ da população da cidade em que Elisa mora são mulheres que torcem para esse time de futebol.

Na multiplicação de uma fração por uma fração, multiplicamos os numeradores e depois os denominadores. Quando possível, simplificamos a fração obtida.

Simplificação ou técnica de cancelamento

Veja como Gabriela pensou para obter o resultado da operação $\frac{2}{5} \cdot \frac{7}{4} \cdot \frac{15}{11}$.

- Ela dividiu 2 e 4 por 2, pois ambos são múltiplos de 2.

$$\frac{2}{5} \cdot \frac{7}{4} \cdot \frac{15}{11} = \frac{\overset{1}{\cancel{2}}}{5} \cdot \frac{7}{\underset{2}{\cancel{4}}} \cdot \frac{15}{11} = \frac{1}{5} \cdot \frac{7}{2} \cdot \frac{15}{11}$$

- Depois, dividiu 15 e 5 por 5, pois ambos são múltiplos de 5.

$$\frac{1}{5} \cdot \frac{7}{2} \cdot \frac{15}{11} = \frac{1}{\underset{1}{\cancel{5}}} \cdot \frac{7}{2} \cdot \frac{\overset{3}{\cancel{15}}}{11} = \frac{1}{1} \cdot \frac{7}{2} \cdot \frac{3}{11}$$

- Em seguida, calculou o resultado.

$$\frac{1}{1} \cdot \frac{7}{2} \cdot \frac{3}{11} = \frac{1 \cdot 7 \cdot 3}{1 \cdot 2 \cdot 11} = \frac{21}{22}$$

Para calcular o resultado da multiplicação de frações, podemos fazer simplificações. Na multiplicação de frações, as simplificações têm de ser feitas entre pares de números, sendo um no numerador e um no denominador.

Essas simplificações também são conhecidas como técnica de cancelamento.

Exemplos

A. $\frac{\cancel{7}^1}{\cancel{4}_1} \cdot \frac{\cancel{4}^1}{3} \cdot \frac{2}{\cancel{7}_1} = \frac{2}{3}$ ← O fator 7 no numerador da primeira fração foi cancelado com o fator 7 no denominador da terceira fração. O fator 4 no denominador da primeira fração foi cancelado com o fator 4 no numerador da segunda fração.

B. ${}^1\cancel{4} \cdot \frac{3}{\cancel{18}_2} \cdot \frac{\cancel{9}^1}{\cancel{24}_6} =$ ← Como 4 e 24 são múltiplos de 4, os dois fatores foram divididos por 4. Do mesmo modo, como 9 e 18 são múltiplos de 9, os dois fatores foram divididos por 9.

$= 1 \cdot \frac{\cancel{3}^1}{2} \cdot \frac{1}{\cancel{6}_2} = \frac{1}{4}$ ← Como 3 e 6 são múltiplos de 3, os dois fatores foram divididos por 3.

ATIVIDADES

Retomar e compreender

7. Determine o produto de cada multiplicação, simplificando-o quando possível.

a) $5 \cdot \frac{2}{3}$
b) $2 \cdot \frac{2}{5}$
c) $4 \cdot \frac{3}{4}$
d) $3 \cdot \frac{7}{9}$
e) $8 \cdot \frac{5}{4}$
f) $\frac{3}{15} \cdot 12$
g) $\frac{2}{21} \cdot 42$
h) $\frac{8}{50} \cdot 5$
i) $\frac{7}{121} \cdot 110$
j) $\frac{9}{64} \cdot 4$

8. Efetue as multiplicações a seguir e simplifique os resultados quando possível.

a) $\frac{2}{7} \cdot \frac{1}{4}$
b) $\frac{2}{3} \cdot \frac{1}{5}$
c) $\frac{1}{8} \cdot \frac{4}{9}$
d) $\frac{9}{5} \cdot \frac{6}{18}$
e) $\frac{4}{6} \cdot \frac{3}{21}$
f) $\frac{12}{5} \cdot \frac{10}{24}$
g) $\frac{15}{20} \cdot \frac{7}{21}$
h) $\frac{16}{51} \cdot \frac{18}{48}$
i) $\frac{70}{14} \cdot \frac{55}{100}$
j) $\frac{144}{27} \cdot \frac{30}{72}$

9. Efetue as operações a seguir usando a técnica de cancelamento.

a) $\frac{3}{8} \cdot \frac{4}{9}$
b) $\frac{7}{20} \cdot \frac{5}{28}$
c) $\frac{6}{35} \cdot \frac{25}{27} \cdot \frac{9}{5}$
d) $\frac{10}{7} \cdot \frac{4}{5} \cdot \frac{7}{24}$

Aplicar

10. Para fazer uma vitamina para uma pessoa, Janaína utilizou $\frac{1}{4}$ de litro de leite. Quantos litros de leite são necessários para fazer essa mesma vitamina para 10 pessoas?

11. Pedro separa $\frac{3}{5}$ do seu salário para pagar as contas do mês. Dessa quantia, $\frac{3}{4}$ são utilizados para pagar o aluguel. Que fração do salário de Pedro é destinada para pagar o aluguel?

12. Maria cortou um bolo em 5 fatias iguais. Mas sua amiga, Clara, queria um pedaço menor. Então, Maria cortou uma das fatias ao meio. Que fração do bolo Clara comerá?

13. Luís e alguns amigos pediram uma *pizza*, metade de calabresa e metade napolitana. Ele comeu $\frac{1}{3}$ da parte de calabresa e $\frac{1}{4}$ da parte da napolitana.

Ilustrações: Danillo Souza/ID/BR

Determine, geometricamente, que fração da *pizza* representa:

a) a parte de calabresa que Luís comeu;
b) a parte de napolitana que Luís comeu;
c) todos os pedaços que Luís comeu.

Número inverso

Um número não nulo é inverso de outro número não nulo quando o produto entre eles é 1.

Exemplos

A. $\frac{2}{3} \cdot \frac{3}{2} = \frac{2 \cdot 3}{3 \cdot 2} = \frac{6}{6} = 1$

Dizemos que o número $\frac{2}{3}$ é o inverso de $\frac{3}{2}$. Do mesmo modo, o número $\frac{3}{2}$ é o in verso de $\frac{2}{3}$.

B. $\frac{7}{9} \cdot \frac{9}{7} = \frac{7 \cdot 9}{9 \cdot 7} = \frac{63}{63} = 1$

Dizemos que o número $\frac{7}{9}$ é o inverso de $\frac{9}{7}$. Do mesmo modo, o número $\frac{9}{7}$ é o inverso de $\frac{7}{9}$.

Observe que o inverso de uma fração é a fração com numerador e denominador invertidos.

Já vimos que é possível escrever qualquer número natural na forma de fração. O número 2, por exemplo, pode ser representado na forma de fração por $\frac{2}{1}$. Assim, também podemos encontrar o inverso de um número natural não nulo. O inverso de um número natural não nulo é sempre uma fração cujo numerador é 1 e o denominador é igual ao próprio número natural.

Exemplos

A. $3 = \frac{3}{1}$ e o inverso de $\frac{3}{1}$ é $\frac{1}{3}$.

B. $6 = \frac{6}{1}$ e o inverso de $\frac{6}{1}$ é $\frac{1}{6}$.

ATIVIDADES

Retomar e compreender

14. Associe cada número da coluna A ao seu inverso na coluna B.

A	B
I) $\frac{2}{7}$	a) $\frac{1}{2}$
II) 2	b) 7
III) 1	c) $\frac{2}{5}$
IV) $2\frac{1}{2}$	d) $\frac{7}{2}$
V) $\frac{1}{7}$	e) 1
VI) $3\frac{4}{7}$	f) 23
VII) $\frac{1}{23}$	g) $\frac{7}{25}$

15. Determine o inverso dos números indicados a seguir.

a) $\frac{2}{9}$
b) $\frac{2}{15}$
c) $\frac{1}{8}$
d) 9
e) 8
f) $\frac{5}{2}$
g) $\frac{12}{7}$
h) $\frac{18}{23}$
i) 7

16. Complete as afirmações abaixo, tornando-as verdadeiras.

a) O inverso de $\frac{4}{5}$ é ■.

b) Os números ■ e $\frac{1}{3}$ são inversos.

c) O produto de ■ por 8 é 1.

d) O número ■ é o inverso de $3\frac{1}{2}$.

DIVISÃO

Acompanhe a seguir três casos de divisão: divisão de uma fração por um número natural, divisão de um número natural por uma fração e divisão de uma fração por uma fração.

Divisão de uma fração por um número natural

Acompanhe as situações a seguir.

Situação 1

Renata e Isabel ofereceram uma jarra cheia de suco de laranja aos amigos. Depois que todos se serviram, elas verificaram que havia sobrado $\frac{1}{3}$ do suco na jarra e decidiram dividir igualmente o suco restante entre ambas. Para determinar a fração do suco com que cada uma ficou, devemos calcular o quociente $\frac{1}{3} : 2$. O esquema a seguir mostra uma maneira de obter esse quociente.

Portanto, cada uma delas ficou com $\frac{1}{6}$ do suco de laranja.

Situação 2

Paula fez um bolo retangular para sua família e o dividiu em 5 partes iguais. Nesse mesmo dia, ela e o marido comeram uma parte do bolo cada um. No segundo dia, Paula dividiu igualmente as 3 partes que haviam sobrado entre os 4 filhos. Para determinar a fração do bolo com que cada filho ficou, devemos calcular o quociente $\frac{3}{5} : 4$. Veja um esquema que mostra como obter esse quociente.

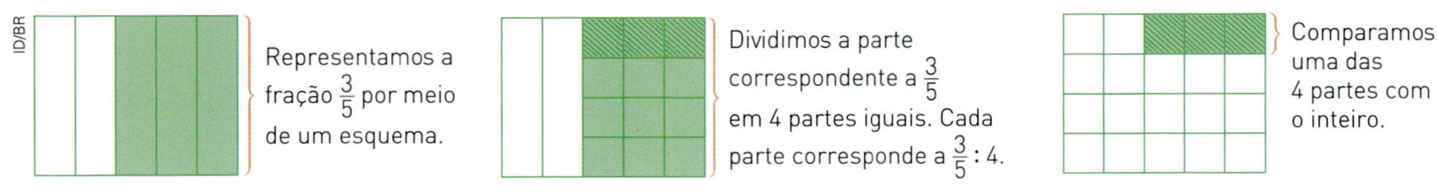

Então, $\frac{3}{5} : 4$ é o mesmo que $\frac{3}{20}$. Portanto, cada filho ficou com $\frac{3}{20}$ do bolo.

Observe que o resultado da divisão $\frac{3}{5} : 4$ é o mesmo que o da multiplicação $\frac{3}{5} \cdot \frac{1}{4}$ e que $\frac{1}{4}$ é o inverso de 4.

$$\frac{3}{5} : 4 = \frac{3}{5} \cdot \frac{1}{4} = \frac{3 \cdot 1}{5 \cdot 4} = \frac{3}{20}$$

Na divisão de uma fração por um número natural, multiplicamos a fração pelo inverso do número natural. Quando for possível, simplificamos a fração obtida.

Divisão de um número natural por uma fração

Para dividir um número natural por uma fração, é importante lembrar uma das ideias associadas à divisão de números naturais. Quando vamos fazer, por exemplo, a divisão 21 : 7, queremos saber quantas vezes o 7 cabe em 21.

Situação 1

Em um recipiente, há 2 litros de achocolatado que devem ser distribuídos igualmente em embalagens cuja capacidade é $\frac{1}{4}$ de litro.

Para determinar quantas embalagens serão necessárias para fazer essa distribuição, precisamos verificar quantas vezes $\frac{1}{4}$ cabe em 2.

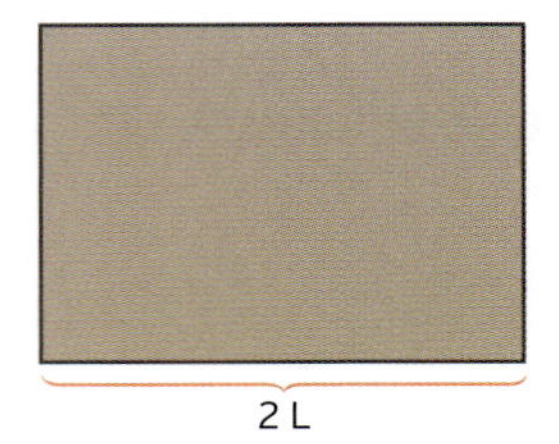

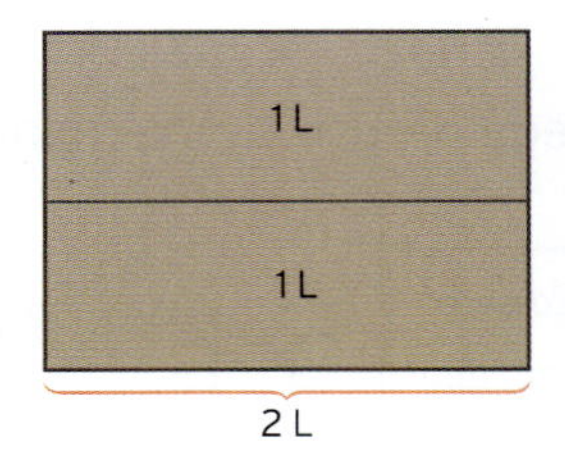

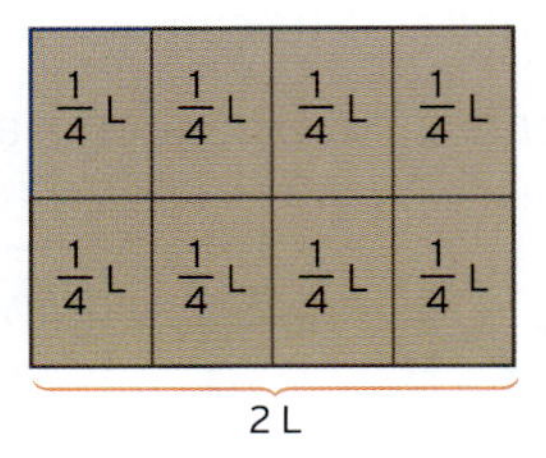

Como no recipiente há 2 litros de achocolatado, serão necessárias 8 embalagens de $\frac{1}{4}$ de litro, ou seja, $2 : \frac{1}{4} = 8$.

Situação 2

Um jardineiro gasta meio litro de água para cada planta que rega. Para determinar quantas plantas ele regará com 3 litros de água, precisamos efetuar a divisão $3 : \frac{1}{2}$. Ou seja, vamos determinar quantas vezes $\frac{1}{2}$ cabe em 3.

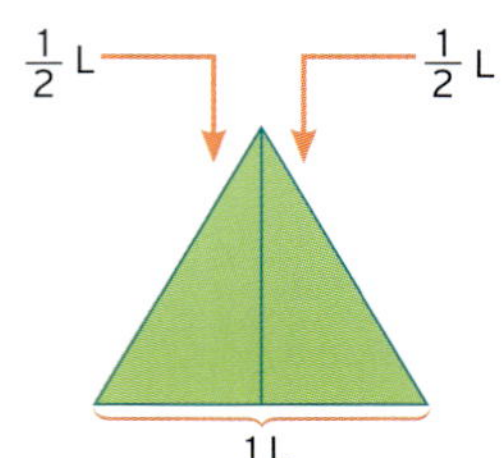

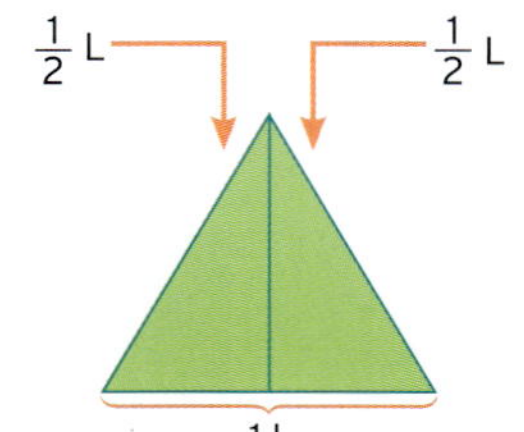

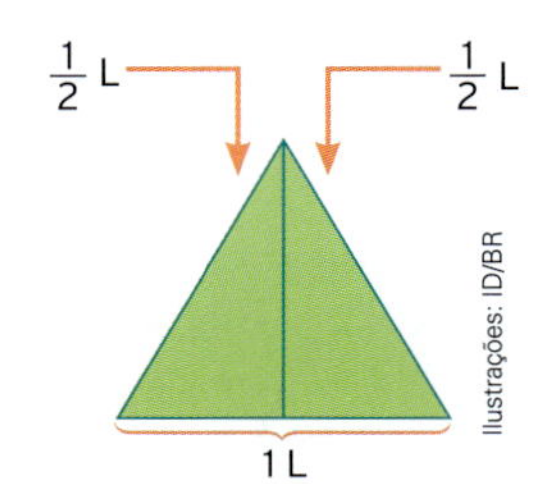

Ilustrações: ID/BR

Portanto, $\frac{1}{2}$ cabe 6 vezes em 3 inteiros. Isso significa que $3 : \frac{1}{2} = 6$.

Observe que o resultado da divisão $3 : \frac{1}{2}$ é o mesmo que o da multiplicação $3 \cdot \frac{2}{1}$ e que $\frac{2}{1}$ é o inverso de $\frac{1}{2}$.

$$3 : \frac{1}{2} = 3 \cdot \frac{2}{1} = \frac{3 \cdot 2}{1} = 6$$

Na divisão de um número natural por uma fração, multiplicamos o número natural pelo inverso da fração. Quando for possível, simplificamos a fração obtida.

Divisão de uma fração por uma fração

Acompanhe as situações a seguir.

Situação 1

A produção diária de certa fábrica é armazenada em galões idênticos. Depois, é distribuída em garrafas com $\frac{1}{20}$ da capacidade de um galão. Para determinar quantas garrafas são necessárias para armazenar o conteúdo de um galão que está com $\frac{1}{4}$ de sua capacidade cheia, devemos calcular o quociente $\frac{1}{4} : \frac{1}{20}$.

Veja como podemos obter esse quociente da divisão usando um esquema.

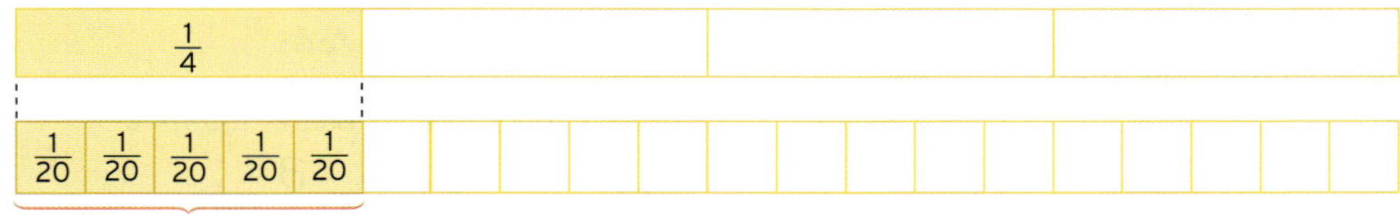

$\frac{1}{20}$ cabe 5 vezes em $\frac{1}{4}$.

Observando o esquema, verificamos que $\frac{1}{20}$ cabe 5 vezes em $\frac{1}{4}$, ou seja, $\frac{1}{4} : \frac{1}{20} = 5$. Portanto, serão necessárias 5 garrafas para armazenar o conteúdo que está no galão.

Situação 2

A carga da bateria do celular de Isabel está em $\frac{2}{3}$ da capacidade total, e o celular usa $\frac{1}{6}$ da capacidade total por hora. Para determinar quantas horas a bateria vai durar, devemos encontrar o quociente $\frac{2}{3} : \frac{1}{6}$. Primeiro, representamos a fração $\frac{2}{3}$. Depois, representamos a fração $\frac{1}{6}$ dividindo o inteiro em 6 partes iguais e analisamos quantas vezes $\frac{1}{6}$ cabe em $\frac{2}{3}$.

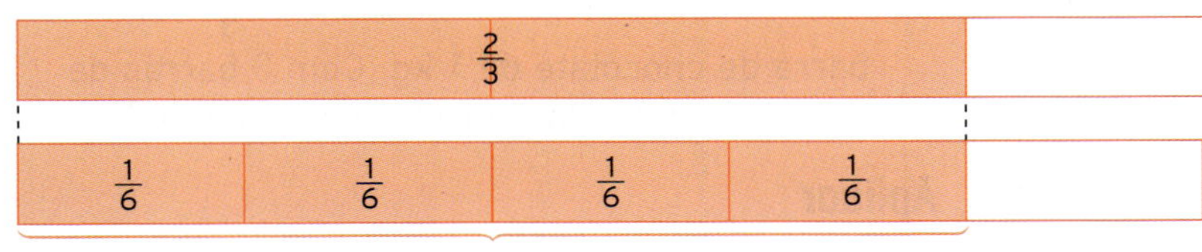

$\frac{1}{6}$ cabe 4 vezes em $\frac{2}{3}$.

Ilustrações: ID/BR

Portanto, $\frac{2}{3} : \frac{1}{6} = 4$, ou seja, a bateria vai durar 4 horas.

Observe que o resultado da divisão $\frac{2}{3} : \frac{1}{6}$ é o mesmo que o da multiplicação $\frac{2}{3} \cdot \frac{6}{1}$ e que $\frac{6}{1}$ é o inverso de $\frac{1}{6}$.

$$\frac{2}{3} : \frac{1}{6} = \frac{2}{3} \cdot \frac{6}{1} = \frac{2 \cdot \cancel{6}^{2}}{\cancel{3}_{1} \cdot 1} = 4$$

Na divisão de uma fração por uma fração, multiplicamos a primeira fração pelo inverso da segunda fração. Quando for possível, simplificamos a fração obtida.

Que tal acessar o recurso **operações com frações** para verificar se você compreendeu como adicionar, subtrair, multiplicar e dividir frações? Em qual operação você sentiu dificuldade? Converse com os colegas e o professor.

ATIVIDADES

Retomar e compreender

17. Qual dos quocientes a seguir é maior? Explique geometricamente.

$2 : \frac{1}{2}$ ou $2 : 1$

18. Ana comeu $\frac{2}{5}$ de uma lasanha. O restante foi dividido em 3 pratos, cada um com a mesma quantidade de lasanha. Que fração da lasanha foi colocada em cada prato?

19. Veja como Joana determinou geometricamente o valor de $3 : \frac{3}{4}$.

Ilustrações: ID/BR

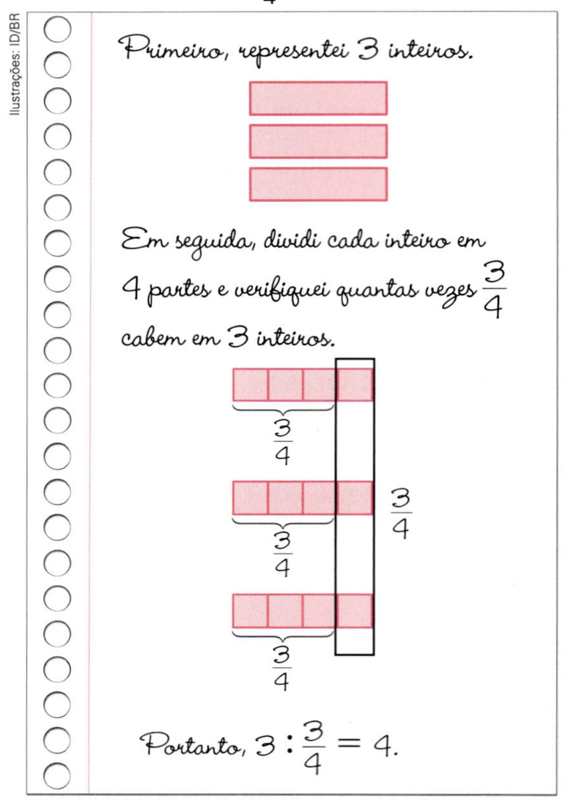

Determine, representando geometricamente, o valor de cada quociente a seguir.

a) $3 : \frac{1}{2}$

b) $5 : \frac{1}{4}$

c) $4 : \frac{2}{5}$

d) $4 : \frac{1}{3}$

e) $6 : \frac{3}{4}$

f) $5 : \frac{1}{3}$

20. Para fazer uma torta de frango, Maria utiliza $\frac{2}{3}$ de xícara de leite. Quantas tortas iguais a essa Maria consegue fazer com 4 xícaras de leite?

21. Veja como Carlos determinou geometricamente o quociente $\frac{3}{2} : \frac{3}{8}$.

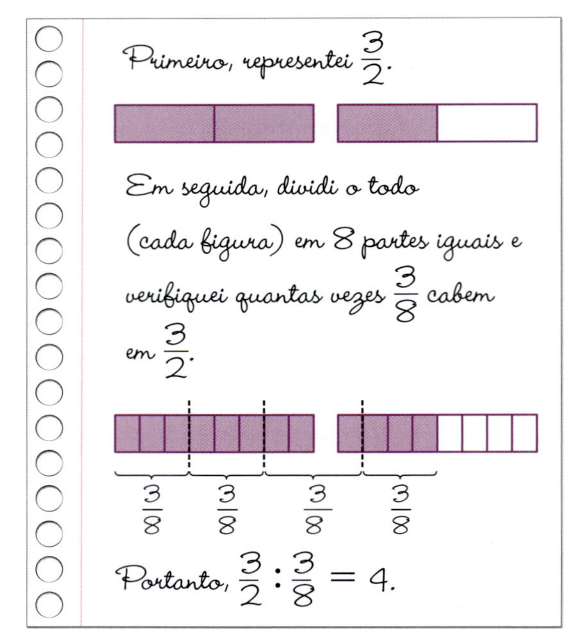

Determine, representando geometricamente, o valor de cada quociente a seguir.

a) $\frac{4}{5} : \frac{1}{5}$

b) $\frac{5}{2} : \frac{5}{4}$

c) $\frac{7}{2} : \frac{1}{6}$

d) $\frac{3}{2} : \frac{3}{6}$

22. Para fazer um pavê, Édson utiliza $\frac{1}{5}$ de uma barra de chocolate de 1 kg. Com 3 barras de chocolate, é possível fazer quantos pavês?

Aplicar

23. Ronaldo convidou alguns amigos para assistir a um filme em sua casa. Para o lanche, ele comprou 2 bolos. Sabendo que cada pessoa comeu $\frac{2}{5}$ de bolo, quantas pessoas assistiram ao filme, incluindo Ronaldo?

24. Uma avenida tem $\frac{49}{4}$ quilômetros de comprimento e, a cada $\frac{14}{8}$ de quilômetro, existe uma placa que indica o limite de velocidade. Quantas placas de limite de velocidade há nessa avenida?

POTENCIAÇÃO

Para elevar uma fração a determinado expoente, devemos elevar o numerador e o denominador dessa fração a esse expoente.

TERMOS DA POTENCIAÇÃO

$\left(\frac{1}{2}\right)^3 = \frac{1}{8}$

expoente: 3; base: $\frac{1}{2}$; potência: $\frac{1}{8}$

Exemplos

A. $\left(\frac{1}{5}\right)^2 = \frac{1^2}{5^2} = \frac{1 \cdot 1}{5 \cdot 5} = \frac{1}{25}$

B. $\left(\frac{2}{3}\right)^3 = \frac{2^3}{3^3} = \frac{2 \cdot 2 \cdot 2}{3 \cdot 3 \cdot 3} = \frac{8}{27}$

Vimos que, em potências cuja base é um número natural e o expoente é 1, o resultado é igual à própria base. Em potências cuja base é uma fração e o expoente é 1, o resultado também é igual à própria base, ou seja, à própria fração.

Exemplos

A. $\left(\frac{1}{2}\right)^1 = \frac{1}{2}$

B. $\left(\frac{2}{7}\right)^1 = \frac{2}{7}$

C. $\left(\frac{3}{10}\right)^1 = \frac{3}{10}$

D. $\left(\frac{9}{6}\right)^1 = \frac{9}{6}$

Da mesma maneira que para as potências cuja base é um número natural, para potências cuja base é uma fração e o expoente é 0, o resultado também é igual a 1.

Exemplos

A. $\left(\frac{5}{12}\right)^0 = 1$

B. $\left(\frac{9}{7}\right)^0 = 1$

C. $\left(\frac{18}{47}\right)^0 = 1$

D. $\left(\frac{81}{100}\right)^0 = 1$

Observe que, nas potências que apresentam uma fração como base, é importante que a fração fique entre parênteses.

RAIZ QUADRADA

Para obter a raiz quadrada de uma fração, devemos extrair a raiz quadrada do numerador da fração e a raiz quadrada do denominador da fração.

Exemplos

A. $\sqrt{\frac{9}{25}} = \frac{\sqrt{9}}{\sqrt{25}} = \frac{3}{5}$

B. $\sqrt{\frac{144}{49}} = \frac{\sqrt{144}}{\sqrt{49}} = \frac{12}{7}$

C. $\sqrt{\frac{4}{81}} = \frac{\sqrt{4}}{\sqrt{81}} = \frac{2}{9}$

D. $\sqrt{\frac{121}{225}} = \frac{\sqrt{121}}{\sqrt{225}} = \frac{11}{15}$

PORCENTAGEM

Você já ouviu falar em porcentagem? Esse tipo de representação é muito utilizado no dia a dia. Veja o título da notícia a seguir.

> **'Xepinha' é responsável por 85% das doses contra Covid aplicadas em crianças de 6 meses a 3 anos na cidade de SP.**

ID/BR

'Xepinha' é responsável por 85% das doses contra Covid aplicadas em crianças de 6 meses a 3 anos na cidade de SP. *G1*, 27 nov. 2022. Disponível em: https://g1.globo.com/sp/sao-paulo/noticia/2022/11/27/xepinha-e-responsavel-por-85percent-das-doses-contra-covid-aplicadas-em-criancas-de-6-meses-a-3-anos-na-cidade-de-sp.ghtml. Acesso em: 24 mar. 2023.

A notação 85% (lê-se: oitenta e cinco por cento) corresponde à fração $\frac{85}{100}$, em que o denominador indica o total de entrevistados e o numerador, a parte das doses contra covid aplicadas em crianças de 6 meses a 3 anos na cidade de SP.

Podemos escrever frações com denominador 100 como porcentagens.

Exemplos

A. $\frac{1}{100} = 1\%$ **B.** $\frac{50}{100} = 50\%$ **C.** $\frac{33}{100} = 33\%$

Banco Central/Reprodução: Karina Tengan

Porcentagem de um número

Em muitas situações do dia a dia, precisamos calcular a porcentagem de um número. Por exemplo, imagine que você tenha 300 reais e vai usar 20% dessa quantia para comprar um presente. Quanto você terá para gastar com o presente?

Para responder a essa pergunta, temos de calcular a quanto correspondem 20% de 300 reais. Veja.

$$20\% \text{ de } 300 = \frac{20}{100} \cdot 300 = \frac{20 \cdot 300}{100} = \frac{6\,000}{100} = 60$$

Portanto, você terá 60 reais para comprar o presente.

Agora, vamos imaginar a seguinte situação: Uma loja vende camisetas de manga curta e de manga comprida. Do total de camisetas à venda, 35 são de manga curta e 30% são de manga comprida.

Vamos calcular quantas camisetas estão à venda nessa loja. Para isso, podemos pensar que o total de camisetas de manga curta corresponde a 70% do total de camisetas, pois:

$$100\% \text{ (total)} - 30\% \text{ (total de camisetas de manga comprida)} = 70\%$$

Assim:

Portanto, 50 camisetas estão à venda nessa loja.

CIDADANIA GLOBAL

5R'S DA SUSTENTABILIDADE

Você já observou quanto lixo é descartado após comprarmos um produto?

Segundo a ONU, cerca de 99% dos produtos que compramos são jogados fora dentro de seis meses e, por ano, são gerados mais de 2 bilhões de toneladas de resíduos no mundo.

Colocar em prática os 5R's da sustentabilidade (repensar, recusar, reduzir, reutilizar e reciclar) pode diminuir a quantidade de lixo produzido.

- Reúna-se com um colega. Conversem sobre os 5R's da sustentabilidade e pensem em como cada atitude pode virar um hábito no dia a dia de vocês.

Outra maneira de resolver esse problema é pensar "70% de quanto corresponde a 35?". Veja.

$$70\% = \frac{70}{100} = \frac{7}{10} \qquad \frac{7}{10} \text{ de } ? = 35$$

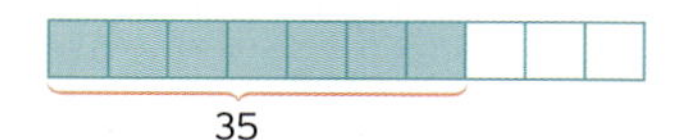

5 5 5 5 5 5 5

35 : 7 = 5

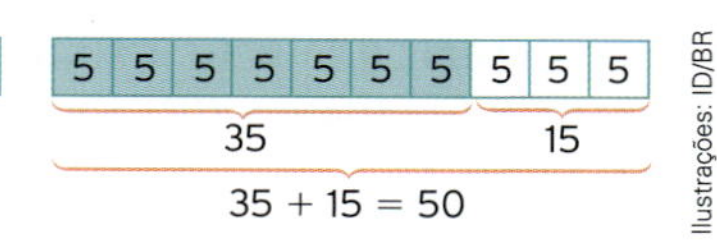

Ilustrações: ID/BR

Porcentagem de um número na calculadora

Acompanhe como determinar a porcentagem de um número com o auxílio de uma calculadora.

Exemplos

A. 15% de 600

Apertamos as teclas:

      ,

pois 15% de 600 $= \frac{15}{100} \cdot 600 = 15 \cdot 6 = 90$.

Então, o resultado que aparecerá no visor será 90.

B. 30% de 820

Apertamos as teclas:

      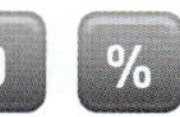,

pois 30% de 820 $= \frac{30}{100} \cdot 820 = 3 \cdot 82 = 246$.

Então, o resultado que aparecerá no visor será 246.

PARA EXPLORAR

***Frações sem mistérios*, de Luzia Faraco Ramos. São Paulo: Ática, 2008 (Coleção A Descoberta da Matemática).**

Esse livro, por meio de enigmas, ensina frações de uma maneira diferente.

ATIVIDADES

Retomar e compreender

25. Determine as potências a seguir, simplificando-as quando possível.

a) $\left(\frac{3}{4}\right)^2$ d) $\left(\frac{4}{9}\right)^3$ g) $\left(\frac{12}{3}\right)^5$

b) $\left(\frac{2}{16}\right)^3$ e) $\left(\frac{23}{5}\right)^0$ h) $\left(\frac{25}{100}\right)^4$

c) $\left(\frac{7}{10}\right)^2$ f) $\left(\frac{2}{7}\right)^4$ i) $\left(\frac{11}{10}\right)^3$

26. Calcule a raiz quadrada das frações indicadas, simplificando-a quando possível.

a) $\sqrt{\frac{4}{100}}$ c) $\sqrt{\frac{25}{441}}$ e) $\sqrt{\frac{625}{1024}}$

b) $\sqrt{\frac{81}{121}}$ d) $\sqrt{\frac{9}{256}}$ f) $\sqrt{\frac{1}{1600}}$

27. Represente as porcentagens a seguir por meio de uma fração.

a) 17% c) 59%
b) 50% d) 99%

28. Calcule o que se pede em cada item.

a) 50% de 440 c) 1% de 200 000
b) 10% de 970 d) 25% de 100

29. Com o auxílio de uma calculadora, determine o que se pede.

a) 90% de 320 000 c) 80% de 150
b) 45% de 2 020 d) 70% de 492 000

Aplicar

30. Catarina gastou 30 reais. Isso corresponde a 25% do total em reais que ela tinha. Quanto Catarina tinha?

Retomar e compreender

1. De acordo com o censo realizado pelo Instituto Brasileiro de Geografia e Estatística (IBGE) em 2010, a população total da Região Sudeste era 80 milhões de habitantes. Sabe-se que $\frac{1}{2}$ dessa população vivia em São Paulo, $\frac{1}{5}$ vivia no Rio de Janeiro, que a população de Minas Gerais correspondia a $\frac{1}{2}$ da população de São Paulo e que a população do Espírito Santo equivalia a $\frac{1}{4}$ da população do Rio de Janeiro. Com essas informações, complete a tabela a seguir.

População – Região Sudeste		
Estado	Fração da população do Sudeste	População
Espírito Santo		
Minas Gerais		
Rio de Janeiro		
São Paulo		

Fonte de pesquisa: IBGE. Censo 2010. Disponível em: https://censo2010.ibge.gov.br/resultados.html. Acesso em: 28 nov. 2022.

2. Natália calculou mentalmente 1% de 4 000 mL. Veja como ela pensou.

Como 1% é a centésima parte, calculo a centésima parte de 4 000.
4 000 : 100 = 40
Logo, 1% de 4 000 mL corresponde a 40 mL.

Danillo Souza/ID/BR

De acordo com o raciocínio usado por Natália, calcule o resultado de cada item.

a) 25% de 800 mL

b) 1% de 1 300 reais

c) 50% de 3 600 g

d) 5% de 400 cm

Aplicar

3. Gabriel estava estudando frações e percebeu que, ao adicionar o mesmo número nos dois lados de uma igualdade contendo números na forma de fração, ela se mantém verdadeira. Veja.

$$\frac{1}{7} + \frac{4}{7} = \frac{2}{7} + \frac{3}{7}$$

$$\frac{1}{7} + \frac{4}{7} + \frac{1}{7} = \frac{2}{7} + \frac{3}{7} + \frac{1}{7}$$

$$\frac{5}{7} + \frac{1}{7} = \frac{5}{7} + \frac{1}{7}$$

$$\frac{6}{7} = \frac{6}{7}$$

ID/BR

Substitua cada ★ por um número que mantenha a igualdade verdadeira.

a) $\frac{3}{11} + \frac{5}{11} = \frac{2}{11} + \frac{6}{11}$

$\frac{3}{11} + \frac{5}{11} + \frac{3}{11} = \frac{2}{11} + \frac{6}{11} + \bigstar$

b) $\frac{18}{25} - \frac{4}{25} = \frac{20}{25} - \frac{6}{25}$

$\frac{18}{25} - \frac{4}{25} + \bigstar = \frac{20}{25} - \frac{6}{25} + \frac{5}{25}$

c) $\frac{2}{10} + \frac{3}{7} = \frac{16}{70} + \frac{28}{70}$

$\frac{2}{10} + \frac{3}{7} + \bigstar = \frac{16}{70} + \frac{28}{70} + \frac{12}{70}$

d) $\frac{12}{30} + \frac{5}{30} = \frac{25}{30} - \frac{8}{30}$

$\frac{12}{30} + \frac{5}{30} + 2 = \frac{25}{30} - \frac{8}{30} + \bigstar$

e) $4 + 10 = 8 + 6$

$4 + 10 + \frac{2}{9} = 8 + 6 + \bigstar$

4. Como você fez para resolver a atividade **3**? Você fez todos os cálculos ou apenas observou as igualdades? Converse com os colegas e o professor.

5. Reúna-se com um colega para discutir se a seguinte afirmação é verdadeira.

> Uma igualdade se mantém verdadeira quando adicionamos ou subtraímos de cada membro o mesmo número (seja esse número natural ou na forma fracionária).

6. Joana verificou que uma igualdade se mantém verdadeira quando multiplicamos os dois lados dessa igualdade por um mesmo número. Observe.

$$\frac{1}{6} \cdot \frac{2}{3} = \frac{2}{9} \cdot \frac{1}{2}$$

$$\frac{1}{6} \cdot \frac{2}{3} \cdot \frac{3}{4} = \frac{2}{9} \cdot \frac{1}{2} \cdot \frac{3}{4}$$

$$\frac{2}{18} \cdot \frac{3}{4} = \frac{2}{18} \cdot \frac{3}{4}$$

$$\frac{6}{72} = \frac{6}{72}$$

Ilustrações: ID/BR

Substitua cada ★ para que as igualdades se mantenham verdadeiras.

a) $\frac{3}{8} \cdot \frac{4}{5} = \frac{2}{4} \cdot \frac{6}{10}$

$\frac{3}{8} \cdot \frac{4}{5} \cdot \frac{1}{4} = \frac{2}{4} \cdot \frac{6}{10} \cdot$ ★

b) $\frac{5}{6} \cdot \frac{6}{15} = \frac{15}{30} \cdot \frac{2}{3}$

$\frac{5}{6} \cdot \frac{6}{15} \cdot$ ★ $= \frac{15}{30} \cdot \frac{2}{3} \cdot \frac{8}{9}$

c) $\frac{2}{7} \cdot \frac{12}{4} = \frac{6}{14} \cdot \frac{4}{2}$

$\frac{2}{7} \cdot \frac{12}{4} \cdot 5 = \frac{6}{14} \cdot \frac{4}{2} \cdot$ ★

d) $\frac{14}{8} \cdot \frac{4}{9} = \frac{7}{24} \cdot \frac{8}{3}$

$\frac{14}{8} \cdot \frac{4}{9} \cdot$ ★ $= \frac{7}{24} \cdot \frac{8}{3} \cdot 12$

e) $16 \cdot 5 = 2 \cdot 40$

$16 \cdot 5 \cdot \frac{3}{8} = 2 \cdot 40 \cdot$ ★

7. Uma secretária digitou um trabalho em três dias. No primeiro dia, ela digitou $\frac{1}{3}$ do trabalho; no segundo dia, $\frac{1}{3}$ do que faltava; e no terceiro dia, o restante.

a) Que fração do trabalho ela digitou no segundo dia? E no terceiro?

b) Que fração do trabalho ela digitou nos dois primeiros dias?

8. Francisco verificou que uma igualdade se mantém verdadeira quando dividimos os dois lados dessa igualdade por um mesmo número. Veja.

$$\frac{1}{8} : 2 = \frac{1}{4} : 4$$

$$\frac{1}{8} : 2 : 5 = \frac{1}{4} : 4 : 5$$

$$\frac{1}{16} : 5 = \frac{1}{16} : 5$$

$$\frac{1}{80} = \frac{1}{80}$$

Agora, substitua cada ★ para que as igualdades se mantenham verdadeiras.

a) $\frac{4}{9} : 2 = \frac{4}{6} : 3$

$\frac{4}{9} : 2 : 5 = \frac{4}{6} : 3 :$ ★

b) $28 : 7 = 16 : 4$

$28 : 7 :$ ★ $= 16 : 4 : \frac{1}{2}$

c) $\frac{6}{12} : \frac{2}{3} = \frac{9}{8} : \frac{3}{2}$

$\frac{6}{12} : \frac{2}{3} : \frac{4}{5} = \frac{9}{8} : \frac{3}{2} :$ ★

d) $\frac{4}{5} : \frac{6}{4} = \frac{8}{10} : \frac{3}{2}$

$\frac{4}{5} : \frac{6}{4} :$ ★ $= \frac{8}{10} : \frac{3}{2} : 7$

9. Um comerciante costuma vender suas mercadorias com lucro de 25% sobre o preço de compra.

a) Qual é o preço de venda de uma mercadoria que ele comprou por 120 reais?

b) Quanto o comerciante pagou por uma mercadoria, sabendo que seu preço de venda é 280 reais?

10. Elabore um problema que envolva uma adição ou uma subtração de frações. Depois, dê a um colega para ele resolver.

Conhecendo o problema

O padrasto de Luísa e Pedro decidiu dar a eles sua coleção de chaveiros. Ele propôs aos enteados que a distribuição fosse feita de um jeito diferente: utilizando um dado.

Pedro foi o primeiro a jogar.
Depois, foi a vez de Luísa.
Está decidido. A cada 2 chaveiros que eu der ao Pedro, vou dar 3 chaveiros à Luísa.

Larissa dos Santos/ID/BR

A coleção do padrasto era composta de 30 chaveiros de diversos lugares do mundo. Após os chaveiros serem distribuídos entre as crianças, não sobrou chaveiro. Com base nessas informações, responda: Quantos chaveiros cada criança ganhou?

Compreensão do problema

1. Quantos chaveiros havia na coleção do padrasto de Pedro e Luísa?
2. Como o padrasto decidiu fazer a distribuição dos chaveiros entre as crianças?
3. As duas crianças receberam a mesma quantidade de chaveiros?
4. Sobrou algum chaveiro?

Resolução de problema

1. Se Pedro recebeu 6 chaveiros, quantos chaveiros Luísa recebeu? Com essa divisão, todos os chaveiros foram distribuídos?
2. Se a resposta ao item anterior for negativa, estime uma nova quantidade de chaveiros a serem ganhos por Pedro.
3. Com essa nova estimativa, quantos chaveiros Luísa receberia?
4. Ao final dessa distribuição, sobrou algum chaveiro?
5. Em caso afirmativo, explique como você faria para distribuí-los, de modo que não restem chaveiros.

Reflexão sobre o problema

1. Você teve dificuldades para resolver esse problema? Caso tenha tido, quais foram as dificuldades?
2. Você desenhou alguma figura para ajudar na compreensão do problema?
3. Qual estratégia você usou para resolver esse problema?
4. Os colegas utilizaram estratégias diferentes da sua? Se utilizaram, quais foram?
5. SABER SER Você consegue propor outra maneira de resolver esse problema? Se sim, qual?

Aplicando a estratégia

1. O faturamento da empresa Transportes para a Felicidade no mês passado foi de R$ 8 000,00. Essa empresa tem três sócios. O primeiro é Tereza, que tem direito à metade do faturamento. O segundo sócio é Ricardo, que tem direito a 3 partes em cada 10 do faturamento. Mateus, o terceiro sócio, tem direito ao restante do faturamento. Quantos reais cada sócio recebeu no mês passado?
2. Yara é escritora de livros. Ela ganhou da editora 15 livros para presentear os participantes de suas duas próximas palestras. O editor solicitou que, para cada 3 livros distribuídos na primeira palestra, deveriam ser guardados 2 para a segunda. Quantos livros foram separados para a segunda palestra?
3. Uma loja de brinquedos fez uma campanha para distribuir alguns brinquedos entre as brinquedotecas de alguns hospitais. A distribuição foi feita da seguinte maneira: a cada 7 brinquedos distribuídos, 3 foram destinados à brinquedoteca Ser Feliz. O restante dos brinquedos será distribuído posteriormente. Considerando que a brinquedoteca Ser Feliz recebeu 27 brinquedos, quantos brinquedos ainda não foram distribuídos?

Aplicar

1. (Saresp) Localizando o número $\frac{3}{2}$ na reta numérica representada pela figura, ele vai estar no intervalo entre os números:

0 1 2 3 4 5

a) 3 e 4.
b) 2 e 3.
c) 1 e 2.
d) 0 e 1.

2. (Saresp) Em qual das alternativas aparece um número que fica entre $\frac{19}{3}$ e $\frac{55}{7}$?

a) 2
b) 4
c) 5
d) 7
e) 9

3. Uma pesquisa com 400 funcionários de uma empresa revelou a preferência gastronômica entre eles. O gráfico a seguir mostra os resultados da pesquisa.

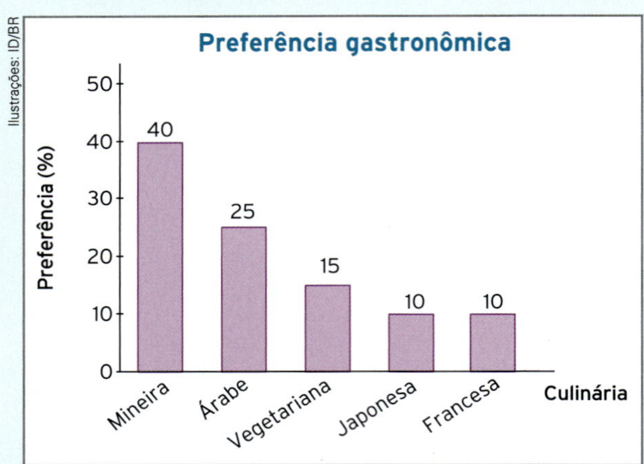

Dados fornecidos pela empresa.

Observando o gráfico, complete o quadro a seguir.

Preferência gastronômica	Quantidade de funcionários
Mineira	
Árabe	
Vegetariana	
Japonesa	
Francesa	
Total	

4. (Univates-RS) As barras preta, cinza e branca foram empilhadas como mostra a figura.

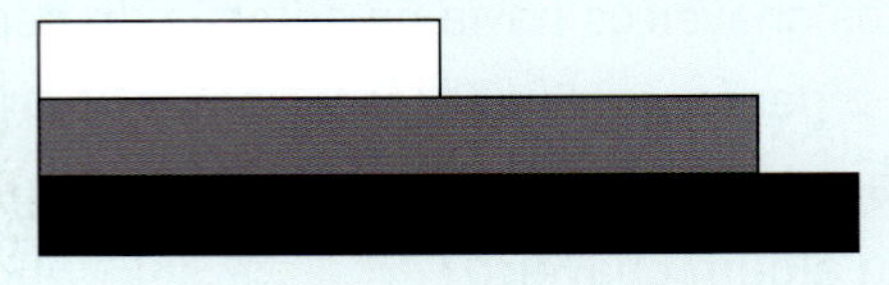

Sabe-se que os comprimentos das barras branca e cinza correspondem, respectivamente, à metade e a $\frac{7}{8}$ do comprimento da barra preta.

A diferença entre os comprimentos das barras cinza e branca corresponde a:

a) $\frac{1}{5}$ da barra preta.
b) $\frac{2}{5}$ da barra preta.
c) $\frac{3}{8}$ da barra preta.
d) $\frac{5}{16}$ da barra preta.
e) $\frac{3}{5}$ da barra preta.

5. Para treinar para as provas finais, João precisa resolver alguns exercícios. Ele fez uma lista com a quantidade de exercícios de cada disciplina. Veja.

- $\frac{1}{2}$ dos exercícios é de Matemática.
- Os exercícios de Geografia correspondem a $\frac{2}{5}$ dos exercícios de Matemática.
- Os 9 exercícios restantes são de Língua Portuguesa.

a) Que fração do total de exercícios os de Geografia representam?
b) Que fração do total de exercícios os de Língua Portuguesa representam?
c) Qual é o total de exercícios?

Analisar e verificar

6. (OBM) A fortuna de João foi dividida da seguinte forma. Um quinto para seu irmão mais velho, um sexto do restante para seu irmão mais novo e partes iguais do restante para cada um de seus 12 filhos. Que fração da fortuna cada filho recebeu?

a) $\frac{1}{20}$
b) $\frac{1}{18}$
c) $\frac{1}{16}$
d) $\frac{1}{15}$
e) $\frac{1}{14}$

7. (CMPA-RS) Três décimos de uma semana de 7 dias correspondem a:

a) 2 dias e 1 hora.

b) 2 dias, 2 horas e 4 minutos.

c) 2 dias, 2 horas e 24 minutos.

d) 2 dias e 12 horas.

e) 3 dias.

8. Rodrigo tem 40 cadernos e vai distribuí-los entre suas sobrinhas Diana e Elaine da seguinte maneira: para cada 3 cadernos que Diana ganhar, Elaine vai ganhar 5 cadernos. Quantos cadernos cada uma vai ganhar?

Observe o raciocínio de Naiara para resolver esse problema.

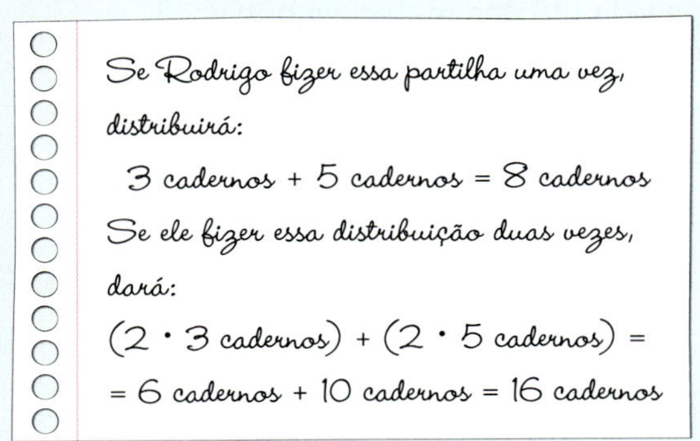
Se Rodrigo fizer essa partilha uma vez, distribuirá:

3 cadernos + 5 cadernos = 8 cadernos

Se ele fizer essa distribuição duas vezes, dará:

(2 · 3 cadernos) + (2 · 5 cadernos) =

= 6 cadernos + 10 cadernos = 16 cadernos

ID/BR

a) Continue usando o raciocínio de Naiara para descobrir quantos cadernos cada uma das sobrinhas vai ganhar.

b) A quantidade de cadernos que Diana vai ganhar representa que fração da quantidade de cadernos que Elaine vai ganhar?

9. (Obmep) Em 2009, uma escola tinha 320 alunos esportistas, dos quais 45% jogavam vôlei. Em 2010, essa porcentagem diminuiu para 25%, mas o número de jogadores de vôlei não se alterou.

Danillo Souza/ID/BR

Qual era o número de alunos esportistas em 2010?

a) 480

b) 524

c) 560

d) 576

e) 580

10. A figura a seguir é formada pelas peças do *tangram*.

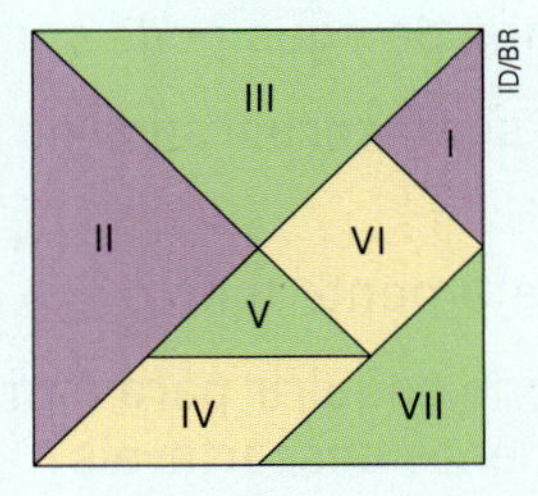
III
I
II
VI
V
IV
VII
ID/BR

Veja uma **resolução** para essa atividade. Você a resolveria de outro modo?

a) Determine a fração correspondente a cada peça do *tangram*.

b) Qual é a soma de todas as frações indicadas nas peças do *tangram*?

c) Que fração da figura as peças pintadas de verde representam?

d) Que fração da figura as peças pintadas de lilás representam?

Criar

11. Observe a ilustração.

Compramos 15 kg de frutas para a festa.
Danillo Souza/ID/BR

Elabore um problema que envolva a divisão das frutas, sabendo que uma parte das frutas será usada para fazer o suco da festa e outra parte, diferentemente da primeira, será usada para fazer salada de frutas. Depois, dê seu problema a um colega para ele resolver.

Retomando o tema

Todos os dias consumimos diversos produtos e, inevitavelmente, descartamos materiais. Por isso, cada pessoa deve assumir a responsabilidade de descartar corretamente todo o material produzido por ela. Entretanto, tão importante quanto descartar corretamente é não produzir novos resíduos, não é mesmo? Esse é um desafio que requer uma constante reflexão sobre nossos hábitos. Com base nisso, pense sobre as questões a seguir.

1. Como uma garrafinha de água pode ser reutilizada?
2. Que hábitos podem ser incorporados no seu dia a dia para reduzir o consumo de plástico?
3. Você descarta corretamente todo o lixo que produz?
4. Que hábitos você pode adquirir para aumentar a vida útil dos materiais que você utiliza e torná-los menos descartáveis?

Geração da mudança

Mesmo reduzindo o consumo de produtos que geram materiais descartáveis, ainda produzimos um volume considerável de resíduos todos os dias. Vamos dar outro uso a alguns deles?

- Reúna-se com quatro colegas. Escolham um jogo do qual vocês gostam e, em seguida, planejem como podem produzir uma versão sustentável desse jogo reutilizando materiais recicláveis. Depois, organizem com o professor uma apresentação desses jogos à comunidade escolar. Contem aos visitantes como foi o processo de criação do jogo e quais foram os desafios que tiveram de enfrentar. Preparem-se também para explicar as regras do jogo e convidar os visitantes para jogar uma partida.

Autoavaliação

Camila Anselmé/ID/BR

NÚMEROS RACIONAIS NA FORMA DECIMAL

UNIDADE 6

PRIMEIRAS IDEIAS

1. O que são números na forma decimal? Explique com suas palavras.
2. Além de situações que envolvem dinheiro, em que outras situações do cotidiano você utiliza números na forma decimal?
3. O número 0,365 é menor que trezentos e sessenta e cinco milésimos?

Nesta unidade, eu vou...

CAPÍTULO 1 Números na forma decimal

- Reconhecer que os números racionais podem ser representados na forma decimal.
- Utilizar o quadro de ordens para representar, ler e escrever por extenso números na forma decimal.
- Relacionar números racionais na forma fracionária e na forma decimal.
- Reconhecer os símbolos utilizados para separar a parte inteira da parte decimal.
- Reconhecer as frações decimais e representá-las de diferentes maneiras.
- Comparar números na forma decimal utilizando diversas representações.

CAPÍTULO 2 Operações com números na forma decimal

- Realizar operações com números na forma decimal utilizando diversas estratégias, inclusive com a calculadora.
- Resolver e elaborar problemas que envolvam números na forma decimal.
- Reconhecer que entre dois números naturais consecutivos existem infinitos números racionais.
- Compreender algumas estratégias para calcular porcentagem de uma quantidade.
- Refletir sobre a importância da água na saúde das pessoas.

EDUCAÇÃO FINANCEIRA

- Reconhecer que o orçamento doméstico auxilia na organização das finanças pessoais e familiares.
- Compartilhar estratégias para a organização das finanças.

CIDADANIA GLOBAL

- Pensar e estruturar uma ação que possa ser implementada na escola para minimizar o desperdício de água.

Zoonar GmbH/
Alamy/Fotoarena

LEITURA DA IMAGEM

1. Você já visitou ou gostaria de visitar um local como o retratado na imagem? Comente.
2. No lugar retratado está frio ou calor? Que elementos fizeram você chegar a essa conclusão?
3. Como você acredita que as geleiras sejam formadas?

CIDADANIA GLOBAL

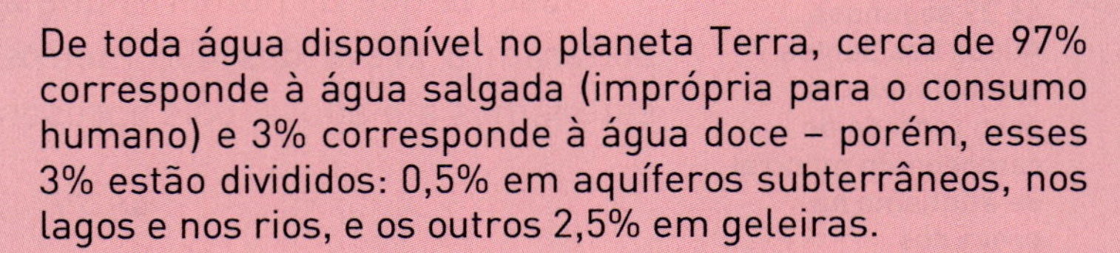

De toda água disponível no planeta Terra, cerca de 97% corresponde à água salgada (imprópria para o consumo humano) e 3% corresponde à água doce – porém, esses 3% estão divididos: 0,5% em aquíferos subterrâneos, nos lagos e nos rios, e os outros 2,5% em geleiras.

Por se tratar de um recurso abundante, mas não inesgotável, as pessoas demoraram muito tempo para começar a se preocupar com a utilização da água de modo consciente.

1. Como você representaria em uma folha quadriculada a distribuição da água do planeta Terra?
2. Você sabe o que é água potável? E água de reúso?
3. Quais estratégias podem ser adotadas para incentivar o uso consciente da água na comunidade em que você vive?

Ao longo do estudo desta unidade, reflita sobre esses questionamentos!

O acesso à água tratada e ao saneamento é primordial para a melhoria de vida e da saúde das pessoas. **Água é saúde!** Quais são as principais doenças transmitidas pela água não tratada?

Turistas em visita à geleira Glacial Perito Moreno, na Patagônia, Argentina. Foto de 2020.

CAPÍTULO

1 NÚMEROS NA FORMA DECIMAL

NÚMEROS RACIONAIS POSITIVOS NA FORMA DECIMAL

Alison dos Santos, o Piu, venceu o Campeonato Mundial de Oregon, nos Estados Unidos, nos 400 metros com barreira em 2022. O atleta paulista se tornou o primeiro velocista campeão mundial do país na modalidade, ao cravar o tempo de 46,29 segundos.

Medalhista de bronze nos Jogos Olímpicos de Tóquio, em 2021, o atleta brasileiro conseguiu superar o americano Rai Benjamim, segundo colocado com 46,89 segundos, e o americano Trevor Bassitt, terceiro colocado com 47,39 segundos.

Observe que os números que indicam o tempo em que os atletas completaram a prova dos 400 metros com barreiras são diferentes dos que estudamos até agora, pois apresentam vírgula.

46,29 46,89 47,39

Os **números decimais** ou **números racionais na forma decimal** são expressos com vírgula.

O uso dos **números racionais na forma decimal** é frequente nos esportes. De que maneira eles são utilizados?

Com a marca de 46,29 segundos, Alison dos Santos estabeleceu um novo recorde no campeonato mundial de atletismo na prova dos 400 metros com barreiras. Foto de 2022.

Andy Astfalck/BSR Agency/Getty Images

Em muitas situações do nosso cotidiano, deparamo-nos com o uso de números na forma decimal. Veja alguns exemplos.

Exemplos

A. Ao medir a massa de uma pessoa usando uma balança digital, podemos encontrar um valor decimal.

yu-ji/iStock/Getty Images

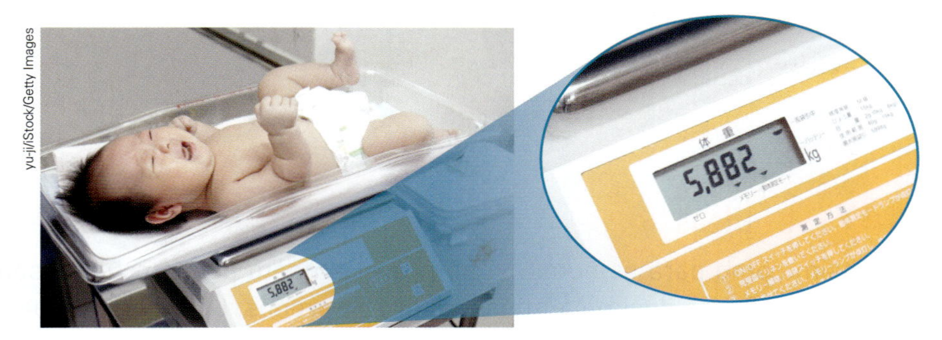

▲ **A balança mostra que a medida da massa do bebê é 5,882 kg (lê-se: cinco quilogramas, oitocentos e oitenta e dois gramas).**

B. Podemos encontrar números na forma decimal na indicação do preço de algumas mercadorias.

Dirceu Portugal/Fotoarena

▲ **O preço do quilograma do pêssego é R$ 17,49 (lê-se: dezessete reais e quarenta e nove centavos).**

C. Em algumas situações, as notas dadas em concursos e competições utilizam números na forma decimal.

Ana Katharine Frota/ID/BR

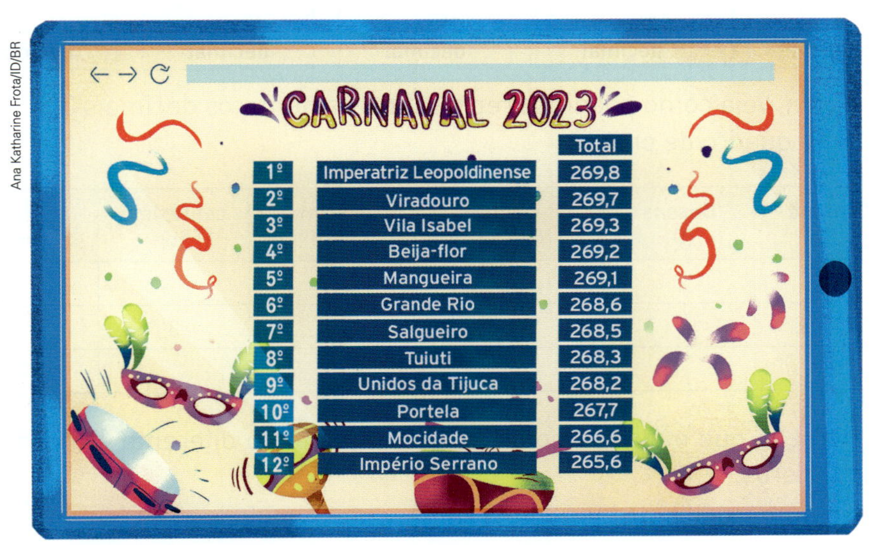

CARNAVAL 2023

		Total
1º	Imperatriz Leopoldinense	269,8
2º	Viradouro	269,7
3º	Vila Isabel	269,3
4º	Beija-flor	269,2
5º	Mangueira	269,1
6º	Grande Rio	268,6
7º	Salgueiro	268,5
8º	Tuiuti	268,3
9º	Unidos da Tijuca	268,2
10º	Portela	267,7
11º	Mocidade	266,6
12º	Império Serrano	265,6

Fonte de pesquisa: Carnaval 2023 no RJ. *G1*, Disponível em: https://g1.globo.com/rj/rio-de-janeiro/carnaval/2023/ao-vivo/carnaval-2023-desfiles-do-rio-de-janeiro.ghtml. Acesso em: 17 mar. 2023.

▲ **Em 2023, a escola de samba Imperatriz Leopoldinense foi a campeã do Carnaval do Rio de Janeiro com 269,8 pontos (lê-se: duzentos e sessenta e nove inteiros e oito décimos).**

QUADRO DE ORDENS E LEITURA

Na representação dos números racionais na forma decimal, a vírgula separa a **parte inteira** da **parte decimal**.

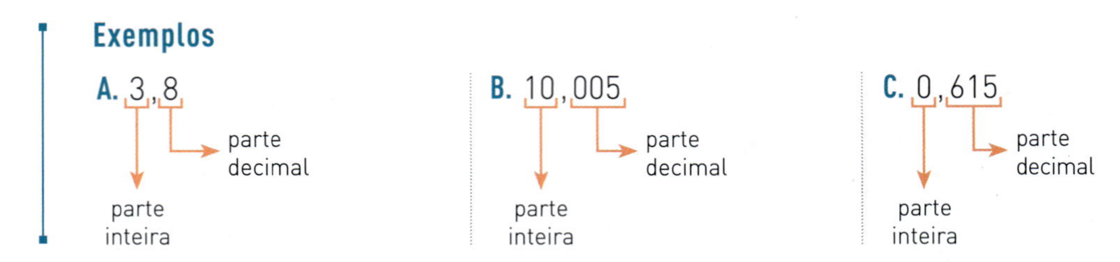

Quadro de ordens

Assim como para os números naturais, também podemos representar números na forma decimal em um quadro de ordens. Observe o esquema.

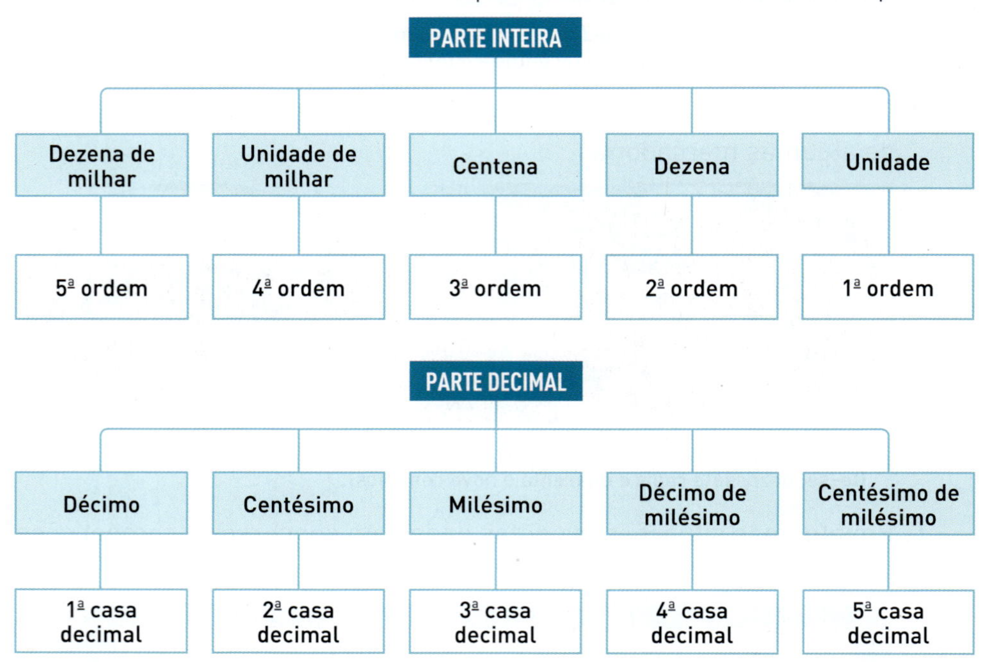

Agora, veja como podemos representar os números decimais 3,8; 0,03 e 0,613 no quadro de ordens.

Centena (C)	Dezena (D)	Unidade (U)	,	décimo (d)	centésimo (c)	milésimo (m)
		3	,	8		
		0	,	0	3	
		0	,	6	1	3

Perceba que o algarismo 3 tem valor numérico diferente em cada um dos números.

- No número 3,8, o algarismo 3 representa 3 unidades.
- No número 0,03, o algarismo 3 representa 3 centésimos.
- No número 0,613, o algarismo 3 representa 3 milésimos.

Leitura dos números escritos na forma decimal

Para ler um número na forma decimal, consideramos primeiro a parte inteira e, em seguida, a parte decimal.

Exemplos

A. 3,8: três inteiros e oito décimos.

B. 10,005: dez inteiros e cinco milésimos.

C. 400,3: quatrocentos inteiros e três décimos.

D. 0,613: seiscentos e treze milésimos.

E. 102,501: cento e dois inteiros e quinhentos e um milésimos.

Frações decimais

Na unidade anterior, vimos que as frações decimais são aquelas cujo denominador é uma potência de 10, ou seja, 10, 100, 1 000, etc.

Veja como podemos relacionar uma fração decimal com um número decimal.

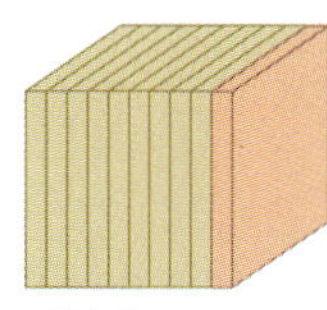

Décimo

Considere que a unidade (cubo) foi dividida em 10 partes iguais. Cada parte representa um décimo da unidade, ou seja, $\frac{1}{10}$ ou 0,1 da unidade.

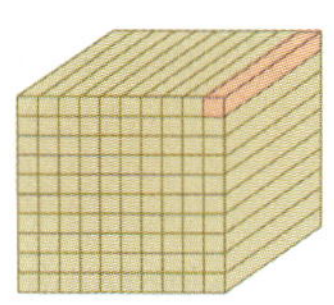

Centésimo

Considere que a unidade (cubo) foi dividida em 100 partes iguais. Cada parte representa um centésimo da unidade, ou seja, $\frac{1}{100}$ ou 0,01 da unidade.

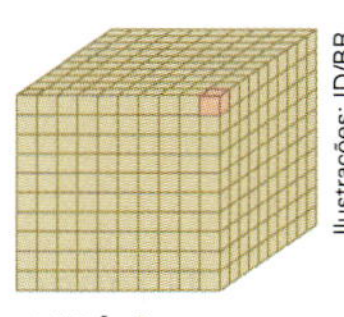

Milésimo

Considere que a unidade (cubo) foi dividida em 1 000 partes iguais. Cada parte representa um milésimo da unidade, ou seja, $\frac{1}{1\,000}$ ou 0,001 da unidade.

Ilustrações: ID/BR

Perceba que a leitura de uma fração decimal facilita a escrita do número na forma decimal.

Exemplos

	Fração decimal	Leitura	Número na forma decimal
A.	$\frac{8}{10}$	Oito décimos	0,8
B.	$\frac{53}{100}$	Cinquenta e três centésimos	0,53
C.	$\frac{621}{1\,000}$	Seiscentos e vinte e um milésimos	0,621

Observação

Considere as figuras a seguir.

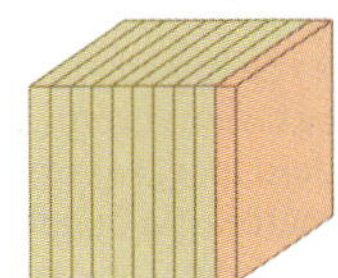
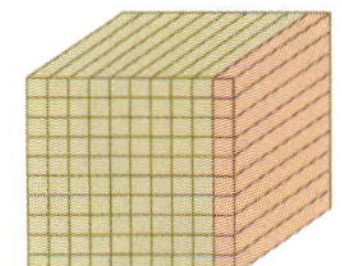
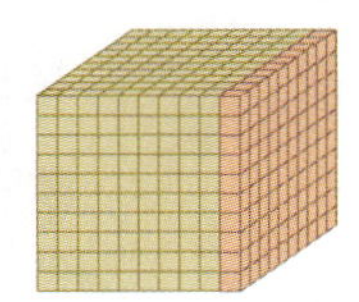

Note que:

$$\begin{array}{ccccc} 1 \text{ décimo} & = & 10 \text{ centésimos} & = & 100 \text{ milésimos} \\ 0{,}1 & = & 0{,}10 & = & 0{,}100 \end{array}$$

DESCUBRA +

250.4 e 250,4 são o mesmo número?

Os números 250.4 e 250,4 representam o mesmo número na forma decimal, mas, até chegarmos ao uso de "." ou ",", a escrita desses números passou por diversas notações.

Em 1582, na Europa, o belga Simon Stevin (1548-1620) deu um passo importante para a criação do número na forma decimal que utilizamos hoje. Veja como ele escrevia, por exemplo, o número 984,315.

984(0) 3(1) 1(2) 5(3)

Nessa notação:

- (0) indica a parte inteira;
- (1) indica a unidade decimal da 1ª ordem (décimos);
- (2) indica a unidade decimal da 2ª ordem (centésimos);
- (3) indica a unidade decimal da 3ª ordem (milésimos).

Dez anos depois, o suíço Jost Bürgi (1552-1632) eliminou as notações das ordens e simplificou a escrita dos números na forma decimal colocando o símbolo "°" em cima da unidade da parte inteira. Assim, o número 984,315 era escrito da seguinte maneira:

$98\overset{\circ}{4}\ 315$

Na mesma época, o italiano Giovanni Antonio Magini (1555-1617) teve a ideia de substituir o símbolo "°" sobre o algarismo da unidade da parte inteira por um ponto entre o algarismo da unidade e o algarismo da unidade decimal de primeira ordem da seguinte maneira:

984.315

E assim nasceu a notação utilizada até hoje por países anglo-saxões, como a Inglaterra e os Estados Unidos, em que, nos números na forma decimal, o ponto separa a parte inteira da parte decimal. No início do século XVII, o holandês Willebrord Snellius (1580-1626) propôs a separação das partes dos números decimais com uma vírgula, o que foi seguido pela maioria dos países do mundo.

Em 2003, a 22ª Conferência Geral de Pesos e Medidas (CGPM) aprovou que o uso do separador entre a parte inteira e a parte decimal pode ser tanto a vírgula quanto o ponto, dependendo do uso comum em cada nação. No Brasil, o padrão adotado para a separação decimal é a vírgula.

Portanto, o número 250.4 nos Estados Unidos ou na Inglaterra representa o número 250,4 aqui no Brasil.

Fontes de pesquisa: Georges Ifrah. *Os números*: história de uma grande invenção. Tradução: Stella Maria de Freitas Senra. 11. ed. São Paulo: Globo, 2007; Carl B. Boyer. *História da Matemática*. Tradução: Helena Castro. 3. ed. São Paulo: Blucher, 2013; Instituto Nacional de Metrologia, Qualidade e Tecnologia (Inmetro). Sistema Internacional de Unidades - SI - Quadro geral de unidades de medida. Disponível em: https://www.gov.br/inmetro/pt-br/centrais-de-conteudo/publicacoes/documentos-tecnicos-em-metrologia/quadro-geral-de-unidades-de-medida-no-brasil.pdf/view. Acesso em: 17 mar. 2023.

João Picoli/ID/BR

ATIVIDADES

Retomar e compreender

1. Escreva, na forma decimal, o valor de cada moeda representada a seguir.

a) 

c) 

b) 

d) 

Banco Central do Brasil. Fotografia: Karina Tengan/ID/BR

2. Escreva na forma decimal o número correspondente a cada fração decimal.

a) $\frac{3}{10}$

b) $\frac{7}{100}$

c) $\frac{17}{1\,000}$

d) $\frac{53}{10}$

e) $\frac{231}{10}$

f) $\frac{113}{100}$

g) $\frac{1}{10\,000}$

h) $\frac{70}{100}$

i) $\frac{7\,568}{10\,000}$

j) $\frac{3\,283}{1\,000}$

3. Escreva cada número a seguir por extenso.

a) 0,7

b) 3,45

c) 0,34

d) 12,038

e) 0,021

f) 6,005

4. Escreva os números a seguir na forma decimal.

a) Doze centésimos.

b) Três inteiros e cinco centésimos.

c) Sete milésimos.

d) Vinte inteiros e quinze milésimos.

e) Trinta e um milésimos.

5. Usando algarismos, escreva os números a seguir em um quadro de ordens.

a) Dois inteiros e um décimo.

b) Quatro inteiros e dois centésimos.

c) Cento e vinte e cinco milésimos.

6. Determine o valor posicional do algarismo 5 em cada um dos números.

a) 0,125

b) 15,8

c) 18,58

d) 50,67

7. Determine o valor de cada símbolo nas representações a seguir.

a) 23 cm = $\frac{■}{100}$ m = ★ m

b) 9 cm = $\frac{■}{★}$ m = ● m

c) ■ cm = $\frac{★}{●}$ m = 0,07 m

Aplicar

8. Os termômetros a seguir registraram a temperatura mínima e a temperatura máxima, em graus Celsius, de um dia em determinada cidade.

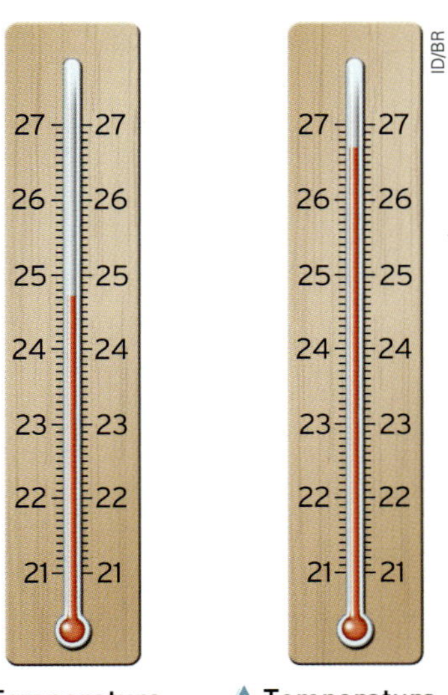

ID/BR

▲ Temperatura mínima (em °C).

▲ Temperatura máxima (em °C).

a) Qual foi a medida da temperatura mínima registrada nesse dia?

b) Qual foi a medida da temperatura máxima registrada nesse dia?

9. No Grande Prêmio de Fórmula 1 de Bahrein, realizado em março de 2023, os pilotos percorreram 57 voltas, em um total de 308,238 quilômetros. O vencedor foi Max Verstappen, seguido de Sergio Perez, que chegou depois de 11,987 segundos. O terceiro colocado, Fernando Alonso, chegou após 38,637 segundos. Represente em um quadro de ordens os números na forma decimal que aparecem nas informações sobre o Grande Prêmio de Bahrein e, depois, escreva como lemos esses números.

NÚMEROS POSITIVOS NA FORMA FRACIONÁRIA E NA FORMA DECIMAL

Transformação de um número na forma fracionária em um número na forma decimal

Vimos que a leitura de uma fração decimal facilita sua escrita na forma decimal. Entretanto, nem todas as frações são decimais. Quando isso ocorre, verificamos se existe uma fração equivalente à fração dada que seja decimal e, então, escrevemos o número na forma decimal correspondente.

Exemplos

A. Vamos transformar $\frac{8}{5}$ em um número na forma decimal.

Como essa fração não é decimal (seu denominador não é uma potência de 10), devemos tentar encontrar uma fração equivalente a ela e que seja decimal. Veja.

$$\frac{8}{5} = \frac{16}{10} \quad (\cdot 2)$$

Observe que:

$$\frac{16}{10} = \frac{10+6}{10} = \frac{10}{10} + \frac{6}{10} = 1 + \frac{6}{10} = 1 + 0{,}6 = 1{,}6$$

Então, $\frac{8}{5} = \frac{16}{10} = 1{,}6$.

B. Vamos transformar $\frac{91}{40}$ em um número na forma decimal.

Como a fração não é decimal, devemos tentar encontrar uma fração equivalente a ela e que seja decimal. Veja.

$$\frac{91}{40} = \frac{455}{200} = \frac{2\,275}{1\,000} \quad (\cdot 5, \cdot 5)$$

Observe que:

$$\frac{2\,275}{1\,000} = \frac{2\,000 + 275}{1\,000} = \frac{2\,000}{1\,000} + \frac{275}{1\,000} = 2 + 0{,}275 = 2{,}275$$

Então, $\frac{91}{40} = \frac{2\,275}{1\,000} = 2{,}275$.

PARE E REFLITA

Você percebeu alguma relação entre a quantidade de zeros das frações decimais e a quantidade de algarismos na parte decimal nos exemplos **A** e **B**?

De maneira geral, para transformar uma fração decimal em um número decimal, podemos escrever o numerador da fração decimal e separar, com a vírgula, a parte inteira da parte decimal, de modo que a quantidade de casas da parte decimal corresponda à quantidade de zeros no denominador da fração decimal. Ou seja, se o denominador da fração decimal for 10, teremos um número na forma decimal com uma casa decimal; se for 100, teremos um número na forma decimal com duas casas decimais; e assim sucessivamente.

Exemplos

A. $\frac{8}{100} = 0,08$

$\frac{8}{100}$: dois zeros; $0,08$: dois algarismos na parte decimal

B. $\frac{15}{10\,000} = 0,0015$

$\frac{15}{10\,000}$: quatro zeros; $0,0015$: quatro algarismos na parte decimal

C. $\frac{269}{10} = 26,9$

$\frac{269}{10}$: um zero; $26,9$: um algarismo na parte decimal

Transformação de um número na forma decimal em um número na forma fracionária

Acompanhe alguns exemplos de como transformar números racionais na forma decimal em números racionais na forma fracionária.

Exemplos

A. Vamos transformar 2,8 em um número na forma fracionária.

Lemos 2,8 como "dois inteiros e oito décimos". Então:

$$2{,}8 = 2 + \frac{8}{10} = \frac{20}{10} + \frac{8}{10} = \frac{28}{10} = \frac{14}{5}$$

(: 2 no numerador e : 2 no denominador)

Como $\frac{14}{5}$ é a fração irredutível de $\frac{28}{10}$, temos: $2{,}8 = \frac{14}{5}$.

B. Vamos transformar 3,07 em um número na forma fracionária.

Lemos 3,07 como "três inteiros e sete centésimos". Então:

$$3{,}07 = 3 + \frac{7}{100} = \frac{300}{100} + \frac{7}{100} = \frac{307}{100}$$

Portanto, $3{,}07 = \frac{307}{100}$.

> **PARE E REFLITA**
>
> É possível notar alguma relação entre a quantidade de casas decimais do número decimal e a quantidade de zeros no denominador das frações decimais? E entre o número decimal e o numerador da fração equivalente?

De maneira geral, para transformar um número na forma decimal em um número na forma fracionária, podemos escrever uma fração na qual o numerador seja o número na forma decimal sem a vírgula e o denominador seja uma potência de base 10 com a mesma quantidade de zeros que a quantidade de casas decimais do número na forma decimal.

Exemplos

A. $2,58 = \frac{258}{100}$

58: dois algarismos na parte decimal; 258: número decimal sem a vírgula; 100: dois zeros

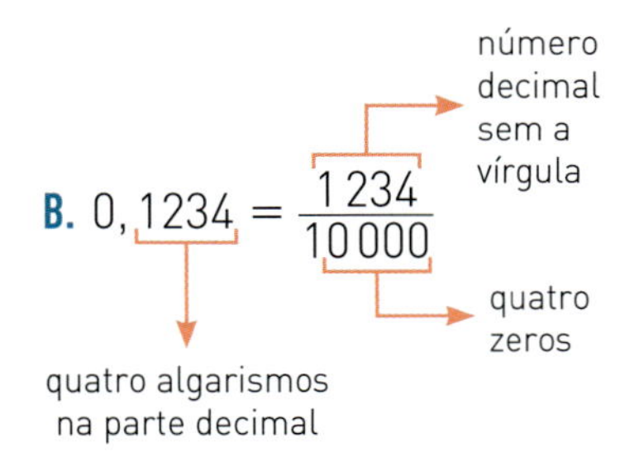

B. $0,1234 = \frac{1\,234}{10\,000}$

1234: quatro algarismos na parte decimal; $1\,234$: número decimal sem a vírgula; $10\,000$: quatro zeros

ATIVIDADES

Retomar e compreender

10. Transforme as frações decimais em números na forma decimal.

a) $\frac{1}{10}$

b) $\frac{1}{100}$

c) $\frac{1}{10\,000}$

d) $\frac{13}{10}$

e) $\frac{521}{100}$

f) $\frac{63}{1\,000}$

11. Transforme os números na forma decimal em frações decimais.

a) 0,1

b) 0,001

c) 0,00001

d) 8,7

e) 96,361

f) 0,6547

12. Complete o quadro a seguir.

Fração irredutível	Fração decimal equivalente	Número na forma decimal
$\frac{1}{2}$	$\frac{5}{10}$	
$\frac{12}{5}$	$\frac{■}{10}$	
$\frac{7}{20}$	$\frac{■}{100}$	
$\frac{1}{4}$		
$\frac{1}{40}$		
$\frac{5}{4}$		

13. Escreva os números a seguir na forma fracionária e na forma decimal.

a) Dois inteiros e treze centésimos.

b) Um inteiro e sete milésimos.

c) Sete inteiros e onze milésimos.

d) Quinze inteiros e dois milésimos.

e) Seis inteiros e um centésimo.

14. Associe o número na forma decimal à fração decimal correspondente.

a) 2,5

b) 0,25

c) 4,502

I) $\frac{2\,251}{500}$

II) $\frac{5}{2}$

III) $\frac{1}{4}$

15. Represente a parte laranja das figuras a seguir na forma decimal.

a)

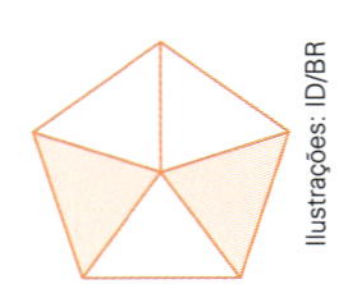

Ilustrações: ID/BR

b)

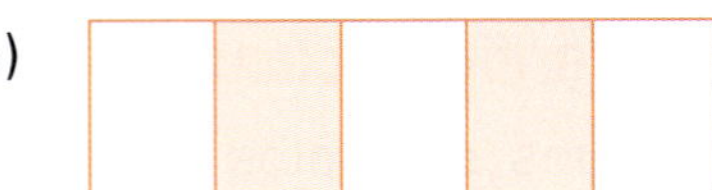

c)

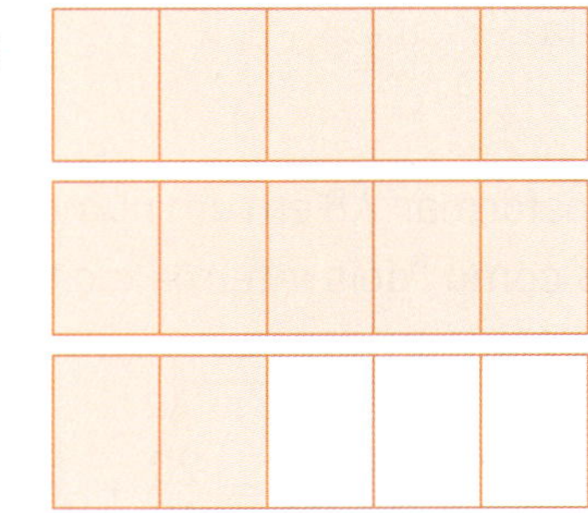

d)

Aplicar

16. Veja como Joana determinou quantos milésimos há no número 18 inteiros e 12 centésimos.

Escrevi a fração decimal correspondente a esse número:

$$18{,}12 = 18\frac{12}{100} = \frac{(100 \cdot 18) + 12}{100} = \frac{1812}{100}$$

Depois, escrevi a fração equivalente com denominador 1000:

$$\frac{1812}{100} = \frac{1812 \cdot 10}{100 \cdot 10} = \frac{18120}{1000}$$

Logo, no número 18,12 há 18120 milésimos.

Usando a estratégia de Joana, descubra quantos milésimos há no número 7 inteiros e 128 milésimos.

DIFERENTES REPRESENTAÇÕES DE UM NÚMERO NA FORMA DECIMAL

Os números na forma decimal, assim como os números naturais, podem ser representados de diversas maneiras. Veja algumas nos exemplos a seguir.

Exemplos

A. 87,6

- Usando a decomposição:

$$87,6 = 87 + 0,6 \quad \text{ou} \quad 87,6 = 80 + 7 + 0,6$$

- Usando a composição:

$$87 + 0,6 = 87,6 \quad \text{ou} \quad 81 + 6,6 = 87,6$$

- Com uma fração: $\frac{876}{10}$
- Por extenso: oitenta e sete inteiros e seis décimos
- Na reta numérica:

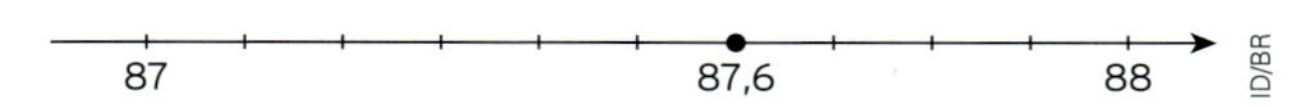

B. 159,45

- Usando a decomposição:

$$159,45 = 150 + 9 + 0,45 \quad \text{ou} \quad 159,45 = 100 + 50 + 9 + 0,4 + 0,05$$

- Usando a composição:

$$140 + 15 + 4 + 0,4 + 0,05 = 159,45 \quad \text{ou} \quad 151 + 8,45 = 159,45$$

- Com uma fração: $\frac{15\,945}{100}$
- Por extenso: cento e cinquenta e nove inteiros e quarenta e cinco centésimos
- Na reta numérica:

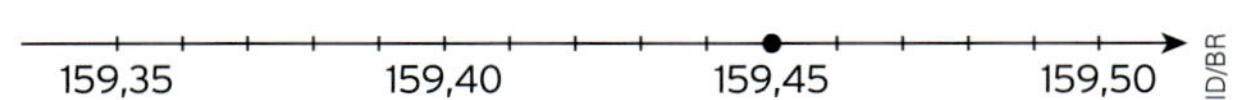

ATIVIDADE

Retomar e compreender

17. Considere os números a seguir.

392,1 | 5 930,59 | 0,682

Para cada um desses números, faça o que se pede em cada item.

a) Escreva uma possível decomposição.

b) Escreva uma fração decimal.

c) Escreva-os por extenso.

d) Localize o número em uma reta numérica.

NÚMEROS NA FORMA DECIMAL EQUIVALENTES

Nas figuras a seguir, os três cubos têm as mesmas dimensões, e cada um deles representa uma unidade.

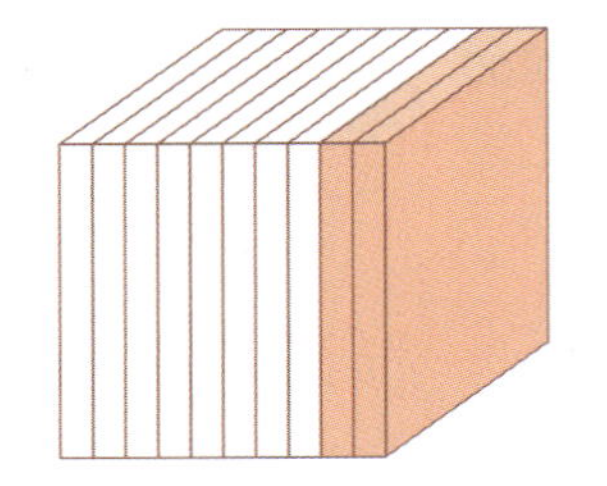

Dividimos o cubo em **10** placas iguais e pintamos **2** placas.

$\frac{2}{10} = 0{,}2$

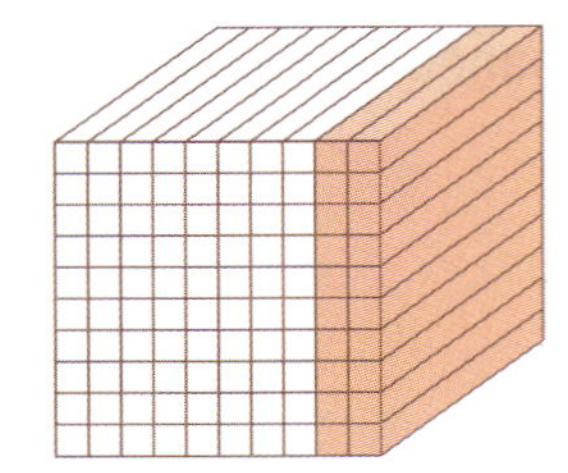

Dividimos o cubo em **100** barras iguais e pintamos **20** barras.

$\frac{20}{100} = 0{,}20$

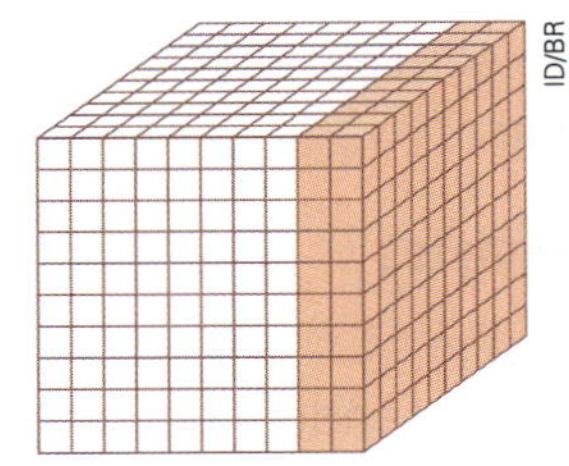

Dividimos o cubo em **1 000** cubinhos iguais e pintamos **200** cubinhos.

$\frac{200}{1\,000} = 0{,}200$

Você notou que as partes pintadas de laranja representam a mesma porção de cada cubo?

Quando dois números na forma decimal representam a mesma quantidade, dizemos que eles são equivalentes. Assim, os números 0,2, 0,20 e 0,200 são números na forma decimal equivalentes, isto é, representam a mesma quantidade.

$$0{,}2 = 0{,}20 = 0{,}200$$

Observe a representação desses números no quadro de ordens.

Unidade (U)	,	décimo (d)	centésimo (c)	milésimo (m)
0	,	2		
0	,	2	0	
0	,	2	0	0

Quando acrescentamos ou eliminamos os zeros que estão à direita na parte decimal de um número na forma decimal, o valor desse número não se altera.

Exemplos

A. 1,5 = 1,50 = 1,500

B. 0,0020 = 0,002

C. 15 = 15,0 = 15,00 = 15,000

D. 62,389 = 62,3890 = 62,38900

COMPARAÇÃO DE NÚMEROS NA FORMA DECIMAL

Assim como comparamos dois números naturais, também podemos comparar dois números na forma decimal estabelecendo uma relação de igualdade ou de desigualdade entre eles. Para isso, utilizamos os símbolos:

= (igual a) **> (maior que)** **< (menor que)**

Na comparação de números na forma decimal, comparamos inicialmente as partes inteiras. Se elas forem iguais, comparamos as partes decimais.

Números na forma decimal com partes inteiras diferentes

Ao comparar dois ou mais números na forma decimal com partes inteiras diferentes, o maior número é aquele que apresenta a maior parte inteira.

Exemplo

Vamos ordenar os números 9,87, 6,578, 0,5 e 4,605 do menor para o maior.

Identificamos a parte inteira de cada um desses números (9,87, 6,578, 0,5 e 4,605) e, depois, as comparamos.

$$0 < 4 < 6 < 9$$

Então, $0{,}5 < 4{,}605 < 6{,}578 < 9{,}87$.

Números na forma decimal com partes inteiras iguais

Ao comparar dois ou mais números na forma decimal com partes inteiras iguais, o maior número é aquele que apresenta a maior parte decimal.

Exemplos

A. Vamos comparar os números 5,345 e 5,4.

Como a parte inteira desses números é igual, devemos comparar as partes decimais. Para facilitar, igualamos o número de casas decimais.

$$5{,}345 \qquad 5{,}4 = 5{,}400$$

Comparamos 345 milésimos com 400 milésimos.

$$345 < 400$$

Como 345 milésimos é menor que 400 milésimos, temos:
$5{,}345 < 5{,}400$ ou $5{,}345 < 5{,}4$.

B. Segundo o Relatório do Desenvolvimento Humano de 2021, publicado pelo Programa das Nações Unidas para o Desenvolvimento (Pnud), o Índice de Desenvolvimento Humano (IDH) do Brasil é 0,754, o da Colômbia é 0,752 e o do Canadá é 0,936. Para comparar o desenvolvimento desses países, vamos organizar os índices de cada um, do maior para o menor.

Como a parte inteira desses números é igual (0), devemos comparar as partes decimais (0,754, 0,752 e 0,936).

$$936 > 754 > 752$$

Então, $0{,}936 > 0{,}754 > 0{,}752$.

Isso significa que o Canadá é mais desenvolvido que o Brasil, que, por sua vez, é mais desenvolvido que a Colômbia.

ATIVIDADES

Retomar e compreender

18. Identifique o número na forma decimal associado a cada letra na reta numérica.

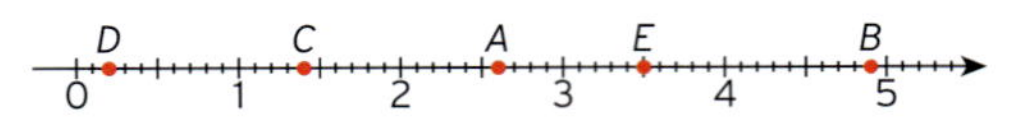

19. Complete as expressões com $=$ ou $\neq$.

a) 5 ■ 5,0
b) 0,12 ■ 0,1200
c) 9 ■ 900
d) 78 ■ 7,8
e) 7,80 ■ 7,8000
f) 7,80 ■ 78

20. Usando os símbolos $>$, $<$ ou $=$, compare os números de cada item.

a) 0,37 ■ 0,06
b) 5,12 ■ 5,120
c) 10,08 ■ 10,1
d) 13,06 ■ 13,0600
e) 2,4 ■ 2,14
f) 1,005 ■ 1,04

21. Escreva em ordem crescente os números de cada item a seguir.

a) 3,57; 2,57; 4,89; 4,9; 6,9; 0,687; 2,9
b) 0,2; 0,07; 0,015; 0,901; 0,006; 0,1004

22. Identifique os pares de números na forma decimal equivalentes.

a) 1,45000
b) 1,050
c) 0,9750
d) 2,100

I) 2,1
II) 1,05
III) 1,45
IV) 0,975

23. Os mosaicos a seguir foram construídos com 100 pastilhas cada um.

A

C
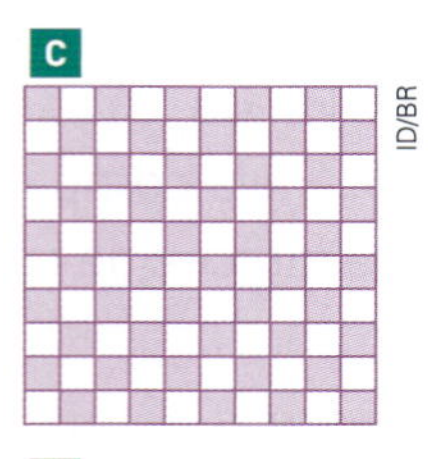

B
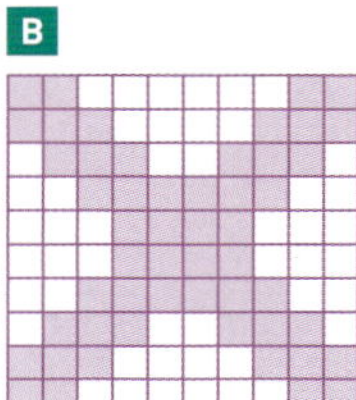

D
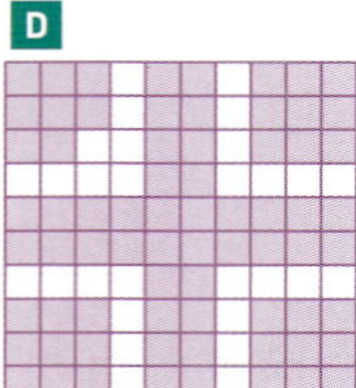

ID/BR

a) Represente a fração de pastilhas lilases de cada mosaico. Depois, escreva essa fração usando um número na forma decimal.

b) Coloque os números na forma decimal que você obteve no item anterior em ordem decrescente.

Aplicar

24. A moeda da União Europeia é o Euro (€), e a maneira de representar quantias em dinheiro é parecida com a do nosso sistema monetário. Veja.

Moedas: Graja/Shutterstock.com/ID/BR

Escreva em euro cada quantia representada a seguir.

a) b)

25. Veja no quadro abaixo o tempo de classificação para a largada dos cinco pilotos mais rápidos no Grande Prêmio de Fórmula 1, da Arábia Saudita, em 2023.

Piloto	Tempo de classificação
Carlos Sainz Jr. (Espanha)	1 min e 28,931 s
Lance Stroll (Canadá)	1 min e 28,945 s
George Russell (Reino Unido)	1 min e 28,857 s
Sergio Perez (México)	1 min e 28,265 s
Fernando Alonso (Espanha)	1 min e 28,730 s

Qual foi o *grid* de largada dessa prova?

MAIS ATIVIDADES

Acompanhamento da aprendizagem

Retomar e compreender

1. Localize os números indicados na reta numérica a seguir.

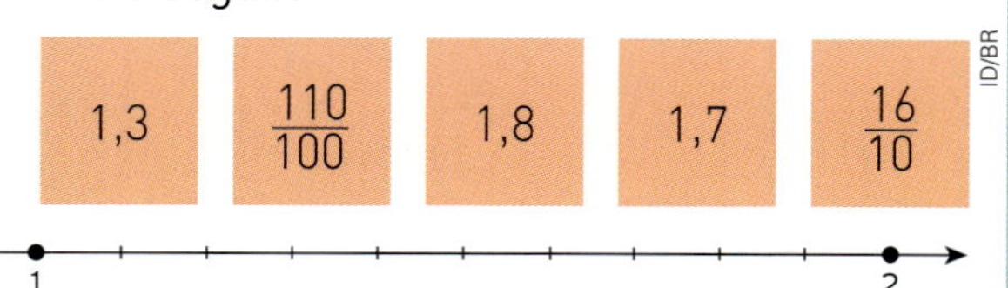

2. No visor da balança está indicada, em grama, a medida da massa de algumas maçãs. A medida da massa da sacola plástica não foi considerada.

Na balança há mais ou menos de 1 quilograma de maçãs?

3. Em cada garrafa representada foi colocado um rótulo indicando a quantidade de líquido que ela contém.

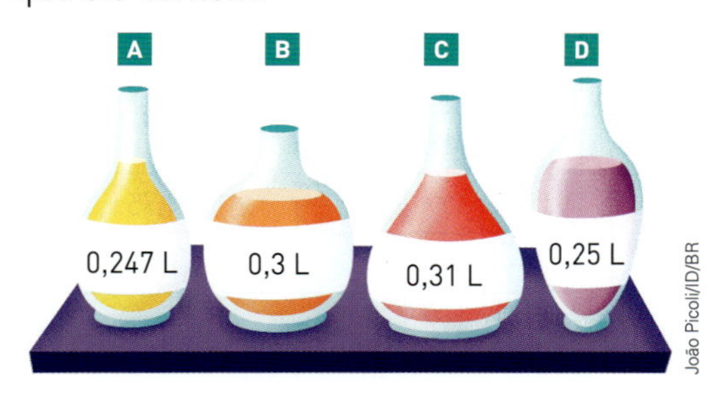

Qual delas contém a menor quantidade de líquido?

Aplicar

4. A febre é uma reação do corpo a uma inflamação ou infecção. Observe a escala de temperatura do corpo humano.
   - Normal: de 36 °C a 36,9 °C.
   - Estado febril: de 37 °C a 37,5 °C.
   - Febre baixa: de 37,6 °C a 38 °C.
   - Febre moderada: de 38,1 °C a 39 °C.
   - Febre alta: acima de 39,1 °C.

Uma enfermeira mediu a temperatura de três pacientes com um termômetro digital e obteve as leituras indicadas a seguir. No termômetro, a vírgula é representada por um ponto.

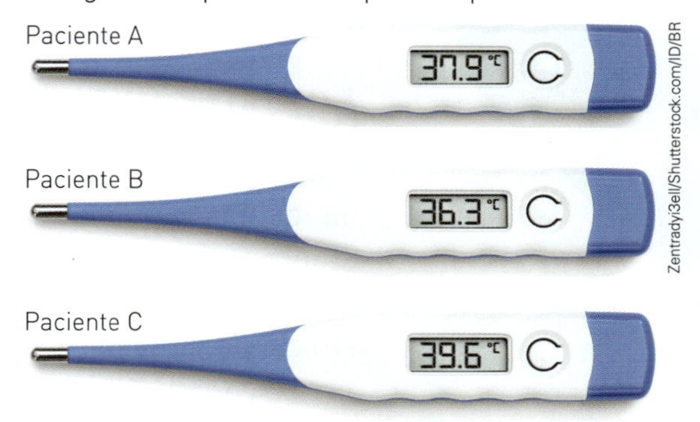

a) Qual dos pacientes está com temperatura considerada normal?

b) De acordo com a escala de temperatura, como estão os outros pacientes?

5. Leia as explicações que o marceneiro deu a um de seus aprendizes.
   - Quando dividimos o metro em 100 partes iguais, cada uma das partes corresponde a 1 centímetro.
   - O milímetro corresponde à décima parte do centímetro, o que equivale à milésima parte do metro.

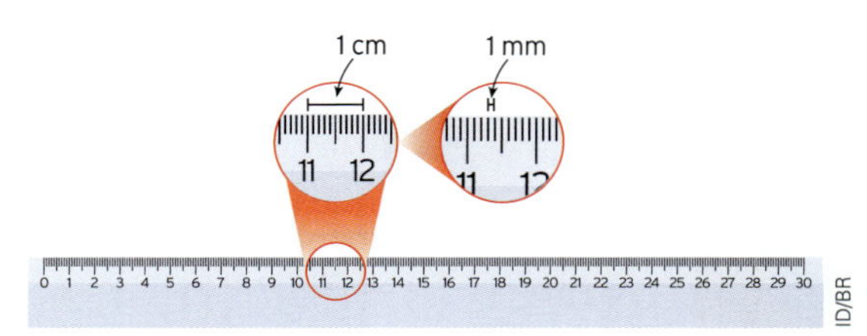

Então, podemos concluir que:

1 cm = 0,01 m

1 mm = 0,001 m

Agora, faça o que se pede.

a) O aprendiz tem de cortar uma tábua que mede um décimo de 1 metro de comprimento. Escreva a medida dessa tábua, em metro, usando um número na forma decimal.

b) O aprendiz precisa de uma ripa de madeira com 143 milímetros de largura. Escreva essa medida, em metro, usando um número na forma decimal.

CAPÍTULO

2 OPERAÇÕES COM NÚMEROS NA FORMA DECIMAL

ADIÇÃO E SUBTRAÇÃO

As curvas de crescimento, adotadas como referência pelo Ministério da Saúde, seguem o padrão da Organização Mundial de Saúde (OMS) e constituem um importante instrumento técnico para medir, monitorar e avaliar o crescimento de crianças e adolescentes, independentemente da origem étnica, da situação socioeconômica e do tipo de alimentação.

Nos quadros a seguir, é possível observar a evolução na estatura das meninas e dos meninos brasileiros de acordo com a idade. Segundo as curvas de crescimento da OMS, esses valores são considerados adequados para a idade, mas pode haver variação, ou seja, a medida da altura real de cada criança ou adolescente pode ser maior ou menor.

Henrique Mantovani Petrus/ID/BR

Evolução da estatura das meninas	
Idade (em ano)	Altura (em metro)
5	1,09
7	1,21
9	1,33
11	1,45
13	1,56
15	1,62
17	1,63
19	1,64

Evolução da estatura dos meninos	
Idade (em ano)	Altura (em metro)
5	1,10
7	1,22
9	1,32
11	1,42
13	1,56
15	1,69
17	1,75
19	1,76

Ao observar os dados apresentados, podemos concluir que:

- aos 13 anos, a diferença entre a medida da altura das meninas e a dos meninos é zero, ou seja, eles têm a mesma altura: 1,56 metro.

$$1{,}56 - 1{,}56 = 0$$

- aos 19 anos, a diferença entre a medida da altura deles é 0,12 metro, pois:

$$1{,}76 - 1{,}64 = \frac{176}{100} - \frac{164}{100} = \frac{176 - 164}{100} = \frac{12}{100} = 0{,}12$$

Ou, ainda:

$$\begin{array}{r} \text{U,d c} \\ 1{,}7\ 6 \\ -\ 1{,}6\ 4 \\ \hline 0{,}1\ 2 \end{array}$$

Para encontrar esses valores, efetuamos subtrações que envolvem números racionais na forma decimal.

Para adicionar ou subtrair números na forma decimal, podemos transformá-los em frações decimais ou usar o algoritmo usual, seguindo estes passos.

1º) Posicionamos os números alinhando vírgula debaixo de vírgula.

2º) Caso os números decimais não tenham a mesma quantidade de casas decimais, igualamos essa quantidade acrescentando zeros à direita na parte decimal.

3º) Efetuamos a adição ou a subtração, inserindo a vírgula do resultado obtido alinhada às demais vírgulas.

Henrique Mantovani Petrus/ID/BR

Agora, acompanhe duas situações que envolvem adições com números na forma decimal.

Situação 1

Cássia vai comprar um caderno de R$ 5,89 e uma caneca de R$ 4,99. Quantos reais ela vai gastar nessa compra?

Podemos responder a essa pergunta efetuando a adição 5,89 + 4,99. Vamos resolver essa adição de duas maneiras diferentes.

1ª maneira: Transformando as parcelas em frações decimais.

$$5{,}89 + 4{,}99 = \frac{589}{100} + \frac{499}{100} = \frac{589 + 499}{100} = \frac{1\,088}{100} = 10{,}88$$

2ª maneira: Usando o algoritmo usual.

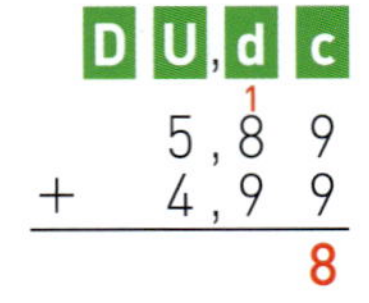

Ao adicionar 9 centésimos a 9 centésimos, obtemos 18 centésimos, que representamos como 1 décimo e 8 centésimos.

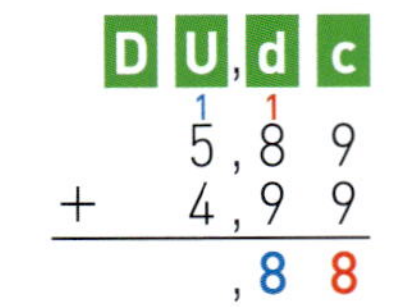

Adicionamos o décimo obtido aos demais décimos, obtendo 18 décimos (1 + 8 + 9 = 18), que representamos como 1 unidade e 8 décimos.

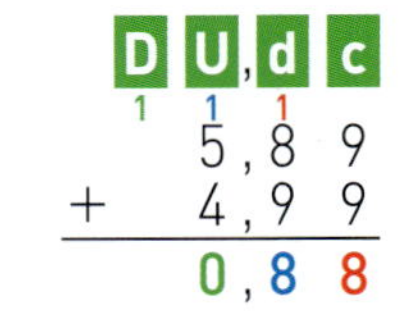

Adicionamos a unidade obtida às demais unidades, obtendo 10 unidades (1 + 5 + 4 = 10), que representamos como 1 dezena e 0 unidade.

D	U,	d	c
1	1	1	
	5,	8	9
+	4,	9	9
1	0,	8	8

Adicionamos a dezena obtida às demais dezenas, obtendo 1 dezena (1 + 0 + 0 = 1).

Situação 2

Fernando e o pai dele foram ao mercado comprar alguns produtos. Enquanto estavam na fila, Fernando lembrou que tinha 30 reais na carteira e resolveu estimar o valor dos seguintes produtos para ver se tinha dinheiro suficiente para comprá-los:

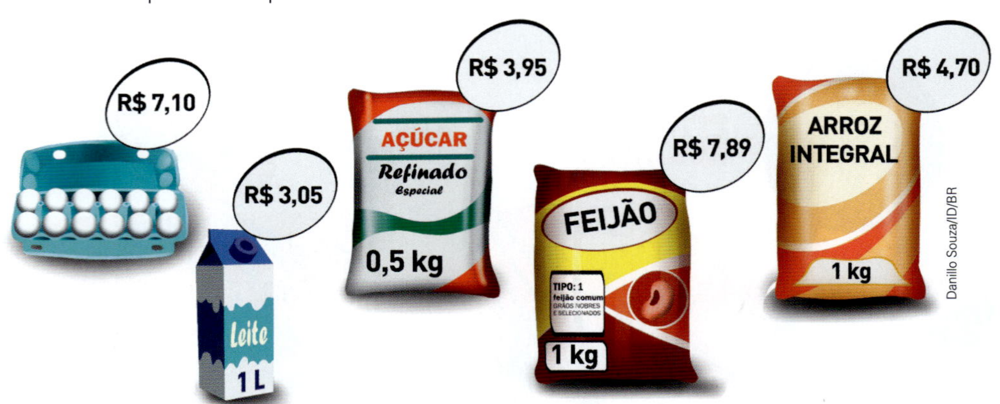

Danillo Souza/ID/BR

Por se tratar de dinheiro, Fernando optou por arredondar o preço de cada produto para a unidade mais próxima. Veja.

$$\underbrace{7{,}00}_{\text{ovo}} + \underbrace{3{,}00}_{\text{leite}} + \underbrace{4{,}00}_{\text{açúcar}} + \underbrace{8{,}00}_{\text{feijão}} + \underbrace{5{,}00}_{\text{arroz}} = 27{,}00$$

Assim, Fernando concluiu que o dinheiro que tinha seria suficiente para comprar todos os produtos.

ATIVIDADES

Retomar e compreender

1. Efetue as operações a seguir.

a) 1 + 0,5
b) 1,3058 + 3,6547
c) 10,1 − 0,1
d) 5,987 − 1,236
e) 1,5 + 6,98 + 3,21
f) 2,89 + 6,54 + 1,009
g) 1,5 − 1,05
h) 6 − 0,98

2. Efetue as operações indicadas pelas setas e determine os próximos três números das sequências.

a) 5,3 $\xrightarrow{-2,7}$ ▭ $\xrightarrow{-2,06}$ ▭ $\xrightarrow{+14,5}$ ▭

b) 28,9 $\xrightarrow{+0,7}$ ▭ $\xrightarrow{-0,09}$ ▭ $\xrightarrow{+5,1}$ ▭

c) 15,1 $\xrightarrow{+3,7}$ ▭ $\xrightarrow{-1,2}$ ▭ $\xrightarrow{+0,005}$ ▭

3. Complete os itens a seguir de modo que as igualdades sejam verdadeiras.

a) 7,23 − ■ = 0,78
b) 2,5 + 3,8 + ■ = 9,25

Aplicar

4. Mariana calculou o resultado de 25,38 − 1,7 da seguinte maneira:

$$\begin{array}{r} 25{,}38 \\ -\quad 1{,}7 \\ \hline 25{,}21 \end{array}$$

Para verificar se esse cálculo estava correto, Fernando, colega de Mariana, arredondou os valores para a unidade mais próxima e calculou, mentalmente, o valor aproximado de 25,38 − 1,7.

$$\underbrace{25{,}38}_{\downarrow\ 25} - \underbrace{1{,}7}_{\downarrow\ 2} = 23$$

Fernando concluiu que a resposta de Mariana deveria ser um valor próximo de 23.

a) Supondo que Fernando estava certo, que erro Mariana cometeu? Faça o cálculo e verifique.

b) De maneira semelhante à de Fernando, calcule mentalmente o resultado aproximado de cada item a seguir. Depois, faça o cálculo e compare as respostas.

I. 4,85 + 6,27	IV. 12,05 + 4,14
II. 15,44 − 7,34	V. 9,86 − 3,91
III. 11,35 + 8,72	VI. 13,64 − 5,73

5. Luís precisa cortar dois pedaços de corda de 3,75 m cada um para fazer um balanço. Ele comprou 10 m de corda. A quantidade de corda que Luís comprou é suficiente para fazer o balanço?

6. Em uma competição, os atletas percorreram 1,5 km nadando, 3,85 km pedalando e 4,75 km correndo. Qual foi a medida da distância total percorrida pelos atletas?

7. Ana tem 1,47 m de medida de altura e o pai dela tem 1,82 m. A mãe de Ana é 20 cm mais alta que ela.

a) Qual é a diferença, em metro, da medida da altura do pai de Ana para a de Ana?

b) Qual é a medida da altura, em metro, da mãe de Ana?

8. Luciana tinha uma cédula de R$ 20,00 para gastar na lanchonete. Ela escolheu um lanche, um pedaço de bolo e um suco. Veja os preços dos produtos da lanchonete.

- Pedaço de bolo: R$ 4,70
- Lanche: R$ 6,20
- Água: R$ 3,30
- Suco: R$ 6,80

Observe a maneira como Luciana pensou e, depois, responda.

Juntando 6 reais e 20 centavos do lanche com 6 reais e 80 centavos do suco dá 13 reais; com mais 4 reais e 70 centavos do bolo dá 17 reais e 70 centavos. Então, no total, vou gastar 17 reais e 70 centavos. Como deu menos de 20 reais, vou receber troco. De 17 reais e 70 centavos para 20 reais faltam 2 reais e 30 centavos. Então, vou receber 2 reais e 30 centavos de troco.

Danillo Souza/ID/BR

Quanto Luciana gastaria se quisesse comer um lanche e tomar uma água? E quanto ela receberia de troco?

MULTIPLICAÇÃO

Vamos estudar dois casos de multiplicação que envolvem números na forma decimal.

Multiplicação de um número natural por um número na forma decimal

Acompanhe as situações a seguir.

Situação 1

A passagem de ônibus na cidade em que Adriana mora custa R$ 5,35. Se ela levar suas 3 sobrinhas para passear de ônibus, quanto pagará pelas 4 passagens? Considere que o preço da passagem é o mesmo para Adriana e para as sobrinhas.

Para calcular quanto Adriana pagará pelas passagens, podemos multiplicar R$ 5,35 por 4. Veja duas maneiras de efetuar essa multiplicação.

1ª maneira: Transformando os números em frações decimais.

$$4 \cdot 5{,}35 = \frac{4}{1} \cdot \frac{535}{100} = \frac{4 \cdot 535}{1 \cdot 100} = \frac{2\,140}{100} = 21{,}40$$

2ª maneira: Usando o algoritmo usual.

$$\begin{array}{rl}
5{,}35 & \\
\times \quad\; 4 & \\
\hline
0{,}20 & \boxed{1} \\
1{,}20 & \boxed{2} \\
+\; 20{,}00 & \boxed{3} \\
\hline
21{,}40 &
\end{array}$$

1. Multiplicamos 4 por 5 centésimos: 4 · 5 centésimos = 20 centésimos.
2. Multiplicamos 4 por 3 décimos: 4 · 3 décimos = 12 décimos = = 1 unidade e 2 décimos.
3. Multiplicamos 4 por 5 unidades: 4 · 5 unidades = 20 unidades.

Portanto, Adriana pagará R$ 21,40 pelas 4 passagens de ônibus.

Situação 2

Marcelo comprou 36 pães ao preço de R$ 0,95 a unidade. Qual foi o valor da compra?

Podemos obter o valor da compra efetuando 36 · 0,95. Vamos fazer esse cálculo usando o algoritmo usual.

$$\begin{array}{rl}
0{,}95 & \\
\times \quad 36 & \\
\hline
0{,}30 & \boxed{1} \\
5{,}4 & \boxed{2} \\
1{,}5 & \boxed{3} \\
+\; 27 & \boxed{4} \\
\hline
34{,}20 &
\end{array}$$

1. Multiplicamos 6 por 5 centésimos: 6 · 5 centésimos = 30 centésimos.
2. Multiplicamos 6 por 9 décimos: 6 · 9 décimos = 54 décimos = = 5 unidades e 4 décimos.
3. Multiplicamos 30 por 5 centésimos: 30 · 5 centésimos = = 150 centésimos = 1 unidade e 5 décimos.
4. Multiplicamos 30 por 9 décimos: 30 · 9 décimos = 270 décimos = = 27 unidades.

Então, o valor da compra dos pães foi de R$ 34,20.

De maneira prática, é possível efetuar a multiplicação de um número natural por um número na forma decimal desconsiderando a vírgula e, depois, posicionando-a de modo que o produto tenha a mesma quantidade de casas decimais que o fator na forma decimal. Na situação anterior, poderíamos ter efetuado 0,95 · 36 como 95 · 36 e, no resultado, escreveríamos a vírgula de modo que o produto tivesse duas casas decimais, pois o fator na forma decimal (0,95) tem duas casas decimais.

Multiplicação de números na forma decimal

Acompanhe as situações a seguir.

Situação 1

Marta comprou 1,2 metro de um arame que custa R$ 5,35 o metro. Quantos reais ela pagou pelo arame?

Para responder à questão, podemos multiplicar 1,2 por 5,35. Veja duas maneiras de efetuar essa multiplicação.

1ª maneira: Transformando os números em frações decimais.

$$1{,}2 \cdot 5{,}35 = \frac{12}{10} \cdot \frac{535}{100} = \frac{12 \cdot 535}{10 \cdot 100} = \frac{6\,420}{1\,000} = 6{,}420$$

2ª maneira: Usando o algoritmo usual.

Desconsideramos as vírgulas e efetuamos a multiplicação.

$$\begin{array}{r} 1\;2 \\ \times\,5\;3\;5 \\ \hline 6\;0 \\ 3\;6\;0 \\ +\,6\;0\;0\;0 \\ \hline 6\;4\;2\;0 \end{array}$$

Observe que, ao desconsiderar as vírgulas nessa multiplicação, o fator 1,2 ficou multiplicado por 10, e o fator 5,35 ficou multiplicado por 100. Ou seja, o produto 1,2 · 5,35 ficou multiplicado por 1 000. Portanto, para determinar o produto 1,2 · 5,35, devemos dividir o resultado de 12 · 535 por 1 000.

$$\frac{6\,420}{1\,000} = 6{,}420$$

Portanto, Marta pagará R$ 6,42 pelo arame.

De maneira prática, é possível efetuar a multiplicação de um número na forma decimal por outro número na forma decimal desconsiderando a vírgula dos dois fatores e, depois, posicionando-a de modo que o número de casas decimais do produto seja igual à soma do número de casas decimais dos fatores da multiplicação. Na situação anterior, teríamos:

$$1{,}2 \cdot 5{,}35 = 6{,}420$$

1 casa decimal + 2 casas decimais = 3 casas decimais

Situação 2

Fernando comprou 0,64 metro de fita para enfeitar uma caixa. Sabendo que o metro dessa fita custa R$ 0,25, quantos reais ele pagou pela fita?

Para responder à questão, podemos efetuar 0,64 · 0,25. Veja como calcular essa multiplicação de duas maneiras.

1ª maneira: Transformando os números em frações decimais.

$$0{,}64 \cdot 0{,}25 = \frac{64}{100} \cdot \frac{25}{100} = \frac{64 \cdot 25}{100 \cdot 100} = \frac{1\,600}{10\,000} = 0{,}16$$

FabrikaSimf/Shutterstock.com/ID/BR

2ª maneira: Usando o algoritmo usual.

$$\begin{array}{r} 0,64 \\ \times\, 0,25 \\ \hline 320 \\ +\ 1280 \\ \hline 0,1600 \end{array}$$

0,64 ← duas casas decimais
0,25 ← duas casas decimais
0,1600 ← quatro casas decimais

Portanto, Fernando pagou R$ 0,16 pela fita.

ATIVIDADES

Retomar e compreender

9. Efetue as multiplicações de um número natural por um número na forma decimal.

a) 10 · 35,17
b) 1 000 · 23,4
c) 100 · 42,37
d) 7 · 0,8
e) 4 · 1,09
f) 8 · 13,405

10. Efetue as multiplicações dos números na forma decimal.

a) 0,1 · 0,9
b) 1,5 · 0,06
c) 25,12 · 1,3
d) 34,08 · 4,3
e) 40,5 · 2,06
f) 12,104 · 1,23

11. Considere a seguinte multiplicação:

158 · 326 = 51 508

Determine mentalmente o valor dos produtos a seguir.

a) 158 · 32,6
b) 1,58 · 326
c) 15,8 · 32,6
d) 1,58 · 0,326
e) 0,158 · 0,326
f) 158 · 0,326

Aplicar

12. Um posto de combustível deu a um cliente um prêmio equivalente a 10 000 litros de gasolina. Em um dia que o litro da gasolina custava R$ 4,67, esse prêmio era equivalente a quantos reais?

Danillo Souza/ID/BR

13. Uma lata contém 0,350 L de suco. Para facilitar o transporte, as latas são embaladas em pacotes com 12 latas cada um. Quantos litros de suco há em cada pacote?

14. Quantos quilômetros são percorridos ao completar 8,5 voltas em uma ciclovia de 3,8 km de extensão?

15. Em uma papelaria, uma lapiseira custa R$ 10,80 e um lápis custa R$ 1,95. Comprando meia dúzia de lápis, gasta-se mais ou menos que o valor de uma lapiseira? De quanto é a diferença?

16. Veja o cardápio com os preços das esfirras e, depois, faça o que se pede.

Danillo Souza/ID/BR

a) Calcule o preço de:
- 4 esfirras de carne;
- 5 esfirras de queijo;
- 2 esfirras de frango;
- 9 esfirras de atum.

b) Se você comprar 2 esfirras de carne e 6 esfirras de frango, quanto gastará?

17. Para percorrer 9,6 quilômetros, um automóvel utiliza 1 litro de combustível.

a) Quantos quilômetros ele percorre com 10 litros de combustível?

b) Quantos quilômetros ele percorre com 18,5 litros de combustível?

DIVISÃO

Vamos estudar três casos de divisão que envolvem números na forma decimal: a divisão de um número natural por outro número natural e quociente na forma decimal, a divisão de um número na forma decimal por um número natural diferente de zero e a divisão de um número na forma decimal por um número também na forma decimal.

Quociente na forma decimal

Helena quer comprar um vestido que custa R$ 89,00. Ela vai parcelar a compra em 4 prestações iguais. Qual será o valor de cada prestação?

Para calcular o valor de cada prestação, podemos efetuar 89 : 4. Acompanhe como fazer essa divisão usando o algoritmo usual da divisão.

Dividimos 8 dezenas por 4.
Obtemos 2 dezenas e resta 0 dezena.

```
  D U
  8 9 |4
- 8     2
  0     D
```

Dividimos 9 unidades por 4.
Obtemos 2 unidades e resta 1 unidade.

```
  D U
  8 9 |4
- 8     2 2
  0 9   D U
  - 8
    1
```

Substituímos 1 unidade por 10 décimos.
Para isso, colocamos a vírgula no quociente a fim de separar a parte inteira da parte decimal.
Dividimos 10 décimos por 4.
Obtemos 2 décimos e restam 2 décimos.

```
  D U
  8 9     |4
- 8        2 2,2
  0 9      D U d
-   8
    1 0
-     8
      2
```

Substituímos 2 décimos por 20 centésimos.
Dividimos 20 centésimos por 4.
Obtemos 5 centésimos e resto 0.

```
  D U
  8 9       |4
- 8          2 2,2 5
  0 9        D U d c
-   8
    1 0
-     8
      2 0
-     2 0
        0
```

Portanto, o valor de cada prestação será de R$ 22,25.

Divisão de um número na forma decimal por um número natural diferente de zero

Cinco amigos foram lanchar em uma pastelaria. O valor da conta foi de R$ 48,50, e eles decidiram dividi-la igualmente entre eles. Quanto cada amigo deverá pagar?

Para calcular o valor que cada amigo pagará, devemos efetuar a divisão de R$ 48,50 por 5. Observe como podemos fazer essa divisão de duas maneiras.

1ª maneira: Transformando os números em frações decimais.

$\frac{1}{5}$ é o inverso de 5

$$48{,}5 : 5 = \frac{485}{10} : 5 = \frac{485}{10} \cdot \frac{1}{5} = \frac{\overset{97}{\cancel{485}} \cdot 1}{10 \cdot \underset{1}{\cancel{5}}} = \frac{97}{10} = 9{,}7$$

Nas divisões que envolvem frações, multiplicamos o dividendo pelo inverso do divisor.

2ª maneira: Usando o algoritmo da divisão.

48 unidades divididas por 5 é igual a 9 unidades e sobram 3 unidades, que correspondem a 30 décimos.

```
 D U d
 4 8,5 |5
-4 5    9
   3    U
```

Os 30 décimos restantes adicionados a 5 décimos resultam em 35 décimos. 35 décimos divididos por 5 é igual a 7 décimos com resto zero.

```
 D U d
 4 8,5 |5
-4 5 ↓  9,7
   3 5  U d
 - 3 5
     0
```

Então, temos que 48,5 : 5 = 9,7.

Assim, cada amigo deverá pagar R$ 9,70.

Divisão entre dois números na forma decimal

Antes de estudarmos a divisão de números na forma decimal, vamos observar o seguinte fato da divisão com números naturais: se o dividendo e o divisor de uma divisão forem multiplicados ou divididos por um mesmo número diferente de zero, a nova divisão terá o mesmo quociente.

Exemplos

A. 6 : 2 = 3

· 10 ↓ · 10 ↓

60 : 20 = 3

B. 120 : 4 = 30

:2 ↓ :2 ↓

60 : 2 = 30

Podemos usar esse fato nas divisões que envolvem números na forma decimal. Acompanhe os exemplos a seguir.

PARE E REFLITA

O que acontece com o resto de uma divisão quando multiplicamos ou dividimos o dividendo e o divisor por um mesmo número?

Exemplos

A. Vamos efetuar 4,5 : 0,25 de duas maneiras.

1ª maneira: Usando o algoritmo usual.

Multiplicamos o dividendo e o divisor por 100 para suprimir as vírgulas e, em seguida, efetuamos a divisão pelo algoritmo usual.

$$4{,}5 : 0{,}25 \xrightarrow{\cdot 100} 450 : 25$$

$$\begin{array}{r|l} 450 & 25 \\ -25 & 18 \\ \hline 200 & \\ -200 & \\ \hline 0 & \end{array}$$

Então, 4,5 : 0,25 = 18.

2ª maneira: Transformando os números em frações decimais.

$$4{,}5 : 0{,}25 = \frac{45}{10} : \frac{25}{100} = \frac{\overset{9}{\cancel{45}}}{\underset{1}{\cancel{10}}} \cdot \frac{\overset{10}{\cancel{100}}}{\underset{5}{\cancel{25}}} = \frac{9 \cdot 10}{1 \cdot 5} = \frac{90}{5} = 18$$

B. Vamos efetuar 29,52 : 14,4 usando o algoritmo usual.

Multiplicamos o dividendo e o divisor por 100 para suprimir as vírgulas e, em seguida, efetuamos a divisão pelo algoritmo usual.

$$29{,}52 : 14{,}4 \xrightarrow{\cdot 100} 2952 : 1440$$

$$\begin{array}{r|l} 2952 & 1440 \\ -2880 & 2{,}05 \\ \hline 7200 & \\ -7200 & \\ \hline 0 & \end{array}$$

Então, 29,52 : 14,4 = 2,05.

Decimais exatos e dízimas periódicas

Acompanhe os seguintes exemplos.

Exemplo A

Rafael tem 4 netos. Ele vai dividir R$ 50,00 igualmente entre os netos. Quanto cada neto vai receber do avô?

Para calcular quanto cada neto vai receber, podemos efetuar 50 : 4.

$$\begin{array}{r|l} 50 & 4 \\ -4 & 12{,}5 \\ \hline 10 & \\ -8 & \\ \hline 20 & \\ -20 & \\ \hline 0 & \leftarrow \text{resto } 0 \end{array}$$

Cada neto vai receber R$ 12,50.

Ana Katharine Frota/ID/BR

Exemplo B

Tábatha quer calcular o resultado de 0,9 : 7,2. Observe como ela pode realizar essa divisão.

Primeiro, multiplica-se o dividendo e o divisor por 10 para suprimir a vírgula.

$$\begin{array}{ccc} 0{,}9 & : & 7{,}2 \\ \cdot 10 \downarrow & & \downarrow \cdot 10 \\ 9 & : & 72 \end{array}$$

Depois, efetua-se a divisão pelo algoritmo usual.

$$\begin{array}{r|l} 90 & 72 \\ \hline -72 & 0{,}125 \\ 180 & \\ -144 & \\ 360 & \\ -360 & \\ 0 & \leftarrow \text{resto } 0 \end{array}$$

Assim, o resultado da divisão é 0,125.

Observe que as divisões dos exemplos A e B têm quociente na forma decimal (12,50 e 0,125) e resto zero. Os números 12,50 e 0,125 são chamados de **decimais exatos**.

Agora, acompanhe outro exemplo que envolve divisão com números na forma decimal.

Exemplo C

Vamos efetuar 9 : 7 usando o algoritmo usual.

$$\begin{array}{r|l} 9 & 7 \\ \hline -7 & 1{,}2 \\ 20 & \\ -14 & \\ 6 & \end{array}$$

Como não obtemos resto zero, dizemos que 1,2 é um **quociente aproximado** até a casa dos décimos.

Continuando a divisão, temos:

$$\begin{array}{r|l} 9 & 7 \\ \hline -7 & 1{,}28 \\ 20 & \\ -14 & \\ 60 & \\ -56 & \\ 4 & \end{array}$$

Como não obtemos resto zero, dizemos que 1,28 é um quociente aproximado até a casa dos centésimos.

Continuando a divisão, temos:

$$
\begin{array}{r|l}
9 & 7 \\ \hline
-7 & 1,285 \\
20 & \\
-14 & \\
60 & \\
-56 & \\
40 & \\
-35 & \\
5 &
\end{array}
$$

Como não obtemos resto zero, dizemos que 1,285 é um quociente aproximado até a casa dos milésimos.

Se desejarmos, podemos continuar a divisão de 9 por 7, obtendo quocientes aproximados com mais casas decimais.

Agora, observe mais dois exemplos de divisões que envolvem números na forma decimal.

Exemplo D

Vamos efetuar a divisão 7 : 3.

$$
\begin{array}{r|l}
7 & 3 \\ \hline
-6 & 2,33 \\
10 & \\
-9 & \\
10 & \\
-9 & \\
1 &
\end{array}
$$

Exemplo E

Vamos efetuar a divisão 37 : 99.

$$
\begin{array}{r|l}
370 & 99 \\ \hline
-297 & 0,373737 \\
0730 & \\
-693 & \\
0370 & \\
-297 & \\
0730 & \\
-693 & \\
0370 & \\
-297 & \\
0730 & \\
-693 & \\
037 &
\end{array}
$$

Você conseguiu entender como fazer a divisão?
Eu entendi! Você precisa de ajuda?

João Picoli/ID/BR

Nos exemplos D e E, mesmo que continuássemos indefinidamente a fazer a divisão, não obteríamos resto zero. No exemplo D, a cada etapa acrescentaríamos o algarismo 3 ao quociente e obteríamos 1 como resto e, no exemplo E, acrescentaríamos 37 ao quociente e obteríamos 37 como resto.

Podemos representar o resultado das divisões dos exemplos D e E por:

$$7 : 3 = 2{,}33... \qquad 37 : 99 = 0{,}3737...$$

As reticências indicam que esses números têm infinitas casas decimais.

Dizemos que 2,33... e 0,3737... são **dízimas periódicas**.

O número formado pelos algarismos que se repetem em uma dízima periódica é chamado de **período**.

Podemos também usar um traço colocado acima do período em vez de usar as reticências. Veja.

$$2{,}33... = 2{,}\overline{3} \qquad 0{,}3737... = 0{,}\overline{37}$$

Então, $7 : 3 = \frac{7}{3} = 2{,}33... = 2{,}\overline{3}$ e $37 : 99 = \frac{37}{99} = 0{,}3737... = 0{,}\overline{37}$.

Observação

Perceba que no exemplo C também obtemos uma dízima periódica. Entretanto, o período dessa dízima é maior que o período das dízimas dos exemplos D e E. Além disso, no exemplo D, note que 2,33 é um quociente aproximado para a divisão de 7 por 3, do mesmo modo que, no exemplo C, 1,285 é um quociente aproximado para a divisão de 9 por 7.

ATIVIDADES

Retomar e compreender

18. Escreva cada uma das frações a seguir com um número na forma decimal.

a) $\frac{15}{6}$
b) $\frac{35}{8}$
c) $\frac{72}{15}$
d) $\frac{27}{12}$
e) $\frac{112}{10}$
f) $\frac{321}{100}$
g) $\frac{47}{5}$
h) $\frac{439}{1000}$

19. Determine a seguir o valor de cada divisão de um número na forma decimal por um número natural.

a) 8,4 : 3
b) 38,5 : 4
c) 123,5 : 5
d) 18,567 : 9
e) 0,9 : 10
f) 3,87 : 100
g) 0,987 : 10
h) 12,56 : 1000
i) 3,216 : 12
j) 125,94 : 6

20. Determine o valor de cada divisão de números na forma decimal a seguir.

a) 5,25 : 1,75
b) 3,92 : 2,8
c) 10,575 : 4,23
d) 1,085 : 0,5
e) 2,06 : 0,2
f) 2,6 : 2,5
g) 39,13 : 1,3
h) 60,09 : 1,5

21. Determine o quociente aproximado até a casa dos centésimos em cada divisão a seguir.

a) 2 : 3
b) 4 : 9
c) 5 : 3
d) 5 : 7
e) 57 : 18
f) 110 : 3
g) 5,7 : 2,3
h) 10,1 : 9
i) 8,9 : 4,5

22. Determine o quociente de cada divisão a seguir.

a) 1 : 3
b) 1 : 9
c) 1 : 6
d) 11 : 9
e) 17 : 3
f) 56 : 12
g) 44 : 45
h) 10 : 6
i) 31 : 33

POTENCIAÇÃO

Como vimos nos números naturais, a potenciação indica uma multiplicação de fatores iguais. As potências em que a base é um número na forma decimal e o expoente é um número natural seguem as mesmas regras vistas quando a base é um número natural.

Se os fatores estão na forma decimal, podemos transformá-los em frações decimais ou executar a operação pelo algoritmo da multiplicação.

Exemplos

A. Vamos calcular o resultado de $(0,2)^3$ de duas maneiras.

1ª maneira: Transformando em frações decimais.

$$(0,2)^3 = 0,2 \cdot 0,2 \cdot 0,2 = \frac{2}{10} \cdot \frac{2}{10} \cdot \frac{2}{10} = \frac{2 \cdot 2 \cdot 2}{10 \cdot 10 \cdot 10} = \frac{8}{1\,000} = 0,008$$

2ª maneira: Efetuando a multiplicação pelo algoritmo usual.

$$\begin{array}{r} 0,2 \\ \times\ 0,2 \\ \hline 0,04 \end{array} \qquad \begin{array}{r} 0,04 \\ \times\ 0,2 \\ \hline 0,008 \end{array}$$

Então, temos que $(0,2)^3 = 0,008$.

B. Vamos efetuar $(1,5)^2$.

1ª maneira: Transformando em frações decimais.

$$(1,5)^2 = 1,5 \cdot 1,5 = \frac{15}{10} \cdot \frac{15}{10} = \frac{15 \cdot 15}{10 \cdot 10} = \frac{225}{100} = 2,25$$

2ª maneira: Efetuando a multiplicação pelo algoritmo usual.

$$\begin{array}{r} 1,5 \\ \times\ 1,5 \\ \hline 75 \\ +\ 150 \\ \hline 2,25 \end{array}$$

Então, temos que $(1,5)^2 = 2,25$.

RAIZ QUADRADA

Encontrar um número racional que, multiplicado por ele mesmo, resulte em 0,64, por exemplo, é calcular a raiz quadrada de 0,64. Indicamos a raiz quadrada de 0,64 do seguinte modo: $\sqrt{0,64}$. Então:

$$\sqrt{0,64} = 0,8, \text{ pois } 0,8 \cdot 0,8 = 0,64$$

Exemplos

A. A raiz quadrada de 0,09 é igual a 0,3, pois $0,3 \cdot 0,3 = 0,09$.
Indicamos $\sqrt{0,09} = 0,3$.

B. A raiz quadrada de 2,25 é igual a 1,5, pois $1,5 \cdot 1,5 = 2,25$.
Indicamos $\sqrt{2,25} = 1,5$.

OPERAÇÕES COM NÚMEROS NA FORMA DECIMAL NA CALCULADORA

Vamos efetuar algumas operações com números na forma decimal na calculadora. Lembre-se de que, de maneira geral, nas calculadoras devemos usar ponto (.) em vez de vírgula (,) para separar a parte inteira da parte decimal.

Para efetuar 1,5 · 3, por exemplo, apertamos as seguintes teclas:

No visor aparecerá:

Mas e se algumas das teclas da calculadora estiverem quebradas?

Vamos ver, por meio de alguns exemplos, como poderíamos efetuar algumas operações mesmo com algumas teclas quebradas.

Exemplos

A. Como podemos efetuar 1,5 · 3, se a tecla [·] estiver quebrada?

Se a tecla [·] estiver quebrada, temos de pensar em outras maneiras de representar o número 1,5 na calculadora.

Uma das maneiras de escrever 1,5 é $\frac{15}{10}$. Assim, podemos apertar as teclas [1] [5] [÷] [1] [0] [=], que resultará em [1.5].

Podemos multiplicar esse valor por 3 apertando as teclas [×] [3], e obter o resultado com a tecla [=]. O resultado será o mesmo que o obtido se a tecla [·] estivesse funcionando, ou seja: [4.5].

B. Como podemos efetuar 2,6 : 13 se as teclas [·] e [0] estiverem quebradas?

Uma das formas de escrever 2,6 é $\frac{26}{10}$, porém, como a tecla [0] também está quebrada, podemos simplificar essa fração:

$$\frac{26}{10} = \frac{13}{5}$$

Então, para efetuar 2,6 : 13 na calculadora sem usar as teclas [·] e [0], podemos apertar as teclas

e obter o resultado: [0.2].

LABORATÓRIO DE MATEMÁTICA

Será que é possível encontrar o número na forma decimal mais próximo de zero?

Assista ao vídeo que aborda se é possível encontrar o **número na forma decimal mais próximo de zero**. Qual instrumento é mais preciso para indicar a medida do barbante a cada corte?

Já vimos como efetuar divisões com números na forma decimal, cujos resultados são quocientes exatos ou aproximados. Agora, vamos descobrir o número na forma decimal mais próximo de zero que pode ser representado em uma calculadora.

Materiais

- barbante com 50 cm de comprimento
- tesoura com pontas arredondadas
- trena ou régua de 30 cm
- calculadora
- caderno para anotações
- lápis ou caneta

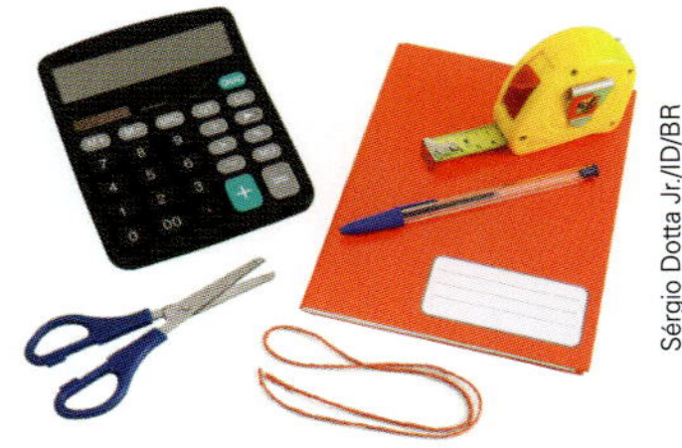

(Representações sem proporção de tamanho entre si)

Sérgio Dotta Jr./ID/BR

Como fazer

1 Antes de iniciar o experimento, construa um quadro como o mostrado a seguir para organizar as informações.

Corte	Medida do comprimento do barbante obtida com régua ou trena	Medida do comprimento do barbante obtida com o uso de calculadora
1º		25 cm
...		

2 Veja as imagens e leia as instruções a seguir.

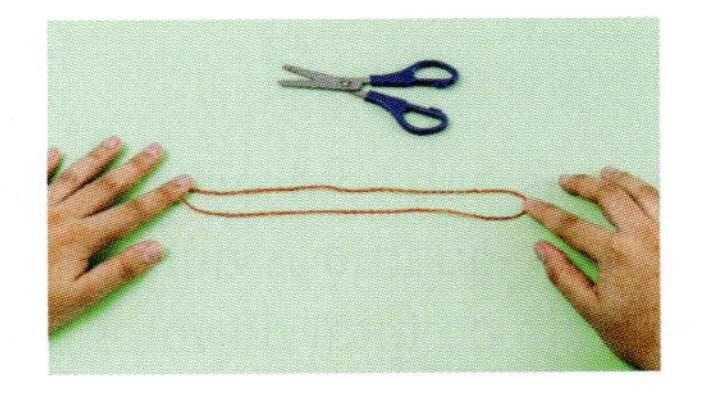
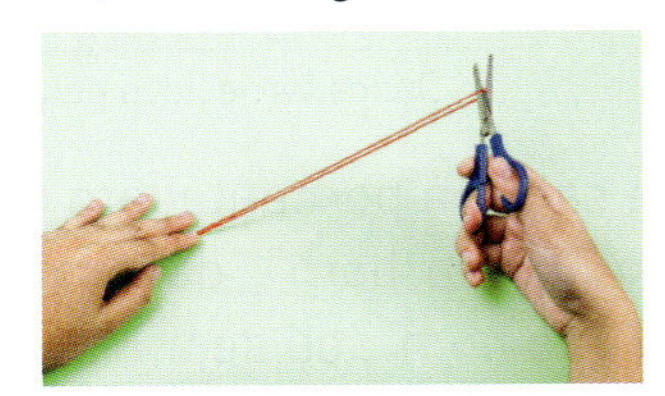

Fotografias: Sérgio Dotta Jr./ID/BR

Dobre o barbante ao meio, corte-o e separe as metades. Meça o comprimento de uma das partes com a trena ou a régua. Anote, no quadro, o valor encontrado. Repita esse procedimento usando o pedaço de barbante que mediu até que não consiga mais realizar cortes.

3 Reproduza o processo de obtenção das medidas encontradas no passo anterior usando a calculadora. Para isso, divida por 2 cada resultado. Registre as informações no quadro.

Para concluir

1. Em sua opinião, por que há diferença nos valores encontrados para as medidas dos comprimentos dos cortes de barbante quando usamos a trena (ou a régua) e quando usamos a calculadora?
2. Qual é a medida do comprimento de barbante mais próxima de zero a que você conseguiu chegar com os cortes no barbante? E com a calculadora? Qual foi o valor mais próximo? Justifique suas respostas.
3. Se você continuasse a divisão na calculadora, qual seria o número mais próximo de zero a que chegaria?

PARA EXPLORAR

***Aventura decimal*, de Luzia Faraco Ramos. São Paulo: Ática, 2008 (Coleção A Descoberta da Matemática).**

Com esse livro, você vai conhecer a história de Paulo, um craque de futebol que vai parar na Terra do Povo Pequeno e viver uma aventura decimal.

PORCENTAGEM

Sabemos que uma porcentagem pode ser representada por uma fração cujo denominador é 100 e que podemos escrever qualquer fração decimal como um número na forma decimal.

Exemplos

A. $13\% = \frac{13}{100} = 0{,}13$

B. $1\% = \frac{1}{100} = 0{,}01$

Do mesmo modo, podemos transformar um número na forma decimal em uma fração decimal com denominador 100 e, então, encontrar a porcentagem correspondente.

Exemplos

A. $0{,}24 = \frac{24}{100} = 24\%$

B. $0{,}598 = \frac{59{,}8}{100} = 59{,}8\%$

Agora, acompanhe as situações a seguir.

Situação 1

Em uma pesquisa sobre o nível de satisfação dos clientes, uma empresa obteve o seguinte resultado:

Nível de satisfação dos clientes	
Nível	**Número de votos**
Muito bom	12
Bom	16
Regular	10
Ruim	2
Total	**40**

Dados fornecidos pela administração da empresa.

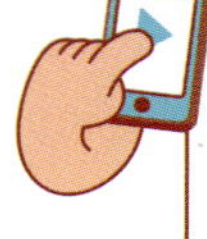

Você viu algumas maneiras de calcular a **porcentagem**. Descreva duas maneiras diferentes de como é possível fazer esse cálculo.

Para saber a porcentagem de pessoas que votaram na classificação "Muito bom", devemos verificar quanto o número de votos "Muito bom", ou seja, 12, representa do total de votos, que é 40. Assim:

$$\frac{12}{40} = \frac{3}{10} = 0{,}3 = 0{,}30 = \frac{30}{100} = 30\%$$

Portanto, 30% das pessoas que responderam à pesquisa votaram na classificação "Muito bom".

Situação 2

O corpo de uma pessoa adulta pode ter, aproximadamente, até 65% de água em sua composição. Quantos quilogramas de água pode haver na composição do corpo de uma pessoa que tem massa igual a 75 kg?

Podemos realizar esse cálculo, fazendo:

$$65\% \text{ de } 75 = 0{,}65 \cdot 75 = 48{,}75$$

Portanto, pode haver 48,75 kg de água na composição do corpo de uma pessoa que tem massa igual a 75 kg.

CIDADANIA GLOBAL

JÁ TOMOU ÁGUA HOJE?

O corpo humano, em sua maior parte, é composto de água. Ela é fundamental para manter o bom funcionamento do corpo, tendo um papel importante nos processos de digestão, absorção, metabolismo, entre outros. A quantidade de água recomendada a ser ingerida diariamente por uma pessoa equivale a 35 mL por quilograma de massa.

1. Você tem o hábito de tomar água diariamente? Considerando a sua medida de massa, essa quantidade é adequada?
2. Além de ingerir água todos os dias, é importante estar atento à qualidade da água que se ingere. Por quê?

ATIVIDADES

Retomar e compreender

23. Calcule.

a) $(0,1)^2$
b) $(0,1)^3$
c) $(0,3)^2$
d) $(1,1)^2$
e) $(1,4)^2$
f) $(0,4)^3$

24. Calcule.

a) $\sqrt{0,04}$
b) $\sqrt{0,16}$
c) $\sqrt{0,25}$
d) $\sqrt{0,81}$
e) $\sqrt{1,69}$
f) $\sqrt{2,56}$

25. Responda às questões a seguir.

a) O quadrado de um número é 0,49. Que número é esse?

b) O cubo de um número é 0,125. Que número é esse?

c) A raiz quadrada de um número é 1,7. Que número é esse?

26. Calcule os seguintes valores.

a) 10% de 40
b) 1% de 500
c) 0,3% de 180
d) 25% de 80
e) 2,5% de 80
f) 230% de 25
g) 1,4% de 1 203
h) 150% de 54

Aplicar

27. Um forno de micro-ondas custa R$ 500,00. Lúcia comprou esse aparelho com um desconto de 6,5%.

a) Qual foi o valor do desconto, em reais, que Lúcia recebeu?

b) Quanto Lúcia pagou pelo aparelho?

28. Mariana quer comprar uma bicicleta usada, igual à do anúncio a seguir. Qual é o preço que ela vai pagar se comprá-la à vista?

Ana Katharine Frota/ID/BR

29. Em uma escola com 1 250 estudantes, foi realizada uma eleição para o Grêmio Estudantil. Veja o resultado da eleição.

Eleições para o Grêmio Estudantil	
Opções de votos	Quantidade de votos (em %)
Chapa Atuante	38
Chapa Mudança	26
Chapa Renovação	18
Em branco	12
Nulos	2
Não compareceram	4

Dados fornecidos pela organização da escola.

a) Quantos estudantes votaram na chapa que venceu a eleição? E quantos votaram na chapa que perdeu?

b) Apenas os votos destinados a candidatos são considerados válidos. Qual é o percentual de votos válidos?

c) Quantos estudantes votaram em branco?

d) Quantos estudantes não votaram em nenhuma chapa?

30. O jogador que mais marcou em um campeonato de basquete fez 180 pontos. Desse total, 35% dos pontos foram de lances livres.

a) Quantos pontos esse atleta fez em lances livres?

b) Do total de pontos que esse jogador marcou no campeonato, que porcentagem expressa os pontos que não foram obtidos em lances livres?

31. Ajude André a responder à pergunta.

Danillo Souza/ID/BR

Dê a resposta em porcentagem.

MAIS ATIVIDADES

Retomar e compreender

1. José foi a uma lanchonete e comprou dois pães de queijo a R$ 3,80 cada um e dois refrigerantes a R$ 3,50 cada um. Pagou a conta com uma cédula de R$ 20,00. Quanto recebeu de troco?

2. A medida da massa de 50 balas de goma é 80 gramas. Qual é a medida de massa de cada bala, considerando que as balas têm massas iguais?

3. Certo modelo de carro consome 1 L de gasolina para andar 18,8 km na rodovia ou 14,2 km na cidade.

a) Se o tanque estiver com 35 L, quantos quilômetros esse carro pode andar na rodovia sem reabastecer?

b) Se o carro andar 142 km na cidade, quanto gastará de gasolina?

4. A Papelaria Souza está fazendo uma grande promoção. Anita resolveu aproveitar e comprou 7 cadernos que custaram R$ 21,42 cada um; 4 canetas que custaram R$ 2,26 cada uma; e 45 canetas coloridas que custaram R$ 11,22 cada uma. Qual é o troco de Anita, sabendo que ela levou sete notas de R$ 100,00?

a) R$ 36,12
b) R$ 38,62
c) R$ 32,68
d) R$ 63,82
e) R$ 83,62

5. Complete as frases a seguir com um número que as torne corretas em relação à figura dada.

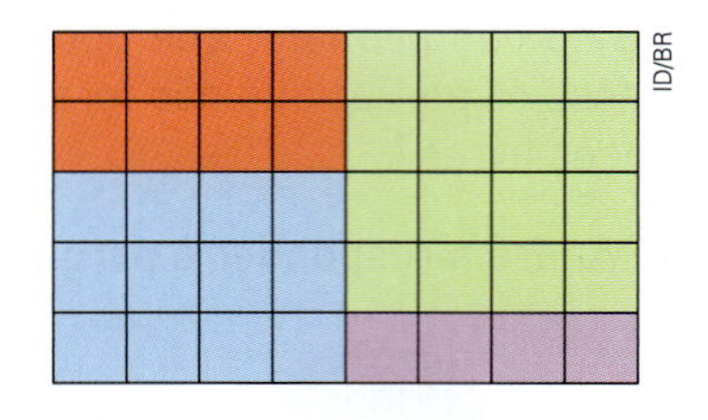

a) Os quadradinhos de cor azul representam ★% da figura.

b) 10% dos quadradinhos da figura foram pintados de ★.

c) A cor verde representa ★% dos quadradinhos da figura.

d) 20% dos quadradinhos da figura foram pintados de ★.

Aplicar

6. Descubra o valor de cada ★ para que as igualdades se mantenham verdadeiras.

a) $1 + 8 = 7 + 2$
$1 + 8 + 0{,}2 = 7 + 2 + ★$

b) $70{,}51 + 8{,}32 = 14{,}87 + 63{,}96$
$70{,}51 + 8{,}32 + ★ = 14{,}87 + 63{,}96 + 12{,}57$

c) $1{,}57 + 91{,}83 = 81{,}46 + 11{,}94$
$1{,}57 + 91{,}83 + 15 = 81{,}46 + 11{,}94 + ★$

d) $905 - 15 = 1\,041 - 151$
$905 - 15 - 10{,}15 = 1\,041 - 151 - ★$

e) $214 + 15{,}7 = 248 - 18{,}3$
$214 + 15{,}7 - ★ = 248 - 18{,}3 - 67{,}15$

f) $87{,}4 - 75{,}6 = 91{,}7 - 79{,}9$
$87{,}4 - 75{,}6 - ★ = 91{,}7 - 79{,}9 - 24$

g) $12 \cdot 15 = 18 \cdot 10$
$12 \cdot 15 \cdot 0{,}15 = 18 \cdot 10 \cdot ★$

h) $1{,}8 \cdot 8{,}6 = 46{,}44 : 3$
$1{,}8 \cdot 8{,}6 \cdot 2{,}7 = 46{,}44 : 3 \cdot ★$

i) $1{,}2 \cdot 2{,}8 = 2{,}1 \cdot 1{,}6$
$1{,}2 \cdot 2{,}8 \cdot ★ = 2{,}1 \cdot 1{,}6 \cdot 15$

j) $756 : 12 = 504 : 8$
$756 : 12 : 1{,}2 = 504 : 8 : ★$

k) $7{,}74 : 4{,}3 = 4{,}5 : 2{,}5$
$7{,}74 : 4{,}3 : ★ = 4{,}5 : 2{,}5 : 0{,}9$

l) $8{,}84 : 3{,}4 = 3{,}38 : 1{,}3$
$8{,}84 : 3{,}4 : 2 = 3{,}38 : 1{,}3 : ★$

7. Arnaldo é agricultor e precisa transportar 128,75 kg de alho, 562,25 kg de cebola e 1 683,5 kg de batata. Se a capacidade de carga do caminhão usado por Arnaldo é de 3 toneladas, é possível transportar toda essa carga de uma vez usando esse caminhão? Justifique.

8. Em uma floricultura, vendem-se rosas avulsas ou em arranjos com uma dúzia, com os seguintes preços:

- R$ 14,90 cada rosa
- R$ 120,00 cada arranjo

a) Qual é o custo de cada rosa quando se compra um arranjo?

b) Se uma pessoa quiser comprar 35 rosas, como deve fazer para gastar menos: comprar rosas avulsas ou em arranjos? Explique como você pensou.

9. Paulo foi comprar um automóvel e a concessionária ofereceu duas formas de pagamento. A primeira, à vista, no valor de R$ 72 670,00 e a segunda, a prazo, sendo R$ 19 501,00 de entrada e o restante em 6 prestações mensais iguais de R$ 13 135,50.

Com o auxílio de uma calculadora, responda às questões a seguir.

a) Existe diferença no valor do automóvel se Paulo comprar à vista ou a prazo?

b) Se sim, de quanto é essa diferença?

10. Junte-se a três colegas. Discutam se as frases a seguir são verdadeiras ou falsas.

a) Uma igualdade cujos membros são números naturais se mantém verdadeira quando adicionamos, subtraímos, multiplicamos ou dividimos os dois membros por um mesmo número racional na forma decimal.

b) Uma igualdade cujos membros são números racionais na forma decimal se mantém verdadeira quando adicionamos, subtraímos, multiplicamos ou dividimos os dois membros por um mesmo número natural.

c) Uma igualdade cujos membros são números racionais na forma decimal se mantém verdadeira quando adicionamos, subtraímos, multiplicamos ou dividimos os dois membros por um mesmo número racional na forma decimal.

11. Observe como Débora calculou quanto é 30% de 50.

Para calcular quanto é 30% de 50, posso fazer a multiplicação 0,30 · 50. Para transformar 0,30 em um número natural, basta multiplicá-lo por 10, obtendo 3. Como multipliquei 0,3 por 10, vou dividir 50 por 10 para que a igualdade se mantenha verdadeira. Assim, para calcular 0,30 · 50, posso calcular 3 · 5, obtendo o mesmo resultado.

Danillo Souza/ID/BR

Agora, calcule mentalmente as porcentagens a seguir.

a) 20% de 60

b) 40% de 800

c) 7% de 900

d) 6% de 1 200

12. Na compra de um aparelho eletrônico, obtive desconto de 15% por ter feito o pagamento à vista. Se paguei R$ 102,00 reais pelo aparelho, qual era o preço original?

13. Um artigo esportivo teve um aumento de 20%, e agora custa R$ 180,00. Qual era o preço antes desse aumento?

14. Elabore um problema com base na imagem a seguir que envolva operações com números na forma decimal. Depois, dê seu problema a um colega para ele resolver.

João Picoli/ID/BR

15. Elabore um problema com base na ilustração a seguir e dê a um colega para ele resolver.

Danillo Souza/ID/BR

O enigma das despesas invisíveis

Quando você vai ao supermercado com alguém de sua família, vocês costumam levar uma lista do que pretendem comprar? Ou fazem as compras à medida que lembram do que está faltando? Mesmo que você ainda não tenha feito uma lista de compras, provavelmente já vivenciou algo parecido com o que Estela e Arthur estão conversando, conforme mostra a imagem no fim da página.

Não fazer listas de compra ou não saber onde se gastou o dinheiro são situações que ilustram de maneira simples um hábito muito comum entre as pessoas: gastar dinheiro sem que haja planejamento. Antes de fazer qualquer compra, uma pergunta que sempre precisa ser respondida é: O dinheiro que você tem vai dar para fazer o que você quer? Afinal, o dinheiro é limitado e você precisa decidir em que vai gastá-lo. Fazer uma lista dos itens que serão comprados ou registrar o que se pretende gastar durante um período (um mês, uma semana, etc.) para controlar as despesas, por exemplo, são medidas estratégicas muito importantes para o orçamento pessoal ou doméstico.

Um **orçamento pessoal** ou **doméstico** é uma ferramenta financeira, geralmente uma tabela ou uma lista em que você registra o que você ganha (receitas) de um lado e do outro o quanto você pretende ou precisa gastar (despesas).

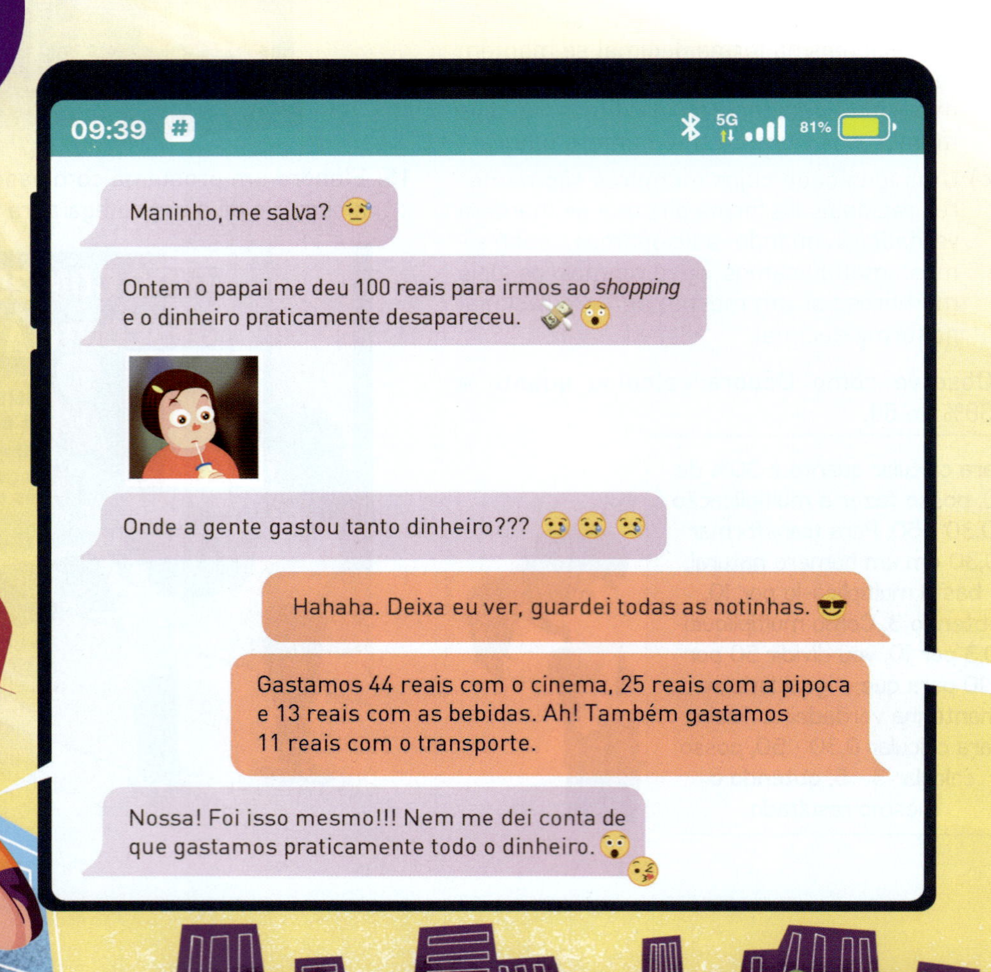

O orçamento pode ajudar a ter mais clareza do que se tem e do que se pode fazer. Ele pode ajudar a saber realmente o quanto se gasta e como se gasta, a identificar desperdícios, a enxergar compras equivocadas ou desnecessárias, a avaliar hábitos de consumo, a identificar possibilidades de economia, a redefinir prioridades, etc. Em muitos casos, o orçamento, com um pouco de criatividade, pode fazer com que o dinheiro renda mais e que se viva com mais qualidade. O orçamento não faz milagres, apenas deixa as coisas mais claras ao fornecer uma espécie de mapa das finanças pessoais e domésticas.

Planejar e registrar o que se quer comprar, pensando no dinheiro que se tem disponível, pode ajudar e muito a sua vida e a vida da sua família. Quais são as dicas para fazer um **planejamento financeiro**?

Explorando o tema

1. Você registra com regularidade as suas despesas pessoais? E a sua família?

2. Considere o orçamento doméstico simples, feito por uma família no início do mês, com base nas despesas do mês anterior.

Receitas		Despesas	
Descrição	Valor (R$)	Descrição	Valor (R$)
Salário do responsável 1	1800,00	Alimentação	800,00
Salário do responsável 2	2000,00	Luz e água	230,00
		Telefone	450,00
		Aluguel	1300,00
		Cartão de crédito	750,00
		Lazer	400,00
		Transporte	400,00
Total	**3800,00**	**Total**	**4330,00**

a) Quais são os problemas financeiros que podem ser identificados no orçamento dessa família? Essa família precisa reduzir despesas? Por quê?

b) Reúna-se com um colega. Agora, imaginem que essa fosse a situação da família de vocês. Usem a criatividade e formulem sugestões para resolver os problemas que vocês identificaram no item anterior.

3. SABER SER Leia novamente a conversa entre os irmãos Estela e Arthur. Depois, elabore um quadro com as receitas e as despesas que podem ser identificadas na conversa deles.

João Picoli/ID/BR

ATIVIDADES INTEGRADAS

Aplicar

1. Considere os números racionais representados pelos pontos *A* e *B* na reta a seguir.

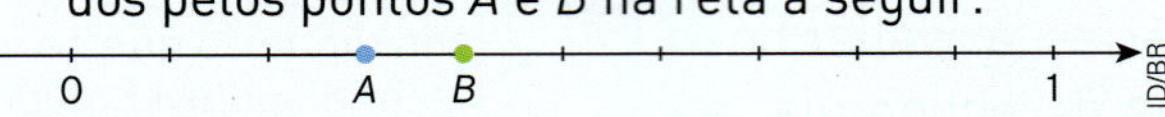

a) Quais são os números *A* e *B*?

b) Determine os valores de A^2 e de B^2.

c) Calcule $\sqrt{A^2 + B^2}$.

d) Localize, na reta numérica, o ponto encontrado no item **c**.

2. Para fazer um enfeite, Rita usa 1,5 m de barbante. Quantos enfeites ela poderá fazer com 30 m de barbante?

3. Um copo tem capacidade para 0,25 L. Quantos copos podemos encher com 2 L de vitamina?

4. Cláudia foi ao teatro com a prima. Comprou dois ingressos com uma cédula de 100 reais e recebeu 80 centavos de troco.

a) Quanto custou cada ingresso?

b) Se um grupo de sete pessoas fosse assistir ao espetáculo, quanto o grupo gastaria no total?

c) Sabendo que o preço do ingresso de estudante é metade do preço do ingresso comum, quanto custa um ingresso de estudante?

5. Depois de um dia de promoção, sobraram essas caixas encostadas nas paredes do fundo de uma loja.

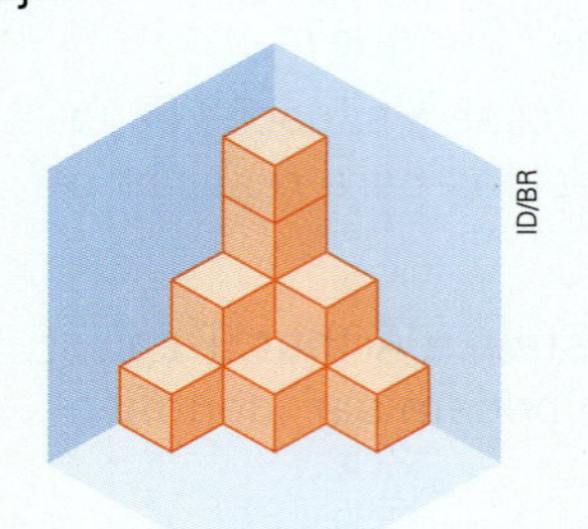

a) Quantas caixas sobraram?

b) Considerando que todas as caixas são iguais e a medida da massa das caixas juntas é 47,85 quilogramas, qual é a medida da massa de cada caixa?

6. Um liquidificador custa R$ 303,90 e esse valor pode ser pago em três parcelas iguais. Qual será o valor de cada parcela?

7. Joana está participando da organização de uma campanha de doação de alimentos. Observe as doações de farinha que já foram feitas para duas instituições.

Instituição A	
Quantidade de farinha recebida	**Dia**
128,5 kg	Sexta
214,6 kg	Sábado

Instituição B	
Quantidade de farinha recebida	**Dia**
157,1 kg	Sexta
186 kg	Sábado

a) Quantos quilogramas de farinha cada instituição recebeu no total?

b) No domingo, a instituição A recebeu 156,7 kg de farinha. Sabendo que a quantidade de farinha recebida nesses 3 dias pelas duas instituições foi a mesma, quantos quilogramas de farinha a instituição B recebeu no domingo?

Analisar e verificar

8. Veja como Alexandre efetuou $10 \cdot 5,367$.

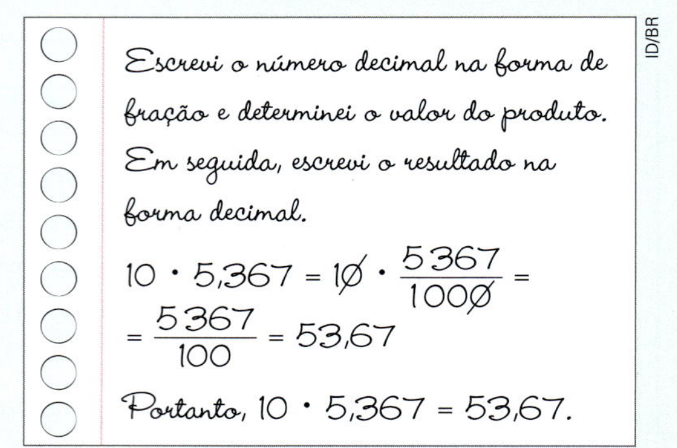

a) Seguindo a mesma estratégia de Alexandre, complete o quadro a seguir.

×	10	100	1 000
5,367	53,67		
0,6			
12,8			

b) Escreva que regularidade há em cada multiplicação: por 10, por 100 e por 1 000. Compare sua resposta com a de um colega.

9. Observe como três estudantes calcularam dois décimos menos cinco centésimos.

1º estudante:

2 décimos equivalem a 20 centésimos. Logo, 20 centésimos menos 5 centésimos é igual a 15 centésimos.

Ilustrações: Danillo Souza/ID/BR

2º estudante:

$$\frac{2}{10} - \frac{5}{100} = \frac{20}{100} - \frac{5}{100} = \frac{15}{100}$$

3º estudante:

$$0{,}2 - 0{,}05 = 0{,}20 - 0{,}05 = 0{,}25$$

a) Quais estudantes fizeram o cálculo corretamente?

b) Você notou alguma diferença entre as resoluções deles? Explique sua resposta.

c) Qual das resoluções você considera mais rápida? Por quê?

10. Veja o preço de 1 kg de cada tipo de peixe que está em promoção em uma peixaria.

Jaqueline pretende comprar 1,5 kg de pescada. Veja a estratégia que ela usou para calcular mentalmente o valor aproximado de sua compra.

Um quilograma de pescada custa aproximadamente R$ 40,00. Para comprar 1,5 kg, vou precisar de aproximadamente:
R$ 40,00 + R$ 20,00 = R$ 60,00
1 kg 0,5 kg 1,5 kg

Seguindo a mesma estratégia de Jaqueline, calcule o valor aproximado de 1,5 kg de cada um dos outros tipos de peixe em promoção.

11. Em certo dia, 4 mil pessoas passaram na frente de uma loja. Desse total, 29% passaram pela manhã, 48,5% passaram à tarde e 22,5% passaram à noite. Determine quantas pessoas passaram na frente da loja no período da tarde.

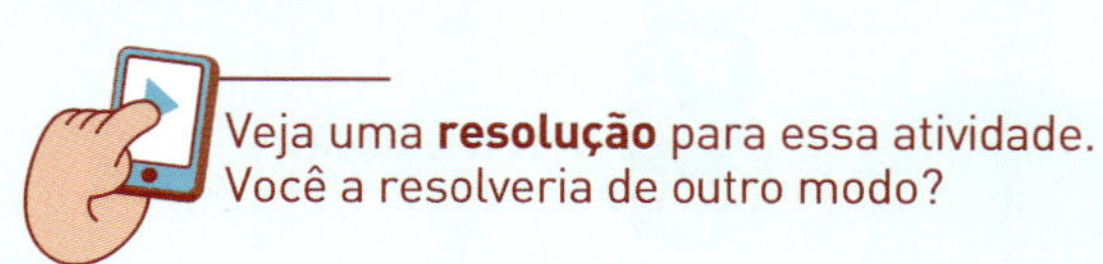

Criar

12. Uma estante tem 10 prateleiras, uma em cima da outra. Há 10 livros em cada uma dessas prateleiras. Em 9 dessas prateleiras, cada livro tem 1 kg. Em apenas uma dessas prateleiras, os livros têm 1,1 kg cada um. Supondo que você tenha uma balança digital, como você faria para descobrir qual prateleira está com os livros de maior medida de massa realizando uma única medição?

CIDADANIA GLOBAL

UNIDADE 6

Retomando o tema

Nos últimos 100 anos, a população mundial mais que quadruplicou. De pouco mais de 1,65 bilhão de pessoas em 1900, passou a ser 8 bilhões em 2022. No mesmo período, o consumo de água cresceu seis vezes.

Veja, no esquema, algumas dicas para evitar o desperdício de água potável.

5 minutos
são suficientes para uma higiene pessoal de maneira adequada.

Escovar os dentes
utilize uma caneca ou **feche a torneira**.

3 segundos
são suficientes no acionamento do botão da válvula de descarga.

Chuveiro elétrico

Duchas solar ou a gás

No caso de duchas, com aquecimento a gás ou solar, com vazão elevada, instale **restritor de vazão constante** de 8 L/min, que garante economia sem perda de conforto.

OracicArt/ID/BR

O consumo consciente da água potável é uma prática fundamental para evitar a escassez desse recurso.

1. Que tipo de água as pessoas podem beber e utilizar para preparar alimentos? E que tipo podem utilizar para descarga e para limpeza de quintais e calçadas?
2. Quais outras estratégias podem ser adotadas para incentivar o uso consciente da água na comunidade em que você vive?

Geração da mudança

Durante o estudo dessa unidade, você refletiu sobre o consumo consciente de água potável.

- Agora, junto com três colegas, pensem em uma ação que possa ser implementada na escola para minimizar o desperdício de água. Depois, organizem uma proposta para apresentar à direção. Troquem ideias entre os grupos!

Autoavaliação

Camila Anselmé/ID/BR

PROBABILIDADE E ESTATÍSTICA

UNIDADE 7

PRIMEIRAS IDEIAS

1. O que você conhece a respeito de probabilidade? Em que situações você se depara com essa palavra em seu dia a dia?
2. O que tabelas e gráficos têm de parecido? E de diferente?
3. Além das tabelas e dos gráficos, existem outras maneiras de organizar informações. Você conhece alguma delas? Em caso afirmativo, compartilhe com os colegas.

Nesta unidade, eu vou...

CAPÍTULO 1 Probabilidade

- Desenvolver o raciocínio probabilístico com base em situações cotidianas, como em um sorteio ou no lançamento de um dado.
- Calcular a probabilidade de um evento como a razão entre o número de resultados favoráveis e o número de resultados possíveis do experimento.
- Relacionar os resultados obtidos em cálculos de probabilidade em suas diversas representações (números racionais na forma de fração, decimal e porcentagem).
- Realizar um experimento envolvendo números primos e o lançamento de dois dados.

CAPÍTULO 2 Estatística

- Reconhecer uma pesquisa estatística e compreender os conceitos de população, amostra e variáveis.
- Refletir sobre oportunidades de trabalho que podem promover a igualdade de gênero no Brasil.
- Identificar as etapas de uma pesquisa estatística e a importância de cada uma delas.
- Compreender as finalidades de um censo demográfico, principalmente para a elaboração de políticas públicas baseadas em evidências.
- Reconhecer diferentes tipos de tabelas e gráficos, compreendendo a importância de seus elementos para uma leitura e uma interpretação adequadas.
- Utilizar uma planilha eletrônica para construir tabelas e gráficos, reconhecendo as potencialidades do uso dessa ferramenta.
- Planejar as etapas de uma pesquisa estatística desde a elaboração do tema até a análise dos resultados.
- Reconhecer fluxogramas, organogramas e infográficos como recursos para comunicar informações.

EDUCAÇÃO FINANCEIRA

- Reconhecer a importância do planejamento financeiro de curto, médio e longo prazos.
- Analisar minhas despesas pessoais para identificar de que maneira estou usando meu dinheiro.

CIDADANIA GLOBAL

- Pensar em estratégias para combater a desigualdade salarial entre homens e mulheres.

LEITURA DA IMAGEM

Luis Alvarez/DigitalVision/Getty Images

1. Em que tipo de ambiente as pessoas retratadas na imagem estão? Quais evidências você utilizou para responder a essa pergunta?
2. Considere as pessoas que você vê nessa imagem e diga qual probabilidade é maior: a de escolher, ao acaso, uma pessoa de cabelos castanhos ou pretos ou a de escolher uma pessoa de cabelos loiros ou ruivos?
3. Há alguém que parece liderar esse encontro? Se sim, como você chegou a essa conclusão?
4. Quais características o líder de uma turma de estudos ou de trabalho precisa ter?

CIDADANIA GLOBAL

No Brasil, em 2020, mulheres que ocupavam os mesmos cargos e realizavam tarefas iguais às dos homens chegavam a ganhar até 19% menos do que eles. Ou seja, se em 2020, um homem ganhasse R$ 6 000,00 de salário, por exemplo, uma mulher ganharia R$ 4 860,00 para realizar a mesma tarefa.

1. O que você pensa sobre essa desigualdade de remuneração entre homens e mulheres que exercem os mesmos cargos e as mesmas funções?
2. O que é possível fazer para combater essa desigualdade?

Ao longo do estudo desta unidade, reflita sobre esses questionamentos!

Você sabia que meninas e mulheres podem ser discriminadas apenas por serem meninas ou mulheres? Quais atitudes podem ser tomadas para promover a **igualdade de gênero**?

Em destaque, uma mulher conduzindo um encontro que parece ser uma reunião de trabalho.

CAPÍTULO

1 PROBABILIDADE

IDEIA DE PROBABILIDADE

O censo demográfico é uma pesquisa feita de dez em dez anos pelo Instituto Brasileiro de Geografia e Estatística (IBGE) para coletar informações sobre a população brasileira. Prevista para ocorrer em 2020, a coleta foi adiada por causa da pandemia de covid-19, tendo início em agosto de 2022 e, até a conclusão da edição desta coleção, não havia sido finalizada. Por isso, vamos considerar as informações do censo anterior, realizado em 2010.

Entre as informações apuradas pelo censo estão o total de habitantes, a quantidade de homens e mulheres, como vivem, qual a escolaridade e a renda da população, etc.

Há também informações que se referem à população residente autodeclarada indígena. Os resultados indicaram que, no Brasil, existiam 817 963 indígenas, distribuídos da seguinte maneira: 305 873 estavam na Região Norte; 208 691, na Região Nordeste; 130 494, na Região Centro-Oeste; 97 960, na Região Sudeste; e 74 945, na Região Sul.

Fonte de pesquisa: Os indígenas no Censo Demográfico 2010. Disponível em: https://indigenas.ibge.gov.br/images/indigenas/estudos/indigena_censo2010.pdf. Acesso em: 20 mar. 2023.

Mario Friedlander/Pulsar Imagens

Crianças indígenas da etnia Paresi na aldeia Wazare, em Mato Grosso (MT). Foto de 2021.

Com base nesses dados, podemos dizer que, ao considerar uma pessoa da população indígena ao acaso, a probabilidade de ela ser da Região Centro-Oeste é de $\frac{130\,494}{817\,963}$ ou, aproximadamente, 0,1595 ou, ainda, aproximadamente, 15,95%.

A **probabilidade** é a medida da chance de um evento ocorrer. Ou seja, na situação descrita, foi medida a chance de escolher um indígena ao acaso e ele ser da Região Centro-Oeste.

A probabilidade é usada em muitas outras situações do dia a dia. Por exemplo, você já escutou alguém dizer que a probabilidade de chover em determinado dia será de 60%?

Neste capítulo, vamos conhecer mais sobre probabilidade.

PARA EXPLORAR

Instituto Brasileiro de Geografia e Estatística (IBGE)

No *site* do IBGE, é possível encontrar informações sobre nosso país, como população e área estimada dos estados, economia dos municípios, entre outras.

Disponível em: https://www.ibge.gov.br/pt/inicio.html. Acesso em: 20 mar. 2023.

Experimento aleatório

Imagine que dois colegas, Clara e Vítor, estejam jogando dados. Quando o resultado é um número par, Clara é a vencedora e, quando o resultado é um número ímpar, Vítor é o vencedor. Na próxima rodada, quem vencerá?

photastic/Shutterstock.com/ID/BR

Essa situação se refere a um **experimento aleatório**, pois não é possível prever, com certeza, qual será o resultado da próxima jogada.

Experimento aleatório é aquele que, mesmo se repetido em condições idênticas, produz um resultado que não pode ser previsto com certeza.

O sorteio de loterias e de amigo secreto (ou oculto) e a observação da face voltada para cima, no lançamento de uma moeda, são exemplos de experimentos aleatórios.

Espaço amostral

Apesar de não ser possível prever com certeza qual será o resultado de um experimento aleatório, em geral conseguimos descrever os possíveis resultados.

O conjunto de todos os resultados possíveis de um experimento aleatório é chamado de **espaço amostral**.

Por exemplo, ao lançar uma moeda para o alto, temos dois resultados possíveis para a face que ficar voltada para cima: cara ou coroa. Dizemos que o conjunto formado por cara e coroa é o espaço amostral do experimento aleatório "lançar uma moeda para o alto e observar a face voltada para cima".

Podemos representar esse espaço amostral da seguinte maneira:

$$S = \{\text{cara, coroa}\}$$

De maneira geral, utiliza-se a letra S para indicar um espaço amostral, mas qualquer outra letra pode ser utilizada, desde que fique evidente o que ela representa.

Evento

Ao considerarmos um experimento aleatório, podemos ter diversos resultados relacionados a ele. Por exemplo, imagine que Tatiana e Vívian estejam brincando de tabuleiro. Para vencer o jogo, Tatiana precisa tirar um número maior que 3 no dado.

Ao lançar o dado, ela pode obter os números 1, 2, 3, 4, 5 ou 6. Entretanto, para vencer o jogo, precisa tirar 4, 5 ou 6. Observe que os números que Tatiana precisa tirar para vencer o jogo compõem um subconjunto do espaço amostral S, que chamaremos de E.

$$S = \{1, 2, 3, 4, 5, 6\} \qquad E = \{4, 5, 6\}$$

Os subconjuntos de um espaço amostral são chamados de **eventos**.

Considerando essa situação, temos:

- experimento aleatório: lançar um dado e observar o número obtido
- espaço amostral: $S = \{1, 2, 3, 4, 5, 6\}$
- evento: $E = \{4, 5, 6\}$

PROBABILIDADE DE UM EVENTO

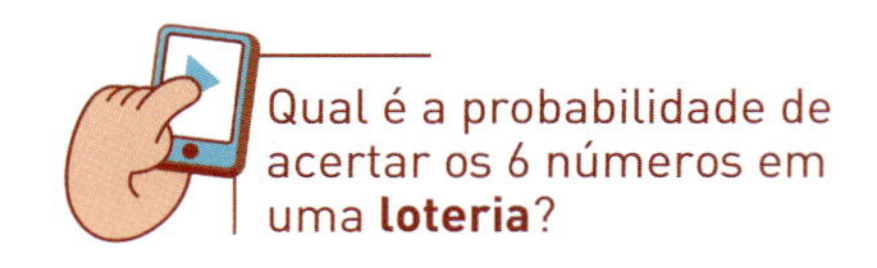
Qual é a probabilidade de acertar os 6 números em uma **loteria**?

Vimos que a probabilidade é a medida da chance de algo acontecer. Essa medida é um número que varia de 0 a 1 e pode ser expresso na **forma de fração**, na **forma decimal** ou em **porcentagem**. Quando todos os elementos do espaço amostral têm a mesma chance de ocorrer, podemos determinar a probabilidade de um evento da seguinte maneira:

$$\text{Probabilidade} = \frac{\text{Número de resultados favoráveis}}{\text{Número de resultados possíveis do experimento}}$$

Vamos ver um exemplo. Considere as seguintes cartas.

9	31	36	14	11	5	18	87	19	98

Imagine que essas cartas foram embaralhadas e uma delas foi sorteada ao acaso. Os possíveis resultados para esse experimento são: 9, 31, 36, 14, 11, 5, 18, 87, 19 e 98. Ou seja, há **10** resultados possíveis, todos com a mesma chance de ocorrer.

Agora, vamos estudar a probabilidade de alguns eventos relacionados a esse experimento.

- Probabilidade de retirar uma carta com um número ímpar.

  Temos as seguintes possibilidades: 9, 31, 11, 5, 87 e 19. Isto é, há **6** resultados favoráveis para esse evento. A probabilidade de esse evento ocorrer é:

$$\frac{6}{10} = \frac{3}{5}$$

  Também podemos escrever essa probabilidade com um número na forma decimal ou uma porcentagem, ou seja, 0,6 ou 60%.

OBSERVAÇÃO

Quando dizemos, por exemplo, que a probabilidade de sair coroa no lançamento de uma moeda honesta é 50% significa que, se a moeda for lançada muitas vezes, é provável que a quantidade de coroas obtidas seja cada vez mais próxima da metade do número de lançamentos feitos.

Banco Central/Reprodução: Dotta/The Next/ID/BR

▲ **Representação de "cara" e "coroa" na moeda brasileira de 1 real.**

- Probabilidade de a carta retirada ter o número 100.

  Perceba que, para esse evento, não temos possibilidades favoráveis, pois **nenhuma** carta apresenta o número 100. Nessa situação, dizemos que a probabilidade de esse evento ocorrer é 0, pois:

$$\frac{0}{10} = 0$$

  Eventos que nunca ocorrerão são chamados de **eventos impossíveis**. A probabilidade de um evento impossível é sempre 0.

- Probabilidade de a carta retirada ter um número com menos de três algarismos.

  Temos as seguintes possibilidades: 9, 31, 36, 14, 11, 5, 18, 87, 19 e 98. Isto é, há **10** resultados favoráveis para esse evento. A probabilidade de esse evento ocorrer é:

$$\frac{10}{10} \text{ ou } 1 \text{ ou } 100\%$$

  Observe que as possibilidades de esse evento ocorrer coincidem com o espaço amostral do experimento. Nesse caso, dizemos que se trata de um **evento certo**, pois podemos garantir o que ocorrerá para esse evento. A probabilidade de ocorrer um evento certo é sempre 1 ou 100%.

ATIVIDADES

Retomar e compreender

1. Identifique quais dos experimentos a seguir são aleatórios.

a) Girar uma roleta e observar onde o ponteiro vai parar.

b) Sortear uma bola de uma urna com 2 bolas laranja e 1 bola marrom e observar sua cor.

c) Observar um relógio durante 1 hora e ver quantos minutos passaram.

2. Escreva o espaço amostral de cada experimento aleatório indicado.

a) Sorteio de uma bola de uma caixa com bolas idênticas numeradas de 1 a 30.

b) Lançamento de um dado cúbico e observação da face voltada para cima.

c) Lançamento de uma moeda e observação da face voltada para cima.

Aplicar

3. Uma caixa contém 10 bolas do mesmo material, com o mesmo tamanho e com a mesma medida de massa, sendo 1 azul, 5 amarelas, 1 preta e 3 vermelhas.

João Picoli/ID/BR

Uma bola é retirada dessa caixa ao acaso, observa-se sua cor e é devolvida à caixa.

a) Quantos resultados são favoráveis ao evento "sair uma bola vermelha"?

b) Qual é a probabilidade de sair uma bola vermelha?

c) Qual é a probabilidade de sair uma bola amarela?

d) Qual é a probabilidade de não sair uma bola vermelha?

e) Qual é a probabilidade de sair uma bola branca?

4. Considere o lançamento de um dado honesto com faces numeradas de 1 a 6 e, depois, responda:

Steve Green/ Shutterstock.com/ID/BR

a) Qual é a probabilidade de sair o número 6?

b) Qual é a probabilidade de sair um número par?

c) Qual é a probabilidade de sair um número divisível por 3?

d) Qual é a probabilidade de sair um número primo?

LABORATÓRIO DE MATEMÁTICA

Probabilidade de a soma dos pontos obtidos no lançamento de dois dados ser um número primo

Vamos realizar um experimento para verificar qual é a probabilidade de obter um número primo na soma dos números resultantes do lançamento de dois dados.

Materiais

- folha de papel avulsa
- lápis
- 2 dados cúbicos de cores diferentes

Como fazer

1 Seguindo as orientações do professor, organizem-se em duplas ou em trios.

2 Escrevam em um quadro todos os resultados possíveis no lançamento de dois dados. Isto é, determinem o espaço amostral desse experimento aleatório. Deixem uma coluna desse quadro para registrar a quantidade de vezes que cada resultado ocorreu.

Exemplo

Sérgio Dotta Jr./ID/BR

Dado azul	Dado vermelho	Ocorrências
1	1	
1	2	
1	3	
⋮	⋮	

3 Destaquem todos os resultados favoráveis ao evento "a soma dos números obtidos ser um número primo".

Exemplo

1 + 1 = 2 (primo) →
1 + 2 = 3 (primo) →
1 + 3 = 4 (não é primo) →

Dado azul	Dado vermelho	Ocorrências
1	**1**	
1	**2**	
1	3	
⋮	⋮	

4 Lancem os dados, simultaneamente, 100 vezes e anotem a quantidade de vezes que cada evento ocorreu.

Exemplo

Dado azul	Dado vermelho	Ocorrências
1	**1**	II
1	**2**	I
1	3	IIIII
⋮	⋮	⋮

Qual é o número de **resultados possíveis** nesse experimento aleatório?

Para concluir

1. Calculem a probabilidade de, ao lançar dois dados simultaneamente, a soma dos valores obtidos ser um número primo.
2. Adicionem a quantidade de vezes que cada resultado destacado ocorreu e calculem qual é o percentual a que esse valor corresponde do total de lançamentos.
3. Agora, comparem os valores obtidos nos itens **1** e **2**. Esses valores são próximos?
4. Anotem os valores obtidos por todos os grupos e comparem-nos. Os valores obtidos foram próximos?
5. Conversem com os demais grupos e descubram se os valores obtidos por todos no experimento eram os esperados.

MAIS ATIVIDADES

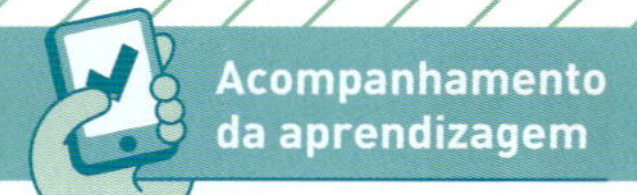

Retomar e compreender

1. Diogo está brincando de cara ou coroa com uma moeda honesta. Ele lançou essa moeda duas vezes.

a) Quais são os possíveis resultados desses lançamentos?

b) Qual é a probabilidade de sair cara no primeiro lançamento e coroa no segundo?

Aplicar

2. Matias escolheu dois nomes desta cartela para participar da rifa de uma bola de vôlei.

CARTELA DE NOMES

Prêmio: Bola de vôlei

MARIA	GRAZIELA	CLÁUDIA	REGIANE	VILMA
CLEIDE	ELAINE	ROBERTA	GLÓRIA	SUZANA
ADRIANA	OLGA	ISABEL	JULIANA	CÁTIA
IRENE	JUREMA	LETÍCIA	MARTA	PAULA
MARCELA	OLÍVIA	JOANA	LENICE	FÁTIMA

Ilustrações: João Picoli/ID/BR

Qual é a probabilidade de Matias ganhar a bola, considerando que o sorteio do nome é aleatório?

3. Mariana coloriu 10 bolinhas idênticas usando as cores azul, vermelha e verde. Depois, ela as colocou em um saquinho. Observe.

Considerando que o saquinho esteja sempre com todas as bolinhas, calcule a probabilidade de Mariana retirar ao acaso:

a) uma bolinha verde;

b) uma bolinha verde ou azul.

4. Paulo está jogando com um baralho comum, formado por 52 cartas de quatro naipes, sendo 13 cartas de cada naipe, como mostrado.

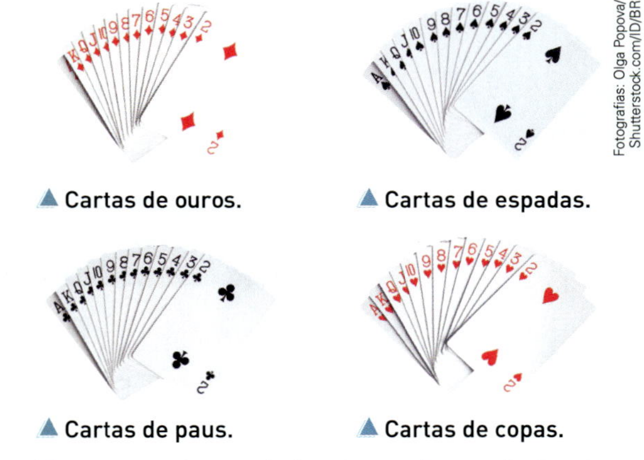

▲ Cartas de ouros.

▲ Cartas de espadas.

▲ Cartas de paus.

▲ Cartas de copas.

Fotografias: Olga Popova/Shutterstock.com/ID/BR

Escreva, na forma de fração, na forma decimal e em porcentagem, a probabilidade de Paulo tirar:

a) um rei;

b) uma carta de copas;

c) uma carta de naipe vermelho.

5. Lúcia escreveu o nome de sete amigas em papéis de mesmo tamanho. Veja.

Em seguida, dobrou todos os papéis da mesma maneira e colocou-os em um saquinho para sortear um deles.

a) Qual é a probabilidade de o nome sorteado começar com a letra P?

b) Agora, em dupla, escrevam os mesmos nomes em papéis de tamanhos iguais, dobrem, coloquem em um saquinho e, então, sorteiem 35 vezes. Lembrem-se de, a cada sorteio, colocar de volta no saquinho o papel retirado! Anotem quantas vezes foi sorteado um nome iniciado com a letra P. Por fim, verifiquem se a probabilidade calculada neste item é um valor próximo ao obtido no cálculo da probabilidade no item anterior.

CAPÍTULO 2 ESTATÍSTICA

O QUE É ESTATÍSTICA

Leia o texto a seguir.

ID/BR

Pesquisa revela: mulheres são maioria nos jogos digitais

Dados da pesquisa PGB 2022 mostram o perfil dos *gamers* em nosso país.

De acordo com a pesquisa PGB 2022, três de cada quatro entrevistados afirmam ter o costume de jogar jogos digitais. Desse total, 51% são mulheres e 49% são homens.

Com base nesse levantamento, os principais valores associados a ser *gamer* são a dedicação em tempo aos jogos digitais, a importância dos *games* para o próprio entretenimento e o conhecimento que possui sobre jogos digitais.

Mas será que essas pessoas que jogam jogos em ambientes virtuais se reconhecem como *gamers*? Para essa pergunta, metade afirma que sim. Entre os homens, 50,4% se consideram *gamers* e entre as mulheres, 45,1%.

A pesquisa também mostrou que, para 84,4% das pessoas, os jogos digitais são uma das suas principais formas de entretenimento. Para 76,5%, eles são a maior fonte de diversão.

Fonte de pesquisa: Pesquisa Game Brasil 2022. 9ª edição gratuita. Disponível em: https://www.pesquisagamebrasil.com.br/pt/edicao-gratuita/. Acesso em: 12 dez. 2022.

▼ Garota testando jogo em convenção de *games*. Foto de 2022.

Tennessee Witney/Alamy/Fotoarena

O texto que você acabou de ler apresenta os resultados de uma pesquisa sobre o perfil das pessoas que jogam jogos digitais. Esse tipo de pesquisa é chamado de **pesquisa estatística**.

De maneira geral, as pesquisas estatísticas nos ajudam a responder a perguntas como: Qual é a maior torcida de futebol do Brasil? Há mais bibliotecas públicas na Região Sul ou na Região Nordeste? Quantos animais domésticos são abandonados por dia? Qual é a diferença salarial entre homens e mulheres que exercem a mesma função em uma empresa?

Diversos são os propósitos de uma pesquisa estatística: atualizar uma pesquisa já existente, descobrir algo novo, ampliar um estudo já realizado, repetir uma pesquisa já existente para verificar seus resultados, entre outros.

O resultado de uma pesquisa estatística pode ser usado em várias situações: auxiliar os executivos de uma empresa a tomar decisões, ajudar no planejamento econômico de um governo, descobrir qual é o produto mais adequado para certo tipo de público, etc.

População

A pesquisa estatística estuda uma **população**.

> A população de uma pesquisa estatística é o conjunto dos elementos que apresentam determinada característica e que vão ser o objeto de um estudo.

No texto da página anterior, a população são os brasileiros que jogam jogos digitais. Entretanto, a população pesquisada pode ser de produtos fabricados pela indústria farmacêutica, animais de um bioma, pessoas de determinada classe social, entre outras possibilidades.

Amostra

Em diversas situações, a população pesquisada é muito grande, o que torna inviável consultar todos os seus elementos. Assim, para realizar a pesquisa, apenas uma parte da população, chamada de **amostra**, é selecionada.

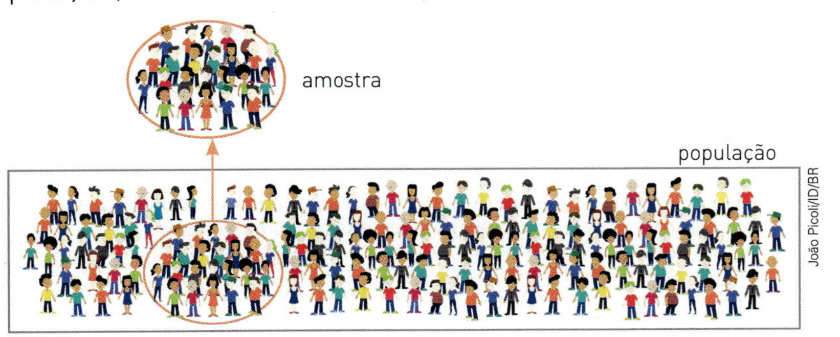

A escolha da amostra de uma população é muito importante na pesquisa estatística, pois garante que as informações ou os resultados obtidos representem corretamente a população-alvo da pesquisa. Nesse caso, dizemos que a amostra precisa ser representativa.

CIDADANIA GLOBAL

OPORTUNIDADES

De acordo com a Pesquisa Nacional por Amostra de Domicílios Contínua (Pnad Contínua) 2021, o número de mulheres no Brasil é superior ao de homens.

A população brasileira é composta de 48,9% de homens e de 51,1% de mulheres.

1. Compare a proporção de homens e de mulheres que compõem a população brasileira com a de homens e de mulheres que se consideram *gamers*. Observação: esse percentual pode ser encontrado no texto de abertura do capítulo. O que você percebe?
2. Busque informações sobre a quantidade de homens e de mulheres que jogam jogos digitais profissionalmente e descubra se essa proporção se mantém.
3. Os *gamers* e as *gamers* costumam ter a mesma remuneração?

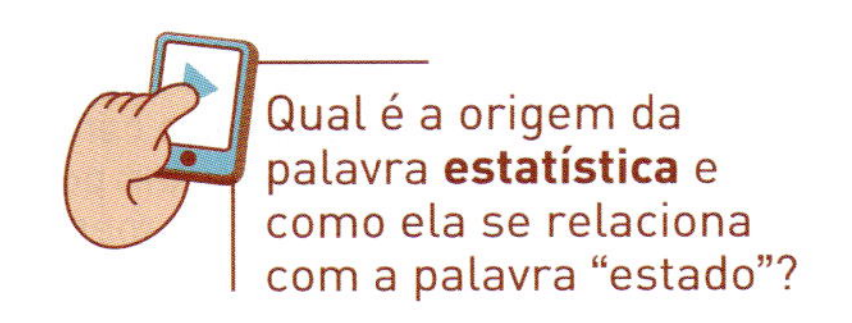

Qual é a origem da palavra **estatística** e como ela se relaciona com a palavra “estado”?

Variável

> **VARIÁVEL**
> Leia novamente o texto apresentado na abertura do capítulo. Qual foi a variável estudada? Converse com os colegas e o professor.

Em uma pesquisa estatística, também precisamos definir o que vamos pesquisar, isto é, quais serão as variáveis analisadas.

Imagine, por exemplo, que um professor de Educação Física queira organizar grupos de treinamento para alguns esportes. Para isso, ele solicita aos estudantes que preencham uma ficha com a altura e o esporte favorito de cada um. Nessa situação, a altura e o esporte favorito são as variáveis da pesquisa do professor.

Tipos de variável

A ficha a seguir foi utilizada para a inscrição em um torneio nacional de xadrez. Veja.

INSCRIÇÃO PARA O TORNEIO NACIONAL DE XADREZ

NOME: Valentina Xavier Nascimento SEXO: ☐ MASCULINO ☒ FEMININO

ESTADO PELO QUAL VAI COMPETIR: Pernambuco IDADE: 13 anos ALTURA: 1,68 m

CATEGORIA: ☐ INICIANTE ☒ INTERMEDIÁRIA ☐ AVANÇADA

NÚMERO DE TORNEIOS DISPUTADOS: 6

João Picoli/ID/BR

Essa ficha tem diferentes campos e cada um deles representa uma variável. Observe que os resultados que essas variáveis podem assumir têm características distintas.

Em alguns campos, como nome, sexo, estado pelo qual vai competir e categoria, a variável representa uma qualidade (ou um atributo) do indivíduo pesquisado. Para o campo "sexo", há duas respostas possíveis: masculino ou feminino; para "estado pelo qual vai competir", há 27 respostas possíveis: 26 estados brasileiros ou o Distrito Federal; e, para "categoria", há três respostas possíveis: iniciante, intermediária ou avançada.

Em outros campos, como idade e número de torneios disputados, o resultado possível da variável é uma quantidade (ou um número).

Dependendo do tipo de dado pesquisado, podemos classificar as variáveis em dois grupos: qualitativas ou quantitativas.

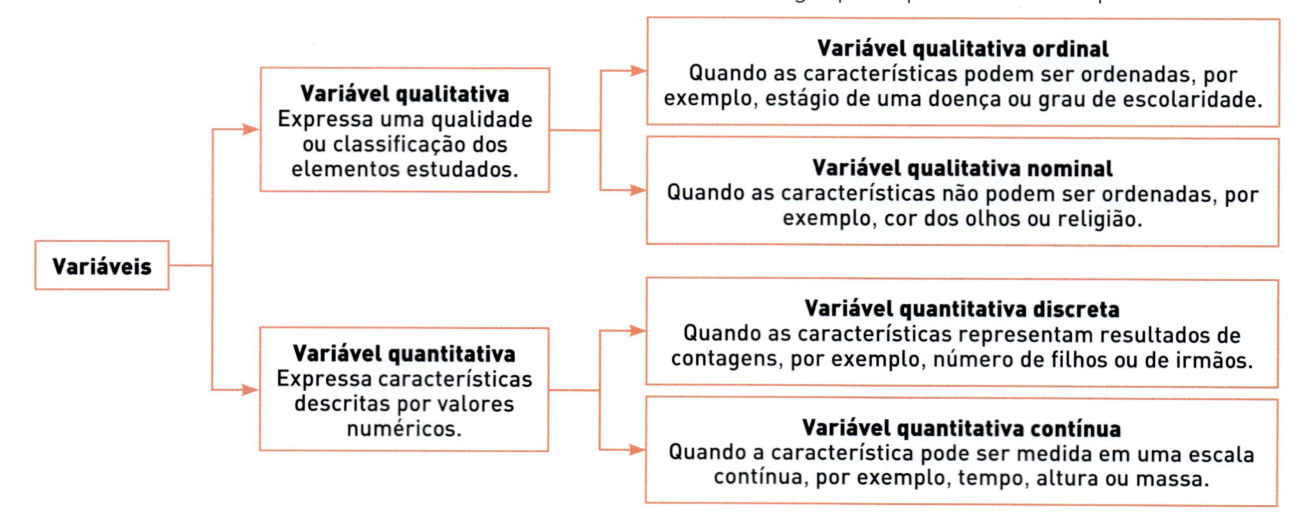

Variáveis
Variável qualitativa
Expressa uma qualidade ou classificação dos elementos estudados.
Variável qualitativa ordinal
Quando as características podem ser ordenadas, por exemplo, estágio de uma doença ou grau de escolaridade.
Variável qualitativa nominal
Quando as características não podem ser ordenadas, por exemplo, cor dos olhos ou religião.
Variável quantitativa
Expressa características descritas por valores numéricos.
Variável quantitativa discreta
Quando as características representam resultados de contagens, por exemplo, número de filhos ou de irmãos.
Variável quantitativa contínua
Quando a característica pode ser medida em uma escala contínua, por exemplo, tempo, altura ou massa.

Observação

Em algumas situações, podemos atribuir valores numéricos a variáveis qualitativas. Por exemplo, usar o número 1 para indicar pessoas do gênero feminino e o número 2 para indicar pessoas do gênero masculino.

O objetivo, nesse caso, é facilitar a representação das variáveis qualitativas do que está sendo pesquisado. Os números 1 e 2 não têm significado numérico, ou seja, a variável não passa a ser quantitativa; os números 1 e 2 são apenas rótulos.

ETAPAS DE UMA PESQUISA ESTATÍSTICA

Assim como acontece em qualquer outro tipo de pesquisa, para realizar uma pesquisa estatística é necessário fazer um planejamento. Acompanhe quais são algumas das etapas fundamentais no planejamento de uma pesquisa estatística.

1ª etapa – Definição do problema ou do fenômeno

Nessa etapa, deve ser definido, de maneira detalhada, o que será pesquisado. Imagine que você vai fazer uma pesquisa sobre animais. Existem inúmeras informações que podem ser pesquisadas em relação a eles. O que você quer saber exatamente? Exemplo: Quais são os animais que correm maior risco de extinção na Região Centro-Oeste?

2ª etapa – Planejamento da pesquisa

Antes de definir como os dados da pesquisa estatística serão coletados, é importante decidir se a pesquisa será feita com a população toda, ou com uma amostra dessa população, e quais serão as variáveis da pesquisa.

3ª etapa – Coleta de dados

Há várias maneiras de coletar dados para uma pesquisa estatística. Eles podem ser obtidos por meio de observação ou de um experimento. Os instrumentos mais comuns usados são formulários, entrevistas, enquetes e questionários. É importante sempre verificar se o instrumento escolhido permitirá a obtenção de todas as respostas esperadas. Pode ser necessário mais de um instrumento.

Munique Bassoli/Pulsar Imagens

▲ Recenseador coletando dados de uma moradora. Nessa situação, há uma combinação de instrumentos para a coleta de dados: um questionário e uma entrevista. Foto de 2022.

4ª etapa – Resultados e análises

Depois de coletar os dados da pesquisa, é necessário organizá-los e analisá-los, tendo sempre em vista o problema que está sendo estudado.

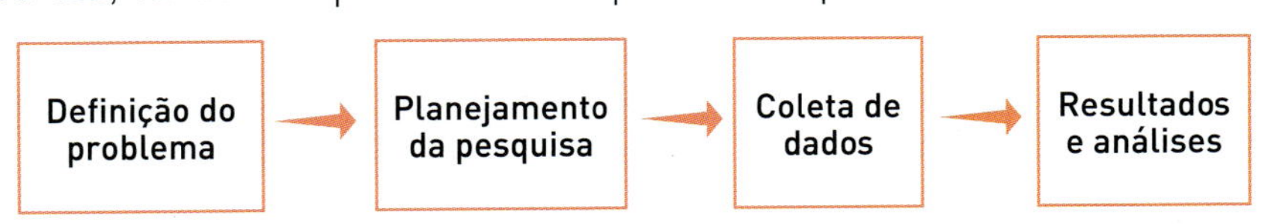

DESCUBRA +

Conhecendo o Brasil

Conhecer em detalhe como é e como vive o nosso povo é de extrema importância para o governo e para a sociedade. Os resultados obtidos através da realização do Censo Demográfico permitem traçar um retrato abrangente e fiel do País.

O Censo Demográfico produz informações atualizadas e precisas, que são fundamentais para o desenvolvimento e implementação de políticas públicas e para a realização de investimentos, tanto do governo quanto da iniciativa privada. Além disso, uma sociedade que conhece a si mesma pode executar, com eficácia, ações imediatas e planejar com segurança o seu futuro.

[...]

Ismar Ingber/Pulsar Imagens

▲ **Recenseadora do IBGE coletando dados de moradora. Rio de Janeiro (RJ). Foto de 2022.**

IBGE. Disponível em: https://censo2022.ibge.gov.br/sobre/conhecendo-o-brasil.html. Acesso em: 21 mar. 2023.

ATIVIDADES

Retomar e compreender

1. Com o objetivo de realizar uma mostra de cinema, a direção de uma escola fez uma pesquisa sobre o tipo de filme preferido de 95 estudantes. Sabendo que a escola tem 350 estudantes, faça o que se pede.

a) Qual é a população e a amostra dessa pesquisa?

b) Identifique a variável pesquisada e classifique-a.

2. Um condomínio vai fazer uma pesquisa com todos os moradores para saber a quantidade de crianças de 2 a 10 anos que residem no local. O objetivo é estudar a possibilidade de construir uma brinquedoteca e uma área de recreação. Veja os dados obtidos.

Idade das crianças do condomínio

Idade	Quantidade de crianças
Até 2 anos	9
De 2 anos e 1 mês a 4 anos	15
De 4 anos e 1 mês a 6 anos	25
De 6 anos e 1 mês a 8 anos	12
De 8 anos e 1 mês a 10 anos	14

Dados obtidos pelo condomínio.

a) Qual foi a população pesquisada?

b) Foi definida uma amostra para a realização dessa pesquisa? Se sim, qual foi?

c) Qual foi a variável pesquisada nesse estudo?

d) Qual é o tipo da variável pesquisada?

3. Uma empresa especializada em turismo nacional decidiu conhecer melhor o perfil de seus clientes. Para isso, elaborou um questionário para distribuir a eles por *e-mail*. Veja, no quadro a seguir, algumas das perguntas presentes.

I. Qual é a sua idade?

II. Em que meses você prefere viajar? Cite no mínimo um.

III. Para quais estados você pretende viajar?

IV. Que meio(s) de transporte você prefere utilizar?

V. Quanto você pretende gastar com transporte e estadia?

Agora, identifique as variáveis de cada pergunta do questionário e seu tipo.

TABELAS E GRÁFICOS

As tabelas e os gráficos são instrumentos importantes e comumente utilizados para apresentar os resultados de uma pesquisa estatística.

Elementos de uma tabela

Veja a tabela a seguir.

Domicílios, por destino do lixo, segundo as Grandes Regiões (%)		
Destino / Região	Coletado diretamente ou em caçamba	Queimado na propriedade ou tem outro destino
Norte	79,9	20,1
Nordeste	82,7	17,3
Sudeste	97,1	3,0
Sul	94,7	5,2
Centro-Oeste	92,4	7,6

Fonte de pesquisa: IBGE Educa Jovens. Disponível em: https://educa.ibge.gov.br/jovens/conheca-o-brasil/populacao/21130-domicilios-brasileiros.html. Acesso em: 21 mar. 2023.

Agora, observe alguns dos elementos da tabela apresentada.

- O **título** informa o assunto tratado.

Domicílios, por destino do lixo, segundo as Grandes Regiões (%)

- Os **títulos das colunas e/ou linhas** indicam o assunto de cada coluna e/ou de cada linha, respectivamente. Na tabela do exemplo, a primeira coluna indica a região do país pesquisada; a segunda indica a porcentagem de domicílios cujo lixo é coletado diretamente ou em caçamba; a terceira indica a porcentagem de domicílios cujo lixo é queimado na propriedade ou tem outro destino.

Destino / Região	Coletado diretamente ou em caçamba	Queimado na propriedade ou tem outro destino
Norte		
Nordeste		
Sudeste		
Sul		
Centro-Oeste		

- A **fonte** informa de onde os dados foram obtidos – pode ser de jornal, revista, livro, *site* – ou quem os obteve.

Fonte de pesquisa: IBGE Educa Jovens. Disponível em: https://educa.ibge.gov.br/jovens/conheca-o-brasil/populacao/21130-domicilios-brasileiros.html. Acesso em: 21 mar. 2023.

OBSERVAÇÃO

A apresentação dos dados de uma tabela pode variar. Uma linha pode ser destacada para indicar que se trata de um dado importante, a fonte pode estar localizada ao lado da tabela, etc.

> **GRÁFICOS DE BARRAS**
>
> Os gráficos de barras podem ser construídos com barras verticais ou horizontais. Nesta coleção, vamos chamar os gráficos de barras verticais de **gráficos de colunas** e os gráficos de barras horizontais, de **gráficos de barras**.

Elementos de um gráfico

Um gráfico utiliza recursos visuais, como barras, colunas, figuras, etc., para apresentar e facilitar a interpretação de dados. Veja como as informações da tabela apresentada na página anterior poderiam ser representadas em um gráfico de colunas duplas.

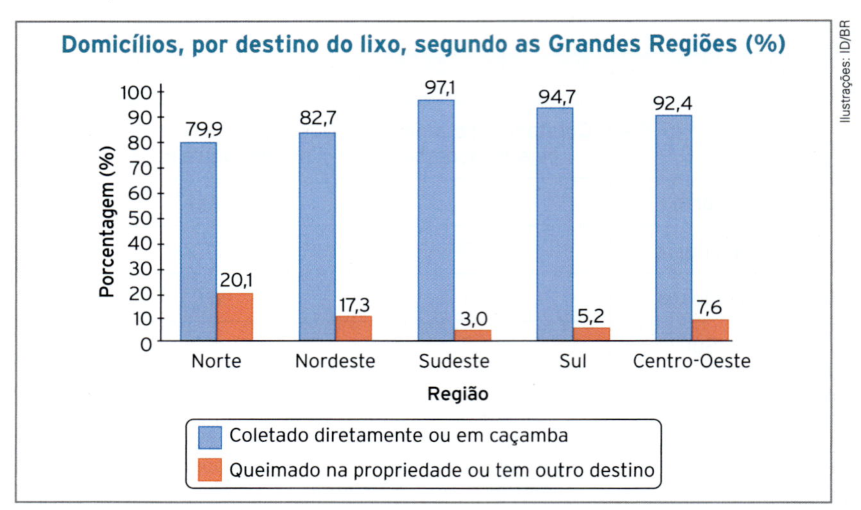

Fonte de pesquisa: IBGE Educa Jovens. Disponível em: https://educa.ibge.gov.br/jovens/conheca-o-brasil/populacao/21130-domicilios-brasileiros.html. Acesso em: 21 mar. 2023.

Agora, observe alguns dos elementos do gráfico apresentado.

- Do mesmo modo que nas tabelas, o **título** informa o assunto tratado.

Domicílios, por destino do lixo, segundo as Grandes Regiões (%)

- Os **títulos dos eixos** indicam o que está representado em cada eixo. No gráfico do exemplo, temos dois eixos: um **eixo vertical**, que mostra a porcentagem, e um **eixo horizontal**, que mostra as regiões. Já a altura das colunas relaciona a região com a porcentagem de domicílios correspondente a cada tipo de destino do lixo.

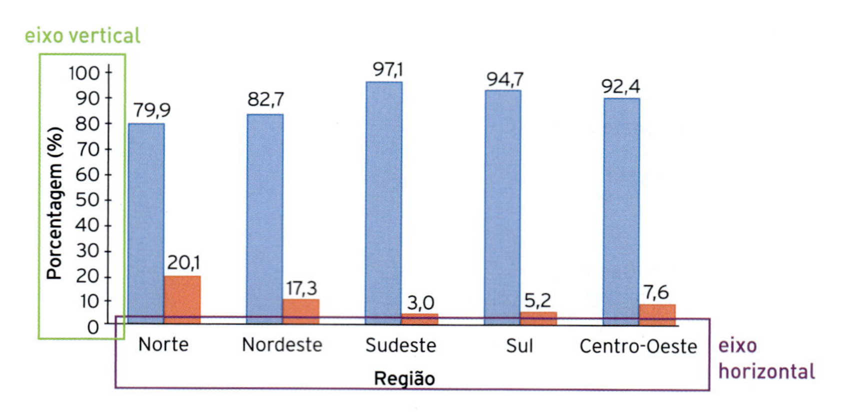

Há gráficos, como os de setores, os quais veremos posteriormente, que não apresentam eixos.

- A **legenda** indica o significado da cor de cada coluna.

Coletado diretamente ou em caçamba
Queimado na propriedade ou tem outro destino

- A **fonte** informa de onde os dados foram obtidos ou quem os obteve, assim como nas tabelas.

Fonte de pesquisa: IBGE Educa Jovens. Disponível em: https://educa.ibge.gov.br/jovens/conheca-o-brasil/populacao/21130-domicilios-brasileiros.html. Acesso em: 21 mar. 2023.

- Os números sobre as colunas são chamados de **rótulos de dados** e indicam, nesta situação, a porcentagem exata de domicílios.

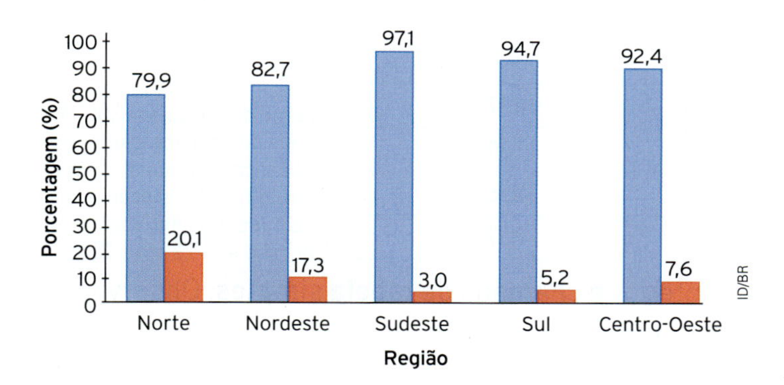

ATIVIDADES

Retomar e compreender

4. Os estudantes das turmas do 6º ano fizeram uma campanha de arrecadação de latinhas. Observe o resultado da campanha.

Resultado da campanha de arrecadação de latinhas

Turma	Quantidade arrecadada
6º A	48
6º B	46
6º C	44

Dados fornecidos pela direção da escola.

a) O que essa tabela informa? Qual elemento da tabela você observou para responder a essa pergunta?

b) Nessa tabela, há títulos nas colunas ou nas linhas?

c) Quem forneceu os dados apresentados?

d) Quantas latinhas foram arrecadadas pelo 6º ano A?

e) Quantas latinhas foram arrecadadas pelas três turmas do 6º ano?

5. Observe o gráfico a seguir e, depois, responda ao que se pede.

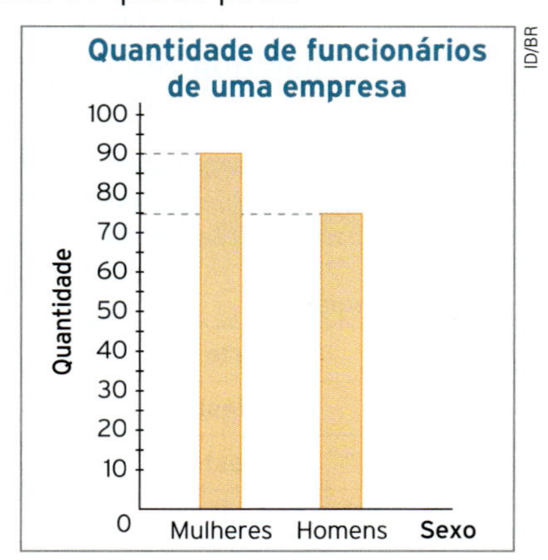

Dados fornecidos pela empresa.

a) O gráfico representa qual pesquisa?

b) Quem forneceu os dados da pesquisa?

c) O que está indicado no eixo vertical? E no eixo horizontal?

d) Qual é o número total de funcionários dessa empresa?

Tipos de tabelas e gráficos

Vamos conhecer um pouco sobre diferentes tipos de tabelas e gráficos.

Tabela simples

A Mata Atlântica está presente em 17 estados brasileiros, além do Paraguai e da Argentina. Originalmente, ela ocupava mais de 130 milhões de hectares (1 hectare equivale, aproximadamente, à área de um campo de futebol), mas, devido à ocupação, ao desmatamento e a outras atividades humanas, hoje restam apenas cerca de 12% de sua vegetação inicial.

Desmatamento na Mata Atlântica	
Período	**Área desmatada (em hectares)**
De 2020 a 2021	21 642
De 2019 a 2020	13 053
De 2018 a 2019	14 375
De 2017 a 2018	11 399
De 2016 a 2017	12 562
De 2015 a 2016	29 075

Fonte de pesquisa: SOS Mata Atlântica. *Atlas dos remanescentes florestais da Mata Atlântica*: período 2020-2021. Disponível em: https://cms.sosma.org.br/wp-content/uploads/2022/05/Sosma-Atlas-2022-1.pdf. Acesso em: 22 mar. 2023.

A tabela anterior é chamada de **tabela simples**. Observando essa tabela, podemos notar que:

- de 2015 a 2021, o período de maior desmatamento foi de 2015 a 2016 e o de menor desmatamento foi de 2017 a 2018.
- no período representado, 102 106 hectares da Mata Atlântica foram desmatados.

Tabela de dupla entrada

A tabela a seguir mostra, para cada região do Brasil, a porcentagem de pessoas que realizaram trabalho voluntário por pelo menos uma hora por semana em 2018 e 2019.

Taxa de realização de trabalho voluntário, segundo as regiões do Brasil (%)		
Região / Ano	**2018**	**2019**
Norte	4,6	4,4
Nordeste	3,1	2,9
Sudeste	4,6	4,5
Sul	4,9	4,6
Centro-Oeste	4,6	3,9

Fonte de pesquisa: IBGE. Disponível em: https://biblioteca.ibge.gov.br/visualizacao/livros/liv101722_informativo.pdf. Acesso em: 22 mar. 2023.

Os dados da pesquisa foram apresentados em uma tabela chamada de **tabela de dupla entrada**. Observe que, para cada linha, há duas informações diferentes sendo apresentadas. Além disso, podemos perceber que:

- a maior taxa de realização de trabalho voluntário foi em 2018, na Região Sul.
- a taxa de realização de trabalho voluntário em 2018 foi superior à de 2019 em todas as regiões.

Gráfico de colunas

Observe o gráfico.

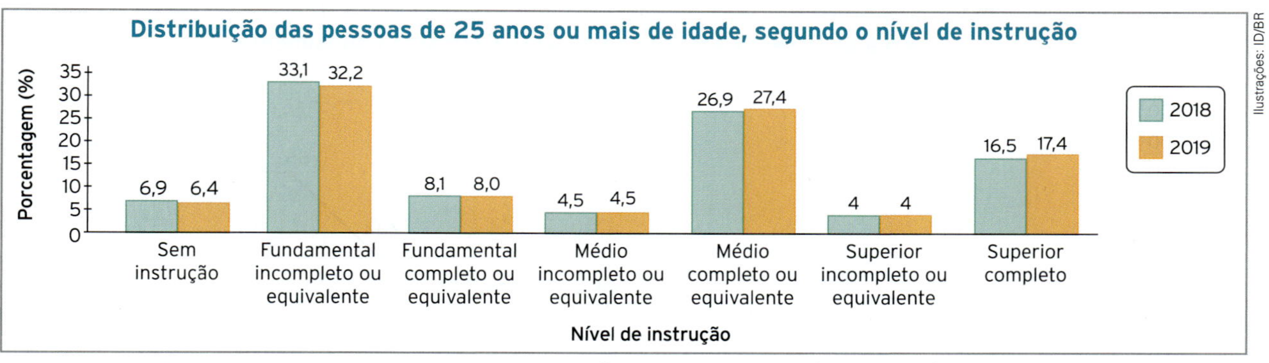

Fonte de pesquisa: IBGE. Disponível em: https://biblioteca.ibge.gov.br/visualizacao/livros/liv101736_informativo.pdf. Acesso em: 22 mar. 2023.

Esse tipo de gráfico é chamado de **gráfico de barras** ou **de colunas**. Nesse tipo de gráfico, as barras podem ser tanto horizontais como verticais. Além disso, esses gráficos podem ser de colunas ou de barras simples, duplas, triplas, etc.

No gráfico, podemos notar que:

- os níveis "sem instrução", "fundamental incompleto ou equivalente" e "fundamental completo ou equivalente" apresentaram uma queda de 2018 para 2019;
- de 2018 para 2019, o crescimento da taxa de pessoas com nível de instrução "médio completo ou equivalente" entre as pessoas com 25 anos ou mais foi de 0,5%.

Gráfico de setores

Agora, observe este outro gráfico.

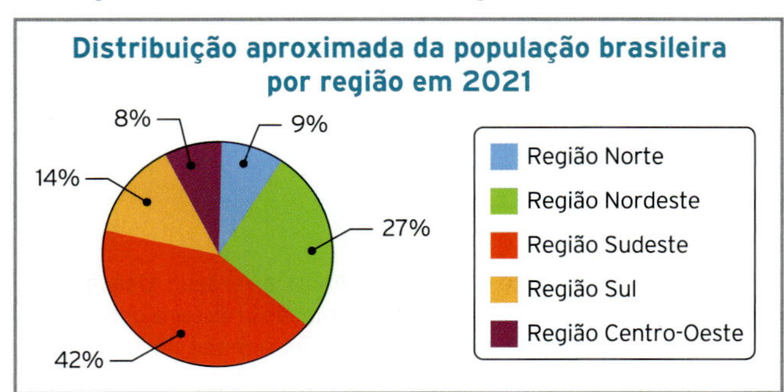

Fonte de pesquisa: IBGE. Disponível em: https://ftp.ibge.gov.br/Estimativas_de_Populacao/Estimativas_2021/estimativa_dou_2021.pdf. Acesso em: 22 mar. 2023.

Esse tipo de gráfico é chamado de **gráfico de setores**, e cada parte colorida é chamada de **setor**. O tamanho do setor é correspondente à sua representação percentual com relação ao total. O círculo inteiro representa 100% dos valores; nesse caso, a população total do Brasil em 2021.

Veja alguns dados que podemos encontrar nesse gráfico:

- em 2021, a Região Sudeste era a mais populosa e a Região Centro-Oeste era a menos populosa.
- os dados foram obtidos do *site* de um instituto especializado em dados da população brasileira em 22 de março de 2023.

Gráfico de linha ou de segmento

Observe este outro tipo de gráfico.

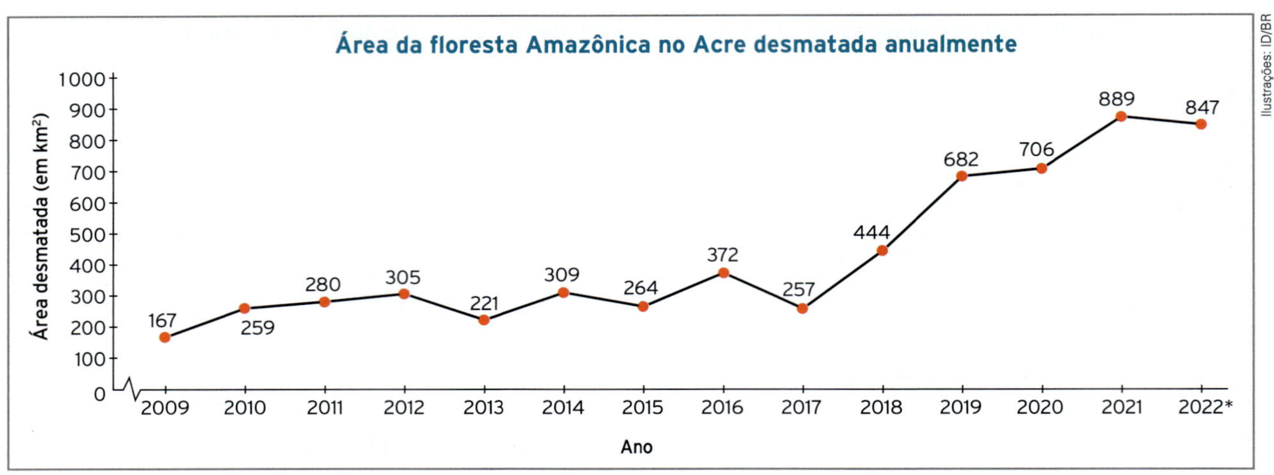

* Atualizado em: 30 nov. 2022.

Fonte de pesquisa: Instituto Nacional de Pesquisas Espaciais (Inpe). Disponível em: http://www.obt.inpe.br/OBT/assuntos/programas/amazonia/prodes. Acesso em: 22 mar. 2023.

Em **gráficos de linha** ou **de segmento**, cada informação é representada por um ponto, e os pontos são unidos por segmentos de reta apenas para facilitar a comparação das informações.

No gráfico do exemplo, é possível perceber que:

- a área desmatada da floresta Amazônica no Acre em 2021 foi de 889 km^2;
- de 2017 para 2021, houve aumento na área desmatada, mas de 2012 para 2013 e de 2014 para 2015, houve diminuição.

Gráfico pictórico ou pictograma

Neste tipo de gráfico, são utilizados símbolos ou figuras para representar o que foi pesquisado. Observe o exemplo.

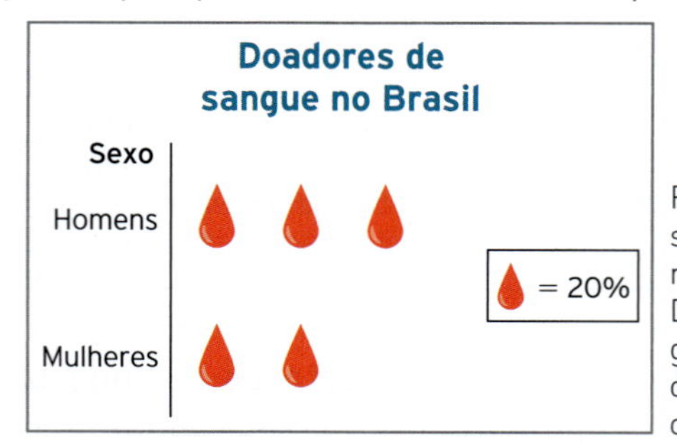

Fonte de pesquisa: Andreia Verdélio. Doação de sangue: 1,8% da população brasileira doa sangue; meta da OMS é 3%. *Agência Brasil*, 14 jun. 2017. Disponível em: http://agenciabrasil.ebc.com.br/geral/noticia/2017-06/doacao-de-sangue-18-da-populacao-brasileira-doa-sangue-meta-da-oms-e-3. Acesso em: 22 mar. 2023.

O número de figuras relaciona o sexo, homens e mulheres, ao percentual de doadores de sangue no Brasil.

Agora, veja alguns dados presentes nesse gráfico.

- Cada figura representa 20%. Então, para descobrir o percentual de homens que são doadores de sangue, basta multiplicar 20% pela quantidade de símbolos.
- O percentual de mulheres doadoras de sangue é menor que o de homens.

ATIVIDADES

Retomar e compreender

6. O gráfico a seguir apresenta a quantidade de livros vendidos em uma livraria no primeiro semestre de certo ano.

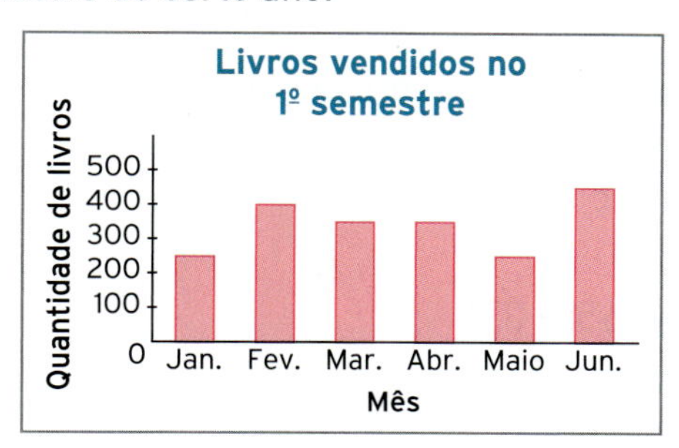

Dados obtidos pela livraria.

a) Em qual dos meses a venda foi maior?

b) Em quais dos meses a venda foi menor?

c) Quais foram os meses em que as vendas aumentaram em relação ao mês anterior?

d) Quais foram os meses em que as vendas diminuíram em relação ao mês anterior?

7. Um clube fez uma pesquisa com seus 46 jogadores de vôlei para saber qual era a lesão mais comum sofrida por eles. Observe o resultado no gráfico abaixo.

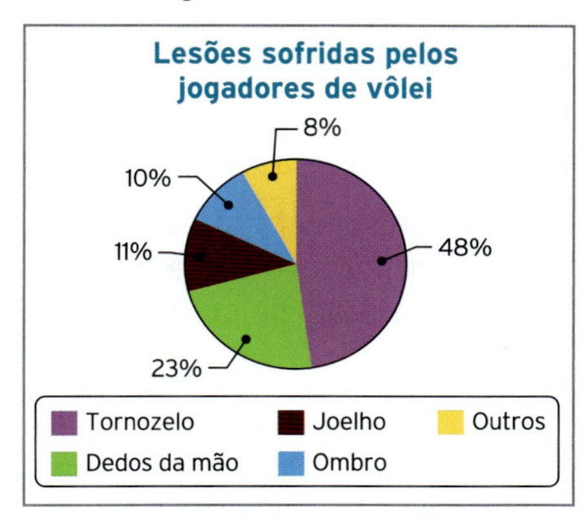

Dados obtidos pelo clube.

a) Qual é a região do corpo com maior ocorrência de lesões entre os jogadores?

b) Em qual parte do corpo 23% dos jogadores sofreram lesões?

c) Qual é a porcentagem de jogadores que tiveram lesões no joelho?

d) Podemos afirmar que metade das lesões sofridas pelos jogadores de vôlei desse clube ocorreu no tornozelo?

8. Em uma campanha, uma entidade social arrecadou alimentos não perecíveis. Observe a quantidade arrecadada no gráfico a seguir.

Ilustrações: ID/BR

Dados obtidos pela entidade social.

a) Quantos quilogramas de alimentos foram arrecadados na primeira semana? E no mês todo?

b) Em qual semana a arrecadação foi maior?

c) Com base no gráfico, é possível saber quais alimentos foram arrecadados?

9. Uma escola fez um gráfico para verificar a quantidade de estudantes matriculados, em cada ano, desde sua inauguração. Veja.

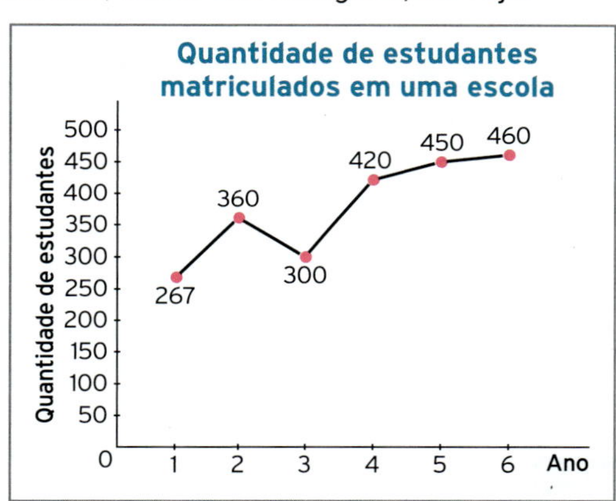

Dados fornecidos pela escola.

a) Qual foi o ano com menor quantidade de estudantes matriculados? É possível saber ao certo qual foi essa quantidade?

b) Quantos estudantes foram matriculados no terceiro ano depois da inauguração dessa escola?

c) Em qual ano houve o maior aumento no número de estudantes matriculados?

d) Há quantos anos essa escola funciona? Explique como você pensou para responder a essa questão.

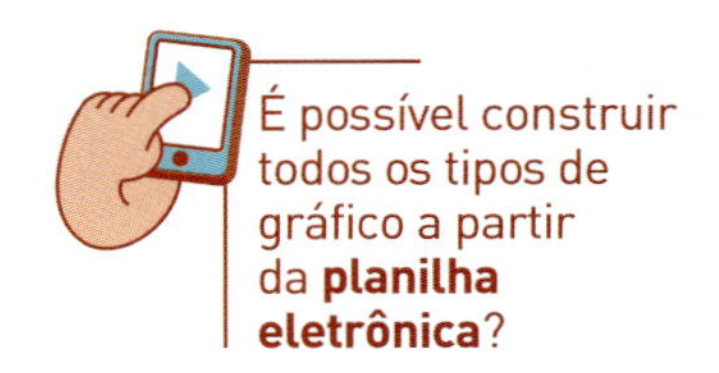

É possível construir todos os tipos de gráfico a partir da **planilha eletrônica**?

Construindo tabelas e gráficos com *softwares*

As planilhas eletrônicas são recursos importantes que nos ajudam na construção de gráficos e tabelas. Existem diferentes tipos de planilhas eletrônicas e, de uma para outra, alguns comandos podem variar.

Acompanhe como podemos construir uma tabela e um gráfico utilizando uma planilha eletrônica. Lembre-se de que para isso é necessário ter um dispositivo com um *software* de planilha eletrônica instalado.

1 O primeiro passo é ter os dados de uma pesquisa para construir o gráfico e a tabela. Como exemplo, vamos usar os dados do IBGE sobre o número de algumas vacinas aplicadas, no Brasil, em 2021.

- BCG (BCG): 1864740
- Contra a febre amarela (FA): 6559331
- Hepatite B: 4207390
- Tríplice bacteriana (DTP): 3827161

Essas informações foram consultadas, no *site* do IBGE, no dia 20 de março de 2023, e estão disponíveis em: https://biblioteca.ibge.gov.br/visualizacao/periodicos/20/aeb_2021.pdf.

2 Construir uma tabela em uma planilha eletrônica é simples. Basta abrir o programa e digitar as informações.

	A	B	C	D	E
1	**Vacinação, por tipo de vacina, no Brasil, em 2021**				
2	**Tipo de vacina**	BCG (BCG)	Contra a febre amarela (FA)	Hepatite B	Tríplice bacteriana (DTP)
3	**Número de vacinas**	1 864 740	6 559 331	4 207 390	3 827 161
4					
5	Fonte de pesquisa: IBGE. Disponível em: https://biblioteca.ibge.gov.br/visualizacao/periodicos/20/aeb_2021.pdf. Acesso em: 20 mar. 2023.				

Observe que mesmo na planilha eletrônica é importante colocar o título da tabela, os títulos das linhas ou das colunas e a fonte das informações.

3 Agora, vamos construir um gráfico de colunas com base nessa tabela. Para isso, selecione as informações, clique sobre a aba *Inserir* e, em seguida, sobre o ícone que representa um gráfico de colunas.

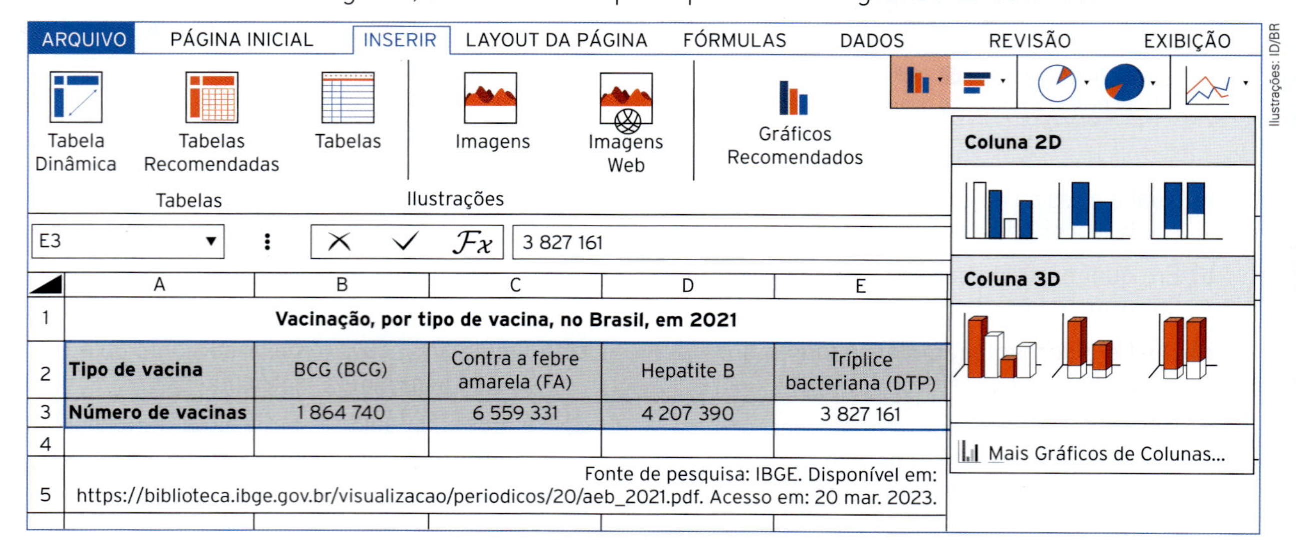

Ilustrações: ID/BR

4 Ao clicar sobre o ícone indicado no item anterior, o gráfico aparecerá automaticamente.

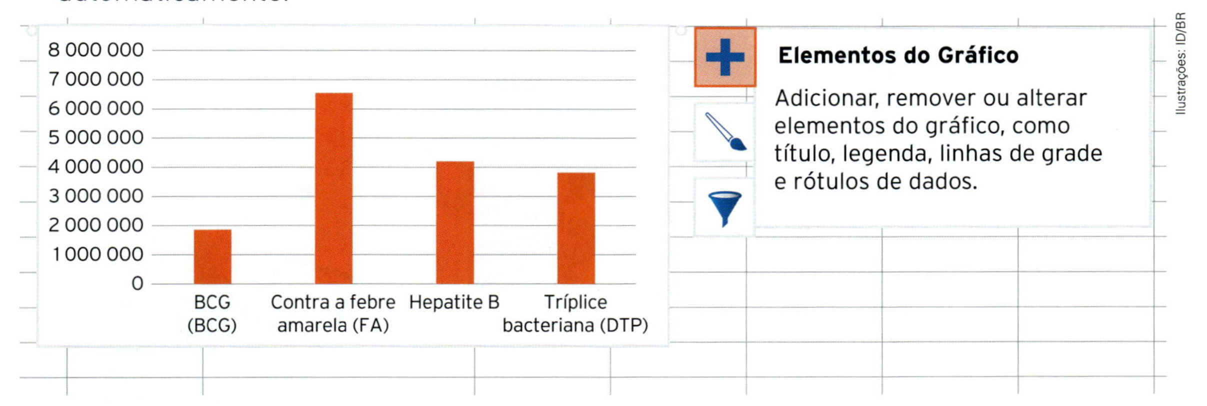

Ilustrações: ID/BR

De maneira geral, os gráficos não aparecem com título, nome dos eixos e fonte. Apesar disso, é possível editar o gráfico da maneira que desejar: mudar a cor das colunas, mostrar os valores das colunas ou não, etc.

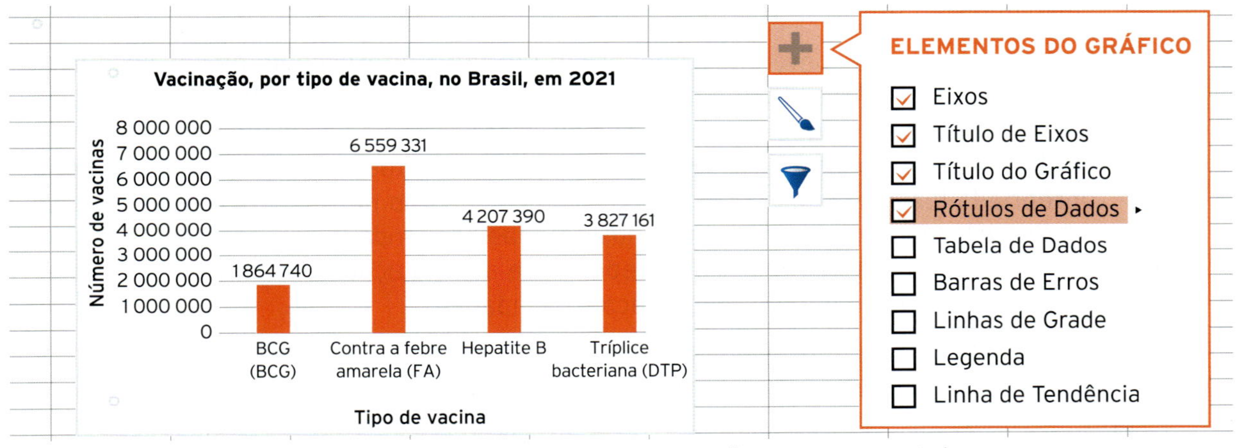

Fonte de pesquisa: IBGE. Disponível em: https://biblioteca.ibge.gov.br/visualizacao/periodicos/20/aeb_2021.pdf. Acesso em: 20 mar. 2023.

A construção de gráficos de outros tipos, como o de barras duplas, o de setores ou o de linhas, é parecida com a construção do gráfico de colunas apresentada.

ATIVIDADES

Aplicar

10. Organize os dados apresentados a seguir em uma planilha eletrônica. Depois, construa um gráfico de setores utilizando o mesmo *software*.

Danillo Souza/ID/BR

11. Uma loja tem apresentado crescimento mensal na quantidade de esmaltes vendida. No mês de janeiro, foram vendidos 78 vidros de esmalte. Em fevereiro, foram vendidos 12 vidros a mais que no mês anterior. Em março, houve aumento de 15 vidros em relação a fevereiro.

Com o auxílio de uma planilha eletrônica, faça uma tabela que apresente a quantidade de esmaltes vendida em cada um dos três meses citados. Depois, construa um gráfico.

LABORATÓRIO DE MATEMÁTICA

Pesquisa estatística

Você já viu como planejar pesquisas estatísticas e como construir gráficos utilizando *softwares* específicos. Agora é hora de escolher um tema para uma pesquisa em grupo, planejá-la, coletar os dados e apresentá-los da maneira adequada.

Henrique Mantovani Petrus/ID/BR

Como fazer

1. SABER SER Seguindo a orientação do professor, organizem-se em grupos de quatro ou cinco integrantes.
2. Cada grupo deverá conversar e pensar em um tema interessante de ser pesquisado. Por exemplo, "pessoas do município que gostam de ir ao teatro". Se a população escolhida pelo grupo for muito grande, é preciso selecionar uma amostra. Mas lembrem-se: a amostra deve ser representativa. Na situação do exemplo, não seria apropriado fazer as entrevistas com pessoas que estão na saída de um teatro, pois é provável que todas as pessoas entrevistadas respondam que gostam de teatro. Dessa forma, para que a amostra represente a população do município, é preciso entrevistar pessoas em diferentes locais da cidade.
3. Definam as variáveis da pesquisa (nome, idade, sexo, se gosta de ir ao teatro, etc.) e criem as perguntas que serão feitas aos entrevistados.
4. Antes de fazer as entrevistas, mostrem ao professor as perguntas elaboradas por vocês para que ele possa validá-las.
5. Mãos à obra! Entrevistem, pelo menos, dez pessoas diferentes para obter os resultados desejados. Atenção! Tenha cuidado ao abordar as pessoas que serão entrevistadas. É importante explicar o motivo pelo qual a entrevista está sendo feita, tratar as pessoas com respeito e não influenciar as respostas.
6. Com os resultados da pesquisa, elaborem, com o auxílio de uma planilha eletrônica, uma tabela e um gráfico para expor os resultados.
7. Por fim, escrevam um texto de um ou dois parágrafos sobre as conclusões a que o grupo chegou com a pesquisa.

Para concluir

1. As perguntas feitas aos entrevistados foram adequadas para a pesquisa do tema escolhido?
2. Explique como e por que vocês escolheram o tipo de gráfico para representar os dados coletados.
3. Seria possível utilizar outro tipo de gráfico para representar os dados obtidos na pesquisa de vocês? Se sim, qual?

FLUXOGRAMAS, ORGANOGRAMAS E INFOGRÁFICOS

Desde muito tempo, as imagens são utilizadas para facilitar nossa comunicação. Por isso, é comum, no nosso dia a dia, o uso de gráficos, por exemplo, para auxiliar na interpretação de certos assuntos. Agora, vamos conhecer outros recursos visuais utilizados para comunicar informações.

Fluxogramas

Os fluxogramas são usados com frequência para representar processos, indicando o que deve ser realizado em cada etapa. Observe o fluxograma a seguir, sobre o destino do lixo domiciliar.

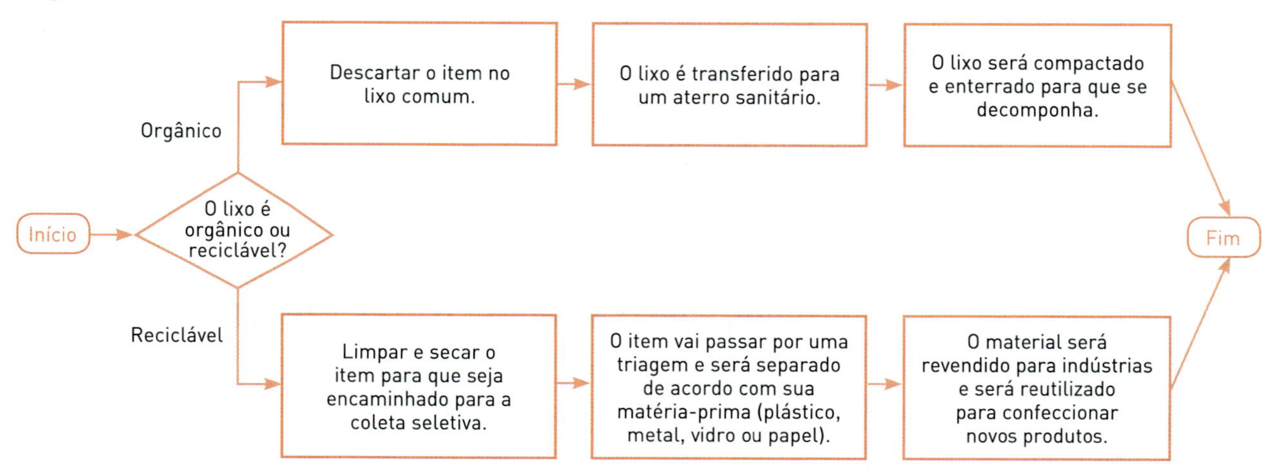

De maneira geral, cada uma das formas de um fluxograma apresenta uma função diferente. Veja.

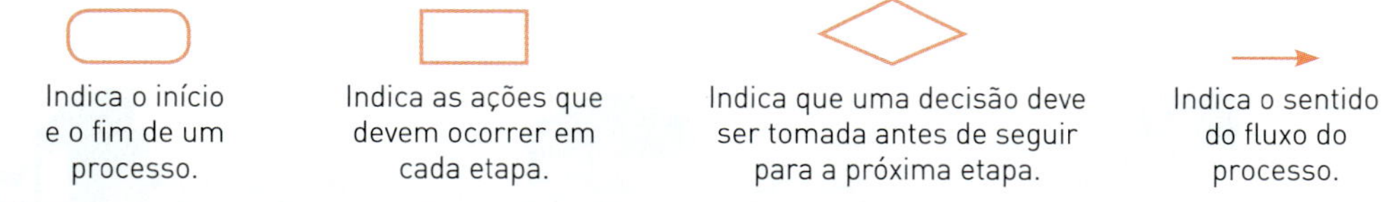

Organogramas

Organogramas são comumente utilizados para representar a estrutura hierárquica de uma comunidade ou instituição. Observe no exemplo o organograma de uma escola.

Analisando essa representação, podemos concluir que:

- a direção é uma função com muitas atribuições e responsabilidades em uma escola;
- professores, inspetores e outros profissionais auxiliares estão sujeitos às decisões da coordenação pedagógica.

Em um organograma, uma função deve estar abaixo daquela à qual se subordina.

Infográficos

Você já deve ter notado a utilização de recursos gráficos como mapas, ilustrações, fotografias, gráficos e linhas do tempo em revistas, jornais e outros meios de comunicação. Quando esses recursos estão associados, integrados, para apresentar uma informação ou uma questão ou mostrar como uma estrutura ou um processo funcionam, constituem um **infográfico**.

Quem são os profissionais envolvidos na criação de um **infográfico**?

Como exemplo, leia atentamente o infográfico a seguir, retirado de uma reportagem de revista. Depois, observe algumas de suas características lendo os comentários.

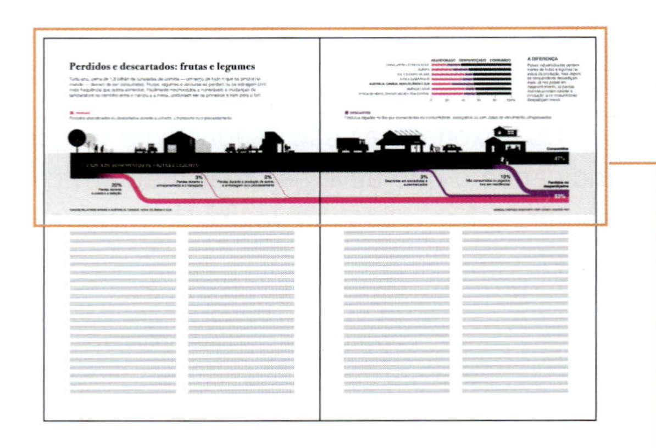

Título e introdução

Dão informações introdutórias sobre o assunto a ser tratado pelo infográfico. Em geral, os títulos são atrativos, para que o leitor continue a leitura.

Perdidos e descartados: frutas e legumes

Todo ano, cerca de 1,3 bilhão de toneladas de comida – um terço de tudo o que se produz no mundo – deixam de ser consumidas. Frutas, legumes e verduras se perdem ou se estragam com mais frequência que outros alimentos. Facilmente machucados e vulneráveis a mudanças de temperatura no caminho entre o campo e a mesa, costumam ser os primeiros a ir para o lixo.

A reportagem chama a atenção ao apresentar um número impactante: **1,3 bilhão de toneladas de alimentos vão para o lixo todo ano**. Desse total de alimentos, o infográfico vai tratar das frutas e verduras, mostrando o que acontece em um grupo de países.

■ **PERDAS**
Produtos abandonados ou descartados durante a colheita, o transporte ou o processamento

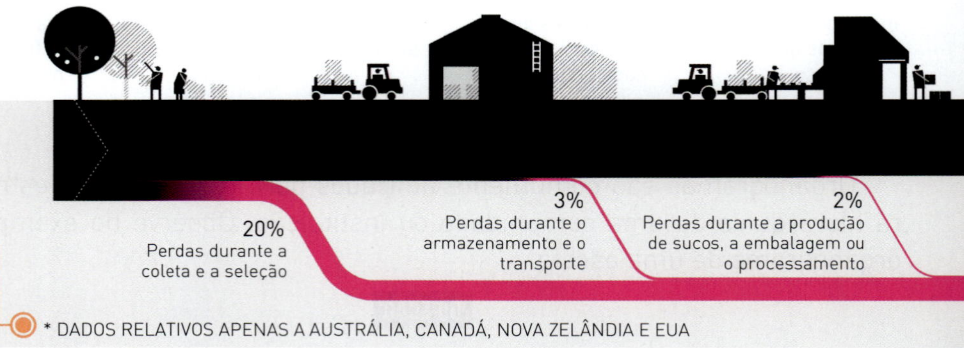

* DADOS RELATIVOS APENAS A AUSTRÁLIA, CANADÁ, NOVA ZELÂNDIA E EUA

Ilustrações

São imagens que representam uma situação ou um evento, uma estrutura ou um processo. As ilustrações são utilizadas nos infográficos porque facilitam a compreensão, mesmo que sejam bastante simplificadas.

Da esquerda para a direita, o mesmo sentido de leitura de um texto escrito, vemos o caminho percorrido por frutas e legumes entre a produção agrícola, no campo, e a nossa mesa, e quanto se perde ou se desperdiça em cada uma dessas **etapas**.

Representações estatísticas

Uma das intenções dos infografistas, profissionais que usam recursos visuais para informar e comunicar, é criar imagens para facilitar nossa compreensão sobre um assunto. Isto é, usar nossa capacidade de ler e entender imagens, até mesmo quando elas representam números.

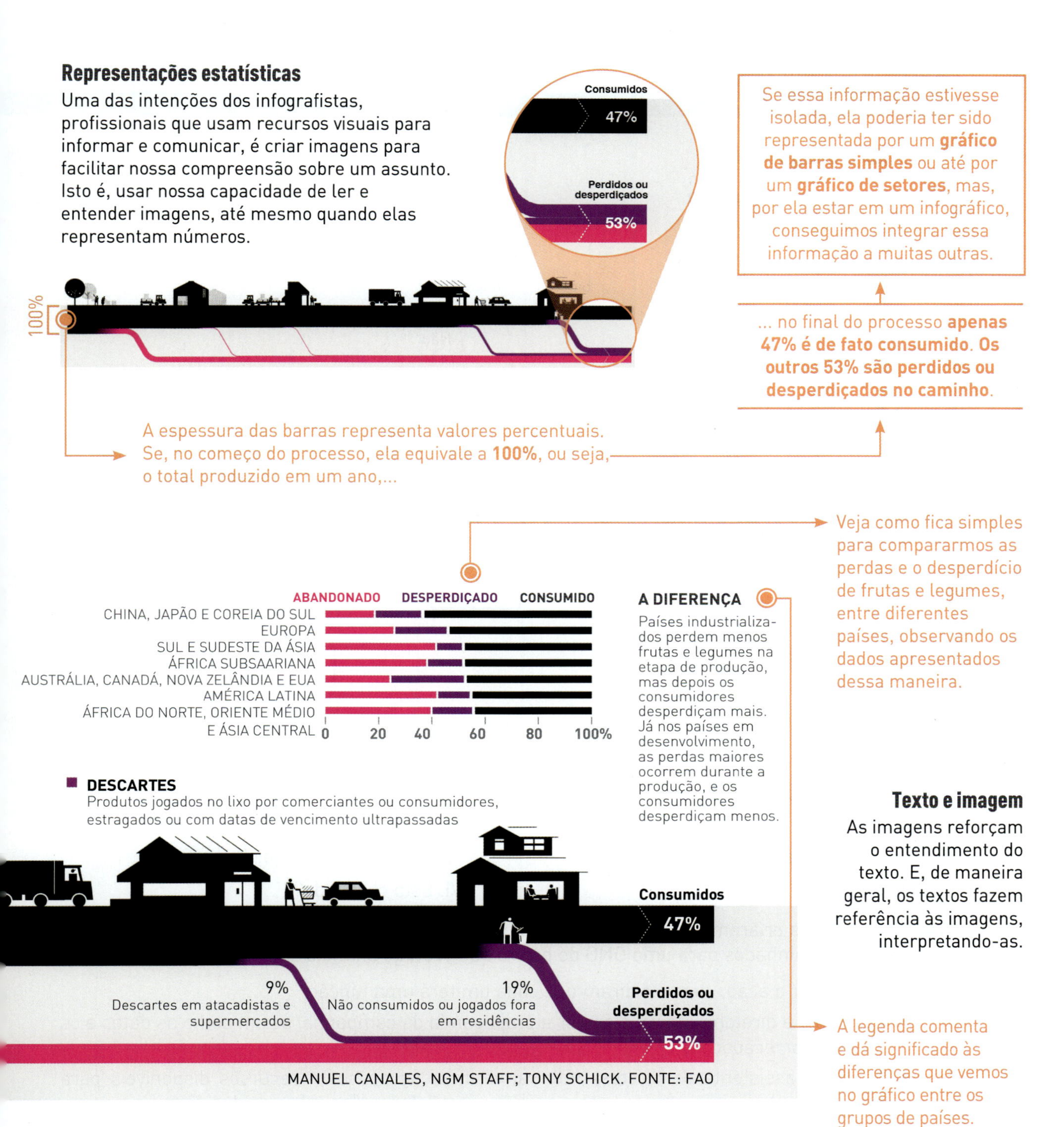

Se essa informação estivesse isolada, ela poderia ter sido representada por um **gráfico de barras simples** ou até por um **gráfico de setores**, mas, por ela estar em um infográfico, conseguimos integrar essa informação a muitas outras.

A espessura das barras representa valores percentuais. Se, no começo do processo, ela equivale a **100%**, ou seja, o total produzido em um ano,...

... no final do processo **apenas 47% é de fato consumido. Os outros 53% são perdidos ou desperdiçados no caminho**.

Veja como fica simples para compararmos as perdas e o desperdício de frutas e legumes, entre diferentes países, observando os dados apresentados dessa maneira.

A legenda comenta e dá significado às diferenças que vemos no gráfico entre os grupos de países.

Arquivo/National Geographic Creative.

Texto e imagem

As imagens reforçam o entendimento do texto. E, de maneira geral, os textos fazem referência às imagens, interpretando-as.

As três cores utilizadas permitem identificar facilmente os diferentes destinos para frutas e legumes.

- **Consumo**: o que é de fato consumido.
- **Perda**: o que é perdido nas etapas iniciais.
- **Desperdício**: o que é descartado nas etapas finais.

Cores e categorias

O uso de diferentes cores facilita a diferenciação de categorias. Nossa visão identifica rapidamente essas diferenças e, assim, conseguimos saber do que trata cada elemento do infográfico.

Fontes de pesquisa: Rudolf Arnheim. *Arte e percepção visual*: uma psicologia da visão criadora. São Paulo: Pioneira Thomson Learning, 2005; Noah Iliinsky; Julie Steele. *Designing Data Visualizations*. Sebastopol: O'Reilly Media, 2011.

Retomar e compreender

12. Observe este fluxograma.

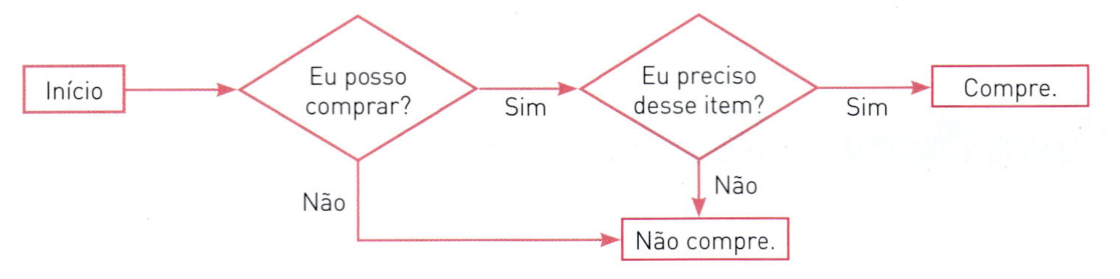

a) Do que trata esse fluxograma?

b) Se não pode comprar, o que você deve fazer? E, se você pode comprar, o que deve fazer?

c) Esse fluxograma prevê se o item está caro ou barato? Ele prevê se o item é de qualidade ou não?

13. Ana e Clarice estão planejando dar uma festa em um sítio que tem uma parte aberta e uma fechada. Elas montaram um fluxograma, mas ainda não o preencheram. Veja.

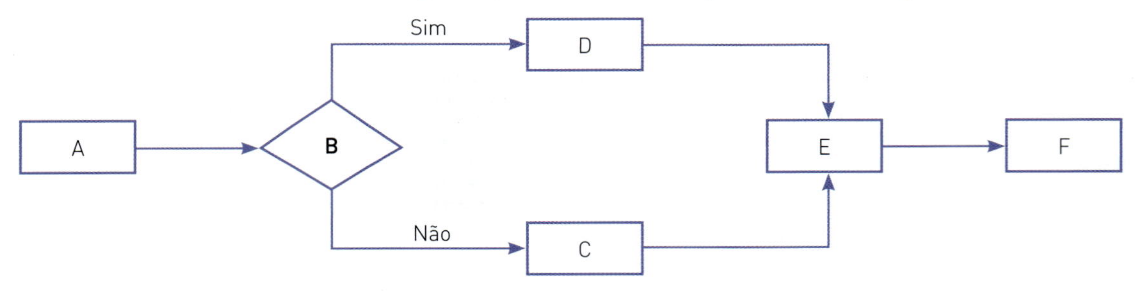

Agora, relacione os espaços do fluxograma com as informações a seguir.

I. Fim

II. Dar a festa no lugar aberto.

III. Início

IV. Festa

V. Dar a festa no lugar fechado.

VI. Está chovendo?

14. Cinco amigos criaram um grupo para recolher doações de ração para cães e gatos. Os itens serão encaminhados para uma ONG do bairro que protege animais abandonados.

Para planejar a ação, eles decidiram que cada um terá uma função.

- Roberta é a diretora. Ela vai planejar a propaganda da campanha, assim como as datas e os locais de arrecadação.
- Alan é o assistente da diretora. Ele vai verificar se possuem recursos disponíveis para executar o plano e manter os outros participantes informados sobre as decisões.
- Jéssica é a responsável pela arrecadação de ração de gatos e vai ficar no ponto de coleta para receber as doações.
- Felipe é o responsável pela arrecadação de ração de cachorros e vai ficar no ponto de coleta para receber as doações.

Para que o organograma a seguir represente a estrutura do grupo, qual nome deve ser inserido em cada retângulo?

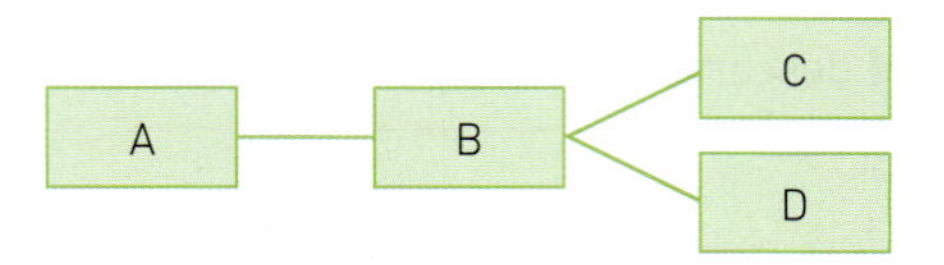

Aplicar

15. Leia este infográfico.

Pipoca de micro-ondas

A pipoca de micro-ondas é uma solução prática, saborosa, com cheiro bem característico, e que se encaixa perfeitamente em uma rotina corrida. O que pouca gente sabe é que para se produzir essa pipoca são necessários alguns procedimentos, como: adição de substâncias sintéticas e preparação de uma embalagem específica que suporte altas temperaturas. E tudo isso vai deixando o alimento menos saudável.

Dependendo do sabor, sua composição leva gordura vegetal hidrogenada, aromatizantes, açúcar refinado (no caso das versões doces), sal, corantes, ingredientes que, além de calóricos, não são saudáveis para o consumo.

Lia Mara G. Machado é nutricionista, pós-graduanda em nutrição clínica, biofuncional, ortomolecular e fitoterapia

a) Do que trata o infográfico?

b) Na parte superior esquerda do infográfico, há um gráfico de colunas. O que ele mostra?

c) De acordo com o infográfico, é possível dizer que em 100 gramas de pipoca de micro-ondas metade é de carboidrato? Onde está essa informação?

MAIS ATIVIDADES

Retomar e compreender

1. Leia o texto e responda às questões.

Em 2022, de acordo com o Tribunal Superior Eleitoral, 156 454 011 brasileiros estavam aptos a votar e escolher, democraticamente, um candidato para ser o presidente da República nos anos seguintes, além de candidatos a outros cargos governamentais. Em uma pesquisa eleitoral, foram entrevistados, presencialmente, 8308 eleitores de 16 anos ou mais em 253 municípios de todas as regiões do país, e foi coletada a intenção de voto de cada um desses eleitores.

a) Qual foi a população pesquisada?

b) Foi definida uma amostra para a realização dessa pesquisa? Se sim, qual foi a amostra?

c) Qual foi o tipo da variável pesquisada?

Aplicar

2. Observe a tabela a seguir, que avalia a preferência dos estudantes de uma turma em assistir a um filme no cinema ou na televisão.

Preferência dos estudantes sobre onde assistir a um filme

Lugar \ Sexo	Meninos	Meninas
Cinema	12	13
Televisão	3	8
Total	**15**	**21**

Dados fornecidos pela escola.

a) Quantos estudantes há nessa turma?

b) Quantos desses estudantes são meninos? E quantos são meninas?

c) A maioria dos estudantes dessa turma prefere assistir a um filme no cinema ou na televisão?

d) Agora, observe o modo como o professor reorganizou a tabela.

Preferência dos estudantes sobre onde assistir a um filme

Onde assistir	Número de estudantes
Cinema	25
Televisão	11

Dados fornecidos pela escola.

De acordo com essa tabela, é possível responder a todas as perguntas anteriores? Justifique a sua resposta.

3. Observe a tabela a seguir.

Torcedores presentes no jogo

Equipe	Número de torcedores
Flanela	5 850
Cortina	4 750

Dados fornecidos pela comissão organizadora do jogo.

a) Qual equipe tinha mais torcedores presentes? E qual tinha menos?

b) Sabendo que o ginásio em que o jogo aconteceu comporta 15 000 torcedores, quantos lugares ficaram vazios nesse jogo?

c) Mateus faz parte da comissão organizadora do jogo. Ele fez um gráfico de setores para mostrar os torcedores presentes na partida. Observe.

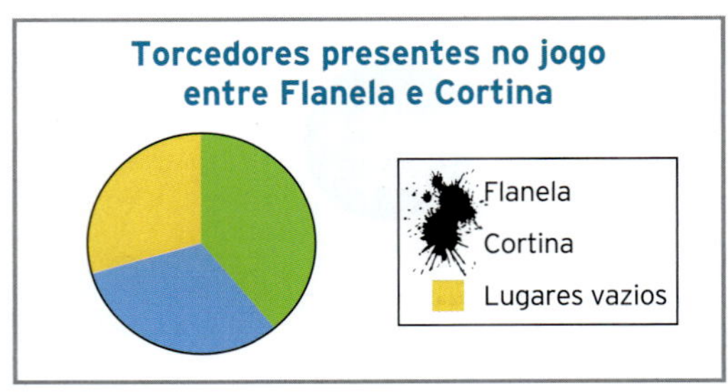

Dados fornecidos pela comissão organizadora do jogo.

Mateus deixou cair tinta sobre as cores da legenda. Ajude Mateus e responda: Qual é a cor da legenda de cada um dos times? Explique como você pensou.

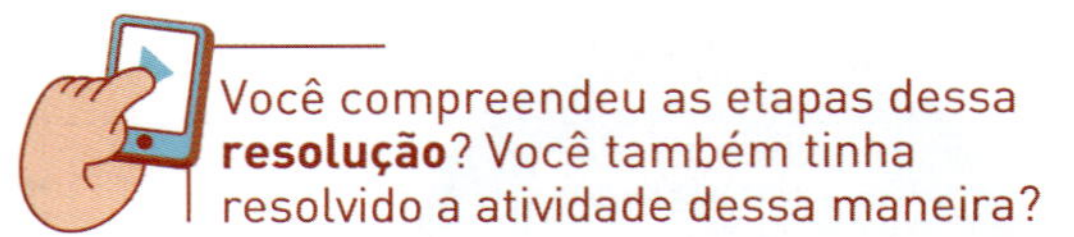

Você compreendeu as etapas dessa **resolução**? Você também tinha resolvido a atividade dessa maneira?

4. Uma escola abriu duas turmas do curso de Português para estrangeiros. O gráfico representa a quantidade de estudantes matriculados de acordo com o continente de origem.

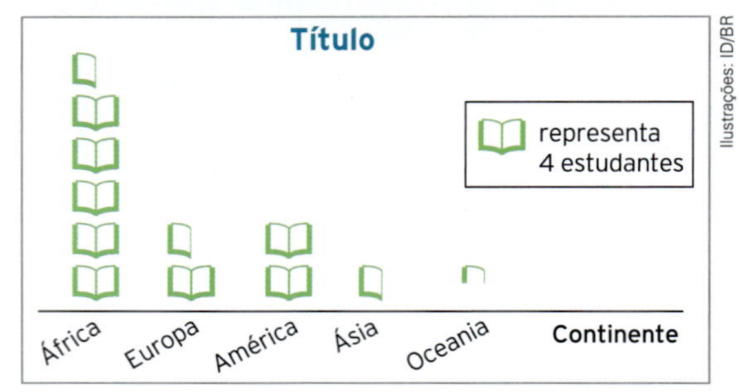

Dados obtidos pela escola de idiomas.

Ilustrações: ID/BR

a) Dê um título para o pictograma.
b) O que está sendo representado no eixo horizontal?
c) Quem obteve as informações desse gráfico?
d) Quantos estudantes são da América? E quantos são da Oceania?
e) Elabore uma tabela com os dados apresentados no gráfico pictórico.
f) Com um colega, utilize uma malha quadriculada e construa um gráfico de barras.
g) Quantos estudantes se matricularam ao todo?
h) Podemos dizer que mais da metade dos estudantes vieram da América, da Ásia e da Oceania?

5. No gráfico a seguir, é possível observar a variação das temperaturas máxima e mínima registradas durante uma semana para a cidade de Blumenau, em Santa Catarina.

Ilustrações: ID/BR

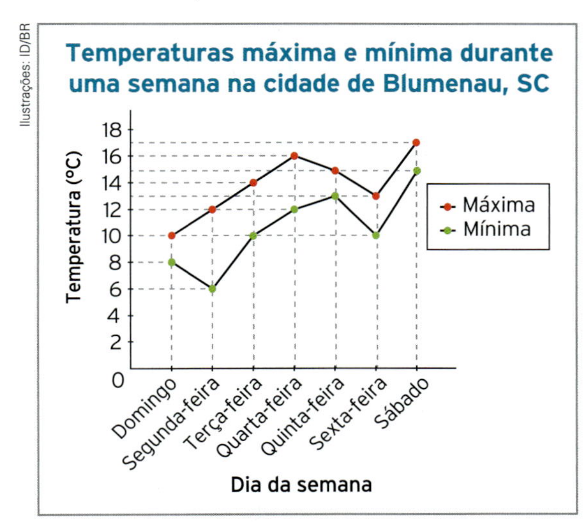

Dados obtidos pelo Instituto Nacional de Meteorologia (Inmet).

a) Em um dos dias, a temperatura máxima atingiu 10 °C. Que dia foi esse?
b) Em dois dias dessa semana, a temperatura mínima registrada foi igual. Quais foram esses dias?
c) Qual foi a diferença entre as temperaturas máximas registradas no primeiro dia e no último dia dessa semana?
d) Em quais dias da semana a variação entre as temperaturas máxima e mínima foi menor?
e) Construa uma tabela com as informações apresentadas no gráfico.

6. Uma agência de publicidade fez uma pesquisa, por telefone, em um bairro de uma pequena cidade para saber a quantidade de celulares em cada uma das residências. Veja o resultado obtido.

2, 3, 0, 2, 2, 1, 1, 1, 1, 1, 0, 2, 0, 3, 4,
2, 4, 4, 2, 1, 1, 2, 2, 4, 0, 4, 0, 4, 0, 1

Com esses dados e utilizando uma planilha eletrônica, construa:

a) uma tabela;
b) um gráfico de colunas;
c) um gráfico de barras.

Lembre-se de colocar título e fonte na tabela e nos gráficos.

7. Observe o organograma a seguir e, depois, responda às questões.

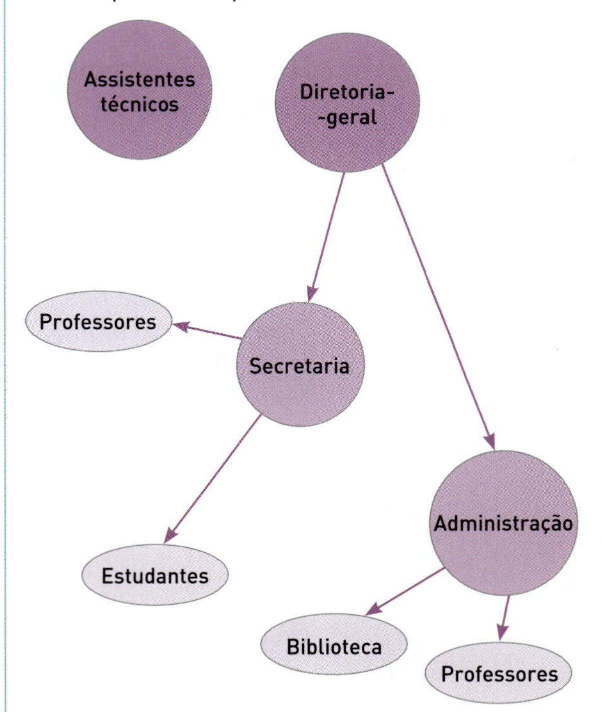

a) A biblioteca está relacionada com a secretaria?
b) Os assistentes técnicos estão no mesmo nível de que outro setor? Explique como você pensou para responder a essa questão.
c) Em sua opinião, por que as formas desse organograma apresentam diferentes tons de cor?

De volta para o futuro

Você já viu ou ouviu falar da trilogia de ficção científica *De volta para o futuro*? No primeiro filme, o jovem Marty McFly viaja no tempo em uma máquina construída por seu amigo dr. Brown, um cientista genial que o leva ao passado para salvar sua vida e garantir seu futuro. Só que, ao mudar o passado, vários eventos foram modificados, gerando outros problemas ainda mais complicados, tanto no presente como no futuro.

Será que esse filme tem alguma relação com educação financeira?

Nossas atitudes, incluindo as que envolvem nossas decisões financeiras, impactam nossa vida e também a vida de outras pessoas que dependem ou dependerão direta ou indiretamente de nós. Como não temos máquinas como a do filme, não podemos viajar no tempo para mudar nosso passado e melhorar nosso presente e nosso futuro. Por isso, fazer um planejamento financeiro pensando no futuro, em curto, médio ou longo prazos, pode nos trazer benefícios importantes.

Mas será que agir hoje pensando no futuro é uma tarefa fácil? Não é melhor viver o presente e deixar o futuro para depois? Ou seria melhor abrir mão de algumas coisas agora para usufruir de outras no futuro? Queremos consumir menos hoje para ter um ambiente menos poluído no futuro ou consumiremos tudo o que está ao nosso alcance agora? Será que você precisa pensar nisso agora se ainda tem tanto tempo pela frente e tanta coisa para curtir?

Analisar nossas despesas pode contribuir para tomarmos decisões mais inteligentes, pois nos ajuda a entender e a perceber como estamos ganhando e gastando nosso dinheiro. Além disso, ver o orçamento sendo cumprido e gerando resultados pode nos motivar a realizar sonhos que inicialmente consideramos impossíveis. Muitas vezes não é fácil ser paciente e perseverante. E, em alguns casos, conseguimos realizar apenas parte dos sonhos.

Leandro Lassmar/ID/BR

Explorando o tema

1. O que a síntese da história do primeiro filme da trilogia *De volta para o futuro* fez você pensar em termos de educação financeira? Escreva a resposta com as próprias palavras.

2. Você já abriu mão de alguma coisa no presente para ter algo no futuro? Já fez algum planejamento com um prazo mais longo? Se sim, de quanto tempo foi? Como conseguiu ter paciência e perseverança? Compartilhe essa experiência.

3. Qual é a importância do planejamento de médio e longo prazos na vida de um adolescente? O que você diria sobre isso a seus responsáveis se pudesse viajar no tempo e falar com eles quando tinha sua idade?

4. Agora, reúna-se com um colega para responder a essa atividade e à seguinte. Imaginem que a garota da ilustração quer comprar um *notebook* para começar a gravar e editar vídeos. Para atingir seu objetivo, ela decidiu economizar a mesada e os presentes em dinheiro que ganha dos pais e avós. Apesar disso, ainda vai faltar dinheiro para comprá-lo. Então, ela pensou em vender seu *smartphone*. Na opinião de vocês, quais seriam os benefícios de ficar sem celular? E quais seriam os prejuízos? No que vocês pensariam para não ter de vender o celular?

5. Antes de vender o *smartphone*, a personagem da ilustração se imaginou no futuro dando conselhos para si no presente. Observando os detalhes na ilustração, quais conselhos vocês acham que a personagem do futuro deu à personagem do presente?

Leandro Lassmar/ID/BR

ATIVIDADES INTEGRADAS

Aplicar

1. Uma escola fez um levantamento para saber quantos estudantes praticam cada um dos estilos de nado. Todos os estudantes participaram desse levantamento. Observe a tabela com o resultado dessa pesquisa.

Quantidade de estudantes que praticam cada estilo de nado	
Estilo	Quantidade de estudantes
Crawl	18
Peito	14
Costas	10
Borboleta	12

Dados fornecidos pela escola.

a) Qual é o estilo de nado mais praticado pelos estudantes?

b) Se cada estudante pratica um único estilo, quantos estudantes há nessa escola?

2. Marília esqueceu a senha para acessar seu celular. Ela lembra que a senha tem quatro dígitos, que o primeiro é 3 e os demais são 2, 5 e 7, mas não sabe em qual ordem eles aparecem. Qual é a probabilidade de ela digitar a senha correta na primeira tentativa?

3. Determine todos os números de dois algarismos que podem ser formados usando os algarismos 2, 3, 5 e 6. Considere que um desses números seja sorteado ao acaso. Em seguida, responda às questões.

a) Quais são os resultados favoráveis ao evento "*A*: sair número ímpar"?

b) Qual é a probabilidade de, escolhido um desses números ao acaso, ele ser par?

c) Qual é a probabilidade de esse número par ser menor que 40 e não ter algarismos iguais?

Analisar e verificar

4. Uma pesquisa respondida por 200 jovens tinha o intuito de verificar quais são os tipos de jogo preferidos por eles. Observe o resultado na tabela.

Tipos de jogo preferidos pelos jovens	
Tipo de jogo	Quantidade de pessoas
Tabuleiro	100
Eletrônico	50
RPG	30
Outros	20

Dados obtidos pelo pesquisador.

a) Determine a população, a amostra (se houver) e a variável dessa pesquisa.

b) Qual das representações a seguir melhor indica os dados dessa pesquisa?

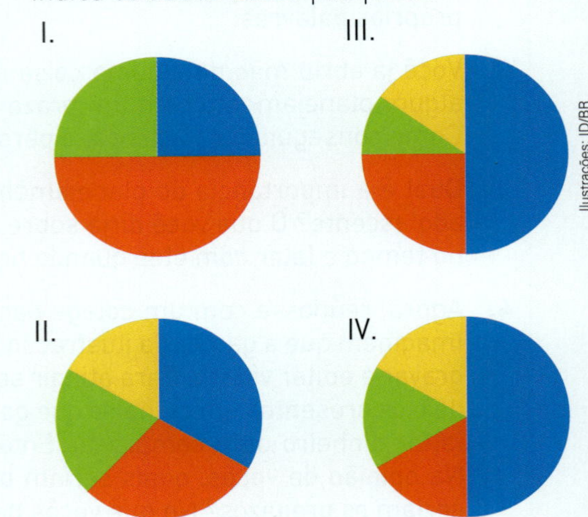

5. Uma professora elaborou dois gráficos para comparar os resultados dos estudantes das quatro turmas (A, B, C e D) na última avaliação.

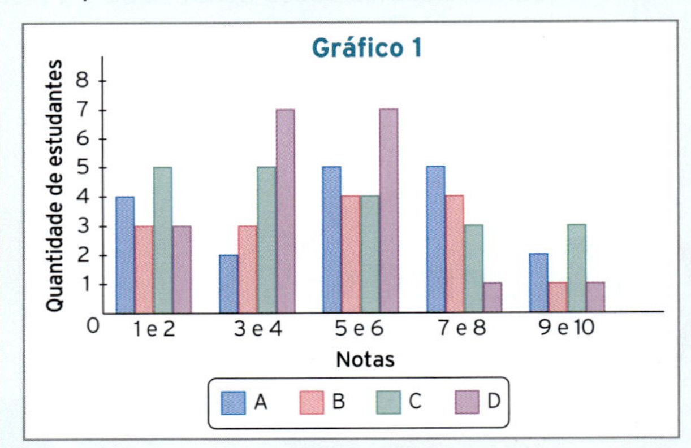

Dados obtidos pela professora.

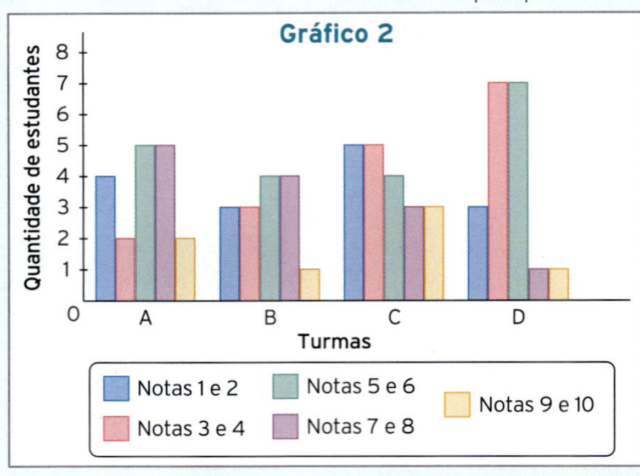

Dados obtidos pela professora.

a) Qual é a principal informação representada em cada gráfico?

b) O que está representado no eixo horizontal de cada um dos gráficos? E o que está representado nos eixos verticais?

c) Por que foram utilizadas colunas coloridas para representar as informações? As cores indicam a mesma informação em cada um dos gráficos?

d) Qual é a quantidade de estudantes em cada turma?

e) Em sua opinião, qual dos dois gráficos é melhor para estudar o resultado de cada turma? Explique.

Criar

6. Forme grupo com mais quatro colegas para fazer uma pesquisa. Sigam as instruções.

I. Elaborem um questionário com quatro tipos de pergunta: a primeira que represente uma variável quantitativa discreta; a segunda que represente uma variável quantitativa contínua; a terceira que represente uma variável qualitativa nominal; e a quarta que represente uma variável qualitativa ordinal.

II. Definam a população e a amostra (se necessário) que desejam pesquisar.

III. Definam quando, como e o local em que farão a pesquisa.

IV. Organizem os dados obtidos em quatro tabelas, uma para cada variável.

V. Construam, com o auxílio de uma planilha eletrônica, um gráfico de barras para a variável quantitativa discreta e um gráfico de setores para a variável qualitativa nominal.

Com base nos dados obtidos e organizados nas tabelas e nos gráficos, conversem sobre as conclusões a que chegaram. Depois, respondam:

- Vocês tiveram alguma dificuldade em realizar essa pesquisa? E em organizar os dados? Por quê? Expliquem.

7. Para produzir gráficos em notícias e reportagens, é preciso tomar cuidado para que os gráficos sejam honestos e confiáveis e que não enganem o leitor.

O gráfico de colunas a seguir foi transformado em um gráfico com figuras. Nessa transformação, o gráfico de figuras induz o leitor a um erro.

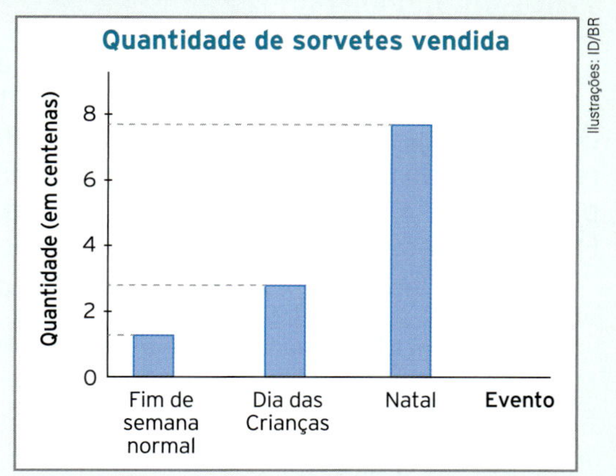

Dados fornecidos pela sorveteria.

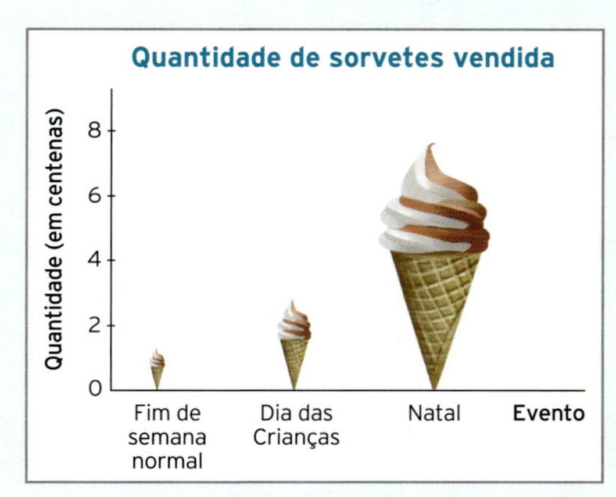

Dados fornecidos pela sorveteria.

Observem que, quando as colunas se transformam em uma figura, o foco é alterado: em vez de o leitor comparar apenas a altura das colunas, seu foco, agora, será a altura e a largura das figuras. No gráfico de colunas, a altura de cada coluna cabe tantas vezes na outra coluna. Já no gráfico de figuras, isso não acontece. Por exemplo, ao analisarmos o sorvete referente ao fim de semana normal, podemos perceber que ele é bem pequeno e fino. Já o sorvete referente ao Natal é grande e largo e não conseguimos fazer caber tantos sorvetes pequenos e finos no sorvete grande e largo.

Agora, junte-se a um colega e pesquisem, em jornais e revistas, gráficos que podem de alguma forma provocar a distorção das informações. Depois, conversem com os demais colegas e o professor sobre quais são as características que esses gráficos utilizam e que podem enganar os leitores.

Retomando o tema

A desigualdade salarial entre gêneros aumenta de acordo com o avanço da idade. Laísa Rachter, pesquisadora do Instituto Brasileiro de Economia da Fundação Getulio Vargas (Ibre/FGV), fez um levantamento da presença das mulheres e da remuneração média de homens e de mulheres no mercado de trabalho de todo o país desde 1970, com base em dados dos censos realizados entre 1970 e 2010 e da Pesquisa Nacional por Amostra de Domicílios Contínua (Pnad Contínua) de 2020.

Observe no gráfico a seguir uma das constatações de Laísa.

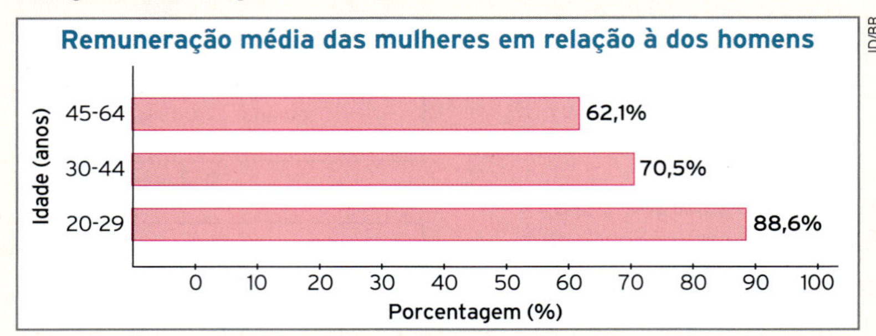

Fonte: Pnad Contínua (2020). Elaboração: Laísa Rachter – Ibre/FGV

Agora, retome as anotações que você fez ao longo da unidade e faça uma reflexão para responder ao questionamento a seguir.

- O que você acha que pode ser feito para reduzir a desigualdade na remuneração entre homens e mulheres que exercem os mesmos cargos e desempenham as mesmas funções?

Geração da mudança

- Junte-se a dois colegas de turma para fazer um meme ou uma tira que problematize a questão da diferença salarial entre homens e mulheres que exercem os mesmos cargos e desempenham a mesma função. Vocês podem usar a criatividade de vocês para explorar também as possíveis atitudes que favoreçam a redução dessa diferença de remuneração. Combinem com o professor uma maneira de compartilhar esse trabalho com os familiares e com todas as pessoas da comunidade escolar e do entorno da escola.

Autoavaliação

Camila Anselmé/ID/BR

GRANDEZAS E MEDIDAS

UNIDADE 8

PRIMEIRAS IDEIAS

1. Em que situações do seu dia a dia você precisa medir algo ou utilizar medidas? Cite exemplos.
2. Quais instrumentos você poderia utilizar para medir a altura de uma pessoa? E para medir a massa dessa pessoa?
3. É possível que duas pessoas observem o mesmo objeto e o vejam de maneiras diferentes? Explique.

Nesta unidade, eu vou...

CAPÍTULO 1 Comprimento, área, volume e capacidade

- Compreender o significado de grandeza e de medida.
- Conhecer o Sistema Internacional de Unidades e reconhecer sua importância para a padronização das unidades de medida.
- Reconhecer as grandezas comprimento, área, volume e capacidade e as unidades de medida associadas a cada uma delas.
- Realizar transformações das unidades de medida de comprimento, das de área, das de volume e das de capacidade.
- Medir o perímetro e a área de figuras planas, bem como o volume do bloco retangular, utilizando unidades de medida padronizadas.
- Investigar as relações entre as medidas do lado, do perímetro e da área de um quadrado.
- Estabelecer relação entre as grandezas volume e capacidade e suas unidades de medida.
- Compreender a importância da preservação do ecossistema marinho.

CAPÍTULO 2 Vistas e plantas baixas

- Identificar os diferentes pontos de vista ao observar uma paisagem: horizontal, oblíquo e vertical.
- Compreender como são produzidas as imagens aéreas.
- Interpretar, descrever e produzir plantas baixas, reconhecendo situações em que essas representações são utilizadas.
- Compreender o que é e como calcular escalas, identificando essa informação em mapas e fotografias.

CAPÍTULO 3 Massa, temperatura e tempo

- Reconhecer as grandezas massa, temperatura e tempo e as unidades de medida associadas a cada uma delas.
- Identificar as unidades de medida padrão de massa, de temperatura e de tempo no Sistema Internacional de Unidades.
- Realizar transformações das unidades de medida de massa, das de temperatura e das de tempo.

EDUCAÇÃO FINANCEIRA

- Compreender o conceito de economia solidária e conhecer algumas iniciativas bem-sucedidas.
- Refletir a respeito de diversas modalidades e relações de trabalho.

INVESTIGAR

- Conhecer e realizar uma pesquisa estatística.

CIDADANIA GLOBAL

- Compreender a importância da educação ambiental.

Alexandre Macieira / Tyba

LEITURA DA IMAGEM

1. Quais características desse peixe você acha mais interessantes?
2. Você acha que esse peixe tem a aparência parecida com a de um cavalo?
3. Em Porto de Galinhas, que fica a 50 km de Recife, capital do estado de Pernambuco, é possível encontrar cavalos-marinhos, pois eles preferem viver em águas com medida de temperatura entre 23,5 °C e 27 °C. As águas de Porto de Galinhas são mornas e apresentam, em média, 26 °C de medida de temperatura. Há algum elemento na imagem que indique a medida de temperatura da água?

CIDADANIA GLOBAL

O Projeto Hippocampus se dedica à conservação e à educação ambiental em Porto de Galinhas, no município de Ipojuca (PE), desde 2001. A população de cavalos-marinhos é monitorada na região com o objetivo de proteger e restaurar os ecossistemas marinhos e costeiros, pois a presença deles indica que a água está em boas condições. As pessoas que visitam o projeto têm a oportunidade de ver cavalos-marinhos nascidos em ambientes naturais e no laboratório do projeto.

- Como a educação ambiental pode aumentar o senso de responsabilidade das pessoas no que se refere à proteção dos animais marinhos?

Ao longo desta unidade, reflita sobre esse questionamento!

Onde as espécies de **cavalos-marinhos** são encontradas no Brasil?

O cavalo-marinho é um peixe que está na lista de espécies ameaçadas de extinção. Desde 2014, a captura, o armazenamento, o transporte e a comercialização de cavalos-marinhos foram proibidos pelo Instituto Brasileiro do Meio Ambiente e dos Recursos Naturais Renováveis (Ibama). Foto de 2016.

CAPÍTULO

1 COMPRIMENTO, ÁREA, VOLUME E CAPACIDADE

GRANDEZAS E MEDIDAS

A geologia é a ciência responsável por estudar as mudanças no planeta e sua história. Os estudos geológicos mostram que a Terra é formada por camadas que se modificam constantemente e que essas modificações alteram também a aparência da superfície terrestre e a forma dos continentes.

Os números relacionados a medidas são muito comuns no nosso dia a dia. No esquema apresentado, podemos perceber que um atributo das camadas geológicas foi medido: a espessura.

▼ Representação das camadas geológicas do planeta Terra.

(Representação sem proporção de tamanho e em cores-fantasia)

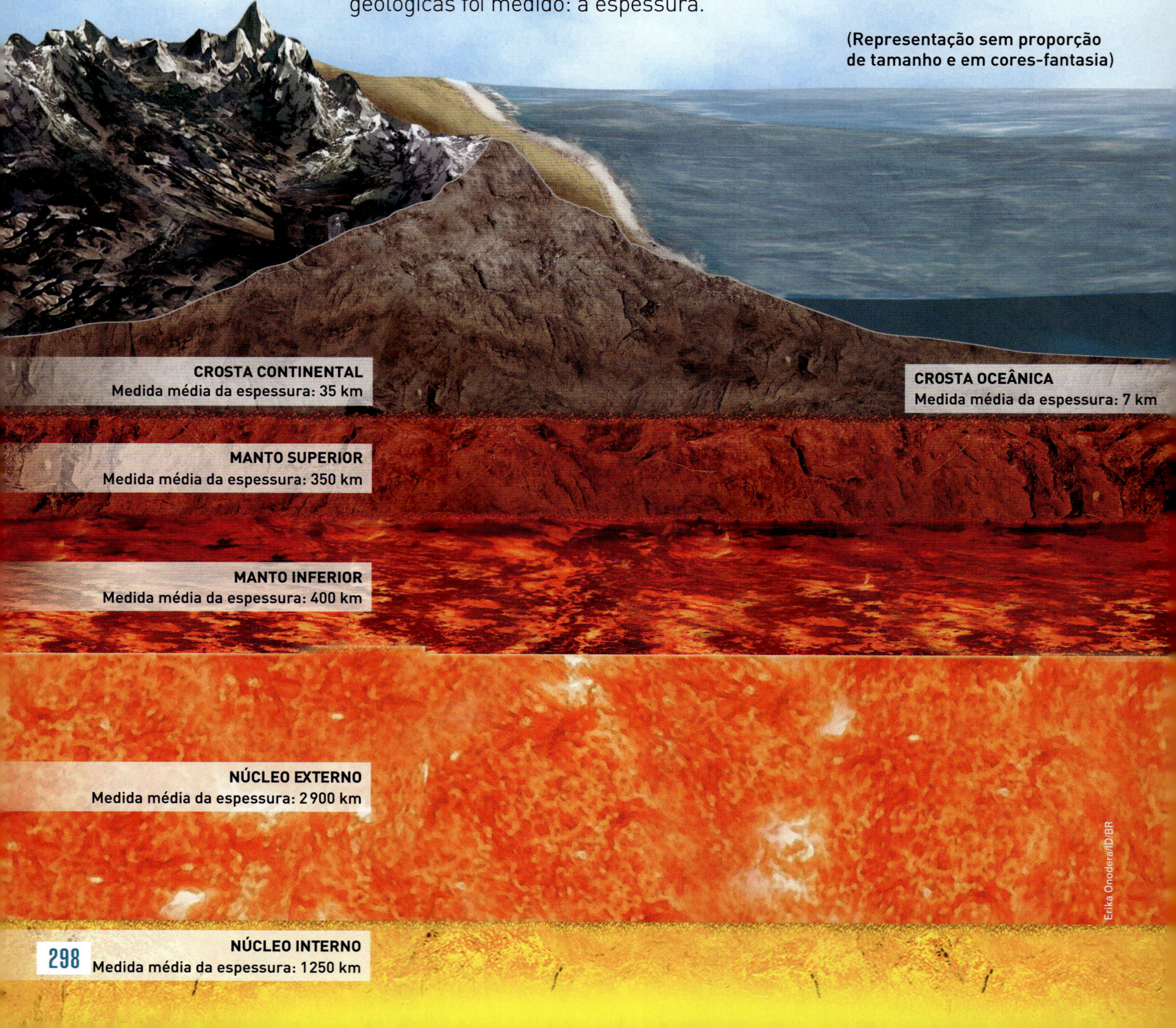

CROSTA CONTINENTAL
Medida média da espessura: 35 km

CROSTA OCEÂNICA
Medida média da espessura: 7 km

MANTO SUPERIOR
Medida média da espessura: 350 km

MANTO INFERIOR
Medida média da espessura: 400 km

NÚCLEO EXTERNO
Medida média da espessura: 2 900 km

NÚCLEO INTERNO
Medida média da espessura: 1250 km

Erika Onodera/ID/BR

Todos os atributos que podem ser medidos são chamados de **grandezas**. Diariamente, lidamos com vários tipos de grandeza, como tempo, comprimento, massa, área, temperatura, volume e capacidade.

Quando comparamos duas grandezas de mesma natureza e verificamos quantas vezes uma contém a outra, estamos realizando uma **medição**.

Para medir qualquer grandeza, é necessário:

1º) escolher uma unidade de medida;

2º) comparar a grandeza com a unidade;

3º) expressar o resultado por um número.

Os registros de medições são formados por uma parte numérica e pela unidade de medida.

Exemplos

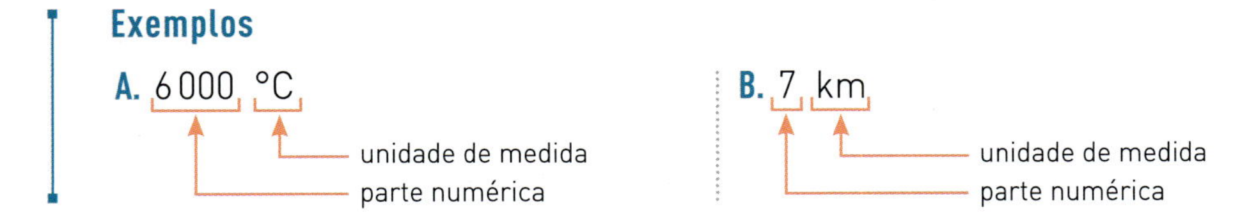

SISTEMA INTERNACIONAL DE UNIDADES (SI)

Você já imaginou como faria para comprar alguns produtos se não existissem unidades de medida? Por exemplo, como um eletricista faria para comprar fios? Como o vendedor de fios saberia a quantidade correta do produto a ser vendido se não existisse um modelo em que se basear?

A necessidade de medir surgiu há muito tempo. Por um longo período, os métodos usados para medir quase sempre se baseavam no corpo humano.

Com o desenvolvimento do comércio entre povos de diferentes regiões, a uniformização das unidades de medida tornou-se cada vez mais necessária. Em 1789, foi criado na França o Sistema Métrico Decimal, que padronizou, entre outras unidades, o metro (que deu nome ao sistema).

Em 1960, foi aprovada pela Conferência Geral de Pesos e Medidas uma versão moderna do Sistema Métrico Decimal, que abrangia diversas grandezas. Essa nova versão é chamada de **Sistema Internacional de Unidades** (ou somente **SI**) e foi adotada pelo Brasil em 1962.

O quadro a seguir mostra algumas das unidades do SI e algumas unidades derivadas delas que usamos com maior frequência. Veja.

Grandeza	Unidade de medida	
	Nome	Símbolo
Comprimento	metro	m
Área	metro quadrado	m^2
Volume	metro cúbico	m^3
Tempo	segundo	s
Massa	quilograma ou kilograma	kg
Temperatura	kelvin	K

Fonte de pesquisa: *Sistema Internacional de Unidades (SI)*. Tradução do grupo de trabalho luso-brasileiro do Inmetro e IPQ. Brasília, DF: Inmetro, 2021. Disponível em: https://www.gov.br/inmetro/pt-br/centrais-de-conteudo/publicacoes/documentos-tecnicos-em-metrologia/si_versao_final.pdf/view. Acesso em: 27 mar. 2023.

Por que é necessário haver um órgão governamental para regularizar as **grandezas e medidas**?

MEDIDAS DE COMPRIMENTO

Você já imaginou se seria conveniente medir o comprimento de um mosquito usando o metro? E a distância entre duas cidades? Nessas situações, o uso do metro não é prático.

Segundo o SI, o **metro** é a unidade de medida padrão para a grandeza comprimento. Porém, em algumas situações, ele não é a unidade de medida mais adequada. Para medir comprimentos muito menores que o metro ou muito maiores que ele, foram criados os múltiplos e os submúltiplos do metro. Veja.

PARE E REFLITA

Observando o quadro, podemos perceber, por exemplo, que 1 km equivale a 1000 m.

A quantos quilômetros equivale 1 m? Explique aos colegas e ao professor como você pensou para responder a essa pergunta.

Múltiplos			Unidade de medida padrão	Submúltiplos		
Quilômetro (km)	Hectômetro (hm)	Decâmetro (dam)	**METRO (m)**	Decímetro (dm)	Centímetro (cm)	Milímetro (mm)
1 km equivale a 1000 m	1 hm equivale a 100 m	1 dam equivale a 10 m	**1 m**	1 dm equivale a $\frac{1}{10}$ m	1 cm equivale a $\frac{1}{100}$ m	1 mm equivale a $\frac{1}{1000}$ m

Além dessas unidades de comprimento, existem outras, como a polegada, que equivale a 0,0254 do metro, e o ano-luz, que equivale a aproximadamente 9 460 500 000 000 000 de metros.

Instrumentos de medida

Vimos que o metro nem sempre é a melhor unidade de medida de comprimento a ser utilizada. Isso também acontece com os instrumentos de medida. Imagine, por exemplo, como seria medir a altura de um prédio utilizando uma régua.

Veja alguns dos principais instrumentos utilizados para medir comprimento.

(Representações sem proporção de tamanho entre si)

Doors/Shutterstock.com/ID/BR

▲ A **régua** é dividida em centímetros e em milímetros e, em geral, sua medida de comprimento varia entre 10 cm e 40 cm.

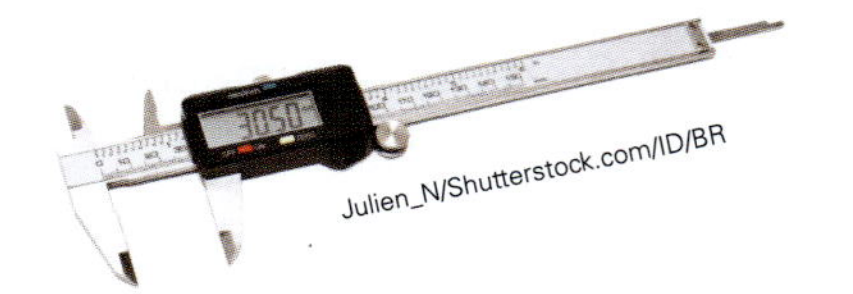
Julien_N/Shutterstock.com/ID/BR

▲ O **paquímetro digital** é usado para medir as dimensões internas e externas de peças pequenas, com precisão de 0,01 mm.

Gajic Dragan/Shutterstock.com/ID/BR

▲ A **trena** é dividida em centímetros e em milímetros e pode ter diferentes medidas: 2 m, 10 m, 20 m, 25 m, etc.

Skobrik/Shutterstock.com/ID/BR

▲ A **fita métrica** é dividida em centímetros e em milímetros.

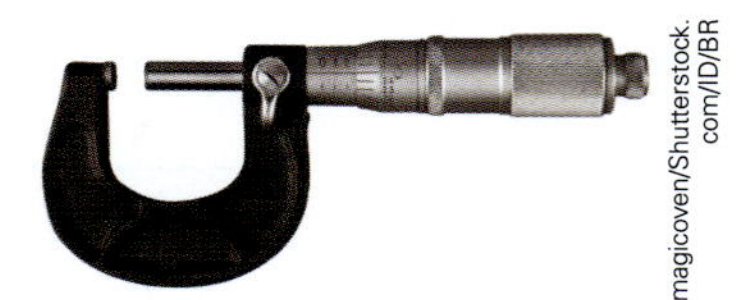
magicoven/Shutterstock.com/ID/BR

▲ O **micrômetro** é usado para medir espessura, altura, profundidade, etc. de peças pequenas. Alguns têm graduação de 0,001 mm.

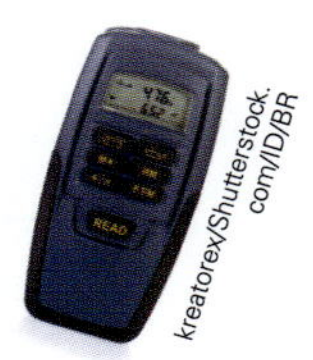
kreatorex/Shutterstock.com/ID/BR

▲ A **trena a *laser*** é usada para medir distâncias, em metros, com precisão de 1,5 mm.

Transformação das unidades de medida de comprimento

Veja o texto que Veridiana encontrou enquanto pesquisava corridas de rua.

Observe que, no texto, as medidas indicadas estão em unidades de medida diferentes: uma está em quilômetro e a outra, em metro. Para facilitar a comparação entre essas medidas, é importante que elas estejam escritas na mesma unidade de medida.

No SI, cada unidade de medida de comprimento é equivalente a 10 vezes a unidade imediatamente inferior. Podemos dizer também que cada unidade de medida de comprimento equivale a $\frac{1}{10}$ da unidade imediatamente superior. Observe o esquema a seguir, que mostra como fazer a conversão entre as diferentes unidades de medida de comprimento.

ESPORTES
Maratona é uma corrida geralmente praticada em ruas ou estradas, cuja distância oficial é de 42,195 km. Já nas meias maratonas, os atletas percorrem metade dessa distância, ou seja, 21 097,5 m.
Silvia Rehn/Shutterstock.com/ID/BR

▲ Atletas competindo em uma meia-maratona no Rio de Janeiro (RJ). Foto de 2019.

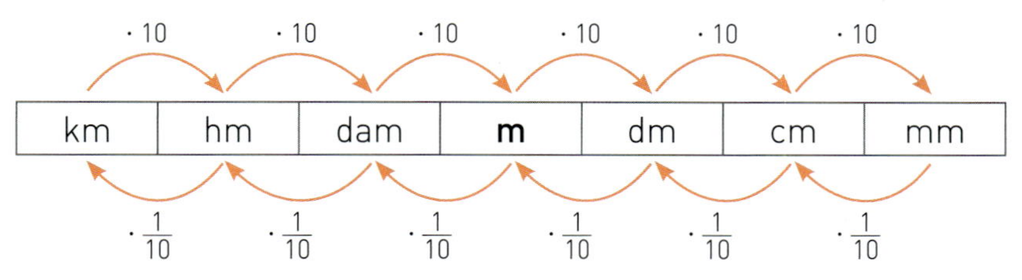

LEMBRE-SE!

Multiplicar por $\frac{1}{10}$ é o mesmo que dividir por 10. Do mesmo modo, multiplicar por $\frac{1}{100}$ é o mesmo que dividir por 100, e assim por diante.

Agora, acompanhe como podemos fazer a conversão entre as unidades de medida apresentadas no texto encontrado por Veridiana.

Convertendo quilômetro em metro

Partindo do quilômetro no esquema a seguir e deslocando três posições para a direita, chegamos ao metro.

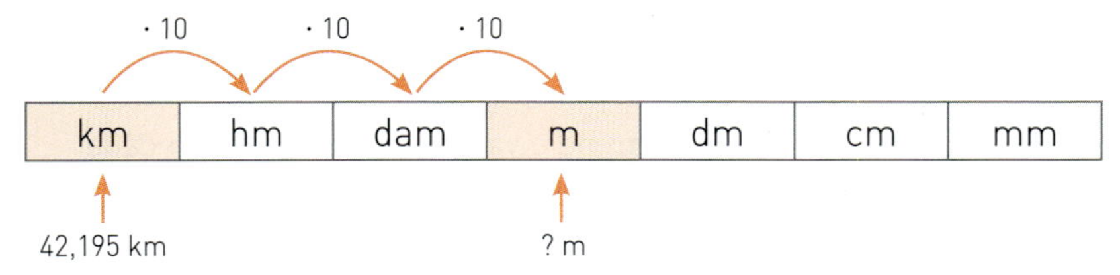

Observe que, para converter 42,195 quilômetros em metros, é necessário multiplicar 42,195 por 1 000, pois $10 \cdot 10 \cdot 10 = 1\,000$. Assim:

$$42{,}195 \cdot 1000 = 42\,195$$

Logo, 42,195 km equivalem a 42 195 m.

Convertendo metro em quilômetro

Partindo do metro no esquema a seguir e deslocando três posições para a esquerda, chegamos ao quilômetro.

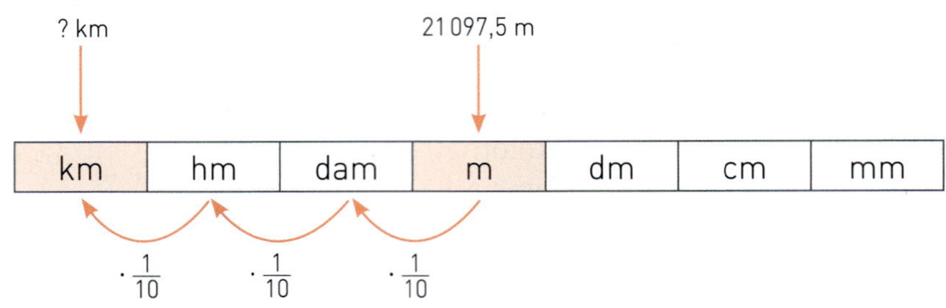

PARE E REFLITA

Observe as transformações de unidade de medida realizadas. Que relação você consegue perceber entre o número de posições deslocadas para a esquerda ou para a direita e o deslocamento da vírgula no número a ser convertido?

Observe que, para converter 21 097,5 metros em quilômetros, é necessário multiplicar 21 097,5 por $\frac{1}{1000}$, pois $\frac{1}{10} \cdot \frac{1}{10} \cdot \frac{1}{10} = \frac{1}{1000}$. Assim:

$$21\,097{,}5 \cdot \frac{1}{1000} = 21{,}0975$$

Logo, 21 097,5 m equivalem a 21,0975 km.

DESCUBRA +

O campo do futebol americano

Você já assistiu a um jogo de futebol americano? Durante a narração desse jogo, é comum escutarmos a palavra "jarda". Você sabe o que ela significa? Jarda é uma unidade de medida de comprimento, sendo que 1 jarda equivale a 0,9144 metro.

Um campo oficial de futebol americano tem 120 jardas de medida de comprimento por 53,3 jardas de medida de largura. Como seriam essas medidas em metro?

ATIVIDADES

Retomar e compreender

1. Escreva a unidade de medida de comprimento que você considera mais adequada para expressar a medida:

a) da distância entre duas cidades.

b) do comprimento de um grão de arroz.

c) do comprimento de uma piscina.

2. Indique o instrumento de medida mais adequado para medir o comprimento:

a) de um parafuso.

b) da cintura de uma pessoa.

c) de uma mesa.

3. Marcos corre 8 quilômetros todos os dias. Quantos metros ele corre em 2 dias?

4. Estime as medidas em cada item. Em seguida, use uma régua para verificar se suas estimativas ficaram próximas das medidas reais.

a) Comprimento de uma caneta.

b) Comprimento do seu pé.

c) Largura do seu livro de Matemática.

5. Determine o valor do símbolo ■ em cada item a seguir.

a) 22,05 dam equivalem a ■ dm.

b) 18,12 cm equivalem a ■ hm.

c) Em dois quilômetros, temos ■ decâmetros.

d) Dezoito metros e cinco centímetros equivalem a ■ milímetros.

Perímetro de uma figura plana

Uma praça será construída com a forma de um pentágono. As medidas dos lados da praça estão indicadas na figura a seguir.

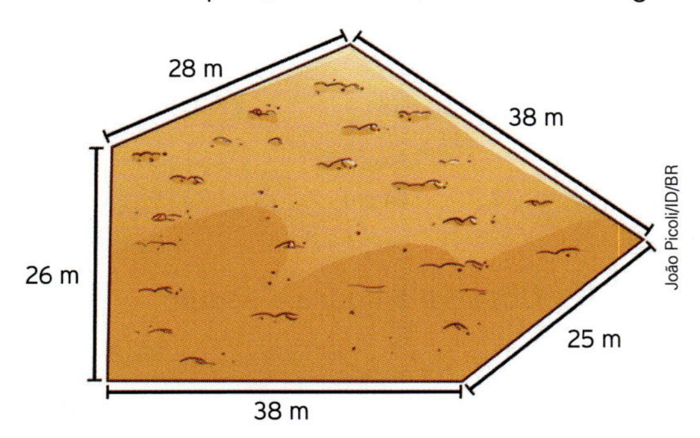

O terreno será delimitado por uma cerca. Para determinar quantos metros de cerca serão necessários, o engenheiro responsável calculou a medida do comprimento do contorno do terreno, ou seja, a soma das medidas do comprimento de todos os lados. Veja.

$$28 + 38 + 25 + 38 + 26 = 155$$

Assim, o engenheiro concluiu que serão necessários 155 metros de cerca.

Quando determinamos a medida do comprimento do contorno de uma região plana, dizemos que estamos determinando a medida do perímetro dessa região.

O comprimento do contorno de uma região plana é denominado **perímetro**.

Agora, observe os polígonos ilustrados na malha quadriculada a seguir.

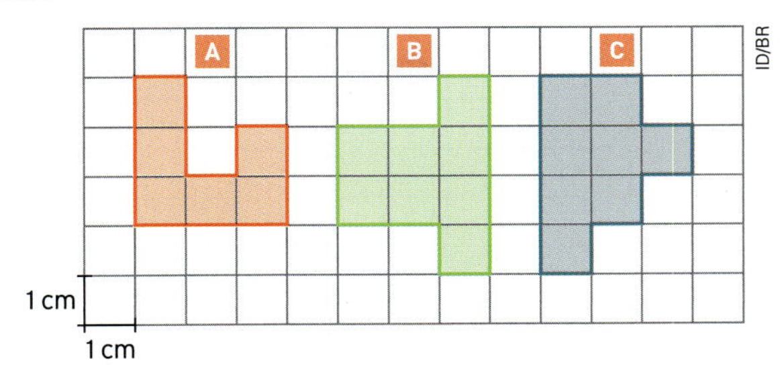

Para determinar a medida do perímetro desses polígonos, devemos adicionar as medidas do comprimento de todos os seus lados.

A Figura laranja: 14 cm.

B Figura verde: 14 cm.

C Figura azul: 14 cm.

Nesse caso, a medida do perímetro dos três polígonos é a mesma. Apesar disso, você percebeu que a forma de cada um deles é diferente?

Assim como nesse exemplo, existem figuras que têm formas diferentes, mas que apresentam perímetros da mesma medida.

DE OLHO NA UNIDADE DE MEDIDA

Caso as medidas dos comprimentos dos lados de uma figura plana estejam indicadas em unidades de medida diferentes, é necessário convertê-las para a mesma unidade de medida e, então, calcular a medida do perímetro.

ATIVIDADES

Retomar e compreender

6. Determine a medida do perímetro de cada polígono a seguir.

a)

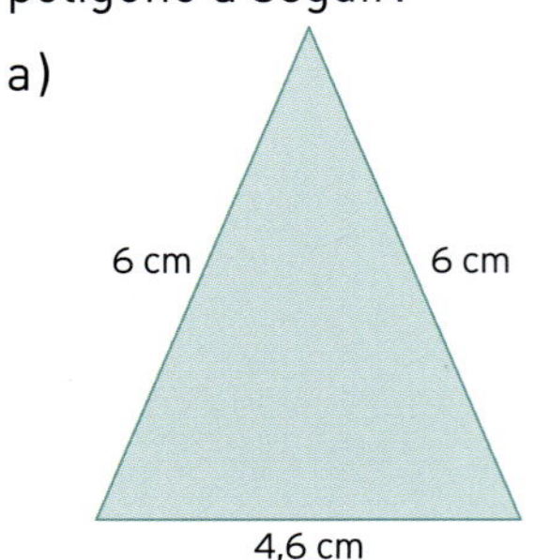

b)

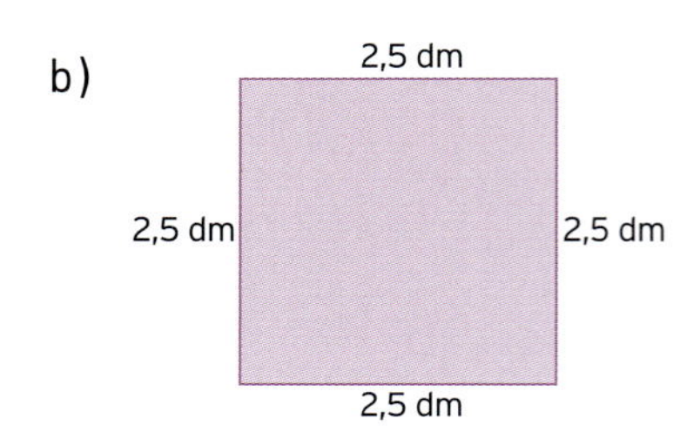

c)

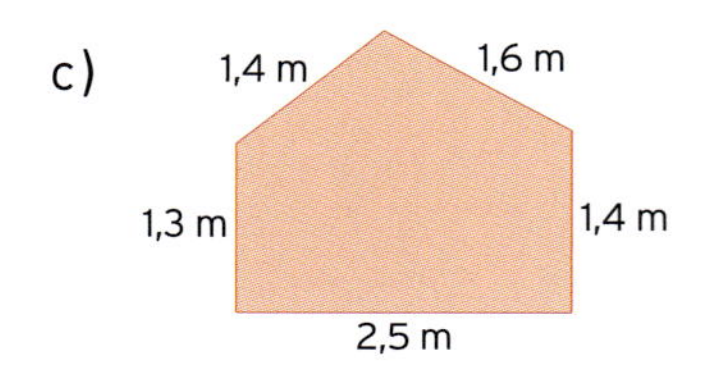

d)

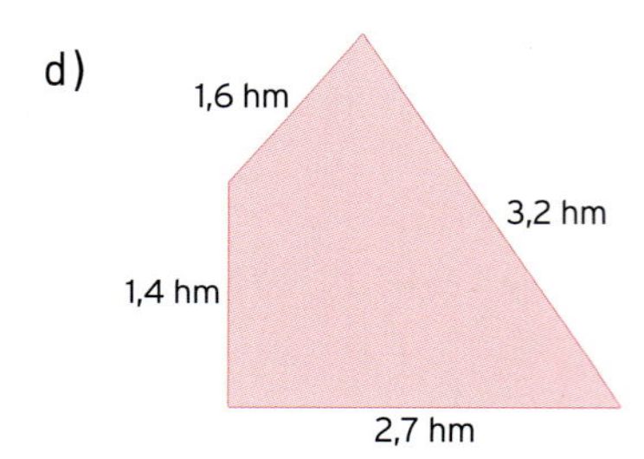

e)

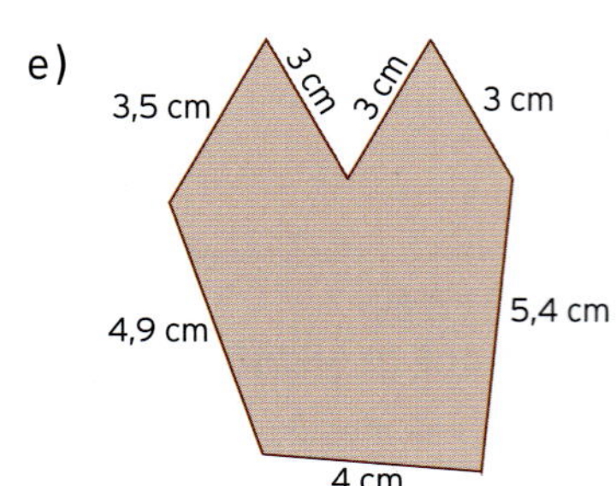

7. Determine a medida do perímetro de um terreno cuja forma é quadrada, com lados medindo 2,4 m.

8. Qual é a medida do perímetro de um triângulo cujos lados medem 3 cm, 2,5 cm e 5 cm?

9. Determine a medida do perímetro da figura a seguir.

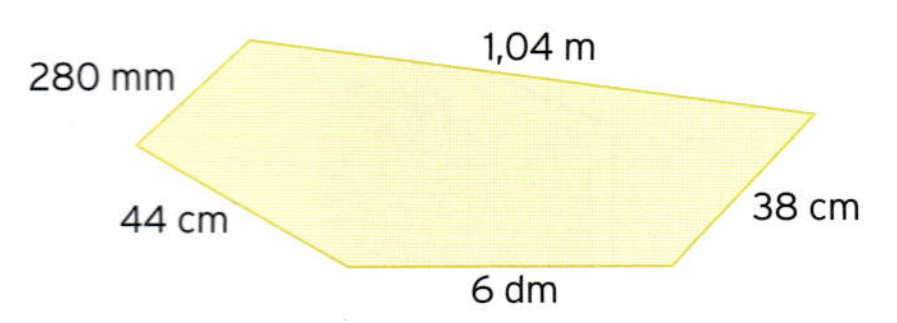

10. Observe a figura a seguir.

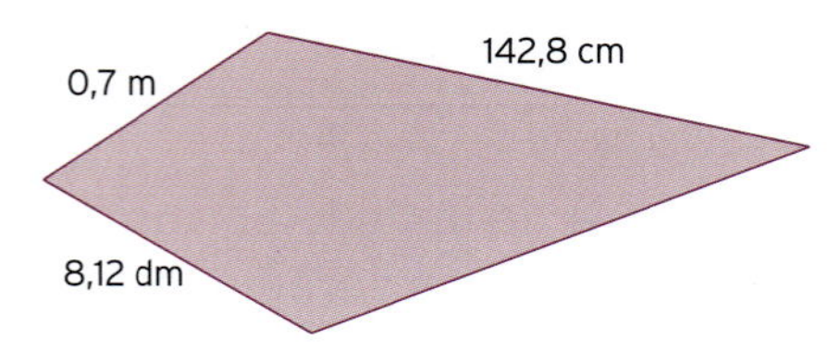

Sabendo que a medida do perímetro desse polígono é 0,4312 dam, determine a medida do comprimento do lado que não está indicada na figura.

Aplicar

11. Na malha quadriculada a seguir, estão representados diferentes polígonos.

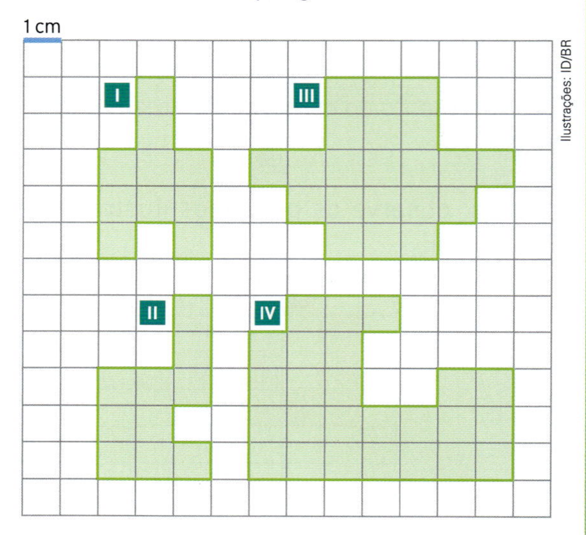

a) Determine a medida do perímetro de cada polígono.

b) Há polígonos cuja medida do perímetro é a mesma? Em caso afirmativo, quais? Eles têm o mesmo formato?

c) Em uma folha quadriculada, represente dois polígonos que tenham a mesma medida de perímetro, mas formatos diferentes. Depois, troque de folha com um colega para você conferir a resposta dele e ele conferir a sua.

MEDIDAS DE ÁREA

Patrícia vai revestir o piso da sala da casa dela e precisa saber quantas lajotas serão necessárias. Para isso, ela deve medir a área a ser revestida.

Assim como no caso de outras grandezas, para medir a **área** de uma região, utilizamos uma unidade de medida e verificamos quantas vezes essa unidade cabe na região que desejamos medir.

Patrícia sabe que o piso é uma superfície plana e que será revestido com lajotas quadradas. Para medir a área do piso, ela pode utilizar a lajota como unidade de medida. Mas, dependendo do modelo da lajota, a quantidade utilizada pode variar.

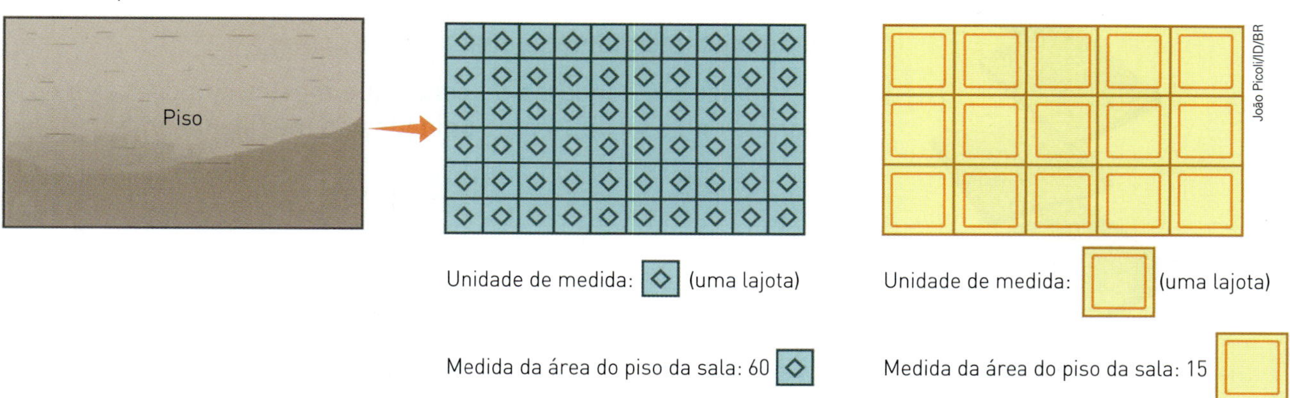

Nesse caso, a unidade de medida de área não é padronizada – a lajota. Assim como existem unidades de medida padronizadas para medir comprimentos, existem unidades de medida padronizadas para medir áreas.

O **metro quadrado** é a unidade padrão de área no SI. Ele corresponde à medida da área de um quadrado de 1 m de lado.

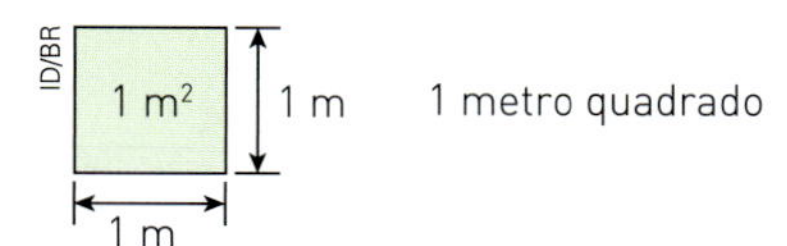

O metro quadrado também tem seus múltiplos e submúltiplos correspondentes. Observe o quadro.

Múltiplos			Unidade de medida padrão	Submúltiplos		
Quilômetro quadrado (km²)	Hectômetro quadrado (hm²)	Decâmetro quadrado (dam²)	**METRO QUADRADO (m²)**	Decímetro quadrado (dm²)	Centímetro quadrado (cm²)	Milímetro quadrado (mm²)
1 km^2 equivale a 1000000 m^2	1 hm^2 equivale a 10000 m^2	1 dam^2 equivale a 100 m^2	**1 m^2**	1 dm^2 equivale a $\frac{1}{100}$ m^2	1 cm^2 equivale a $\frac{1}{10000}$ m^2	1 mm^2 equivale a $\frac{1}{1000000}$ m^2

Existem outras unidades de área, como o alqueire e o hectare. Essas medidas são comumente utilizadas em contextos agrários. O alqueire paulista equivale a 24200 m^2, o alqueire mineiro equivale a 48400 m^2 e o alqueire baiano equivale a 96800 m^2. Já o hectare (ha) equivale a um hectômetro quadrado, ou seja, 10000 m^2.

Transformação das unidades de medida de área

Independente desde 1929, o Vaticano é considerado o menor país do mundo, com 0,44 km^2. Um campo de futebol oficial tem área medindo 7 140 m^2. Quantos campos de futebol são necessários para cobrir a área do Vaticano?

Para responder a essa pergunta, vamos deixar as medidas na mesma unidade.

Cada unidade de medida de área do sistema métrico é igual a 100 vezes a unidade imediatamente inferior. Podemos dizer também que cada unidade de medida de área é igual a $\frac{1}{100}$ da unidade imediatamente superior.

Observe o esquema a seguir, que mostra como fazer a conversão entre as diferentes unidades de medida de área.

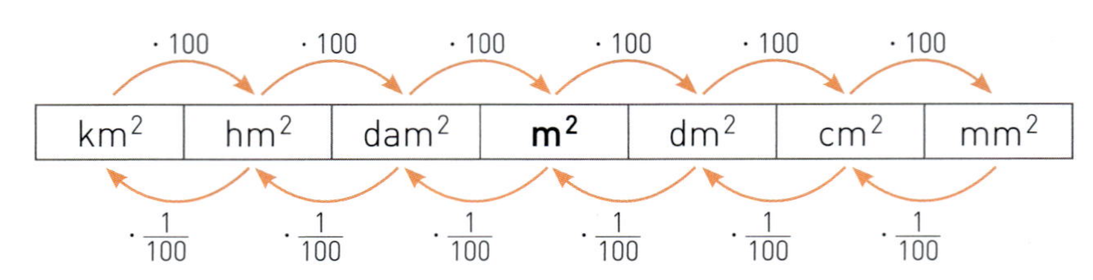

Acompanhe como fazer a conversão de quilômetro quadrado em metro quadrado para responder à pergunta inicial.

Convertendo quilômetro quadrado em metro quadrado

Partindo do quilômetro quadrado no esquema a seguir e deslocando três posições para a direita, chegamos ao metro quadrado.

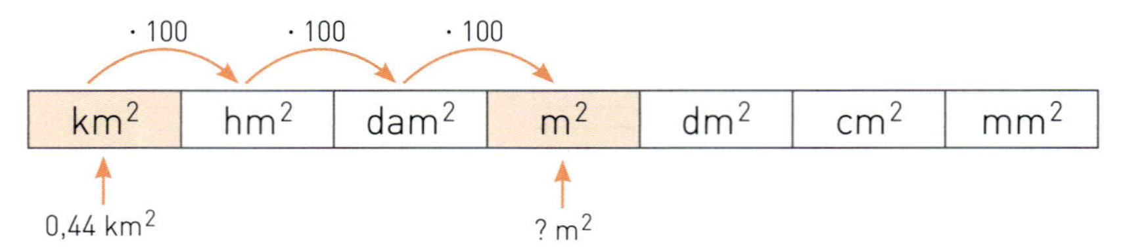

Observando o esquema, percebemos que, para converter 0,44 quilômetro quadrado em metros quadrados, é necessário multiplicar 0,44 por 1 000 000, pois $100 \cdot 100 \cdot 100 = 1\,000\,000$. Assim:

$$0{,}44 \cdot 1\,000\,000 = 440\,000$$

Logo, 0,44 km^2 equivale a 440 000 m^2.

Mas, calma, o problema ainda não terminou! Para saber quantos campos de futebol oficiais cabem no Vaticano, é preciso dividir a medida da área do Vaticano pela medida da área de um campo de futebol. Observe.

$$\frac{440\,000}{7\,140} \simeq 61{,}62$$

Ou seja, no Vaticano, o menor país do mundo, caberiam pouco mais de 61 campos oficiais de futebol.

João Picoli/ID/BR

PARE E REFLITA

Qual é a medida da área de um campo de futebol oficial em quilômetro quadrado? Converse com os colegas e o professor e explique como você pensou para responder a essa questão.

Área de um retângulo

No esquema a seguir, está representada a área que será destinada à construção de um palco em um parque municipal.

Área em que será construído o palco

Ilustrações: ID/BR

2 m

5 m

$1\ m^2$

Vamos considerar a unidade de medida de área um quadrado de 1 m de lado, cuja medida da área corresponde a $1\ m^2$. Observe que esse quadrado cabe exatamente 10 vezes na área destinada à construção do palco representada no esquema anterior. Ou seja, a área destinada à construção do palco mede $10\ m^2$.

A medida dessa área também poderia ter sido obtida de outras maneiras. Veja duas delas a seguir.

1ª maneira

Como no esquema há 2 linhas com 5 quadradinhos de $1\ m^2$ em cada uma, temos: $2 \cdot 5 = 10$.

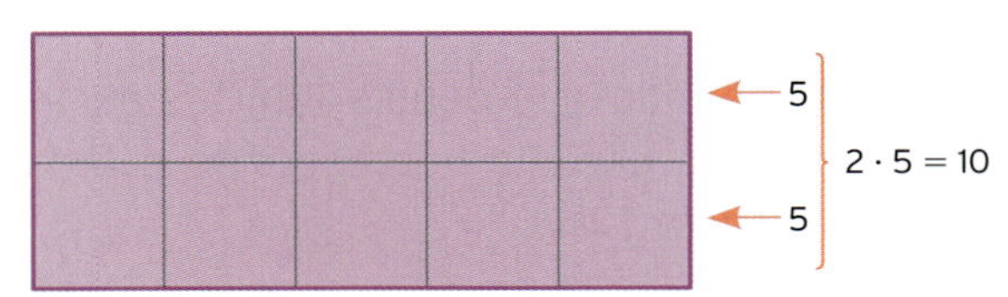

Portanto, a área destinada à construção do palco mede $10\ m^2$.

2ª maneira

Como no esquema há 5 colunas com 2 quadradinhos de $1\ m^2$ em cada uma, temos: $5 \cdot 2 = 10$.

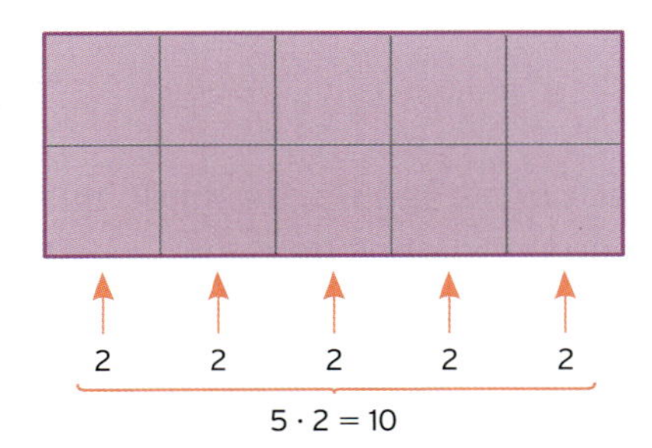

Portanto, a área destinada à construção do palco mede $10\ m^2$.

Área de um quadrado

O quadrado é um caso particular de retângulo. Para determinar a medida da área de um quadrado, podemos fazer do mesmo modo que fizemos para medir a área de um retângulo.

PARE E REFLITA

Imagine, por exemplo, que o palco a ser construído tivesse a forma de um quadrado com 3,5 m de medida de lado. Utilizando um quadradinho de 0,5 m de medida de lado, como seria possível medir a área a ser ocupada pelo palco? Junte-se a um colega para responder a essa pergunta. Façam um desenho para representar essa situação e determinar a medida da área destinada à construção do palco.

Área de um triângulo

Lina reservou uma parte do terreno da casa onde mora para fazer uma horta. Antes de comprar as sementes, ela precisa saber a medida da área que será destinada para a horta.

Veja o esquema que ela fez em uma malha quadriculada para representar o terreno e a horta.

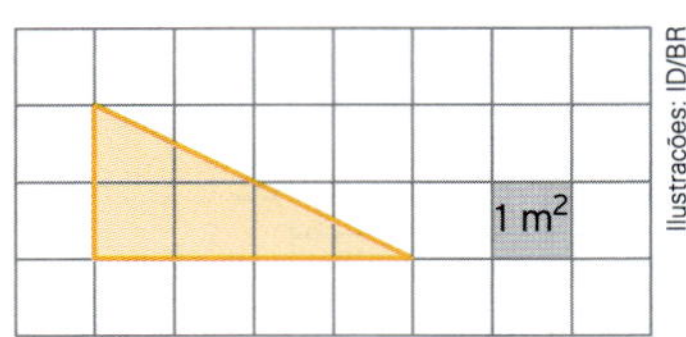

Ilustrações: ID/BR

A parte triangular laranja corresponde à parte destinada à horta. Para medir a área dessa região, Lina utilizou um quadradinho da malha como unidade de medida. Observando o triângulo laranja, Lina percebeu que a figura não corresponde a uma quantidade inteira de quadradinhos de 1 m^2.

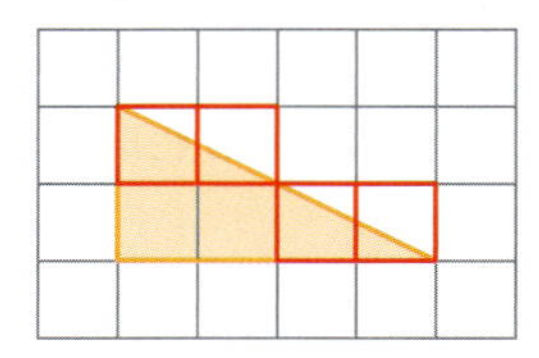

Então, para medir a área da figura, ela pensou de duas maneiras diferentes. Acompanhe.

1ª maneira

"Recortar" a figura, decompondo-a, e depois "unir as partes", compondo-a de outra maneira, de modo que ela corresponda a uma quantidade inteira de quadradinhos de medida 1 m^2.

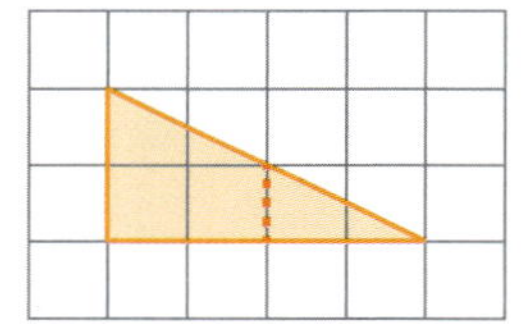
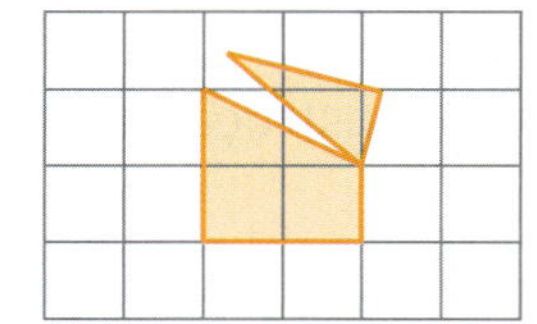
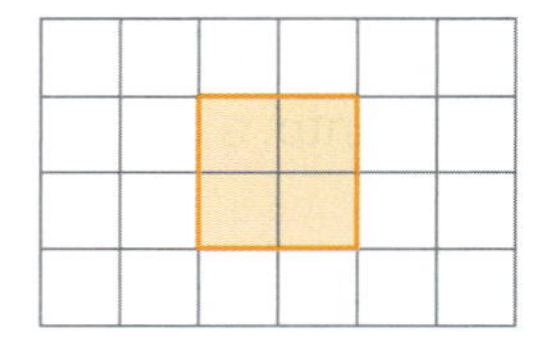

Lina percebeu que a medida da área da região triangular é a mesma da região quadrada. Assim, como a área do quadrado mede 4 m^2, a área do triângulo também mede 4 m^2.

2ª maneira

Duplicar a figura e formar um retângulo, de modo que ele corresponda a uma quantidade inteira de quadradinhos de 1 m^2.

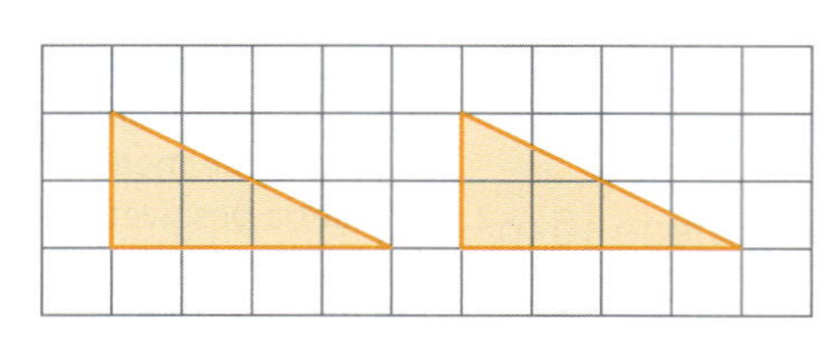
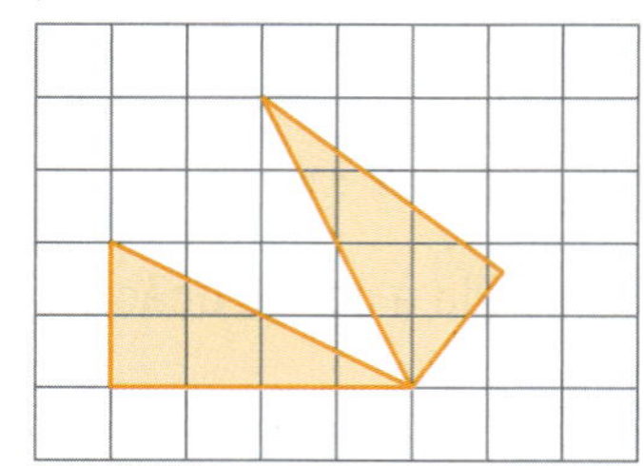
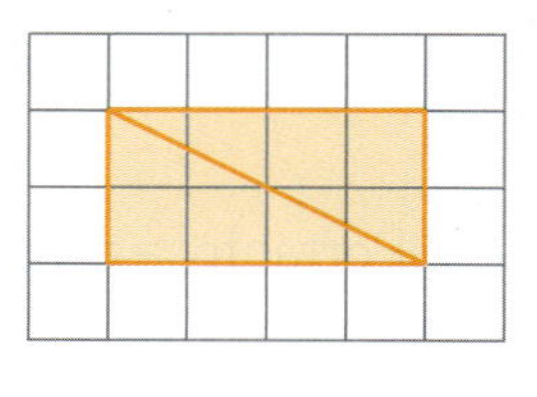

Lina percebeu que a medida da área da região triangular é metade da medida da área da região retangular. Assim, como a área do retângulo mede 8 m^2, a área do triângulo mede 4 m^2.

LABORATÓRIO DE MATEMÁTICA

Área e perímetro

Será que as medidas do lado, do perímetro e da área de um quadrado têm relação entre si? Nesta atividade, vamos responder a essa pergunta.

Como fazer

1. Com a orientação do professor, organizem-se em trios.
2. Cada trio deverá refletir sobre os desafios a seguir e resolvê-los no caderno. Se preferirem, usem uma calculadora.
   Desafio I: Se um quadrado tem 49 cm^2 de medida de área, quanto mede seu lado? E quanto mede seu perímetro?
   Desafio II: Pedro desenhou um quadrado cujo lado mede 5 mm. Depois, ele ampliou esse quadrado de modo que a medida do lado foi triplicada. O que houve com a medida da área do quadrado? Façam um desenho para representar essa situação.
   Desafio III: Uma região quadrada A tem área medindo 144 km^2; outra, B, é quatro vezes menor. Para que a região B tenha a mesma medida da área da região A, por quanto devemos multiplicar seu lado?
   Desafio IV: Considere um quadrado com lado medindo 7 dam. Ao quadruplicarmos a medida do lado desse quadrado, a medida do seu perímetro também quadruplica. É possível concluir que a medida da área também vai quadruplicar?
3. Agora, completem o quadro a seguir com as informações que vocês obtiveram nos desafios. Observem que alguns desafios apresentam mais de uma informação e, portanto, têm duas linhas correspondentes.

Desafio	Quadrado		
	Lado	Perímetro	Área
I			49 cm^2
II	5 mm		
III			144 km^2
IV	7 dam		

Para concluir

1. Observem as linhas do desafio **II** no quadro. Ao triplicar a medida do lado do quadrado, o que ocorreu com o perímetro? E com a área?
2. Utilizando as informações das linhas do desafio **III** do quadro, copiem a frase a seguir substituindo os símbolos quadrados corretamente. Ao reduzir pela ■ a medida do lado de um quadrado, a medida do ■ também fica reduzida pela ■ e a medida da ■ fica ■ vezes menor.
3. O que é possível perceber quando analisamos os números das linhas do desafio **IV** do quadro?
4. Formem uma roda de conversa com todos os trios e compartilhem as conclusões a que vocês chegaram durante essa investigação.

ATIVIDADES

Retomar e compreender

12. Escreva a unidade de medida que você considera mais adequada para expressar a medida de área:

a) de um estado brasileiro.

b) de um selo postal.

c) de uma fazenda.

13. Determine o valor de cada símbolo nas sentenças a seguir.

a) 0,2012 dam^2 equivale a ■ dm^2.

b) 1 812 cm^2 equivalem a ■ hm^2.

c) 0,000000003 km^2 tem ■ cm^2.

d) Em novecentos decâmetros quadrados, temos ■ milímetros quadrados.

e) Dezenove metros quadrados e seis centímetros quadrados equivalem a ■ milímetros quadrados.

14. O desenho a seguir, feito em uma malha triangular, mostra a parte de uma parede coberta com azulejos.

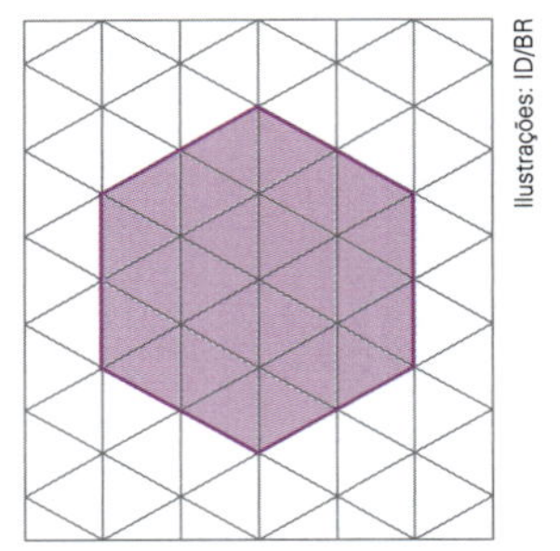

Ilustrações: ID/BR

Determine a medida da área revestida dessa parede utilizando as figuras a seguir como unidades de medida.

a) 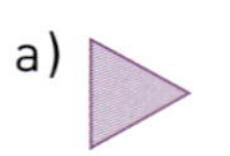 b) 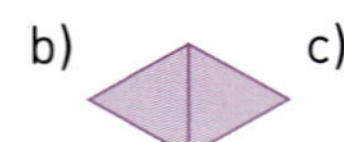 c) 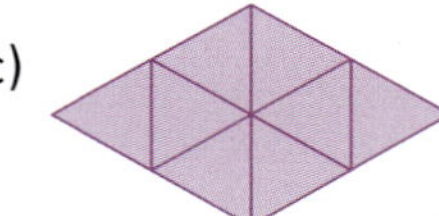

15. Considere 1 u.a. a unidade de medida de área e 1 u.c. a unidade de medida de comprimento, como indicado nesta malha quadriculada.

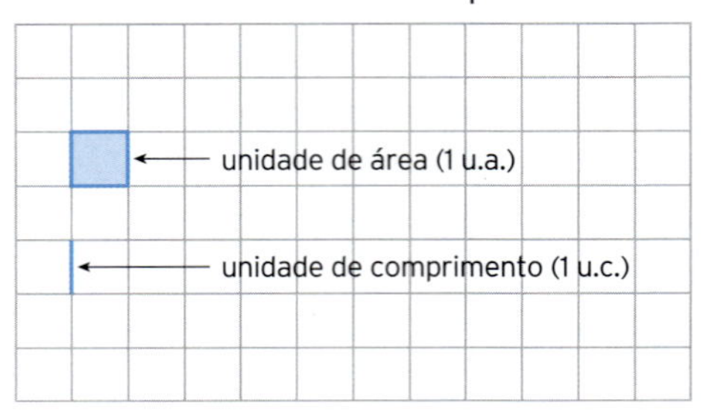

Agora, em uma malha quadriculada, desenhe:

a) uma região plana com área medindo 13 u.a.;

b) duas regiões planas diferentes, cada uma com área medindo 7 u.a.;

c) uma região plana com medidas de perímetro 18 u.c. e de área 8 u.a.

Aplicar

16. Algumas unidades de medida são usadas especialmente nas zonas rurais. Veja no quadro algumas delas.

Unidade de medida	Símbolo	Valor equivalente
hectare	ha	10 000 m^2
are	a	100 m^2
alqueire paulista	—	24 200 m^2
alqueire mineiro	—	48 400 m^2

a) Qual é a medida da área, em metros quadrados, de uma região plana quadrada cuja área mede 9,8 hectares?

b) Um fazendeiro reservou, para fazer uma horta, uma parte do terreno com área medindo 100 ares. Essa medida corresponde a quantos hectares?

17. Calcule a medida da área de cada figura a seguir.

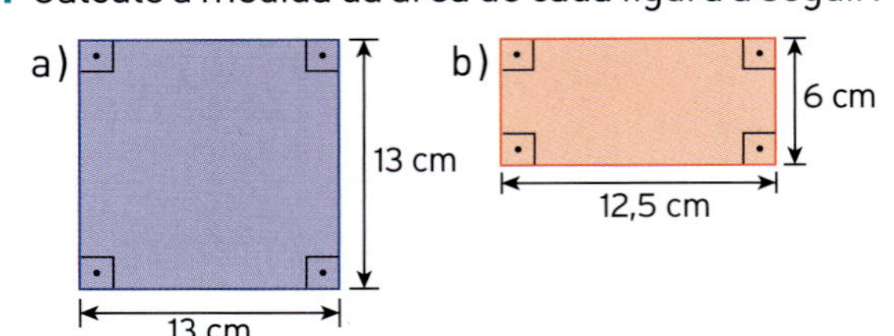

18. Determine a medida de área de cada polígono representado a seguir, considerando que um quadradinho desta malha quadriculada mede 1 cm^2.

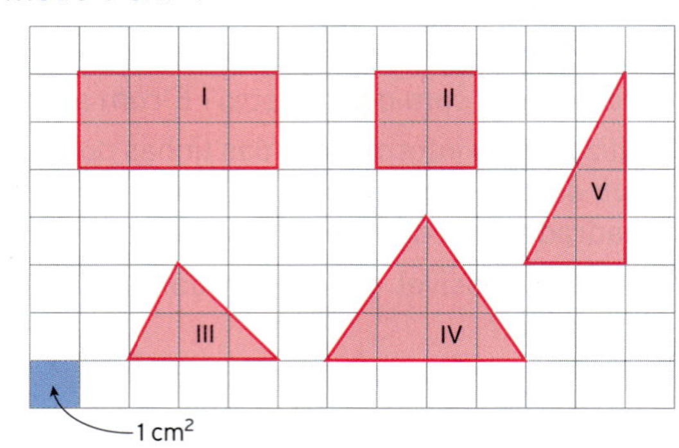

MEDIDAS DE VOLUME

Quando queremos medir a quantidade de espaço que um objeto ocupa, escolhemos uma unidade de medida e verificamos quantas vezes ela cabe no objeto. A grandeza associada ao espaço ocupado por um objeto é chamada de **volume**.

Observe esta obra de arte.

Cube Works Studio/Acervo do artista

Montagem do rosto de Charlie Chaplin, feita com cubos mágicos.

Ela foi feita com cubos mágicos por um grupo colaborativo de artistas canadenses. Para medir o volume dessa obra de arte, podemos considerar o cubo mágico a unidade de medida e, então, verificar quantas vezes um cubo mágico coube nela. A medida do volume dessa obra de arte é de 500 .

emka74/Shutterstock.com/ID/BR

Com o objetivo de padronizar a unidade de volume, o Sistema Internacional de Unidades (SI) determinou como unidade de medida padrão o metro cúbico (m^3), que corresponde ao espaço ocupado por um cubo cujas arestas medem 1 m.

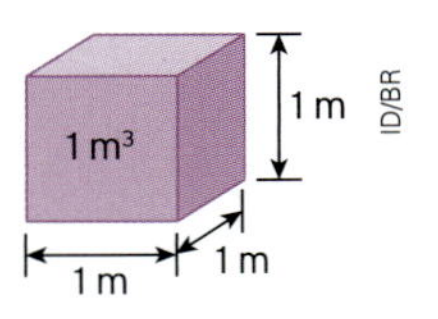

ID/BR

Observe no quadro a seguir os múltiplos e submúltiplos do metro cúbico.

Múltiplos			Unidade de medida padrão	Submúltiplos		
Quilômetro cúbico (km^3)	Hectômetro cúbico (hm^3)	Decâmetro cúbico (dam^3)	**METRO CÚBICO (m^3)**	Decímetro cúbico (dm^3)	Centímetro cúbico (cm^3)	Milímetro cúbico (mm^3)
1 km^3 equivale a 1000000000 m^3	1 hm^3 equivale a 1000000 m^3	1 dam^3 equivale a 1000 m^3	**1 m^3**	1 dm^3 equivale a $\frac{1}{1000}$ m^3	1 cm^3 equivale a $\frac{1}{1000000}$ m^3	1 mm^3 equivale a $\frac{1}{1000000000}$ m^3

Considerando cada unidade de medida e a unidade de medida que está imediatamente à direita dela, o que é possível perceber?

Ana Katharine Frota/ID/BR

Transformação das unidades de volume

Rogério trabalha com decoração e, para um de seus projetos, encomendou uma peça que tem a forma parecida com a de um cubo cujo volume mede 1 metro cúbico. Ao ligar para o fornecedor, o atendente informou a Rogério que era preciso apresentar a medida do volume do cubo em decímetro cúbico para finalizar o pedido.

Assim como nessa situação, em muitas outras é preciso converter unidades de medida de volume.

Acompanhe duas maneiras que Rogério poderia utilizar para fazer a conversão de metro cúbico para decímetro cúbico.

1ª maneira

1 metro cúbico representa o espaço ocupado por um cubo cujas arestas medem 1 metro. Para verificar quantos decímetros cúbicos cabem em 1 metro cúbico, é possível preencher um cubo de 1 metro cúbico com cubinhos de 1 decímetro cúbico. Veja como:

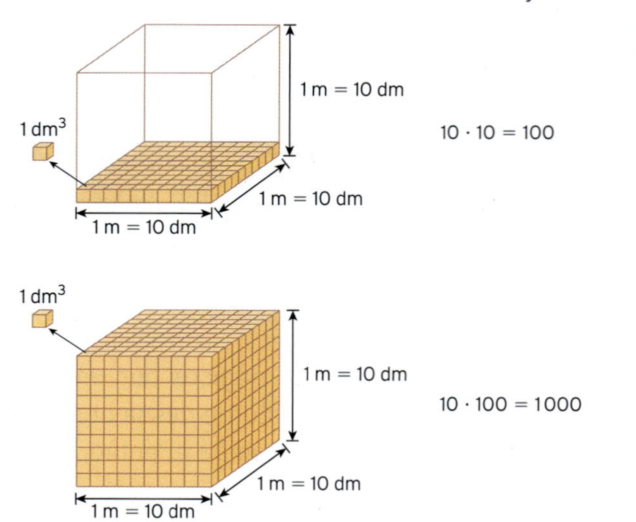

Ilustrações: ID/BR

Portanto, 1 m^3 equivale a 1000 dm^3.

2ª maneira

Partindo do metro cúbico no esquema a seguir e deslocando uma posição para a direita, chegamos ao decímetro cúbico.

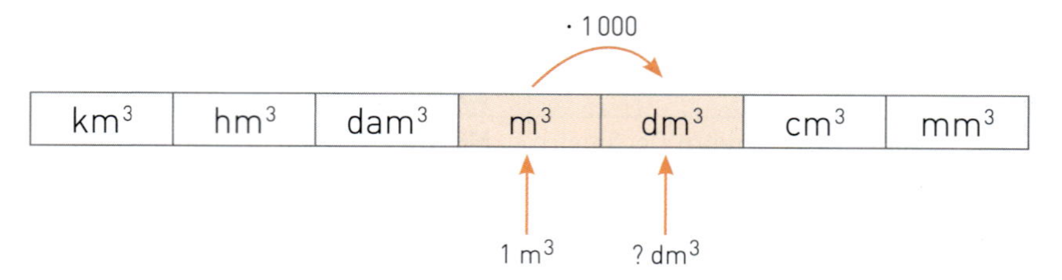

Observe que, para converter 1 metro cúbico em decímetro cúbico, temos de multiplicar 1 por 1000. Assim:

$$1 \cdot 1000 = 1000$$

Portanto, 1 m^3 equivale a 1000 dm^3.

PARE E REFLITA

Imagine que o fornecedor de Rogério tivesse solicitado a ele que informasse a medida do volume da peça em decâmetro cúbico. Que valor Rogério deveria informar?

Volume do bloco retangular

Para determinar a medida do volume do bloco retangular a seguir, Catarina pensou em dividi-lo em cubos de 1 cm de aresta.

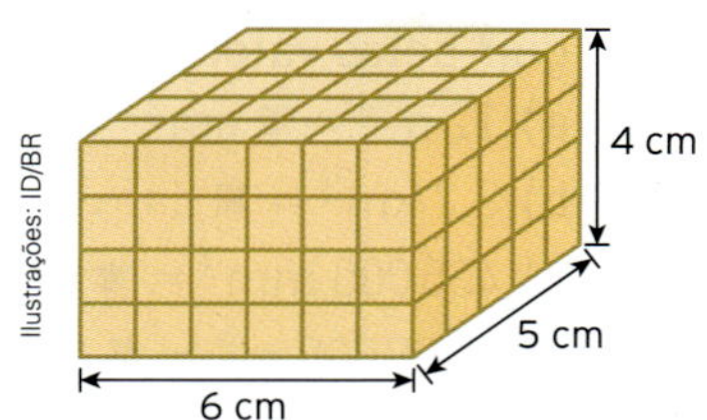

Como Catarina mediu o volume desse bloco?

Acompanhe os passos a seguir para entender como ela pensou.

a) Primeiro, Catarina encontrou a quantidade de cubos de 1 cm de aresta que compõem cada camada do bloco.
Em uma camada, há 6 fileiras com 5 cubos cada uma. Ou seja, cada camada é formada por 30 cubos.

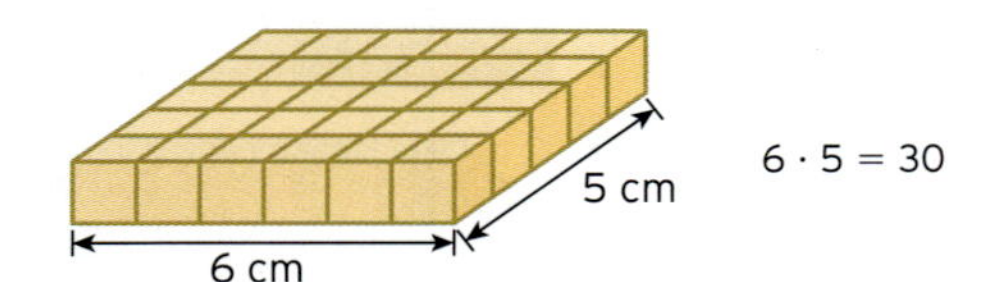

$6 \cdot 5 = 30$

b) Como o bloco retangular é formado por 4 camadas de 30 cubos cada uma, Catarina multiplicou por 4 a quantidade de cubos de uma camada.

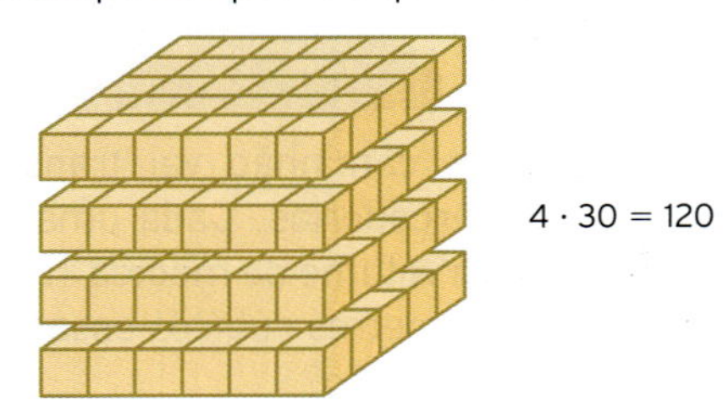

$4 \cdot 30 = 120$

Então, ao todo, o bloco é formado por 120 cubos.

Como a medida do volume de cada cubo é 1 cm^3, Catarina concluiu que a medida do volume desse bloco retangular é 120 cm^3, pois:

$$120 \cdot 1 = 120$$

Catarina mediu corretamente o volume do bloco retangular. Entretanto, em algumas situações, dividir a figura em cubinhos de 1 cm de aresta não é prático.

Você reparou que a medida encontrada por Catarina é igual ao produto entre as medidas do comprimento, da largura e da altura do bloco retangular?

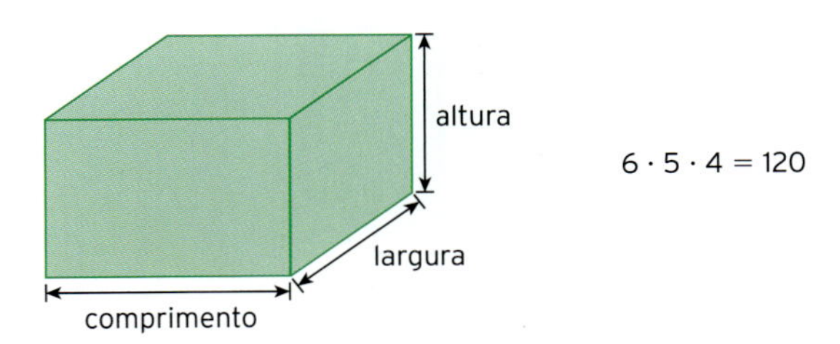

$6 \cdot 5 \cdot 4 = 120$

ATIVIDADES

Retomar e compreender

19. Faça uma lista dos seguintes objetos, ordenando-os do menor para o de maior volume: bola de tênis de mesa, caixa de leite, geladeira, borracha.

20. Associe a unidade de medida de volume que você considera mais conveniente para expressar as medidas dos volumes dos objetos a seguir.

▲ Edifício.

▲ Geladeira.

▲ Contêiner.

▲ Livro.

▲ Lápis.

(Representações sem proporção de tamanho entre si)

a) Decâmetro cúbico.

b) Decímetro cúbico.

c) Centímetro cúbico.

d) Metro cúbico.

e) Milímetro cúbico.

21. Substitua o símbolo ■ nas igualdades a seguir pelas unidades de medida corretas.

a) $1\ dam^3 = 1000$ ■

b) $1\ hm^3 = 1000$ ■

c) $1\ km^3 = 1000$ ■

d) $1\ dm^3 = 1000$ ■

22. Substitua o símbolo ■ nas igualdades a seguir pelos valores adequados.

a) $12\ m^3 =$ ■ cm^3

b) $3{,}2\ km^3 =$ ■ dam^3

c) $435\,000\ mm^3 =$ ■ cm^3

d) $7\,400\,000\ m^3 =$ ■ km^3

Aplicar

23. Considere que o tijolo ao lado seja uma unidade de volume (1 u.v.) e determine a medida do volume de cada pilha, sabendo que não há pilhas de tijolos escondidas.

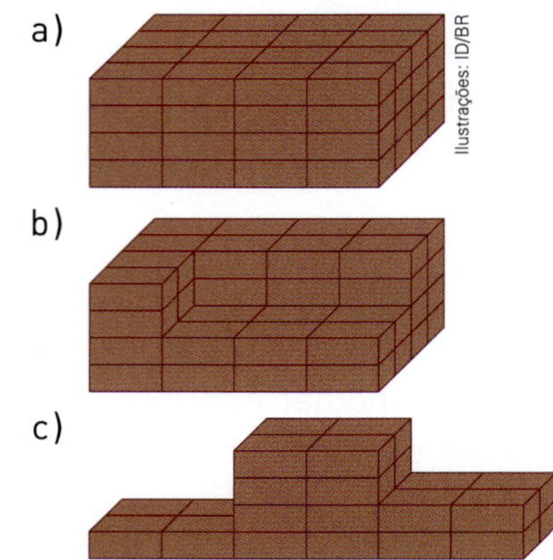

24. Um caminhão vai transportar 25 caixas de mercadorias. Cada uma dessas caixas ocupa um volume de medida $126\ dm^3$. No total, quantos metros cúbicos essas caixas vão ocupar no caminhão?

25. Calcule a medida do volume de cada figura a seguir.

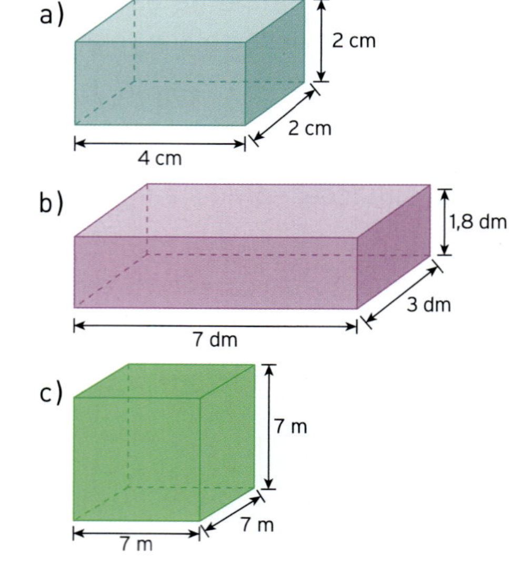

MEDIDAS DE CAPACIDADE

Líquidos ou gases colocados em um recipiente tomam a forma desse recipiente. Veja alguns exemplos.

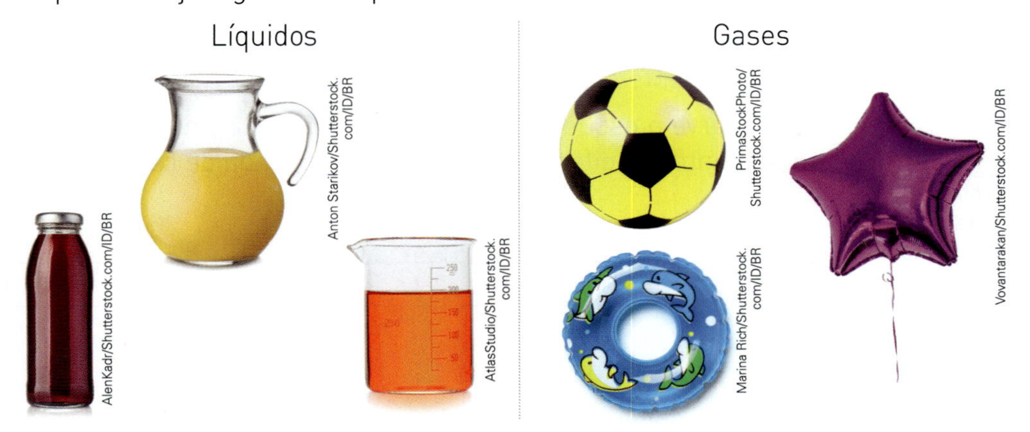

(Representações sem proporção de tamanho entre si)

Chamamos de **capacidade** o volume interno que pode ser ocupado em um recipiente. Ou seja, capacidade é a grandeza associada ao espaço interno de um recipiente que pode ser preenchido.

A unidade de medida padrão de capacidade é o **litro** (L).

Para medir capacidades muito grandes, usamos os múltiplos do litro; para medir capacidades pequenas, usamos os submúltiplos do litro. Observe essas relações neste quadro.

Múltiplos			**Unidade de medida padrão**	**Submúltiplos**		
Quilolitro (kL)	Hectolitro (hL)	Decalitro (daL)	**LITRO (L)**	Decilitro (dL)	Centilitro (cL)	Mililitro (mL)
1 kL equivale a 1000 L	1 hL equivale a 100 L	1 daL equivale a 10 L	**1 L**	1 dL equivale a $\frac{1}{10}$ L	1 cL equivale a $\frac{1}{100}$ L	1 mL equivale a $\frac{1}{1000}$ L

Relação entre volume e capacidade

Acabamos de ver que capacidade corresponde ao volume interno que pode ser ocupado em um recipiente. Assim, essa grandeza pode ser medida com a unidade de volume padrão: o metro cúbico (m^3).

Um litro corresponde à capacidade de um recipiente com forma de cubo cujas arestas medem 1 dm.

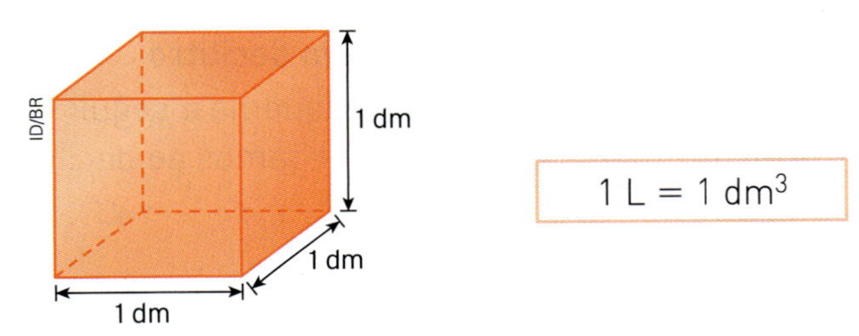

$1 \text{ L} = 1 \text{ dm}^3$

Do mesmo modo que estabelecemos essa relação, podemos relacionar qualquer múltiplo ou submúltiplo do litro com um múltiplo ou submúltiplo do metro cúbico.

Transformação das unidades de medida de capacidade

Cada unidade de medida de capacidade é igual a 10 vezes a unidade imediatamente inferior. Podemos dizer também que cada unidade de medida de capacidade é igual a $\frac{1}{10}$ da unidade imediatamente superior.

Observe o esquema a seguir, que mostra como fazer a conversão entre as diferentes unidades de medida de capacidade.

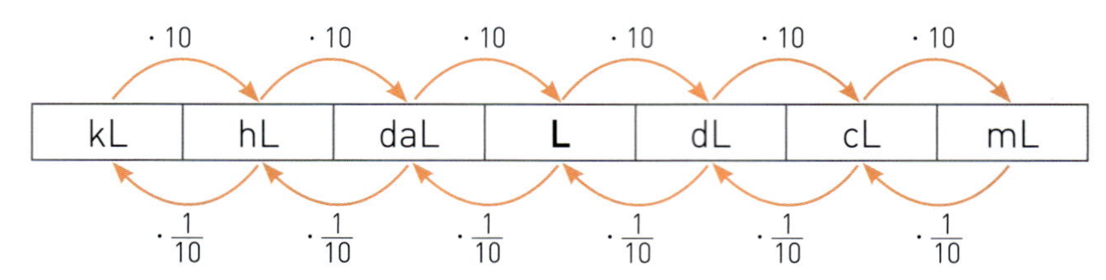

Agora, considere a situação a seguir.

Três recipientes são colocados sobre uma mesa. A medida de capacidade de um deles é 0,00085 kL, a do outro é 720 mL e a do terceiro é 6,9 dL. Qual deles tem a maior medida de capacidade?

Para que seja possível comparar essas medidas e responder a essa pergunta, é preciso deixar todas as medidas na mesma unidade. Vamos converter todas as medidas para decilitro.

Convertendo 0,00085 quilolitro em decilitro

Partindo do quilolitro no esquema a seguir e deslocando quatro posições para a direita, chegamos ao decilitro.

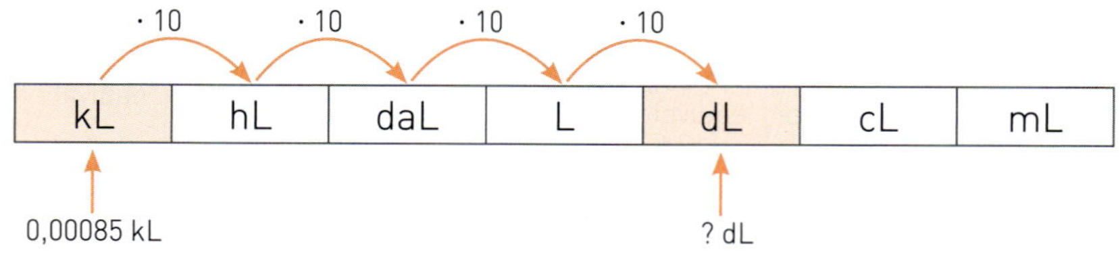

Com isso, percebemos que, para converter 0,00085 quilolitro em decilitro, temos de multiplicar 0,00085 por 10 000, pois $10 \cdot 10 \cdot 10 \cdot 10 = 10\,000$. Assim:

$$0{,}00085 \cdot 10\,000 = 8{,}5$$

Logo, 0,00085 kL = 8,5 dL.

Convertendo 720 mililitros em decilitro

Partindo do mililitro no esquema a seguir e deslocando duas posições para a esquerda, chegamos ao decilitro.

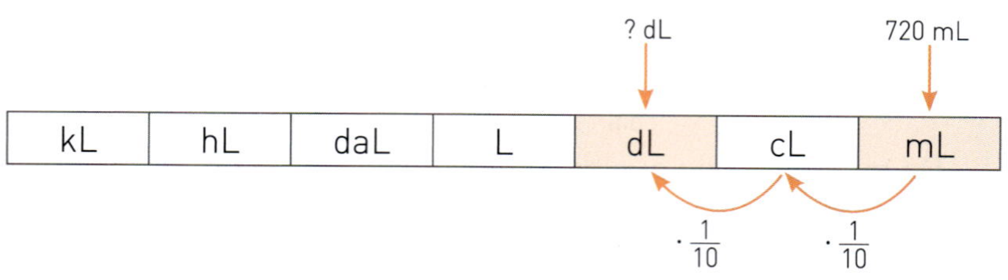

CIDADANIA GLOBAL

AQUÁRIOS E CONSERVAÇÃO AMBIENTAL

Alguns projetos ambientais promovem a apresentação de animais marinhos em aquários com grande capacidade de armazenamento de água.

O Aquário Marinho do Rio de Janeiro, ou AquaRio, é um equipamento de visitação pública, 100% privado, moderno e multifuncional, de educação, pesquisa, conservação, lazer, entretenimento e cultura. [...]

Com 26 mil m² de área construída e 4,5 milhões de litros de água, o AquaRio é o maior aquário marinho da América do Sul e tem mais de 2 mil animais, de 350 espécies diferentes em exposição. [...]

Uma das maiores atrações do AquaRio [...] é o Recinto Oceânico e de Mergulho. Com 3,5 milhões de litros de água, sete metros de pé-direito e um túnel passando por seu interior, [...] proporciona uma experiência incrível e ímpar!

Afinal, é uma oportunidade de participar de um mergulho real [...] num ambiente lúdico e propício para se encantar, conhecer, desmistificar, respeitar e despertar a necessidade de preservar o ecossistema marinho.

Aquário Marinho do Rio de Janeiro. Disponível em: https://www.aquariomarinhodorio.com.br/o-aquario/. Acesso em: 27 mar. 2023.

- Reúna-se a um colega. Busquem informações sobre aspectos positivos e negativos desse tipo de atração em relação à educação ambiental

Observando o esquema, podemos perceber que, para converter 720 mililitros em decilitros, temos de multiplicar 720 por $\frac{1}{100}$, pois $\frac{1}{10} \cdot \frac{1}{10} = \frac{1}{100}$. Assim:

$$720 \cdot \frac{1}{100} = 7{,}2$$

Logo, 720 mL = 7,2 dL.

Comparando as três medidas, concluímos que o recipiente com maior capacidade é o que mede 8,5 dL, pois:

$$8{,}5 \text{ dL} > 7{,}2 \text{ dL} > 6{,}9 \text{ dL}$$

Perceba que convertemos as medidas em decilitro, mas poderíamos tê-las convertido em quilolitro ou em mililitro.

PARA EXPLORAR

***Medidas desesperadas*: comprimento, área e volume, de Kjartan Poskitt. São Paulo: Melhoramentos, 2005.**

Com explicações repletas de diversão, o livro trabalha com unidades de medida de comprimento, de área e de volume.

ATIVIDADES

Retomar e compreender

26. Indique a unidade de medida (litro ou mililitro) que você considera mais conveniente para expressar a capacidade destes recipientes:

a) copo de água
b) piscina
c) caixa-d'água
d) seringa de injeção

27. Escreva as seguintes quantidades em centímetro cúbico.

a) 0,05 L
b) 8 cL
c) 37 mL

28. Escreva as seguintes quantidades em litro.

a) 3,5 dm^3
b) 2 000 cm^3
c) 1 500 mm^3
d) 2 m^3

29. Associe os valores correspondentes.

a) 1000 L
b) 1 L
c) 10 cL
d) 10 daL

I) 1000 mL
II) 100 L
III) 1 kL
IV) 1 dL

30. Expresse as seguintes quantidades em mililitro.

a) 5 L
b) 0,05 L
c) 1,8 cL
d) 0,3 L
e) 26 dL
f) 14 hL

31. Expresse as seguintes quantidades em litro.

a) 4 cL
b) 10,60 daL
c) 180 hL
d) 42 kL
e) 13 dL
f) 0,005 mL

Aplicar

32. Observe os recipientes cheios de suco de frutas e, depois, responda às questões.

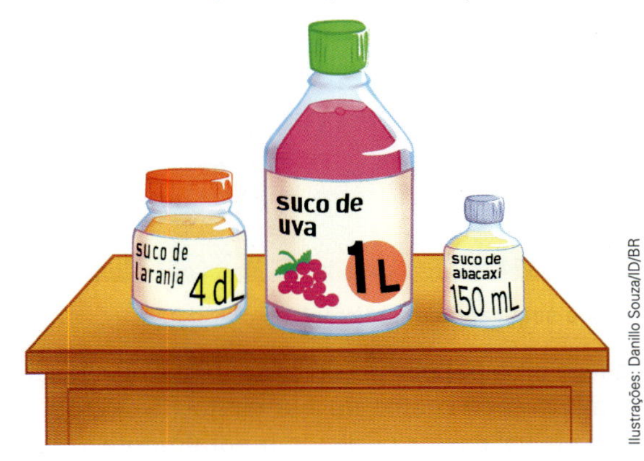

Ilustrações: Danillo Souza/ID/BR

a) Quantos mililitros de suco de uva estão na mesa? E quantos mililitros de suco de laranja?

b) Quantos litros de suco de abacaxi estão na mesa? E quantos litros de suco de laranja?

c) Qual é o total de centilitros de suco de frutas que estão sobre a mesa?

33. Uma lanchonete vende café em xícaras de 50 mL de medida de capacidade.

Quantos reais a lanchonete obterá com a venda de 5 L de café?

MAIS ATIVIDADES

Retomar e compreender

1. Reúna-se com dois colegas. Com a orientação do professor, vocês vão cortar três pedaços de barbante: *A* com 10 cm, *B* com 20 cm e *C* com 30 cm. Depois, meçam um mesmo objeto utilizando cada um dos pedaços do barbante como unidade de medida. Existe uma relação entre as medidas obtidas e o comprimento do barbante? Expliquem.

2. A fotografia a seguir mostra um *microchip*. Supondo que ele meça 4 mm de comprimento, quantos iguais a esse caberiam enfileirados por seu comprimento, um ao lado do outro, em 1 metro?

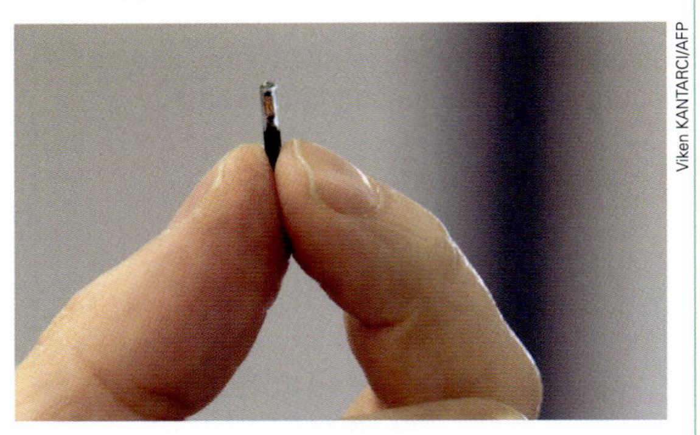

Viken KANTARCI/AFP

▲ Pessoa segurando um *microchip*.

3. Júlia foi a uma papelaria comprar 10 m e 50 cm de fita. Se cada metro de fita custa R$ 3,20, quanto ela vai gastar? Calcule mentalmente.

4. O nome da pintura reproduzida a seguir é *Abaporu*.

Museo de Arte Latinoamericano de Buenos Aires, Buenos Aires, Argentina. Fotografia: Romulo Fialdini/Tempo Composto © Tarsila do Amaral Empreendimentos

▲ Tarsila do Amaral. *Abaporu*, 1928. Óleo sobre tela, 85 cm × 73 cm.

Essa é uma das obras mais famosas da pintora Tarsila do Amaral. As dimensões da obra original são 85 cm por 73 cm.

a) Calcule a medida do perímetro do quadro original.

b) Com um colega, busque informações sobre a pintora Tarsila do Amaral e sua obra. Depois, com a organização do professor, participe de uma roda de conversa para compartilhar o que cada dupla encontrou.

5. Para medir o volume de água em um recipiente, Camila usou um copo. Depois, Daniel mediu o mesmo volume de água usando uma jarra.

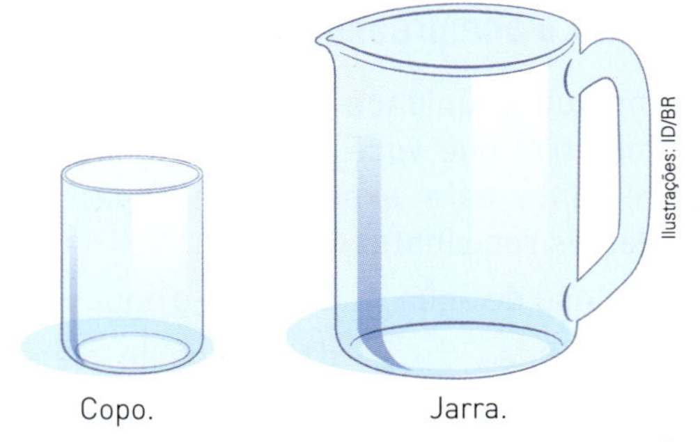

Ilustrações: ID/BR

Quem obteve a medida numericamente maior?

6. Indique qual destas alternativas apresenta uma medida que não parece ser razoável.

a) Um caminhão com medida de capacidade de 100 dm^3.

b) Um contêiner com capacidade medindo 33 m^3.

Aplicar

7. Uma horta com formato quadrado foi cercada. Sabendo que foram utilizados 28 m de fio para cercá-la, determine a medida da área ocupada pela horta.

8. De acordo com a Companhia de Saneamento Básico de São Paulo (Sabesp), em um período de 24 horas (1 dia), uma torneira com gotejamento rápido desperdiça 32 litros de água.

a) Determine a quantidade de galões de 20 L que podem ser preenchidos com a água desperdiçada por uma torneira com gotejamento rápido no período de 30 dias.

b) Elabore uma lista com algumas sugestões para evitar desperdício de água. Depois, converse com os colegas sobre sua lista.

9. Se a medida do perímetro da figura rosa é 168 cm, qual é a medida do volume do cubo verde em decímetro cúbico?

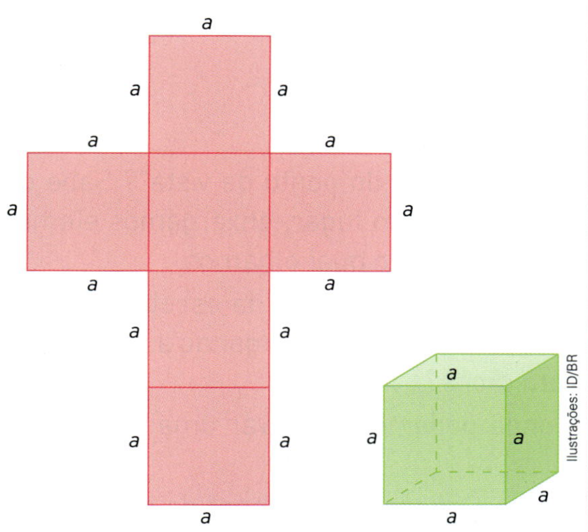

Ilustrações: ID/BR

10. Em um sítio com 12 hm^2 de medida de área reservados para cultivo, as terras serão utilizadas da seguinte maneira:

(Representações sem proporção de tamanho entre si)

- 40% para cultivo de algodão.

natu/Shutterstock.com/ID/BR

- 35% para cultivo de arroz.

Billion Photos/Shutterstock.com/ID/BR

- O restante para cultivo de feijão.

VR Photos/Shutterstock.com/ID/BR

Calcule a medida de área, em hectômetro quadrado, que será utilizada para o cultivo:

a) de algodão;

b) de arroz;

c) de feijão.

11. Considere que os três recipientes ilustrados a seguir são idênticos.

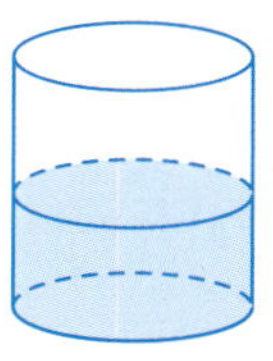
Recipiente A

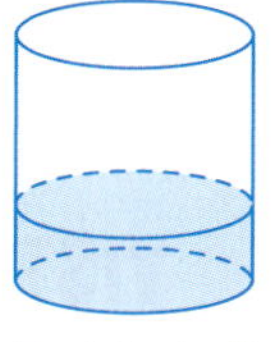
Recipiente B

Recipiente C

Em cada recipiente, foi colocada uma quantidade diferente de água.

a) Qual desses recipientes contém a maior medida de volume de água? E qual deles contém a menor medida de volume de água?

b) Qual dos recipientes apresenta a maior medida de capacidade? E qual deles apresenta a menor medida de capacidade?

12. Um posto de saúde precisa vacinar 12 mil pessoas a partir de 5 anos de idade contra a febre amarela. O laboratório enviou um lote de 75 dL da vacina ao posto, e cada dose dessa vacina corresponde a uma ampola de 0,5 mL.

a) Determine a quantidade de pessoas que é possível vacinar contra a febre amarela com o lote enviado ao posto de saúde.

b) Após vacinar todas as pessoas, sobrarão ou faltarão doses dessa vacina? Se sim, quantas?

13. Com um colega, faça o que se pede em cada item.

a) Criem situações que envolvam cada uma das grandezas indicadas.

I. Comprimento

II. Área

III. Volume

IV. Capacidade

b) A partir das situações que vocês criaram no item anterior, elaborem problemas envolvendo as grandezas I, II, III e IV.

c) Troquem de caderno com outra dupla para que eles resolvam os problemas criados por vocês e vocês resolvam os problemas criados por eles.

d) Em sua opinião, qual foi a maior dificuldade desta atividade: Criar as situações, formular os problemas ou resolver os problemas? Converse com os colegas e o professor.

CAPÍTULO

2 VISTAS E PLANTAS BAIXAS

VISTAS

Você já escutou a expressão “depende do ponto de vista”? Sabe o que ela significa? Muitas vezes, ao observar um lugar, enxergamos elementos distintos, dependendo do ponto de vista pelo qual olhamos.

Você conseguiria dizer como é a parte superior da escola onde estuda olhando de frente para ela? E se você estivesse enxergando a escola do alto, por exemplo, pela câmera de um *drone*?

As diferentes posições de onde podemos observar uma paisagem são chamadas de **ponto de vista**.

Nesta imagem, podemos ver o Congresso Nacional do **ponto de vista horizontal**. Observe que a imagem foi obtida de frente e que é possível ver somente um dos lados dos elementos da paisagem.

▼ O Congresso Nacional é uma instituição composta pela Câmara dos Deputados e pelo Senado Federal. Ele fica em Brasília (DF). Foto de 2022.

Fotografia: Alejandro Zambrana/Shutterstock.com/ID/BR © Niemeyer, Oscar/ AUTVIS, Brasil, 2023

Agora, observe como podemos ver o Congresso Nacional de outros pontos de vista.

- **Ponto de vista oblíquo:** A foto a seguir foi obtida de um ponto de vista um pouco mais do alto e de lado. Observe que a paisagem é vista de modo inclinado, pois temos uma visão oblíqua. Perceba que a imagem permite ver alguns elementos da parte de cima e de partes laterais da paisagem.

2021 Maxar Technologies/Google Earth

Congresso Nacional visto do alto e de lado. Imagem de 2022.

- **Ponto de vista vertical:** A foto a seguir foi obtida de cima para baixo e nos dá uma visão vertical. Perceba que é possível observar principalmente a parte superior dos elementos que compõem a paisagem.

2021 Maxar Technologies/Google Earth

Congresso Nacional visto de cima. Imagem de 2022.

DESCUBRA +

Drones

De maneira geral, a vista vertical é a que propicia a melhor visualização da distribuição dos elementos nas paisagens. Mas, afinal, como as fotos aéreas são produzidas? Antigamente, elas eram obtidas por meio de voos em balões, porém atualmente existem diversas outras tecnologias. Uma delas é o *drone*, objeto controlado por controle remoto que é capaz de sobrevoar longas distâncias e pode carregar câmeras.

Wirestock/iStock/Getty Images

Drone com câmera acoplada.

PLANTAS BAIXAS

Válter e Raul decidiram vender o apartamento em que moram. Ao contratar uma imobiliária, eles foram informados de que seria preciso fazer uma planta baixa do apartamento para incluir nos anúncios. Veja como ficou a planta baixa.

Danilo Souza/ID/BR

Observando a planta baixa, é possível saber quantos quartos tem no apartamento de Válter e Raul?

As plantas baixas são representações planas que possibilitam a observação de alguns detalhes de um local. Nessa planta, por exemplo, foi representado o apartamento de Válter e Raul. Por meio dessa representação, é possível observar a quantidade de quartos, a disposição dos cômodos, onde fica a varanda, entre outros.

As plantas baixas também podem ser utilizadas para representar parte de uma superfície terrestre. Veja.

João Pícoli/ID/BR

PARE E REFLITA

Observe novamente as plantas baixas desta página e reflita sobre os seguintes questionamentos:

- Se você estivesse na varanda do apartamento de Válter e Raul, como faria para ir até a sala?
- Se você estivesse na rua William Nivaldo, como faria para chegar até o Museu de Arte Contemporânea?
- Que detalhes importantes você não consegue identificar em cada uma das plantas baixas?

Agora, acompanhe como um garoto desenhou a planta baixa da biblioteca da escola em que estuda.

1º passo: Após observar com atenção a disposição dos elementos da biblioteca, o garoto confeccionou uma maquete desse espaço utilizando alguns materiais simples. Depois, ele observou a maquete verticalmente, de cima para baixo, pois, desse modo, ele conseguia visualizar a disposição das estantes, das mesas e de outros elementos.

Fotos: Dotta2/ID/BR

▲ Garoto observando a maquete.

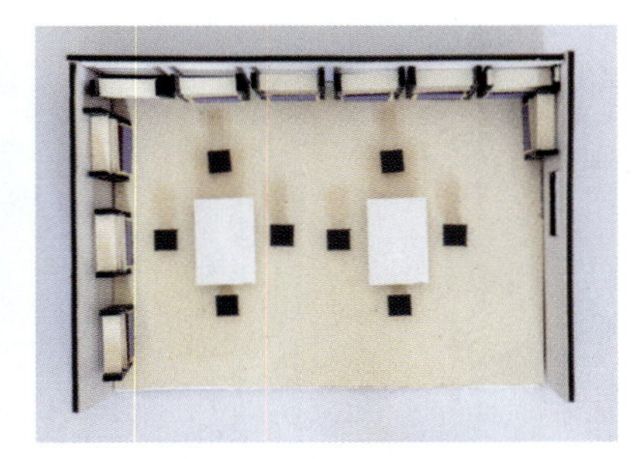

▲ Como o garoto vê a maquete.

2º passo: Observando verticalmente a maquete, o garoto representou a biblioteca em um desenho, ou seja, produziu uma planta baixa.

▲ Garoto desenhando a planta baixa a partir da observação da maquete.

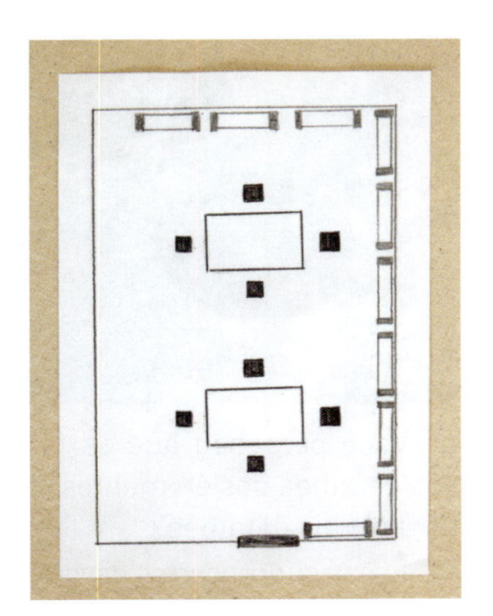

▲ Planta baixa da biblioteca produzida pelo garoto.

ESCALAS

Observe a sequência de fotografias a seguir.

Vista aérea de parte do município de Curitiba (PR), na qual é possível ver em poucos detalhes o Jardim Botânico. Imagem de 2022.

Vista aérea de parte do município de Curitiba (PR), na qual é possível ver o Jardim Botânico com um pouco mais de detalhes. Imagem de 2022.

Vista aérea de parte do município de Curitiba (PR), na qual é possível ver uma parte do Jardim Botânico mais de perto. Imagem de 2022.

Você percebeu que as fotografias apresentam diferenças em relação aos detalhes dos elementos representados? Em qual delas é possível identificar mais detalhes?

Essas diferenças se devem à **escala** em que as imagens foram produzidas. A escala indica a medida a que cada unidade de medida da representação corresponde no objeto ou na paisagem real.

Agora, acompanhe outra situação em que usamos escala.

Cláudia combinou com sua mãe de andar de *skate* em um parque recém-inaugurado. Para facilitar a chegada ao parque, ela fez uma planta baixa para a mãe indicando o trajeto da casa delas até o parque. Observe.

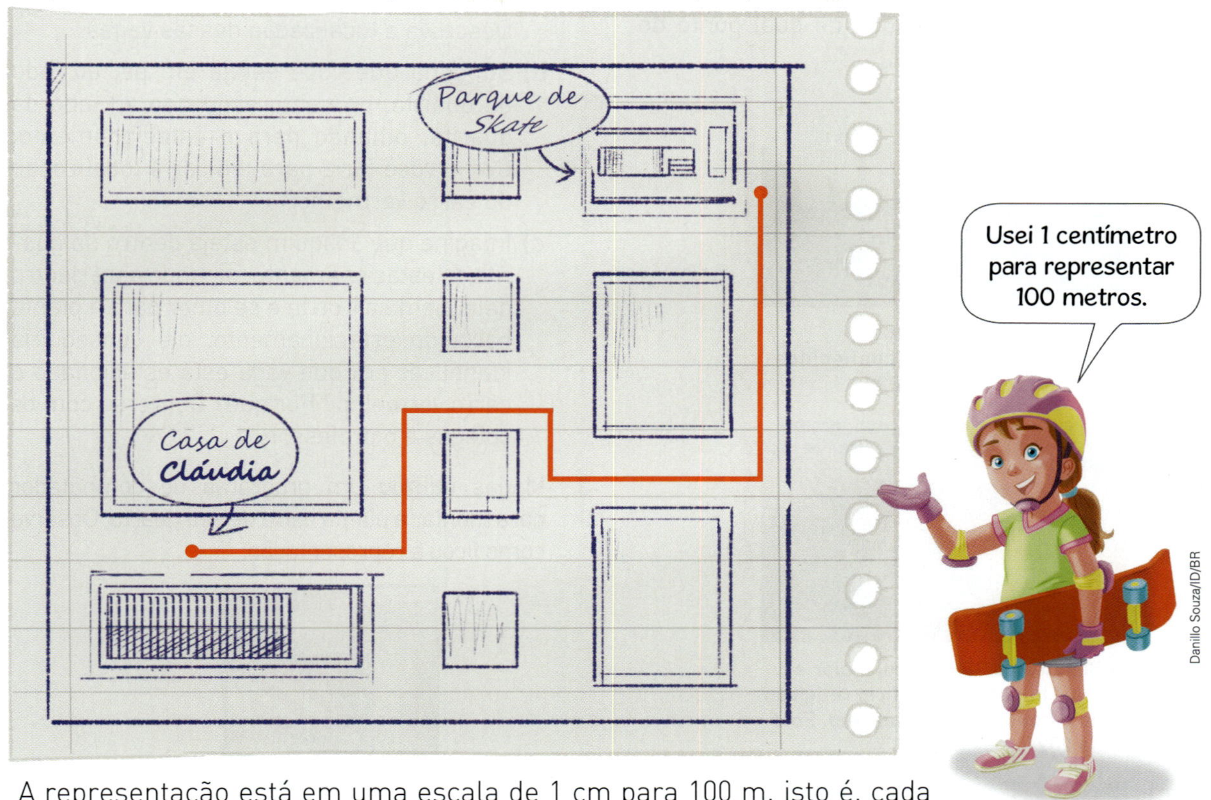

A representação está em uma escala de 1 cm para 100 m, isto é, cada 1 cm de medida de comprimento na planta baixa equivale a 100 m (10 000 cm) na realidade.

Podemos indicar essa informação de duas maneiras.

1ª maneira: Escala numérica

Como 1 cm está para 10 000 cm, indicamos:

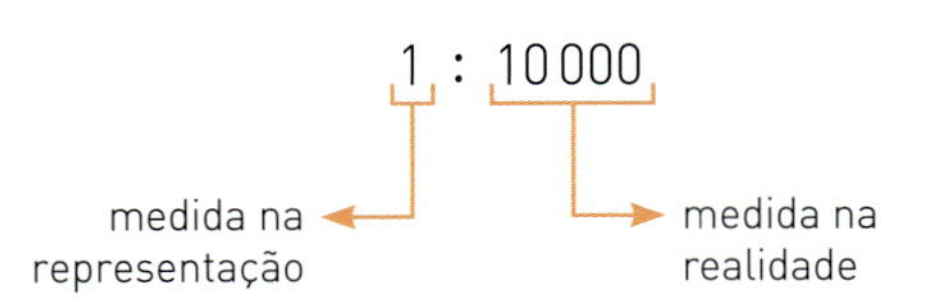

2ª maneira: Escala gráfica

Para encontrar a distância real do trajeto da casa de Cláudia até o parque, primeiro medimos o comprimento desse trajeto na planta baixa.

Ao fazer essa medição com o auxílio de uma régua, concluímos que o trajeto mede 15 cm.

Depois, multiplicamos esse valor (15 cm) pela medida correspondente a cada centímetro na realidade, no caso, 100 m.

$$15 \cdot 100 = 1500$$

Logo, a distância real do trajeto entre a casa de Cláudia e o parque mede 1 500 m de comprimento.

ATIVIDADES

Retomar e compreender

1. Observe as fotos e indique de qual ponto de vista elas foram obtidas.

a)

LuisFidelAyerves/iStock/Getty Images

▲ O Taj Mahal é um dos monumentos mais conhecidos da Índia. Foto de 2022.

b)

Vladislav Zolotov/iStock/Getty Images

▲ Basílica de São Pedro, maior e mais importante edifício religioso do catolicismo, no Vaticano. Foto de 2021.

c)

2022 Maxar Technologies/Google Earth

▲ Parte da cidade de Brasília, capital do Brasil. Imagem de 2022.

Aplicar

2. Joaquim trabalha em um estacionamento e controla o número de carros estacionados utilizando uma planta baixa. Veja, na imagem, como estava o estacionamento em certo momento de determinado dia.

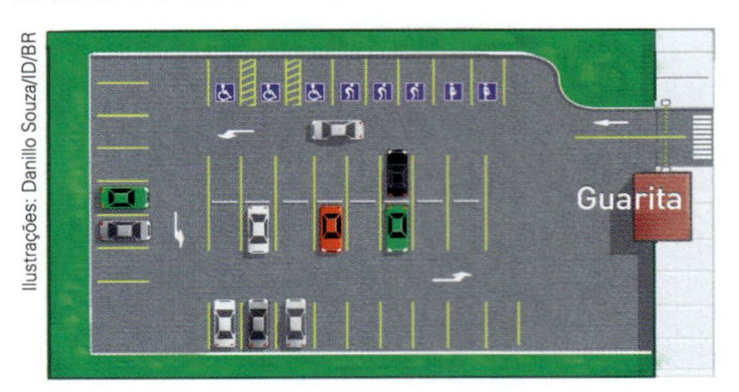

Ilustrações: Danillo Souza/ID/BR

a) Quantas vagas reservadas a pessoas com deficiência existem nesse estacionamento? Descreva a localização dessas vagas.

b) Suponha que você esteja em pé, ao lado da guarita, no canto esquerdo ao lado da guarita, olhando para o estacionamento. Como você faria para indicar a localização do carro vermelho?

c) Imagine que Joaquim esteja dentro da guarita do estacionamento, olhando para dentro dele. Sem sair de lá e se olhar para a planta baixa do estacionamento, ele conseguiria identificar em que vaga está estacionado o carro vermelho? Por quê? Converse com os colegas e o professor.

3. Matias utilizou um programa de computador para montar a planta baixa de seu quarto. Observe como ficou a representação.

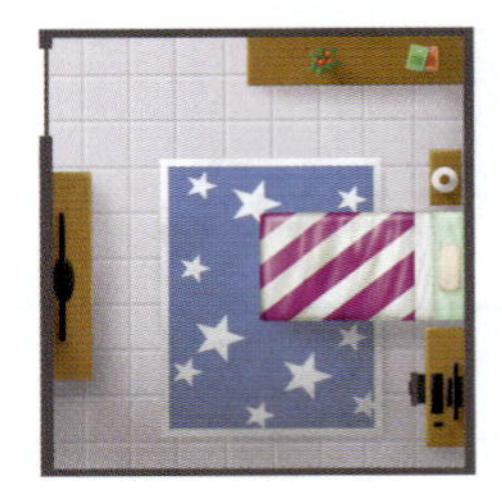

Agora, leia o que Matias está dizendo.

Eu configurei o programa de modo que 1 cm representasse 4 m.

a) Com o auxílio de uma régua, meça a parede em que a cama está encostada e determine a medida real dessa parede.

b) Em sua opinião, a escala que Matias diz ter configurado está correta? Converse com os colegas e o professor.

c) Que escala o programa utilizou? Explique como você pensou.

ATIVIDADES

Acompanhamento da aprendizagem

Retomar e compreender

1. Observe o mapa e, depois, responda às questões.

Brasil: Divisão política atual

Fonte de pesquisa: *Atlas geográfico escolar*. 8. ed. Rio de Janeiro: IBGE, 2018. p. 90.

a) A escala utilizada no mapa é de 1 centímetro para quantos quilômetros?

b) No mapa, qual é a medida da distância aproximada, em centímetro e em linha reta, de Goiânia à cidade de Cuiabá? Meça com uma régua.

c) Qual é a medida da distância real aproximada, em linha reta, entre essas cidades?

d) Com um colega, pesquise na internet a medida da distância entre essas cidades. A medida encontrada por vocês é próxima da encontrada no item anterior? Comentem.

Aplicar

2. Escolha um cômodo da sua casa e imagine os elementos dele observados de um ponto de vista vertical. Em uma folha de papel avulsa, produza uma planta baixa desse cômodo. Depois de pronta, você pode pintá-la e colocar legendas para identificar os itens representados.

3. Desenhe uma planta baixa na qual seja possível observar o trajeto da sua casa até um local escolhido por você – pode ser a escola, um parque, um cinema, etc. Se necessário, retome a planta baixa da página 325.

CAPÍTULO

3 MASSA, TEMPERATURA E TEMPO

MEDIDAS DE MASSA

O beija-flor-abelha é encontrado em Cuba e é considerado a ave mais leve do mundo, com cerca de 2 gramas. Da ponta da cauda até a ponta de seu bico, ele tem cerca de 6 centímetros de medida de comprimento.

Você consegue imaginar o que significam 2 gramas? Para você ter ideia, a tampa de uma caneta esferográfica tem cerca de 1 grama de medida de massa.

O **quilograma** é a unidade de medida padrão para a grandeza massa no SI. O quilograma é, na verdade, um múltiplo do grama. Observe no quadro a seguir a relação entre essas unidades de medida de massa e algumas outras.

Múltiplos			Unidade de medida	Submúltiplos		
Quilograma (kg)	Hectograma (hg)	Decagrama (dag)	**GRAMA (g)**	Decigrama (dg)	Centigrama (cg)	Miligrama (mg)
1 kg equivale a 1 000 g	1 hg equivale a 100 g	1 dag equivale a 10 g	**1 g**	1 dg equivale a $\frac{1}{10}$ g	1 cg equivale a $\frac{1}{100}$ g	1 mg equivale a $\frac{1}{1\,000}$ g

▼ Beija-flor-abelha (*Mellisuga helenae*).

Instrumentos de medida

O instrumento de medida de massa mais conhecido é a balança. Existem vários tipos de balança, com diferentes precisões.

(Representações sem proporção de tamanho entre si)

Adirekjob/Shutterstock.com/ID/BR

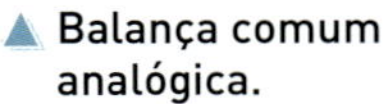

▲ Balança comum analógica.

Sergiy1975/Shutterstock.com/ID/BR

▲ Balança de precisão digital.

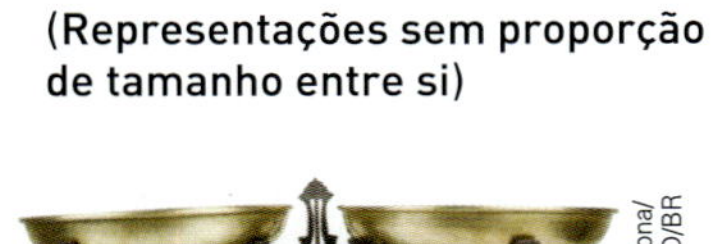

Vicente Barcelo Varona/Shutterstock.com/ID/BR

▲ Balança mecânica de dois pratos antiga.

glenda/Shutterstock.com/ID/BR

▲ Balança mecânica.

Na balança de dois pratos, colocamos um item em cada prato e observamos os pratos. O prato que ficar mais baixo contém o item de maior medida de massa; o prato que ficar mais alto contém o item de menor medida de massa. Se os pratos permanecerem na mesma altura, eles estarão em equilíbrio, indicando que os dois itens têm a mesma medida de massa.

Massa e peso

No dia a dia, é comum as pessoas falarem "peso" para indicar massa. Porém, esses termos não têm o mesmo significado. Peso e massa são grandezas diferentes.

A Terra, a Lua, o Sol e outros astros exercem sobre os corpos uma força de atração. A essa força damos o nome de peso, que pode variar dependendo da massa e da distância do centro do astro em relação ao corpo. Por exemplo, o peso de um corpo na superfície da Lua é aproximadamente seis vezes menor que o peso desse mesmo corpo na superfície da Terra. Já a massa desse corpo é igual na Lua, na Terra e em qualquer outro lugar.

Assim, em situações em que usualmente dizemos "peso", o correto é utilizar o termo "massa", que é a grandeza adequada para indicar a quantidade de matéria de um corpo.

Wang LiQiang/Shutterstock.com/ID/BR

TONELADA E ARROBA

Duas outras unidades de medida de massa utilizadas com frequência são a **tonelada** (t) e a **arroba**. Uma tonelada equivale a 1000 kg e uma arroba, a 15 kg. A arroba é utilizada com frequência no comércio agropecuário.

Transformação das unidades de medida de massa

Maurício faz pães artesanais para vender. O saco da farinha de trigo que ele costuma comprar contém 20 kg. Para as encomendas desta semana, ele precisa de 80 000 g de farinha de trigo. Será que com um saco de farinha de trigo Maurício conseguirá atender às encomendas desta semana?

Para responder a essa pergunta, precisamos comparar as medidas 20 kg e 80 000 g.

Cada unidade de medida de massa é igual a 10 vezes a unidade imediatamente inferior. Podemos dizer também que cada unidade de medida de massa é igual a $\frac{1}{10}$ da unidade imediatamente superior. Observe o esquema a seguir, que mostra como fazer a conversão entre as diferentes unidades de medida de massa.

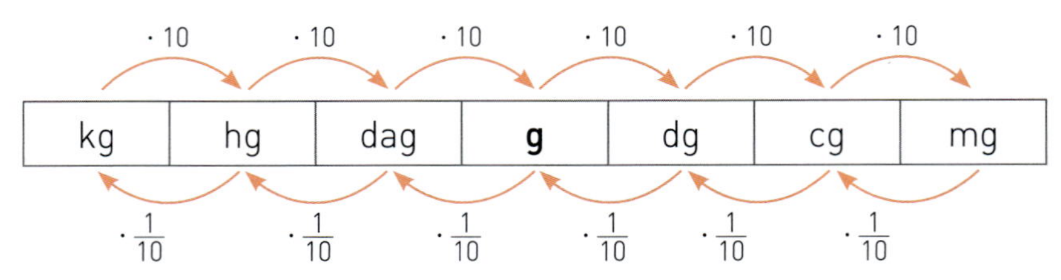

Agora, para comparar essas medidas de massa, podemos tanto converter 20 kg em gramas como 80 000 g em quilogramas. Vamos fazer da primeira maneira. Acompanhe.

Convertendo quilograma em grama

Partindo do quilograma no esquema a seguir e deslocando três posições para a direita, chegamos ao grama.

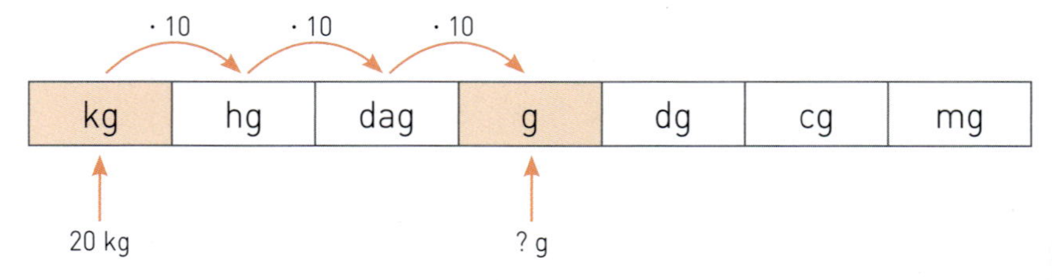

Observando o esquema, podemos perceber que, para converter 20 quilogramas em gramas, temos de multiplicar esse valor por 1000, pois $10 \cdot 10 \cdot 10 = 1000$. Assim:

$$20 \cdot 1000 = 20\,000$$

Logo, 20 kg = 20 000 g.

Como para as encomendas da semana serão necessários 80 000 g de farinha de trigo, apenas um saco com 20 kg (20 000 g) não será suficiente para Maurício atender às encomendas. Nessa situação, ele precisará de 4 sacos de farinha de trigo, pois $4 \cdot 20\,000$ g = 80 000 g.

PARE E REFLITA

Como você faria para converter 80 000 gramas em quilograma? Explique aos colegas e ao professor.

ATIVIDADES

Retomar e compreender

1. Escreva a unidade de medida que você considera mais conveniente para expressar a massa dos itens a seguir.

a) Um comprimido.

b) Carga contida em contêiner.

c) Um pacote com seis pãezinhos.

d) Uma onça.

2. Em cada item, leia as informações do quadro e indique a medida da massa do animal na unidade de medida que considerar mais apropriada. As imagens estão em diferentes escalas.

a)

Kletr/Shutterstock.com/ID/BR

elefante
7 500 000 g

b)

irin-k/Shutterstock.com/ID/BR

mosca
0,0000002 t

c)

Eric Isselee/Shutterstock.com/ID/BR

cachorro
35 500 g

d)

Pakhnyushchyy/Shutterstock.com/ID/BR

rato
0,0002 t

3. Complete as igualdades a seguir com o valor correto.

a) 500 kg = ▪ t

b) 3 t = ▪ g

c) 2 g = ▪ mg

d) 3 758 cg = ▪ g

e) 3,75 dag = ▪ mg

f) 757 g = ▪ kg

4. Escreva as medidas a seguir em quilograma.

a) 7,8 hg

b) 4,5 dag

c) 5,4 dg

d) 1,9 t

5. Escreva as medidas a seguir em grama.

a) 3,5 dg

b) 67 mg

c) 33,47 kg

d) 0,0082 t

6. Transforme:

a) 15,1 quilogramas em decagrama.

b) 109 decigramas em grama.

c) 1,11 grama em miligrama.

d) 7 589 quilogramas em tonelada.

7. A quantos quilogramas corresponde a medida da massa de uma carga de cacau de 16 arrobas?

Aplicar

8. Lúcia vai guardar 5 livros e 4 cadernos em uma caixa. A medida da massa de cada livro é 0,25 kg, e a de cada caderno é 200 g. Qual é a medida total de massa dos itens que Lúcia vai colocar na caixa, em quilograma?

9. Rafael fez um bolo de 18 kg e dividiu-o em pedaços iguais, todos com 300 g. Em quantos pedaços ele dividiu o bolo?

10. A medida da massa de uma baleia jubarte pode chegar a 40 t. Já a medida da massa de um morcego kitti é de aproximadamente 2 g. As imagens a seguir estão em diferentes escalas.

blake81/iStock/Getty Images

▲ Uma baleia jubarte adulta pode medir até 16 metros de comprimento.

MerlinTuttle.org/Science Source/Fotoarena

▲ O morcego kitti, também chamado de morcego-nariz-de-porco, vive em torno de 15 anos.

Quantos morcegos kitti seriam necessários para compor a medida da massa de uma baleia jubarte?

MEDIDAS DE TEMPERATURA

As férias chegaram e é hora de escolher uma cidade para conhecer. Precisamos pensar: Queremos ir para um lugar onde esteja fazendo frio ou esteja fazendo calor?

Para saber se nas possíveis cidades para passar as férias estará fazendo frio ou calor, é preciso conhecer a medida da temperatura das cidades. Uma boa estratégia é consultar a previsão do tempo (do clima local).

Veja esta previsão do tempo para quatro dias em três cidades brasileiras.

João Picoli/ID/BR

Fonte de pesquisa: Climatempo. Disponível em: www.climatempo.com.br. Acesso em: 15 dez. 2022.

> **PARE E REFLITA**
>
> Na ilustração apresentada, a seta vermelha indica a medida da temperatura máxima prevista para o dia e a seta azul indica a medida da temperatura mínima prevista para o dia.
>
> Imagine que você queira ir, no período registrado pela previsão, a uma das três cidades e vai escolher aquela em que fizer mais calor. Qual delas você escolheria?

Nessa previsão, alguns números aparecem seguidos do símbolo **°C**. Você sabe o que ele significa? Esse símbolo significa **grau Celsius**.

No Brasil, o grau Celsius (°C) é a unidade de medida usual para medir temperatura. Entretanto, em alguns países, é comum medir temperatura usando o grau Fahrenheit (°F). Já o kelvin (K) é usado em pesquisas científicas.

Cada unidade de medida de temperatura recebe o nome do pesquisador que a criou.

Observatório Astronômico da Universidade de Upsália, Suécia. Fotografia: Album/Fotoarena

▲ **Anders Celsius (1701-1744).**

The Picture Art Collection/Alamy/Fotoarena

▲ **Daniel Gabriel Fahrenheit (1686-1736).**

Coleção particular. Fotografia: Ken Welsh/Bridgeman Images/Easypix

▲ **Lorde Kelvin (1824-1907).**

Instrumentos de medida

O instrumento de medida mais utilizado para medir temperaturas é o termômetro. Existem diferentes tipos de termômetro. Veja alguns deles.

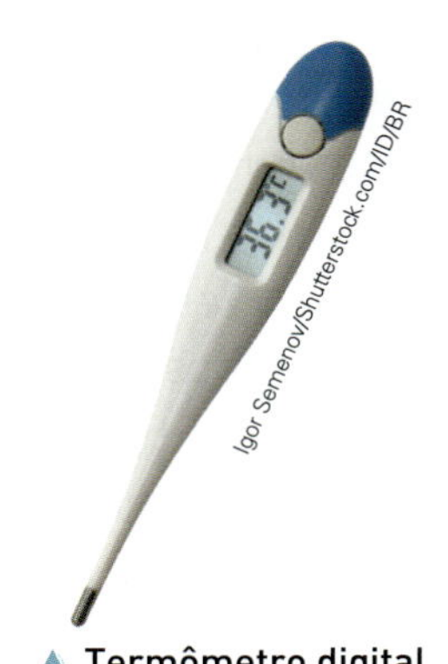

Termômetro digital.

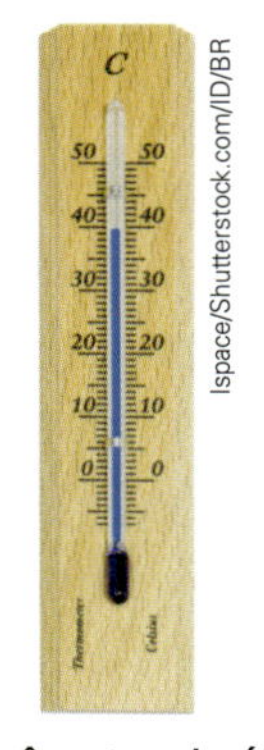

Termômetro de álcool.

Termômetro de rua.

(Representações sem proporção de tamanho entre si)

ATIVIDADES

Retomar e compreender

11. Utilizando o símbolo $>$, escreva as medidas de temperatura mostradas a seguir em ordem decrescente.

8,3 °C | 42 °C | 4 °C | 26 °C | 8 °C | 18 °C | 6,4 °C | 1,5 °C

12. Relacione as imagens com as medidas de temperatura registradas.

Praia de Boa Viagem, em Recife (PE). Foto de 2021.

Santa Maria (RS). Foto de 2020.

I. 12 °C

II. 35 °C

Aplicar

13. O quadro a seguir mostra uma previsão das medidas de temperatura máxima e mínima no período de uma semana no município de Alto Alegre, em Roraima.

Temperaturas máxima e mínima em Alto Alegre (RR)						
Domingo	Segunda-feira	Terça-feira	Quarta-feira	Quinta-feira	Sexta-feira	Sábado
32 °C	33 °C	31 °C	31 °C	31 °C	31 °C	31 °C
23 °C	23 °C	21 °C	22 °C	22 °C	22 °C	21 °C

Fonte de pesquisa: Climatempo. Disponível em: www.climatempo.com.br. Acesso em: 15 dez. 2022.

a) Qual é a maior medida de temperatura prevista para esse período? E a menor?

b) Qual foi a maior variação entre a medida de temperatura máxima e a mínima nesse período e em que dia ou dias ela se verificou?

MEDIDAS DE TEMPO

Você já parou para pensar como seria a nossa vida se não fôssemos capazes de medir o tempo? Como você saberia o horário de acordar, o horário de chegar à escola e o horário do intervalo? Certamente, se não conseguíssemos medir o tempo, seria quase impossível, por exemplo, registrar os fatos importantes da história, saber se as férias estão no fim ou simplesmente agendar um encontro com os colegas.

Atualmente, usamos o calendário gregoriano para medir o tempo. Nesse calendário, o ano é dividido em meses e os meses são divididos em dias.

Já para medir o tempo em unidades menores que o dia, costumamos utilizar o relógio. Nele, o dia é dividido em horas, as horas são divididas em minutos e os minutos são divididos em segundos.

1 dia = 24 horas	1 hora = 60 minutos	1 minuto = 60 segundos

Utilizamos as seguintes abreviações para indicar hora, minuto e segundo: **h**, **min** e **s**.

Diferentes tipos de relógio

Veja alguns dos relógios mais importantes que já foram inventados.

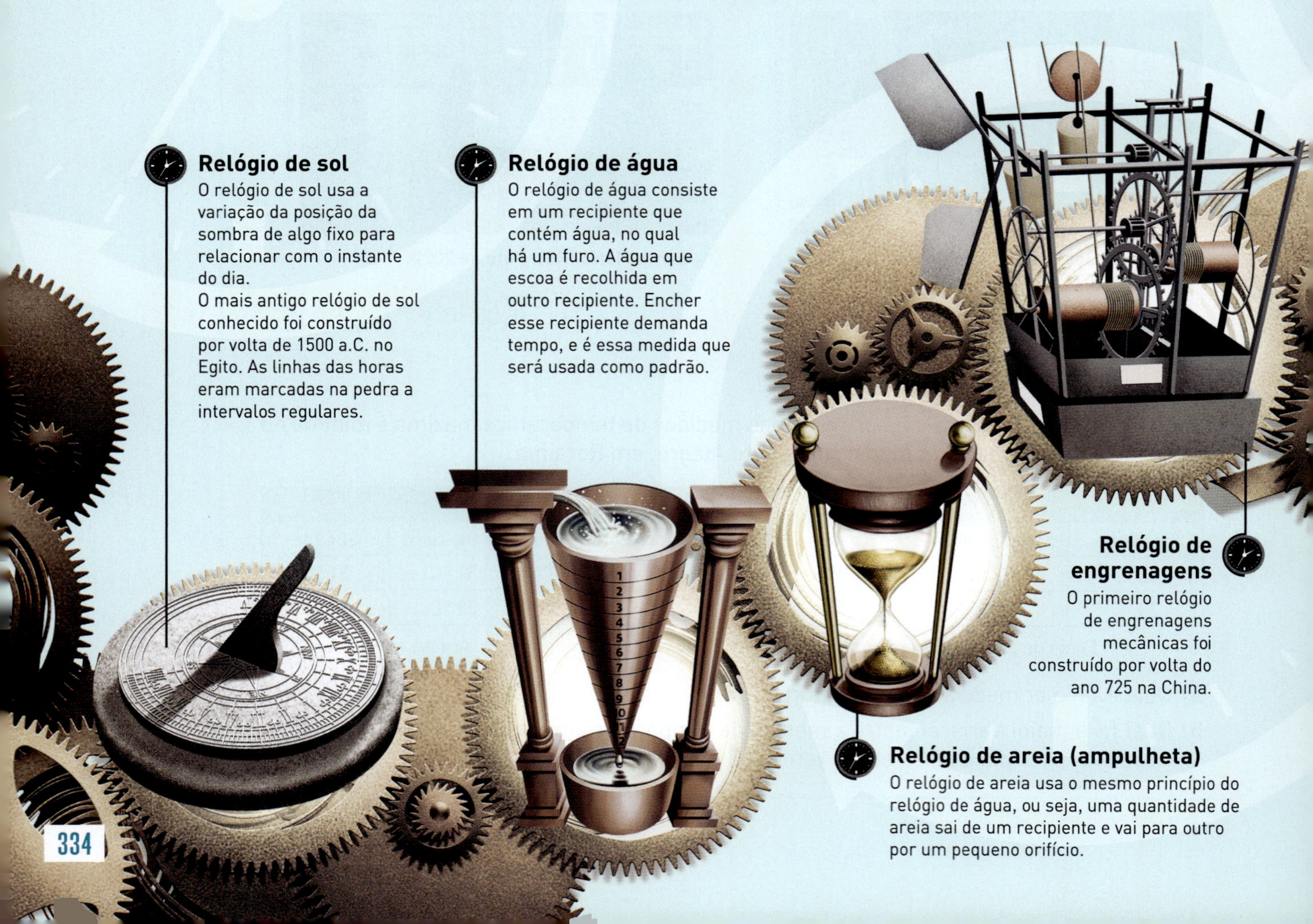

Relógio de sol
O relógio de sol usa a variação da posição da sombra de algo fixo para relacionar com o instante do dia.
O mais antigo relógio de sol conhecido foi construído por volta de 1500 a.C. no Egito. As linhas das horas eram marcadas na pedra a intervalos regulares.

Relógio de água
O relógio de água consiste em um recipiente que contém água, no qual há um furo. A água que escoa é recolhida em outro recipiente. Encher esse recipiente demanda tempo, e é essa medida que será usada como padrão.

Relógio de engrenagens
O primeiro relógio de engrenagens mecânicas foi construído por volta do ano 725 na China.

Relógio de areia (ampulheta)
O relógio de areia usa o mesmo princípio do relógio de água, ou seja, uma quantidade de areia sai de um recipiente e vai para outro por um pequeno orifício.

Instrumentos de medida

Veja alguns dos principais instrumentos utilizados para medir o tempo.

(Representações sem proporção de tamanho entre si)

Photology1971/Shutterstock.com/ID/BR

▲ A ampulheta é um dos instrumentos mais antigos para medir o tempo. O esvaziamento total da parte superior equivale a um período de tempo previamente determinado.

wong yu liang/Shutterstock.com/ID/BR

▲ Os relógios são os instrumentos de medida de tempo mais utilizados atualmente. Eles podem ser digitais ou analógicos e geralmente marcam horas, minutos e segundos.

PrimaStockPhoto/Shutterstock.com/ID/BR

▲ Os cronômetros são instrumentos de medida de tempo capazes de medir intervalos menores que o segundo. Geralmente são utilizados em competições.

Apesar de tantos recursos tecnológicos para marcar a passagem do tempo, a **ampulheta** continua sendo um instrumento bem interessante. Vamos construir um modelo desse relógio?

Relógio de pêndulo

O relógio de pêndulo é um mecanismo que utiliza a regularidade das oscilações do pêndulo para medir o tempo.

Galileu Galilei (1564-1642) foi quem estruturou a teoria da regularidade dessas oscilações, mas o invento do relógio de pêndulo é atribuído a Christiaan Huygens (1629-1695), em 1656.

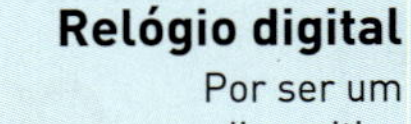

Relógio digital

Por ser um dispositivo relativamente barato e simples, o relógio digital está associado a outros dispositivos eletrônicos.

Relógio atômico

É considerado o relógio mais preciso construído pelo ser humano, atrasando apenas 1 segundo a cada 65 mil anos. Assim, o Sistema Internacional de Unidades (SI) equiparou um segundo a 9 192 631 770 ciclos de radiação, que correspondem à transição entre dois níveis de energia do átomo de césio-133.

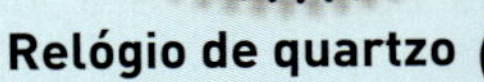

Relógio de quartzo

Com o relógio de quartzo, houve um aumento na precisão dos relógios. Os relógios de quartzo surgiram na década de 1930 e hoje são muito baratos.

Transformação das unidades de medida de tempo

Paulo participou de uma prova de natação e, em seguida, de uma corrida. Ele realizou a prova de natação em 23 min 45 s e a corrida, em 1 h 47 min 52 s. Veja como Paulo fez para determinar a medida do tempo total gasto nas duas provas.

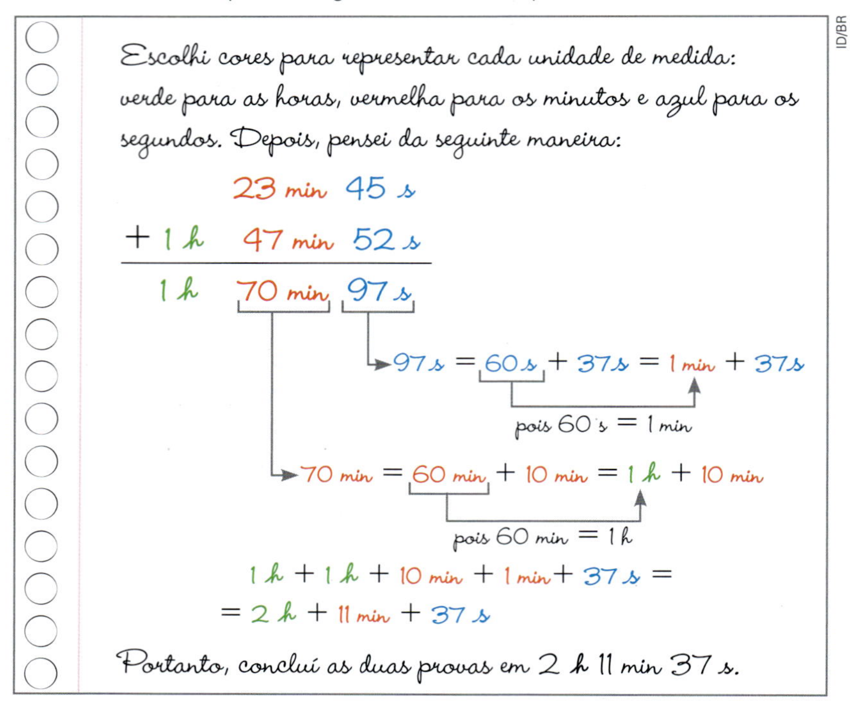

ID/BR

ATIVIDADES

Retomar e compreender

14. Indique as unidades de medida de tempo mais adequadas em cada situação.

a) Duração de uma viagem de avião de São Paulo (SP) ao Rio de Janeiro (RJ).

b) Duração de uma viagem de carro de Brasília (DF) a Natal (RN).

c) Tempo que uma torneira aberta leva para encher de água uma pia de banheiro.

d) Tempo gasto por uma pessoa para piscar os olhos.

15. Substitua os símbolos quadrados nas igualdades a seguir pelos valores corretos.

a) 2 h 23 min 54 s = ■ s

b) 7 250 s = ■ h ■ min ■ s

c) 49 h = ■ dias ■ h

16. Calcule.

a) 46 min 58 s + 15 min 35 s

b) 22 min 32 s + 24 min 43 s +
+ 1 h 30 min 13 s

Aplicar

17. Rosângela nasceu no dia contornado no calendário a seguir.

Danillo Souza/ID/BR

a) Qual era a idade dela no dia 28 de novembro de 2009?

b) Qual era a idade dela no dia 30 de junho de 2015?

c) E no dia de hoje, qual é a idade de Rosângela?

MAIS ATIVIDADES

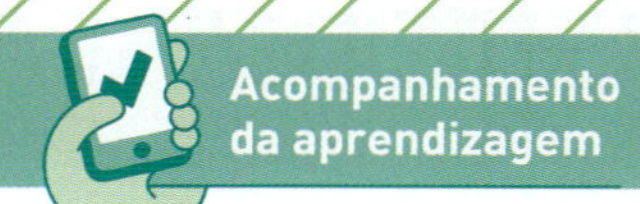

Aplicar

1. Uma fábrica de massas produz diariamente 2 300 pacotes de macarrão de 90 g cada um. Qual é a medida da massa total de macarrão, em quilograma, fabricada em 30 dias?

2. Em uma empilhadeira pequena foi colocada 1,28 t de carga. Porém, para que seu funcionamento não fosse prejudicado, foi necessário retirar 30% da carga. Quantos quilogramas a empilhadeira suporta sem prejudicar seu funcionamento?

3. Um atleta está com 76 kg e precisa fazer uma dieta para eliminar 5% de massa corporal.
   a) Quantos quilogramas o atleta deverá ter ao final da dieta?
   b) Se ele eliminar 200 g por dia, em quantos dias conseguirá atingir seu objetivo?

4. A medida da massa de um caminhão sem carga é 7 t. Carregado com sacas de soja, a medida da massa passou a ser 22,6 t.
   a) Qual é a medida da massa da carga?
   b) Quantos quilogramas tem cada saca de soja, sabendo que a carga é formada por 260 sacas, todas com a mesma quantidade de soja?
   c) Qual é o valor de uma saca de soja, sabendo que a nota fiscal discrimina que o valor total da carga é R$ 8 580,00?

5. O *Rally* dos Sertões é uma competição realizada há mais de 20 anos no Brasil. Veja na tabela a medida do tempo dos competidores nas categorias Carro e Moto em 2022.

Tempo dos campeões do *Rally* dos Sertões, em 2022, nas categorias Carro e Moto

Classificação	Carro	Moto
1º lugar	47 h 45 min 46 s	52 h 07 min 22 s
2º lugar	47 h 54 min 00 s	52 h 27 min 39 s
3º lugar	50 h 06 min 34 s	52 h 30 min 56 s
4º lugar	50 h 39 min 25 s	53 h 40 min 20 s

Fonte de pesquisa: https://ge.globo.com/motor/noticia/2022/09/11/rally-dos-sertoes-termina-com-campeoes-ineditos-no-para.ghtml. Acesso em: 20 abr. 2023.

   a) Quantas horas, minutos e segundos o vencedor da categoria Carro chegou antes do competidor que ficou em terceiro lugar nessa mesma categoria?
   b) Quantos minutos e segundos o vencedor da categoria Moto chegou antes do segundo colocado?
   c) Qual é a diferença entre as medidas dos tempos dos dois primeiros colocados nas duas categorias?
   d) Qual é a diferença de medida de tempo entre o primeiro e o quarto lugar nas duas categorias?

6. Durante a semifinal da Copa do Mundo de 2022, a Seleção Argentina Masculina de Futebol venceu a Croácia por 3 a 0. Aos 34 minutos do primeiro tempo, Lionel Messi abriu o placar e, aos 39 minutos, Julián Álvarez marcou o segundo gol. O terceiro gol foi marcado no segundo tempo também por Julián Álvarez aos 24 minutos.
   a) Uma partida de futebol tem dois tempos de 45 minutos e um intervalo de 15 minutos entre eles. Nessa partida, o juiz deu 4 minutos de acréscimo no primeiro tempo. Sabendo disso, quantas horas e minutos se passaram desde o início do jogo até o terceiro gol de Julián Álvarez? (Considere os 15 minutos de intervalo.)
   b) Quantos minutos se passaram entre o gol de Messi e o final do primeiro tempo?
   c) Quantos minutos se passaram entre os dois primeiros gols feitos pela Seleção Argentina?

7. O termo “amplitude térmica” é utilizado para representar a variação de temperatura, determinando a diferença entre as medidas de temperatura máxima e mínima registradas.
   a) Em uma cidade, a medida da temperatura máxima registrada foi 18 °C e a mínima foi 9 °C em um mesmo dia. Qual é a amplitude térmica desse dia?
   b) Pesquise em sua cidade as medidas de temperatura máxima e mínima registradas durante uma semana e determine a amplitude térmica em cada dia.

8. Lúcio queria saber quantos gramas o gato dele tem. No entanto, o gato não ficava parado na balança. Então, Lúcio subiu na balança com o gato no colo, e a balança registrou 74 kg. Depois, Lúcio soltou o gato e subiu sozinho na balança, que registrou 69,5 kg. Você acha que Lúcio conseguiu determinar a medida da massa do gato? Em caso positivo, explique o cálculo que Lúcio fez.

Economia solidária

Faltam apenas dez minutos para a final acabar. Seu time está perdendo, mas você percebe que os jogadores, de repente, se enchem de vontade e se reorganizam, "partindo para cima" do time adversário. O time joga como nunca e vence a partida. Você já presenciou uma situação dessas, em que a cooperação e o envolvimento de todos são fundamentais para uma grande vitória?

Mas qual é a relação entre essa situação e a educação financeira? Vamos conhecer a economia solidária.

Vivemos em uma sociedade em que há cada vez mais eficiência, inovação e modernidade no mundo do trabalho. Entretanto, existem muitos problemas relacionados às condições e relações de trabalho e à desigualdade entre patrões e empregados. A economia solidária pode ser vista como uma tentativa de corrigir essas distorções.

Segundo o Ministério do Trabalho, economia solidária é um jeito diferente de produzir, vender, comprar e trocar o que é preciso para viver. Enquanto na economia convencional existe a separação entre os donos do negócio e os empregados, na economia solidária os próprios trabalhadores também são donos. São eles que tomam as decisões de como tocar o negócio, dividir o trabalho e repartir os resultados.

No Brasil, há milhares de iniciativas econômicas, no campo e na cidade, em que os trabalhadores estão organizados coletivamente. Essas atividades buscam outra qualidade de vida e de consumo, em que a eficiência não significa apenas lucro e retorno, mas também a melhora da vida dos trabalhadores e de toda a comunidade.

Leandro Lassmar/ID/BR

Alguns princípios são muito importantes para a economia solidária:

- **Cooperação:** em vez de competir, todos trabalham de maneira colaborativa, buscando os interesses e objetivos em comum, a união dos esforços e das capacidades, a propriedade coletiva e a partilha dos resultados.
- **Autogestão:** as decisões são tomadas de forma coletiva, privilegiando as contribuições do grupo, em vez de ficarem concentradas em um indivíduo. Todos têm voz e voto.
- **Ação econômica:** sem abrir mão dos outros princípios, a economia solidária é formada por iniciativas com motivação econômica, como a produção, a comercialização, a prestação de serviços, as trocas, o crédito e o consumo.
- **Solidariedade:** a preocupação com o outro está presente de várias formas, como na distribuição justa dos resultados alcançados, na preocupação com o bem-estar de todos os envolvidos, nas relações com a comunidade, na atuação em movimentos sociais e populares e na busca do desenvolvimento sustentável.

Agora que você leu e compreendeu o que é **economia solidária**, vamos participar de uma feira colaborativa? Acesse o jogo, escolha os itens de sua barraca, faça trocas e, no final, conte a sua experiência.

Explorando o tema

1. Na ilustração, há cinco exemplos de iniciativas de economia solidária. A qual delas cada um destes itens se relaciona?
   a) Cooperativa de agricultura familiar.
   b) Cooperativa de coleta e reciclagem.
   c) Cooperativa de crédito.
   d) Clube de trocas.
   e) Empresa recuperada assumida pelos trabalhadores.
2. Existem iniciativas de economia solidária que você conhece no bairro ou na cidade onde mora? Se sim, descreva o que fazem e como funcionam.
3. SABER SER Se você fosse montar um projeto de economia solidária, como ele seria? Qual seria a atividade econômica e visaria a quais trabalhadores?

Descobrindo a pesquisa estatística

Para começar

Você já ouviu falar em pesquisa estatística? E para que serve? Nesta seção, você e os colegas vão investigar esse tipo de pesquisa. Com base nos resultados encontrados, vão produzir um resumo, que vai compor uma coletânea dos textos produzidos pela turma. Depois, ela vai ficar disponível na biblioteca da escola, para que todos os estudantes possam ler suas produções e compreender o tema.

O problema

- O que é pesquisa estatística e em quais situações é usada?

A investigação

- **Prática de pesquisa:** pesquisa bibliográfica.
- **Instrumentos de coleta:** levantamento de referências teóricas (livros, revistas e *sites* confiáveis).

Camila Anselmé/ID/BR

Materiais

- computador com acesso à internet
- folhas de papel avulsas
- lápis e canetas
- grampeador, cola ou barbante

Procedimentos

Parte I – Planejamento

1. Em grupos de seis estudantes, vocês vão investigar o tema pesquisa estatística. A investigação pode ser realizada em:
   - livros e revistas de divulgação científica, nos quais é possível encontrar textos expositivos sobre a finalidade da pesquisa estatística;
   - internet: em *sites* de divulgação científica e em *blogs* de especialistas que realizam esse tipo de pesquisa.

Parte II – Coleta de dados

1. As informações encontradas pelos integrantes do grupo devem ser anotadas, impressas ou fotografadas para serem compartilhadas com o grupo.
2. Ao registrar uma informação, lembrem-se de incluir a referência de onde ela foi obtida – livro: autor(es), título do livro, edição, cidade, editora, ano e página; conteúdo de internet: autor(es), endereço completo do *site* e data de acesso.

Parte III – Análise e seleção de dados

1. Em uma data combinada, os integrantes do grupo devem compartilhar as informações coletadas, para que todos possam ler e tomar notas.
2. Verifiquem se é possível responder a estas perguntas: “Quem escreveu o texto é uma pessoa qualificada para falar sobre pesquisa estatística?”; “Quando o texto foi escrito?”; “As informações são atuais?”; “Os textos extraídos na internet são de *sites* confiáveis?”.

3 Após a leitura e a análise dos textos, discutam sobre o que é uma pesquisa estatística e em quais situações ela é usada e aproveitem esse momento para esclarecer eventuais dúvidas.

Parte IV – Produção do resumo

1 Cada estudante deve selecionar as informações que considera mais adequadas para responder às questões propostas na Parte III.

2 Em seguida, produza um resumo dessas informações. Para isso, siga estas orientações:

- Organize uma lista, em forma de tópicos, com base nas informações selecionadas.
- Releia-a e identifique se há algum elemento repetido ou secundário. Se houver, elimine-o.
- Verifique se esses itens estão em uma ordem que facilita a compreensão do assunto. Caso julgue necessário, reposicione-os.
- Com base na lista, escreva seu texto de forma clara e objetiva. Lembre-se de que o resumo deve ser uma exposição reduzida das informações selecionadas, em que apenas os aspectos principais são apresentados.
- Ao final, indique as fontes de onde as informações foram extraídas. Elas devem ser listadas de acordo com a ordem alfabética do nome dos autores.

3 Em duplas, troquem o resumo entre si e apontem os aspectos que podem ser melhorados (clareza, correção gramatical, correção ortográfica, etc.).

Camila Anselmé/ID/BR

Questões para discussão

1. **Com base no que vocês aprenderam, que tipo de pesquisa estatística gostariam de realizar na escola?**
2. **Em qual meio de comunicação vocês encontraram informações mais confiáveis sobre pesquisa estatística? Como vocês chegaram a essa conclusão?**
3. **A pesquisa bibliográfica deu ao grupo subsídios suficientes para produzir um resumo? Se sim ou não, por quê?**

Comunicação dos resultados

Organização da coletânea de resumos

Os resumos produzidos vão ser reunidos em uma coletânea. Cada estudante deve fazer as alterações sugeridas pelo colega, passar seu resumo a limpo e assiná-lo.

Organizem todos os resumos, em ordem alfabética, e numerem as páginas. Depois, criem o sumário de acordo com essa composição.

Providenciem os materiais necessários para a confecção da capa da coletânea e usem a criatividade. Lembrem-se do título e da identificação da turma na capa. Agora, a turma pode doar a coletânea de resumos à biblioteca da escola.

ATIVIDADES INTEGRADAS

Aplicar

1. Observe as palavras nos quadros. Em seguida, copie cada frase no caderno completando-a com a informação que está faltando. As imagens estão em diferentes escalas.

capacidade	temperatura

área	comprimento	volume

tempo	massa

A

Blazej Lyjak/Shutterstock.com/ID/BR

A ciclista demorou pouco ■ para completar o trajeto.

B

Alexandr Medvedkov/Shutterstock.com/ID/BR

A medida do ■ de um navio cargueiro pode chegar a 400 metros.

C

pics721/Shutterstock.com/ID/BR

Para revestir a ■ do piso dessa sala, foi utilizado um revestimento de madeira.

D

AngieYeoh/Shutterstock.com/ID/BR

A medida da ■ do forno está alta.

E

Fedorov Oleksiy/Shutterstock.com/ID/BR

A balança de precisão é utilizada para medir ■ .

F

Peter Kirillov/Shutterstock.com/ID/BR

O ■ de ar em um balão corresponde à sua ■

Analisar e verificar

2. Faça o que se pede em cada item.

a) Pesquise a medida das temperaturas previstas para os próximos três dias na cidade onde você mora.

b) Preencha o quadro a seguir com as informações que você obteve no item anterior.

	Dia __/__	Dia __/__	Dia __/__
Medida de temperatura mínima			
Medida de temperatura máxima			

c) Em qual dia a temperatura foi maior?

d) Em qual dia a temperatura foi menor?

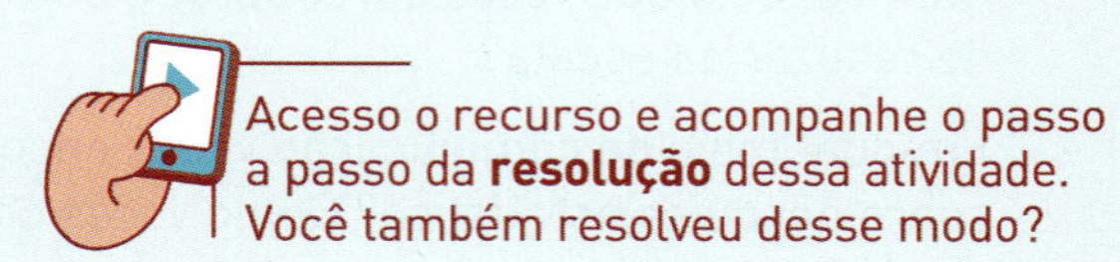

Acesso o recurso e acompanhe o passo a passo da **resolução** dessa atividade. Você também resolveu desse modo?

3. Considere o cubo representado a seguir e responda ao que se pede em cada item.

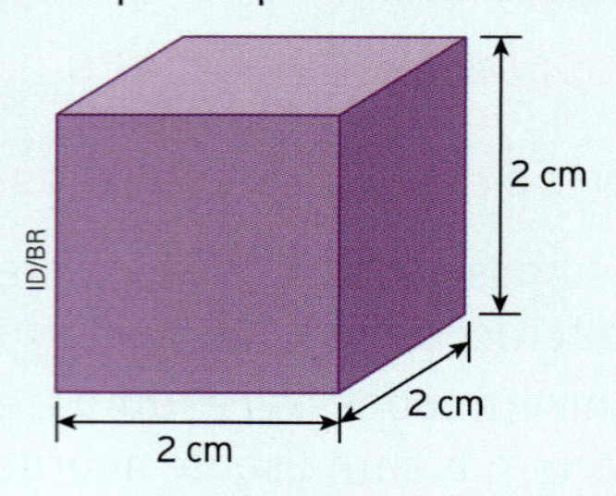

ID/BR

a) Calcule a medida do volume do cubo.

b) Se a medida do comprimento da aresta do cubo fosse triplicada, o que aconteceria com a medida do volume?

4. (Obmep) Uma florista colheu 49 kg de flores do campo. O quilograma das flores pode ser vendido imediatamente a R$ 1,25 ou, mais tarde, com as flores desidratadas, a R$ 3,25. Mas o processo de desidratação faz as flores perderem $\frac{5}{7}$ de sua massa. Qual é o tipo de venda mais lucrativo para a florista?

5. Observe as balanças a seguir e, depois, responda às questões.

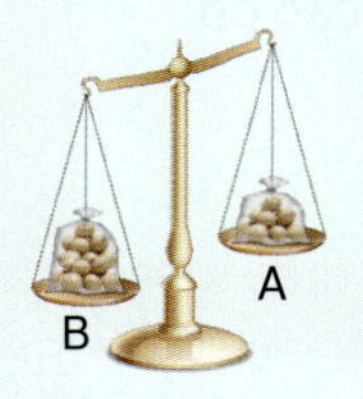

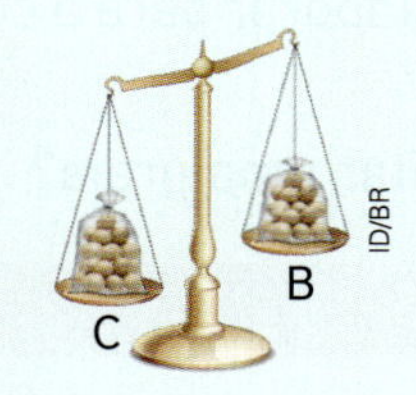

ID/BR

a) Qual dos pacotes contém maior massa: o pacote A ou o pacote B?

b) E em relação aos pacotes B e C: Qual deles tem maior massa?

c) Sem utilizar a balança, é possível determinar se o pacote A contém menor massa que o pacote C? Explique como você pensou.

6. As ampulhetas a seguir mostram o período de tempo necessário para que toda a areia de cada uma delas passe de um compartimento para o outro.

João Picoli/ID/BR

Utilizando essas ampulhetas, como você marcaria 11 minutos? E como marcaria 8 minutos?

7. Esta ilustração representa a planta baixa de uma residência.

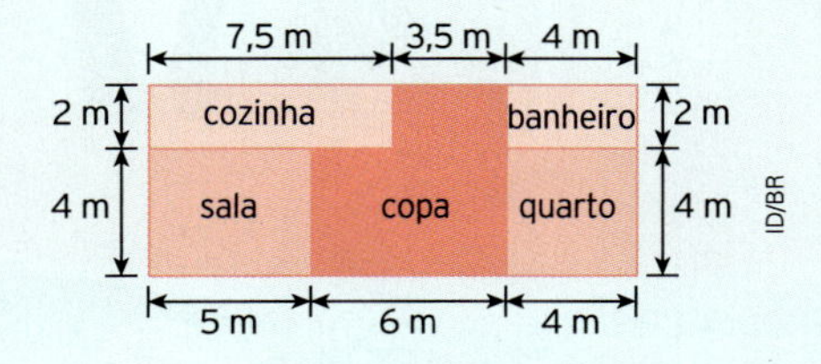

ID/BR

Carlos deseja saber as dimensões da copa e, assim, determinar qual ambiente tem a maior medida de área, em metro quadrado.

a) Ajude Carlos e determine o ambiente de maior medida de área.

b) Para determinar o ambiente de maior medida de área, era realmente necessário calcular as dimensões dele? De que outra maneira essa informação poderia ter sido obtida?

8. Uma empresa que engarrafa água mineral recebeu o seguinte pedido de uma distribuidora:

- 8 700 garrafas de água mineral sem gás de 500 mL cada uma.
- 4 000 garrafas de água mineral com gás de 350 mL cada uma.

O gerente da empresa sabe que dispõe de 4,3 m^3 de água mineral sem gás inspecionados e prontos para serem envasados e de 1,33 m^3 de água mineral com gás inspecionado e pronto para ser envasado. Considerando que não há perdas de água durante o envasamento, ao realizar as contas necessárias, o gerente verificou que:

a) será possível atender aos dois pedidos.

b) será possível atender apenas ao pedido de garrafas de água mineral sem gás.

c) será possível atender apenas ao pedido de garrafas de água mineral com gás.

d) não será possível atender a nenhum dos dois pedidos.

e) para atender ao primeiro pedido, bastaria ter um estoque de 4 m^3.

Criar

9. Agora, um desafio! Colocando 6 toalhas do mesmo tamanho na areia da praia, como indica a figura, formou-se um retângulo cujo perímetro mede 1 260 cm.

Danillo Souza/ID/BR

Calcule a medida do perímetro de cada toalha em decímetro.

10. Com a orientação do professor, reúnam-se em trios e elaborem três problemas distintos envolvendo as grandezas massa, tempo e temperatura. Mas atenção: É preciso usar todas as informações dos quadros a seguir, sem repeti-las.

Campeão	2 minutos	Termômetro
4 arrobas	Febre	Avião

Retomando o tema

Nesta unidade, você teve a oportunidade de refletir sobre a importância da educação ambiental e como ela pode aumentar o senso de responsabilidade do ser humano na proteção e na preservação dos animais marinhos.

A visita a projetos que se dedicam à conservação e à educação ambiental ajuda as pessoas a se conscientizar de seu papel na proteção da vida marinha.

1. Podemos melhorar nossa qualidade de vida ao colaborar para a conservação do meio ambiente?
2. Quais são as atitudes que todos devem ter ao visitar uma praia?

Geração da mudança

Cada indivíduo deve se sentir responsável e tomar atitudes para conter o avanço da degradação ambiental. Por isso, você e seus colegas podem divulgar o que aprenderam nesta unidade, compartilhando seu conhecimento com sua família e com toda a comunidade.

- Em grupo, produzam um vídeo curto sobre educação ambiental e a importância da preservação de animais marinhos. Para organizar essa tarefa:
  - façam um planejamento de como produzir esse vídeo;
  - depois, com o professor, programem a apresentação dos vídeos à comunidade escolar.

Autoavaliação

Camila Anselmé/ID/BR

REPRESENTATIVIDADE EM NÚMEROS

Você já viveu alguma situação em que não se sentiu representado? Ou, ainda, presenciou situações em que alguns grupos deixaram de ser representados? Nesta seção, você e os colegas vão realizar um projeto que trata da importância da representatividade igualitária em diversos grupos da sociedade brasileira.

Smartboy10/iStock/Getty Images

De acordo com o *Dicionário eletrônico Houaiss da Língua Portuguesa*, **representatividade** é a "qualidade de alguém, de um partido, de um grupo ou de um sindicato, cujo embasamento na população faz que ele possa exprimir-se verdadeiramente em seu nome" (Rio de Janeiro: Objetiva, 2009), ou seja, o representante passa a ser a voz de quem representa.

A representatividade não acontece apenas nas questões eleitorais. Ela também pode ocorrer quando, por exemplo, um ator negro tem a oportunidade de protagonizar um filme, quando uma mulher consegue um cargo de liderança em uma empresa ou quando um ator transexual conquista um papel de destaque em alguma novela, gerando uma identificação por parte dos respectivos grupos, os quais se sentem, então, representados.

Maju Coutinho
Em 2019, a jornalista Maria Júlia Coutinho, popularmente conhecida como Maju, passou a integrar o time de apresentadores de um dos telejornais de maior audiência no Brasil. Na época, isso deu o que falar e sabe por quê? Porque se tratou de um fato histórico! Foi a primeira vez, desde 1969, ano em que esse telejornal foi lançado, que uma mulher negra ocupou essa função.

Ilustração: WinWin Artlab/Shutterstock.com/ID/BR Foto: Fabio Cordeiro/Editora Globo

Em sua opinião, quais grupos têm maior representatividade no Brasil? E quais têm menor? Há algum grupo que é maior em quantidade de pessoas, porém é menos representado?

Neste projeto, você e os colegas vão discutir e levantar informações sobre o tema representatividade. Depois, vão analisar os dados e discuti-los, apresentando-os em uma roda de conversa. No final, vão produzir um vídeo para compartilhar as informações encontradas.

Objetivos

- Pesquisar a realidade brasileira por meio de indicadores populacionais, sociais, econômicos e geográficos.
- Fazer uma lista de músicas, vídeos, artigos, notícias, obras de arte e filmes que tratam da representatividade e, coletivamente, discutir e definir quais grupos (relativos a gênero, classe social, cor da pele, etc.) são considerados os mais excluídos no Brasil.
- Analisar propagandas e anúncios publicitários em diferentes mídias e verificar em quantos deles os diversos grupos da população brasileira apareceram, calculando o percentual de representatividade de cada grupo.
- Selecionar ou construir gráficos que relacionem os indicadores brasileiros com os dados pesquisados, demonstrando, por exemplo, a densidade demográfica e a representatividade de determinados grupos em meios sociais.
- Planejar, gravar, editar e publicar um vídeo que apresente os gráficos, as porcentagens e os dados obtidos.

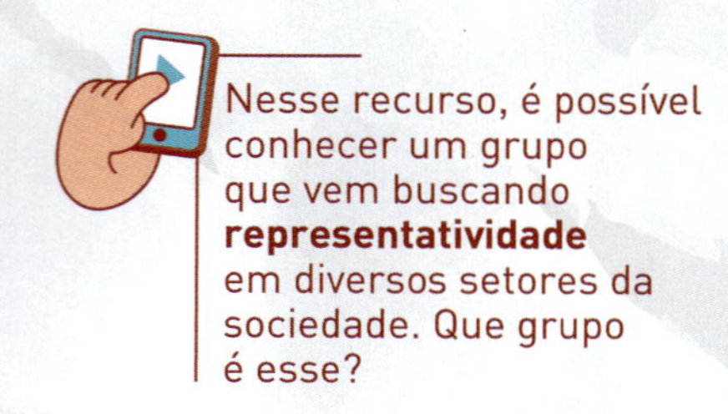

Nesse recurso, é possível conhecer um grupo que vem buscando **representatividade** em diversos setores da sociedade. Que grupo é esse?

Materiais

- Papel, lápis e caneta
- Computador com acesso à internet
- Jornais, revistas e livros
- Câmera (pode ser de celular)

Planejamento

- Com a orientação do professor, organizem-se em dois grupos.
- O projeto terá cinco partes:

  Parte I – Conversa inicial

  Parte II – Pesquisa a respeito do tema representatividade

  Parte III – Apresentação dos dados em roda de conversa

  Parte IV – Construção de tabelas e gráficos

  Parte V – Planejamento, gravação, edição e publicação de um vídeo

Procedimentos

Parte I – Conversa inicial

1. Com os grupos organizados, reflitam sobre a representatividade na sociedade brasileira. Na opinião de vocês, quais grupos têm maior representatividade e quais têm menor representatividade? Em quais contextos a representatividade acontece e em quais ela não acontece? Para vocês se inspirarem, acessem o recurso digital indicado na página anterior.
2. Elaborem uma lista dos grupos que vocês consideram menos representados e justifiquem.

Reflita!

- Alguma vez você assistiu a um filme, a uma novela ou a uma série e se sentiu pouco representado, seja pelo seu gênero, seja pela cor da sua pele, seja pelo lugar onde você mora, seja pela sua classe social?
- Você acredita que, no Brasil, o número de homens e o de mulheres em cargos políticos é proporcional ao número de homens e o de mulheres da população brasileira?

Parte II – Pesquisa a respeito do tema representatividade

1. Pesquisem em livros, jornais, revistas e em *sites* confiáveis quais são os indicadores brasileiros sobre cor da pele, escolaridade, renda familiar, etc.
2. Façam um levantamento de músicas, vídeos e textos que abordem a representatividade na sociedade brasileira.
3. Busquem propagandas e anúncios publicitários em *sites*, revistas, jornais, vídeos, etc. e verifiquem se a representatividade neles é equilibrada.
4. Calculem a porcentagem do material publicitário pesquisado em que há representatividade e em que há estereótipos sendo reforçados.

O QUE É UM ESTEREÓTIPO?

Estereótipo é uma ideia preconcebida sobre algo ou alguém construída sem reflexão ou conhecimento. Trata-se de uma espécie de rótulo que generaliza e pode até ser desrespeitosa. Um exemplo de estereótipo é achar que todas as pessoas que usam óculos são inteligentes ou não têm habilidades esportivas.

Frank Heikkinen/Shutterstock.com/ID/BR

Parte III – Apresentação dos dados em roda de conversa

1. Organizem os dados obtidos e os apresentem à turma no dia combinado com o professor.
2. Verifiquem se os dados coletados estão de acordo com as hipóteses levantadas por vocês na primeira parte ou se vocês se surpreenderam com o que descobriram.

Parte IV – Construção de tabelas e gráficos

1. Selecionem e/ou construam tabelas e gráficos que expressem os resultados da análise da coleta de dados.
2. Vocês podem utilizar gráficos de barras, de setores, de linhas ou pictóricos. Se necessário, peçam ajuda ao professor sobre o tipo de gráfico mais adequado para esse trabalho.

Parte V – Planejamento, gravação, edição e publicação de um vídeo

1. Criem, na internet, um canal de vídeos (um *vlog*) para a publicação dos vídeos da turma.
2. Combinem quais gráficos e tabelas cada grupo vai apresentar em seu vídeo, para que as informações não fiquem repetitivas.
3. Definam o tipo de vídeo que será apresentado: expositivo, telejornal, série, documentário, etc. Usem a criatividade!
4. Anotem em um papel, em forma de roteiro, todo o planejamento para a produção do vídeo. Usem as anotações, os dados obtidos na pesquisa e os gráficos e as tabelas.
5. Gravem o vídeo com a câmera de um telefone celular, por exemplo.
6. Editem o vídeo para que ele tenha, no máximo, cinco minutos de duração.

Compartilhamento

Publiquem os vídeos no *vlog* da turma e, no dia combinado com o professor, assistam a eles em sala de aula.

Em outro momento, os vídeos vão ser exibidos a um grupo de convidados para uma roda de conversa sobre a importância da representatividade.

Depois, divulguem os *links* dos vídeos na comunidade escolar e entre outras pessoas para conscientizá-las do assunto discutido.

Avaliação

1. Como foi feito o levantamento de dados?
2. Você se identificou com algum grupo que tenha menor ou maior representatividade na sociedade brasileira? Em caso afirmativo, qual?
3. Como foi trabalhar com o seu grupo? Houve cooperação para o desenvolvimento do trabalho e a participação nas discussões em grupo?
4. Foi interessante planejar, gravar, editar e publicar o vídeo? De quais partes você mais gostou e quais partes gostaria de aperfeiçoar?
5. Vocês apresentaram números relativos à representatividade que impactaram o público que assistiu ao vídeo?
6. Qual foi a parte mais difícil do projeto? E qual foi a mais fácil?
7. O que você aprendeu ao realizar esse projeto?

Fotomontagem: Matheus Castro; Fotografias: Rawpixel.com/Shutterstock.com/ID/BR; Subject Photo/Shutterstock.com/ID/BR; Chones/Shutterstock.com/ID/BR; Nakaridore/Shutterstock.com/ID/BR; Vera NewSib/Shutterstock.com/ID/BR; Jacob Lund/Shutterstock.com/ID/BR; Krakenimages.com/Shutterstock.com/ID/BR; AS photo family/Shutterstock.com/ID/BR; Dana Creative Studio/Shutterstock.com/ID/BR

PREPARE-SE!

Questão 1

O ábaco é um antigo instrumento de cálculo que usa notação posicional de base dez para representar números naturais.

Existem diversos modelos de ábaco. Um deles é formado por hastes apoiadas em uma base. Cada haste corresponde a uma posição no sistema decimal. Para identificar as hastes, colocam-se, abaixo de cada uma delas, os símbolos U, D, C, UM, DM e CM, que correspondem, respectivamente, a unidades, dezenas, centenas, unidades de milhar, dezenas de milhar e centenas de milhar. A quantidade de argolas colocadas em cada haste representa o algarismo daquela posição. Veja um exemplo.

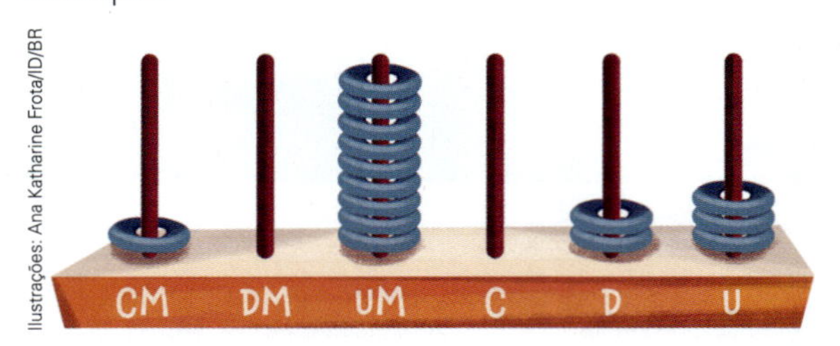

Ilustrações: Ana Katharine Frota/ID/BR

O número natural representado nesse ábaco é:

a) 1923.

b) 10 923.

c) 19 023.

d) 109 023.

e) 320 901.

Questão 2

A HD 140283, também conhecida como "estrela de Matusalém", é considerada a estrela mais velha já descoberta pela Administração Nacional da Aeronáutica e Espaço (Nasa, na sigla em inglês). Ao calcularem sua idade, cientistas chegaram a 14 270 000 000 anos, com margem de erro de aproximadamente 800 000 000 de anos para mais ou para menos.

Considerando o cálculo realizado pela Nasa, a idade da estrela de Matusalém pode ser, no máximo:

a) 13 470 000 000 anos.

b) 14 070 000 000 anos.

c) 14 270 000 000 anos.

d) 14 270 800 000 anos.

e) 15 070 000 000 anos.

Questão 3

A tabela de capacidade de carga máxima para veículos que circulam nas estradas brasileiras pode ser encontrada em diferentes parágrafos de algumas resoluções do Conselho Nacional de Trânsito (Contran), como a Resolução de n. 12/98 e a de n. 68/98, por exemplo. Cada tipo de veículo conta com uma estrutura que pode capacitá-lo a suportar uma carga máxima específica. Essa legislação tem o objetivo de garantir a segurança de motoristas, passageiros e pedestres e a qualidade e a proteção da carga e dos veículos.

1933bkk/iStock/Getty Images

Carga sendo descarregada de um caminhão.

Observe alguns desses veículos na tabela a seguir.

Limite de carga para alguns veículos

Tipo de veículo	Carga máxima (kg)
1	10 000
2	23 000
3	33 000
4	41 500
5	48 500

Fonte de pesquisa: ANTT. Disponível em: https://www.antt.net.br/artigos/13022. Acesso em: 17 abr. 2023.

Para o transporte de uma carga de 45 000 kg, recomenda-se utilizar que tipo de veículo?

a) 1

b) 2

c) 3

d) 4

e) 5

Questão 4

Um dos principais cartões-postais do Rio de Janeiro, o Pão de Açúcar, é composto de duas montanhas. Para chegar ao topo dele, os visitantes podem utilizar os famosos bondinhos envidraçados que saem da praia Vermelha. No passeio, a primeira parada é no morro da Urca, que fica a 220 metros de medida de altura. A segunda parada é no morro do Pão de Açúcar, que fica a 396 metros de medida de altura.

Dabldy/iStock/Getty Images

▲ **Montanha do Pão de Açúcar, no Rio de Janeiro (RJ). Foto de 2020.**

A diferença entre a medida da altura do topo do morro do Pão de Açúcar e a do topo do morro da Urca é:

a) 176 metros.

b) 220 metros.

c) 396 metros.

d) 440 metros.

e) 616 metros.

Questão 5

Uma calculadora científica apresenta um curioso defeito: ao clicar na tecla $\sqrt{\ }$, o botão é acionado duas vezes seguidas, ou seja, calcula-se a raiz quadrada do número desejado e a raiz quadrada do resultado obtido anteriormente.

Para qual dos números a seguir essa calculadora defeituosa vai apresentar um número inteiro como resultado?

a) 25

b) 36

c) 49

d) 64

e) 81

Questão 6

Em uma cerimônia oficial realizada na prefeitura de certo município, cinco fotógrafos foram chamados para registrar todos os convidados e os principais acontecimentos do evento. Ao final do dia, um orçamento de trabalho individual foi apresentado, em que estava registrado o número total de fotos da cerimônia e o valor cobrado por foto, como mostrado a seguir.

Ana Katharine Frota/ID/BR

O profissional que apresentou o menor orçamento final, em real, foi o:

a) fotógrafo 1.

b) fotógrafo 2.

c) fotógrafo 3.

d) fotógrafo 4.

e) fotógrafo 5.

Questão 7

Leia o texto a seguir.

> Em 1972, Thomas D. Luckey publicou um artigo na revista científica *The American Journal of Clinical Nutrition*, no qual escreveu que um homem adulto carrega cerca de 100 trilhões de bactérias no sistema digestivo, além de mais um trilhão sobre a pele. O texto não explicava como havia chegado a esses números.

Quantas bactérias vivem no seu corpo? Apenas 40 trilhões, segundo estudo. Conselho Regional de Farmácia do Estado do Paraná, 23 fev. 2016. Disponível em: http://www.crfpr.org.br/noticia/visualizar/id/6622#:~:text=Em%201972%2C%20Thomas,a%20esses%20n%C3%BAmeros. Acesso em: 24 abr. 2023.

O número de bactérias sobre a pele, citado no texto, pode ser escrito como:

a) 10^3.

b) 10^6.

c) 10^9.

d) 10^{12}.

e) 10^{15}.

Questão 8

O gerente de um restaurante fornece cortesias para escolas públicas de uma cidade. Este ano, serão distribuídas 120 cortesias para uma experiência matutina e 150 cortesias para uma experiência vespertina. Várias escolas públicas podem ser escolhidas para receber as cortesias. Há alguns critérios para a distribuição:

1. Cada escola deverá receber cortesias para uma única experiência;
2. Todas as escolas contempladas deverão receber o mesmo número de cortesias;
3. Não haverá sobra de cortesias (ou seja, todas serão distribuídas).

O número máximo de cortesias que cada escola poderá receber, segundo os critérios acima estabelecidos, é:

a) 12.

b) 15.

c) 30.

d) 270.

e) 600.

Questão 9

Uma veterinária precisa comprar 10 pacotes de ração para sua loja de produtos para *pets*. Ela fez uma pesquisa de preço em cinco fornecedores da cidade que vendem a ração desejada. As informações sobre o preço do pacote de ração e do frete e sobre a distância entre o fornecedor e a loja estão apresentadas no quadro a seguir.

Fornecedor	Preço da ração (por pacote)	Preço do frete (por quilômetro)	Distância (do fornecedor à loja)
I	R$ 60,00	R$ 25,00	20 km
II	R$ 65,00	R$ 20,00	15 km
III	R$ 70,00	R$ 15,00	10 km
IV	R$ 75,00	R$ 10,00	5 km
V	R$ 80,00	R$ 5,00	5 km

A veterinária escolherá uma dessas lojas para realizar sua compra, considerando os preços da ração e do frete oferecidos pelos fornecedores. Se ela decidir pela opção mais econômica, o fornecedor escolhido será o:

a) V.

b) IV.

c) III.

d) II.

e) I.

Questão 10

O Instituto Brasileiro de Geografia e Estatística (IBGE) realizou em 2020 a pesquisa "Contas de Ecossistemas: Espécies ameaçadas de extinção" e avaliou 16 645 espécies de animais e plantas do Brasil. Concluiu-se que aproximadamente $\frac{1}{5}$ desse total de espécies está ameaçado de extinção.

O número aproximado de espécies de animais e plantas do Brasil ameaçadas de extinção é:

a) 404.

b) 3 109.

c) 3 329.

d) 13 316.

e) 16 645.

Questão 11

A ponte Octavio Frias de Oliveira é um dos cartões-postais da cidade de São Paulo não só por suas luzes, mas por aspectos de engenharia que a fazem única. Ela foi inaugurada em 2008 e, segundo o engenheiro responsável pela obra, Catão Francisco Ribeiro, o ângulo de 60°, que faz com que a travessia ocorra em curva, é o maior entre as pontes estaiadas do mundo, que costumam ter de 10° a 15°.

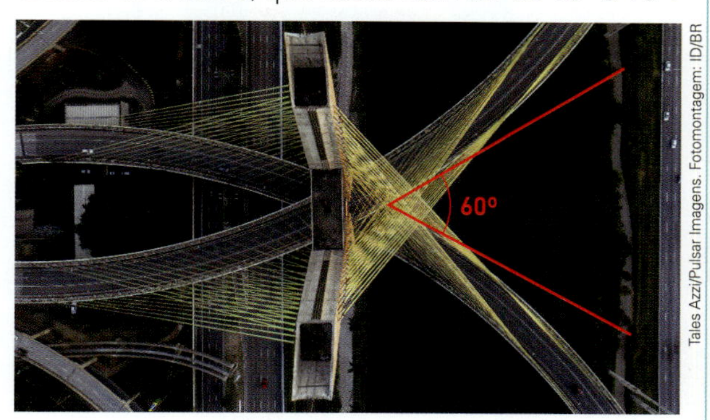

Tales Azzi/Pulsar Imagens. Fotomontagem: ID/BR

▲ **Ponte Octavio Frias de Oliveira, em São Paulo (SP). Foto de 2020.**

O ângulo destacado na imagem pode ser classificado como:

a) nulo.

b) agudo.

c) reto.

d) oblíquo.

e) raso.

Questão 12

Uma caixa de som tem forma de dodecaedro e possui 12 faces pentagonais.

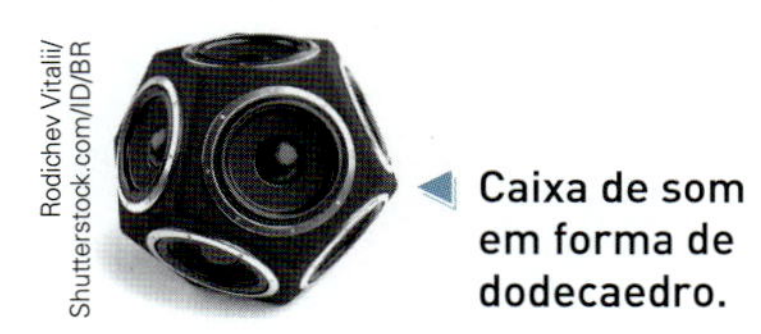

Rodichev Vitalii/Shutterstock.com/ID/BR

◀ **Caixa de som em forma de dodecaedro.**

Essa caixa de som, que se assemelha a uma figura geométrica não plana que segue a Relação de Euler, tem 30 arestas e seu número de vértices é igual a:

a) 12.

b) 20.

c) 30.

d) 32.

e) 60.

Questão 13

As abelhas têm a capacidade de produzir alvéolos feitos de cera geometricamente impressionantes. Em virtude de um surpreendente instinto geométrico, elas sabem que o hexágono regular é um formato mais adequado que o quadrado e o triângulo equilátero para a base do alvéolo, que conterá mais mel com o mesmo gasto de material.

StudioSmart/Shutterstock.com/ID/BR

▲ **Exemplo de alvéolos.**

Sobre o polígono utilizado pelas abelhas para ser o formato da base de cada alvéolo, é correto afirmar que ele possui:

a) 5 vértices, 5 lados congruentes, 5 ângulos internos e 5 diagonais.

b) 6 vértices, 6 lados, 6 ângulos internos e 6 diagonais.

c) 6 vértices, 6 lados congruentes, 6 ângulos internos e 9 diagonais.

d) 6 vértices, 6 lados congruentes, 6 ângulos internos e 18 diagonais.

e) 8 vértices, 8 lados congruentes, 8 ângulos internos e 20 diagonais.

Questão 14

A surpreendente e emblemática roda-gigante de 135 metros de altura, conhecida como *The London Eye* (O Olho de Londres), foi inaugurada no ano 2000, tornando-se um dos ícones da cidade e de toda a Grã-Bretanha.

A figura mostra a estrutura de sustentação triangular presente na *London Eye*.

AB Photography/Alamy/Fotoarena

▲ ***The London Eye*, Grã-Bretanha. Foto de 2022.**

Na estrutura de sustentação, as duas hastes ligadas ao centro da *London Eye* têm a mesma medida.

O tipo de triângulo em destaque é:

a) retângulo escaleno.

b) acutângulo escaleno.

c) acutângulo isósceles.

d) obtusângulo escaleno.

e) obtusângulo isósceles.

Questão 15

Um programa de computador foi desenvolvido para receber números naturais compostos e representá-los utilizando uma multiplicação de números primos. Assim, se receber o número 5840, o programa retorna com:

$$2 \cdot 2 \cdot 2 \cdot 3 \cdot 5 \cdot 7 \cdot 7$$

Veja o que o programa retornou quando um estudante escreveu certo número nele.

$$2 \cdot 3 \cdot 3 \cdot 5 \cdot 11$$

O número composto escrito pelo estudante foi o:

a) 24.

b) 90.

c) 330.

d) 990.

e) 233511.

Questão 16

Um azulejo é uma peça de cerâmica vitrificada e/ou esmaltada, geralmente usada no revestimento de paredes.

Um casal está reformando a casa e vai utilizar azulejos no formato de quadriláteros para compor um painel, conforme ilustrado.

OracicArte/ID/BR

Os azulejos utilizados para a elaboração desse painel podem ser:

a) trapézios.

b) paralelogramos.

c) quadrados e trapézios.

d) losangos e quadrados.

e) paralelogramos e trapézios.

Questão 17

Arco e flecha é um esporte e uma atividade recreativa. O objetivo é testar a perícia do jogador em acertar o alvo. Em um centro de treinamento, um jogador acertou o alvo na posição (3, 5).

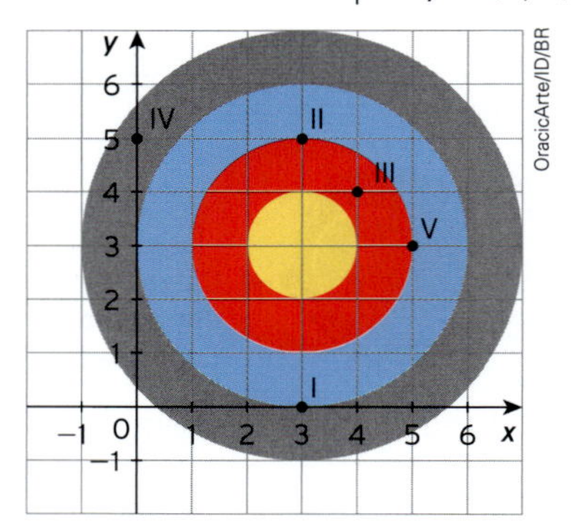

OracicArte/ID/BR

A flecha acertou o ponto:

a) I.

b) II.

c) III.

d) IV.

e) V.

Questão 18

A sigla RPG vem do inglês *Role Playing Game*, que, em português, significa jogo de interpretação de papéis. Nesse tipo de jogo, os jogadores criam personagens para participarem de uma história que será contada por um mestre de jogo ou um narrador.

Muitos eventos das partidas de RPG são definidos pela rolagem de dados. Em todo sistema de regras dos jogos de RPG, são os dados que decidem o desfecho de diversas situações. Em batalhas, dados são rolados para determinar tentativas de ataque e defesa. Em situações de sorte, os dados vão definir o destino das personagens.

Dincer.agin/Shutterstock.com/ID/BR

Nos jogos de RPG, é comum encontrar dados de diferentes formatos.

Os dados utilizados nos jogos de RPG são representados, na Geometria não plana, por:

a) prismas.

b) poliedros.

c) polígonos.

d) corpos redondos.

e) figuras geométricas não convexas.

Questão 19

A Estrada de Ferro de Carajás tem 892 km de extensão e conta com comboios formados por 330 vagões de trem em um comprimento total que mede 3 300 metros. Ela liga os estados do Pará e Maranhão e transporta passageiros e cargas.

A medida de comprimento médio de cada vagão, em metro, é:

a) 10.

b) 11.

c) 100.

d) 562.

e) 2 970.

Questão 20

O *tangram* é um quebra-cabeça chinês que contém sete peças. As peças lembram os seguintes formatos: um quadrado, um paralelogramo e cinco triângulos retângulos isósceles. Na figura, o quadrado *ABCD* é formado com as peças de um *tangram*.

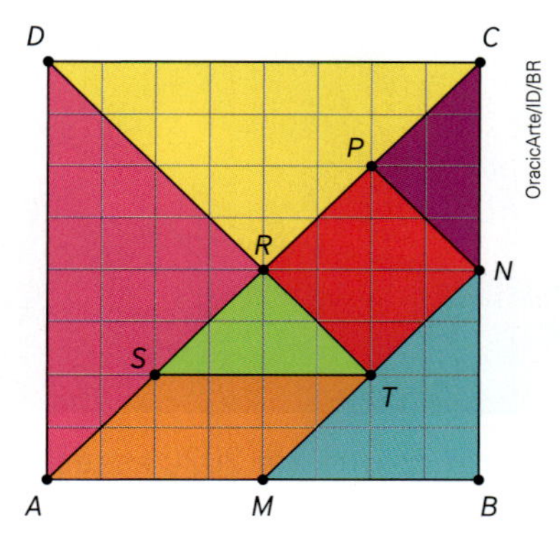

OracicArte/ID/BR

Considerando que a área do triângulo *CDR* mede 16 unidades de área, pode-se concluir que:

a) a medida da área do triângulo *ADR* é equivalente a $\frac{1}{2}$ da medida da área do quadrado *ABCD*.

b) a medida da área do paralelogramo *AMTS* é equivalente a $\frac{1}{4}$ da medida da área do quadrado *ABCD*.

c) a medida da área do triângulo *BMN* é equivalente a $\frac{1}{8}$ da medida da área do quadrado *ABCD*.

d) a medida da área do quadrado *NPRT* é equivalente a $\frac{1}{16}$ da medida da área do quadrado *ABCD*.

e) a medida da área do triângulo *RST* é equivalente a $\frac{1}{32}$ da medida da área do quadrado *ABCD*.

Questão 21

Júpiter e Saturno, os dois maiores planetas do Sistema Solar, se alinharam no dia 21 de dezembro de 2020, em um evento conhecido como “Estrela de Belém”, “Estrela de Natal” ou “grande conjunção”.

As conjunções são raras porque cada planeta demora um tempo diferente para girar em torno do Sol. A Terra, por exemplo, leva 1 ano. Já os planetas Júpiter e Saturno completam a volta em cerca de 12 e 30 anos, respectivamente.

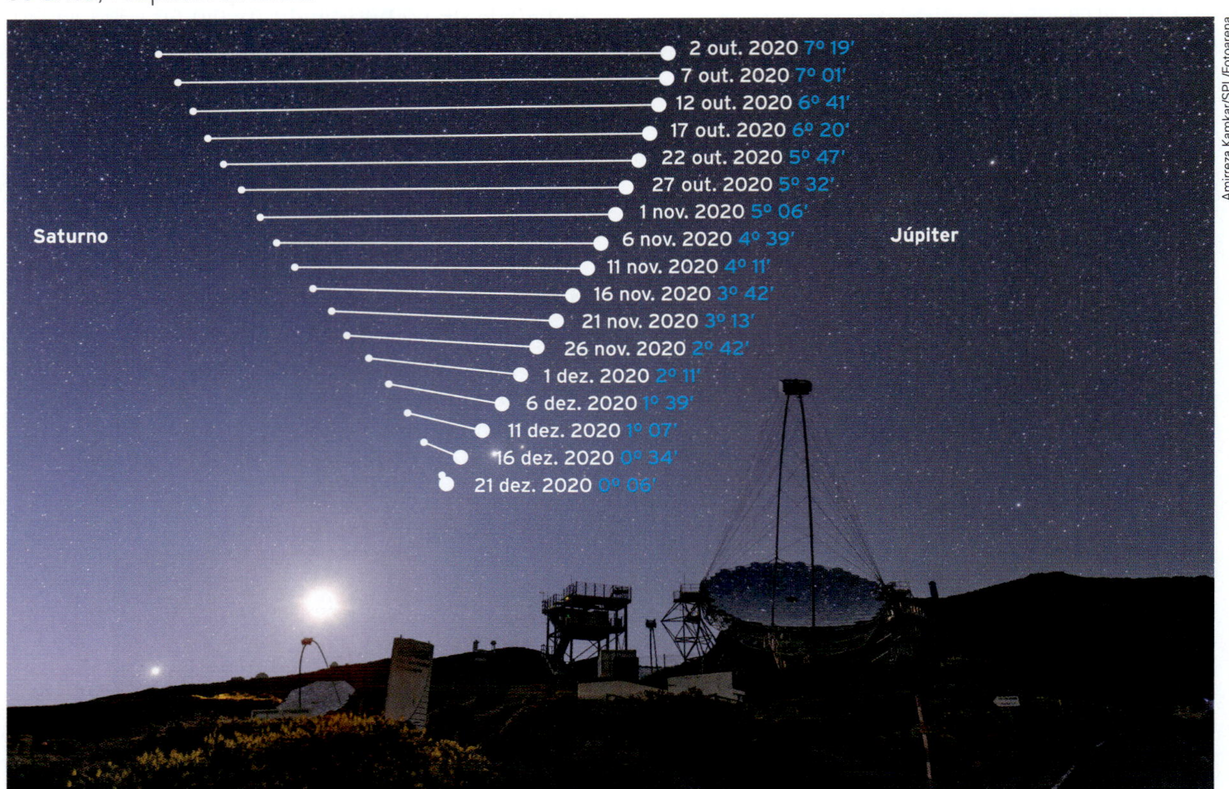

Amirreza Kamkar/SPL/Fotoarena

Considerando que em 2020 esses planetas estavam alinhados, determine o ano que isso acontecerá novamente.

a) 2032

b) 2050

c) 2062

d) 2080

e) 2140

Questão 22

Partindo da origem de um plano cartesiano, um tesouro precisa ser localizado. Para isso, foram dadas algumas pistas.

Ilustrações: Ana Katharine Frota/ID/BR

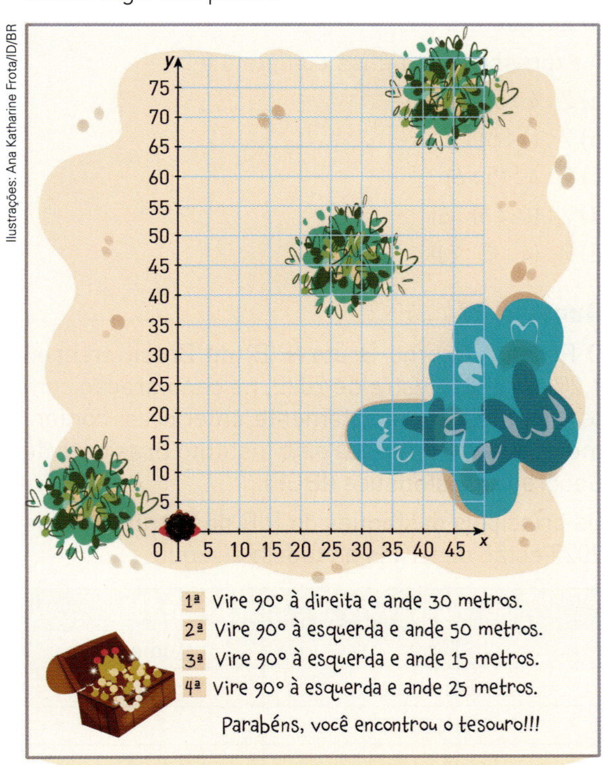

Seguindo o percurso, o tesouro está localizado no ponto de coordenada:

a) (5, 35).

b) (15, 25).

c) (25, 15).

d) (35, 5).

e) (45, 75).

Questão 23

Em um jogo com dados fracionários, cada jogador deve formar operações matemáticas com as frações obtidas no lançamento dos dados da seguinte maneira:

Adicionam-se as frações das faces superiores dos dados vermelhos.

Adicionam-se as frações das faces superiores dos dados verdes.

Subtrai-se a fração obtida nos dados vermelhos da fração obtida nos dados verdes.

Multiplica-se o último resultado pela fração da face superior do dado branco.

Em cada rodada, vence o jogador que ficar com a maior fração final.

Um jogador inicia uma rodada lançando 4 dados verdes, 3 vermelhos e 1 branco.

De acordo com a imagem, esse estudante obteve como soma dos dados verdes o resultado:

a) $\frac{1}{4}$.

b) $\frac{5}{8}$.

c) $\frac{3}{4}$.

d) 1.

e) $\frac{5}{4}$.

Questão 24

Ao fazer compras em um supermercado, uma mulher comprou dois potes de sorvete, ambos com a mesma quantidade do produto. O primeiro pote continha quantidades iguais dos sabores chocolate e baunilha; e o segundo pote, quantidades iguais dos sabores chocolate, creme e morango.

A fração correspondente à diferença entre as quantidades de sorvete de sabor chocolate do primeiro pote para o segundo pote é:

a) 0.

b) $\frac{5}{6}$.

c) $\frac{1}{6}$.

d) 1.

e) $\frac{3}{2}$.

Questão 25

A obesidade infantil é uma doença que afeta milhares de crianças no Brasil e, por isso, é motivo de alerta. Segundo o Estudo Nacional de Alimentação e Nutrição Infantil (Enani), em crianças de 5 a 9 anos, 1 em cada 3 apresenta excesso de peso.

Considerando que, das crianças que apresentam excesso de peso, $\frac{3}{5}$ são meninas, a fração de meninas de 5 a 9 anos que apresentam excesso de peso no Brasil é igual a:

a) $\frac{14}{15}$.

b) $\frac{1}{5}$.

c) $\frac{1}{3}$.

d) $\frac{1}{2}$.

e) $\frac{3}{5}$.

Questão 26

Um computador estava com as teclas dos sinais de parênteses sem funcionar. Na tela, havia a expressão aritmética 2 : 4 : 5 : 6, cujo resultado mostrado era 15.

A expressão aritmética completa é:

a) 2 : 4 : 5 : 6

b) 2 : (4 : 5) : 6

c) 2 : 4 : (5 : 6)

d) 2 : ((4 : 5) : 6)

e) 2 : (4 : (5 : 6))

Questão 27

O Produto Interno Bruto (PIB) do Brasil cresceu 1,2% no 2º trimestre de 2022, na comparação com os três meses imediatamente anteriores, conforme os dados fornecidos pelo Instituto Brasileiro de Geografia e Estatística (IBGE).

Os principais destaques do PIB do 2º trimestre de 2022 estão descritos na tabela a seguir.

Destaques do PIB do 2º trimestre de 2022	
Setor	**Aumento**
Serviços	1,3%
Indústria	2,2%
Agropecuária	0,5%
Consumo das famílias	2,6%
Formação bruta de capital fixo	4,8%
Importação	7,6%

Dados obtidos em: Agência IBGE Notícias. Disponível em: https://agenciadenoticias.ibge.gov.br/agencia-sala-de-imprensa/2013-agencia-de-noticias/releases/34748-pib-cresce-1-2-no-2-trimestre-de-2022. Acesso em: 18 abr. 2023.

Analisando os dados da tabela, qual é a diferença entre o maior e o menor destaque do PIB?

a) 1,2%

b) 2,6%

c) 6,3%

d) 7,1%

e) 8,1%

Questão 28

Deseja-se comprar vidros para a criação de um aquário decorativo. Os vidros devem ter as espessuras mais próximas possíveis da medida 5 mm. No estoque de uma loja, há vidros com estas medidas de espessura: 4,2 mm; 5,055 mm; 4,94 mm; 4,099 mm; 5,07 mm. Se os vidros forem adquiridos nessa loja, a medida da espessura escolhida será:

a) 4,099 mm.

b) 4,2 mm.

c) 4,94 mm.

d) 5,055 mm.

e) 5,07 mm.

Questão 29

O quociente eleitoral é um método pelo qual se distribuem as cadeiras nas eleições pelo sistema proporcional de votos em conjunto com o quociente partidário e a distribuição das sobras. Veja um exemplo do cálculo disponível no *site* do Tribunal Superior Eleitoral (TSE).

Disponível em: https://www.tse.jus.br/servicos-eleitorais/glossario/termos/quociente-eleitoral. Acesso em: 18 jan. 2023.

Quociente eleitoral

Fórmula:

Quociente eleitoral (QE) = número de votos válidos / número de vagas

Exemplo:

Partido/*coligação*	Votos nominais + votos de legenda
Partido A	1900
Partido B	1350
Partido C	550
Coligação D (vide observação)	*2250 (vide observação)*
Votos em branco	300 (não contam)
Votos nulos	250 (não contam)
Vagas a preencher	9
Total de votos válidos (conforme a Lei n. 9.504/97)	6050

QE = 6050 / 9 = 672,222222... → **QE = 672**

Logo, apenas os partidos A e B, e a *coligação D* **(vide observação)**, conseguiram atingir o quociente eleitoral e terão direito a preencher as vagas disponíveis.

Quociente eleitoral. Tribunal Superior Eleitoral. Disponível em: https://www.tse.jus.br/servicos-eleitorais/glossario/termos/quociente-eleitoral. Acesso em: 18 abr. 2023.

Em uma eleição, o partido A teve 1 600 votos, o partido B teve 302 votos e o partido C teve 500 votos. São 8 vagas a preencher, logo o quociente eleitoral (QE) nessa eleição é igual a:

a) 3,25.

b) 300,25.

c) 672.

d) 800,66.

e) 2 402.

Questão 30

Na segunda década do século XXI, o estudo Estratégias para Talentos Sustentáveis, Diversidade de Gênero e Liderança, realizado pelo grupo Robert Walters, indicou que as mulheres ainda se sentem obrigadas a decidir entre desenvolver uma vida familiar plena ou uma carreira profissional: 6 em cada 10 mulheres trocariam de emprego para serem mães.

Outra maneira de representar esse resultado é indicar o valor percentual das mulheres que trocariam de emprego para serem mães. Qual seria a representação desse resultado em percentual?

a) 60%

b) 6%

c) 0,6%

d) 0,06%

e) 0,006%

Questão 31

O gráfico a seguir mostra a quantidade de unidades de sofás vendida por uma loja no último ano.

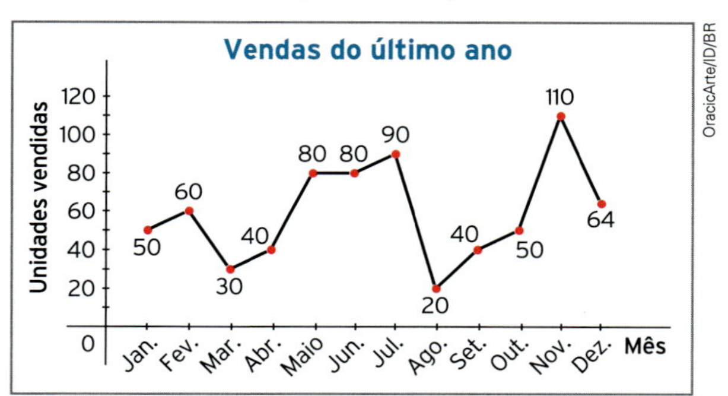

Dados fornecidos pela administração da loja de sofás.

De acordo com o gráfico, podemos concluir que o aumento nas vendas do 1º semestre para o 2º semestre foi de:

a) 10,0%.

b) 20,0%.

c) 34,0%.

d) 37,4%.

e) 80,0%.

Questão 32

Para escolher o destino de uma viagem, uma garota fez uma lista com o destino, a moeda local, a taxa de câmbio vigente e o gasto diário estimado. Veja a lista que ela fez.

Ilustrações: Ana Katharine Frota/ID/BR

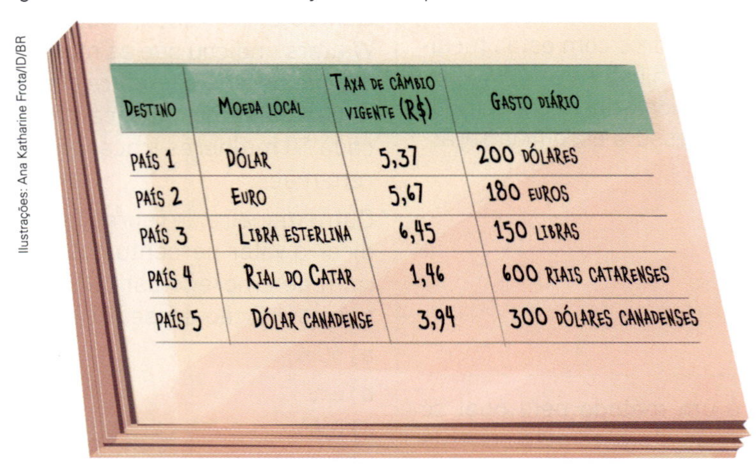

Destino	Moeda local	Taxa de câmbio vigente (R$)	Gasto diário
País 1	Dólar	5,37	200 dólares
País 2	Euro	5,67	180 euros
País 3	Libra esterlina	6,45	150 libras
País 4	Rial do Catar	1,46	600 riais catarenses
País 5	Dólar canadense	3,94	300 dólares canadenses

Considerando o menor custo diário, em real, o destino escolhido para a viagem será o:

a) país 1.

b) país 2.

c) país 3.

d) país 4.

e) país 5.

Questão 33

Uma professora deseja comprar objetos que se pareçam com figuras geométricas para utilizar em suas aulas de Matemática. Uma loja oferece três embalagens contendo diferentes quantidades de objetos com o formato de círculos, triângulos e quadrados. Os preços das embalagens 1 e 2 estão indicados a seguir e o preço de objetos com formatos iguais é o mesmo nas três embalagens.

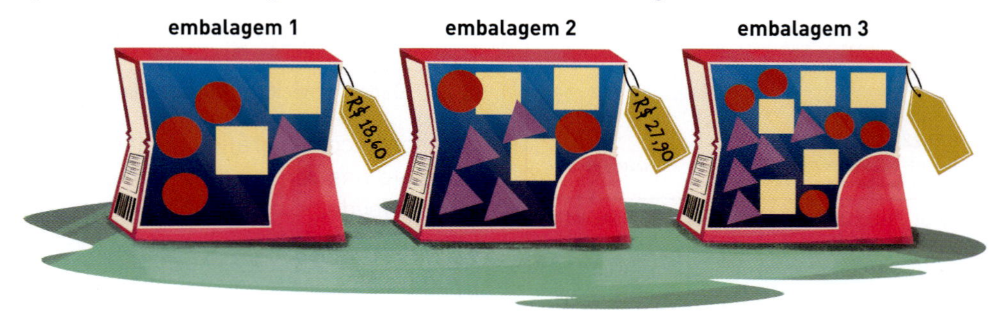

Qual deve ser o preço da embalagem 3?

a) R$ 3,10

b) R$ 15,00

c) R$ 37,20

d) R$ 46,50

e) R$ 55,80

Questão 34

As 26 letras que formam o alfabeto da língua portuguesa podem ser classificadas em vogais (são 5) e consoantes (são 21).

Suponha que cada letra do alfabeto tenha sido representada em um pedaço de papel e guardada em uma caixa. Qual é a probabilidade de sortear uma vogal entre todas as letras do alfabeto?

a) $\frac{1}{26}$

b) $\frac{5}{26}$

c) $\frac{1}{5}$

d) $\frac{5}{21}$

e) $\frac{1}{2}$

Questão 35

Uma pesquisa sobre prática de atividades físicas foi realizada entre jovens de 15 a 29 anos. Os entrevistados foram questionados sobre o hábito de correr e qual era a frequência semanal dessa atividade física. Entre os entrevistados, 60% afirmaram praticar a corrida, e sua frequência semanal é apresentada no gráfico de colunas a seguir.

ID/BR

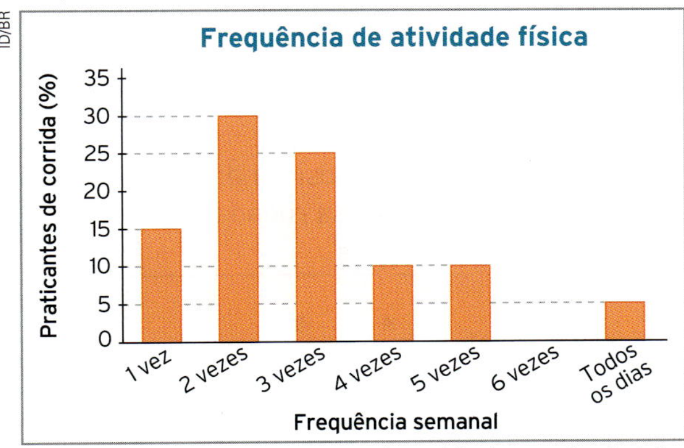

Dados obtidos pelo setor de saúde de uma instituição.

Que porcentagem do total de entrevistados representa aqueles que afirmaram correr exatamente duas vezes por semana?

a) 12%

b) 18%

c) 30%

d) 60%

e) 70%

Questão 36

Leia o texto abaixo.

> Existe muita confusão quando o assunto é poluição sonora: há uma lei específica para os limites de volume ou para os horários em que se pode fazer barulho? [...]
>
> [...]
>
> [...] vários municípios definem leis que limitam o número de decibéis por zona e por horário. Um exemplo é Belo Horizonte, que na lei municipal n. 9 505, de 23 de janeiro de 2008, define que:
>
> "Art. 4º – A emissão de ruídos, sons e vibrações provenientes de fontes fixas no Município obedecerá aos seguintes níveis máximos fixados para suas respectivas emissões, medidas nos locais do suposto incômodo:
>
> em período diurno (7h às 19h): 70 dB;
>
> em período vespertino (19h às 22h): 60 dB;
>
> em período noturno (22h às 7h): 50 dB até [as] 23h59, e 45 dB a partir das 00h."

Poluição sonora: o que diz a lei sobre o tema? *Estadão* – Summit Mobilidade, 20 out. 2021. Disponível em: https://summitmobilidade.estadao.com.br/guia-do-transporte-urbano/poluicao-sonora-o-que-diz-a-lei-sobre-o-tema/. Acesso em: 19 abr. 2023.

Agora, observe o gráfico a seguir. Ele fornece a intensidade sonora registrada em período vespertino em uma região comercial de Belo Horizonte. Nele, t indica o tempo (medido em hora) e I indica a intensidade sonora (medida em decibel).

ID/BR

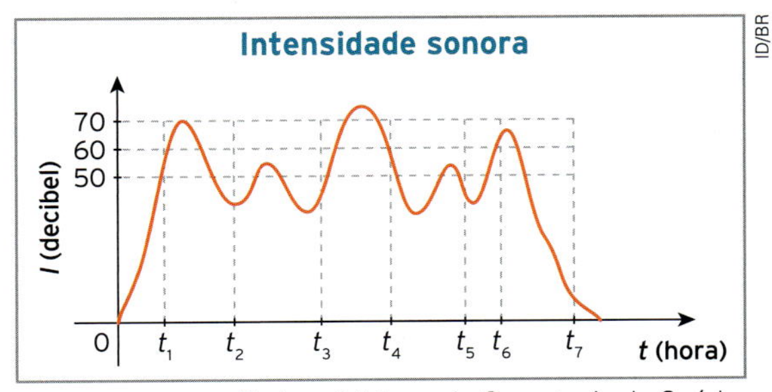

Dados obtidos pela Secretaria de Saúde.

De acordo com o gráfico, quantas vezes a intensidade sonora registrada ultrapassa o valor estabelecido por lei em período vespertino na região comercial de Belo Horizonte?

a) 8,57

b) 7

c) 4

d) 3

e) 2

Questão 37

Em 2021, o desmatamento na Amazônia alcançou o maior patamar em 15 anos, desde 2006. Houve uma alta de 21,97% em relação a 2020, com um desmatamento de 13 235 km² de vegetação. Para efeito de comparação, a taxa média nos dez anos anteriores era de 6 493,8 km².

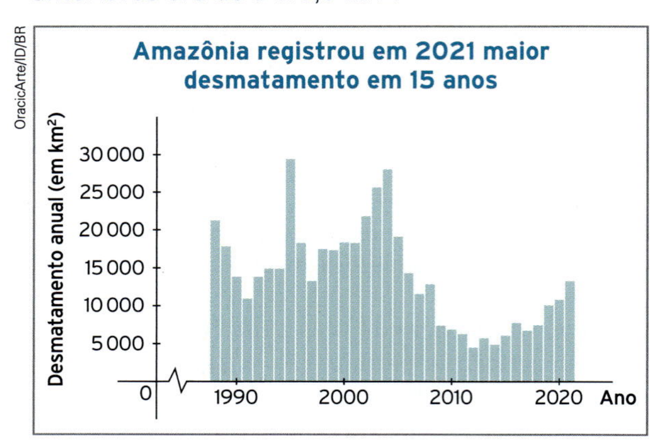

Fonte de pesquisa: BBC News Brasil. Disponível em: https://www.bbc.com/portuguese/brasil-63614414. Acesso em: 19 abr. 2023.

Segundo o gráfico, de 1988 a 2021, o maior impacto de desmatamento anual (em quilômetro quadrado) já registrado na Amazônia foi no ano de:

a) 1988.

b) 1995.

c) 2003.

d) 2004.

e) 2021.

Questão 38

Em outubro de 2022, o jogador Tom Brady era o maior de todos os tempos do futebol americano. Ele chegou à marca de 100 mil jardas lançadas na carreira, um recorde absoluto e histórico. Foi o primeiro a conseguir esse feito.

A jarda é uma unidade de medida de comprimento, em que 1 jarda equivale a 0,9144 metro. Logo, a marca conquistada pelo jogador Tom Brady equivale a:

a) 91,44 metros.

b) 914,4 metros.

c) 9 144 metros.

d) 91 440 metros.

e) 100 000 metros.

Questão 39

Em um jogo, cada jogador recebe um tabuleiro composto da representação de uma reta numérica e fichas numeradas com números racionais. O jogador, na sua vez, deve posicionar as fichas corretamente no seu tabuleiro. Cada acerto vale 100 pontos. Os tracinhos pretos dividem cada reta representada em 1 unidade de medida. Um jogador recebeu as seguintes fichas:

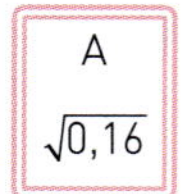

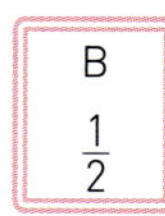

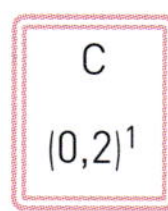

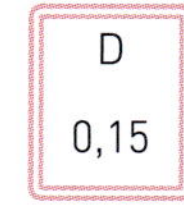

Como esse jogador deve posicionar as fichas para que atinja 400 pontos nessa rodada?

a) 0 D C A B 1

b) D A B C

c) C D B A

d) D B A C

e) B D A C

ID/BR

Questão 40

Na publicação do Código Unificado na Inglaterra, em 1848, surgiram as primeiras regras do futebol, autorizando a prática desse esporte no mundo todo. Além disso, foram definidas as dimensões dos campos, as regras e as recomendações para a produção das bolas.

Atualmente, a International Football Association Board (Ifab), órgão que regulamenta as regras de futebol desde 1883, estabelece campos de futebol retangulares com as dimensões mínimas de 45 m × 90 m e máximas de 90 m × 120 m.

Para jogos internacionais, é a Federação Internacional de Futebol Associado (Fifa) que rege regras mais específicas, permitindo apenas campos de futebol retangulares com dimensões mínimas de 64 m × 100 m e máxima de 75 m × 110 m.

No Brasil, em conformidade com grandes ligas do mundo, a Confederação Brasileira de Futebol (CBF), desde 2016, padronizou a medida de todos os campos das séries A e B do futebol masculino profissional dentro dos limites da medida dos gramados da Copa do Mundo Fifa: 68 m × 105 m.

Fonte de pesquisa: Clube Paineiras do Morumby. Disponível em: https://clubepaineiras.org.br/campo-de-futebol-historia-e-dimensoes/. Acesso em: 18 abr. 2023.

Um jogador que disputou a Copa do Mundo Fifa no Brasil, ao percorrer uma volta completa para reconhecimento do gramado do campo de futebol, andou:

a) 270 m.

b) 328 m.

c) 346 m.

d) 370 m.

e) 420 m.

Questão 41

Nas escolas, o incentivo à prática esportiva é dado desde a Educação Infantil (crianças de 2 a 5 anos). Em uma escola brasileira, as crianças brincam de bola em uma miniquadra, feita especialmente para elas, com 13 metros de medida de comprimento e 9 metros de medida de largura.

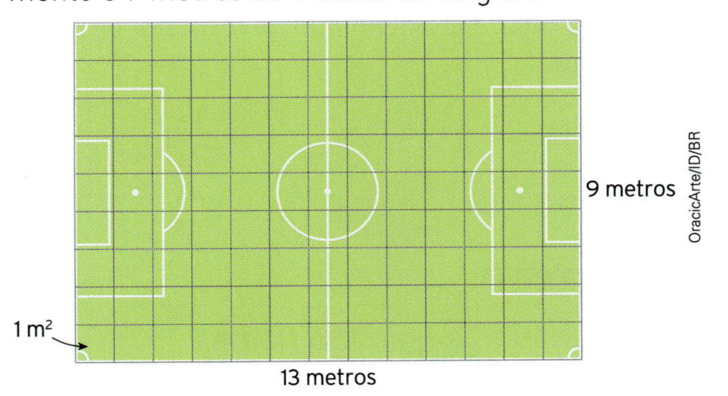

A medida da área da miniquadra das crianças é:

a) 22 m^2.

b) 44 m^2.

c) 117 m^2.

d) 169 m^2.

e) 468 m^2.

Questão 42

Uma piscina olímpica é uma piscina longa, onde a maioria das provas de natação acontecem. Ela mede exatamente 50 metros de comprimento, possui 3 metros de profundidade e 25 metros de largura (é dividida em 10 raias com 2,5 metros de largura cada).

A medida da capacidade de uma piscina olímpica, em metro cúbico, é igual a:

a) 78.

b) 375.

c) 1 500.

d) 3 750.

e) 7 500.

Questão 43

As plantas baixas são representações planas que possibilitam a observação de alguns detalhes de uma região. Elas também podem ser utilizadas para representar parte de uma superfície terrestre. Em Brasília, a capital federal do Brasil, a planta baixa mostra o eixo monumental e os bairros Asa Norte e Asa Sul, definindo o formato de avião da cidade.

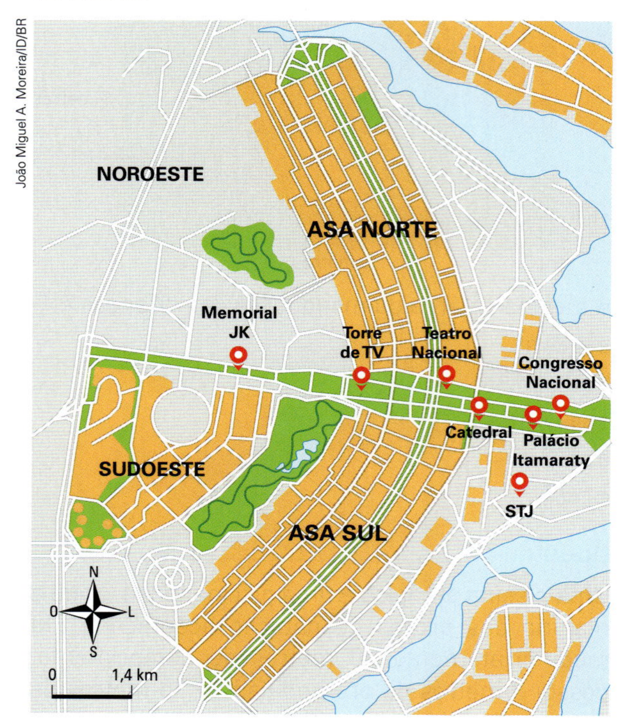

João Miguel A. Moreira/ID/BR

O ponto de vista utilizado na elaboração da planta baixa de Brasília foi o:

a) oblíquo.

b) vertical.

c) diagonal.

d) horizontal.

e) geométrico.

Questão 44

A figura a seguir representa parte da planta de um bairro, onde um parque retangular é cercado por 20 condomínios. Para essa construção, foi usada a escala 1:2000. No centro da planta, o parque retangular possui 9 centímetros de medidas de comprimento.

Ana Katharine Frota/ID/BR

O comprimento real desse parque, em metro, é:

a) 18000.

b) 900.

c) 180.

d) 90.

e) 0,09.

Questão 45

Um fóssil de um dinossauro gigante foi descoberto no Maranhão, em janeiro de 2022, e foi estudado pela Universidade Federal de Santa Maria (UFSM) e pela Universidade do Sul e Sudeste do Pará (Unifesspa). Quando se diz "dinossauro gigante", é isso mesmo: só o fêmur tem um metro e meio de comprimento. Um molde do fêmur do fóssil foi produzido em dimensões proporcionais, com comprimento correspondente medindo 15 cm.

A escala utilizada nesse molde foi de:

a) 1:1.

b) 1:10.

c) 1:15.

d) 1:100.

e) 1:150.

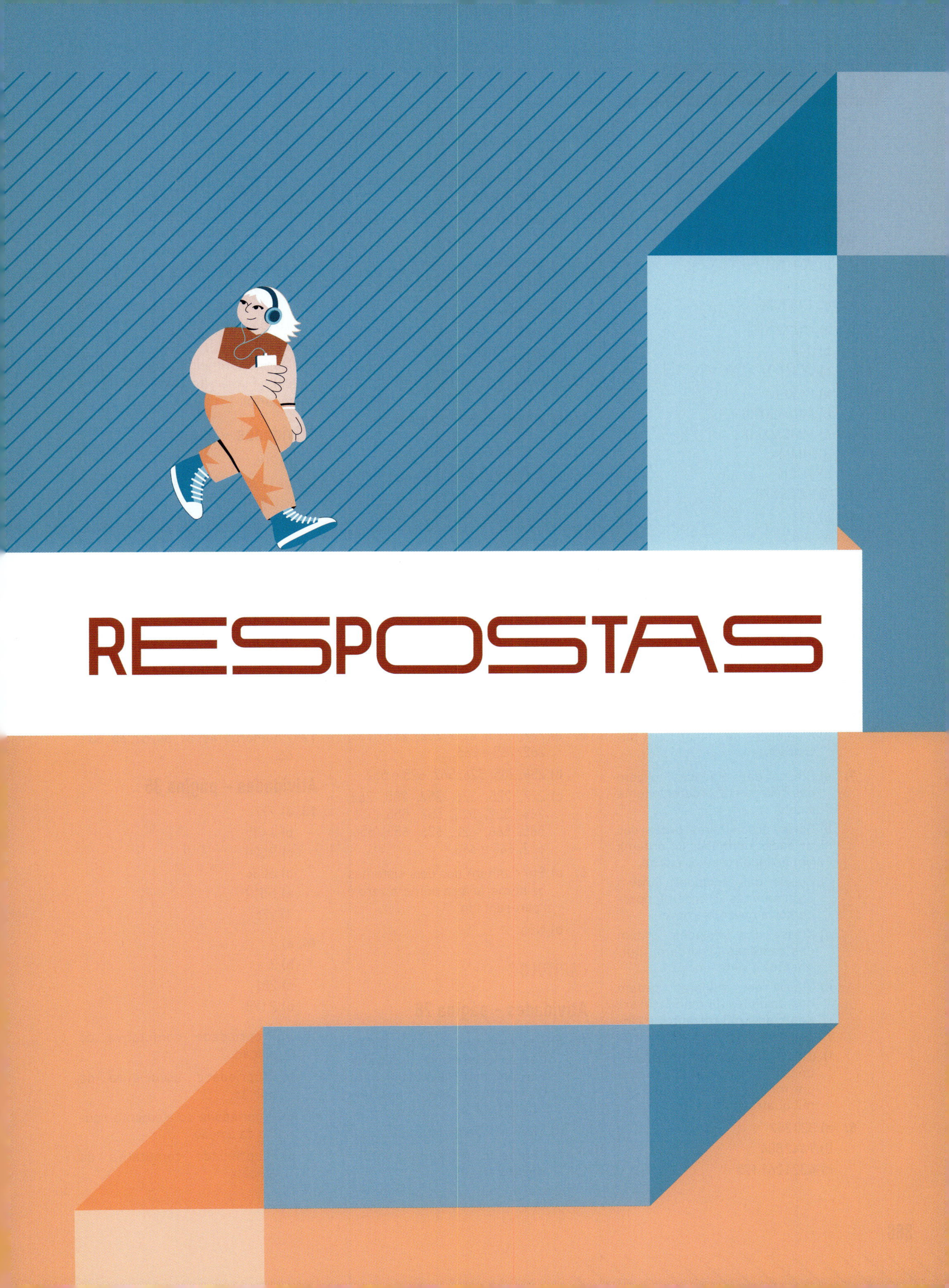

RESPOSTAS

RESPOSTAS

Unidade 1

CAPÍTULO 1

Atividades – página 20

1. a) 201 032
b) 32 035
c) 1 130 026

2. a) ∩∩∩|||||
b) 𓍢|||
c) 𓍢𓍢∩∩∩∩∩∩||||

3. a) CCXLIV
b) MCMLXXXII
c) MMCMXLIX
d) MMMII
e) $\overline{\text{V}}$DCII
f) $\overline{\overline{\text{I}}}$DCLXXII

4. a) 231
b) 108
c) 2 054
d) 1 944
e) 1 991
f) 19 400 000

5. a) 2 h 45 min ou 14 h 45 min
b) 6 h 10 min ou 18 h 10 min

Atividades – página 24

6. a) 7 dezenas.
b) 4 unidades de milhar (ou 4 milhares).

7. a) Classe das unidades; ordem das dezenas (2ª ordem); oitenta e sete.
b) Classe dos milhares; ordem das unidades de milhar (4ª ordem); um mil quatrocentos e doze.
c) Classe das unidades; ordem das centenas (3ª ordem); novecentos e noventa e nove.
d) Classe das unidades; ordem das centenas (3ª ordem); quinhentos e vinte e nove.
e) Classe dos milhares; ordem das unidades de milhar (4ª ordem); dois mil trezentos e cinquenta e cinco.
f) Classe dos milhões; ordem das unidades de milhão (7ª ordem); um milhão trezentos e dezoito mil quatrocentos e dez.

8. a) 320 252
b) 9 442 804
c) 4 324 261 125

9. a) 7
b) 5 centenas ou 50 dezenas ou 500 unidades.
c) Unidade de milhar (4ª ordem).
d) Quatro mil quinhentos e setenta e dois.

11. a) 9 876
b) 10 000
c) 1 800
d) 983

12. 5 222

Mais atividades – página 25

1. a) 𓍢∩∩∩∩|||||| metros.
b) 𓆼𓆼𓆼𓆼𓍢𓍢𓍢𓍢𓍢 anos.

2. 121: CXXI
23: XXIII
2022: MMXXII
20: XX
750 mil: $\overline{\text{DCCL}}$

3. a) Cento e cinquenta e oito mil trezentos e oitenta e quatro.
b) Oitocentos e quarenta e quatro mil seiscentos e trinta e dois.

4. |||| horas e ||||| minutos ou ∩|||||| horas e ||||| minutos.

5. a) 222, 225, 226, 252, 255, 256, 262, 265 e 266.
b) 256, 265, 526, 562, 625 e 652.
c) 222, 225, 226, 252, 255, 262, 266, 522, 525, 552, 555, 556, 565, 566, 622, 626, 655, 656, 662, 665 e 666.

6. a) Em nenhum dos dois sistemas de numeração o número zero é representado.
b) Não.

CAPÍTULO 2

Atividades – página 28

1. a) São 9 estados: Alagoas, Bahia, Ceará, Maranhão, Paraíba, Pernambuco, Piauí, Rio Grande do Norte e Sergipe. (Finalidade: contagem.)
b) 193 (Finalidade: código.)
c) Página 16. (Finalidade: ordenação.)
d) A resposta depende do horário que termina a última aula do estudante. (Finalidade: medida.)
e) A resposta depende da quantidade de pessoas que moram na casa do estudante. (Finalidade: contagem.)

2. b) 1, 3, 5, 7 e 9.

4. 1 005; 1 006; 1 007; 1 008; 1 009; 1 010.

5. 1 ou 9.

6. Marina (primeira), Joana (segunda), Flávia (terceira) e Carina (quarta).

Atividades – página 31

7. a) 206
b) 1 228, 1 229, 1 232
c) 19
d) 535

9. 8, 9, 10, 11, 12.

10. a) $42 < 56$
b) $46 < 573$
c) $651 > 234$
d) $6202 < 6207$

11. a) 589, 895, 958, 985
b) 1 234, 1 324, 1 423, 1 432
c) 3 567, 3 576, 3 756, 3 765

12. 7 números: 48, 51, 54, 57, 60, 63 e 66.

Atividades – página 35

13. a) 997
b) 1 435
c) 3 100
d) 6 034
e) 5 513
f) 176

14. a) 7
b) 2
c) 281
d) 2 178

15. a) Propriedade comutativa da adição.
b) Propriedade associativa da adição.
c) Propriedade do elemento neutro da adição.
d) Propriedade comutativa da adição.

16. a) 2100
b) 1010
c) 4540

17. a) 70
b) 155

18. a) ✦ = 7; ■ = 5
b) ✦ = 7; ■ = 5; ◆ = 8; ✸ = 4

19. $A = 12$; $C = 22$; $D = 19$; $E = 41$.

22. a) $a = 0$
b) $b = 4$

Atividades – página 41

23. a) 72
b) 112
c) 152
d) 303
e) 998
f) 105
g) 757
h) 1647

24. 3222; 299

25. a) 32
b) 168
c) 214
d) 468

26. a) 983685
b) 243703
c) 899904
d) 470798

28. a) 5641
b) 2172
c) 4344
d) 5867

29. a) 80
b) 354
c) 202
d) 1177

30. a) 80000
b) 10000
c) 40000
d) 20000

31. a) 82000
b) 14000
c) 39000
d) 23000

32. a) 82000
b) 14100
c) 38800
d) 23200

34. a) ■ = 9; ● = 5; ▲ = 6
b) ■ = 3; ● = 4; ▲ = 8

35. a) $>$
b) $<$
c) $=$
d) $>$
e) $=$
f) $<$

36. a) Maior.
b) Maior.
c) Menor.
d) Maior.

Atividades – página 47

37. a) $8 \cdot 7$
b) $9 \cdot 9$

38. a) 1644
b) 21840
c) 4635
d) 179949

39. a) 60
b) 148
c) 108
d) 64

40. a) 150
b) 468
c) 558
d) 851
e) 2665
f) 4028
g) 5504
h) 8536

41. a) 12
b) 15
c) 23
d) 38

42. a) Propriedade comutativa.
b) Propriedade distributiva.
c) Propriedade distributiva.
d) Propriedade associativa.
e) Propriedade comutativa.
f) Propriedades comutativa e do elemento neutro.

43. a) 330
b) 1717
c) 276
d) 0
e) 230

44. a) $a = 1$ e $b = 6$; $a = 2$ e $b = 3$; $a = 6$ e $b = 1$; $a = 3$ e $b = 2$.
b) $a = 1$ e $b = 10$; $a = 2$ e $b = 5$; $a = 10$ e $b = 1$; $a = 5$ e $b = 2$.
c) $a = 1$ e $b = 20$; $a = 2$ e $b = 10$; $a = 4$ e $b = 5$; $a = 5$ e $b = 4$; $a = 10$ e $b = 2$; $a = 20$ e $b = 1$.
d) $a = 1$ e $b = 100$; $a = 2$ e $b = 50$; $a = 4$ e $b = 25$; $a = 5$ e $b = 20$; $a = 10$ e $b = 10$; $a = 20$ e $b = 5$; $a = 25$ e $b = 4$; $a = 50$ e $b = 2$; $a = 100$ e $b = 1$.

45. a) 42
b) 42
c) 0
d) 84
e) 84
f) 84

46. a) 1980
b) 2475
c) 2020
d) 2525

47. a) $a = 0$
b) $a = 2$
c) $a = 1$
d) $a = 0$

Atividades – página 51

48. a) 320
b) 162
c) 208 e resto 4.
d) 7020 e resto 15.
e) 603 e resto 6.
f) 215

49. a) 2
b) 4
c) 5

50. a) 6273
b) 16
c) 4507

52. 129

Atividades – página 54

53. a) 9^5 b) 10^8

54. a) $3 \cdot 3 \cdot 3 \cdot 3 \cdot 3$
b) $9 \cdot 9 \cdot 9 \cdot 9$
c) $7 \cdot 7 \cdot 7 \cdot 7 \cdot 7 \cdot 7$
d) $13 \cdot 13 \cdot 13$

55. a) Quatro elevado à segunda potência, ou quatro elevado ao quadrado, ou quatro ao quadrado.
b) Dez elevado à terceira potência, ou dez elevado ao cubo, ou dez ao cubo.
c) Três elevado à quarta potência.
d) Onze elevado à quinta potência.

56. a) 1
b) 9
c) 729
d) 8

57. a) $4^3 = 64$
b) $1^{10} = 1$

58. a) $7^4 = 2401$
b) $0^5 = 0$

59. a) 10^1
b) 10^6
c) 10^8
d) 10^9

Atividades – página 56

60. a) 6
b) 8
c) 11
d) 0
e) 12
f) 10
g) 15
h) 1

61. 324

62. 6

63. a) Verdadeira.
b) Verdadeira.
c) Falsa.
d) Verdadeira.
e) Verdadeira.
f) Falsa.
g) Falsa.

64. a) 169 ■
b) 13

Atividade – página 57

65. **a** e **b**.

Atividades – página 58

66. a) 66
b) 536

67. a) 50
b) 72
c) 228
d) 9070
e) 60
f) 1160

Mais atividades – página 59

1. a) Aves: 3626
Répteis: 2022
Mamíferos: 2125
b) 2987 animais.
c) 1501 aves.
d) Mamíferos.

2. a) 740 metros.
b) Daqui a 18 dias.

3. 35 páginas.

4. c) Sim, existem infinitas opções.

5. b) Há infinitas opções para *a* e *b*.

Atividades integradas – página 62

1. a) 21 pontos; 21 pontos.
b) Ambos precisam fazer 9 pontos.

2. a) 198
b) 89, com resto 7.

3. 351 quilômetros.

4. Bruna tem 21 anos e Abelardo tem 23 anos.

5. 52, 54 e 56.

6. Em 5 dias.

7. 36 lápis, 64 borrachas e 30 apontadores.

8. 1024 células.

9. 101 mensagens.

10. Com 117 estudantes.

11. $30 + 10 - 2 - (5 + 10)$

12. a) $(48 - 16) \cdot 18 + 12 =$
$= 48 \cdot 18 - 16 \cdot 18 + 12 =$
$= 864 - 288 + 12 =$
$= 576 + 12 = 588$
b) $164 - (46 : 2) \cdot 6 =$
$= 164 - 23 \cdot 6 = 164 - 138 =$
$= 26$

13. a) 3
b) 2
c) 4
d) 2
e) 2

14. a) ♣ = 0; ✦ = 7; ■ = 2
b) ★ = 9; ◆ = 4; ◆ = 4

15. a) >
b) <
c) =
d) <

16. 11

17. a) Sim.
b) Propriedade comutativa.

18. ◆ = 4; ▲ = 6; ♥ = 5; ● = 2; ■ = 3.

19. 111

20. Alternativa **e**.

21. Alternativa **c**.

22. Alternativa **d**.

Unidade 2

CAPÍTULO 1

Atividades – página 69

1. Infinitas.

2. Uma única reta.

Atividades – página 72

4. a) Colineares.
b) Consecutivos.
c) Adjacentes.

Atividades – página 76

6. a) Lados: $\overrightarrow{DC}$ e $\overrightarrow{DE}$; vértice: D.
   b) Lados: $\overrightarrow{FE}$ e $\overrightarrow{FG}$; vértice: F.
   c) Lados: $\overrightarrow{BA}$ e $\overrightarrow{BD}$; vértice: B.

8. a) Reto.
   b) Agudo.
   c) Agudo.
   d) Obtuso.
   e) Obtuso.
   f) Obtuso.

9. a) 45°
   b) 80°
   c) 120°
   d) 180°

Atividades – página 78

10. a) Retas concorrentes.
    b) Retas paralelas.
    c) Retas concorrentes.
    d) Retas concorrentes.

11. a) Concorrentes oblíquas.
    b) Concorrentes oblíquas.
    c) Concorrentes oblíquas.
    d) Paralelas.
    e) Concorrentes perpendiculares.
    f) Concorrentes perpendiculares.

12. Concorrentes; paralelas.

13. a) Falsa.
    b) Verdadeira.

Mais atividades – página 79

1. a) Reta.
   b) Plano.
   c) Ponto.

2. a) Apenas uma reta.
   b) Apenas uma reta.
   c) Nenhuma reta passa pelos três pontos ao mesmo tempo.

3. a) 35°; agudo.
   b) 52°; agudo.
   c) 119°; obtuso.
   d) 90°; reto.

4. $\hat{B}$: 120°; obtuso.
   $\hat{C}$: 90°; reto.
   $\hat{D}$: 60°; agudo.
   $\hat{E}$: 120°; obtuso.
   $\hat{F}$: 120°; obtuso.
   $\hat{O}$: 180°; raso.

5. a) B, C, D, E, F, G, H, I e J.
   b) D, G e J.
   c) C, E, F, H e I.
   d) B.

CAPÍTULO 2

Atividades – página 82

3. a) Linha.
   b) Figura não plana.
   c) Figura não plana.
   d) Região plana.

4. Grupo **I**: figuras que possuem apenas partes curvas.
   Grupo **II**: figuras que possuem apenas partes sem curvas.
   Grupo **III**: figuras que possuem partes com curvas e partes sem curvas.

Atividades – página 85

5. Linha poligonal, fechada e simples.

6. a) Figuras de Adriana
   vértices: A, B, C, D e E, F, G;
   lados: $\overline{AB}, \overline{BC}, \overline{CD}, \overline{DA}$ e $\overline{EF}, \overline{FG}, \overline{GE}$;
   diagonais: $\overline{AC}$ e $\overline{BD}$;
   ângulos internos: $\hat{A}, \hat{B}, \hat{C}, \hat{D}$ e $\hat{E}, \hat{F}, \hat{G}$.
   Figuras de Tomás
   vértices: I, J, K, L e M, N, O, P, Q;
   lados: $\overline{IJ}, \overline{JK}, \overline{KL}, \overline{LI}$ e $\overline{MN}, \overline{NO}, \overline{OP}, \overline{PQ}, \overline{QM}$;
   diagonais: $\overline{IK}, \overline{JL}$ e $\overline{MO}, \overline{MP}, \overline{NP}, \overline{NQ}, \overline{OQ}$;
   ângulos internos: $\hat{I}, \hat{J}, \hat{K}, \hat{L}$ e $\hat{M}, \hat{N}, \hat{O}, \hat{P}, \hat{Q}$.
   b) São convexas.
   c) Características comuns: elas são formadas por linhas fechadas poligonais; todas são polígonos convexos. Diferença: as figuras desenhadas por Adriana são regulares, enquanto as figuras desenhadas por Tomás não são regulares.

8. a) A, B, C, D, E, F.
   b) $\overline{AB}, \overline{BC}, \overline{CD}, \overline{DE}, \overline{EF}, \overline{FA}$.
   c) Não convexo.
   d) Hexágono.

Atividades – página 87

9. a) Escaleno.
   b) Equilátero.
   c) Isósceles.

10. a) Obtusângulo.
    b) Retângulo.
    c) Acutângulo.

11. a) Escaleno e obtusângulo.
    b) Equilátero e acutângulo.
    c) Escaleno e retângulo.
    d) Isósceles e acutângulo.

12. a) Obtusângulo e escaleno.
    b) Acutângulo e equilátero.
    c) Isósceles e retângulo.

Atividades – página 91

13. a) Lados paralelos: $\overline{AB}$ e $\overline{DC}$, $\overline{AD}$ e $\overline{BC}$; paralelogramo.
    b) Lados paralelos: $\overline{HE}$ e $\overline{GF}$; trapézio.
    c) Lados paralelos: $\overline{LI}$ e $\overline{KJ}$, $\overline{LK}$ e $\overline{IJ}$; paralelogramo.
    d) Lados paralelos: $\overline{MN}$ e $\overline{PO}$; trapézio.

14. a) **B**: trapézio isósceles
    F: trapézio retângulo
    b) **A**: retângulo
    C: paralelogramo qualquer
    D: quadrado
    E: losango

16. a) quadrado
    b) trapézio retângulo
    c) trapézio
    d) ângulos
    e) lados

17. a) Quadrado.
b) Ter quatro ângulos retos.
c) Ter quatro lados com a mesma medida.

18. a) Falsa.
b) Verdadeira.
c) Falsa.
d) Verdadeira.

Atividades – página 96

20. a) Poliedro; 8 faces, 18 arestas e 12 vértices.
b) Não poliedro.
c) Não poliedro.
d) Poliedro; 5 faces, 8 arestas e 5 vértices.
e) Não poliedro.
f) Poliedro; 6 faces, 12 arestas e 8 vértices.

21. a) Não convexo.
b) Convexo.
c) Convexo.
d) Não convexo.

24. a) Hexágonos e retângulos.
b) Octógono e triângulos.
c) Pentágonos.

Atividades – página 98

25. a) 7 faces.
b) 12 vértices.
c) 9 arestas.
d) Bloco retangular ou paralelepípedo.

26. a) Prisma de base hexagonal.
b) 12 arestas.
c) 10 faces.
d) Prisma de base octogonal.

27. a) Octógono.
b) Quadriláteros.
c) 10 faces, 16 vértices e 24 arestas.

Atividades – página 101

28. **A**: base; **B**: face lateral; **C**: vértice.

29. a) Pirâmide de base hexagonal.
b) Pirâmide de base triangular.
c) Pirâmide de base pentagonal.
d) Pirâmide de base triangular.

Atividades – página 102

30. a) $10 + 7 = 15 + 2$
$17 = 17$
b) $12 + 8 = 18 + 2$
$20 = 20$
c) $6 + 6 = 10 + 2$
$12 = 12$
d) $7 + 7 = 12 + 2$
$14 = 14$

Atividades – página 104

32. Círculo.

33. a) Cone.
b) Cilindro.

Mais atividades – página 105

1. a) Verdadeira.
b) Verdadeira.
c) Verdadeira.

5. a) Verdadeira.
b) Falsa.
c) Verdadeira.
d) Falsa.

6. Não, pois apesar de esse poliedro satisfazer a relação de Euler, ele é não convexo.

Atividades integradas – página 108

1. a) *r* e *s*; *r* e *t*; *m* e *s*; *m* e *t*.
b) Sim. *r* e *m*; *s* e *t*.

2. Triângulo retângulo escaleno de ângulos medindo 30°, 60° e 90°; triângulo retângulo isósceles de ângulos medindo 90°, 45° e 45°.

3. a) Verdadeira.
b) Falsa.
c) Verdadeira.

4. a) Retângulos.
b) Triângulos isósceles e quadrado.

5. a) I.
b) II, III, IV, V, VI.
c) III, V, VI.
d) II, IV.

6. Alternativa **d**.

7. a) 15 segmentos; $\overline{AB}$, $\overline{AG}$, $\overline{AE}$, $\overline{AD}$, $\overline{BC}$, $\overline{BG}$, $\overline{BF}$, $\overline{CD}$, $\overline{CE}$, $\overline{CF}$, $\overline{DE}$, $\overline{DG}$, $\overline{EG}$, $\overline{EF}$, $\overline{FG}$.
e) Não.

8. Alternativa **b**.

10. a) Quadrado.
b) 4 triângulos equiláteros.
c) 12 trapézios.

Unidade 3

CAPÍTULO 1

Atividade – página 115

1. a) Padrão: adicionar 7 unidades ao termo anterior; próximos termos: 32, 39, 46.
b) Padrão: adicionar 13 unidades ao termo anterior; próximos termos: 59, 72, 85.
c) Padrão: subtrair 5 unidades do termo anterior; próximos termos: 21, 16, 11.
d) Padrão: multiplicar o termo anterior por 2; próximos termos: 48, 96, 192.
e) Padrão: multiplicar o termo anterior por 10; próximos termos: 20 000, 200 000, 2 000 000.
f) Padrão: dividir o termo anterior por 2; próximos termos: 1 000, 500, 250.

Atividades – página 116

3. a) Não.
b) Sim.
c) Não.
d) Sim.
e) Sim.

Atividades – página 119

4. a) D(18) = {1, 2, 3, 6, 9, 18}
b) D(10) = {1, 2, 5, 10}
c) D(13) = {1, 13}
d) D(36) = {1, 2, 3, 4, 6, 9, 12, 18, 36}

e) D(49) = {1, 7, 49}
f) D(42) = {1, 2, 3, 6, 7, 14, 21, 42}

5. a) D(32) = {1, 2, 4, 8, 16, 32}
b) D(45) = {1, 3, 5, 9, 15, 45}
c) D(64) = {1, 2, 4, 8, 16, 32, 64}
d) D(121) = {1, 11, 121}

7. divisível; divisor; múltiplo.

8. 9 estudantes.

9. a) Falsa.
b) Verdadeira.
c) Falsa.
d) Falsa.
e) Verdadeira.
f) Verdadeira.
g) Falsa.
h) Verdadeira.
i) Falsa.
j) Verdadeira.

Atividades – página 126

10. a) Múltiplos de 2: 36, 42, 112, 318, 406, 536, 600, 844, 916, 918, 996, 1 100, 2 268, 5 732, 6 000, 6 400, 6 810, 43 000, 96 258, 125 874, 237 156.
Múltiplos de 9: 36, 135, 918, 2 268, 18 225, 125 874.
Múltiplos de 100: 600, 1 100, 6 000, 6 400, 43 000.
b) Divisíveis por 3: 36, 42, 75, 135, 303, 318, 600, 918, 996, 2 268, 5 043, 6 000, 6 810, 18 225, 96 258, 125 874, 237 156.
Divisíveis por 4: 36, 112, 536, 600, 844, 916, 996, 1 100, 2 268, 5 732, 6 000, 6 400, 43 000, 237 156.
Divisíveis por 8: 112, 536, 600, 6 000, 6 400, 43 000.
c) 36, 42, 318, 600, 918, 996, 2 268, 6 000, 6 810, 96 258, 125 874, 237 156.
d) 600, 1 100, 6 000, 6 400, 6 810, 43 000.
e) 6 000 e 43 000.

11. 732, 948 e 1 056

12. Não.

13. a) 9 998
b) 9 995
c) 9 996
d) 9 999

14. a) Verdadeira.
b) Verdadeira.

15. Não.

16. Alternativas **a**, **d**, **e** e **f**.

Mais atividades – página 127

1. a) 1, 4 ou 7.
b) 1, 4 ou 7.
c) 7
d) 0, 1, 2, 3, 4, 5, 6, 7, 8 ou 9.

2. a) Não.
b) Encher mais 2 balões, para ficar com 102 balões.

3. 10 doces.

4. a) 102 345
b) 999 996
c) 44

5. 39 anos.

6. 10 adesivos.

7. 12, 24, 36, 48 e 60

8. a) D(45) = {1, 3, 5, 9, 15, 45}
b) D(60) = {1, 2, 3, 4, 5, 6, 10, 12, 15, 20, 30, 60}
c) D(100) = {1, 2, 4, 5, 10, 20, 25, 50, 100}

CAPÍTULO 2

Atividades – página 132

1. 2, 3, 5, 7, 11, 13, 17, 19, 23 e 29.

2. a) Número primo.
b) Número primo.
c) Número composto.
d) Número primo.
e) Número composto.
f) Número composto.

3. a) $2 \cdot 2 \cdot 7$
b) $2 \cdot 2 \cdot 2 \cdot 2 \cdot 2$
c) $2 \cdot 2 \cdot 11$
d) $2 \cdot 2 \cdot 2 \cdot 2 \cdot 2 \cdot 2$
e) $2 \cdot 41$
f) $5 \cdot 5 \cdot 5$
g) $2 \cdot 2 \cdot 2 \cdot 3 \cdot 3 \cdot 3$
h) $7 \cdot 7 \cdot 7$

4. a) 3
b) 17
c) 67
d) 23

5. a) 140
b) 693
c) 4 600
d) 3 757
e) 1 805
f) 6 125
g) 172
h) 1 914
i) 11 935
j) 3 626

6. a) 96
b) 99
c) 90
d) 90

7. 3 tipos de disposição retangular diferentes.

Mais atividades – página 133

2. Porque os múltiplos de 4 também são múltiplos de 2. E os múltiplos de 6 são múltiplos de 3 e múltiplos de 2.

3. a) 5 + 7
b) 11 + 13
c) 41 + 43

4. 1 512

5. O avô de Ana tem 83 anos e a avó tem 89 anos.

6. a) $2 \cdot 2 \cdot 2 \cdot 2 \cdot 3$
b) $2 \cdot 2 \cdot 2 \cdot 3 \cdot 5$
c) $2 \cdot 2 \cdot 2 \cdot 2 \cdot 3 \cdot 3$
d) $2 \cdot 2 \cdot 2 \cdot 3 \cdot 3 \cdot 5$
e) $2 \cdot 2 \cdot 2 \cdot 2 \cdot 2 \cdot 2 \cdot 2 \cdot 2 \cdot 2 \cdot 2$
f) $2 \cdot 2 \cdot 2 \cdot 37$

8. ★: 3; ♦: 4.

9. a) Seja feliz.
c) 103, 107 e 109.

Atividades integradas – página 136

1. Alternativa **c**.

2. São números primos.

3. a) Montagens das cestas:
   - 1 cesta com 24 peras, 48 maçãs e 36 laranjas;
   - 2 cestas, cada uma com 12 peras, 24 maçãs e 18 laranjas;
   - 3 cestas, cada uma com 8 peras, 16 maçãs e 12 laranjas;
   - 4 cestas, cada uma com 6 peras, 12 maçãs e 9 laranjas;
   - 6 cestas, cada uma com 4 peras, 8 maçãs e 6 laranjas;
   - 12 cestas, cada uma com 2 peras, 4 maçãs e 3 laranjas.

   b) 12 cestas.

4. Quando o expoente de 9 é par, o algarismo da unidade da potência é 1.

5. Alternativa **e**.

6. 24 metros.

7. a) Divisores de 12: 1, 2, 3, 4, 6 e 12; divisores de 13: 1 e 13; divisores de 14: 1, 2, 7 e 14; divisores de 15: 1, 3, 5 e 15; divisores de 16: 1, 2, 4, 8 e 16; divisores de 17: 1 e 17; divisores de 18: 1, 2, 3, 6, 9 e 18; divisores de 19: 1 e 19; divisores de 20: 1, 2, 4, 5, 10 e 20.

   b) 13, 17 e 19.

8. a) 3 filhos.

   b) 2, 5 e 11 anos.

9. 27 de abril e 9 de maio.

10. Alternativa **d**.

11. 18, 36, 54, 72 e 90.

Unidade 4

CAPÍTULO 1

Atividades – página 144

2. a) G8

   b) Quadrado.

   c) F5

   d) 3 lados.

   e) C6

   f) B4

Atividades – página 148

3. a) *A*(3, 0), *B*(1, 8), *C*(4, 5), *D*(6, 4), *E*(2, 3), *F*(8, 1), *G*(0, 3), *H*(3, 2), *I*(5, 4), *J*(1, 1), *K*(4, 6), *L*(3, 3), *M*(2, 7), *N*(8, 4).

   b) *A* e *G*, *B* e *F*, *D* e *K*, *E* e *H*.

5. *ABCD*: *A*(0, 2), *B*(1, 4), *C*(2, 2) e *D*(1, 0); losango. *EFGH*: *E*(3, 4), *F*(3, 7), *G*(5, 7) e *H*(7, 4); trapézio. *IJKL*: *I*(6, 0), *J*(7, 2), *K*(9, 1) e *L*(7, 0); quadrilátero qualquer.

8. a) *F* e *O*; as ordenadas são zero.

   b) *C*, *D* e *H*.

   c) *E*, *N* e *P*.

Mais atividades – página 149

1. a) (2, 7)

2. a) VAMOS ESTUDAR?

3. c) Triângulos: *ABC*, *ACD*, *BDE*, *CBD*, *DBA*.

   d) *A*, *D*, *E*, *B* e *C*.

CAPÍTULO 2

Atividades – página 153

1. Sim, os polígonos A e B são semelhantes.

Atividade – página 155

3. b) *N'*(11, 3), *O'*(23, 9) e *P'*(11, 9)

   c) *M"*(3, 2), *N"*(4, 2), *O"*(6, 3) e *P"*(4, 3).

Mais atividades – página 157

1. Luís.

5. a) (4, 3)

6. a) (150, 110) e (150, 20)

CAPÍTULO 3

Atividades – página 161

6. As retas *b* e *c* são perpendiculares.

Atividades integradas – página 170

1. Alternativa **a**.

2. Alternativa **d**.

3. Alternativa **b**.

6. c) Não.

8. $med(\overline{CB}) = 5$ cm

Unidade 5

CAPÍTULO 1

Atividades – página 179

1. a) $\frac{4}{5}$; numerador: 4; denominador: 5.

   b) $\frac{4}{8}$; numerador: 4; denominador: 8.

   c) $\frac{5}{6}$; numerador: 5; denominador: 6.

   d) $\frac{7}{13}$; numerador: 7; denominador: 13.

   e) $\frac{5}{12}$; numerador: 5; denominador: 12.

   f) $\frac{10}{16}$; numerador: 10; denominador: 16.

3. a) $\frac{7}{9}$

   b) $\frac{42}{100}$

   c) $\frac{15}{33}$

   d) $\frac{121}{1\,000}$

   e) $\frac{18}{100}$

f) $\frac{100}{62}$

4. a) 40
b) denominador
c) 100
d) denominador
e) numerador
f) numerador; denominador

5. a) Numerador: 3;
denominador: 5;
três quintos.
b) Numerador: 9;
denominador: 10;
nove décimos.
c) Numerador: 7;
denominador: 8;
sete oitavos.
d) Numerador: 17;
denominador: 25;
dezessete vinte e cinco avos.
e) Numerador: 11;
denominador: 40;
onze quarenta avos.
f) Numerador: 20;
denominador: 12;
vinte doze avos.
g) Numerador: 34;
denominador: 100;
trinta e quatro centésimos.
h) Numerador: 109;
denominador: 1 000;
cento e nove milésimos.

6. As frações dos itens **c**, **g**, **h**.

Atividades – página 182

8. $\frac{18}{30}$

9. Caio: $\frac{3}{8}$; Joana: $\frac{2}{8}$; Laura: $\frac{3}{8}$.

10. a) 12 peixes.
c) Azul.

11. $\frac{2000}{2}$

12. a) 39 livros.
b) $\frac{24}{39}$
c) $\frac{15}{39}$

13. a) $\frac{5}{6}$
c) Menor.

14. a) $\frac{5}{12}$
b) $\frac{7}{12}$
c) $\frac{5}{7}$
d) $\frac{10}{24}$

Atividades – página 185

15. a) Fração própria.
b) Fração imprópria não aparente.
c) Fração imprópria aparente.
d) Fração própria.

18. a) $\frac{23}{7}$
b) $\frac{35}{8}$
c) $\frac{11}{2}$
d) $\frac{29}{10}$
e) $\frac{37}{20}$
f) $\frac{21}{8}$

19. a) $5\frac{2}{6}$
b) $4\frac{2}{5}$
c) $33\frac{1}{3}$
d) $9\frac{9}{10}$
e) $11\frac{8}{12}$
f) $18\frac{1}{4}$

Atividades – página 187

21. a) 160
b) 1 221
c) 298
d) 118

22. a) 15 minutos.
b) 20 minutos.
c) 45 minutos.
d) 5 minutos.

23. a) 500 gramas.
b) 25 centímetros.
c) 400 gramas.
d) 60 centímetros.

24. a) 50 centavos.
b) 10 centavos.
c) 25 centavos.
d) 30 centavos.

25. a) 76 500 habitantes.
b) 127 500 habitantes.

26. 62 400 hectares.

27. 30 minutos.

Atividades – página 189

28. Em todas.

29. $\frac{20}{180}$; $\frac{13}{117}$; $\frac{4}{36}$.

30. a) 6
b) 5
c) 40
d) 32
e) 6
f) 9

31. $\frac{63}{117}$

32. a) $\frac{3}{4}$
b) $\frac{3}{7}$
c) $\frac{7}{10}$
d) $\frac{1}{6}$

33. $\frac{4}{7}$

Atividades – página 192

34. a) $\frac{3}{17} < \frac{5}{17}$
b) $\frac{1}{7} > \frac{1}{12}$
c) $\frac{7}{12} = \frac{21}{36}$
d) $\frac{3}{8} > \frac{7}{24}$
e) $\frac{4}{10} = \frac{40}{100}$
f) $\frac{23}{24} < \frac{5}{4}$

35. $\frac{9}{6} > \frac{2}{3} > \frac{11}{18} > \frac{2}{9}$

RESPOSTAS

Mais atividades – página 193

1. a) R$ 4,00
b) R$ 16,00

2. a) 30 reais
b) 40 reais.
c) $\frac{1}{5}$

3. a) Polpa de mamão: $\frac{1}{2}$;
suco de acerola: $\frac{1}{10}$; leite: $\frac{2}{5}$.
b) $\frac{1}{10} < \frac{2}{5} < \frac{1}{2}$

4. Futebol.

5. a) As três estudam a mesma quantidade de horas por dia.
b) 6 horas por dia.

6. Maurício.

7. 600 m

8. Rádios.

9. R$ 360,00

CAPÍTULO 2

Atividades – página 197

1. a) $\frac{8}{9}$
b) $\frac{3}{20}$
c) $\frac{5}{4}$
d) $\frac{13}{21}$
e) $\frac{3}{13}$
f) $\frac{11}{24}$

2. $\frac{3}{4} - \frac{1}{6}$

3. Não.

4. ★ = 5; ■ = 7.

5. a) $\frac{1}{4}$
b) $\frac{3}{4}$

6. a) $\frac{1}{2}$
b) $\frac{37}{15}$
c) $\frac{13}{12}$
d) $\frac{1}{4}$
e) $\frac{3}{10}$
f) $\frac{5}{2}$

Atividades – página 201

7. a) $\frac{10}{3}$
b) $\frac{4}{5}$
c) 3
d) $\frac{7}{3}$
e) 10
f) $\frac{12}{5}$
g) 4
h) $\frac{4}{5}$
i) $\frac{70}{11}$
j) $\frac{9}{16}$

8. a) $\frac{1}{14}$
b) $\frac{2}{15}$
c) $\frac{1}{18}$
d) $\frac{3}{5}$
e) $\frac{2}{21}$
f) 1
g) $\frac{1}{4}$
h) $\frac{2}{17}$
i) $\frac{11}{4}$
j) $\frac{20}{9}$

9. a) $\frac{1}{6}$
b) $\frac{1}{16}$
c) $\frac{2}{7}$
d) $\frac{1}{3}$

10. $\frac{5}{2}$ ou $2\frac{1}{2}$ litros.

11. $\frac{9}{20}$

12. $\frac{1}{10}$

Atividades – página 202

14. I-d; II-a; III-e; IV-c; V-b; VI-g; VII-f.

15. a) $\frac{9}{2}$
b) $\frac{15}{2}$
c) 8
d) $\frac{1}{9}$
e) $\frac{1}{8}$
f) $\frac{2}{5}$
g) $\frac{7}{12}$
h) $\frac{23}{18}$
i) $\frac{1}{7}$

16. a) $\frac{5}{4}$
b) 3
c) $\frac{1}{8}$
d) $\frac{2}{7}$

Atividades – página 206

17. O quociente da divisão $2 : \frac{1}{2}$ é maior.

18. $\frac{1}{5}$

20. 6 tortas.

22. 15 pavês.

23. 5 pessoas.

24. 7 placas.

Atividades – página 209

25. a) $\frac{9}{16}$
b) $\frac{1}{512}$
c) $\frac{49}{100}$
d) $\frac{64}{729}$
e) 1
f) $\frac{16}{2401}$
g) 1024

h) $\frac{1}{256}$

i) $\frac{1331}{1000}$

26. a) $\frac{1}{5}$

b) $\frac{9}{11}$

c) $\frac{5}{21}$

d) $\frac{3}{16}$

e) $\frac{25}{32}$

f) $\frac{1}{40}$

27. a) $\frac{17}{100}$

b) $\frac{50}{100}$

c) $\frac{59}{100}$

d) $\frac{99}{100}$

28. a) 220

b) 97

c) 2000

d) 25

29. a) 288000

b) 909

c) 120

d) 344400

30. 120 reais.

Mais atividades – página 210

2. a) 200 mL

b) 13 reais.

c) 1800 g

d) 20 cm

3. a) $\frac{3}{11}$

b) $\frac{5}{25}$

c) $\frac{12}{70}$

d) 2

e) $\frac{2}{9}$

5. A afirmação é verdadeira.

6. a) $\frac{1}{4}$

b) $\frac{8}{9}$

c) 5

d) 12

e) $\frac{3}{8}$

7. a) $\frac{2}{9}$; $\frac{4}{9}$.

b) $\frac{5}{9}$

8. a) 5

b) $\frac{1}{2}$

c) $\frac{4}{5}$

d) 7

9. a) 150 reais.

b) 224 reais.

Atividades integradas – página 214

1. Alternativa **c**.

2. Alternativa **d**.

4. Alternativa **c**.

5. a) $\frac{1}{5}$

b) $\frac{3}{10}$

c) 30 exercícios.

6. Alternativa **b**.

7. Alternativa **c**.

8. a) Diana vai ganhar 15 cadernos e Elaine vai ganhar 25 cadernos.

b) $\frac{15}{25}$ ou $\frac{3}{5}$

9. Alternativa **d**.

10. a) I. $\frac{1}{16}$; II. $\frac{1}{4}$; III. $\frac{1}{4}$; IV. $\frac{1}{8}$; V. $\frac{1}{16}$; VI. $\frac{1}{8}$; VII. $\frac{1}{8}$

b) 1

c) $\frac{7}{16}$

d) $\frac{5}{16}$

Unidade 6

CAPÍTULO 1

Atividades – página 225

1. a) R$ 1,00

b) R$ 0,25

c) R$ 0,05

d) R$ 0,01

2. a) 0,3

b) 0,07

c) 0,017

d) 5,3

e) 23,1

f) 1,13

g) 0,0001

h) 0,70

i) 0,7568

j) 3,283

3. a) Sete décimos.

b) Três inteiros e quarenta e cinco centésimos.

c) Trinta e quatro centésimos.

d) Doze inteiros e trinta e oito milésimos.

e) Vinte e um milésimos.

f) Seis inteiros e cinco milésimos.

4. a) 0,12

b) 3,05

c) 0,007

d) 20,015

e) 0,031

6. a) 5 milésimos ou 0,005.

b) 5 unidades ou 5.

c) 5 décimos ou 0,5.

d) 5 dezenas ou 50.

7. a) ■ = 23; ★ = 0,23

b) ■ = 9; ★ = 100; ● = 0,09

c) ■ = 7; ★ = 7; ● = 100

8. a) 24,7 °C

b) 26,7 °C

9. 308,238: trezentos e oito inteiros e duzentos e trinta e oito milésimos.

11,987: onze inteiros e novecentos e oitenta e sete milésimos.

38,637: trinta e oito inteiros e seiscentos e trinta e sete milésimos.

Atividades – página 228

10. a) 0,1
b) 0,01
c) 0,0001
d) 1,3
e) 5,21
f) 0,063

11. a) $\frac{1}{10}$
b) $\frac{1}{1\,000}$
c) $\frac{1}{100\,000}$
d) $\frac{87}{10}$
e) $\frac{96\,361}{1\,000}$
f) $\frac{6\,547}{10\,000}$

13. a) $\frac{213}{100}$; 2,13.
b) $\frac{1\,007}{1\,000}$; 1,007.
c) $\frac{7\,011}{1\,000}$; 7,011.
d) $\frac{15\,002}{1\,000}$; 15,002.
e) $\frac{601}{100}$; 6,01.

14. a – II; b – III; c – I.

15. a) 0,4
b) 0,4
c) 2,4
d) 1,5

16. 7 128 milésimos.

Atividade – página 229

17. c) 392,1: trezentos e noventa e dois inteiros e um décimo; 5 930,59: cinco mil novecentos e trinta inteiros e cinquenta e nove centésimos; 0,682: seiscentos e oitenta e dois milésimos.

Atividades – página 232

18. $D = 0{,}2$; $C = 1{,}4$; $A = 2{,}6$; $E = 3{,}5$; $B = 4{,}9$.

19. a) =
b) =
c) ≠
d) ≠
e) =
f) ≠

20. a) $>$
b) =
c) $<$
d) =
e) $>$
f) $<$

21. a) $0{,}687 < 2{,}57 < 2{,}9 < 3{,}57 < 4{,}89 < 4{,}9 < 6{,}9$
b) $0{,}006 < 0{,}015 < 0{,}07 < 0{,}1004 < 0{,}2 < 0{,}901$

22. a – III; b – II; c – IV; d – I.

23. a) A: $\frac{60}{100} = 0{,}6$;
B: $\frac{52}{100} = 0{,}52$;
C: $\frac{50}{100} = 0{,}50$;
D: $\frac{71}{100} = 0{,}71$.
b) $0{,}71 > 0{,}6 > 0{,}52 > 0{,}50$

24. a) € 2,35
b) € 1,53

25. Perez, Alonso, Russell, Sainz Jr., Stroll.

Mais atividades – página 233

2. Mais de 1 quilograma de maçãs.

3. A garrafa **A**.

4. a) O paciente B.
b) O paciente A está com febre baixa. O paciente C está com febre alta.

5. a) 0,1 m
b) 0,143 m

CAPÍTULO 2

Atividades – página 237

1. a) 1,5
b) 4,9605
c) 10
d) 4,751
e) 11,69
f) 10,439
g) 0,45
h) 5,02

2. a) 2,6; 0,54; 15,04
b) 29,6; 29,51; 34,61
c) 18,8; 17,6; 17,605

3. a) 6,45
b) 2,95

5. Sim.

6. 10,1 km

7. a) 0,35 m
   b) 1,67 m

8. Luciana gastaria R$ 9,50 e receberia R$ 10,50 de troco.

Atividades – página 240

9. a) 351,7
   b) 23 400
   c) 4 237
   d) 5,6
   e) 4,36
   f) 107,24

10. a) 0,09
   b) 0,09
   c) 32,656
   d) 146,544
   e) 83,43
   f) 14,88792

11. a) 5 150,8
   b) 515,08
   c) 515,08
   d) 0,51508
   e) 0,051508
   f) 51,508

12. R$ 46 700,00

13. 4,2 L

14. 32,3 km

15. Mais que o valor de uma lapiseira; a diferença é de R$ 0,90.

16. a) ▪ R$ 11,20
   ▪ R$ 15,50
   ▪ R$ 7,70
   ▪ R$ 37,35
   b) R$ 28,70

17. a) 96 quilômetros.
   b) 177,6 quilômetros.

Atividades – página 246

18. a) 2,5
   b) 4,375
   c) 4,8
   d) 2,25
   e) 11,2
   f) 3,21
   g) 9,4
   h) 0,439

19. a) 2,8
   b) 9,625
   c) 24,7
   d) 2,063
   e) 0,09
   f) 0,0387
   g) 0,0987
   h) 0,01256
   i) 0,268
   j) 20,99

20. a) 3
   b) 1,4
   c) 2,5
   d) 2,17
   e) 10,3
   f) 1,04
   g) 30,1
   h) 40,06

21. a) 0,67
   b) 0,44
   c) 1,67
   d) 0,71
   e) 3,17
   f) 36,67
   g) 2,48
   h) 1,12
   i) 1,98

22. a) $0,\overline{3}$
   b) $0,\overline{1}$
   c) $0,1\overline{6}$
   d) $1,\overline{2}$
   e) $5,\overline{6}$
   f) $4,\overline{6}$
   g) $0,\overline{97}$
   h) $1,\overline{6}$
   i) $0,\overline{93}$

Atividades – página 251

23. a) 0,01
   b) 0,001
   c) 0,09
   d) 1,21
   e) 1,96
   f) 0,064

24. a) 0,2
   b) 0,4
   c) 0,5
   d) 0,9
   e) 1,3
   f) 1,6

25. a) 0,7
   b) 0,5
   c) 2,89

26. a) 4
   b) 5
   c) 0,54
   d) 20
   e) 2
   f) 57,5
   g) 16,842
   h) 81

27. a) R$ 32,50
   b) R$ 467,50

28. R$ 331,20

29. a) 475 estudantes; 225 estudantes.
   b) 82%
   c) 150 estudantes.
   d) 225 estudantes.

30. a) 63 pontos.
   b) 65%

31. 1%

Mais atividades – página 252

1. R$ 5,40

2. 1,6 grama.

3. a) 658 quilômetros.
   b) 10 litros.

4. Alternativa **a**.

5. a) 30
   b) roxo
   c) 40
   d) vermelho

6. a) 0,2
   b) 12,57
   c) 15
   d) 10,15

e) 67,15
f) 24
g) 0,15
h) 2,7
i) 15
j) 1,2
k) 0,9
l) 2

7. Sim.

8. a) R$ 10,00
b) Para gastar menos, a pessoa deve comprar 2 arranjos e 11 rosas avulsas.

9. a) Sim.
b) R$ 25 644,00

10. Todas as frases são verdadeiras.

11. a) 12
b) 320
c) 63
d) 72

12. R$ 120,00

13. R$ 150,00

Atividades integradas – página 256

1. a) $A = 0,3$; $B = 0,4$
b) $A^2 = 0,09$; $B^2 = 0,16$.
c) 0,5

2. 20 enfeites.

3. 8 copos.

4. a) R$ 49,60
b) R$ 347,20
c) R$ 24,80

5. a) 11 caixas.
b) 4,35 kg

6. R$ 101,30

7. a) Cada instituição recebeu 343,1 kg.
b) 156,7 kg

9. a) O 1º e o 2º estudante.

10. Cação: R$ 45,00; merluza:R$ 51,00; badejo: R$ 90,00.

11. 1 940 pessoas.

Unidade 7

CAPÍTULO 1

Atividades – página 265

1. Itens **a** e **b**.

2. a) $S = \{1, 2, 3, 4, 5, 6, 7, 8, 9, 10, 11, 12, 13, 14, 15, 16, 17, 18, 19, 20, 21, 22, 23, 24, 25, 26, 27, 28, 29, 30\}$
b) $S = \{1, 2, 3, 4, 5, 6\}$
c) $S = \{\text{cara, coroa}\}$

3. a) 3 resultados.
b) $\frac{3}{10}$ ou 0,3 ou 30%.
c) $\frac{5}{10}$ ou 0,5 ou 50%.
d) $\frac{7}{10}$ ou 0,7 ou 70%.
e) 0 ou 0%.

4. a) $\frac{1}{6}$
b) $\frac{1}{2}$ ou 0,5 ou 50%.
c) $\frac{1}{3}$
d) $\frac{1}{2}$ ou 0,5 ou 50%.

Mais atividades – página 267

1. a) (cara, cara), (cara, coroa), (coroa, cara) e (coroa, coroa).
b) $\frac{1}{4}$

2. $\frac{2}{25}$ ou 0,08 ou 8%.

3. a) $\frac{3}{10}$ ou 0,3 ou 30%.
b) $\frac{6}{10} = \frac{3}{5}$ ou 0,6 ou 60%.

4. a) $\frac{4}{52} = \frac{1}{13}$ ou aproximadamente 0,077 ou aproximadamente 7,7%.
b) $\frac{13}{52} = \frac{1}{4}$ ou 0,25 ou 25%.
c) $\frac{26}{52} = \frac{1}{2}$ ou 0,5 ou 50%.

5. a) $\frac{3}{7}$

CAPÍTULO 2

Atividades – página 272

1. a) População: 350 estudantes; amostra: 95 estudantes.
b) A variável é "tipo de filme preferido" e é uma variável qualitativa nominal.

2. a) Moradores de um condomínio.
b) Não, pois todos os moradores foram consultados.
c) A quantidade de crianças por faixa de idade.
d) Quantitativa discreta.

3. I. idade: quantitativa discreta;
II. mês (meses): qualitativa ordinal;

III. estados: qualitativa nominal;

IV. meio(s) de transporte: qualitativa nominal;

V. quanto se pretende gastar: quantitativa contínua.

Atividades – página 275

4. **a)** O resultado da campanha de arrecadação de latinhas.

b) Nas colunas.

c) A direção da escola.

d) 48 latinhas.

e) 138 latinhas.

5. **a)** Representa uma pesquisa sobre a quantidade de funcionários de uma empresa.

b) A empresa.

c) A quantidade de funcionários. O sexo dos funcionários.

d) 165 funcionários.

Atividades – página 279

6. **a)** Em junho.

b) Em janeiro e em maio.

c) Fevereiro e junho.

d) Março e maio.

7. **a)** Tornozelo.

b) Nos dedos das mãos.

c) 11%

d) Não.

8. **a)** 250 kg; 900 kg.

b) Na 4ª semana.

c) Não.

9. **a)** O primeiro ano. Sim.

b) 300 estudantes.

c) Do terceiro para o quarto ano.

d) 6 anos.

Atividades – página 286

12. **a)** Da decisão de comprar um item.

b) Não comprar. Deve avaliar se precisa do item.

c) Não. Não.

13. A-III; B-VI; C-II; D-V; E-IV; F-I.

14. A: Roberta; B: Alan; C: Jéssica ou Felipe; D: Felipe ou Jéssica.

15. **a)** Da pipoca de micro-ondas.

b) A primeira coluna apresenta a média de quilocalorias que devem ser consumidas diariamente e a segunda coluna apresenta as quilocalorias de um pacote de pipoca de micro-ondas. Além disso, o "$\frac{1}{5}$" representa a relação entre essas duas colunas.

c) Sim; essa informação está localizada no centro do infográfico.

Mais atividades – página 288

1. **a)** Eleitores de 16 anos ou mais aptos a votar em 2022.

b) Sim; 8 308 eleitores de 16 anos ou mais.

c) Variável qualitativa nominal.

2. **a)** 36 estudantes.

b) 15 meninos; 21 meninas.

c) No cinema.

d) Não.

3. **a)** Flanela; Cortina.

b) 4 400 lugares ficaram vazios.

c) Flanela: verde; Cortina: azul.

4. **b)** Os continentes.

c) A escola de idiomas.

d) 8 estudantes. 1 estudante.

g) 39 estudantes.

h) Não.

5. **a)** Domingo.

b) Terça-feira e sexta-feira.

c) 7 °C

d) Domingo, quinta-feira e sábado.

7. **a)** Não.

b) Da diretoria-geral.

Atividades integradas – página 292

1. **a)** *Crawl*.

b) 54 estudantes.

2. $\frac{1}{6}$

3. 22, 23, 25, 26, 32, 33, 35, 36, 52, 53, 55, 56, 62, 63, 65 e 66.

a) $A = \{23, 25, 33, 35, 53, 55, 63, 65\}$

b) $\frac{1}{2}$

c) $\frac{3}{8}$

4. **a)** População: 200 jovens; não há amostra; variável: tipos de jogo preferidos.

b) III

5. a) No gráfico **1**, as informações estão agrupadas por notas e, no gráfico **2**, por turma.
   b) Gráfico **1**: eixo horizontal - notas; eixo vertical - quantidade de estudantes; gráfico **2**: eixo horizontal - turmas; eixo vertical - quantidade de estudantes.
   c) No gráfico **1**, cada cor representa uma turma e, no gráfico **2**, um intervalo de notas. Não.
   d) A: 18 estudantes; B: 15 estudantes; C: 20 estudantes; D:19 estudantes.

Unidade 8

CAPÍTULO 1

Atividades – página 302

3. 16000 metros
5. a) 2205
   b) 0,001812
   c) 200
   d) 18050

Atividades – página 304

6. a) 16,6 cm
   b) 10 dm
   c) 8,2 m
   d) 8,9 hm
   e) 26,8 cm
7. 9,6 m
8. 10,5 cm
9. 2,74 m ou 27,4 dm ou 274 cm ou 2740 mm.
10. 1,372 m ou 13,72 dm ou 137,2 cm ou 0,1372 dam.
11. a) **I**: 18 cm; **II**: 18 cm; **III**: 24 cm; **IV**: 28 cm.
    b) Sim, os polígonos **I** e **II**. Não.

Atividades – página 310

13. a) 2012
    b) 0,00001812
    c) 30
    d) 90000000000
    e) 19000600
14. a) 24
    b) 12
    c) 3

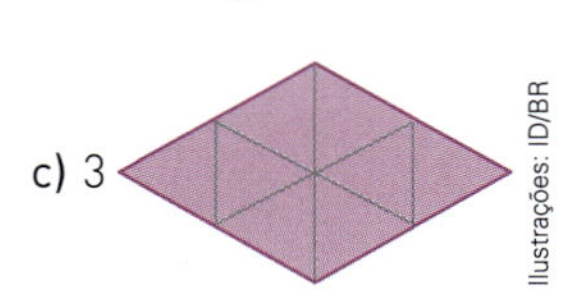

Ilustrações: ID/BR

16. a) 98000 m^2
    b) 1 ha
17. a) 169 cm^2
    b) 75 cm^2
18. **I**: 8 cm^2; **II**: 4 cm^2; **III**: 3 cm^2; **IV**: 6 cm^2; **V**: 4 cm^2.

Atividades – página 314

21. a) m^3
    b) dam^3
    c) hm^3
    d) cm^3
22. a) 12000000
    b) 3200000
    c) 435
    d) 0,0074
23. a) 64 u.v.
    b) 52 u.v.
    c) 28 u.v.
24. 3,15 m^3
25. a) 16 cm^3
    b) 37,8 dm^3
    c) 343 m^3

Atividades – página 317

27. a) 50 cm^3
    b) 80 cm^3
    c) 37 cm^3
28. a) 3,5 L
    b) 2 L
    c) 0,0015 L
    d) 2000 L
29. a – III; b – I; c – IV; d – II.
30. a) 5000 mL
    b) 50 mL
    c) 18 mL
    d) 300 mL
    e) 2600 mL
    f) 1400000 mL
31. a) 0,04 L
    b) 106 L
    c) 18000 L
    d) 42000 L
    e) 1,3 L
    f) 0,000005 L
32. a) 1000 mL; 400 mL.
    b) 0,150 L; 0,4 L.
    c) 155 cL
33. R$ 450,00

Mais atividades – página 318

1. Sim.
2. 250 *microchips*.
3. R$ 33,60
4. a) 316 cm
5. Camila
6. Alternativa **a**.
7. 49 m^2
8. a) 48 galões.
9. 1,728 dm^3
10. a) 4,8 hm^2
    b) 4,2 hm^2
    c) 3 hm^2
11. a) O recipiente C; o recipiente B.
    b) Os três recipientes apresentam a mesma medida de capacidade.
12. a) 15000 pessoas.
    b) Sobrarão 3000 doses dessa vacina.

CAPÍTULO 2

Atividades – página 326

1. a) Ponto de vista horizontal.
   b) Ponto de vista oblíquo.
   c) Ponto de vista vertical.
2. a) 3 vagas.
   c) Não.
3. a) 12 m.

Mais atividades – página 327

1. a) Para 430 quilômetros.
   b) 1,7 cm
   c) 731 km
   d) Não.

CAPÍTULO 3

Atividades – página 331

3. a) 0,5
   b) 3 000 000
   c) 2 000
   d) 37,58
   e) 37 500
   f) 0,757
4. a) 0,78 kg
   b) 0,045 kg
   c) 0,00054 kg
   d) 1 900 kg
5. a) 0,35 g
   b) 0,067 g
   c) 33 470 g
   d) 8 200 g
6. a) 1 510 dag
   b) 10,9 g
   c) 1 110 mg
   d) 7,589 t
7. 240 kg
8. 2,05 kg
9. Em 60 pedaços.
10. 20 000 000 morcegos kitti.

Atividades – página 333

11. 42 °C > 26 °C > 18 °C > 8,3 °C > 8 °C > 6,4 °C > 4 °C > 1,5 °C
12. A – II; B – I.
13. a) 33 °C; 21 °C.
    b) A maior variação foi de 10 °C e ocorreu na segunda-feira, na terça-feira e no sábado.

Atividades – página 336

15. a) 8 634
    b) 2; 0; 50.
    c) 2; 1.
16. a) 1 h 2 min 33 s
    b) 2 h 17 min 28 s
17. a) 18 anos.
    b) 23 anos.

Mais atividades – página 337

1. 6 210 kg
2. 896 kg
3. a) 72,2 kg
   b) Em 19 dias.
4. a) 15,6 t
   b) 60 kg
   c) R$ 33,00
5. a) 2 h 20 min 48 s
   b) 20 min 17 s
   c) 4 h 21 min 36 s
   d) Carro: 2 h 53 min 39 s;
   Moto: 1 h 32 min 58 s.
6. a) 1 hora e 28 minutos.
   b) 15 minutos.
   c) 5 minutos.
7. a) 9 °C

Atividades integradas – página 340

1. A – tempo; B – comprimento; C – área; D – temperatura; E – massa; F – volume; capacidade.
3. a) 8 cm^3
   b) Ficaria 27 vezes maior.
4. É mais lucrativo vender as flores imediatamente, assim que colhidas.
5. a) O pacote B.
   b) O pacote C.
   c) Sim.
7. a) Copa.
   b) Não. Por meio da observação da planta baixa.
8. Alternativa **d**.
9. 54 dm

RESPOSTAS

Prepare-se!

1. Alternativa **d**.
2. Alternativa **e**.
3. Alternativa **e**.
4. Alternativa **a**.
5. Alternativa **e**.
6. Alternativa **d**.
7. Alternativa **d**.
8. Alternativa **c**.
9. Alternativa **b**.
10. Alternativa **c**.
11. Alternativa **b**.
12. Alternativa **b**.
13. Alternativa **c**.
14. Alternativa **c**.
15. Alternativa **d**.
16. Alternativa **e**.
17. Alternativa **b**.
18. Alternativa **b**.
19. Alternativa **a**.
20. Alternativa **c**.
21. Alternativa **d**.
22. Alternativa **b**.
23. Alternativa **e**.
24. Alternativa **c**.
25. Alternativa **b**.
26. Alternativa **d**.
27. Alternativa **d**.
28. Alternativa **d**.
29. Alternativa **b**.
30. Alternativa **a**.
31. Alternativa **a**.
32. Alternativa **d**.
33. Alternativa **d**.
34. Alternativa **b**.
35. Alternativa **b**.
36. Alternativa **d**.
37. Alternativa **b**.
38. Alternativa **d**.
39. Alternativa **a**.
40. Alternativa **c**.
41. Alternativa **c**.
42. Alternativa **d**.
43. Alternativa **b**.
44. Alternativa **c**.
45. Alternativa **b**.

LISTA DE SIGLAS

CMPA-RS Colégio Militar de Porto Alegre

OBM Olimpíada Brasileira de Matemática

Obmep Olimpíada Brasileira de Matemática das Escolas Públicas

Saeb Sistema Nacional de Avaliação da Educação Básica

Saresp Sistema de Avaliação de Rendimento Escolar do Estado de São Paulo

Univates-RS Universidade do Vale do Taquari

Bacich, L.; Holanda, L. *STEAM em sala de aula*: a aprendizagem baseada em projetos integrando conhecimentos na educação básica. Porto Alegre: Penso, 2020.

Os estudos na área da educação convergem para a adoção de propostas que coloquem o estudante em um papel investigativo. Nesse sentido, a abordagem *STEAM* (sigla em inglês para Ciência, Tecnologia, Engenharia, Arte e Matemática) é uma ferramenta valiosa que serve de inspiração para a elaboração de diversas propostas pedagógicas.

Bendick, J. *Pesos e medidas*. Tradução: Djalmir Ferreira de Mello. Rio de Janeiro: Fundo de Cultura, 1960 (Coleção O Mundo e Nós).

O livro aborda ideias e conceitos acerca de pesos e medidas.

Boaler, J. *Mentalidades matemáticas*: estimulando o potencial dos estudantes por meio da matemática criativa, das mensagens inspiradoras e do ensino inovador. Tradução: Daniel Bueno. Porto Alegre: Penso, 2018.

Nesse livro, a autora apresenta técnicas e atividades que mostram como tornar a aprendizagem da Matemática mais agradável e acessível a todos os estudantes.

Boyer, C. B.; Merzbach, U. C. *História da Matemática*. Tradução: Helena Castro. São Paulo: Blucher, 2012.

A obra trata da história da Matemática e da relação entre a humanidade e o conhecimento matemático.

Brasil. Ministério da Educação. Instituto Nacional de Estudos e Pesquisas Educacionais Anísio Teixeira (Inep). *Matriz de avaliação de Matemática – Pisa 2012*. Disponível em: http://download.inep.gov.br/acoes_internacionais/pisa/marcos_referenciais/2013/matriz_avaliacao_matematica.pdf. Acesso em: 30 mar. 2023.

O Programa Internacional de Avaliação de Estudantes (Pisa) traz informações sobre o desempenho de estudantes na faixa etária de 15 anos. Nesse documento, é possível conhecer a matriz de avaliação de Matemática do programa.

Brasil. Ministério da Educação. Instituto Nacional de Estudos e Pesquisas Educacionais Anísio Teixeira (Inep). *Matriz de referência de Matemática*. Brasília: MEC/Inep, 1999. Disponível em: https://download.inep.gov.br/educacao_basica/saeb/matriz-de-referencia-de-matematica_BNCC.pdf. Acesso em: 29 mar. 2023.

O Saeb é um conjunto de avaliações que permite ao Inep diagnosticar a educação básica brasileira e os fatores que podem estar relacionados ao desempenho dos estudantes. Essas avaliações são elaboradas com base em matrizes de referência.

Brasil. Ministério da Educação. Instituto Nacional de Estudos e Pesquisas Educacionais Anísio Teixeira (Inep). *Matriz de referência Enem*. Brasília: MEC/Inep, 2012. Disponível em: https://download.inep.gov.br/download/enem/matriz_referencia.pdf. Acesso em: 30 mar. 2023.

O Exame Nacional do Ensino Médio (Enem) é uma prova nacional que avalia o desempenho individual dos participantes. A matriz de referência do Enem apresenta as competências e as habilidades que são exigidas nesse exame.

Brasil. Ministério da Educação. Secretaria de Alfabetização. *PNA*: Política Nacional de Alfabetização. Brasília: MEC/Sealf, 2019. Disponível em: http://portal.mec.gov.br/images/banners/caderno_pna.pdf. Acesso em: 29 mar. 2023.

A Política Nacional de Alfabetização (PNA) foi instituída com o objetivo de melhorar a qualidade da alfabetização no Brasil e combater o analfabetismo no país. O documento aborda conceitos como alfabetização, literacia e numeracia.

Brasil. Ministério da Educação. Secretaria de Educação Básica. *Base Nacional Comum Curricular*: educação é a base. Brasília: MEC/SEB, 2018. Disponível em: http://basenacionalcomum.mec.gov.br/. Acesso em: 29 mar. 2023.

Elaborada pelo Ministério da Educação de acordo com a Lei de Diretrizes e Bases da Educação Nacional, de 1996, a Base Nacional Comum Curricular (BNCC) é um documento normativo que estabelece os conhecimentos, as competências e as habilidades que se espera que os estudantes desenvolvam ao longo da Educação Básica.

Brasil. Ministério da Educação. Secretaria de Educação Básica. *Competências socioemocionais como fator de proteção à saúde mental e ao* bullying. Brasília: MEC/SEB, 2020. Disponível em: http://basenacionalcomum.mec.gov.br/implementacao/praticas/caderno-de-praticas/aprofundamentos/195-competencias-socioemocionais-como-fator-de-protecao-a-saude-mental-e-ao-bullying. Acesso em: 29 mar. 2023.

Nesse material, é possível compreender como as competências socioemocionais estão presentes nas dez competências gerais descritas pela BNCC. O documento serviu como base para a elaboração de diversas propostas desta coleção.

Brasil. Ministério da Educação. Secretaria de Educação Básica. Diretoria de Currículos e Educação Integral. *Diretrizes Curriculares Nacionais para Educação Básica*. Brasília: MEC/SEB/Dicei, 2013. Disponível em: http://portal.mec.gov.br/docman/julho-2013-pdf/13677-diretrizes-educacao-basica-2013-pdf/file. Acesso em: 29 mar. 2023.

O documento traz as diretrizes que estabelecem uma base nacional comum, responsável por orientar a organização, a articulação, o desenvolvimento e a avaliação de propostas pedagógicas para todas as redes de ensino brasileiras.

Brasil. Ministério da Educação. Secretaria de Educação Básica. *Ensino Fundamental de nove anos*: orientações para a inclusão da criança de seis anos de idade. Brasília: MEC/SEB, 2007. Disponível em: portal.mec.gov.br/seb/arquivos/pdf/Ensfund/ensifund9anobasefinal.pdf. Acesso em: 29 mar. 2023.

O documento foi elaborado com base no diálogo com gestores dos sistemas de ensino e tem como propósito desenvolver uma metodologia de trabalho voltada à ampliação do programa do Ensino Fundamental de oito para nove anos.

Brasil. Ministério da Educação. Secretaria de Educação Básica. *Temas Contemporâneos Transversais na BNCC*: proposta de práticas de implementação. Brasília: MEC/SEB, 2019. Disponível em: http://basenacionalcomum.mec.gov.br/images/implementacao/guia_pratico_temas_contemporaneos.pdf. Acesso em: 29 mar. 2023.

O trabalho com os Temas Contemporâneos Transversais (TCTs) possibilita aos estudantes concluir a educação formal reconhecendo e aprendendo os temas que são relevantes para sua atuação na sociedade. Esse documento apresenta os TCTs e traz propostas de práticas de implementação nos âmbitos do trabalho pedagógico.

BUSSAB, W. O.; MORETTIN, P. A. *Estatística básica*. São Paulo: Saraiva, 2017.

O livro é dividido em três partes: a primeira trata da análise de dados uni e bidimensionais; a segunda traz conceitos básicos de probabilidade e variáveis aleatórias; por fim, a terceira trata dos principais tópicos da inferência estatística.

EVES, H. *Introdução à história da Matemática*. Tradução: Hygino H. Domingues. 5. ed. Campinas (SP): Ed. da Unicamp, 2011.

A obra narra a história da Matemática desde a Antiguidade até a atualidade, por meio da observação da cultura de cada época retratada.

IEZZI, G. *et al*. *Fundamentos de Matemática Elementar*. São Paulo: Atual, 2013. v. 1 a 11.

Os livros dessa coleção foram utilizados como referenciais teóricos para a apresentação de diversos temas e conteúdos desta obra.

JANUÁRIO, A. J. *Desenho geométrico*. 4. ed. Florianópolis: Ed. da UFSC, 2019.

O livro aborda, de maneira simples, conteúdos de desenho geométrico. Muitas das propostas apresentadas nele inspiraram os autores na elaboração dos conteúdos de desenho geométrico desta coleção.

MAGALHÃES, M. N.; LIMA, A. C. P. *Noções de probabilidade e estatística*. São Paulo: Edusp, 2015.

O livro apresenta uma introdução à probabilidade e à estatística. Os conceitos de estatística descritiva são tratados em paralelo com outras teorias, possibilitando estabelecer uma relação entre estatística descritiva, probabilidade e variáveis aleatórias.

MEYER, P. L. *Probabilidade*: aplicações à estatística. Tradução: Ruy de C. B. Lourenço Filho. 2. ed. Rio de Janeiro: LTC, 2006.

Os conceitos, os teoremas e os comentários sobre probabilidade e estatística apresentados nesse material serviram de inspiração para a elaboração das unidades referentes ao eixo temático Probabilidade e Estatística desta obra.

MILIES, C. P.; COELHO, S. P. *Números*: uma introdução à Matemática. 3. ed. São Paulo: Edusp, 2013.

O livro apresenta a teoria dos números inteiros e mostra como o conjunto dos números racionais se constrói com base nos números inteiros. Além disso, trabalha com uma apresentação axiomática de Peano para os números naturais.

MORAES, C. A. P. *Avaliação em Matemática*: pontos de vista dos sujeitos envolvidos na Educação Básica. Jundiaí (SP): Paco Editorial, 2012.

O livro investiga as concepções da avaliação em Matemática na Educação Básica. A leitura da obra permite um amplo aprofundamento nas teorias da avaliação e a compreensão dos processos utilizados pelo Sistema de Avaliação da Educação Básica (Saeb) e pelo Sistema de Avaliação de Rendimento Escolar do Estado de São Paulo (Saresp).

MOREIRA, T.; SANTOS, R. S. S. (ed.). *Educação para o desenvolvimento sustentável na escola*: caderno introdutório. Brasília: Unesco, 2020. Disponível em: https://unesdoc.unesco.org/ark:/48223/pf0000375076. Acesso em: 13 abr. 2023.

O material nasceu da colaboração entre a Unesco no Brasil e o Ministério da Educação para a produção de conteúdo sobre Educação Ambiental e Educação para o Desenvolvimento Sustentável.

PIMENTEL, G. S. R. O Brasil e os desafios da educação e dos educadores na Agenda 2030 da ONU. Revista *Nova Paideia – Revista Interdisciplinar em Educação e Pesquisa*, [*s. l.*], v. 1, n. 3, p. 22-33, 2019. Disponível em: https://ojs.novapaideia.org/index.php/RIEP/article/view/35. Acesso em: 29 mar. 2023.

O trabalho apresenta os Objetivos de Desenvolvimento Sustentável (ODS) estabelecidos pela ONU (com foco no ODS 4 – Educação de qualidade) e mostra de que maneira eles podem ser relacionados ao contexto educacional brasileiro.

POLYA, G. *A arte de resolver problemas*: um novo aspecto do método matemático. Tradução: Heitor Lisboa de Araújo. Rio de Janeiro: Interciência, 2006.

A resolução de problemas possibilita aos estudantes desenvolver o pensamento matemático de maneira ativa. Nesse livro, é possível encontrar diversas contribuições ao tema, que serviram de inspiração para o projeto e a elaboração das situações abordadas na seção *Resolvendo problemas*.

REZENDE, E. Q. F.; QUEIROZ, M. L. B. *Geometria euclidiana plana e construções geométricas*. 2. ed. Campinas (SP): Ed. da Unicamp, 2008.

O livro contribui para a descoberta e a compreensão da Geometria, associada às demais áreas do conhecimento, e para a organização do raciocínio lógico.

RUSSELL, M. K.; AIRASIAN, P. W. *Avaliação em sala de aula*: conceitos e aplicações. Tradução: Marcelo de Abreu Almeida. 7. ed. Porto Alegre: AMGH, 2013.

No livro, os autores propõem uma reflexão sobre o processo avaliativo – elaboração, correção e atribuição de notas – e a importância de associá-lo aos diferentes componentes e métodos pedagógicos adotados no dia a dia escolar.

SKOVSMOSE, O. *Um convite à educação matemática crítica*. Tradução: Orlando de Andrade Figueiredo. Campinas (SP): Papirus, 2014.

O autor aborda conceitos cruciais à área de educação matemática crítica e apresenta diferentes cenários para a investigação e a Matemática em ação.

STEWART, I. *Almanaque das curiosidades matemáticas*. Rio de Janeiro: Zahar, 2009.

O material, que é uma coletânea de casos curiosos da Matemática, serviu como inspiração para a elaboração de algumas informações apresentadas nesta coleção.

SURENDRA, V. *Ideias geniais*: os principais teoremas, teorias, leis e princípios científicos de todos os tempos. Tradução: Carlos Irineu da Costa. Belo Horizonte: Gutenberg, 2011.

A obra traz princípios, equações, teorias, teoremas e afins que formam os fundamentos da ciência.

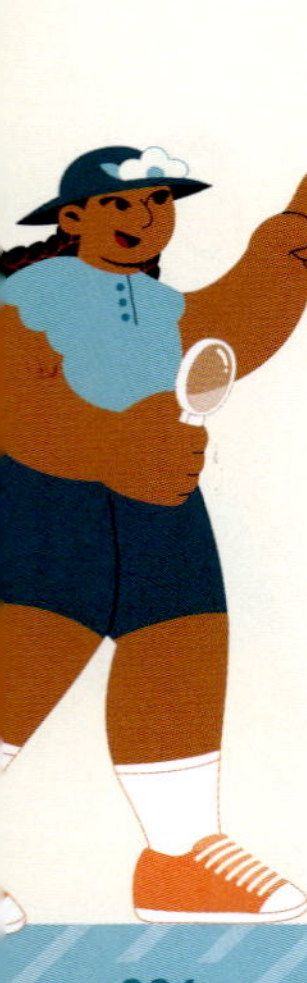